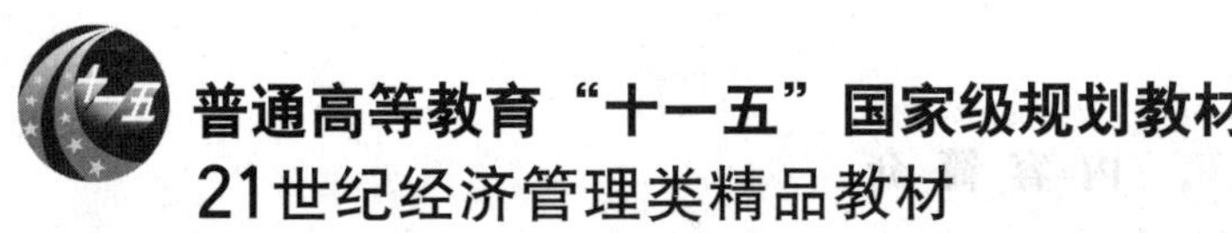

普通高等教育"十一五"国家级规划教材
21世纪经济管理类精品教材

（第5版）

# 网络营销基础与实践

冯英健/著

*Web Marketing Theory and Practice*

清华大学出版社
北京

# 内 容 简 介

第 5 版不仅仅是对前期版本的简单更新！基于作者近 20 年的实践及研究，在对网络营销发展演变规律总结分析的基础上，本书不仅重构了网络营销内容体系，而且为网络营销做出新的定义！

本书内容源于实践的总结和提升，具有系统性、实用性、启发性和一般规律性，对网络营销学习、研究及实施均有独到的参考价值，可作为高等院校工商管理、电子商务及市场营销等相关专业的教材，也可作为企业管理人员及网络营销工作人员的参考用书。

全书分三大部分：第一部分是根据网络营销发展规律形成的理论基础和内容设计思想介绍；第二部分是重构的网络营销方法体系，包括五大类别：内容营销、网络广告、社会化营销、生态型营销、合作分享式营销；第三部分网络营销实践与管理，是网络营销方法的应用及提升。

作为本书教学支持及内容的延伸，网络营销教学网站（www.wm23.com）及网络营销教学实践平台（www.wm23.cn）将持续发布最新的教学研究资源，并提供系统的教学实践项目，为网络营销教学及实践提供支持。



**图书在版编目（CIP）数据**

网络营销基础与实践/冯英健著. —5 版. —北京：清华大学出版社，2016 (2023.8重印)
21 世纪经济管理类精品教材
ISBN 978-7-302-44769-6

I. ①网… II. ①冯… III. ①网络营销-高等学校-教材 IV. ①F713.365.2

中国版本图书馆 CIP 数据核字（2016）第 189791 号

**责任编辑：** 杜春杰
**封面设计：** 康飞龙
**版式设计：** 魏 远
**责任校对：** 刘 同
**责任印制：** 沈 露

**出版发行：** 清华大学出版社
网 址：http://www.tup.com.cn，http://www.wqbook.com
地 址：北京清华大学学研大厦 A 座 邮 编：100084
社 总 机：010-83470000 邮 购：010-62786544
投稿与读者服务：010-62776969，c-service@tup.tsinghua.edu.cn
质 量 反 馈：010-62772015，zhiliang@tup.tsinghua.edu.cn

印 装 者：北京国马印刷厂
经 销：全国新华书店
开 本：185mm×230mm 印 张：28.25 字 数：558 千字
版 次：2002 年 1 月第 1 版 2016 年 9 月第 5 版 印 次：2023 年 8 月第 13 次印刷
印 数：99501~101000
定 价：69.80 元

---

产品编号：071304-04

# 第 5 版前言

《网络营销基础与实践》一书从第 1 版（2001 年）到第 5 版（2016 年），经历了整整 15 年时间，第 1 版内容写作的艰辛至今仍历历在目，每一次改版都是一次巨大的挑战，也是对内容体系的不断提高和完善。第 5 版写作所经历的困难之大、投入的精力之多，更是前所未有。

本书前 4 版构建的以网络营销工具和方法为主线的内容体系，十多年来一直居于主导地位，受到众多专业人士及高等院校网络营销教学领域的肯定，被誉为网络营销的经典之作。这一美誉对作者也是巨大的鼓励，鞭策自己在网络营销实践与研究的道路上走得更远。

随着互联网的快速发展，网络营销工具和方法体系越来越庞大，因此对原来的内容体系进行重构已成为当务之急，这也是本书作者近几年一直在思考的问题。经过长时间的调查和分析，本书第 5 版构建了以网络营销思维模式为主线的内容体系，在保持网络营销总体内容架构相对稳定性的同时具有可扩展性，具备"跨工具"的特点，是网络营销内容体系的一次重大升级。

## 《网络营销基础与实践（第 5 版）》内容体系简介

（1）内容设计原则：与网络营销发展演变规律相适应，从以网络营销工具和方法为主线，发展到以网络营销思维模式为主线。

（2）内容体系总架构相对稳定，仍分为三大部分：第一部分为理论基础和内容设计思想介绍；第二部分为新构建的网络营销方法体系；第三部分是网络营销实践与管理。每一部分均有较多的内容调整和更新。

（3）网络营销方法体系板块化，分为五大类别：内容营销、网络广告、社会化营销、生态型营销、合作分享式营销。

（4）对原方法体系的主要调整：

① 本书第 4 版的企业网站研究、许可 Email 营销、博客营销、搜索引擎优化等，归入内容营销的范畴，同时增加了部分新的内容营销方法。

② 网络广告作为一个类别而不仅是一种方法，在原内容的基础上新增加了多种新型网络广告形式的介绍，如社会化媒体广告、原生广告、网络红包广告、电商平台广告等，同

时将搜索引擎关键词广告也并入网络广告类别。

③ 社会化网络营销仍然作为一个类别，但内容进行了调整，以微博营销及网络社群营销方法为代表，其他 SNS 方法归入了相关度更高的类别。

④ 新增或更新了部分网络营销概念和方法，如微信公众号营销、多种类型的网络广告、网络社群营销、社群资源合作、微博转发推广、原生态营销、微生态营销、众筹营销等。

（5）初步构建了网络营销管理的内容体系：调整和丰富了网络营销管理的内涵，并入了网站运营管理规范等成熟的内容；尝试对网络营销资源及管理进行系统的探索，将网络营销人员的营销能力作为营销资源的组成部分。

## 本书相关的网络营销教学研究及实践支持

作为本书教学支持及内容的延伸，提供了以下多种形式且具有实用价值的网络资源。

（1）网络营销教学网站（http://www.wm23.com）。始于 2004 年 10 月，超过十年历史，值得信赖。你可以在此看到本书各版本的介绍及配套的教学课件、补充资料、实践方案建议、考试试题及参考答案、网络营销词典词条等；书上没有的或过时的内容，将会发布在网站上；新版书中已经没有的历史资料，同样可以到网上获取。

《网络营销基础与实践（第 5 版）》专题介绍及教学资源下载：http://www.wm23.com/201605/index.htm。

（2）网络营销能力秀（http://www.wm23.cn）。始于 2009 年（官网曾用网址 http://abc.wm23.com），是专门为网络营销教学提供的实践平台，每个学期举办一期，通常一开学即开始，每期活动持续 3～4 个月，到 2016 年 6 月已举办 15 期，超过 7 000 个院校的 20 多万名大学生参加过能力秀网络营销实践活动。

能力秀，网络营销开始的地方。开启社交化学习、竞赛式实践的网络营销学习新模式。有了能力秀，老师再也不用担心教学实践内容了！

（3）中国网络营销教师群（QQ 群号 35295306）。在这个专业的网络营销教学群里，探讨的是教学和研究的专业问题，分享的是实用的专业资源。各位教师可以通过本群获取教学课件及各种资料，获得能力秀教学实践活动的在线支持。要说明的是：如果您不是教授网络营销课程的高校教师，建议您不要占用有限的群资源。

（4）网络营销基础与实践微信（公众号 wm23cn）。如果您喜欢用微信获取信息，关注此微信号，将可获取丰富的教学研究资源。

（5）如果有其他问题和建议，请联系作者：

Email：fyj@wm23.com；微信号：fengyingjian；微博：http://weibo.com/fyj。

# 衷心感谢

本书的出版，得到了许多机构和人士的大力支持，在此继续深表感谢！

第一，感谢清华大学出版社及第六事业部的长期支持，是编辑们的热情帮助、鼓励及高效工作，才使得本书得以出版发行。

第二，衷心感谢众多院校网络营销教师的支持和鼓励，他们将本书的网络营销知识体系传播给众多的学生，其中许多已经成为企业网络营销岗位的主力军或者网络营销教学研究的佼佼者，这无疑是对本书价值最大的肯定。

第三，再次感谢多年来一直参照本书内容指导企业网络营销实践的网络营销专业人士，他们的成功经验充分证实和体现了本书的实用价值。

第四，感谢新竞争力网络营销管理顾问及网络营销能力秀组委会的同事们，他们为网络营销教学实践做了大量的工作并且积累了丰富的研究资源，是本书写作不可替代的财富。

冯英健

2016 年 6 月

# 目 录

## 第1篇 网络营销的理论基础与内容体系



## 第2篇 网络营销方法体系

# 第3篇 网络营销实践与管理

# 网络营销的理论基础与内容体系

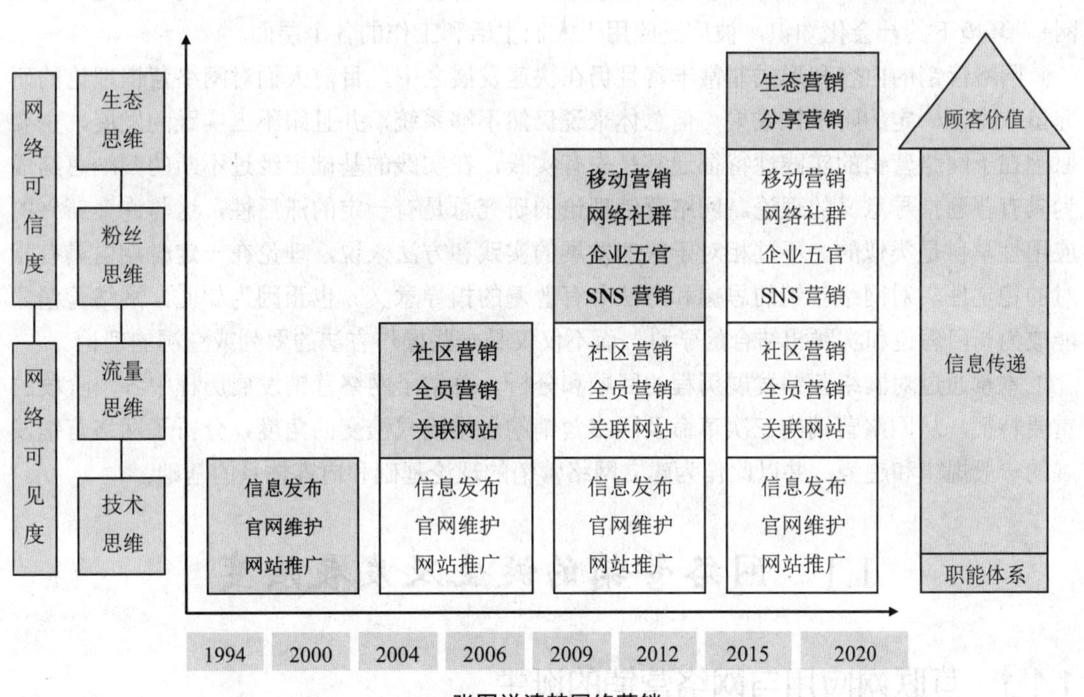


一张图说清楚网络营销

# 第 1 章

# 网络营销的理论基础

网络营销自 1994 年诞生以来，经历了多个重要的发展阶段，无论是网络营销的工具和方法，还是思维模式和内容体系都发生了深刻的变化。随着互联网应用的不断深入，网络营销在企业经营活动中发挥着越来越重要的作用，人们对于网络营销实践和理论的研究也日益丰富。网络营销已成为电子商务领域最具实用价值的一门专业课程，同时也是“互联网+”环境下的社会化知识，被广泛应用于人们生活和工作的各个层面。

网络营销的内容和形式非常丰富且仍在快速发展之中，目前人们对网络营销理论的研究虽取得了一定的阶段性成果，但总体来说仍然不够系统，并且跟不上实践的发展，主要原因在于网络营销的实践性特征通常是先有实践，在实践的基础上经过不断的归纳总结成为具有普遍指导意义的理论。网络营销理论的研究总是有一定的滞后性，这与许多新兴的应用性学科是类似的。不过相对于快速发展的实践和方法来说，理论在一定时期内具有相对的稳定性，对网络营销的思想和方法具有普遍的指导意义。也正因为如此，网络营销才能成为一门理论和实践相结合的学科，而不仅仅是一些操作方法的罗列或空洞的理论。

本章通过对网络营销发展历程的回顾和分析，总结了网络营销发展历程中各个阶段的重要特征，从网络营销的三次革命及网络营销的思维模式演变的角度，分析了网络营销发展的一般规律和趋势，并以此作为建立网络营销的理论基础和内容体系的基础。

## 1.1 网络营销的诞生及发展演变

### 1.1.1 互联网应用与网络营销的诞生

现在很多人早上醒来的第一件事情可能是拿出手机，登录 QQ 空间、微信、微博或者其他社交类 APP，看看是否有和自己以及好友相关的最新消息，而在这些信息流中，有时穿插着企业的推广信息，或者好友分享的产品使用体验软文、微商产品推介等。可见，你的好友圈也是网络营销信息的传播渠道，网络营销就在你的身边。

现在，无论是用电脑上网，还是用手机上网，总是会出现各式各样的网络推广信息。例如，观看网络视频，前几秒钟很可能是广告内容；浏览网页内容，总会有各种形式的展示广告；搜索信息，出现在搜索结果前面的很可能是商家的推广信息；进入电子邮件收件箱，可能会看到一封封优惠推广之类的邮件。如果你在公共场所用手机连接了一个免费WIFI，手机界面很可能会弹出附近某个商家的推广信息；即使你走在大街上，路边发的传单上也可能会有醒目的扫二维码获得优惠、安装 APP 免费乘车吃饭之类的宣传。

总之，网络营销已无处不在，网络营销的形式也多种多样，几乎可以说，有网络的地方，就有网络营销。

从这种复杂的现象中，或许很难清晰地理解网络营销的轮廓以及操作方法。所以，认识网络营销，还要从网络营销的起源说起，通过网络营销从简单到复杂的发展过程，了解网络营销的发展规律，把握网络营销的本质和方向。

#### 1.1.1.1　从网页浏览器到第一个网络广告

上网浏览网站离不开网页浏览器。网页上经常充斥着各种网络广告，对目前的上网者来说早已是司空见惯，而在 1995 年之前，如果你能在网上看到网络广告，这不仅仅是新闻，而且还是重要的历史事件。

互联网历史上第一个网页浏览器诞生于 1990 年，其发明人为蒂姆·伯纳斯·李（Tim Berners-Lee），该浏览器名为 WorldWideWeb（后改名为 Nexus）。1993 年，马克·安德森（Marc Andreessen）发布 Mosaic 浏览器，进一步推动了浏览器的创新，不久之后他成立网景公司（Netscape），对网景浏览器进行了更多的改进，Netscape Navigator 很快便成为世界上最流行的浏览器，市占率一度达到 90%。[1]

1994 年 12 月，网景浏览器正式发布（Netscape Navigator 1.0），这是互联网发展的重要里程碑。这个版本的浏览器支持所有的 HTML2 语言的元素和部分 HTML3 语言的功能，使得图片显示和超级链接更为便捷，因而使在网页上展示丰富多彩的内容成为现实。很多人正是通过浏览器开始了上网历程。不过网景浏览器并没有风光多久，IE 浏览器就占据了绝对主导地位，成为浏览器市场的领先者。本书后来的内容将会分析，浏览器在网络营销发展历程中的重要意义——基于网络可见度的网络营销方法，大多围绕着浏览器进行。

就在网景浏览器 1.0 版本发布前不久，即 1994 年 10 月 27 日，互联网史上第一个网络广告诞生了！这就是美国连线杂志网站（wired.com）上发布的长 468 像素、高 60 像素的“BANNER”广告，这个规格也成为网络广告的第一个标准尺寸，因而称为标准标志广告（图 1-1）。这个广告的广告主是美国 AT&T 公司，广告条上的文字是“Have you ever clicked your mouse right HERE? YOU WILL”。[2]

图 1-1 互联网上第一个 BANNER 广告

网络广告一经出现，就引起了巨大关注，其标志性意义主要体现在：

（1）网络广告的出现，表明互联网网站也可以成为广告媒体，从而使得广播电视及报纸杂志成为传统媒体，从这个角度来看，BANNER 广告的确具有革命性的意义；

（2）网络广告同时改写了广告的历史——第一次使得广告效果可计量，可以记录有多少人浏览过广告，以及多少人点击过这个广告；

（3）事实上网络广告诞生更大的意义在于展示了互联网的广阔前景，吸引了大量风险投资进入互联网领域，引发了早期互联网门户网站的蓬勃发展。

#### 1.1.1.2 电子邮件与第一起互联网赚钱事件

第一起利用互联网赚钱的事件发生于 1994 年，尽管这是一起非合理的网络营销手段，但却获得了切实的效果，引发人们对互联网赚钱效应的思考和探索，这个事件，也成为后期许可 Email 营销理念的对照。

早在 1971 年就已经诞生了电子邮件（Email），但在互联网普及应用之前，电子邮件的应用范围非常有限，并没有被应用于营销领域。在 Email 和 WWW 得到普遍应用之前，新闻讨论组（Newsgroup，Usenet discussion groups）是人们获取信息和互相交流的主要方式之一。新闻组也是早期网络营销信息发布的渠道，对 Email 营销方法的产生具有重要的影响。

1994 年 4 月 12 日，美国亚利桑那州两位从事移民签证咨询服务的律师 Laurence Canter 和 Martha Siegel（两人为夫妻）把一封“绿卡抽奖”的广告信发到他们可以发现的每个新闻组，这在当时引起了轩然大波，他们的“邮件炸弹”让 6 000 多新闻组的服务处于瘫痪状态。在互联网史上这是第一次发布大量的广告信息，对很多用户造成了广告滋扰。[3]

这两位律师在 1996 年合作写了一本书——《网络赚钱术》（*How to Make a Fortune on the Internet Superhighway*），书中介绍了他们的这次辉煌经历：通过互联网发布广告信息，只花费了 20 美元的上网通信费用就吸引来 25 000 个客户，赚了 10 万美元。他们认为，通过互联网进行 Email 营销是前所未有几乎无需任何成本的营销方式。当然他们并没有考虑别人的感受，也没有计算别人因此而遭受的损失。此后很多年，一些垃圾邮件发送者还在声称通过定向收集的电子邮件地址开展“Email 营销”可以让你的产品一夜之间家喻户晓，竟然还是和两个律师在多年前的腔调一模一样。由此也可见“律师事件”对于后来网络营销所产生的影响是多么深远。多年以后，这本书在亚马逊网上书店还在销售。但是，现在的网络营销环境已经发生了很大变化，无论发送多少垃圾邮件，这种过时的、被认为是不正当的手段是无法产生任何神奇效果的。[4]

第一起网络赚钱事件的积极意义在于，尽管这种未经许可的电子邮件与正规的网络营销思想相去甚远，但由于这次事件所产生的影响，人们才开始认真思考和研究网络营销的有关问题，网络营销的概念也逐渐开始形成。此后，随着企业网站数量和上网人数的日益增加，各种网络营销方法也开始陆续出现，许多企业开始尝试利用网络营销手段来开拓市场。

#### 1.1.1.3　搜索引擎与网络营销

随着互联网信息的日益丰富，出现了如何获取用户需要的信息的巨大需求，搜索引擎也就应运而生。直到现在，搜索引擎仍是常用的互联网服务之一。由于搜索引擎成为上网用户常用的信息检索工具，这种可以为用户提供发现信息的机会搜索引擎，也就理所当然地成为网络推广的常用工具之一。从搜索引擎的发展历程中，不难看出其对网络营销的价值。

1993 年 6 月，美国麻省理工学院的学生 Matthew Gray 开发了一个名为“WWW Wanderer”的网络机器手程序。这个程序并不是真正意义上的搜索引擎，当时开发的目的在于协助估计互联网的规模，如互联网计算机数量等，但是这种机器手爬行程序后来发展成为搜索引擎的核心，至今仍被广泛应用于搜索引擎中。在这种搜索程序出现之前，也出现过一些搜索工具，如诞生于 1990 年，主要适用于文件传输协议（File Transfer Protocol，FTP）网站匿名文件索引的 Archie 等，但这些搜索工具并非应用于万维网，因为当时 www 也还没有诞生。Archie 是一个可搜索的 FTP 文件名列表，用户必须输入精确的文件名搜索，然后 Archie 会告诉用户哪一个 FTP 地址可以下载该文件。由于基于 http 与 www 技术的迅猛发展，因此后来的搜索引擎主要应用于 www 上的检索，从某种意义上说，“WWW Wanderer”程序的出现才标志着搜索引擎的诞生。本书所讲的搜索引擎，在没有特别说明的情况下，均指基于万维网的搜索方式，此前的信息检索方式，由于现在已经不再使用，就不再做详细介绍。

从 1993 年开始，各种搜索引擎不断诞生，有些中途夭折，也有一些发展成为全球著名的搜索引擎，至今仍然在搜索引擎领域发挥着重要作用，如我们熟知的 Yahoo！（1994 年 2 月）、Lycos（1994 年 7 月）、Google（1998 年 9 月）等。其中对网络营销诞生最有象征意义的搜索引擎包括 Yahoo!和 Infoseek。Infoseek 最早将搜索引擎作为可赢利的商业模式经营（1998 年被迪士尼公司收购整合到新的品牌 go.com），Yahoo!则发展成为当时最大的分类目录网站，成为众多用户上网的第一入口，对被收录的网站发挥了重要的推广作用。早期的网络营销，将网站提交到雅虎分类目录是最重要的工作内容之一。[5]

从搜索引擎发展的相关资料可以看出，1994－1998 年之间是国外搜索引擎的快速发展时期，出现了许多至今已成为全球知名品牌的搜索引擎，而在 2001 年之后，几乎没有新的搜索引擎出现。

搜索引擎的蓬勃发展对网络营销的意义在于：

（1）为用户获取有价值的信息提供了基本工具，打开了信息传递的渠道；

（2）为网站推广方式提供了基本的手段，初步形成了网络推广的常用方法；

（3）搜索引擎在一定程度上促进了网站数量的增长及网页内容质量的提升。

注：有关搜索引擎发展历程及简介的更多内容，可参考本书作者于 2004 年出版的《网络营销基础与实践（第 2 版）》的相关章节，或网络营销教学网站有关搜索引擎基础知识的部分资料（见 http://www.wm23.com/resource/R04.htm）。

### 1.1.1.4 网络营销的诞生

前面介绍了 1994 年前后部分重要的互联网事件：互联网上第一个网络广告诞生、利用互联网赚钱、搜索引擎诞生及其作用等，这些网络营销工具和方法，在此后 20 多年的时间内，一直是主流的网络营销内容。这些里程碑式的历史事件可以说明一个事实：1994 年对于网络营销的发展来说可以认为是奠基性的一年，因而可以认为网络营销诞生于 1994 年。

当然，对于网络营销诞生的准确时间，是难以明确界定的，只能通过对网络营销发展历程的回顾分析得出这样的结论。通过对当年这些互联网事件背后现象的分析也不难看出，网络营销得以产生和发展应具备以下基础条件。

（1）适合通过互联网传播的网络信息的内容及形式。

（2）有实用价值的互联网工具及一定数量的互联网用户。

（3）用户接收或浏览信息后可产生后续行动。

（4）网络信息的传播对网络信息发布者及浏览者都是有价值的。

互联网的发展表明，每一种具有信息传递功能的互联网应用，都具有一定的网络营销价值，因而都可能成为一种网络营销工具，并且可以出现相应的方法和规律。因此，互联网工具及其应用成为网络营销的基础条件之一，这也是为什么网络营销内容体系的形成与网络营销的工具和方法密不可分的原因。

此外，关于网络营销的概念，在英文中有不同的词汇，如 web marketing、internet marketing、online marketing、cyber marketing、net marketing 等，均表达相近的意思，即通过互联网实现的营销行为。根据本书作者个人的分析，web marketing 相对具体，尤其指基于 www 网站的网络营销，internet marketing 等其他词汇相对比较广义，泛指利用互联网开展的各种营销行为。例如，1995 年创建于美国的一个网络营销知识网站 web marketing today（www.webmarketingtoday.com），也采用“web marketing”一词来描述 internet marketing。由于网站在网络营销中的基础地位，本书作者倾向于用 web marketing 作为网络营销对应的英文词汇。也正是因为如此，本书作者创建于 2004 年的网络营销教学网站（域名为 wm23.com），其中的“wm”也就是“web marketing”的首字母缩写。同样，网络营销教学实践平台——网络营销能力秀网站（www.wm23.cn）域名也是基于这样的思路。[6]

## 1.1.2 中国网络营销的发展历程及特征

相对于互联网发展较早的美国，我国的网络营销大致诞生于 1997 年，大约滞后 3 年的时间。在 1997 年之前，国内的网络营销相对比较初级，尚未形成有影响力的网站及网络营销应用。巧合的是，本书作者创办的国内最早的原创内容网络营销个人站点之一——网上营销新观察（www.marketingman.net，创建于 1998 年），比美国最早的原创网络营销内容网站 web marketing today（创建于 1995 年）正好也滞后 3 年。

从 1994 年到 2016 年，我国的网络营销大致经历了五个发展阶段：传奇与萌芽阶段（2000 年前）、发展应用阶段（2001—2004 年）、市场形成和发展阶段（2004—2009 年）、网络营销社会化转变阶段（2010—2015 年），网络营销多元化与生态化阶段（2016 年后）。

我国网络营销发展阶段及特点如图 1-2 所示。下面给予简要介绍（其中第五个阶段将在本节后面内容介绍）。

| 2000 年前 | 2001—2004 年 | 2004—2009 年 | 2010—2015 年 | 2016 年后 |
| --- | --- | --- | --- | --- |
| ①传奇与萌芽 | ②发展与应用 | ③市场形成 | ④社会化转变 | ⑤多元与生态 |
| 网络营销传奇 | 网络营销服务 | 第三方服务 | 全员网络营销 | 渠道分散化 |
| 网站快速发展 | 企业网站建设 | 认识需求提高 | Web2.0 营销 | 信息社交化 |
| 电商平台出现 | 网络广告发展 | 服务专业化 | 社会化媒体 | 效果不确定性 |
| 网上零售开始 | Email 营销 | 网络营销资源 | 网上销售成熟 | 用户生态思维 |
| 企业上网服务 | 搜索引擎营销 | 新概念新方法 | 传统方法衰落 | 社会关系资源 |
| 搜索引擎影响 | 网上销售环境 | 社会化网络 | 移动营销崛起 | 用户价值营销 |

**图 1-2 我国网络营销的发展阶段及特点**

### 1.1.2.1 中国网络营销的传奇与萌芽阶段（2000 年前）

中国于 1994 年 4 月 20 日正式开通国际互联网，最初几年很多人可能根本不知道上网是怎么回事。网络营销在中国虽有一定的发展，但并没有清晰的网络营销概念和方法。1997 年之前，互联网在我国还仅有少数人了解，网络营销仅仅是有点传奇的色彩，而 1997—2000 年之间，网络营销开始进入萌芽期。

#### 1. 网络营销的经典传奇：山东农民网上卖大蒜

在早期有关网络营销的文章中，经常会描写某个企业在网上发布商品供应信息，然后接到大量订单的故事，给人造成只要上网就有滚滚财源的印象。其实，即使那些故事是真实可信的，但也都是在互联网上信息很不丰富的时代发生的传奇罢了。这些传奇故事是否存在我们姑且不论，即使的确如此，别人也无法从那些故事中找出可复制的、一般性的规律。因此，当时的所谓网络营销更多的是一些偶然现象。

由于无从考证中国企业最早利用互联网开展营销活动的历史资料，所以只能从部分文章中看到一些无法证实的细枝末节。例如，作为网络营销经典神话的“山东农民网上卖大蒜”，据现在可查到的资料记载，山东陵县西李村支部书记李敬峰上网的时间是 1996 年 5 月，所采用的网络营销方法为“注册了自己的域名，把西李村的大蒜、菠菜、胡萝卜等产品信息一股脑儿地搬上互联网，发布到了世界各地”。对这次“网络营销”所取得的成效的记载为：“1998 年 7 月，青岛外贸通过网址主动与李敬峰取得了联系，两次出口大蒜 870 吨，销售额 270 万元。初战告捷，李敬峰春风得意，信心十足。”[7]

可以说，在很大程度上，早期的“网络营销”更多地具有神话色彩，离网络营销的实际应用还有很远一段距离，何况无论学术界还是企业界，大多数人们对网络营销的概念都还相当的陌生，更不用说将网络营销应用于企业经营了。

在网络营销的传奇阶段，“网络营销”的基本特征为：概念和方法不明确，是否产生效果主要取决于偶然因素，多数企业对于上网几乎一无所知。因此网络营销的价值主要在于其对新技术新应用的新闻效应，以及对于了解和体验营销手段变革的超前意识。

**2．中国网络营销的萌芽：互联网网站快速发展**

1997—2000 年之间，中国互联网进入快速发展阶段，多个有重要影响力的网站相继诞生，并且至今仍是中国互联网领域有影响力的网站，如三大门户网站（新浪、搜狐、网易）、第一电商平台（阿里巴巴）、第一网上书店（当当网）、第一批企业上网服务商（万网、新网、中国频道）、第一网上聊天软件腾讯 QQ（最初叫 Oicq）等。同时，多种网络营销服务平台及网络营销模式也陆续出现并进入应用阶段。

根据中国互联网络信息中心（China Internet Network Information Center，CNNIC）发布的《第一次中国互联网络发展状况调查统计报告（1997 年 10 月）》的结果，1997 年 10 月底，我国上网人数为 62 万人，www 站点数约 1 500 个。虽然当时无论上网人数还是网站数量均微不足道，但发生于 1997 年前后的部分事件标志着中国网络营销进入萌芽阶段，如网络广告和 Email 营销在中国的诞生、电子商务的促进、网络服务（如域名注册和搜索引擎）的涌现等。根据 CNNIC 的调查统计，到 1999 年年底，我国上网用户人数已达 890 万人，www 站点数 15 153 个，互联网应用环境初具规模，多种网络营销模式出现，网络营销呈现出快速发展的势头并且逐步走向实用的趋势。

与我国网络营销密切相关的部分事件包括：

- 1995 年 4 月，第一家网上中文商业信息站点“中国黄页”开通，这是国内最早的企业信息发布平台，也让上网的企业了解了最基本的网络营销手段——发布供求信息，这种简易的网络营销方法一直为许多企业所采用。

- 1997 年 2 月，专业 IT 资讯网站 chinabyte 正式开通免费新闻邮件服务，到同年 12 月，新闻邮件订户数接近 3 万；1997 年 3 月，在 chinabyte 网站上出现第一个国内商业性网络广告（广告采用 468×60 像素的标准 BANNER）。
- 1997 年 5 月，网易网站发布。
- 1997 年 11 月，国内首家专业的网络杂志发行商索易开始提供第一份免费网络杂志，到 1998 年 12 月，索易获得第一个邮件赞助商，这标志着我国专业 Email 营销服务的诞生。
- 1998 年 4 月，搜狐网站诞生。
- 1998 年 10 月，新浪网发布。3721 网站诞生（提供中文快捷网址即后来的网络实名服务）。
- 1999 年 5 月，8848 电子商务网站诞生，曾是中国电子商务的标志。
- 1999 年 11 月，阿里巴巴 B2B 平台发布；腾讯 QQ 上线；当当网上书店发布。
- 1999 年 12 月，百度公司诞生。

……

值得说明的是，除了大型网站和专业网站的发展，对网络营销有直接促进作用的，还包括搜索引擎的重要影响。1997 年前后，除了中文雅虎之外，国内也出现了一批影响力比较大的中文搜索引擎，如搜狐、网易、常青藤、悠游中文、搜索客、北极星、若比邻、北大天网等，都是这个时期诞生的，并且为企业利用搜索引擎开展网络营销提供了最初的试验园地。后来随着门户网站的崛起和搜索技术的迅猛发展，尤其是 2000 年 Google 中文服务的开通以及百度搜索引擎的出现，使得一些早期的搜索引擎在 2000 年之后开始日渐衰退，其中有些已经销声匿迹，有些则经历业务转型或者专注于某些领域的搜索服务，但这些搜索引擎对网络营销的启蒙发挥了举足轻重的作用。期间诞生的百度搜索引擎则发展成为国内最有影响力的中文搜索引擎，此后对国内的搜索引擎营销一直发挥着不可替代的作用。

搜索引擎之所以对网络营销影响巨大，其原因在于，早期的一些网络营销从业人员和研究人员将网络营销主要理解为网址推广，其核心内容是将网站提交到搜索引擎上。当时的一些观点甚至认为，只要可以将网址登录到雅虎网站并保持排名比较靠前（根据雅虎网站所列目录的排名或者关键字搜索的结果），网络营销的任务就算基本完成，如果可以排名在第一屏幕甚至前五名，那么就意味着网络营销已经取得了成功。在当时网上信息还不很丰富的时候，雅虎作为第一门户网站，是大多数上网者查找信息的必用工具，能够在雅虎上占据一席之地，被用户发现的机会的确很大。这种主要依赖搜索引擎来进行网站推广的时代可称之为第一代传统网络营销。

#### 1.1.2.2 中国网络营销的应用和发展阶段（2001—2003年）

进入2000年后半年之后，经历了第一波互联网泡沫破裂，网络营销进入了实质性的应用和发展时期。它的主要特征表现在六个方面：网络营销服务市场初步形成，企业网站建设成为企业网络营销的基础网络广告形式和应用不断发展，Email营销在困境中期待曙光，搜索引擎营销向深层次发展，网上销售环境日趋完善。

**1．网络营销服务市场初步形成**

2001年之后，一方面，以“企业上网”为主要业务的一批专业服务商开始快速发展，域名注册、虚拟主机和企业网站建设等成为网络营销服务（实际上是广义的网络营销服务）的基本业务内容；其他比较有代表性的网络营销服务包括大型门户网站的分类目录登录、专业搜索引擎的关键词广告和竞价排名、供求信息发布等。另一方面，以出售收集邮件地址的软件、贩卖用户邮件地址、发送垃圾邮件等为主要业务的“网络营销公司”也在悄然发展，成为网络营销服务健康发展信息的噪音。

**2．网站建设成为企业网络营销的基础**

根据中国互联网信息中心的统计报告，2001、2002、2003年我国的www网站数量分别为242 739个、293 213个、473 900个，其中绝大多数为企业网站。企业网站数量在快速增长，这也反映了网站建设已成为企业网络营销的基础。

**3．网络广告形式和应用不断发展**

从2001年开始，网络广告从表现形式、媒体技术等多方面开始发生变革，如广告规格尺寸不断加大、表现方式更加丰富多样、通过网络广告可以展示更多的信息等。

**4．Email营销在困境中期待曙光**

Email营销是国内较早诞生的一项网络营销专业服务，自1997年诞生以来一直没有在网络营销服务市场占据重要地位，受到对市场不成熟、垃圾邮件的冲击、服务商的屏蔽等多种问题的困扰，但Email营销的重要性依然存在，期待更加规范的市场环境及用户认识的提升。

**5．搜索引擎营销向深层次发展**

搜索引擎注册一直是2000年前后网站推广的主要手段，从2001年后半年开始，国内的主要搜索引擎服务收费商陆续开始了收费登录服务，登录搜狐分类目录开创了收费的先河，引领国内搜索引擎营销进入付费阶段。部分搜索引擎广告也开始出现，为搜索引擎营销带来了更大的想象空间。

**6．网上销售环境日趋完善**

建设和维护一个电子商务功能完善的网站并非易事，不仅投资大，还要涉及网上支付、网络安全、商品配送等一系列复杂的问题。随着一些网上商店平台的成功运营，网上销售产品不再复杂了，电子商务不再是网络公司和大型企业的特权，而逐渐成为中小企业销售产品的常规渠道。尽管当时的在线销售额还不高，但是对于网上销售的信心和前景仍然具有十分重要的意义。

#### 1.1.2.3　中国网络营销服务市场的高速发展阶段（2004—2009 年）

2004 年之后的中国网络营销的主要特点表现在：网络营销服务市场快速增长，新型网络营销服务不断出现；企业对网络营销的认识和需求层次提高；搜索引擎营销呈现专业化产业化趋势；更多有价值的网络资源为企业网络营销提供了新的机会；新型网络营销概念和方法受到关注。

**1．网络营销服务市场快速增长，新型网络营销服务不断出现**

经过几年的发展，企业网络营销已经具备一定的基础，到 2004 年 6 月底，我国 www 网站数量达到 626 600 个（数据来源：CNNIC 第 14 次调查统计报告），上网人数 8 700 万人，网络推广、网上销售、网上购物等已成为用户常用的网络服务内容。用户数量的快速增长与企业网络营销应用的发展，推动了网络营销服务市场规模不断扩大，同时，网络营销服务产品类别也在不断增加。除了传统的域名注册、网站建设等基础服务之外，网络推广产品如 3721 中文网址（后曾更名为“网络实名”，2003 年被中国雅虎收购，2005 年 8 月阿里巴巴收购中国雅虎，其中包括 3721 公司全部资产，网络实名于 2009 年初退出市场）、百度搜索引擎关键词广告（竞价排名）等开始快速扩张，成为企业付费网络推广的主要方式。同时，传统的门户网站网络广告等也在持续高速发展。值得关注的领域还包括网络营销管理工具（如网站访问统计分析系统、实时在线服务工具等）、专业的网络营销顾问咨询服务、网络营销培训等也逐步为企业所接受。

**2．企业对网络营销的认识和需求层次提高**

经过众多网络营销服务企业几年的努力，国内网络营销服务市场逐渐走向成熟，企业对网络营销综合服务有明显增加的趋势，而不仅仅是建网站或购买独立的网络推广产品。以搜索引擎推广为例，随着企业对网站推广效果的进一步提高，企业更需要的是基于搜索引擎优化的自然搜索和付费搜索引擎广告相结合的方式，而不仅仅是购买搜索广告。

值得一提的是，本书作者出版于 2004 年的《网络营销基础与实践（第 2 版）》首先提出并积极倡导的系统的网站优化的思想在这期间逐渐为企业所认识，并且在后期对网站专业性及网络营销综合效果的整体提升发挥了巨大作用。

**3．搜索引擎营销呈现专业化、产业化趋势**

2009 年之前，正处于以流量为主导的企业网络营销时期，搜索引擎营销是这一时期中最具主导的网络推广方法。经过几年的发展，传统的登录免费搜索引擎等简单初级的推广手段已经不适应网络营销环境，搜索引擎服务提供商适时地推出如关键词竞价广告、内容关联广告等产品（如百度的主题推广和搜狗的搜索联盟等），进一步增加了搜索引擎营销的渠道，并且扩展了搜索引擎广告的投放空间。对于企业营销人员来说，这意味着开展搜索引擎营销需要掌握的专业知识更加复杂，如对于网站优化设计、关键词策划、竞争状况分析、推广预算控制、用户转化率、搜索引擎营销效果的跟踪管理等。

搜索引擎营销已经逐渐发展成为网络营销知识体系的一个专业分支。搜索引擎营销的专业性提高也为专业的搜索引擎营销服务商提供了发展机会。搜索引擎优化公司和搜索引擎广告代理公司在2005年前后持续涌现，并在各自领域发展出了一批有影响力的公司。搜索引擎营销的产业化趋势逐渐形成。

**4．更多有价值的网络资源为企业网络营销提供了新的机会**

随着互联网经济的再度火热，出现了越来越多的网络营销资源，其中包括可用的免费推广资源以及网络营销管理服务，如免费网络分类广告、网上商店平台、博客平台、免费网站流量统计系统等。网络营销资源的增加不仅表现在免费资源的数量，同时也表现在网络营销资源可以产生的实际价值方面。例如，领先的B2B电子商务平台通过与搜索引擎营销策略相整合，为潜在用户获取B2B网站中的商业信息提供了更多的机会，从而提高了B2B电子商务平台对企业网络营销的商业价值，也使得B2B电子商务打破了原有的只有付费会员登录才能获取商业信息的局面。在这方面，阿里巴巴、慧聪等行业领先者已经取得了突破性进展。这些更有价值的网络推广资源扩展了网络营销信息传递渠道，增加了中小企业网络营销的成功机会。

**5．新型网络营销概念和方法受到关注**

自2004年以来，Web2.0思想逐渐被认识，随之出现了一些新的网络营销概念和方法，如博客（BLOG）营销、社会性网络服务（Social Networking Services，SNS）营销、网络分享等，这些新型网络营销方法正逐步为企业所采用。自从2002年“博客”概念在国内出现以来，博客已经成为互联网上非常热门的词汇之一。国内不仅出现了一批有影响力的中文博客网站，而且利用博客来开展网络营销的实践尝试早已开始，部分博客网站开始提供企业博客服务，一些企业也开始将博客引入企业官方网站中，开设企业自己的博客，为企业网络营销增加了新的模式和新的机会。

事实上，到2008年之后，博客营销已经成为国内企业网络营销的主流方法之一，其他Web2.0营销如基于开放式在线百科平台的WIKI营销和问答式社区营销等也逐步为企业所了解，出现了网络营销社会化的萌芽。这些社会化网络服务的应用，也为网络营销进入社会化阶段打下了基础。

#### 1.1.2.4 中国网络营销的社会化转变阶段（2010—2015年）

“网络营销社会化”是本书作者在1999年7月11日于西安召开的第二届中国网络营销大会上提出的观点：“网络营销社会化的表现是网络营销从专业知识领域向社会化普及知

识发展演变，这是互联网应用环境发展演变的必然结果，这种趋势反映了网络营销主体必须与网络环境相适应的网络营销社会化实质。需要说明的是，网络营销社会化并不简单等同于基于 SNS 的社会化网络营销，社会化网络营销，只是网络营销社会化所反映的一个现象而已。”[8] 正是由于网络营销社会化趋势，加之移动互联网对社会化网络营销的促进，网络营销逐渐从流量导向向粉丝导向演变，尤其是微博、微信等移动社交网络的普及，为粉丝经济环境的形成提供了技术和工具基础。

以网络营销社会化为基本特征，这个阶段的网络营销大致可归纳为以下六个方面的特点。[9]

**1．网络营销开始向全员网络营销发展**

博客营销形式灵活多样，Web2.0 人人皆可参与，这些互联网服务为全员网络营销奠定了技术基础和思想基础。事实上企业的每个员工乃至每个合作伙伴或者顾客都直接或者间接对企业的网络营销产生着正面或者负面的影响，每个人都成为网络营销的组成部分。全员网络营销的影响将是持久而深远的。本书在后续内容社会化网络营销中将对此有详细的介绍。

**2．不断出现基于 Web2.0 的网络营销平台**

在传统网络营销如搜索引擎营销、网络广告、网络会员制营销广泛应用的同时，开放式在线百科（WIKI）平台营销、问答式（ASK）社区营销、文档分享等多种形式的 Web2.0 应用平台为企业开展网络营销提供了平台和工具，使得网络营销的形式更加丰富多彩。这意味着网络营销的内容和方法更加庞大，企业开展网络营销的竞争也更为激烈。

**3．社会化媒体网络营销蓬勃兴起**

在 2009 年年初，大家对微博的了解可能还很少，但到了 2012 年之后，微博几乎与 QQ 等网络工具一样成为上网用户必不可少的互联网应用之一。这个阶段社会化网络服务（SNS）蓬勃发展，出现了一批有代表性的 SNS 网站，如人人网、开心网、新浪微博、腾讯微博等等。以微博营销为代表的 SNS 营销也成为 2010 年之后最热门的网络营销分支领域之一，其应用普及速度远远高于当年的博客营销，成为“粉丝经济”的典型标志，也为后期微信营销的快速扩展培养了用户基础。

**4．网络营销与网上销售的结合日益紧密**

如果说早期的网络营销以网络宣传、品牌推广为主，那么进入 21 世纪第二个十年，网上销售已经成为网络营销要求的必然结果之一，尤其是淘宝、京东等网上商店平台的影响力巨大，吸引了大量企业和个人利用淘宝或天猫开设企业的网上专营店和旗舰店，让企业的网络营销与在线销售结合的更加紧密。同时，大量企业开设建设自己的网上商城，消费者可通过企业官方网站而不是第三方 B2C 网站平台实现在线购买。在这方面，航空公司的机票在线购买、酒店行业的网上预定，以及部分消费类电子产品企业及品牌服装企业的网上直销等都显现出勃勃生机。这标志着真正的企业电子商务时代的到来。另外，这一阶段轰轰烈烈的团购电子商务模式如雨后春笋，也显示出电子商务环境已经基本成熟。

**5．部分传统网络营销模式逐渐被冷落**

由于营销人员对新型网络营销资源的关注，使得部分传统网络营销模式的受关注程度降低，如B2B电子商务平台，逐渐被用户冷落；曾作为网站推广主要方法的搜索引擎优化（SEO）也不再是主流；微博出现之后，博客的被关注程度有一定的弱化；微信的出现则对微博又有一定的影响。随着越来越多网络营销工具的出现，部分传统网络营销模式受到冷落也在情理之中，毕竟企业无法在所有的领域都投入充足的资源来开展网络营销，关注当前的热点是很多企业的选择。

**6．移动网络营销的重要性不断增长**

2009年之后智能手机很快得到普及，移动网络营销的便利性和即时性得到充分体现，移动网络营销对传统PC网络营销不仅仅是补充，同时又开拓了一个全新的网络营销领域，诞生了很多基于手机的网络营销方法，如微信公众号及各种APP等，为网络营销带来了巨大的发展空间。

中国网络营销仍处于快速发展中，还有更多的问题值得深入研究和探索。接下来从网络营销发展历程中的革命性变化及网络营销思维模式的演变路径对网络营销的发展规律和趋势作进一步的分析。

### 1.1.3 网络营销发展历程中的三次革命

通过对国内外网络营销诞生及发展阶段的梳理，可以发现在网络营销诞生后的20（1994—2014）年发展历程中，由于互联网技术和应用的发展，网络营销经历了若干重要的历史阶段，其中三个重要的历史时期，成为网络营销的革命性标志。本书将其归纳为**网络营销的三次革命**。[10]

第一次革命，网络信息展示与获取的搜索技术革命（2000年前后）。

第二次革命，网络信息发布与传播的网络可见度革命（2006年前后）。

第三次革命，移动网络营销及背后的信息可信度革命（2014年前后）。

网络营销三次革命的大致时间和要点如图1-3所示。

网络营销三次革命的划分，是对网络营销发展历程的回顾和总结，通过互联网的重大发展对网络营销的影响，可以分析网络营销随互联网发展演变的规律，从而把握网络营销的大方向。下面对引发网络营销三次革命的因素及意义做简要分析。

**1．网络营销的第一次革命（2000年）：网络信息展示与获取的“搜索技术革命”**

前面介绍过，2000年之前搜索引擎登录是网站推广的主要手段，其中雅虎是最重要的搜索引擎，是用户访问网站的主要门户。早期的雅虎事实上属于分类目录，即类似于目前的网址导航网站，通常仅收录网站的首页，而不是收录所有的网页内容，这就决定了用户对网站的访问通常只能从分类目录收录的网站首页进入。

（1）网站登录分类目录的流程与问题

当年网站登录雅虎搜索引擎的基本流程是：网站管理员登录雅虎网站的提交网址入口，填写网站名称、网址和网站简介（30 字左右），然后就只能被动地等待搜索引擎审核结果。网站是否会被收录，以及何时收录，站长都无法知道。

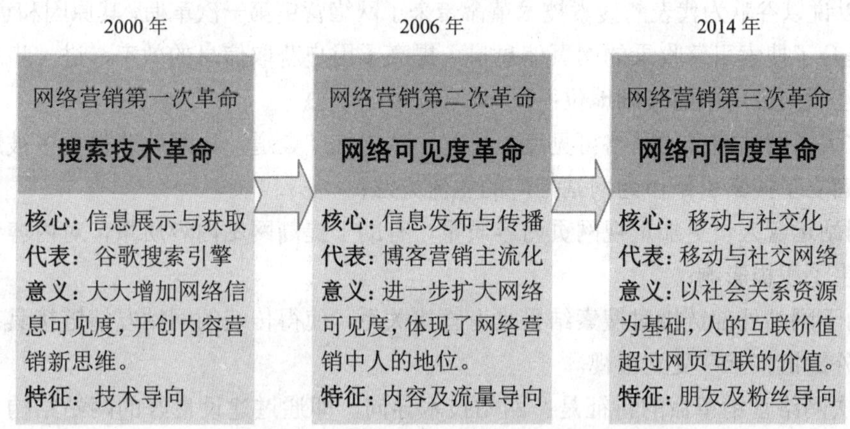


**图 1-3　网络营销的三次革命示意图**

同期还有其他一些分类目录，网站登录流程与雅虎大致类似，只是在审核标准、审核方式等方面有一定差异。因此在这种环境下，网站登录搜索引擎是一件艰难的工作。是否有办法将网站快速登录到所有的搜索引擎呢？当时甚至出现了一些代理登录的业务，利用自己的经验帮网站管理员向搜索引擎提交信息。为了减少人工劳动，尽可能多地登录各个搜索引擎，当时还出现了一些“搜索引擎登录软件”，声称可以将网站登录到全球数千个搜索引擎。事实上真正有影响力的搜索引擎数量并不多，且需要经过严格的人工审核，因此靠软件登录的结果可想而知。

据统计，大约有 50%的网站访问者并非通过主页进入网站，而是通过其他页面直接进入，为增加搜索结果的曝光率，就需要将尽可能多的网页登录到搜索引擎。在分类目录中，由于网站分类登记需要由操作人员审核并通过手工处理，虽然从理论上说可以将一个网站的所有页面全部提交给分类目录，但是实际上是不可能的，不仅要占用营销人员的大量时间和精力，而且，也可能会受到搜索引擎管理人员的拒绝。由于第一代搜索引擎（分类目录）收录网站速度慢且数量有限，对网站推广造成了一定的制约。

因此，以谷歌为代表的第二代搜索引擎（也称为技术性搜索引擎）得到迅速发展，逐渐超越了基于人工审核的分类目录型搜索引擎。谷歌诞生于 1998 年，谷歌中文搜索获得广泛应用开始于 2000 年（当时尚未启用中文名称）。这种技术型搜索引擎真正提供了“将每个网页提交给搜索引擎”的机会。事实上，根本无需人工提交网站的信息，谷歌甚至可以通过网页链接关系把一个网站的所有网页都收录到数据库中，这也就意味着，每一个网页都可能直接带来访问量。可以推测，技术性搜索引擎的发展，使得“传统网络营销走向没落”。[11]

（2）网络营销第一次革命的意义

之所以说以谷歌为代表的搜索技术革命带来了网络营销第一次革命，其原因和意义在于：

① 提升了搜索引擎收录的网页信息量，提高了用户获取信息的效率，进一步增强了搜索引擎在互联网应用中的基础地位；

② 扩大了网站信息的网络可见度，扩宽了网络推广渠道，让网站获得更多被用户访问的机会，确立了搜索引擎作为网站推广的主流方法；

③ 网站运营人员更加重视网页内容质量，有助于提高网站内容质量，对内容营销思想的诞生产生了积极影响；

④ 由于网站外部链接对搜索结果具有直接关系，使得传统的网站友情链接具有更重要的意义，外部链接推广受到重视。

第一次网络营销革命的特征是：网站技术导向，即通过建设良好的网站结构、优质的内容和高质量的外部链接，便可以通过搜索引擎带来较高的访问量。这种导向成为搜索引擎优化思想的萌芽。当然，这种技术导向的搜索引擎，也为随之出现的“搜索引擎导向的网络营销”提供了机会。由于利益驱动，一些用户投机取巧，针对搜索引擎制造内容和外部链接从而获取访问量，产生了大量的垃圾网页信息，降低了搜索引擎搜索结果的质量，影响用户获取有价值的信息。搜索引擎技术和搜索引擎作弊的斗争，成为一项持续进行的工作。

**2. 网络营销的第二次革命（2006 年）：网络信息发布与传播的“网络可见度革命”**

技术型搜索引擎第一次大规模提高了网站的信息可见度，开创了基于网站内容进行的网络营销时代，促进了网站建设及网络推广的发展，也为网络营销带来了更大的期望目标。由于网站访问量与网页数量成正相关，因此增加网页数量成为搜索引擎营销的必然选择。

但是作为网站运营人员，或者企业营销人员，创作网页内容毕竟是有限的，也就是说，网站内容营销有一定瓶颈：如何不断增加网页数量呢？以 blogger.com，twitter.com 等为代表的社会化网络让网页数量及传播模式再上一个台阶，从而引发网络信息可见度的革命，这是网络营销发展史上的第二次革命。

（1）关于 blogger.com 和 twitter.com

blogger.com 创建于 1999 年 8 月，是全球第一批专用于博客发布的工具之一，真正开始流行开始于 2002 年，被公认对推广博客有重要贡献。2003 年，谷歌公司收购了 blogger 网站，实现了全面免费试用，进一步促进了 blogger 的发展。[12]

在博客之后，微博客也开始出现。被认为是下一代博客的微博客推特（Twitter）于 2006 年 7 月正式向公众开放，前身为约成立于 2005 年的 Odeo 播客平台，blogger.com 的创始人埃文·威廉姆斯（Evan Williams）是 Odeo 早期的投资人之一，后来成为 twitter.com 的 CEO。[13]

（2）blog 及微博在中国

blog 在我国内地译为“博客”（台湾地区译为“部落格”），而 blogger 则为写博客的人，有时两者也不加区分，统称为博客。博客在国内兴起于 2002 年，2004 年之后开始普及，2006 年前后博客营销开始进入主流。国内最早的博客网站是博客中国（blogchina.com），该网站创始人方兴东曾在 2001 年为《网络营销基础与实践》（第 1 版）做封底推荐。

微博客，简称微博。2007 年之后中国开始陆续诞生微博网站，但都因为种种原因未能大规模发展，直到 2009 年 9 月新浪微博开始，微博才正式进入主流应用。

（3）网络营销第二次革命的意义

**博客的发展对网络营销的贡献**主要表现在以下四个方面。[14]

① 个人用户发布信息变得简单，不再需要建个人网站，也无需懂网页制作技术，任何人都可以通过博客免费在网上发布及管理信息，极大地丰富了互联网的信息。

② 通过第三方博客平台，扩展了企业官方网站内容的发布渠道，有利于扩大企业信息的网络可见度。

③ 由于每个人都可以成为网络信息的制造者，企业每个员工都可以为企业网站贡献内容，大大增加了网页内容数量，使得企业信息网络可见度实现爆发式增长，在一定程度上实现全员营销。

④ 与第一次网络营销革命基于搜索引擎技术的特征相比，网络营销第二次革命则开始重视人的因素，体现了人（尤其是全体企业员工）在网络营销中的重要性。

总之，博客及微博客对于内容营销发挥了巨大的推动作用，同时也为网络营销社会化奠定了用户基础。以博客及微博客为标志的第二次网络营销革命，使得内容营销发挥出更大的威力。

### 3. 网络营销的第三次革命（2014 年）：移动网络营销背后的“信息可信度革命”

根据 CNNIC《第 36 次中国互联网络发展状况统计报告》的数据，到 2015 年 6 月，中国网民规模为 6.68 亿人，网民中使用手机上网的人数占 88.9%（5.94 亿人）。可见，全民移动上网时代已经到来。与此相对应的是，网络营销的移动化革命也在迅速发展之中。但移动化本身并不能称为革命，更重要的是移动背后的本质。

现在微博、微信、QQ 空间等社交化网络是大部分用户每天必不可少的获取信息的工具，无论通过 PC 还是智能手机，都可以及时获取所关注的朋友圈的信息。移动化、社交化是自 2009 年之后互联网发展的典型特征，其中尤其以微博、微信、QQ 空间等应用为代表。以微信为例，到2004年年底，微信用户数量达到5亿，2015年6月底为6亿，成为移动社交用户数量最多的服务，基于微信朋友圈和粉丝关注公众号的微信营销在移动网络营销中具有举足轻重的地位。

从传统PC网络营销到手机移动网络营销，用户获取信息的方式发生了显著变化，不仅仅是获取信息的设备变化，更重要的是获取信息的行为。传统PC互联网用户获取信息往往是通过浏览器开始进入某个网站，或者利用搜索引擎搜索到达目标网站浏览，在这个过程中，浏览器发挥着信息传输的基本作用，这也就意味着，信息是以网页的形式存在和浏览的。而通过手机上网，更多的用户是通过移动社交软件开始浏览信息，如微信、微博等，信息来源可能是朋友转发的，可能是手机客户端推送的，其形式与传统网页有较大的区别，每个朋友、每个关注对象都可能成为信息源及信息的传播渠道。

（1）什么是网络信息可信度

简单来说，网络信息可信度就是人们对网络信息来源的信任程度。一般来说，人们倾向于通过可信任的渠道获取信息，这是通过移动社交网络获取信息的基础。这说明仅仅把信息发布在官方网站或第三方网站平台上是远远不够的，还需要通过社会关系资源进行传播，也就是说，网络信息传播渠道从传统的网站，转变为通过用户社交网络进行传播和再传播，使得信息传播速度更快，传播范围更广，这与扩大网络可见度即可增加访问量的模式有着显著的区别。

基于网络可信度的网络营销对传统网络营销模式带来巨大的变革，因此移动网络营销背后的网络信息发布与传播革命被称之为网络营销的第三次革命。

（2）网络营销第三次革命的意义

从网络可见度到网络可信度的网络营销革命，其意义主要表现在以下四个方面。

① 揭示了移动网络营销与传统网络营销差异背后用户信息发布与传播规律的本质区别，有利于把握网络营销发展的方向。

② 反映了网络营销思想从企业人员群体到社会关系网络的演变，因而社会关系资源与网站资源一样成为重要的网络营销资源。

③ 从传统互联网以网站/网页的超级链接为基础，发展到移动互联网用户的社交关系连接，从全员网络营销到全员价值营销，人的互联价值超过了网页互联的价值，体现出人在网络营销中的核心地位。

④ 有利于规范网络营销环境，减少垃圾信息的影响，提高信息质量，基于用户许可的内容营销价值得以充分体现。

可见，以网络可信度为核心的网络营销第三次革命，让内容、用户、价值紧密结合，使得以用户价值为核心的网络营销理念得以体现。

当然，网络营销的第三次革命的结论还有待实践及时间的检验。同时，对于第三次革命时间节点的选择是以 2015 年作为起点，还是自移动互联网快速发展的 2012 年已经开始，或者在 2016 年之后的某个点才真正到来，也都有待几年后再做检验。此外，任何阶段所谓的传统营销、新营销、营销革命，都是相对而言，都是阶段性的，目前一切最新的、主流的方法，最终都将进入传统行列，甚至成为被人遗忘的历史。

## 1.1.4 网络营销发展趋势探讨：生态化与多元化（2016 年后）

从前面有关中国网络营销的阶段分析及三次革命可以看出，目前的网络营销处于快速发展演变时期：从应用环境来看，新的网络营销平台和资源不断涌现；从网络营销方法来看，传统 PC 网络营销与移动网络营销方法日益融合，移动网络营销方法渐成主流；从网络营销指导思想来看，流量和粉丝地位同样重要，同时又都具有进一步发展演变的趋势。

简单归纳起来，2016 年后几年的网络营销发展趋势主要体现在两个层面：网络营销思维生态化，网络营销环境多元化。

### 1.1.4.1 正在形成的网络营销生态化思维

根据网络营销的发展历程分析，每个重要的历史阶段，都会伴随相应的指导思想和思维模式。网络营销的思维模式大致经历了四个层次：技术思维（2000 年前）、流量思维（2000—2009 年）、粉丝思维（2010—2014 年）、生态思维（2015 年后）。如图 1-4 所示。[15]

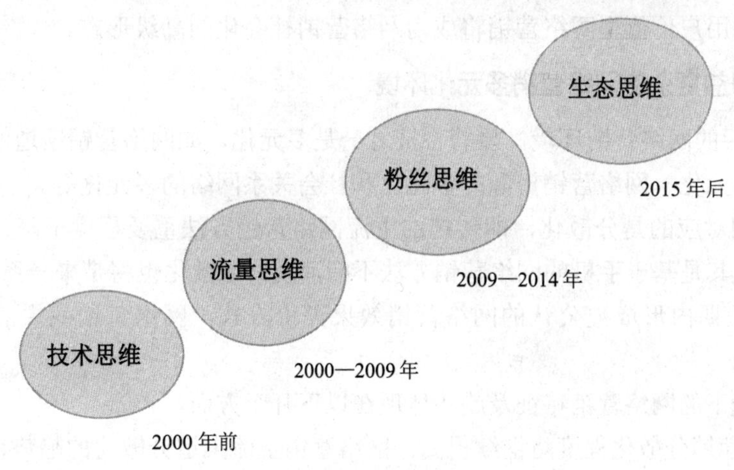


**图 1-4　中国网络营销思维模式的演变**

资料来源：互联网+时代的网络营销，冯英健，2015 年 7 月 30 日，中国网络营销大会。

**1. 关于网络营销思维模式的简要说明**

（1）技术思维：以技术为导向，注重网站及推广的技术本身。

（2）流量思维：以网站访问量为目标，这也是网站运营的核心目标。

（3）粉丝思维：获取尽可能多的粉丝关注，向粉丝传递网络营销信息。

（4）生态思维：以用户关系网络的价值体系为基础设计网络营销战略。

### 2. 关于网络营销生态思维的核心思想

网络营销第二次革命诞生了全员网络营销的理念和方法，并且向网络营销社会化迈出了重要的一步，进而形成了网络营销粉丝思维。在这个阶段，与流量思维相比，人的重要性进一步突出，并且逐渐从企业员工发展到整个社会关系网络，网络营销的导向是通过集聚粉丝资源，通过向粉丝传递网络信息及粉丝的再次传播，实现网络信息传递的放大效应，从而获得网络营销的价值。但总体来说，粉丝思维属于单向价值模式，即基本出发点是用户为企业创造价值。

网络营销的生态思维是对粉丝思维的发展，其核心思想是：在吸引粉丝关注的基础上，进一步建立用户之间、用户与企业之间的价值关系网络，明确用户之间的关联关系及用户价值体现，使得用户成为企业价值链的组成部分，通过社会关系网络互联及全维度价值传递，从而最大化实现用户价值。因此，网络营销的生态思维可简单描述为用户价值型网络营销。本书后续内容“生态型网络营销”对此有详细分析。

网络营销生态思维与企业生态思维、行业生态思维等都有一定的共性，同时又有特定的含义，在企业生态中，注重产品系列的关联，网络营销生态思维的重点在于用户价值的关联关系。预计用户价值型网络营销将成为网络营销社会化的高级形态。

#### 1.1.4.2 日益复杂的网络营销多元化环境

2016 年之后的网络营销环境，显著特征之一是多元化，如网络营销渠道的多元化、网络营销方法的多元化、网络营销资源的多元化和社会关系网络的多元化等。

与多元化相对应的是分散化，即传统的主流网络营销方法重要程度下降，多种新型网络营销方法，尤其是基于手机的网络营销方法不断涌现。分散化也将带来一系列新的问题，例如，难以在短期内形成被公认的网络营销效果评价方式，网络营销效果的不确定性增加等。

多元化环境下的网络营销特征及趋势体现在以下几个方面。

（1）网络营销分散化程度将继续提高。网络营销主流渠道分散化的趋势，从 2009 年已经开始表现出来，正好与社会化网络及移动网络营销的发展同步，移动网络营销进一步加剧了网络营销分散化。

（2）网络营销的融合化将提速。2014 年之后，网络营销进入网络可信度与网络可见度融合的阶段，预计 2016—2018 年之间 PC 网络营销与移动网络营销的融合速度将越来越快，融合程度也越来越高。

（3）内容营销将进入高级阶段。传统的内容营销形式如许可 Email 营销、博客营销、微博营销等，在移动互联网环境下将不断发展演变，从内容形式及营销模式方面将继续创新，以用户价值为核心的理念进一步得到体现。

（4）网络营销思想及策略不断升级。基于网络营销生态思维的用户价值营销策略将在实践中不断完善，网络营销思想的层次也将在实践中进一步提升。

## 1.2　网络营销的定义：经典及创新

前面的介绍中已经多次出现了网络营销以及部分网络营销方法的概念，但是对于什么是网络营销还没有一个确切的描述。事实上，网络营销已经成为一种常识性的术语，对常识性概念下定义反而更加不容易。

与许多新兴学科一样，“网络营销”目前同样不仅没有一个公认的、完善的定义，而且在不同时期、从不同的角度对网络营销的认识也有一定的差异。这种状况主要是因为网络营销环境在不断发展变化，各种网络营销模式不断出现，并且网络营销涉及多个学科的知识，不同研究人员具有不同的知识背景，因此在对网络营销的研究方法和研究内容方面有一定差异。

从网络营销的内容和表现形式来看，有些人将网络营销等同于网上销售产品，有些则把一些网络技术和网络基础服务内容认为是网络营销，也有些人只将网络推广认为是网络营销。还有一种看起来比较客观的说法：网络营销就是“网络+营销”，网络是手段，营销是目的。应该说，这些观点都从某些方面反映出网络营销的部分内容，但并没有完整地表达出网络营销的全部内涵，也无法体现出网络营销的思想和实质。为了研究的规范性，并且对网络营销有全面的认识，有必要为网络营销下一个比较合理的定义。

笼统地说，凡是以互联网为主要手段开展的营销活动，都可称为网络营销（有时也称为网上营销、互联网营销等，港台地区则多称为网路行销），但实际上并不是每一种手段都合乎网络营销的基本准则，也不是任何一种方法都能发挥网络营销的作用。本书以企业实际经营为背景，以网络营销实践应用经验为基础，系统地研究网络营销的理论和方法，其目的在于网络营销的实用化，让互联网在企业经营中真正发挥其应有的作用。因此，真正意义上的网络营销，应该具有其内在的规律性，可以为营销实践提供指导，可以产生实实在在的效果，并且具有可操作性。

《网络营销基础与实践》第 1～4 版（2001—2015 年）将网络营销定义为：“网络营销是企业整体营销战略的一个组成部分，是为实现企业总体经营目标所进行的，以互联网为基本手段营造网上经营环境的各种活动。”

由于近年来网络营销的思想及环境发生了许多重大变化，因此本书对这一沿用了15年的网络营销经典定义给出了重新定义。

**网络营销定义（2016年）**：网络营销是基于互联网络及社会关系网络连接企业、用户及公众，向用户及公众传递有价值的信息和服务，为实现顾客价值及企业营销目标所进行的规划、实施及运营管理活动。

与2015年之前传统的网络营销定义相比，**网络营销定义（2016年）**具有以下新的特点。

（1）体现了网络营销的生态思维。网络营销以互联网为技术基础，但连接的不仅仅是电脑和其他智能设备，更重要的是建立了企业与用户及公众的连接。连接成为网络营销的基础。

（2）突出了网络营销中人的核心地位。通过互联网建立的社会关系网络，核心是人，人是网络营销的核心，一切以人为出发点，而不是网络技术、设备、程序或网页内容。

（3）强调了网络营销的顾客价值。为顾客创造价值是网络营销的出发点和目标，网络营销是一个以顾客为核心的价值关系网络。

（4）延续了网络营销活动的系统性。网络营销的系统性是经过长期实践检验的基本原则之一。网络营销的内容包括规划、实施及运营管理，而不仅仅是某种方法或某个平台的应用，只见树木不见森林的操作模式是对网络营销的片面认识。

可见，网络营销不仅仅是“网络+营销”。网络营销既是一种手段，同时也是一种思想。

有必要说明的是，网络营销的内涵和手段都在不断发展演变中，与以前的网络营销定义一样，“网络营销定义（2016年）”可能也只适用于一定的时期，随着时间的推移，这种定义可能显得不够全面，或者不能够反映新时期的实际状况。因此，不要把网络营销理解为僵化的概念，也不必将本书中所介绍的网络营销方法作为固定的模式去照搬，而是需要根据网络营销环境的发展，在具体实践中根据本企业当时的状况灵活运用。

## 1.3 网络营销研究的层次分析

根据作者的研究，到目前为止，网络营销的研究可归纳为以下三个层次。

第一层次，网络营销的职能体系。

第二层次，网络营销的信息传递。

第三层次，网络营销中的顾客价值。

这三个层次形成了相互关联的网络营销研究层次，分别解释了网络营销的职能范围、网络营销的一般指导思想以及网络营销的最终价值。本节介绍基于网络营销层次分析的网络营销体系结构模型，以及对三个层次的解释。

## 1.3.1 网络营销体系的人体结构模型

网络营销的三个层次，分别属于网络营销的战术、策略以及战略层面，解释了网络营销的研究内容、方法及意义。下表对网络营销的三个层次进行了简单的比较（见表 1-1）。

**表 1-1　网络营销研究的三个层次比较**

| 名　　称 | 研究内容 | 研究方法 | 研究意义 | 研究层次 |
| --- | --- | --- | --- | --- |
| 网络营销职能体系 | 企业为什么要做网络营销 | 网络营销工具和操作方法 | 明确网络营销的范畴，对网络营销管理及效果评价具有指导意义 | 网络营销应该包含的内容及实现手段。属于战术层次 |
| 网络营销信息传递 | 网络营销如何做才更有效 | 网络营销策略制定与实施 | 将分散的网络营销方法归纳为一般规律和原则 | 实现网络营销的策略及一般原则。属于策略层次 |
| 网络营销顾客价值 | 网络营销的目标和原则（价值观） | 网络营销因素分析法 | 坚持正确的网络营销方向，实现可持续发展 | 网络营销的指导思想和方法论。属于战略层次 |

将网络营销研究三个层次的关系用图形表示，可以发现，三者的组合构成了在互联网环境中的一个“人体结构”的组成部分（见图 1-5）。

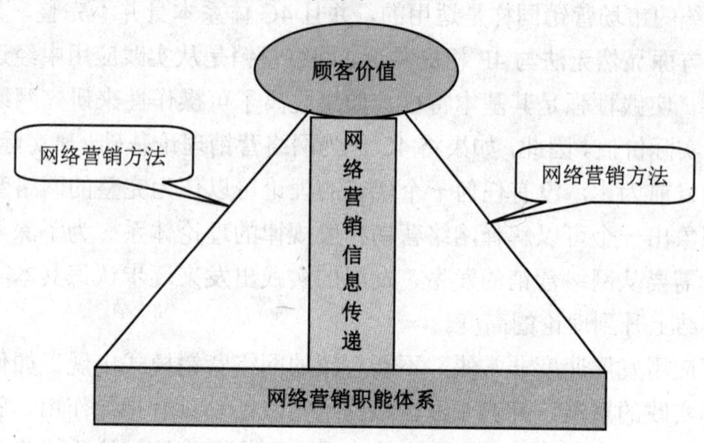


**图 1-5　网络营销体系的人体结构模型示意图**

第一部分：网络营销职能体系，构成了“人体”的基础，是网络营销的战术层次，解释了企业为什么要开展网络营销。

第二部分：网络营销信息传递，构成了“人体”的躯干，是网络营销的策略层次，是网络营销的核心工作，也是实现顾客价值的支撑体系。

第三部分：网络营销顾客价值，构成了“人体”的头部，是网络营销的战略层次，体现了网络营销的最终目标。

此外，作为与三个部分都相关的支撑部位，即贯穿整个网络营销活动各个层面中的网络营销方法，则可用“人体”的双臂来表达。

为了形象地描述网络营销三个研究层次之间的关系，这里将网络营销的层次关系称为“网络营销体系的人体结构模型”。这一模型是本书内容体系结构设计的基础。

## 1.3.2 网络营销的职能体系

在传统的市场营销中，产品、价格、销售渠道和促销（4P）被称为营销组合，也是整个市场营销学的基本框架。作为市场营销的一个分支领域，网络营销的研究也希望能够借鉴这种研究思路来勾画基本的内容框架。

在互联网环境中，一些学者认为 4C 是网络营销的理论基础，4C 即顾客的欲望和需求（consumer's wants and needs）、满足欲望和需求的成本（cost to satisfy wants and needs）、方便购买（convenience to buy），以及与消费者的沟通（communication）。表面来看，4C 的确反映了网络营销的一些特征，并且对一些网络营销策略具有一定的指导作用，但是深入分析可以发现，虽然 4C 理论具备了一定的网络营销思想，但是这些元素并非属于网络营销的专有特征，对传统的市场营销同样是适用的，并且 4C 体系本身并不完整，其严密性、系统性和可操作性等方面显然无法与 4P 相提并论。网络营销是从实践应用中经过归纳总结逐步形成的一门学科，实践性强是其基本特征，如果脱离了可操作性来研究网络营销，将无法体现网络营销的实际价值。因此，如果将 4C 作为网络营销理论基础，离实际应用太过遥远。

事实上，到目前为止，没有任何一个现有的理论可以作为完整的网络营销理论基础，也不可能凭空想象出一个可以解释网络营销一般规律的理论体系。为了深入研究网络营销的内在规律，就需要从网络营销的发生、发展的实践出发来逐步认识其本质，将网络营销实践经过归纳总结上升到理论的高度。

由于互联网应用发展速度非常快，不断有新的网络营销模式出现，如何能够比较全面地反映网络营销实践的发展，并对企业网络营销实践活动具有指导作用，就成为构建网络营销体系的基本出发点。从实践应用的角度来看，网络营销比较注重操作方法和技巧，这样容易使人产生一种感觉，即很难把握网络营销的精髓，似乎网络营销就是一些操作方法的罗列（如通过制造网络热点获得关注），而不是一个完整的网上经营体系。由此产生的直接结果是网络营销缺乏系统性，并且难以用全面的观点去评价网络营销的效果，甚至难以确立网络营销在企业营销战略中的地位，互联网在企业经营中的价值也不能充分发挥出来。

为理解网络营销的基本框架，我们用网络营销的职能来说明网络营销的组成，同时也说明了网络营销所包含的基本内容。通过对网络营销实践应用的归纳总结，**网络营销的基本职能表现在八个方面：**网络品牌、网站推广、信息发布、销售促进、网上销售、顾客服务、顾客关系和网上调研。

（1）**网络品牌**。网络营销的重要任务之一就是在互联网上建立并推广企业的品牌，以及让企业的网下品牌在网上得以延伸和拓展。网络营销为企业利用互联网建立品牌形象提供了有利的条件，无论是大型企业还是中小企业、其他机构或者个人都可以用适合自己的方式展现品牌形象。传统的网络品牌建设是以企业网站建设及第三方平台信息发布为基础，通过一系列的推广措施，达到顾客和公众对企业的认知和认可。移动互联网的发展为网络品牌提供了更多的展示机会，如建立在各种社交网络平台的企业账户、企业 APP 等。网络品牌价值是网络营销效果的表现形式之一，通过网络品牌的价值转化实现持久的顾客忠诚和更多的直接收益。

（2）**网站推广**。企业网站获得必要的访问量是网络营销取得成效的基础，尤其对于中小企业，由于经营资源的限制，发布新闻、投放广告、开展大规模促销活动等宣传机会比较少，因此通过互联网手段进行网站推广的意义显得更为重要，这也是中小企业对于网络营销更为热衷的主要原因。即使对于大型企业，网站推广也是非常必要的，事实上许多大型企业虽然有较高的知名度，但网站访问量也不高。因此，网站推广是网络营销最基本的职能之一，是网络营销的基础工作，在 PC 网络营销流量思维导向下，网站推广显得格外重要。在移动网络营销环境下，网站推广还需要进一步扩展到企业其他官方信息平台的推广，如官方 APP 推广、官方 SNS 账号的推广等，实现流量思维与粉丝思维的同步发展。

（3）**信息发布**。网络营销的基本方法就是将发布在网上的企业营销信息以高效的互联网手段传递到目标用户、合作伙伴、公众等群体，离开有效的企业网络信息源，网络营销便失去了意义。因此信息发布就成为网络营销的基本职能之一。发布信息渠道包括企业资源（如官方网站、官方博客、官方 APP、官方社交网络等）以及第三方信息发布平台（如开放式网络百科平台、文档共享平台、B2B 信息平台等），充分利用企业内部资源及外部资源发布信息，是扩大企业信息网络可见度，实现网络信息传递的基础。

（4）**销售促进**。市场营销的基本目的是为最终增加销售提供支持，网络营销也不例外，各种网络营销方法大都直接或间接具有促进销售的效果，同时还有许多针对性的网上促销手段（如网络优惠券、团购、积分等）。这些促销方法并不限于对网上销售的支持，事实上，网络营销对于促进网下销售同样很有价值，这也就是为什么一些没有开展网上销售业务的企业一样有必要开展网络营销的原因。

（5）**网上销售**。网上销售是企业销售在互联网上的延伸，也是直接的销售渠道。一个企业无论是否拥有实体销售渠道，都可以开展网上销售。网上销售渠道包括企业自建的官方网站、官方商城、官方 APP，以及建立在第三方电子商务平台上的网上商店、通过社交网络销售及分销的微店，参与团购、加盟某O2O网络成为供货商等。与早期网络营销中网上销售处于次要地位相比，当前的网上销售已发挥越来越重要的作用，许多新兴的企业甚至完全依靠在线销售。

（6）**顾客服务**。互联网提供了方便的在线顾客服务手段，从形式简单的FAQ（常见问题解答），到电子邮件、邮件列表，以及聊天室、在线论坛、即时信息、网络电话、网络视频、SNS社交网络等，均具有不同形式、不同功能的在线沟通和服务的功能。在线顾客服务具有成本低、效率高的优点，在提高顾客服务水平、降低顾客服务费用方面具有显著作用，同时也直接影响到网络营销的效果，因此在线顾客服务成为网络营销的基本组成内容。

（7）**顾客关系**。网络营销的基础是连接，尤其在网络营销的粉丝思维及生态思维模式下，顾客是社交关系网络中最重要的环节，对于促进销售及开发顾客的长期价值具有至关重要的作用。建立顾客关系的方式，从早期的电子邮件、邮件列表、论坛等到目前的微博、微信、微社群等社会化网络，连接更为紧密，沟通更加便捷。顾客关系资源是企业网络营销资源的重要组成部分，也是创造顾客价值、发挥企业竞争优势的基础保证。

（8）**网上调研**。网上市场调研具有调查周期短、成本低的特点。网上调研不仅为制定网络营销策略提供支持，也是市场研究活动的辅助手段之一，合理利用网上市场调研手段对于市场营销策略具有重要价值。网上市场调研与网络营销的其他职能具有同等地位，既可以依靠其他职能的支持而开展，同时也可以相对独立进行，网上调研的结果反过来又可以为其他职能更好的发挥提供支持。

网络营销的各个职能之间并非相互独立的，而是相互联系、相互促进的，网络营销的最终效果是各项职能共同作用的结果。为了直观描述网络营销八项职能之间的关系，我们可以从其作用和效果方面来做出大致的区分：网站推广、信息发布、顾客关系、顾客服务和网上调研这五项职能属于基础，主要表现为网络营销资源的投入和建立，而网络品牌、销售促进、网上销售这三项职能则表现为网络营销的效果（包括直接效果和间接效果）。图1-6描述了网络营销八项职能之间的关系。

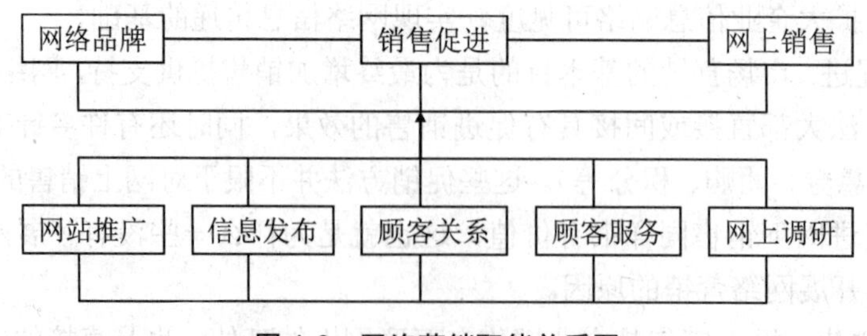


**图1-6　网络营销职能关系图**

网络营销的职能是通过各种网络营销方法来实现的，同一个职能可能需要多种网络营销方法的共同作用，而同一种网络营销方法也可能适用于多个网络营销职能，因此完全将网络营销职能与方法之间建立一一对应的关系是不合适的。为此，**本书将从两个层面来体现网络营销的职能与各种网络营销方法之间的关系**：一方面，以网络营销方法为主线，通过构建网络营销方法体系及对主要网络营销方法的介绍，来体现出各种网络营销的职能；另一方面，在本书的第三部分，关于网络营销实践与管理的内容中，集中介绍了网络营销八项职能的实现手段，除了已经在前面章节介绍过的基本网络营销方法之外，还对一些网络营销方法的深度应用给予必要的补充，并且介绍了部分针对性的网络营销方法。通过这种多层次结构，使得一些网络营销的重要方法和职能得以充分描述，便于理论和实践的多方位结合，从而加深对网络营销的理解。网络营销的八项职能也说明，开展网络营销需要用全面的观点，充分协调和发挥各种职能的作用，让网络营销的整体效益最大化。

## 1.3.3　网络营销的信息传递

网络营销的过程与信息传递密不可分。在企业的网络营销活动中，企业通过网站或者专业服务商发布信息、通过电子邮件直接向用户传递信息，用户通过搜索引擎检索信息并到网站获取更详细的信息，用户通过网站下载各种有价值的信息，如电子书、驱动程序、产品使用说明书等，通过实时聊天工具获取对某个产品的了解等，这些都包含着信息的传递和交互。在网络营销的体系中，信息传递是主干，各种常见的网络营销方法都是为了实现营销信息传递的目的，而常用的网络营销手段如企业网站、搜索引擎、电子邮件、SNS 等也就是传递信息的工具。可见，网络营销信息传递系统构成了网络营销的核心内容，了解网络营销中信息传递的原理和特点以及信息交互的本质，是认识网络营销的核心思想、充分发挥网络营销功能的基础。

### 1.3.3.1　网络营销的信息传递原理

根据信息论创始人申农（C.E.Shannon）的观点，通信即信息发送者和接收者之间的信息传递。一个通信过程，是指由信源（发信者）发出信息，通过信息通道传送信息，再由信宿（接收者）获取信息的过程。申农根据通信过程建立了通信系统的结构模型，如图 1-7 所示。[16]

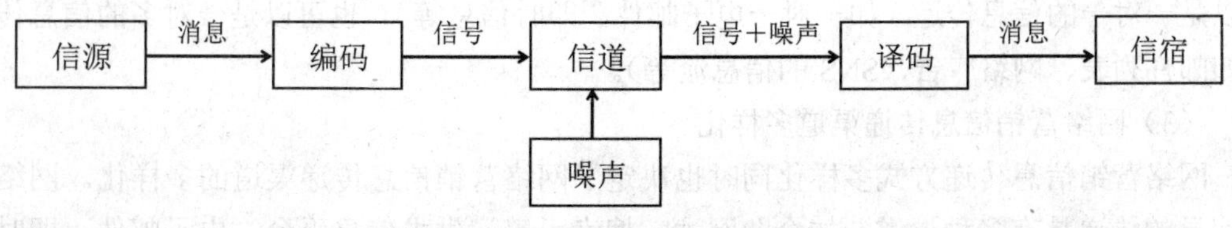


图 1-7　通信系统的模型

在申农的通信系统的模型中，信源即信息的来源，信源发出的信息有多种表现形式，如文字、图像、声音、电磁波等，可以通称为信号，表示信息的这些符导或信号就是消息，消息是信息的载体。编码是指将信息变换成某种信号的措施，译码则是编码的反变换，即将信号还原为信源的消息，以便接收者识别；信道是指信息传递的通道，也是传递信息的媒介，信道的功能就是传递信息以便接收者接收和识别；信宿是信息的接收者，即信息传递的目标。在这个通信系统中，还伴随一个噪声，噪声是指在信号传递过程中通信系统内部或者外部产生的各种干扰因素，在现实系统中，噪声是很难完全避免的，为了保证信息传递的准确性，当然显然希望噪声越小越好，当噪声过大，甚至超过传递的信息时，信宿接收到的消息将失去意义。

在网络营销信息传递系统中，同样存在信息源、信息传递渠道、信息接收者等基本要素，不过，由于网络营销的信息传递有其自身的特点，因此网络营销信息传递系统并不能完全照用申农的通信系统模型来描述，但是可以借鉴这种基本思想，针对网络营销信息及其传递的特点，经过对模型的必要修正，即可获得网络营销信息的传递模型，这一模型将作为本书的基础理论之一，与网络营销的职能一起构成网络营销内容体系的基础。

**1．网络营销中的营销信息及其传递特点**

网络营销中的营销信息及其传递特点表现为下列五个方面。

（1）网络营销信息传递效率高

网络营销信源主要表现为企业网站上的各种文字、图片、多媒体信息、网络广告信息、搜索引擎信息等，由于这些信息本身已经是数字化，通过 TCP/IP、Email、IM（即时信息）、浏览器、APP 等方式可以直接作为信号来传输，因此不需要编码和译码的过程，减少了信息传递的中间环节，使得信息传递更为直接，信息接收者与发送者之间甚至可以进行直接的交流，这也使得网络营销的信息传递效率大为提高。这种特性是网络营销效果之所以更为显著的基础。

（2）网络营销信息传递方式多样化

在网络营销中，信息传递有多种方式，从信息发送和接收的主动与被动关系来看，有通过电子邮件等方式向用户发送信息的主动传递方式，或者将信息发布在企业网站上等待用户通过搜索引擎来获取信息的被动传递方式；从信息发送者和接收者之间的对应关系看，可以是一对一的信息传递（如一对一电子邮件、即时信息等），也可以是一对多的信息传递（如邮件列表、网络广告、SNS 的信息流等）。

（3）网络营销信息传递渠道多样化

网络营销信息传递方式多样化同时也决定了网络营销信息传递渠道的多样化。网络营销信息的传递具有多种渠道，如企业网站、搜索引擎、供求信息平台、电子邮件、即时信息、社交网络等。不同渠道传递信息的方式有所区别，因此只有在充分了解各种网络营销信息传递渠道特性的基础上，才能有效地应用各种网络营销策略。在本书详细介绍各种网络营销方法和策略之前，对常用的网络营销工具进行系统的介绍，正是考虑到对网络营销信息传递特性的深入理解是学习网络营销的基础。

（4）网络营销中的信息传递是双向的

与一般的信息只能从信息发送者向接收者传递不同，网络营销信息可以是双向传递的，或者说具有交互性，这种交互性对于企业和用户双方都是有利的，企业将正确的信息传递给了正确的用户，用户则得到了自己需要的有助于购买决策或者正确的产品使用的信息。企业可以通过各种网络渠道将信息传递给用户，用户也可以直接获取企业信息并将信息传递给企业。用户向企业传递信息的方式在很大程度上取决于企业所提供的机会，因此尽管网络营销信息传递具有双向性，但信息的发送者（企业）和接收者（用户）之间的地位并不是均等的，企业在信息传递过程中处于优势地位，影响甚至决定着用户向企业方向传递信息。例如，用户可以通过在线调查表单表达自己的意见，但这种表单是由企业设计和提供的，用户并不能随意表达自己的需要；用户可以通过电子邮件等方式向企业发送信息，但是否能够传递到目标接收者同样不是用户可以了解的；用户可以通过加入邮件列表或关注社交账号等方式选择自己需要的信息，但企业通过邮件列表或社交网络发送什么信息，什么时间发送则取决于企业而不是用户。从这种意义上说，网络营销并不能做到真正由用户主导营销规则，至多是企业为用户提供尽可能多的机会来促进信息的双向传递。

（5）网络营销信息传递中噪声的特点

在网络营销信息传递过程中，同样存在噪声的影响，不过这种噪声通常并不是附加到营销信息中被传送到信息接收者，网络营销信息噪声主要表现为对信息传递的各种障碍，尤其在信息直接传递时这种现象更为明显。其中可能是由于企业的信息发布准备工作不力，也可能是传播渠道的技术问题，或者信息接收者为避免打扰人为设置的障碍等。例如，假如一个企业网站没有被搜索引擎收录，用户通过搜索引擎等常规手段将无法获得该企业的信息，这样就会造成信息接收方无法获取自己希望的信息，造成被动信息传递无效；在利用电子邮件传递信息时可能遭到邮件服务商的屏蔽，或者被邮件接收者自己设置的邮件规则所拒绝，从而造成主动性信息传递失败。当通过第三方的服务传递营销信息时，可能会出现在企业营销信息中附加服务商自身广告信息的情形，例如通过免费邮箱传递信息时，接收方的邮件中除了邮件发送者的内容之外，在邮件末尾通常会出现服务商的信息。因此，在专业的网络营销中强调尽量避免使用这种免费服务，正是出于减少信息传递噪声的目的。

在考虑了网络营销信息传递的基本特征之后，对申农的通信系统的模型经过修正可以得到网络营销信息传递模型，如图 1-8 所示。图中用不同方向的箭头表示信息的双向传递，而箭头的数量则表示信息发送者和接收者之间的地位不均等现象。

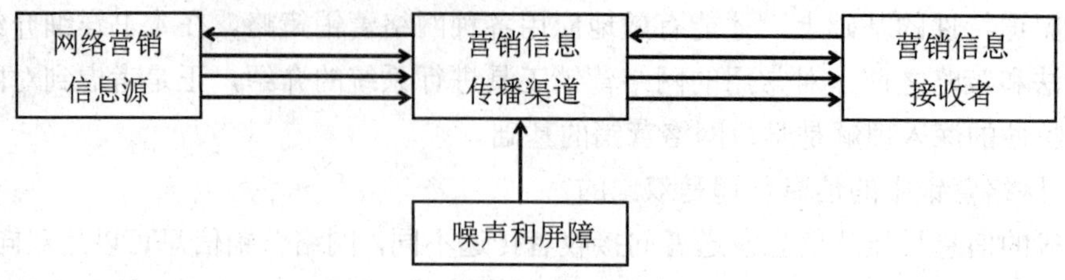


图 1-8 网络营销信息传递模型

从图中可以看出，与一般通信系统类似，一个完整的网络营销信息传递系统包括信息源、信息载体和传播渠道、信息接收渠道、信息接收者、噪声和屏障等基本要素，并且每一种要素在网络营销信息传递系统中都有着具体的含义。

**2. 网络营销信息传递的要素**

下面对网络营销信息传递的要素做简要分析。

（1）网络营销信息源

企业希望通过互联网手段向用户传递的各种信息组成了网络营销信息源。企业网站上的内容如企业简介及产品介绍等信息、企业官方博客及官方 SNS 信息，以及通过外部网络媒体发布的网络广告、供求信息等都属于信息源的内容。通过企业官方网络渠道发布的属于企业内部信息源，而发布在第三方平台的信息属于企业外部信息源。网络营销信息源是网络营销的基础，只有在明确了向用户传递哪些信息的基础上，才能采用合适的网络营销方法来传递这些信息。相应地，作为网络营销人员，信息创建能力也就成为网络营销能力中最重要的要素之一。

（2）网络营销信息的载体和传递渠道

网络营销信息可以通过企业网站、电子邮件、APP，以及其他信息发布平台的资源作为信息的载体并通过这些方式向用户传递信息，用户则可以通过电子邮件、网站上的反馈表单、网络社区、实时信息等方式向企业传递信息。在所有的营销信息载体中，企业网站所包含的信息容量最大，也最容易被信息发送者所掌控，企业网站也是最重要的信息传播渠道，因此在传统的 PC 网络营销体系中，企业网站的策划、建设、运营维护是网络营销重要的基础，企业网站具有其他互联网工具无可替代的网络营销价值，大部分网络营销方法也都是基于企业网站来进行的。在移动网络营销中，尽管网站不再是主导地位但依然占有重要位置，尤其是基于 HTML5 建设的移动网站，对其他网络营销方法具有直接的关联作用。

（3）网络营销信息接收渠道

信息接收渠道和传递渠道是同一事物的两个方面，站在信息接收者（用户）的角度上，对网络营销信息是接收和获取，并在必要时向企业发送一定的信息。虽然信息接收/获取渠道和信息传递渠道所依赖的是同样的工具，但由于在网络营销信息传递系统中所处方向不同，对信息渠道的期望目标和应用方式也不同。例如，对于搜索引擎，从企业的角度出发，是希望让企业网站在主要搜索引擎搜索结果中有好的排名，这样当用户检索时被发现的机会就比较大，因而通过各种搜索引擎营销方法来完善搜索引擎传递渠道。而站在用户的角度来看，用户希望通过搜索引擎获得尽可能丰富的、有价值的信息。如果是为了购买某种商品进行购买调研，期望从搜索结果中发现最新的、价格适中的产品，并了解其详细信息，这其中包含着用户使用搜索引擎的行为特征。因此，应站在用户的角度上来研究网络营销信息的接收渠道，而不仅仅是为了企业发布信息的方便。这种思想在企业网站优化设计中将得到体现。

（4）网络营销信息接收者

网络营销信息接收者即用户/潜在用户或其他相关的人员。在网络营销信息传递系统中，由于具有双向传递的特点，信息接收者同时也是信息发送者，因此网络营销的信息传递具有交互性质，更加体现出用户在整个网络营销中所处的重要位置。在网络营销八大职能中，顾客关系和顾客服务职能就是这种关系的体现。从根本上来说，这种以用户为核心的原则是由于市场经济发展，产品供大于求所产生的必然结果，作为企业，更加渴望那种供不应求的卖方市场，这样顾客处于绝对弱势地位，也根本无须过多考虑顾客的需求。下面将要分析的交互营销的实质也进一步说明，即使在网络营销的信息传递系统中，用户也只能在一定程度上利用这种交互性的功能，而不能发挥完全主导作用。

（5）噪声和屏障

噪声和屏障，即网络营销信息传递的影响因素。针对每一种具体的信息传递渠道和网络营销方法，都有不同的噪声和屏障影响网络营销的效果，对这些因素进行分析研究并采取针对性的措施是保证网络营销信息有效传递的必要手段。例如，在许可 Email 营销中，邮件送达率直接影响其效果，由于各种因素造成退信率不断上升，成为影响 Email 营销信息传递的主要屏障，因此需要分析邮件退信的原因，并采取必要的措施提高送达率。同理，如果网页没有被搜索引擎收录，就成为搜索引擎营销的屏障；如果企业微博粉丝过少，就成为微博营销信息传递的屏障。

总之，网络营销信息传递与互联网应用的状况密切相关，适应互联网应用环境，才能实现网络营销信息的有效传递及交互。

#### 1.3.3.2 网络营销信息传递交互性的实质

在网络营销信息传递模型中，信息的传递是双向的，也就是说网络营销信息传递具有交互性，那么，网络营销中的交互性到底是什么，交互性对网络营销又有什么价值呢？

在网络营销中，经常会遇到“交互性”的概念，如网站的交互性、网络广告的交互性等。成立于 1996 年的美国互联网广告署（Internet Advertising Bureau, IAB）于 2001 年年初改名为交互广告署（Interactive Advertising Bureau），尽管缩写仍然是 IAB，并且所关注的领域并没有实质性的改变，但两个概念的内涵显然有一定的差别。由此也可以看出，网络广告与交互性之间有着密不可分的关系。看来，有些书籍和文章中将网络营销称为“交互营销”也有一定的道理。

当我们收看传统电视节目时，选定了某个频道之后就无法决定播出什么，只有看或者不看的选择，也无法向电视台去询问有关广告中产品的情况（或者获取这种信息的成本比较高），由于用户和电视节目无法直接进行信息交换，因此这种电视广告就不能称为交互广告。而在交互电视节目中，用户可以调整节目播放的方式，如点击广告到新的界面，或者选择某些项目等，这样便体现了交互性。

当顾客收到某个商场寄来的产品目录后，如果对某个产品感兴趣时，可以打电话询问，这种直复营销方式就有了一定的交互性，但仍然不能称为交互营销，因为顾客与商家之间的交流不是实时的，用户需要通过商家的客户服务人员（或者自动语音电话）才能得到回复的信息。当我们通过电脑浏览一幅交互式网络广告或者一个多媒体形式的产品演示时，用户可以根据自己的兴趣点击某个部分进行详细的研究，甚至可以改变各种图像的显示方式，可以选择不同的背景音乐，或者根据自己的指令组合为新的产品模型，也就是说这种网络广告方式具有一定的交互性，可以被称为交互式营销方法。

可见，交互营销的特征是用户可以主动、实时参与到营销活动之中，这种参与可以是有意识的询问、在一定程度上对原有程序和信息的改变，也可以是随机的、无意识的点击等行为。交互的程度除了设定的程序之外，也与参与者的兴趣和方式有关，一项营销活动即使在功能上具备了交互性，但是如果不能引起用户的兴趣，这种交互性的效果同样无法表现出来。在互联网上，交互式广告、网络游戏、智能查询、在线实时服务等都有不同程度的交互性。因此，交互性是互联网的重要特征之一，将这种特征应用于网络营销，网络营销也就可以称为交互营销了。当了解了交互营销的基本特征之后，我们将进一步探讨交互性的实质。

信息经济学原理告诉我们，当交易双方存在信息不对称时，掌握对方信息多的一方在谈判和交易中处于有利地位。在企业网络营销活动中，信息源来自企业，并且对信息传递渠道产生重要影响，企业显然属于掌握信息多的一方，但是互联网为用户提供了许多了解企业信息更方便有效的途径，这就使得用户可以利用这种资源为自己争取获得更多有利于自己购买产品的信息。如果用户对一个企业的产品信息一无所知，而拥有较多的另一个生产同类产品的企业信息，那么结果将可能是购买他所了解的产品。由于企业与用户之间存在这种相互依赖的关系，企业为了获得用户，愿意付出对信息的一部分控制权，事实上，由于市场竞争的存在，每个企业都希望用户对自己的产品了解更多的信息。于是，网络营销便成为企业向用户传递营销信息的策略之一。但是，由于许多企业的营销信息无法有效地传递给目标用户，所传递的信息对用户没有价值或者不能满足用户的需要，用户为了制定购买决策还需要主动去获取部分信息。

交互性营销的作用是与单向营销信息传递和传统营销方法的强制性相对而言的。与强制性相比，由于用户可以在一定程度上参与到营销活动中去，使得用户与商家的距离感大大缩短，同时也大大减少了用户获取信息的成本和时间（有时甚至是实时的），商家与用户之间沟通手段也更加多样化，用户可以方便地了解到更多自己希望的信息。对用户来说，交互性的营销方式更能引起他的兴趣和关注。这也就是社会化营销尤其社群营销比传统的网络营销方式更容易获得用户参与的原因。

综上所述，**网络营销交互性的实质就在于："企业更容易向用户传递网络营销信息，同时用户也可以更方便地获取有效的产品信息，并且实现与企业的实时沟通。"**

理解了交互性营销的实质，以及网络营销信息传递的基本原理，为我们正确理解网络营销信息传递的一般原则和网络营销的核心思想奠定了基础。

#### 1.3.3.3　网络营销信息传递的一般原则

网络营销信息传递原理表明，网络营销有效的基础是：提供详尽的信息源，建立有效的信息传播渠道，让用户尽可能方便地获取有价值的信息，并且为信息的交互性创造条件。因此，在建立网络营销信息传递系统时，应遵循下列网络营销信息传递的一般原则，这些原则也是有效开展网络营销的核心思想。

**1．提供尽可能详尽而有效的网络营销信息源**

无论是企业通过各种手段直接向用户所传递的信息，还是用户主动获取的信息，归根结底来源于企业所提供的信息源。首先，应该保证信息量尽可能大。信息量大不只是信息的字节数多，字节数多少只是信息量多少的一种表现形式；而是含有用户希望了解而尚未了解的信息越多，信息量就越大。例如，有些企业网站在首页设计一个很大的动画图片，可能达到几百 KB，甚至超过若干 MB，使得网站首页下载需要很长时间，但这样的内容对用户而言并没有多大信息量，因为用户到一个企业网站一般不是去欣赏美术作品，而是去查询产品信息、售后服务联系信息，或者在线订购产品，只有和用户需求有关的信息尽可能丰富才有价值。其次，网络营销信息应该是有效的，当用户通过各种渠道了解到企业的网址并访问网站，如果看到的是过时的信息，用户对企业的信任程度将大为降低。因此，我们在后面的有关网络营销方法的内容中一直强调，企业网站上的内容应该全面和及时，产品介绍信息应详细，在主要搜索引擎上利用企业品牌或核心产品等关键词可以被用户检索到，电子邮件信息的基本要素完整，回复用户咨询要及时，这样才能为网络营销信息有效传递奠定基础。

**2．建立尽可能多的网络营销信息传递渠道**

从传递信息量的完备性来看，在各种不同的信息传递渠道中，企业网站是完全信息渠道，所有必要的信息都可以发布在企业网站上，搜索引擎、网络广告等传播信息则具有不完全的特点，是希望首先获得用户的注意，然后来到网站获取全面信息。社会化网络及电子邮件等传递的信息则介于两者之间，可以是针对某次营销活动的完全信息，也可以是不完全信息，通过邮件、微博等方式可以给出网址链接，用户可以到相关网站获取详尽信息。在信息传播渠道建设上，应采取完整信息与部分信息传递相结合、主动性和被动性信息传递相结合的策略，通过多渠道发布和传递信息，才能创造尽可能多的被用户发现这些信息的机会。由此也可以说明，信息发布作为网络营销基本职能之一的意义。

**3．尽可能缩短信息传递渠道**

创建多个信息传递渠道是网络营销取得成效的基础，在此基础上还应创建尽可能短的信息传递渠道，因为信息渠道越短，信息传递越快，受到噪声的干扰也就越小，信息也就更容易被用户接收。这也解释了为什么搜索引擎检索结果中靠前排列的信息更容易得到用户点击，一些网站甚至用不正当手段把其网址设为浏览器首页，目的就在于一打开浏览器就直接进入该网站。信息传递渠道最短在网络营销策略中主要表现在许多细节问题上，如让重要的信息出现在网页上最显著的位置，为每个网页设计一个概括网页核心内容并有吸引力的标题，在微信公众号文章中特别重视头条文章的标题，在电子邮件信息时注重邮件标题和发信人显示信息的设计等。因此，我们在网络营销中非常强调细节的重要性，在其他条件接近的情况下，往往是细节问题决定了网络营销的成败。

**4．保持信息传递的交互性**

交互性的实质是营造企业与用户之间互相传递信息变得更加方便的环境，除了上述建立尽可能多而且短的信息传递渠道之外，还应建立多种信息反馈渠道，如论坛、电子邮件、即时信息、SNS关注等以保证信息传递交互性的发挥，这些渠道也是在线顾客服务的基本手段，可见网络营销中的交互性与顾客服务是密不可分的，也就是说，通过在线顾客服务职能的发挥体现出网络营销交互性的特征。用户向企业传递信息，实际上需要企业首先建设好这种信息传递渠道。网络营销信息传递的这一原则明确了实现交互性的基本方法：交互功能是以在线顾客服务为基础，通过良好的在线服务才能发挥出网络营销交互性的优势。

**5．充分提高网络营销信息传递的有效性**

由于信息传递中的障碍因素，使得一些用户无法获取自己需要的全部信息，提高信息传递的有效性，也就是减少信息传递中噪声和屏障的影响，让信息可以及时、完整地传递给目标用户。例如，网络营销导向的企业网站要求网站首页含有丰富的信息并且尽可能减少使用信息的层次，尤其是重要的产品信息可以通过首页直接获得，在网站中的任何一个网页最多 3 次点击可达到另一个网页，这些都是从缩短信息渠道的角度考虑的，因为延长信息传递渠道，也就意味着增加了失去潜在顾客的机会。

在本书后面所介绍的各种网络营销方法中，大多提出了相应的原则和注意事项，网络营销信息传递的一般原则是更为基本的原则，对于各种具体网络营销方法都具有指导和解释意义。为了清楚地表达网络营销信息传递一般原则与相应的网络营销具体策略之间的关系，简要归纳如下（见表 1-2）。

表 1-2　网络营销信息传递原则与网络营销策略

| 网络营销信息传递原则 | 网络营销操作要点示例 |
| --- | --- |
| 详尽而有效的信息源 | ❑ 企业网站基本信息全面、及时<br>❑ 网站优化设计、搜索引擎优化<br>❑ 官方 SNS 信息及时 |
| 多个信息传递渠道 | ❑ 企业五官并重（官网、官博、官微、官信、官店）<br>❑ WIKI 词条、文档分享等第三方信息平台<br>❑ 网络媒体网络广告、自媒体运营 |
| 缩短信息传递渠道 | ❑ 网站结构及网页布局优化<br>❑ 网络社群直接信息传递<br>❑ 官方微博要闻信息流置顶 |
| 信息传递的交互性 | ❑ 详尽的 FAQ 和及时的顾客在线咨询服务<br>❑ 利用微信订阅号与顾客联系沟通<br>❑ 建立以顾客关系和顾客服务为核心的网络社群 |
| 信息传递的有效性 | ❑ 提高网页下载速度<br>❑ 降低电子邮件退信率<br>❑ 保持官方微博及时发布信息 |

通过上表列举的操作要点说明，每一种网络营销的信息传递原则都可以通过若干具体的手段来体现，同时每一种相关的网络营销策略都可以用相应的原则得以解释。

### 1.3.4　网络营销的顾客价值

根据本书提出的网络营销层次结构，顾客价值属于最高层次，是网络营销的一般指导思想。在本书后面网络营销方法体系的内容中，也多次强调顾客价值原则。

不少的学者从不同的角度对顾客价值进行了定义，包括从顾客视角的定义和从企业视角的定义等。顾客视角的研究者认为，顾客价值就是顾客在消费过程中期望或感知到的产品和服务给他带来的价值。企业视角顾客价值认为，顾客价值是企业能够从满足顾客需求中获得的利益（Huge Davison 等）。

考虑到网络营销属于市场营销的一个专业分支，因此本书借鉴营销大师菲利普·科特勒从顾客视角分析顾客价值的基本观点作为网络营销顾客价值分析的基础。

菲利普·科特勒认为：顾客将从那些他们认为提供最高认知价值的公司购买供应品。科特勒对顾客价值的定义是："顾客认知价值（Customer Perceived Value，CPV）是指预期顾客评估一个供应品和认知值的所有价值与所有成本之差"。总顾客价值（Total Customer Value，TCV）就是顾客从某一特定供应品中期望的一组经济、功能和心理利益组成的货币价值。总顾客成本（Total Customer Cost，TCC）是在评估、获得、使用和抛弃该市场供应品时引起的一组顾客预计费用（菲利普·科特勒，2003）。根据科特勒对顾客价值的定义，可推论出网络营销中的顾客价值：[17]

通过互联网获取信息的顾客认知价值（CPV）等于用户通过互联网获取信息的总价值（TCV）与获取信息的总顾客成本（TCC）之差。

$$CPV = TCV - TCC$$

用户通过互联网获取信息的总价值（TCV）包括：方便地获取信息的价值，获得顾客服务的价值等。总成本（TCC）则包括获取有关信息所需要的时间成本、上网费用，以及因为获取虚假信息所造成的损失等。

尽管现实中网络营销的顾客价值难以用货币单位准确计算，但可以肯定的是通过互联网工具如搜索引擎等获取信息过程中的顾客期望价值是客观存在的，而且通过不同的方式、在不同的环境下顾客获得的价值是有很大差异的，但现实中的顾客价值更多是定性的，存在于主观感觉方面而不是可以用实际的货币衡量的。

网络营销的顾客价值表现在多个方面，其中网络信息传递的主要意义在于为顾客获取购买决策阶段的信息提供价值，这就是网络营销的顾客价值的具体表现形式。只有当顾客通过各种互联网工具获得他所认为有价值的信息，并且这种价值不低于通过其他渠道获得同样信息的成本时，顾客价值才能得以体现。从企业的角度来看，通过互联网为顾客创造最大的价值是网络营销获得成效的基础。由于互联网对于用户获取产品/服务信息的影响力越来越大，在某些领域搜索引擎、微信朋友圈等互联网工具是用户获取信息的主要渠道，如果通过这些互联网工具获取信息成本过高，或者因为虚假信息而造成损失，其顾客价值就低，企业网络营销也会因此而受到影响。

由于网络营销环境的复杂性，用户通过互联网获取信息的潜在成本有时可能会很高，这取决于用户个人的知识水平、互联网平台（如搜索引擎）的公正性和竞争者的不正当竞争等多种因素的作用。如果许多用户通过互联网获得虚假信息而遭受重大损失，这就不仅是企业网络营销面临的问题，而且成为不可忽视的社会和经济问题。例如，2016 年 4 月前后发生的搜索引擎虚假医疗广告致使一大学生被骗花费 20 多万元后死亡的问题，曾引发社会的广泛关注和讨论。

对网络营销的顾客价值的研究目前仍然是初步的，因此本书仅做初步的探讨，其中一些具体问题将结合在相关的网络营销方法及实践中给予介绍。

## 1.4　网络营销的内容体系设计

尽管常用的网络营销方法有一定规律可循，但作为一部系统的网络营销教材体系，应该包括哪些内容，以及如何系统地体现各种网络营销方法之间的内在联系，并不是一件简单的事情。其主要原因在于网络营销研究人员的研究视角和知识背景不同，对于网络营销的理解也有较大的差异，因此对于网络营销内容体系的构建自然也不尽相同，同样是关于网络营销的书籍，内容可能相差很大。例如，一些学者偏重网络本身的技术实现手段，因而在网络营销体系中重点研究各种网络手段的原理和应用，以及企业网站搭建和网页设计等；有些侧重于网络营销实践应用，因而各种网络推广案例和方法成为网络营销的主要内容；也有一些学者从网上交易的特征出发，以研究消费者在网络环境中的消费行为为主；也有书籍中仍以传统市场营销的体系为主，将网络营销作为传统营销理论和方法的延伸。当然，这些研究方法和网络营销都有着直接的关系，但并不是网络营销的全部内容，难以反映出网络营销的全貌。

### 1.4.1　网络营销研究初期部分有代表性的内容体系

在网络营销研究初期，自 1997 年开始陆续出版了部分网络营销书籍，其中有代表性的内容体系大致有三类。

#### 1. 4P 延伸模式

2000 年前后陆续公开出版的部分网络营销书籍，主要内容是将部分网络营销方法融入传统市场营销的 4P 体系，其特点是内容容易编写，并且这个网络营销体系不影响传统市场营销的基本理论，将网络营销视为传统营销在互联网环境中的延伸。这是典型的“互联网是工具，营销是目的”的思维模式。由于这种体系看起来比较完整，并且比较适合教学的需要，因而在教学领域有一定的影响。

但这种模式对于实践应用有很大的限制，主要问题表现在以下方面。

（1）对于网络营销基本手段应用特征的研究如企业网站和搜索引擎、电子邮件等难以纳入这个体系，因而使得有关网络营销的内容缺乏坚实的基础，或者使得网络营销体系过于庞大，从而失去网络营销的特色。

（2）将常见的网络营销策略和方法分散于 4P 体系中，难以深入研究各种网络营销具体手段和方法之间的内在联系，并且使得网络营销的适用性和可操作性大为降低。

（3）与传统市场营销思想通常只能在营销资源充裕的大型企业中才能得以全面的贯彻不同，网络营销在中小企业中已经得到广泛应用，“4P 网络营销”模式则无法完整地反映中小企业的网络营销应用状况，无法为企业网络营销实践提供完整的理论指导。

不过从网络营销研究的历程来看，这一体系对网络营销体系的建立仍然发挥了重要作用，值得充分肯定。主要原因在于：早期的营销学者敏锐地发现了互联网对传统市场营销可能产生的影响，并积极探索网络营销与市场营销的结合，为网络营销研究开辟了新的视野，只是限于当时的实践应用水平，使得 4P 延伸模式成为胡椒面式的网络营销，离实践应用有较大的距离。以实践应用为基础的网络营销工具和方法内容体系建立之后，4P 延伸模式逐渐退出主流地位。

### 2. 互联网技术模式

将网络营销相关各种技术手段的原理及其应用作为网络营销体系的核心内容，如搜索引擎检索原理、企业网站服务器构建、网页制作方法、电子邮件系统配置等。由于这种体系的核心内容是互联网技术本身，属于通用性的互联网应用技术，而对于真正属于营销的内容则显得比较贫乏，并且这些内容大都包含在一般的网络技术书籍中，因此无法反映网络营销的全貌。

互联网技术模式的网络营销体系出现较早，可以被看作是网络营销的技术基础，对于深入研究网络营销有一定的价值，但考虑到网络营销学习者的知识背景和工作需求，多数人并不需要熟悉太复杂的技术问题，更多需要的是网络营销指导思想和具体的网络营销方法，因此这种模式也有比较明显的缺陷，尤其对于电子商务、市场营销等商科类的学习者，往往从心理上回避技术方面的内容。

不过网络营销的技术基础对于深入研究网络营销的人员是非常有价值的，没有一定的技术基础，是很难真正理解网络营销整个流程的，尤其对于部分“技术型网络营销方法”，如网站优化、用户体验分析、跨屏适应性等。因此在网络营销能力体系中将代码理解、网页制作等“技术应用能力”也作为网络营销人员的基本能力之一。[18]

### 3. 消费者行为模式

消费者行为学是市场营销中比较成熟的一门学科，将消费者行为理论与互联网相结合，研究用户在互联网环境中的购买行为，成为网络营销研究的一种模式，在美国及英国等互联网发展初期这种模式的网络营销内容比较多。这种研究方法对于了解用户的网上购买行为具有较大的价值，但由于涉及的内容比较专而少，远远没有覆盖网络营销的全部内容，因此只能说是网络营销体系的一个分支。

互联网环境中消费者行为一直是一个值得深入研究的领域，以消费者为研究对象，在一定程度上也体现了网络营销以人为核心的思想，不过网络营销环境的发展对人的行为影响更为突出，消费者的行为往往受到互联网工具的影响，随着互联网应用的发展而变化。例如，用户使用搜索引擎的行为、SNS 信息传递对网上购物决策的影响等，这些都需要从互联网工具的使用特征等方面进行深入的分析。消费者行为模式的网络营销尽管理论性和专业性比较完备，但在网络营销方法层面较为欠缺，因此一直没进入主流体系。

在网络营销发展初期，研究人员从不同角度建立网络营销内容体系，开拓了网络营销研究和学习的思路，为后期的发展产生了积极的影响。不过由于过多的方向和体系，也为理解和应用网络营销带来了一定的困惑，因此需要有一种能全面反映网络营销思想和方法，并且能够对企业实践应用具有指导意义的完整的网络营销体系。

《网络营销基础与实践》一书构建的网络营销工具和方法体系，正是在这样的背景下产生的。

### 1.4.2　《网络营销基础与实践》的内容体系设计

《网络营销基础与实践》从出版于 2002 年 1 月的第 1 版开始，就明确了以实践应用为导向的方针，从实践开始，通过对网络营销的实践应用进行归纳总结形成一般规律性的认识，而不是从理论研究开始，用现有的理论来解释网络营销实践活动。因此，将常用的网络营销工具和方法、实践及管理进行系统的归纳总结，是构建本书内容体系的一贯方针。

《网络营销基础与实践》的内容体系设计经历了两个阶段：（1）以网络营销工具为主导的方法体系（2001—2015 年）；（2）以网络营销思维模式为主导的方法体系（2016 年）。在实用型网络营销内容体系中，网络营销方法一直处于主干的地位，因此方法体系也就构成了本书的主体内容。

#### 1.4.2.1　以网络营销工具为主导的方法体系

《网络营销基础与实践》以网络营销工具为主导的方法体系开始于 2002 年（第 1 版），正式形成于 2004 年（第 2 版），后续版本（2007 第 3 版，2013 年第 4 版），对网络营销工具和方法体系不断扩展和完善，十多年来一直代表着网络营销内容体系的主流，在网络营销教学领域发挥了广泛的影响。该书提出的网络营销职能体系及网络营销信息传递原理等也成为实践应用导向的网络营销的理论基础。

基于网络营销工具和方法体系之所以被广泛认可，其主要原因在于：简单明了地说明了网络营销包括哪些内容，以及如何开展网络营销；对网络营销既有整体的认识，又有具体的实现手段；既可以作为一门课程，又可以作为实践指导。通过一本书的系统学习再结合必要的实践，基本可以了解网络营销的概况及常用方法，并对各种互联网工具的价值有更深的了解。

不过，从另一方面来看，该书的内容体系设计方法也存在一定的弊端，主要表现在：第一，网络营销工具和方法在不断发展变化，新工具不断出现，一些原有的方法可能不再适用，需要不断进行更新和扩展，使得内容体系越来越庞大；第二，部分工具和方法需要深入实践才能体会，仅靠书本内容难以深刻认识，增加了教和学的工作量。

于是，如何对本书的内容体系进行优化设计，是作者从第 3 版出版之后一直在不断思考的问题，并且已经在第 4 版做出了一定的调整，介绍了当时最新的一些社会化网络营销思想和方法，并简要归纳了移动网络营销的常用方法及适用性。但总体而言，本书第 4 版仍然偏重于“传统 PC 网络营销”模式下工具主导的方法体系，对于移动网络营销与 PC 网络营销的融合以及从流量思维向粉丝思维过度的内容方面，当时尚处于发展初期，有较大的不确定性，因此方法体系框架并未做大的改变。

网络营销方法体系的第一次重大调整将体现在本书（第 5 版，2016 年）中。

#### 1.4.2.2　网络营销思维模式为主导的方法体系

《网络营销基础与实践（第 5 版）》在继承前四版理论基础与内容体系设计思想的基础上，根据网络营销环境的变化及发展演变的规律，不仅重新定义了网络营销，而且对网络营销的方法体系进行了重新规划，从以网络营销工具为主线，发展为以网络营销思维模式为主线进行分类，每一类别介绍若干重要的网络营销方法，更多的方法则可以在实践应用中不断扩充。

本书**以思维模式为主线的网络营销内容体系设计**的基本原则是：在保持网络营销总体内容框架的相对稳定性的同时，使得网络营销方法体系具有可扩展性。

早期版本的网络营销方法体系中，主要介绍主流网络营销方法，包括企业网站营销、搜索引擎营销、许可 Email 营销、网络广告、Web2.0 营销等。随着网络营销工具方法的快速增加以及分散化的特征，网络营销方法无主流趋势明显，如果罗列众多的网络营销方法，难免陷于网络营销初期曾经出现过的那种“只见树木不见森林”的迷茫状态，难以形成对网络营销的整体认识。

《网络营销基础与实践（第 5 版）》对网络营销方法体系分类的基本思路：第一，适应当前 PC 网络营销与移动网络营销融合化的互联网环境；第二，归纳具有共同属性及规律性的网络营销方法；第三，具有相对稳定性，尽可能不受互联网工具和终端变化的限制；第四，随着网络营销从流量思维及粉丝思维向生态思维的转变，在网络营销方法体系中应体现用户地位及价值关系的发展。

基于思维模式分类的网络营销方法体系适应了内容可扩展性的需求。每当出现新的网络营销工具和方法时，通过对其营销思想的分析将其归入相应的类别即可，无须再受具体的互联网平台和工具的制约，因而是“跨工具”的分类方式。同时，这种分类也与网络营销思维模式的演变相适应，从技术思维、流量思维、粉丝思维到生态思维，每种思维模式都会产生相应的方法及规律，虽然思维与方法并非一一对应，但仍然具有指导意义。例如，内容营销和网络广告，是任何思维模式下都不可替代的基础网络营销方法，而社会化营销、生态型营销、合作分享式营销则分别体现了粉丝思维、生态思维以及共享经济思想。在网络营销方法的具体写作方式方面，尽可能突出网络营销的一般规律而不仅仅是操作方法，因而具有长期价值。

本节前面对本书的内容设计思路及方法类别做了初步的介绍，下面归纳《网络营销基础与实践（第 5 版）》的内容结构，并简要说明与本书第 4 版内容设计的差异。

为保持总体内容框架的相对稳定，全书总体框架仍分为三大部分：网络营销的理论基础、网络营销的方法体系、网络营销实践及管理。其中方法体系进行了大的调整，不再像前期版本那样以罗列主流网络营销方法为主，而是以网络营销的思维方式对网络营销方法进行分类，分为五个部分：内容营销、网络广告、社会化营销、生态型网络营销、资源合作与分享式营销。其中每个部分，都包含着相应的网络营销思想，因而属于以网络营销思维模式分类。而作为方法体系的基础，首先仍然对常用网络营销工具的价值进行分析。

**第一部分（第 1 章），网络营销的理论基础和内容体系。**通过对网络营销发展阶段的分析，总结了网络营销的三次革命及思维模式的四个阶段，提出新的网络营销定义，根据网络营销研究的层次结构（包括网络营销的基本职能、网络营销信息传递原则及网络营销的顾客价值），阐述了网络营销的基本原则和指导思想。其中，网络营销的职能概括了网络营销的核心内容，有助于改变对网络营销的片面认识，同时也明确了企业网络营销工作的基本任务。网络营销的信息传递原理及原则为制定网络营销策略提供了理论指导，网络营销的顾客价值进一步明确了网络营销的最高指导思想。

**第二部分（第 2～7 章），网络营销的方法体系，也是本书的主干内容。**网络营销方法是对工具和资源的合理应用，因此在介绍网络营销五大类型的方法之前，对网络营销常用工具进行了归类及价值分析，这些是实现网络营销信息传递及职能的基本手段。接着是方法体系的五大类别：内容营销、网络广告、社会化营销、生态型营销和合作分享式营销。

每个类别作为一章，不再采用“互联网工具名称+营销”的网络营销方法作为每章的标题，不过这并不是说这种命名的网络营销方法已经不存在，而是归入相应的类别，每个类别均介绍了若干常用的网络营销方法。例如，“Email 营销”是内容营销中列举的一种方法。

**关于本书第 5 版方法体系调整的说明**：从以工具主导罗列主流网络营销方法的方式，调整为以思维模式主导对网络营销方法体系进行分类。其中主要调整和新增的内容包括：

（1）本书第 4 版方法体系中介绍的企业网站研究、许可 Email 营销、搜索引擎营销中的搜索引擎优化等，归入内容营销的范畴，而搜索引擎关键词广告则并入网络广告类别。

（2）社会化网络营销仍然作为一个类别存在，但其中的内容进行了调整，博客营销并入内容营销类别，而 WIKI 营销和 ASK 社区营销则归入分享式营销，微博营销保持自己 SNS 营销的核心地位，而新出现的网络社群营销则成为社会化营销中的新星。

（3）目前应用较为普及的微信营销分为若干个具体的方法：微信公众号营销属于内容营销，微信三级分销属于生态型营销。

（4）在原来的工具主导的内容体系下无法归类但影响较大的病毒性营销及网络会员制营销，在新的体系中分别归为内容营销和生态型营销。

（5）让每种重要的网络营销方法都找到最适合自己的位置，只是其中有些可能有类别的交叉，仅以其最重要的功能和价值作为分类的标准。例如博客营销，在传统上作为社会化网络营销的一种方法，但实际上其更符合内容营销的本质，是网络可见度思维模式下典型的网络营销方法。同样，微信公众号营销虽然具有基于网络可信度的 SNS 营销的天然元素，但无论从原理还是表现来看，打上内容营销的标签更为合理。

本书第 5 版新增的部分网络营销方法包括：微信公众号营销、微信分销三级返利营销、多种新型网络广告（如信息流广告、网络红包广告、电商平台广告等）、网络社群营销、社群资源合作、微博转发推广、微生态营销、众筹营销等。

**第三部分（第 8～9 章），网络营销实践与管理，是网络营销方法的应用及提升。**通过对网络营销理论和方法体系的具体应用和总结，从深度和广度两个层面综合介绍了网络营销八项职能的实现方法；对网络营销管理的内容体系进行了初步研究，并且系统介绍了比较成熟的网络营销效果评价及网站访问分析方法、网站运营管理规范等。此外，本书丰富了网络营销管理的内容，增加了网络营销资源管理及网络营销人员的能力，明确了网络营销人员的能力在网络营销体系中的地位。

《网络营销基础与实践（第 5 版）》的内容体系，用框图描述如图 1-9 所示。

**其他说明**：由于本章涉及的许多网络营销概念和方法需要在后面的内容中才能陆续给予介绍，因此建议对于网络营销的内容体系先作一般了解，在阅读完全书的内容后，回过头来再重新认识这个框架体系，对于网络营销的整体性和系统性会有更深的体会。

| 第三部分：网络营销实践与管理 |
| --- |
| 网络营销职能的实现方法：网站推广、网络品牌、信息发布、顾客关系与顾客服务、网上销售、网上促销、网上调研等实践应用归纳和综合案例分析<br>网络营销管理：网站运营规范、网站访问统计分析、网络营销资源管理 |

| 第二部分：网络营销的方法体系 |
| --- |
| 网络营销工具：常用网络营销工具和资源的特点及网络营销价值分析<br>网络营销方法：内容营销、网络广告、社会化营销、生态型营销、合作分享式营销 |

| 第一部分：网络营销的理论基础 |
| --- |
| 网络营销环境：网络营销发展阶段分析、网络营销的三次革命及思维模式演变<br>网络营销层次：网络营销的职能、网络营销的信息传递、网络营销的顾客价值<br>内容体系设计：从以工具主导到思维模式主导，网络营销方法体系的五大类别 |

图 1-9　本书的网络营销内容体系框架

## 附：本书的教学资源及学习实践建议

用网络营销的思维传播网络营销知识，用网络营销的方式教和学网络营销！

### 1. 专用网站及微信公众号资源

众所周知，互联网发展速度太快，写在传统书籍上的内容，随时有失效的可能，书中介绍的别人的案例或网页资料，当你点击的时候可能已无法访问。不过，选择本书您不用为此担心，作者早已准备好了应对方案，而且已经运营了很多年——时间证明一切，值得信任。其中包括：

（1）网络营销教学网站（http://www.wm23.com）：始于 2004 年 10 月，也就是本书第 2 版出版后为书籍专门配备的网站，书上没有的或过时的内容，发布在网站上；新版书中已经没有的历史资料，同样可以到网上获取。本书中列举了部分参考资源的网址，请相信，www.wm23.com 网站内的网页通常总是可以访问的。

（2）网上营销新观察（http://www.marketingman.net）：这是作者创办于 1998 年的个人网站，全部内容由本人一个字符一个字符打出来并且手工制作成网页上传到网站。至今将近 20 年了，现在尽管更新不多，但依然健康，尤其是发布于 2000 年前后的网络营销内容，已经具有古董的意义。

（3）中国网络营销教师群（QQ 群号 35295306）：在这个专业的网络营销教学群里，探讨的是教学和研究的专业问题，分享的是实用的专业资源。要说明的是：如果您不是网络营销课程的高校教师，建议您不要占用有限的群资源。

（4）网络营销基础与实践（微信公众号 wm23cn）：如果您喜欢用微信获取信息，关注此微信号，将可获取丰富的教学研究资源。

**2. 教学实践平台：网络营销能力秀——社交化学习，竞赛式实践**

网络营销能力秀（官网 http://www.wm23.cn）是专门为网络营销教学提供的实践平台，始于 2009 年（曾用官网网址 http://abc.wm23.com），每个学期举办一期（通常一开学即开始），每期活动持续 3～4 个月，到 2016 年 6 月已举办 15 期，超过 7 000 个院校的 20 多万名大学生参加过能力秀网络营销实践活动。

能力秀活动通过趣味性、竞争性的实践活动锻炼网络营销人员八大核心能力，通常包括三大部分内容的若干个实践项目（以 2016 年秋季能力秀为例，详见 http://www.wm23.cn/art/493317.html，每期实践内容会做一定的调整）：

（1）热身及兴趣——活动准备（知识学习能力、资源积累能力）；

（2）实战与成就——网络营销方法演练（信息创建能力、网络传播能力、互动沟通能力、技术应用能力）；

（3）总结与提高——综合应用与实践总结（数据分析能力、综合应用能力）。

有了能力秀，老师再也不用担心教学实践内容啦！

## 本章内容提要

本章是网络营销体系的理论基础，也是全面理解网络营销内容、策略和指导思想的基础。通过对网络营销发展历程各个重要阶段的回顾，分析了网络营销三次革命及思维模式演变的四个阶段，在此基础上提出了网络营销的新定义。

本书将网络营销的理论基础归纳为三个层次：网络营销职能体系，是网络营销的基础，属于网络营销的战术层次，解释了企业为什么要开展网络营销；网络营销信息传递，构成了“网络营销人体结构模型”的躯干，是网络营销的策略层次；网络营销顾客价值，构成了“人体”的头部，是网络营销的战略层次，体现了网络营销的最终目标。贯穿于整个网络营销活动各个层面中的网络营销方法，则可用“人体”的双臂来表达。

网络营销的基本职能表现在八个方面：网络品牌、网站推广、信息发布、销售促进、网上销售、顾客服务、顾客关系、网上调研。网络营销的职能是通过各种网络营销方法来实现的，同一个职能可能需要多种网络营销方法的共同作用，而同一种网络营销方法也可能适用于多个网络营销职能。

一个完整的网络营销信息传递系统包括信息源、信息传播载体和传播渠道、信息接收

渠道、信息接收者、噪声和屏障等基本要素。网络营销信息传递的一般原则：网络营销有效的基础是提供详尽的信息源，建立有效的信息传播渠道，为促成信息的双向传递创造条件。

本章分析了部分代表性的网络营销内容体系要点，介绍了本书内容体系设计的基本思路和内容框架。对网络营销的方法体系进行了重新规划，从以网络营销工具为主线，发展为网络营销思维模式为主线，将网络营销方法分为五个部分：内容营销、网络广告、社会化营销、生态型网络营销、资源合作与分享式营销。

## 本章参考资料

[1] 网页浏览器：https://zh.wikipedia.org/wiki/.

[2] Web Gives Birth to Banner Ads[J/OL]. WIRED, 1994, 10. http://www.wired.com/2010/10/1027hotwired-banner-ads/.

[3] Immigration Lawyers Invent Commercial Spam[J/OL]. WIRED. 1994.4. http://www.wired.com/thisdayintech/2010/04/0412canter-siegel-usenet-spam/.

[4] 冯英健. Email 营销[M]. 北京：机械工业出版社，2003：3.

[5] Chris Sherman. Search Engine Birthdays[EB/OL].（2003-09-09）http://www.searchenginewatch.com/searchday/article.php/3071951.

[6] 网络营销概念相关的几个英文词汇的辨析[EB/OL]http://www.wm23.com/200402/chap1/2121.htm.

[7] 山东有个电脑村长，带头网上卖菜致富[N/OL]. 电脑日报. http://www.computerdaily.com/info/net/net11.html （说明：由于原网站改版或调整，该网页后来无法正常访问）.

[8] 新竞争力. 网络营销社会化的思维模式[EB/OL].（2009-07-11）http://www.jingzhengli.cn/blog/fyj/1000.html.

[9] 新竞争力. 2010 年网络营销最排行[EB/OL].（2010-12-31）http://www.jingzhengli.cn/Blog/fyj/1219.html.

[10] 冯英健. 网络营销的第三次革命[EB/OL].（2014-09-11）http://www.jingzhengli.cn/Blog/fyj/1511.html.

[11] 冯英健. 传统网络营销将走向没落[EB/OL].（2000-09-04）http://www.marketingman.net/wmtheo/zh220.htm.

[12] Blogger. 维基百科. https://zh.wikipedia.org/wiki/Blogger.

[13] Twitter. 维基百科. https://zh.wikipedia.org/wiki/twitter.

[14] 冯英健. 在博易商脉通发布会上的即兴演讲[EB/OL].（2006-12-04）http://www.jingzhengli.cn/blog/fyj/286.html.

[15] 冯英健. 互联网+时代网络营销的拐点与新生[EB/OL].（2015-07-30）http://weibo.com/1494869527/Ctu1P9Beq.

[16] 张文焕，等. 控制论·信息论·系统论与现代管理[M]. 北京：北京出版社，1990：102.

[17] [美]菲利·普科特勒. 营销管理[M]. 梅清豪，译. 第11版. 上海：上海人民出版社，2003：66.

[18] 个人网络营销能力研究与网络营销能力核心指标体系. http://www.wm23.com/study/357895.htm.

# 网络营销方法体系

根据网络营销的思维模式，将网络营销方法体系分为五大类别：内容营销、网络广告、社会化营销、生态型营销和合作分享式营销。

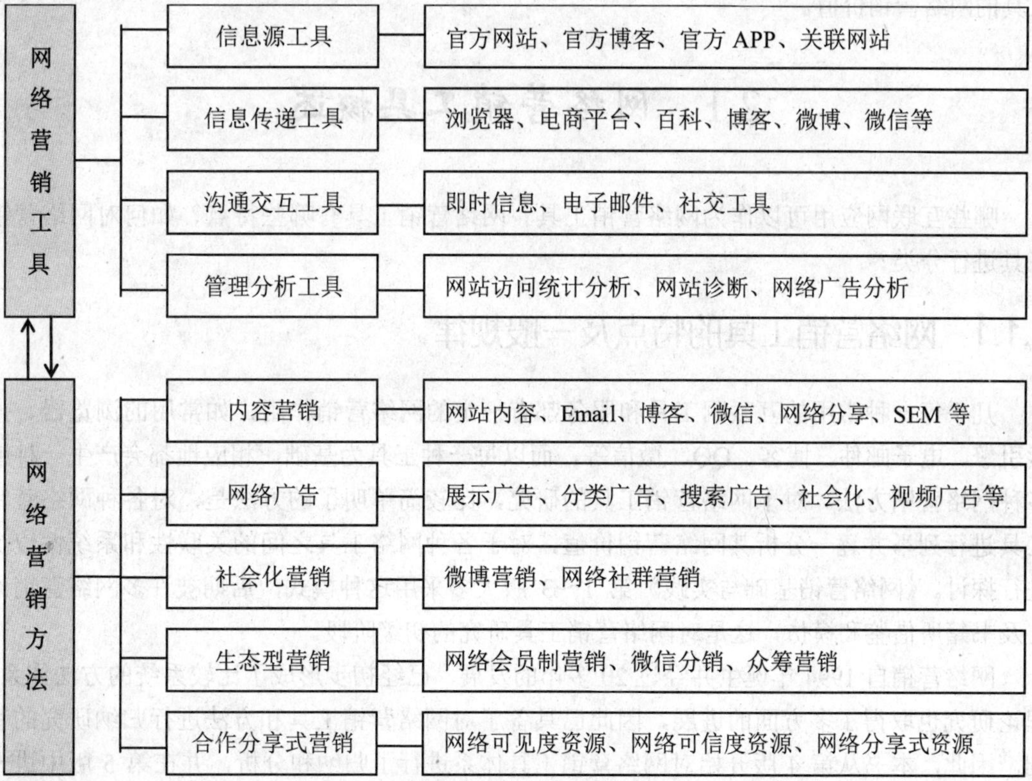

| | | |
| --- | --- | --- |
| 网络营销工具 | 信息源工具 | 官方网站、官方博客、官方 APP、关联网站 |
| | 信息传递工具 | 浏览器、电商平台、百科、博客、微博、微信等 |
| | 沟通交互工具 | 即时信息、电子邮件、社交工具 |
| | 管理分析工具 | 网站访问统计分析、网站诊断、网络广告分析 |
| 网络营销方法 | 内容营销 | 网站内容、Email、博客、微信、网络分享、SEM 等 |
| | 网络广告 | 展示广告、分类广告、搜索广告、社会化、视频广告等 |
| | 社会化营销 | 微博营销、网络社群营销 |
| | 生态型营销 | 网络会员制营销、微信分销、众筹营销 |
| | 合作分享式营销 | 网络可见度资源、网络可信度资源、网络分享式资源 |

网络营销方法体系示意图

# 第 2 章

# 网络营销工具体系

网络营销的最终目标要通过各种网络营销方法来实现，而网络营销的方法又需要借助于各种网络营销工具及资源，因此有效利用网络营销的工具和资源也就成为实现网络营销各项职能的基础，也是网络营销实践性的体现。

网络营销工具的基本属性：具备广泛的互联网用户，具有信息发布、传递和交互等基本功能。常见的网络营销工具有：企业网站、APP、浏览器、搜索引擎、电子邮件、博客、B2B 平台、即时信息、微博、微信等。本章介绍网络营销工具的一般特点及常用网络营销工具的网络营销价值。

## 2.1 网络营销工具概述

哪些互联网应用可以作为网络营销工具？网络营销工具有哪些特点？如何对网络营销工具进行分类？

### 2.1.1 网络营销工具的特点及一般规律

几乎每一种常用的互联网工具和服务都有一定的网络营销作用，如常用的浏览器、搜索引擎、电子邮件、博客、QQ、微信等，而以每一种工具为基础，相应地都会产生一种或多种网络营销方法。对于网络营销工具的研究，比较简单明了的方法是，对各种网络营销工具进行列举并逐一分析其网络营销价值，对于各种网络工具之间的关联性和系统性较少进行探讨。《网络营销基础与实践》第 1～3 版大多采用这种模式，后期被许多网络营销论文及书籍所借鉴和模仿，这是对网络营销工具研究的初级阶段。

网络营销自 1994 年诞生并经过 20 多年的发展，已经初步形成了比较系统的方法体系，理论研究也取得了多方面的进展，因此已具备了对网络营销工具和方法进行归纳研究的基础。因此，本书从第 4 版开始对网络营销工具体系进行了归纳和分析，并在第 5 版中进一步修订和深入研究。

从网络营销发展的历史规律来看，一些互联网应用之所以成为网络营销工具，应具有下列至少一个方面的特征：

（1）开放性：所有用户都可以免费使用或有条件使用，如浏览器、电子邮件、搜索引擎、博客，同时可以有多个服务商提供类似的服务。

（2）社会性（外部性）：一个用户的使用会影响其相关的用户了解并使用，使用者越多其营销效果越显著。

（3）相对稳定性：服务可以为用户所了解，即在一个时期内使用率达到较高的水平，服务不会在短期内随时中断。

（4）一般规律性：服务的一般条件、方式、效果等，有一定的规律，这种规律性可以对实践操作具有指导意义，当然这种规律也具有动态性。

（5）动态性：网络服务本身不断发展，功能和形式会不断发展演变，短期来看，处于不断的发展变化之中，长期来看则符合互联网发展的一般规律，总是符合用户需求行为特征。

总之，**作为网络营销工具应具有的基本特征包括**：具有信息发布、传递和交互等基本功能；有广泛的互联网用户基础；在一定时期内具有明确的功能及用户价值并具有可遵循的规律性，从而可以利用这些功能和规律实现网络营销信息传递。

在互联网发展历程中，网络营销工具不断涌现，其中有些持续对网络营销发挥着至关重要的作用（如浏览器、电子邮件和搜索引擎等），有些工具在一定时期内具有显著的网络营销价值，但在互联网的长期发展或在新技术革命中难以升级进化（如分类目录和 RSS），因而逐步退出历史舞台。

在本书的网络营销内容体系中，重点研究那些具有一定稳定性和规律性的通用网络营销工具及其规律，而对于一些具有显著阶段性特征的互联网应用，则仅做一般的了解和关注。

## 2.1.2　网络营销工具体系的分类

为了分析网络营销工具和服务的网络营销价值，根据工具和服务本身的性质，本书将网络营销工具分为四个主要类别：企业网络营销信息源（含内部资源及外部资源）、网络信息传递工具、顾客沟通交互工具及网络营销管理分析工具。常用网络营销工具和服务之间的相互关系如图 2-1 所示。

由图 2-1 可以看出，网络营销工具体系与网络营销信息传递系统相对应，其中信息源创建、发布及管理工具位于最后端，属于基础网络营销功能，而网络营销管理分析工具则承担着对网络营销流程中的效果检测及调节任务。

常用网络营销工具和服务示例：

（1）网络营销信息源创建及发布管理工具：其中内部信息源工具包括企业自行运营的

官方网站、官方博客、官方APP、关联网站等；外部信息源工具包括第三方提供的互联网服务，如博客、微博、微信公众平台等。

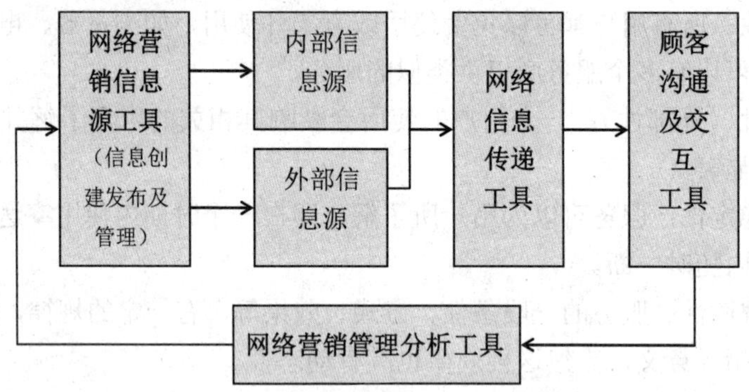


图2-1 常用网络营销工具关系示意图

（2）网络信息传递工具及服务：包括网络信息浏览的基本工具——浏览器；部分信息发布与传播一体化的平台，如B2B电子商务平台、网上商店平台、开放式在线百科（WIKI）、第三方博客平台、微博等用户可自行发布信息的网站；以及第三方互联网服务，如搜索引擎、网络新闻、门户网站的展示类网络广告资源、网络分类广告、网站联盟平台等。

（3）在线顾客沟通及交互工具：如电子邮件、邮件列表、手机短信/彩信、在线客服工具、博客、微博、即时通信工具等。

（4）网络营销管理分析工具：如网站诊断、网站访问统计分析、搜索引擎收录分析、网络广告点击率及转化率分析等。这些可以是第三方提供的服务，也可能是企业自行开发的管理工具。

可见，有些网络营销工具具有多面功能，并不一定完全属于某一类别，有些则具有专一的功能，仅在某一方面发挥特殊的网络营销价值。

每一个网络营销工具都有一方面或多个方面的网络营销价值，了解这些工具的价值及其在网络营销中的地位和作用是正确开展网络营销的基础。由于大部分网络营销工具都属于常见的互联网服务，如搜索引擎、电子邮件、博客、微信等，因此在本书中并不详细介绍这些工具本身的原理或者使用方法，仅简要归纳其网络营销价值及相应的网络营销应用。如需要了解相关的基础信息，可参看本书提供的网络链接资源，或者通过其他途径做系统的了解。

本章后续内容将对四类网络营销工具的网络营销价值给予分析，其中每个类别列举若干常用工具。

# 2.2　网络营销信息源创建及发布管理工具

企业官方信息创建及发布是网络营销的基础工作，官方信息发布渠道包括企业自主运营的网络平台及建立在第三方服务平台的企业官方信息。官方信息源的具体形态包括企业官方网站信息、官方博客、官方 APP、官方微博、官方微信、官方网店等。其中内部信息源，也称为自主信息源（企业可以自主掌控的网络营销资源）尤其重要，包括官方网站、官方博客和官方 APP 等。外部信息源（即建立在第三方平台上的官方信息源）则具有更广泛的用户基础和传播功能，承担着更多的用户交互任务，是企业自主信息源的扩展和传播，其中微博、微信、官方旗舰店等是常见的官方应用。

本节介绍常用的构建企业官方网络信息源的工具：企业官方网站、官方博客及官方 APP，基于第三方平台的官方信息源工具由于同时具有网络传递渠道的功能，因此在其他相关的内容中介绍。此外，本节还会介绍另一种形式的“官方网站”，即在官方网站（主站）之外企业运营的其他专题网站或附属网站——关联网站。

## 2.2.1　企业官方网站的网络营销功能分析

无论企业规模多大，自己的企业官方网站都是必不可少的。企业网站是最重要的网络营销工具之一，是综合性网络营销工具，网络营销的核心工作都围绕企业网站的建设、运营维护及推广管理等方面来进行。

研究表明，企业网站的网络营销功能与网络营销的八项职能非常相似，包含了网络品牌、信息发布、产品展示、顾客服务、顾客关系、资源合作、网上调研、在线销售等八个方面。由此也可以从一个侧面看出企业网站在网络营销内容体系中的重要地位。但并不是说企业网站本身就是网络营销的全部内容，更不会自动实现网络营销的职能。事实上，企业网站的网络营销功能只是为开展网络营销提供的技术支撑平台所应具备的功能，企业网站的网络营销功能只有通过有效的运营维护才能体现出来，网站运营维护、网站推广及管理等工作是企业网站发挥应有作用的基础。

有关企业网站网络营销功能的详细介绍，可参考作者已出版的其他书籍，如《网络营销基础与实践（第 3 版）》、《实用网络营销教程》等，也可以浏览网站上的相关内容“企业网站的网络营销功能详解”（见 http://www.jingzhengli.cn/sixiangku/s01/01016.htm）。

## 2.2.2　企业官方博客的网络营销价值

自 2002 年国内引入博客概念之后，博客在国内获得了快速的发展，并且其基本属性从个人网络日志逐步发展为企业的信息发布，并为实现企业全员网络营销提供了技术及营销理念的支撑。到目前为止，博客仍是互联网的基础应用之一。[1]

新竞争力网络营销管理顾问针对2007－2010年入选工业与信息化部“电子信息百强企业”排行榜的121家企业进行的调查显示：到2010年9月底，98.3%的电子信息百强企业开设了企业博客或频道。可见，企业博客已经成为大中型企业的标准配置。[2]

企业博客作为官方网站之外的又一重要信息发布渠道和网络推广手段，在企业网络营销体系中发挥着其他工具无法替代的作用。常见的企业官方模式包括：

（1）建立于企业官方网站的博客频道或者企业自主运营的独立博客网站。

（2）在第三方个人博客网站平台（例如新浪博客）以企业名义注册博客账号发布信息。

（3）在提供企业博客服务的网站平台租用企业博客服务等。

由于第二及第三种企业博客平台实际上并非由企业完全控制，虽然在有效使用范围内同样可以发挥企业博客的作用，但严格来说不属于企业所拥有的网络营销资源。考虑到当前企业自主运营的博客已经相当普遍，因此本节在讨论企业官方博客的营销价值时，如无特别说明，则一般以上述第一种形式为参照系，而在介绍企业博客营销方法时，则可能包含各种形式的企业博客。

从博客发展至今，企业博客的形式和价值也在不断发展变化，博客营销在网络营销方法体系中具有不可或缺的地位。根据多年的实践及研究，结合当前蓬勃发展的社会化网络营销环境，可将现阶段**企业官方博客的网络营销价值**归纳为下列九个方面。

（1）企业官方博客是官方网站的组成部分，扩展了网络营销信息源的来源及信息传播渠道。

（2）企业官方博客是企业网络品牌必不可少的组成部分。

（3）企业官方博客是网络营销社会化必备的网络工具，是开展全员网络营销的基础。

（4）企业官方博客对官方网站、产品和服务等具有明显的网络推广作用。

（5）企业官方博客是内容营销的常用方式，增加了企业网络信息在搜索引擎中的曝光机会，增加了企业网络可见度。

（6）通过企业官方博客的知识传播功能，有利于建立企业在业内的专业形象并获得顾客信任。

（7）企业官方博客增进了企业及顾客之间的沟通，有助于增加网络营销信息传递的交互性。

（8）企业官方博客为微博等SNS营销提供支持，扩展了信息源的信息量，并且增强了信息传播的持久性。

（9）作为综合结果之一，通过企业官方博客传播可以带来直接用户或者潜在用户。

## 2.2.3 企业官方 APP 及其网络营销价值

正如每个企业都应该有自己的官方网站一样，具备条件的企业也应该有自己的官方 APP（同时还可以有若干与业务或服务相关的 APP）。尽管 APP 的应用时间不长，但其在企业网络营销中发挥着越来越重要的作用，尤其是网络营销应用水平较高的企业，如电子通信、旅行交通、酒店预订、餐饮服务、信息服务、咨询培训、在线零售等领域，APP 已被广泛应用。对于传统工业企业来说，有些尚未起步，有些处于尝试阶段。现在对于企业 APP 网络营销价值的认识也处在不断探索之中。

本书将企业官方 APP 的网络营销价值归纳为三个方面。

**1．适应移动互联网的用户行为**

通过手机 APP 购物、订机票订酒店、与企业联系沟通、获得优惠券等已成为手机互联网用户的常见需求，用户对 APP 的依赖表明，在移动互联网环境下，用户已经不仅仅是通过浏览器获取网站上的信息，而且还要主动下载安装其所需要的 APP 客户端服务。为用户获取信息及购买产品或服务提供便捷，是企业网络营销的基本战略。

**2．扩展企业信息发布及传递的渠道**

从传统的“企业五官”到 APP，标志着企业官方信息发布与传播的重大变革，也即意味着企业融合化网络营销的真正开始，除了浏览器和第三方手机 APP 之外，企业还可以通过官方 APP 向用户发布和传递信息，并且与用户直接沟通，无须依赖微博、微信等第三方服务平台。同时，企业也可以通过 APP 获得真实用户的行为信息，作为用户资源的积累，为开展大数据营销积累基础数据。

**3．对企业品牌及销售的价值**

官方 APP 已经成为企业网络品牌的一部分，尤其在移动互联网应用程度较高的行业。同时，通过 APP 发放优惠信息、产品升级以及在线购买，已经是非常成熟的应用。可见，APP 对实现网络营销基本职能具有与传统网络营销同等重要的作用。APP 不仅仅是移动互联网用户的入口，事实上已经成为移动网络营销的综合工具之一，与企业官方网站的网络营销功能是相似的。

从目前的应用状况来看，企业官方 APP 及业务型 APP，与 PC 端企业官网及关联网站一样，都是网络营销不可缺少的内容。相对于传统的网站，APP 的发展速度更快一些。有关 APP 营销的内容，在本书后续章节中仍将继续探讨。

## 2.2.4 关联网站及其网络营销价值

每个企业都应该有自己的网站，但一个企业并不是只能有一个网站，实际上除了企业官方网站之外，一个企业拥有多个业务型、资讯型、专题网络推广型、营销型或者效益型网站的情况非常普遍。除了企业官方网站，其他为业务提供各种支持的网站就属于关联网站的范畴。适当的关联网站营销策略，可以与企业官方网站相辅相成，构成“1+N”集群网络营销模式，使企业网站的网络营销功能得以延伸和扩大。

#### 2.2.4.1 关联网站的定义及类型

**1. 关联网站的定义**

本书作者于 2005 年提出关联网站的概念，并对此进行了跟踪研究。“所谓关联网站，通常是指同一个机构所拥有或控制的各个独立的网站，这些网站之间具有互相推广的关联关系。”[3]

关联网站的作用日益显著，已经成为大中型企业常用的网络营销方法之一，其网络营销价值也得到实践的检验，尤其在多产品系列的集团公司，关联网站的应用更为普遍。新竞争力网络营销管理顾问的一项调查数据表明，在中国百家大型电子信息企业中，38%的企业采用了不同形式的关联网站。

因此，对关联网站进行更深入更系统的研究就显得十分必要。例如，关联网站有哪些具体的表现形式？关联网站是如何发挥关联营销效果的？关联网站与企业官方网站、官方博客等其他自主控制的网络营销资源之间的关系等。这里引用《实用网络营销教程》（冯英健，2012 年 7 月）一书对**关联网站的定义**：

“关联网站是以网络推广为目的而特别规划设计的、区别于企业官方网站的一种独立网站形式。关联网站营销是以关联网站为主要网络推广工具，为实现企业网络营销的总体目标而采用的各种网络营销方法。”

下面是一个典型的关联网站应用案例。

**案例：中兴通讯公司的关联网站及其主要业务内容**

在中兴通讯公司官方网站的“网站链接”页面（http://www.zte.com.cn/cn/links/），列出了 10 个“参控股公司”的网站名称及链接，它们是：

| 网站名称 | 网址 | 网站主要业务内容 |
|---|---|---|
| 中兴移动 | http://www.ztemt.com.cn/ | ZTE 无线产品如手机、平板电脑等 |
| 无锡中兴 | http://www.wxzte.com.cn/ | 无锡中兴光电子技术有限公司 光电子产品 |
| 中兴力维 | http://www.ztenv.com.cn/ | 深圳中兴力维技术有限公司 监控产品 |
| 中兴信息 | http://www.zxit.com.cn/ | 通信产品和计算机信息系统软件产品 |
| 中兴软创 | http://www.ztesoft.com/ | 电信运营支撑领域的软件与服务 |
| 中兴新通讯 | http://www.zteholdings.com/ | 中兴新投资控股型集团公司 |

| | | |
|---|---|---|
| 国民技术 | http://www.nationz.com.cn/ | 超大规模信息企业安全芯片及通信芯片 |
| 中兴网信 | http://www.zteict.com/ | IT 基础设施、软件与 IT 服务、业务咨询 |
| 中兴供应链 | http://www.ztesc.com.cn/ | 全程供应链一体化服务 |
| 上海中兴 | http://www.ztetech.com.cn/ | 无线网络覆盖产品和传输的整体解决方案 |

通过其中某些关联网站的链接，又可以发现更多的关联网站，例如：

| **网站名称** | **网址** | **网站主要业务内容** |
|---|---|---|
| 中兴九歌 | http://www.joygor.com/ | 移动增值业务：音乐、游戏、阅读等 |
| 中兴物联 | http://www.ztewelink.com.cn/ | 物联网行业无线通信电子模块及相关软件 |
| 中兴昆腾 | http://www.ztequantum.com/ | 矿山、新能源、整机制造等 |
| 中兴新地 | http://www.zxxd.com.cn/ | 通信配套产品开发、生产和销售 |
| 中兴新宇 | http://www.zefpc.com/ | 生产柔软印制电路板（FPC） |
| 中兴百绿 | http://www.zteholdings.com/html/ | （未知） |
| 中兴仪器 | http://www.zeei.com.cn/ | （未知） |
| 中兴派能 | http://www.pylontech.com.cn/ | 新型锂离子电池材料的研究开发 |
| 中兴微贷 | http://www.zxfinance.com/ | 经营小额贷款业务 |
| 中兴合创 | http://www.zevc.cn/ | 受托资产管理、私募股权投资管理 |

说明：部分标注为“未知”的网站，为案例采写期间网站无法访问，或者从网站上无法获得相关的信息。

资料来源：本书专用案例，根据中兴通讯公司网站链接资源 2013 年 3 月整理，2016 年 3 月修订。

从中兴通讯公司关联网站的主营业务及网站表现形式可以看出，这些关联网站群属于特定的业务关联型网站（或者叫产品关联型），即每项业务属于一个独立的公司，每个独立的公司有自己独立的网站，这些网站大都会链接到主站（中兴通讯公司官方网站 http://www.zte.com.cn/），但各个关联网站（子站）之间并不一定有直接的关联关系。在各网站链接形式上类似于“轮辐式”结构，即官方网站（主站）为轮子的中轴，各个子站像辐条一样链接到中轴上，各链条之间可以有直接的链接关系，也可能没有任何直接关联。

**2．关联网站的类型**

除了产品关联型网站之外，关联网站还有品牌关联型、服务关联型以及营销关联型这几种基本类型。下面对**关联网站的类型**进行简要描述。

（1）品牌关联型

适用于多品牌企业。宝洁中国网站是典型的品牌关联网站案例（http://www.pg.com.cn/）。每个品牌均有一个顶级域名的品牌网站，各个品牌网站之间并无直接链接关系，每个品牌网站均链接到官方总站，并得到总站的链接。

（2）产品关联型

适用于多产品系列，或者多种业务的企业，不同类别的产品/业务信息均可以通过一个独立的网站来承载。产品关联是应用最广泛的关联网站模式。

（3）服务关联型

适用于业务流程较长或者销售渠道比较复杂的企业，如提供产品售后服务、驱动程序下载、软件在线升级、产品在线销售等，每个业务流程都可以作为相对独立的关联网站形式存在，各个环节相互关联又相对独立，大大降低了管理的复杂性，因此常为一些大型集团化企业所采用。例如，联想集团、三星电子、索尼等。

（4）营销关联型

以网络营销为目的建立或者控制的其他关联网站形式。除了前面三种比较规范的关联网站形式，还包括多种形式的关联网站，如专题活动网站、独立博客网站、第三方网站、合作伙伴或者其他代理机构的网站等。

上述关联网站的类型只是为了研究的需要，是从企业关联网站应用实践中归纳总结的，实际应用中也可能有多种关联形式并存的情况，甚至会有其他更多的特殊形式。总之，关联网站是为企业网络营销总体战略而设计的，并不是为了展示某种网络营销模式。无论采用哪种关联形式，最重要的是把握**关联网站的核心思想**——扩展企业网络营销资源，丰富网络营销的内容和形式，增加网络营销的集群优势。

#### 2.2.4.2 关联网站的网络营销价值

通过关联网站的四种基本模式分析可以看出，关联网站的出现，大大扩展了企业官方信息源的渠道和表现形式，使得企业网络营销资源更为丰富，也为用户获取信息提供了更多渠道。**关联网站的网络营销价值**，可以归纳为下列五个方面。

**1．提高网站运营维护效率，降低网络营销管理难度**

集团公司架构高度集中的网络营销策略，往往意味着各个部门之间沟通效率的低下。而且把集团内所有企业、部门的内容和服务统一集中到一个网站平台之上，不仅大大增加了网站平台技术架构的复杂性，而且为用户获取信息带来许多不便。关联网站策略可以在集团总部统一品牌形象的基础上独立自主地规划及运营各个部门/分支机构的网站，更便于制定及实施网站运营方案及高效的网络营销管理控制。

**2．关联网站丰富了企业网络营销信息源的形式**

除了官方网站比较正式、严谨的企业新闻、产品信息等基本内容之外，用户往往还需要更为丰富的信息内容及灵活多样的表现形式，通过专题网站的形式来满足用户的需求，比在官方网站更便捷，也更便于运营推广。

### 3．拓展了网络信息传播渠道，增加企业信息网络可见度

创建尽可能多的网络营销信息传播渠道，是网络营销的基本策略之一。每一个关联网站都有自己的独立定位和相应的信息资源，每个独立的关联网站都可以获得被搜索引擎独立收录和展示的机会，可增加搜索引擎可见度。同样，每个关联网站也都可以通过网站链接、社会化网络推介、网络广告推广等方式扩大网络可见度。

### 4．关联网站为企业创造更多有价值的网络营销资源

官方网站与关联网站之间以及各个关联网站之间可以方便地建立外部链接及部分相关内容共享，利用企业集团内部的网络营销资源实现相互推广，因而关联网站成为企业有价值的网络营销资源。从根本上说，企业网络营销能力取决于自己所掌握的网络营销资源，以及对网络营销资源的应用能力。关联网站为企业创造和利用网络营销资源开创了新的途径，对于企业的网络营销策略具有长远价值。

### 5．关联网站为集群网络营销创造了条件

一个企业在官方网站运营良好的基础上发展了若干高质量的关联网站，这样就形成了“1+N”的多网站集群网络营销模式架构，具备了集群网络营销的基本条件。与单一官方网站的网络营销相比，**集群网络营销的优势主要体现在：**集群网站之间的互相推广；对某一网站、某个营销活动、某款新产品等的同步推广；用群体优势获得更多合作伙伴的网络营销资源等。

## 2.2.5　企业网站、企业博客、关联网站、官方 APP 的比较

企业网站、企业博客、关联网站等都可以作为企业官方网络信息源的发布载体，但它们各自所承担的职能及信息发布和传播方式等有一定的差异，因而在实际应用时应了解各自的特点。表 2-1 从信息源形式、运营管理模式及网络营销价值这三个基本方面简要对比分析这几种方式之间的区别和联系（见表 2-1）。

**表 2-1　常见企业官方网络营销信息源类型及其比较**

| | 信息源形式 | 运营管理模式 | 网络营销价值 |
|---|---|---|---|
| 企业网站 | 严谨、全面、权威，代表企业的官方信息，信息量有限 | 公司级管理组织，对整个企业网络营销提供支持 | 企业官方网站是综合性网络营销工具，有八项基本的网络营销功能 |
| 企业博客 | 内容形式灵活，可多人参与信息源创建和发布，信息量扩展性强 | 隶属企业官网，信息发布通常以个人或小单位（如客服）为主体进行管理 | 九个方面的价值：信息源及传播渠道扩展、网络品牌、全员营销、网络推广、增加可见度、顾客信任、顾客互动、支持 SNS 营销、获得用户 |

续表

| | 信息源形式 | 运营管理模式 | 网络营销价值 |
|---|---|---|---|
| 关联网站 | 专注于某一领域或者某项具体活动，表现形式灵活且比较专一 | 在企业网络营销总体战略指导下，通常由下属机构或职能部门运营管理 | 价值体现在五个方面：提高运营效率、丰富信息源形式、增加网络可见度、积累网络营销资源、实现集群网络营销 |
| 企业APP | 无固定模式，大多企业APP偏重于业务办理和新产品推广 | 公司级管理，通常与官方网站及商城对接，注重网站业务的移动化 | 为移动互联网用户提供便利、信息发布与传播、移动互联网品牌价值及在线移动销售渠道 |

在本书第一章有关网络营销发展演变的分析中，将传统PC网络营销的核心归纳为“网络可见度”，其中包括“内部可见度”和“外部可见度”。内部可见度即通过企业可掌控的官方信息源所发布和传播的信息，而外部可见度则是利用第三方平台服务实现的信息发布与传播，包括微博、微信、网络百科、ASK 社区、电商平台等。这也说明，实现企业网络可见度的信息源的形式包括企业可控的内部信息源，以及基于第三方网络平台的外部信息源，两者各有其价值和运营模式，都属于企业网络营销的组成部分。本章后续内容将介绍外部可见度的网络资源及价值。

# 2.3 网络信息传递渠道工具和服务

网络信息传递工具和服务较多，可以进一步分为信息发布与传递一体化的工具和服务，以及第三方互联网工具和服务。这类工具和服务较多，本节简要介绍部分常用网络营销信息传递工具和平台的基本特点以及其网络营销价值。

## 2.3.1 浏览器——最具标志性的基础网络营销工具

浏览器是获取网页信息的必备工具，也是从企业信息网络可见度到用户转化的重要环节。在本书早期的版本中，并非专门研究浏览器对网络营销的作用。将浏览器作为一个基础的网络营销工具，是本书通过对网络营销发展规律总结基础上的全新发现，因为在网络营销20多年的发展历程中，专门研究浏览器的网络营销价值还是首次。

在本书第1章介绍网络营销起源时提到第一个网络广告的诞生（见1.1.1.1 从网页浏览器到第一个网络广告），是因为网页浏览器的诞生，使得图像浏览成为现实。而在分析网络营销第二次革命——网络可见度革命时也提出（见1.1.3 网络营销发展历程中的三次革命），网络可见度的核心是围绕网页访问量进行的，当然也离不开浏览器，因而产生了网络营销的流量思维（见 1.1.4.1　正在形成的网络营销生态化思维），也即通过网页浏览获得用户访问量资源。这一切都与浏览器密不可分。

因此，本书第 1 章提出了这样的观点："浏览器在网络营销发展历程中的重要意义——基于网络可见度的网络营销方法，大多围绕着浏览器来进行。"事实上，无论是官方网站营销、内容营销、搜索引擎营销，还是网络广告、B2B 电子商务平台营销等，在移动互联网普及之前，都是通过网页浏览器来实现的。在移动互联网中，手机浏览器同样也是必不可少的基础信息获取工具之一。

除了对网络营销的里程碑意义之外，**网页浏览器的网络营销价值**主要表现在以下四个方面。

**1．浏览器是网络信息可见度及用户浏览行为的记录工具**

基于网站的内容营销及传统网络广告信息都是通过浏览器展示给用户的，传统网络营销中的网络可见度是通过浏览器展示而得以实现的。同样，浏览器也是研究用户上网行为数据的基本工具，用户浏览行为正是通过浏览器而记录下来的。

**2．浏览器是网站用户体验的检测工具**

"浏览器适应性"检验是网站开发设计中的重要环节，网页设计在各种浏览器中都有较好的显示效果，这是用户体验的基础工作。同时，利用浏览器的一些检测功能作为网站测试工具，如谷歌浏览器 chrome 的"审查元素""查看网页源代码"等。

**3．浏览器是获取用户访问的入口工具**

浏览器是用户上网的第一入口，占领浏览器就是获取用户流量的第一渠道，因此除了常用的 IE 浏览器、火狐浏览器之外，一些大网站也纷纷推出自己的浏览器，如国内的 BAT3S 都在大力推广自己的浏览器。而一些网站则在浏览器主页设置上下功夫，甚至用不正当手段修改用户浏览器主页地址。许多网站上增设一个"收藏本站"，为了让用户以后通过浏览器重复浏览网站提供方便，也是出于网站推广的考虑。

**4．浏览器是用户转化的重要环节**

传统的网络营销中，用户最终都是要通过浏览器获取信息，实现从企业信息网络可见度到用户转化的过程中，浏览器的作用不可忽视。无论是网站的用户体验、下载速度，还是在线销售流程等，所有环节中都离不开浏览器。

不过，在移动互联网时代，用户获取信息的渠道更多，相对于 PC 网络营销，手机浏览器的地位和作用有一定的降低，其网络营销功能也有一定的限制，但仍然是移动网站访问量的主要入口之一。

**扩展阅读：**

主要浏览器发展历程简介 http://www.wm23.com/resource/R01/Internet_1020.htm

## 2.3.2 B2B电子商务平台的网络营销价值

在网络营销发展历程中，B2B 电子商务平台发挥了重要的启蒙作用，很多企业的网络营销是通过发布供求信息开始的。2000 年前后的网络营销，除了将网址提交给搜索引擎（分类目录）之外，其他最常用的网络营销方法就是在 B2B 电子商务平台以及类似的行业供求信息平台发布信息，这种免费信息发布方式对网络营销的影响是非常巨大的，尤其对于培养企业营销人员的网络营销意识产生了积极而深远的影响。

现在由于各种网络营销平台不断涌现，网络营销方法也日益丰富，因而 B2B 电子商务平台的重要程度有相对下降的趋势。但并不能因此就忽略这一重要的网络营销平台的作用，而且 B2B 电子商务平台本身的功能也在不断发展之中：从早期单纯的供求信息发布，逐步发展到可以提供部分交易服务如支付、物流等，以及其他资源整合服务如在线交流（SNS）、市场营销、人才培养、金融信贷、交易担保等。所以，在不同的历史阶段，B2B 平台的价值也在不断发展演变之中。

作为适用性广泛的网络营销平台，**B2B 电子商务平台的网络营销价值**主要体现在下列三个方面。[4]

**1．实现多渠道信息发布，增加企业信息的网络可见度**

在 B2B 平台发布信息，是企业的外部网络营销信息源，对于增加企业信息的网络可见度是显而易见的。尤其一些大型 B2B 平台，具有良好的搜索引擎优化基础，比发布在企业官方网站的信息更容易被搜索引擎检索到。例如，以一些中小企业名称或者日用小商品产品名称为关键词进行搜索（如生日蜡烛批发、水晶饰品配件厂、眼镜用品及配件、塑料包装袋等），不难发现，在搜索结果中多项信息来源于阿里巴巴、慧聪等第三方 B2B 电子商务平台。可见，合理利用 B2B 网站平台的信息发布功能，可以在很大程度上弥补企业网站的不足，甚至可以替代企业网站的部分功能（尤其是内容贫乏的网络名片型企业网站）。

**2．实现企业信息在 B2B 平台内部的可见度**

大型 B2B 平台上活跃着众多供应商和采购商，网站巨大的访问量意味着 B2B 平台内部的用户形成了一个“内部交易市场”。这种特点与网上商店平台、第三方博客和微博平台等都有一定的相似性，充分利用平台内部的推广资源，扩大企业信息在 B2B 平台内部的可见度，在平台内部获得潜在用户，是 B2B 平台网络营销的又一重要价值所在。

许多大型 B2B 网站都有各种免费网络推广资源，如博客、论坛、SNS、在线问答等，同时也有站内搜索、内部广告资源和各种推广机会。为企业提供在平台内部的可见度是 B2B 网站最重要的网络营销价值所在。如果说 B2B 平台提高企业信息的外部网络可见度是锦上添花，那么获得平台内部可见度则是 B2B 平台的核心价值体现。

#### 3. 利用 B2B 平台提高中小企业网络可信度

网络可信度不仅是对建立网络品牌的要求，同时对于网络营销效果也有举足轻重的影响。通常来说，网络可信度建设是中小企业网站的薄弱环节，借助大型 B2B 网站，可在一定程度上提高企业的网络可信度。例如，阿里巴巴的诚信通认证标识对信息发布者获得潜在用户的信任具有明显的作用。

此外，当用户通过搜索引擎检索到若干条相关的产品供求信息时，对于非知名网站域名的搜索结果可能有一定的戒心，但对于知名网站域名的网址则可以放心的点击。例如，当用户在搜索结果中看到“批发采购蜡烛尽在阿里巴巴”的网页标题，且网址信息中包含了“china.alibaba.com”的信息时，通常不会担心这是个不可信的网页。

经过近 20 年的发展，B2B 电子商务平台的网络营销价值已经日趋完善，但 B2B 平台的价值还远没有得到充分发挥，大多数企业对 B2B 平台的深层次应用还远远不够，通常处于粗浅的水平，因而降低了 B2B 平台应有的价值。[5]

网络营销人员大多更热衷于追求新型的、热门的网络营销方法，而对于传统 B2B 平台价值的挖掘缺乏足够的兴趣和耐心。当然这点也是无可厚非的，网络营销工作因为有趣而受欢迎，如果总是在缺乏挑战的环境中从事效果不可预期的老套的网络推广，很少有人能够长期忍受。而且一个企业的网络营销资源总是有限的，很难在各个方面都投入足够的资源。

**相关话题：**

常用的 B2B 平台有哪些类别？B2B 平台的常用功能有哪些？综合 B2B 与行业 B2B 各自的优势及特点是什么？

### 2.3.3 B2C 电子商务平台的网络营销价值

B2C 电子商务平台是中国电子商务的重要特色之一，在天猫、京东等大型电子商务平台上集聚了大量的企业网店，也吸引了大量网上购物者直接来到平台购买。在 B2C 网上商店平台开设网上商店，不仅为中小企业开展电子商务提供了便利，同时对大型知名企业开展网络销售渠道同样具有非常重要的意义。事实上，目前超过一半的企业除了有自己的 B2C 网站之外，还在大型网上商店平台开设有自己的旗舰店或者专卖店，表明网上商店在企业中已经获得了广泛应用。[6]

通常所说的 B2C 电子商务平台，是提供企业与消费者之间进行电子商务交易的网络平台，其核心是可以实现产品网络推广、在线销售、顾客服务等功能。获得尽可能多的网上销售额是网上商店平台网络营销价值的核心，不过网上商店平台的网络营销价值并不仅限于销售本身，对于产品的网络推广、企业网络品牌、用户行为分析等方面同样会产生积极的作用。这里将**网上商店平台的网络营销价值**归纳为下列五个方面。

**1．快速实现从网络推广到网上销售的飞跃**

网上销售是网络营销的八项职能之一，利用第三方电子商务平台，可以大大简化企业开展电子商务的流程，不需要自行建设功能相对较为复杂的B2C网上商城，直接将产品的网络推广与网上销售结合在一起，让网络营销直接转化为销售额。

**2．扩大产品的网络可见度，发挥网络推广作用**

与B2B等第三方网站平台一样，发布在网上商店平台的产品信息，尤其是有吸引力的产品信息，不仅可以获得平台内部用户的关注（平台内部网络可见度），一些产品信息还可以通过搜索引擎检索、用户之间的直接信息传递等方式获得更大范围的传播（平台外部网络可见度）。因此，充分利用网店平台的功能，即使短期内在线销售效果没有达到预期，实际上也可以发挥其网络推广作用。

**3．网上商店平台有利于增加产品可信度**

建立在知名电子商务平台的网上商店，其网络商务行为受电子商务平台的规范和约束，因此，对于非知名企业来说，可能比自建B2C网站更容易受用户信任。此外，当网店积累一定顾客资源之后，销售数量、顾客对商品的好评等信息，对增加可信度也有明显的帮助。

**4．借助于网上商店平台实现对网络调研及用户行为的研究**

当企业官方网站没有独立的B2C功能，或者企业在线销售还没有形成一定规模时，利用网上商店平台的数据分析资源对行业竞争状况以及用户行为进行研究，数据分析对于提高网上商店运营的效果具有重要意义，也是在线销售之外的额外价值所在。

**5．对企业官方网站/产品的辅助推广**

第三方网上商店的产品对企业官方网站产品具有一定的推广价值。您是否有过这样的网上购物经历：在某一网店看到某企业产品信息之后（如购买飞机票或家电），再通过其他途径找到企业官方网站做进一步的了解，甚至可能通过企业官方网站完成购买？通过网上商店的用户资源与企业官方网站（或关联网站）相结合实现辅助推广也是网上商店平台的网络营销价值体现。当然，也可能通过企业官方网站，把在线购买等功能引导到网上商店来进行，从而实现企业官方网站功能的扩展。

企业官方网站与网上商店的互相关联推广应用非常普及，这样可以为用户提供更多选择的机会，除了在平台上购买产品之外，也可能到企业官方网站或者其他相关网站去实现产品购买。例如，在线订购航空机票，用户很可能在携程网浏览了所有航班信息之后，再到各航空公司自己的官方网站进行对比选择，因为有时候官方网站的价格可能比携程网更低，或者有更多的优惠措施。

### 2.3.4 开放式网络百科（WIKI）的网络营销价值

开放式网络百科全书是由用户共同参与编写的网络百科全书，为了保持词条内容的权威性和中立性，本来不应该作为网络推广平台的面目出现，但是事实上由于词条编写者的出发点往往是为了某种网络推广才产生写作的动力，为了百科平台内容的丰富，WIKI 平台的管理者通常会在一定程度上采取折中的策略，允许在一定范围内含有一定的网络推广信息。这些推广对于绝大多数读者来说，具有隐性的特征，即在相对客观的前提下用适当的方式表现出的部分被推广的信息。

影响力较大的知名 WIKI 网站如维基百科（https://zh.wikipedia.org）、百度百科（baike.baidu.com）等通常对于可能含有网络推广的信息审核较为严格，而一些规模较小的 WIKI 平台可能相对比较宽松。WIKI 平台网络推广的效果，首先取决于读者的数量，访问人数越多，其网络推广价值也越高；其次是推广信息的表现形式，通常是与企业关联越密切网络营销效果越明显，如明确提及企业或产品品牌、名称、链接了企业的网址等。

以百度百科为例，**在线百科（WIKI）的网络营销价值**大致可以归纳为下列三个方面。[7]

**1．通过百科词条内容直接展示企业的信息**

知名企业、产品品牌等通常可以直接创建为词条，达到网络推广的目的，而一些非知名的产品或企业则可以通过在相关词条内容中适当包含某企业或者产品信息，在读者阅读这些内容时实现产品或品牌信息传播的目的。

**2．通过百科词条的知识分享达到推广的目的**

由于企业或者品牌信息毕竟有限，而各种概念、术语、专业知识等信息量是很大的，因此可以在编辑某些知识性词条内容时适当引入某些企业或产品的信息。例如，在介绍数码相机原理的词条中，提及某个品牌的数码相机就是一种比较合理的网络推广方式。

**3．通过词条正文、参考文献，或者扩展阅读等方式添加网址链接**

网址链接也是直接的网站推广形式。这样的链接不仅可以为相关网站带来直接的用户点击访问的机会，对于网站的搜索引擎优化也有一定的价值，因为外部链接是提高网站/网页在搜索结果中权重的要素之一。不过，实践经验表明，对于来自百科词条网址链接而访问企业网站的用户，其实际网络营销价值很可能比来自搜索引擎等其他渠道的用户要低，原因在于访问百科词条的用户通常是为了了解某个概念、某个原理、某个事实等基本信息，用户来到延伸网站是为了获取更多的信息，并不一定马上对企业的产品产生购买的愿望。另外，百科平台对参考来源网址要求较严格，一些质量不高的网页很难作为参考来源网址。

另外，这里有必要了解的是，由于 WIKI 开放式的特点，每个用户都可以参与编辑同一个词条的部分或全部内容，因此百科词条推广往往是动态的，今天在词条中 A 企业的信息，明天可能就变成 B 企业信息，甚至可能会出现被竞争对手利用或不正当竞争的情况。因此在线百科词条推广的价值，与其他企业可以完全自行掌控的网络营销工具有显著的区别，通常不具有稳定性。

### 2.3.5 第三方博客平台的网络营销作用

在本章2.2.2中介绍了企业官方博客的网络营销价值，作为企业内部网络营销信息源的表现形式之一，企业自主运营的博客具有多方面的网络营销作用。在实际工作中，具有博客营销价值的不仅限于企业自主运营的官方博客，还包括第三方平台提供的博客服务（如新浪博客），以及企业员工或其他人员开设的与企业/产品信息有关的个人博客等。尤其在中小企业中，应用较多的是第三方博客平台。

即使拥有自己的企业博客，也可以适当利用第三方博客平台扩大网络可见度，因此有必要对第三方博客在网络营销中的作用有所了解。博客是企业必备的网络营销工具，无论是官方博客还是第三方博客，都有必要给予持续的运营管理。

合理利用第三方博客平台的功能，可以实现博客文章通过博客平台内部用户之间的传播以及通过其他网络工具向博客平台之外的传播效果，这也是博客可以发挥长期网络营销效果的原因所在。图2-2体现了博客各项要素及其网络传播模式的相互关系。

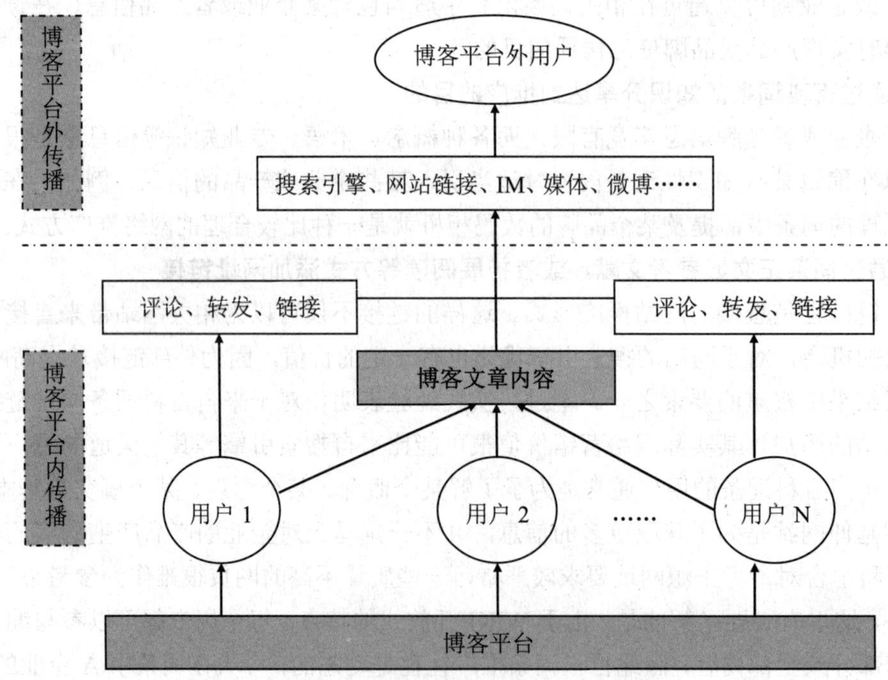


**图2-2 第三方博客网络传播模式示意图**

**第三方博客平台的网络营销作用**可以归纳为下列六个方面。

（1）第三方博客平台是企业外部网络营销信息源的载体之一，丰富了企业网络信息源的表现形式。

（2）第三方博客是常用的免费信息发布网络推广手段之一，有助于扩大企业信息的网络可见度。

（3）第三方博客平台内部用户之间的互动（阅读、评论、转发、链接）实现了平台内部的信息传递，扩展了企业网络营销信息传播渠道。

（4）通过超级链接和内容关联等方式，基于第三方博客平台的博客可以与企业官方博客文章互为推广，具有一定的网络推广效果。

（5）建立在知名网站博客平台上的信息更容易受到用户的信任，尤其通过搜索引擎获取信息时，有助于用户在搜索结果中选择性点击。

（6）发布在大型博客网站的博客文章具有稳定性，对于有长期价值的内容，还可通过搜索引擎等工具持续地带来访问者。

## 2.3.6　微博平台的网络营销功能

微博即微型博客（micro blog）的简称，其雏形出现于 2005 年，全球第一个真正的微博客是 2006 年 3 月推出的 twitter.com。尽管类似的微博服务如雨后春笋般地出现，但 Twitter 一直保持着领先的优势，成为微博客的代名词。自 2009 年 8 月新浪微博在国内强势推出之后，微博迅速成为继博客之后普及率最高的互联网应用之一，基于微博平台的微博也成为网络营销最热门的领域之一。到 2012 年，几乎所有大型门户网站都开设了微博服务，后期随着微信的超高速普及，微博的影响力有所减弱，到 2016 年，新浪微博仍是国内用户量最大的微博平台。

### 1．微博的特点

相对于传统的博客，**微博的特点**主要表现在以下四个方面。

（1）微博信息发布更便捷。首先，微博对内容没有严格要求，无需文章标题，也不需要编排格式，只有最高字数的限制，中文微博通常为 140 字，英文微博通常为 140 字符（说明：新浪微博于 2016 年年初取消了 140 字的发布限制）。这就使得用户可以便捷地完成一篇微博的写作（哪怕只有几个字符）。其次，微博发布方式很多，如微博用户可以通过微博网站、客户端软件、手机客户端、手机短信、邮件、即时通信、多种定制的开放式应用软件、博客等及时发布微博信息。

（2）微博信息传播速度更快。博客信息的传播与传统网站信息传播模式类似，主要依赖于用户主动访问博客、订阅博客更新通知、通过搜索引擎检索等方式，而微博通过用户之间的互相传播（转发、@等）可以形成快速传播，一条热门信息几乎可以像即时信息一样在极短的时间内传递到大量用户。因而微博具有时效性强的特点。

（3）微博用户之间的交互性更强。在微博平台内，每个用户都可以通过多种方式与其“关注者”通过微博内容转发、评论、私信、@等方式产生互动和再次传播。这里所谓的“关注者”，实际上并没有统一的称呼，Twitter 称之为“follower”，新浪微博叫“粉丝”、腾讯微博叫“听众”。无论名称如何，其实质都一样，即可以及时看到你发布的信息，并且通过某些方式产生互动。

（4）微博平台具有行业集中的特点。由于微博主要通过用户之间进行传播，在一个微博平台上用户量越大这种传播效应越显著，因此这种特点决定了微博不可能像博客那样每个企业甚至每个用户都自己经营一个独立的微博网站，微博活动通常集中在大型微博网站平台上，使得微博服务行业高度集中，领先的微博平台占有了绝大多数用户份额。这一特点意味着，微博平台蕴藏着巨大的网络营销价值（在一定程度上类似于早期大型 B2B 电子商务平台，如阿里巴巴网站）。

由于微博的上述特点，微博一经推出，便与网络营销产生了必然的联系，微博营销的概念也就应运而生，多种微博营销应用模式不断出现，并且在大型企业中首先得到关注和应用。尽管微博的初衷是作为一种社交网络，便于朋友圈子之间进行交流，但不可避免地被应用于商业目的，这也是许多互联网应用都经过的历程，如 BBS、电子邮件、网络聊天工具、微信等，都在一定程度上变成了网络营销工具。

**2．微博的网络营销功能**

本书将**微博的网络营销功能**归纳为下列九个方面。

（1）与官方博客一样，每个企业也都应该有一个自己的官方微博，作为官方信息发布的另一渠道。

（2）企业官方微博是企业网络品牌必不可少的组成部分。

（3）企业微博的关注者（粉丝、听众）是有价值的网络营销资源，与其他资源（如网站注册用户）一样具有长期网络营销价值。

（4）微博可以作为网络推广活动的平台，对产品推广、促销等产生直接效果。

（5）微博是有效的在线互动工具，与 IM 一样在顾客服务、顾客关系方面发挥积极作用。

（6）合理利用微博，可以实现微博内容与企业网站/博客内容的相互融合和相互推广。

（7）微博具有病毒性营销的天然属性，是网络口碑传播最有效的工具之一。

（8）微博可应用于网络市场调研、用户行为研究等方面，是网络营销研究的辅助工具之一。

（9）借助于搜索引擎的实时搜索等功能，微博信息也可以实现搜索引擎传播，从而进一步扩大了微博信息传播的价值，增加了企业信息的网络可见度。

2016 年之后，社会化网络营销仍在发展之中，但总体来说新功能新应用的推出速度逐步放缓，其中微博作为成熟的互联网服务，不再是高速发展的热门应用。

## 2.3.7 微信的网络营销功能

微信是社交类手机 APP 客户端软件的一种，由于其用户数量庞大，且功能强大，因此早已超出一般 APP 的概念，成为一个基于手机互联网的开放式应用平台，几乎连接生活和企业应用的各个方面。基于微信系统的营销也成为移动网络营销中最受关注的应用领域之一。自从 2011 年年初腾讯公司发布微信以来，微信的应用一直呈爆发性增长态势，不仅成为人们最重要的社交和通信工具之一，同时在企业经营中的应用也非常广泛，官方微信已成为企业移动互联网应用的基础配置。

在互联网的发展历程中，许多网络工具从诞生到得以广泛应用可能并非因为其营销价值，但在其发展应用过程中逐步体现出营销价值并成为主流的网络营销工具，如电子邮件、搜索引擎、博客等。微信从最初的社交工具演变为网络营销工具的历程相当迅速，微信与微信营销几乎同步产生，这主要与微博等其他 SNS 营销模式的类比效应密切相关。作为移动互联网的主要应用之一，微信在一定程度上已经具备手机应用的入口功能，与 PC 互联网应用中浏览器的作用有一定的相似之处（尽管手机浏览器具有同样的功能，但用户使用习惯的改变，使得手机浏览器远不如 PC 浏览器的应用那么广泛），因此在移动网络营销环境中，微信具有其他手机应用软件无可替代的作用。

现阶段微信对网络营销的影响及其网络营销功能可以归纳为如下五个方面。

**1. 微信对网络营销思想变革的意义**

传统 PC 网络营销，核心思想是增加企业信息的网络可见度，而移动网络营销信息传播主要基于社会关系网络，对信息的可信度提出了更高的要求，这种现象从社会化网络的兴起尤其是微博的普及应用开始表现得日益突出，微信的出现进一步强化了社会关系在网络营销中的地位，使得信息可见度的重要性达到革命性的高度，在网络营销历程中具有里程碑的意义。相应地，网络营销思想也从传统的网络可见度思维（即通常所说的流量模式）向网络可信度思维（即所谓的粉丝经济）转变。

**2. 微信是移动互联网应用的主要入口之一**

相对于 PC 互联网应用以基于浏览器为主，移动互联网应用的主要形式包括如手机 APP 及移动网站等。一般来说，APP 为用户手机直接安装使用，移动网站的服务则需要通过手机浏览器来操作。微信既是一种 APP 应用，又具有一般 APP 不具备的功能，如通过扫一扫功能，可以通过二维码识别链接到其他网页，并通过微信浏览或其他手机浏览器打开该网页，这种方式比告知用户网站网址或者通过搜索引擎搜索更简单，因而许多网站（如企业网站手机版、微商城等）利用微信作为用户进入网站的入口。同时，微信公众号本身也具有链接到移动网站的功能。由于微信用户普及度非常高，在移动互联网应用中，直接在手机浏览器中输入网址，或者通过移动搜索引擎搜索等获取信息的方式，均不如通过微信作为入口更便捷，这也就是很多企业微站将微信公众号作为用户第一入口的原因。这一现象对网络营销的启发意义在于，微信营销未必是所有企业移动网络营销的主流方法，但其他移动网络营销方法都可以利用微信作为导入用户的入口。

### 3．微信营销对网络营销经典理论的实践检验与发展

微信营销有多种具体表现形式，如微信公众号营销、微信群及朋友圈营销等，这些形式进一步检验和丰富了网络营销经典理论。例如，微信朋友圈，是基于社交关系资源，属于网络口碑营销，符合病毒性营销的原理，丰富了病毒性营销信息源的表现形式，并且使得用户传播信息渠道更通畅，在微信平台内部即可实现大范围的信息传播。又如微信公众号（订阅号），与邮件列表营销同属基于许可营销理论的内容营销，并且比基于电子邮件的许可营销具有更大的优势，信息送达率为百分之百，用户加入及退出公众号的许可流程更便捷，用户对微信信息的互动性也更强。可见，微信公众号营销是许可营销理论在移动互联网环境下的完美应用。

微信营销的这些特点也表明，网络营销的基本理论并未过时，在移动互联网环境中将有新的应用模式和表现形式。换句话说，在移动互联网环境中仍然有指导意义的理论，才能称之为网络营销的经典理论。

### 4．微信对实现网络营销基本职能的作用

“网络营销的八大职能”作为网络营销的理论基础，一直是网络营销策略设计的指导原则。微信营销在多个方面对网络营销的职能具有直接的价值。例如：

微信的网络营销功能之一：移动网络品牌。官方微信（公众号）已经与官方网站、官方博客、官方微博及官方商城一样，成为“企业五官”的标准配置。

顾客服务与顾客关系：通过微信互动解答用户的问题，并办理常规业务，已经成为官方微信的基本功能之一，顾客对微信服务的依赖，又进一步增强了企业与顾客之间的关系。

微信的网络推广功能：通过微信公众号，及时有效地将信息传递给顾客，无论是对于企业的新产品、新服务，还是对于产品促销都具有直接的推广效果。

微信的在线销售功能：微信是微营销、微店的主要入口之一，其本身尽管并不是销售渠道，但是微信事实上已经是各种微店和移动商城的入口，在移动电子商务中具有至关重要的作用。

### 5．微信对网络营销效果评价的新挑战

微信朋友圈、微信交流群等对目前用户获取信息的方式具有举足轻重的影响，基于可信任的社交关系获取信息，与传统的网站浏览或电子邮件等方式传递信息相比具有新的特

点，如信息流的表现形式、时效性、转发分享方式、互动评论形式等，具有即时性、便捷性、互动性等优点，同时又具有信息持久性差、信息传递模式无主流化（因而可控性不高）等弱点，使得网络营销效果的监测及控制具有一定的难度。

## 2.3.8　搜索引擎的网络营销价值分析

搜索引擎在网络营销中一直处于举足轻重的地位，从早期的分类目录登录，到搜索引擎优化、搜索引擎关键词广告等，搜索引擎营销都是网站推广必不可少的互联网工具。直到现在，搜索引擎仍然是网站获得用户的最主要渠道之一。

根据作者的研究，搜索引擎的网络营销功能可以分为三类：网络信息传递功能、网络营销管理功能、网络营销竞争功能。**搜索引擎在网络营销中的作用具体表现在六个方面：**网站推广工具、网络品牌传播渠道、产品网络推广工具、网络市场调研工具、网站优化检测工具以及为竞争对手制造网络推广壁垒等，如图 2-3 所示。

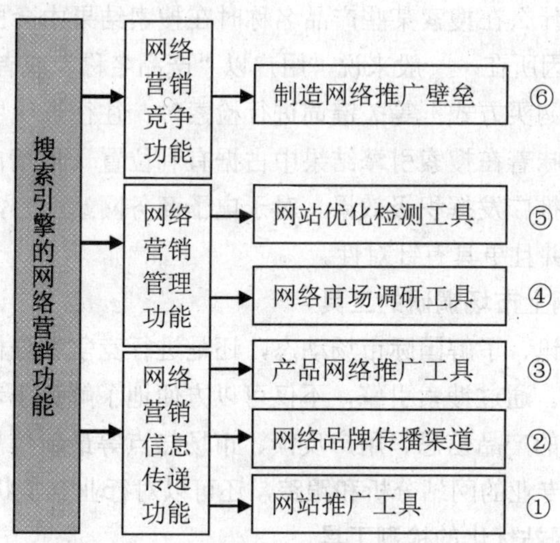


图 2-3　搜索引擎的网络营销功能示意图

搜索引擎的六大网络营销功能简介如下。

**1．搜索引擎作为网站推广的工具**

在用户获取信息的所有方式中，搜索引擎是应用最广泛的网络工具之一，这就意味着，搜索引擎对网站推广将发挥最有效的作用。因为，所谓网站推广，也就是为用户发现网站信息并来到网站浏览信息创造机会，而搜索引擎正是通过搜索结果中有限的摘要信息将用户引导到信息源网页。一个设计规范且内容丰富的网站，通过搜索引擎自然检索获得的访问量占网站总访问量的 60%是很正常的现象，有些信息丰富的网站甚至 80%以上的访问者来自搜索引擎。一些网站采用自然检索与付费搜索引擎关键词广告相结合的方式，获得了更好的效果。所以，网站推广，首先要对搜索引擎有充分的了解。

**2．搜索引擎是网络品牌传播渠道之一**

企业品牌信息在互联网上存在并且可以被用户所发现，是网络品牌传播的必要条件。一个知名企业或者产品的信息理所当然地应该可以通过搜索引擎检索到（即有足够高的搜索引擎可见度），否则就表明该企业的网络品牌传播存在严重的缺陷。可见，在网络品牌建设过程中，搜索引擎这一传播渠道是不可忽视的。企业的网站信息应该被主要搜索引擎收录（即增加网站的搜索引擎可见度），从而获得被用户发现的机会，否则再精美的网站也宣传不了企业的品牌形象。现实中部分企业网站过于注重视觉效果而忽视了搜索引擎可见度的要求，实际上是缺乏对网络品牌传播的真正认识。

**3．搜索引擎对产品促销的价值**

除了网站推广和网络品牌传播之外，对于网上销售网站来说，搜索引擎也是常用的产品推广工具，这就是为什么在搜索某些产品名称时在搜索结果中会出现很多网上零售网站的付费关键词广告的原因所在。一般来说，用户以“产品名称”或者“品牌名＋产品名称”“品牌名＋产品名称＋购买方式”等关键词进行检索时，往往表明用户已经产生了对该产品的购买意向，也就意味着在搜索引擎结果中占据有利位置（包括自然搜索结果和付费广告）将会对产品的网络推广发挥积极效果。对于电子商务网站而言，这种产品网络推广也属于网站推广的内容，并且更具有针对性。

**4．搜索引擎作为网上市场调研的工具**

无论是获取行业资讯、了解国际市场动态，还是进行竞争者分析，搜索引擎都是非常有价值的市场调研工具。通过搜索引擎，不仅可以方便地了解竞争者的市场动向，还可以方便及时地获得竞争者的产品信息、用户反馈、市场热点等最新信息。企业通过搜索引擎获得的初步信息，结合专业的网站分析和跟踪，还可以对行业竞争状况做出理性的判断。

**5．搜索引擎作为网站优化的检测工具**

网站优化分析往往要用到一些搜索引擎优化检测工具以了解网站在搜索引擎结果中的表现，如检查网站链接数量、网站被搜索引擎收录网页数量、某些关键词在搜索结果中的表现、网站的PR值等。但实际上，任何一种搜索引擎优化工具都不能完全反映所有的搜索引擎优化问题，只能在一定范围内反映出某些指标的状况。这是因为每个搜索引擎对网页的索引和排名算法不同，而且搜索引擎的算法也在不断变化中。其实搜索引擎才是最直接、最全面的网站优化工具，通过对搜索引擎检索反馈信息的详细分析，是研究网站搜索引擎优化状况最有效的方法之一。

### 6．利用搜索引擎营销策略为竞争对手制造网络推广壁垒

对于任何一个搜索引擎而言，同一关键词检索结果中的信息数量都是有限的，而且用户往往只关注搜索结果中靠前且相关度最高的有限的信息内容，这就意味着，同样一个关键词在搜索结果中被用户发现的机会是有限的，即搜索引擎推广资源的相对稀缺性。当一个网站占据有利的排名位置，同时也意味着其竞争者失去了这一机会。利用搜索结果的这一特点，可以设计合理的防御性网络营销策略，为竞争对手制造网络推广壁垒，即避免让竞争者获得最有利的搜索引擎推广机会，如购买搜索引擎检索页面有利位置的广告、对网站进行系统的搜索引擎优化，以及同一公司的多网站策略（关联网站）等。

搜索引擎的网络营销价值，在实际应用中可能有单一的或者多种综合的表现形式，企业信息在搜索引擎搜索结果中的表现，往往也作为网络营销效果的评价指标。

## 2.3.9　直接信息传递的网络营销工具：电子邮件

直接信息传递，即 A 用户发出的信息可以直接到达 B 用户的信息接收端，实现一对一的信息交流传递，当有多个用户时，用户 A 发出的信息就可以分别到达多个用户，实现一对多的信息交流。A 作为信息源，其他用户作为信息的接收者，这些用户之间并不具有互相交互信息的功能。电子邮件（Email）是最典型的直接信息传递工具。

其他工具如即时信息工具、手机短信/彩信等也有类似的功能，这些工具多数具有跨类别的特点，有些甚至可以被归纳到几个网络营销工具类别中，这里仅介绍最重要的直接信息传递工具——电子邮件在网络营销中的作用，即时通信工具的网络营销价值则在在线顾客交互工具中给予介绍。至于本类别中的其他网络营销工具，其功能比较简单，不再一一介绍。

世界上第一封电子邮件诞生于 1971 年年底左右，直到 1987 年 9 月 20 日，中国的第一封电子邮件才正式发送成功，而电子邮件开始发挥其网络营销功能，大致在 1997 年之后。

电子邮件是一个基本的互联网通信工具，几乎应用于网络营销中的各个方面，除了商务沟通的基本功能之外，还表现在网络品牌传播、在线客服、产品推广、网站推广、电子邮件广告、会员通讯、作为市场调研工具收集网络信息及在线调查表投放与回收等多个方面。在网络营销活动中，为了向用户提供信息和服务，往往需要用户在线注册个人信息，在个人信息项目中，Email 地址是最重要的内容之一，因为电子邮件是最有效、最直接、成本最低的信息传递工具。拥有用户的 Email 地址对企业开展网络营销具有至关重要的意义，对于电子商务网站而言，电子邮件的作用尤其显著。

归纳起来，**电子邮件在网络营销中的作用**主要表现在下列八个方面。

### 1．电子邮件是企业网络品牌的组成部分

正规企业通常都会使用以企业域名为后缀的 Email 地址对外进行联系，如本书作者的企

业电子邮箱是 fyj@jingzhengli.cn，而 jingzhengli.cn 是公司的官方网址，这样可以很直观地看出，本书作者属于 jingzhengli.cn 所有者的公司。也就是说，企业 Email 地址在一定程度上代表了该用户的身份，是企业网络品牌的组成部分。在商务活动中，如果利用免费邮箱进行交流，不仅失去了传播企业网络品牌的机会，甚至会影响自己的可信度，还有可能造成信息泄露等意想不到的麻烦。

一封完整的电子邮件的基本组成要素包括发件人的 Email 地址、收件人的 Email 地址、邮件主题和邮件内容等。在商务活动中，发件人的 Email 地址对于企业形象和用户的信任具有重要影响。对于陌生的邮件发信人，如果发信人使用的是知名企业或者机构的域名为后缀的 Email 地址，往往会受到收件人的重视，一般也不会被认为是垃圾邮件，而对于使用免费邮箱的发件人，受到信任的程度将大大降低，甚至会被作为垃圾邮件直接删除。这个简单的现象说明了一个重要事实：电子邮件地址本身与企业的品牌形象直接相关。当然，拥有企业域名后缀的 Email 地址只是网络品牌的基础，还需要合理利用电子邮件才能达到网络品牌传播的目的。

### 2．电子邮件作为在线顾客服务工具

当你在某网站注册成功时，可能会收到一封电子邮件通知；当你在某购物网站完成一个订单时，也可能收到电子邮件通知；当你对某网站的服务或者产品质量有疑问时，可以向该网站的客服邮箱发电子邮件提出你的要求；等等。这些都属于电子邮件的在线顾客服务功能。

通过电子邮件提供顾客服务，不仅节约了顾客服务成本，同时在增进顾客关系、提高顾客服务质量、增加顾客忠诚度等方面都具有重要作用。也正因为电子邮件的重要性，许多电子商务网站都非常重视用户电子邮件地址的真实性，并通过电子邮件提供多种形式的信息服务。

### 3．网站产品/服务信息的一对一直接传递

通过会员注册的 Email 地址，经过用户许可，网站可以把产品或服务的信息一对一地直接发送到用户的电子邮箱，从而实现产品或服务的高效推广。实践证明，这是最有效的网络营销信息传递方式之一，尤其是网站发布的信息与用户的需求定位一致性较高时，推广的效果更加显著。

与此原理类似，企业/网站也可以利用第三方 Email 服务商的用户邮件地址资源，将信息向更大范围发送，这就是 Email 广告的基本形式。这种方式尤其适合于网站本身用户资源不够丰富的情况，如规模较小或者运营时间较短尚未积累足够多的用户信息的网站。

### 4．用电子邮件进行网站推广

用电子邮件进行网站推广虽然没有固定的模式，但实际上也是行之有效的网站推广方

式之一，尤其对于有一定特色和优惠措施的网站，可以有多种灵活的推广方式。例如，利用第三方 Email 服务商（免费邮件提供商）的用户资源，将推广信息直接发送到用户邮箱；利用第三方电子刊物资源插入网站推广信息；当然在自己日常工作邮件中，也可以通过签名档的合理设计获得网站推广的效果。

5．提供专业的电子邮件广告

Email 是提供专业电子邮件广告的基础，电子邮件广告服务商通过为客户向潜在用户发送电子邮件的方式获得收益。根据美国交互广告署的统计，在网络广告市场份额中，近年来电子邮件广告通常占有 2%左右的比例，而且保持相对稳定，表明电子邮件广告服务作为一种常规的网络广告形式而存在，具有其网络广告的价值。

国内从事专业电子邮件广告服务的企业数量较少而且规模也较小，国外有许多专业的邮件广告服务商，如 www.PostMasterDirect.com、www.sparklist.com、www.yesmail.com 等。

6．网站提供的会员通讯与电子刊物

会员通讯与电子刊物是许可 Email 营销中内部列表营销的主要方式，网站提供会员通讯与电子刊物是提供顾客服务的形式之一，也是为网络推广积累资源的基本手段。为了获得某些信息和服务，用户可以自愿成为会员通讯与电子刊物的订阅者，当用户不再需要这些信息时，可以随时退出。用户自愿加入这种邮件列表中，为企业提供了通过电子邮件向用户传递有价值信息的基础条件。这种内部列表已成为电子商务企业网站开展顾客服务、产品网络推广、增强竞争优势的有力工具之一。

7．利用电子邮件收集市场信息

市场营销策略的制定离不开各种市场信息的收集，电子邮件是网络市场调研的常用工具之一，利用电子邮件可以获得许多有价值的第一手调查资料，如行业发展动态、调查统计资料、市场供求信息等，通过合理利用电子邮件，甚至可以密切跟踪竞争者的市场动向。这些有价值的信息，通常还可以免费获取。例如，可以通过加入相关的邮件列表、注册为有关网站的会员、参与在线调查、加入论坛等网上交流活动而实现收集市场信息的目的。一些网站为了维持与用户的关系，常常将一些有价值的信息以新闻邮件、电子刊物等形式免费向用户发送，通常只要进行简单的登记即可加入邮件列表，如各大电子商务网站初步整理的市场供求信息，各种调查报告等，将收到的邮件列表信息定期处理是一种行之有效的资料收集方法。

8．Email 作为在线市场调查的手段

利用电子邮件开展网络市场调研的另一项常见应用是在线调查的投放与回收，具有问卷投放和回收周期短、成本低廉、调查活动较为隐蔽等优点。在获取了被调查对象的 Email 地址信息后，可以通过电子邮件发送在线调查问卷。同传统调查中的邮寄调查表的道理一样，将设计好的调查表直接发送到被调查者的邮箱中，或者在电子邮件正文中给出一个网址链接到在线调查表页面，这种方式可以节约被访问者的时间，在一定程度上也可以对不同的用户群体加以选择，如果调查对象选择适当且调查表设计合理，往往可以获得相对较高的问卷回收率。

近年来由于即时信息（IM）、手机短信、微博、微信等信息传递工具的影响，电子邮件的使用率有一定程度的下降趋势。尽管如此，Email 对网络营销的价值是毋庸置疑的，在可以预见的时间内也是其他工具所无法完全替代的。但是电子邮件使用率下降的趋势也说明在实际应用中还存在一些障碍，影响了其网络营销价值的发挥。

## 2.4 在线顾客交互工具与资源

本章已经介绍了电子邮件、博客、微博、微信等具有用户交互功能的互联网工具，这里简要介绍即时通信工具的网络营销价值及其应用中可能存在的问题。

即时信息（Instant Messaging，IM），指可以在线实时交流的工具，也就是通常所说的在线聊天工具。即时信息早在 1996 年就开始流行了，当时最著名的即时通信工具为 ICQ。ICQ 最初由三个以色列人开发，1998 年被美国在线收购，当时曾经是风靡全球的即时聊天工具。在国内即时通信软件如 QQ 诞生之前，国内的互联网用户大都也使用 ICQ。现在国内用户应用最多的即时通信工具是腾讯 QQ，在淘宝平台上则同时还使用淘宝旺旺作为在线交流工具。QQ 即时通信工具，既有针对个人用户的客户端软件，也有企业版的软件。两者在表现形式和功能上有一定差异，但作为顾客交互工具的基本属性是一致的。

### 1. 即时信息在网络营销中的应用

**即时信息在网络营销中的应用**可归纳为下列四个方面。

（1）实时交流增进顾客关系

不同于电子邮件那样需要等待几小时甚至几天才能收到回复或者被退回的消息，快速、高效是即时信息通信工具的特点。因而，即时信息已经部分取代了电子邮件的信息交流功能，近年来我国互联网用户收发电子邮件的数量持续下降的事实也说明了这一点。企业 IM 通常在基本的信息交流功能基础上还有更多的管理和数据分析功能，增强了企业与顾客之间的交流及顾客关系管理。

（2）即时信息作为在线顾客服务工具

作为在线顾客服务工具，无论是顾客服务成本还是沟通效率，即时信息都有其独到的优势，既有电话交流的实时性，可以保留文字记录，同时还不需要支付高昂的通信费用等，因而即时信息工具具有各种顾客服务工具的优点。当然，IM 顾客服务也存在一定的缺陷，如对客服人员的经验和技能要求较高，往往还需要投入较多的精力与顾客沟通。目前部分企业 IM（如淘宝旺旺、TQ）不需要下载任何软件或插件，直接点击就能和企业的客服人员沟通，使用户在线咨询更加便捷。

（3）即时信息软件作为网络广告媒体

部分企业 IM 如淘宝旺旺等，由于拥有众多的用户群体和讨论组群，可作为在线广告媒体。即时通信作为广告媒体与一般基于网页发布的网络广告相比有其独特的优势，如便于实现用户定位、可以同时向大量在线用户传递信息等。例如，在线聊天工具 QQ 就有多种广告形式，最有特色的系统广播功能就比一般网站上的 BANNER 广告、文字广告等更能吸引用户注意。

（4）即时信息是一种高效率的病毒性营销信息传播工具

一个有趣的话题，在很短时间内可能由众多用户通过在线聊天工具发送给自己的在线好友，使得信息像病毒一样快速扩散，从而达到病毒性营销的目的。利用这一特性，针对性地设计一些适合 IM 用户转发的内容，如幽默故事、祝福图片等，通过即时信息工具让用户之间自动产生相互转发行为从而实现信息的扩散。当然，传播的信息中应适当植入营销信息，否则就仅仅是传播而没有营销的价值了。

**2. IM 工具的制约及在使用过程应注意的问题**

虽然 IM 作为顾客服务和信息传播的工具有许多优点，但在应用中也存在一些问题，对此需要有比较清醒的认识，尽量将影响降低到最小程度。IM 工具的制约及在使用过程中应注意的一些问题包括以下方面。

（1）即时通信软件繁多，不同 IM 软件之间信息传递互通问题尚待解决

由于 IM 工具较多，不同的用户可能使用不同的即时信息软件，各种软件之间不能直接交流，这样需要同时采用多种 IM 软件才能和多个用户进行交流，造成了很大的麻烦，增加了在线客服的复杂性。如果留意一下，时常可以看到一些网站的在线联系方式中罗列了多个常用的在线聊天工具，如 QQ、阿里旺旺、MSN、TQ 等。

（2）大容量信息在传递及保存过程中不方便

当信息量较大时，如果采用实时信息传递的方式，可能对接收者带来麻烦，而且保存和管理这些信息也远不如电子邮件方便。此外，每当需要向多个用户发送同样信息的时候，采用即时信息的方式则很容易产生发送垃圾信息的嫌疑，可能会受到系统的限制，同时也会让信息接受者产生不良印象。因而，这种一对多的信息传播功能不如邮件列表方式合理。

（3）即时通信传递信息规范化管理难度较大

在商务活动中，通过这种实时聊天的形式进行信息交换显得不正规，也不便于对交流信息进行分类管理，规范化管理的难度较大。另外，用在线聊天方式所发出的要约和承诺

目前还无法被确认为有效的合同，当出现纠纷时受损失一方难以提出有效的证据。因此在正规的商业活动中即时信息还不能代替电子邮件等其他比较规范的电子信息传递方式。

## 2.5 网络营销管理分析工具

随着网络营销应用的深入，对网络营销效果及各个环节进行管理分析的要求就显得非常重要，于是各种网络营销管理分析工具也就应运而生。目前有许多各种各样的分析工具，既有对网站访问数据的统计分析工具，也有各项单一分析诊断工具，如搜索引擎优化工具、网站访问速度测试工具、网站诊断工具、网络广告点击率及转化率分析等。这些工具和软件大多是第三方提供的服务，某些专业功能也可能是企业根据自己的需求研发的管理工具。

在所有网络营销管理分析工具中，应用范围最广、信息量最大且对开展网络营销最有指导意义的，是网站访问统计分析工具。因此，本节仅对网站统计分析工具的网络营销意义给予介绍。

获取网站访问统计数据的方式通常有两种：一种是利用专业的网站统计分析软件对用户访问日志进行分析，这种方式可以在自己网站服务器上实现；另一种是将第三方统计服务平台提供的统计代码添加到网站的每个网页，统计平台将返回的信息统计分析后以分析报表的形式呈现出来（本书第9章将详细介绍网站访问统计分析方法）。

目前大多数中小型网站采用的都是第三方统计平台提供的服务，如百度统计（http://tongji.baidu.com）、Google Analytics（www.google.com/intl/zh-CN/analytics/）、51yes网站流量统计（http://count.51yes.com/）、CNZZ（http://www.cnzz.com）等。这些统计平台提供的数据统计分析大致内容是相近的，不过各个平台又有自己的特点，统计指标的定义、方法、详尽程度等也存在一定差异。

一般来说，**网站访问统计分析工具对网络营销的作用**表现在下列五个方面。

（1）及时掌握网站运营的效果，对网站访问量、用户来源渠道、用户访问的目标网页等指标了如指掌，这样可以有效降低网站运营的盲目性。

（2）通过网站访问统计数据，可以进行多方面的分析，如在某个时间段内哪些网络推广效果更有效，哪些网络信息传播渠道还需要加强等，为制定和修正网络营销策略提供依据。

（3）通过网站访问数据分析可以进行某些方面的网络营销诊断，如哪些网页用户跳出率最高，哪些网页存在明显的错误，哪些网页没有被搜索引擎收录等。

（4）网站访问统计数据是研究用户行为最有说服力的数据，可以在很多方面开展用户行为研究，如用户来源地域分布、在网站的停留时间、每个用户访问的页面数量等，甚至还可以知道用户使用什么操作系统、什么浏览器、电脑显示屏的分辨率、用户通过什么搜索引擎以及用什么关键词搜索来到网站等。

（5）通过网站统计数据获得的网站访问量指标也是评价网络营销效果的重要依据，虽然访问量并不等于最终的效果，但至少可以作为中间指标之一，没有访问量的网站显然是谈不上效果的，这就是为什么网站运营管理通常总是围绕着访问量来进行的原因。

通过网站访问统计分析工具可获取许多原始数据，一般平台也提供一些基础分析，如用户访问最多的页面、最热的关键词、用户特征分析等，不过通常都是比较简单的，并不一定能对网站运营情况进行系统的分析。作为专业的网站运营管理人员，还需要对网站访问统计基础数据进行深度分析，形成专业的网站访问统计分析报告，这样才能为网络营销管理发挥更大的价值。

本节分析了部分网络营销工具和服务的网络营销功能，是工具和服务本身的属性，并不是可以自然发挥作用，要将工具转化为网络营销效果，还要通过具体的方法才能实现，因此网络营销工具和方法往往是相互关联的。另外，网络营销工具和服务也在不断地发展演变，还应该用发展的思路，来分析工具的功能及其在网络营销中的使用方法和规律。

## 本章内容提要

本章介绍网络营销工具的特点、分类及网络营销价值。网络营销工具应具有的基本特征包括三个方面：具有信息发布、传递和交互等基本功能；有广泛的互联网用户基础；在一定时期内具有明确的功能及用户价值并具有可遵循的规律性，从而可以利用这些功能和规律实现网络营销信息传递。

常用的网络营销工具和资源可分为四个主要类别：企业网络营销信息源（含内部资源及外部资源）、网络信息传递工具、顾客沟通交互工具及网络营销管理分析工具。

企业网站是综合性网络营销工具，网络营销的核心工作都围绕着企业网站的建设、运营维护及推广管理等方面来进行。企业网站的八项网络营销功能包括：网络品牌、信息发布、产品展示、顾客服务、顾客关系、资源合作、网上调研、在线销售等。

关联网站是以网络推广为目的而特别规划设计的、区别于企业官方网站的一种独立网站形式。关联网站的核心思想是：扩展企业网络营销资源，丰富网络营销的内容和形式。关联网站有四种基本类型：品牌关联型、产品关联型、服务关联型、营销关联型。

浏览器是获取网页信息的必备工具，也是从企业信息网络可见度到用户转化的重要环节。浏览器的网络营销价值主要表现在四个方面：（1）浏览器是网络信息可见度及用户浏览行为的记录工具；（2）浏览器是网站用户体验的检测工具；（3）浏览器是获取用户访问的入口工具；（4）浏览器是用户转化的重要环节。

搜索引擎的网络营销功能可以分为三类：网络信息传递功能、网络营销管理功能、网络营销竞争功能。具体表现在六个方面：网站推广工具、网络品牌传播渠道、产品网络推广工具、网上市场调研工具、网站优化检测工具以及为竞争对手制造网络推广壁垒等。

电子邮件在网络营销中的主要作用：网络品牌传播、在线客服、产品推广、网站推广、电子邮件广告、会员通讯、作为市场调研工具收集网络信息及在线调查表投放与回收等。

微信的网络营销功能包括五个方面：（1）微信对网络营销思想变革的意义；（2）微信是移动互联网应用的主要入口之一；（3）微信营销对网络营销经典理论的实践检验与发展；（4）微信对实现网络营销基本职能的作用；（5）微信对网络营销效果评价的新挑战。

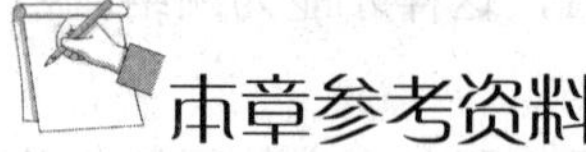

## 本章参考资料


[1] CNNIC．第31次中国互联网络发展状况统计报告[EB/OL]，2013-01．

[2] 新竞争力．电子信息百强企业网络营销研究报告[EB/OL]．（2010-11-19）http://www.jingzhengli.cn/baogao/dianzi.html．

[3] 关联网站推广策略—关联网站的作用[EB/OL]．（2005-04-12）http://www.marketingman.net/tools/wsp120/015.htm．

[4] 新竞争力．《中小企业B2B平台推广策略研究报告》结论要点[EB/OL]．http://www.jingzhengli.cn/baogao/eb2b2.html．

[5] 新竞争力．B2B平台的网络推广价值远未被发挥[EB/OL]．http://www.jingzhengli.cn/blog/fyj/1223.html．

[6] 新竞争力．企业B2C网站运营策略研究报告[EB/OL]．（2011-01-17）http://www.jingzhengli.cn/baogao/eb2c.html．

[7] 新竞争力．《企业百科推广策略研究报告》结论要点[EB/OL]．（2011-01-11）http://www.jingzhengli.cn/baogao/ewiki2.html．

# 第 3 章

# 内容营销基础

**内容营销**，顾名思义，就是通过合理的内容创建、发布及传播，向用户传递有价值的信息，从而实现网络营销的目的。

“内容为王”一直是营销的黄金法则，无论是传统网络营销，还是移动网络营销，创作和传播有价值的内容都是非常重要的营销手段。内容营销的基础是网络营销信息源的创建，这也正是网络营销信息传递系统的基础，由此可见内容营销在网络营销体系中的重要地位。事实上，许多网络营销方法都与内容营销具有密不可分的关系，如网站内容运营、许可 Email 营销、博客、微博、微信公众号运营、搜索引擎广告、网络公关、自媒体营销、植入广告、病毒性营销等。因此，基于内容的信息创建能力是网络营销人员必须具备的基本能力。

本章介绍内容营销的常见模式、思维意识及部分常用的内容营销方法：网站内容营销、许可 Email 营销、博客营销、微信公众号营销、内容分享营销等。在此基础上介绍内容营销的引流方法及综合应用。

## 3.1 内容营销的基本模式及思维意识

通过内容营销的一般要素及模式的分析，认识内容营销的一般规律及思想意识。

### 3.1.1 内容营销的常见模式

内容营销并不是互联网特有的形式，传统的报刊和广播电视媒体也有内容营销，即在提供阅读、收听或观看某些文章或节目内容时，在一些时间或空间插入广告信息，获得部分受众的关注，产生营销效果。只是一些传统的方式中内容和广告相对分离，因此并未形成内容营销的整体印象。

互联网上内容的形式多样，可能是发布在网页上的文字图片或视频信息，也可能是通过电子邮件发送的邮件信息、用户订阅的微信公众号信息、通过手机社交软件发布的企业动态、通过图片浏览器浏览的照片、利用视频播放软件观看的视频、通过网络聊天工具或云存储分享的文档等。不同形式的内容，有其相应的内容营销方法，因此内容营销的形式也是多样的。不仅如此，由于用户可以直接参与内容创建与传播，每个用户或机构都可以成为一个媒体，因而互联网内容营销的模式也就丰富多彩，这也是内容营销长盛不衰的根本原因。

尽管互联网内容的形式很多，但通过适当的分类可以发现，它们都具有一个共同的特点：用户可通过常用互联网工具或软件获取的信息。也就是说，便于通过互联网进行传播的内容才具备内容营销的条件，而且只有当潜在用户浏览了内容，才有可能发挥网络营销的效果。因此，从用户获取信息的角度分析，也就不难发现内容营销的一般规律。

一般来说，**用户获取及浏览内容的常见方式**包括：

（1）直接浏览：用户直接访问企业网站浏览网页、博客等信息源页面的信息。

（2）信息引导：用户通过搜索引擎、网络广告、网站链接等引导进入信息源页面浏览。

（3）用户订阅：用户订阅邮件列表或微信公众号等内容，定向推送到客户端接收阅读。

（4）社交分享：通过社交关系网络分享获取的信息。

（5）网络下载：本地阅读下载保存的文档或电子书、观看图片或网络视频等。

相应地，**内容营销的常见模式可分为下列类型。**

**1．信息发布模式：内容基础型**

由企业制作和发布内容，用户通过访问网站、博客等方式获取信息，是传统网络营销中最基础的内容营销模式。它多用于企业官方信息发布及传递，是企业网络营销的基础工作和长期工作，为其他类型的内容营销模式提供基础信息源和发布渠道。

典型方法：企业网站内容营销、博客营销、关联网站营销等。

**2．信息引导模式：信息引导型**

用户通过第三方网站或服务的引导来到企业网站获取基础信息。基础信息源经搜索引擎搜索或通过第三方网站的广告、内容中的超级链接等方式获得用户的访问。企业发布的基础内容、第三方网站的引导与用户的选择性点击共同实现了信息传递的完整流程。

典型方法：搜索引擎营销、博客营销、内容合作。

**3．信息订阅模式：用户许可型**

企业提供的订阅内容，用户主动订阅，以适当的方式将信息发送给用户。这是许可营销的典型应用，是用户主动获取信息的模式。

典型方法：许可 Email 营销、微信公众号营销、短信营销等。

**4．社交分享模式：关系传播型**

企业通过社交平台或其他方式发布的信息，用户通过参与评论、转发等互动实现浏览和再次传播。用户自愿利用自己的社会化关系网络主动传播企业的信息，这是内容营销的社会化形态。社交关系传播是移动互联网中最重要的内容营销方式。

典型方法：微博营销、微信朋友圈营销、病毒性营销等。

**5. 资源分享模式：长期价值型**

知识是有价的，知识营销具有网络营销的天然属性。通过有价值的内容资源分享，可获得长期的网络营销效果。本书作者及同事们在十多年前编写的许多网络营销类专业电子书，至今仍在发挥着作用，并不断有用户下载阅读。例如：

- 《网络营销概要》电子书（冯英健，2002 年 1 月，http://www.marketingman.net/wm31/wm31-2.htm）
- 《搜索引擎优化（SEO）知识完全手册》（新竞争力，2005 年 4 月，http://www.jingzhengli.cn/sixiangku/ebook/2005_hbj_seo.htm）
- 《博客营销研究：企业博客写作原则与方法》（新竞争力，2006 年 4 月，http://www.jingzhengli.cn/sixiangku/Ebook_0601.htm）

典型方法：电子书下载、文档分享、图片分享、视频分享等。

此外，社会化网络的信息流广告、WIKI 词条营销、ASK 社区营销等都与内容营销有一定的关联，本书在后续内容中会根据其主要属性将其列入相应的类别，在内容营销中不再介绍。

综上所述，内容营销是典型的信息设计与传递的过程，与网络营销信息传递模型和一般原则相一致，主要元素包括：网络营销信息源设计、网络传播渠道、用户获取信息并做出后续反应。**信息源、渠道、用户构成了内容营销的三个基本要素。**

因此，内容营销的任务，就是兼顾信息源、信息传递渠道及用户行为三个方面的系统工作，即通过何种方式向什么人传递什么信息。可见，内容营销不仅仅是内容策划或文案写作，而是需要充分了解信息源设计的目的和表现形式、信息传递渠道的设计、用户获取信息的方式三者之间的相互关系，用适当的内容形式体现网络营销的需求。这也可称之为内容的网络营销导向，即内容是为网络营销效果设计的，而内容对用户产生价值是网络营销效果的基础。通过本章后续内容介绍的总结及多种内容营销方法，可以更深入地理解内容与营销的相互关系及蕴含的网络营销思想。

## 3.1.2　内容营销的五大意识

内容营销的实践经验表明，无论是网站、博客，还是微信的内容营销，尽管每种内容营销的表现形式有一定的差异，但它们之间都有一些共性的规律，因为**内容是思想的载体及表现形式，内容背后是企业或个人的营销思想**。因此，通过内容传播应体现更多的营销意识。

根据内容营销的经验及认识，本书将其归纳为内容营销的五大意识。

**1．资源基础意识**

内容是企业网络营销的重要资源，每一篇文章、每一个图片、每一段视频，都是在为企业积累网络营销资源。企业网站的网页数量越多，用户访问量可能就越大，因此拥有更多的内容资源对网络营销具有长期价值。这就需要企业对内容创作有一个总体的规划，对内容进行合理的分类及管理，不断丰富企业的内容营销资源库。这也是网络营销资源管理的基本工作内容。

**2．传播推广意识**

有价值的内容只有被目标用户有效阅读才能发挥其应有的价值，所以内容不应是为了创作而创作，而是应充分考虑到用户获取信息的途径，为每种途径设计最合理的推广方式，让内容带来访问者。例如，在网站优化推广实践中，我们提出的目标是让每个网页都可以通过搜索引擎带来访问量，因此在网页内容制作时要融合搜索引擎优化的基本方法，注意网页标题及关键词设计的专业性、网页网址的引用链接方式等，从而获得最好的搜索引擎营销效果。同样，在微博或微信内容中，要充分考虑到粉丝内容分享转发的驱动因素及转发内容的展示效果等。

**3．隐性营销意识**

直白的推介不能称为内容营销。营销与内容的融合是内容营销的基本手段，内容营销是一种隐性营销方式，这种方式在植入广告、“广告即内容”的信息流广告等方面应用非常普遍。在SNS营销中，向社交关系网络传播的内容更要注重隐性意识。营销的最高境界是忘记营销。正如新竞争力网络营销管理顾问倡导的“搜索引擎优化的最高境界是忘记搜索引擎”。[1]

**4．预期效果意识**

内容为谁而做，读者会有什么反应？如果把内容营销过程中的信息源（Information）、信息传递渠道（Channel）及用户（User）这三个基本要素的英文首字母组合在一起就是“ICU”，这看起来像是医院的重症监护室，有些让人心情沉重，所以本书作者用这个英文缩写的谐音来说明内容营销的预期效果：“I See You”。这样听起来就轻松愉快很多！而且比较直观地显示了内容营销的效果意识：我看见你（的反应）了！所以切记，没有效果意识的内容营销是盲目的，甚至是无用的。

**5．长效价值意识**

内容营销的资源分享模式通常需要具有长期价值的内容，具有长效的内容往往比时效性强的热点话题或新闻式内容的营销价值更持久。因此在内容选题及创作中应兼顾热点与长效的互补关系，以适当的形式展示内容，减少给读者留下过时的印象，如减少将来时或非确定时间的表达（昨天、今年、明年等）；另外，应对一些高质量的内容进行必要的修订（如电子书、会议报告 PPT 等）以保持内容的有效性。

这里有必要说明的是，有关内容营销的意识或原则最重要的是能体现内容营销中最值得注意且可以落实的若干方面，因此，在上述**内容营销的五大意识中**并没有提到用户价值意识、内容创新意识等。内容营销是最具有实践性也最容易操作的方法，具有可操作性的经验才具有可复制性和参考价值。

当然，这些经验仅供参考，而且在没有开始了解和实践内容营销之前，这些意识或原则看起来是那么的空洞和枯燥。您可以先做个了解，积累了一定的感性认识之后，回过头来再来看看这些内容，更有利于增加对内容营销的认识。

## 3.2　企业网站的内容营销

关于企业网站内容营销策略的研究，作者于 2004 年年底到 2005 年年初发布的部分原创系列文章“网站内容推广策略”，首次提出内容也是推广手段，并总结了内容作为网站推广的基本思路和方法，其中部分内容后被收录于《网站推广 120 种方法》免费电子书（http://www.jingzhengli.cn/sixiangku/xjzl_wsp120.html），开启了网站内容营销方法的应用。[2]

这个阶段正好是搜索引擎优化在国内开始受到重视，而搜索引擎优化是基于网站内容的推广方式，于是网站内容营销的思想和方法得到了广泛认可，网络营销进入了影响深远的基于搜索引擎可见度的网站内容营销时代。经过十多年的普及应用，时至今日，内容营销仍然是企业网站获得访问量的重要手段。

企业官方网站是构建企业官方网络营销信息源的主要平台之一，是企业网络营销的核心资源，企业网站的网络营销效果，最终通过网站内容才能体现出来。因此，在以企业网站为基础的 PC 网络营销体系中，企业网站建设、内容维护、推广及运营管理是企业网络营销的基础工作。网站内容创建及传播，需要具备一定的条件，即基于网站的结构、功能和服务等基本要素。本节通过对网络营销导向企业网站的基本要素及其相互关系的分析，明确网站内容对网络营销的意义，并对网站内容营销方法进行系统的介绍。

同时要说明的是，本节以企业网站（尤其是官方网站）为分析对象，对企业网站研究的方法和结论，同样也适用于企业博客、关联网站、网上商城等其他形式的企业信息源系统。

### 3.2.1　网络营销导向企业网站的一般要素

所谓网络营销导向的企业网站，是指网站是为了企业网络营销的目的而建设和运营的，并非出于某种兴趣或某些领域的资讯发布。一般来说，企业官方网站都具有明确的网络营销导向，即网站应发挥其应有的网络营销价值。在企业网络营销服务市场中，网络营销导向的企业网站通常简称为营销型网站或营销式网站。

从网络营销的角度来看，企业网站是一个整体，是开展网络营销的综合性工具。如果从用户角度来看，一个企业网站是由多个具有一定关联性的网页所组成，可以通过浏览器界面实现信息浏览，并且使用其中的功能和服务；从网站运营维护者的角度来看，企业网站是一个可以发布企业信息、提供顾客服务，以及在线销售的渠道；而从开发设计人员角度来看，企业网站则是一些功能模块，通过网页的形式将前台和管理后台结合起来。那么如何分析网站的基本要素呢？

一个完整的企业网站，无论复杂还是简单，都可以划分为四个组成部分：结构、内容、功能和服务。这四个部分也是网络营销导向**企业网站的一般要素**。

（1）**网站结构**：是为了向用户表达企业信息所采用的网站栏目设置、网页布局、网站导航、网址（URL）层次结构、网页文档命名规则等信息的表现形式等。

（2）**网站内容**：内容是用户通过企业网站可以看到的所有信息，也就是企业希望通过网站向用户传递的所有信息，网站内容包括所有可以在网上被用户通过视觉或听觉感知的信息，如文字、图片、视频、音频等，一般来说，文字信息是企业网站的主要表现形式。

（3）**网站功能**：是为了实现发布各种信息、提供服务等必需的技术支持系统。网站功能直接关系到可以采用的网络营销方法以及网络营销的效果。

（4）**网站服务**：即网站可以提供给用户的价值，如问题解答、优惠信息、资料下载等，网站服务是通过网站功能和内容而实现的。

在网络营销导向企业网站的四项基本要素中，网站结构和技术功能是基础，网站内容和服务则属于应用层面的内容。网站结构和功能是应用的支撑层，同时也可能对应用层产生制约和影响。一个合理的网站系统，是以网络营销应用为目标进行策划和设计的，这就是网络营销导向的基本思想。这也就是为什么一些通用的网站系统通常无法完全适应企业网络营销的需求，而是需要根据企业的营销目标进行针对性的策划和开发。

- ❑ 说明：本节重点介绍企业网站内容营销，因此有关企业网站的基本要素，仅对内容营销关系密切的网站结构及网站内容进行详细介绍，有关企业网站功能和服务，请参考《网络营销基础与实践（第 4 版）》第 3 章的相关内容，或浏览专业网站的资源：
- ❑ 企业网站的网络营销功能详解（http://www.jingzhengli.cn/sixiangku/s01/01016.htm）
- ❑ 企业网站与网络营销的关系研究（http://www.jingzhengli.cn/sixiangku/s01/01014.htm）
- ❑ 企业网站的本质和特点（http://www.jingzhengli.cn/sixiangku/s01/01013.htm）

## 3.2.2　企业网站的结构及对网络营销的影响

企业网站结构是为了合理地向用户表达企业信息所采用的栏目设置、网站导航、网页布局、信息的表现形式等。企业网站结构属于网站策划过程中需要确定的问题，是企业网站建设的基本指导方针。只有确定了企业网站结构，才能开始技术开发和网页设计工作。

网站栏目结构对网络营销效果产生直接的影响，包括对用户获取信息的易用性，以及对搜索引擎收录网页的影响。因此构建合理的企业网站结构是网站易用性和网站搜索引擎优化的基础。有关企业网站优化及搜索引擎优化的分析，本书将在后续内容中陆续介绍。

企业网站结构主要包括：网站栏目结构及导航、网页布局、网址（URL）层次及网页文档命名规则等信息的表现形式。

### 3.2.2.1　企业网站要素之网站栏目结构

为了清楚地通过网站表达企业的主要信息和服务，可根据企业经营业务的性质、类型或表现形式等划分为几个部分，每个部分就成为一个一级栏目，每个一级栏目则可以根据需要继续划分为二级、三级、四级栏目。

一般来说，一个中小型企业网站的一级栏目不应超过 8 个，而栏目层次以三级以内比较合适，这样，对于大多数信息，用户可以在不超过 3 次点击的情况下浏览到该内容页面，过多的栏目数量或者栏目层次都会为浏览者带来麻烦，这与网站设计的原则相违背。

下面案例简单介绍了安利（中国）日用品有限公司网站的结构设置及改版变动情况。

**案例 3-1：安利（中国）日用品有限公司网站结构**

安利（中国）日用品有限公司为中美合作的大型企业，1995 年正式开业。安利（中国）采用“店铺销售加雇用推销员”方式经营，通过遍布全国的店铺和营销人员为顾客提供优质产品和完善服务。2013 年，安利（中国）年销售额达到 293 亿元人民币。

**安利（中国）网站概况**：2003 年，经专业网络顾问公司策划的安利（中国）公司网站发布，2003 年 8 月，《互联网周刊》“最具商业价值的中国网站 100 强”调查结果发布，安利（中国）网站荣列其中。

**安利（中国）网站的栏目结构及其改版**：在 2012 年之前，安利（中国）公司网站的核心内容主要由四个板块组成：走近安利、产品展馆、安利营销、促销活动。

**走近安利**：这是公司的基本信息，分几个二级栏目，包括公司概况、经营方式、公司动态等，通过网站向访问者表达企业官方信息的同时，也在一定程度上展示了企业品牌形象。

**产品展馆**：介绍公司产品信息，以不同的产品类别作为二级栏目，并根据产品线的深度设置深层次栏目，在每个产品类别下面，除了产品介绍和使用方法等基本信息之外，还有一个相应的知识库，作为用户购买产品的指南，并且开设了在线问答以及会员特区等栏目。这种安排适应了安利（中国）产品线广、用户购买产品需要对产品有一定了解的状况。

**安利营销**：其中包括有助于用户了解产品销售信息以及增强信任的内容，如所有产品销售店铺的信息，是为了让用户通过网站寻找最方便的销售地点，有关消费者查询联系信息、消费保障措施等则为用户了解和购买产品发挥积极的促进作用。

**促销活动**：是与各种市场活动相配合而专门设立的一个板块，包括两个子栏目："热点促销"和"购物有礼，多重优惠"，分别是有关季节性、临时性的市场活动和一项长达3年的电子积分活动。

另外，除了上述四个基本板块中设置的栏目之外，每个页面的底部还有联系方式、网站导航等链接，而在页面右上方有一个站内检索框。这些每个网页都需要出现的菜单，通常被称为网站的"公共栏目"。所有的栏目及其子栏目均会从公共栏目中的"网站导航"页面上更清楚地看到，导航页面详细说明了各个板块和栏目分级的关系，并且通过各个栏目名称链接直接点击进入相应页面。

企业网站的栏目结构在历次改版中也会发生变化。2016年6月，安利（中国）公司网站的主栏目设置：走近安利、产品展馆、公司资讯、企业责任、其他。此前的主栏目"安利营销"成为"走进安利"栏目的二级栏目，"促销活动"一项则不再出现在栏目结构中，其中的二级栏目"购物有礼"被归入"其他"主要栏目之下。

**说明**：上述资料根据安利（中国）日用品有限公司网站上的资料整理（网址：http://www.amway.com.cn）。最初的案例采写时间为2004年4月。2012年7月份重新浏览案例网站，可以发现网站经过改版后新增了一些栏目和内容，如"购物有礼"等，与会员积分等服务有关。这些信息表明，企业网站的栏目也是需要根据网络营销策略的需要而进行调整的。本案例于2016年6月第三次修订。

网站的栏目结构是一个网站的基本架构，通过合理的栏目结构使得用户可以方便地获取网站的信息和服务，并重点展示当前的营销活动。任何一个网站都需要有一定的栏目结构，但并不是随便将一些栏目链接起来就组成了合理的网站栏目结构。实际上大量网站在栏目结构方面都存在一些问题，其结果是严重影响了网站的网络营销效果，即使是大型上市公司的企业网站也存在多种低级的专业性问题。[3]

因此对网站栏目结构的研究是网络营销导向网站建设的基础。在本书搜索引擎优化相关的内容中还将介绍什么样的网站结构才是最合理的。

#### 3.2.2.2 企业网站结构要素之网页布局

网页布局是指当网站栏目结构确定之后，为了满足栏目设置和信息展示的要求进行的网页模板规划。**网页布局主要包括**：网页结构定位方式、网站菜单和导航的设置、网页布局和信息的排放位置等。

### 1. 网页结构定位方式

在早期的基于 HTML 的网站设计中，网页结构定位通常有表格定位和框架结构（也称帧结构）两种方式。目前大多数网站都开始采用国际 Web 标准，不再使用表格定位方式，不过部分表格定位的网站依然存在。表格定位则是在同一个页面中，将一个表格（或者被拆分为几个表格）划分为若干板块来分别放置不同的信息内容。基于表格定位方式增加了很多 HTML 代码，使得网页代码臃肿，降低了有效关键词的相对比重，并且增大了网站服务器的无效流量，因此目前被国际上广泛接受的 Web 标准（网站标准）将不再推荐使用表格<table>标签，而采用基于 XHTML 语言的网站设计语言，Web 标准中典型的定位方式采用“层”（css+div）而不再采用表格定位。关于 Web 标准及 XHTML，请参考相关的互联网链接资源。

在网页结构定位时，有一个重要的参数需要确定，即网页的宽度。确定网页宽度通常有固定像素模式和显示屏自适应模式。固定像素，是指无论用户的显示器设置为多大的分辨率，网页都按照固定像素的宽度显示（如 950 像素），而自适应模式是根据用户显示器的分辨率将网页宽度自动调整到显示屏的一定比例（如 100%）。自适应模式从理论上说比较符合个性化的要求，但由于用户使用不同分辨率的显示器浏览时，信息内容显示效果是不同的，会产生不合适的文字分行或者其他影响显示效果的问题，因此在对设计要求比较高的网站中都采用固定像素的定位方式。

由于手机上网渐成主流，并非每个网站都有专门的手机网站，即使有专用的手机网站也并不是每个手机用户都会访问手机网站，因此在网站页面布局设计时还需要考虑智能手机浏览 PC 网站的适应性，即移动跨屏适应性。目前大多数智能手机浏览器都可以完整展示 PC 网页，并且可方便地调整网页显示内容的大小。

采用固定网页布局模式的主要问题，在于网页定位时就要确定网页的宽度，一旦网页设计完成，网页的显示也随之固定，由于用户所采用的电脑显示器或智能手机屏幕分辨率并不相同，并且在不同时期会发生变化（分辨率越来越高），因此应该照顾到大多数用户所采用的分辨率模式。目前常用的屏幕分辨率有 1 024×768、1 280×800、1 280×1 024、1 366×768、1 440×900、1 600×900、1 680×1 050 像素等。用户浏览网站行为的变化（如显示器显示模式和浏览器类型等），可以通过对网站访问统计信息进行分析而获得，在本书网站流量分析的相关内容中有介绍。

### 2. 网站菜单和导航的设置

**网站菜单设置**：网站的菜单一般是指各级栏目，由一级栏目组成的菜单称为主菜单。这个菜单一般会出现在所有页面上，在网站首页一般只有一级栏目的菜单，而在一级栏目的首页（在大型网站中一般称为频道），则可能出现栏目进一步细分的菜单，可称为栏目菜单，或者辅菜单。

**网站导航设置**：网站导航设置是在网站栏目结构的基础上，进一步为用户浏览网站提供的提示系统，由于各个网站设计并没有统一的标准，不仅菜单设置各不相同，打开网页的方式也有区别，有些是在同一窗口打开新网页，有些是新打开一个浏览器窗口，因此仅有网站栏目菜单有时会让用户在浏览网页的过程中迷失方向，如无法回到首页或者上一级页面等，还需要辅助性的导航来帮助用户方便地浏览网站信息。一般是通过在各个栏目的主菜单下面设置一个辅助菜单来说明用户目前所在网页在网站中的位置。其表现形式比较简单，一般形式为：首页>一级栏目>二级栏目>三级栏目>内容页面。这种形式也称为“面包屑导航”。

如果网站内容较多，专门设计一个网站地图是非常有必要的，这个页面不仅为用户快速了解网站内部的信息资源提供方便，有些搜索引擎在网站中检索信息时也会访问这个导航页面，通常是采用静态网页的方式建立一个文件名为“sitemap.html”的网页。

此外，如果网站功能和服务较多，新用户使用这些服务可能遇到较多问题时，有些网站采用专门设计的智能导航系统，或者实时在线帮助，这些形式实质上已经不仅仅是导航，而是与在线服务功能结合在一起。

### 3．网页布局和信息的排放位置

网页布局对用户获取信息有直接影响，并且有一些可供遵循的规律，通过对互联网用户获取信息的行为特征、主要搜索引擎抓取网页摘要信息的方式，以及一些优秀网站网页设计布局的分析可以归纳出以下参考原则。

（1）将最重要的信息放在首页显著位置，一般来说包括产品促销信息、新产品信息、企业要闻等。

（2）企业网站不同于大型门户网站，页面内容不宜太繁杂，与网络营销无关的信息尽量不要放置在主要页面。

（3）在页面左上角放置企业LOGO，这是网络品牌展示的一种表现方式。

（4）为每个页面预留一定的广告位置，这样不仅可以为自己的产品进行推广，还可以作为一种网络营销资源与合作伙伴开展合作推广。

（5）在网站首页等主要页面预留一个合作伙伴链接区，这是开展网站合作的基本需要。

（6）公司介绍、联系信息、网站地图等网站公共菜单一般放置在网页最下方。

（7）站内检索、会员注册/登录等服务放置在右侧或中上方显眼位置。

有关网页布局对用户获取信息的影响，国内外有一些可以参考的研究成果，可参考《网络营销基础与实践（第4版）》介绍的相关内容：

- ❑ 用户眼球视线跟踪研究 [4]
- ❑ 用户浏览网页的注意力“F 现象” [5]

如果你是网站管理人员，那么现在有更多的办法了解用户的浏览行为。其中利用网站访问统计工具提供的分析数据更能说明问题。有兴趣的读者还可以通过网络资源了解相关内容。

**扩展阅读：利用百度统计的页面热力图了解用户的关注点**

在页面热力图中，以颜色变化展现访客在页面上的点击分布情况，热力图中，红色表示用户点击密集、橙色次之、绿色表示点击较少。

相关概念介绍：

百度百科词条：网页热力图 http://baike.baidu.com/view/3668215.htm

Google Analytics 热力图 http://www.chinaz.com/web/2011/0503/176673.shtml

## 3.2.3 企业网站的基本内容及其对网络营销的意义

### 3.2.3.1 企业网站的基本内容

网站的栏目结构和网页布局以及网站的后台功能，都是为了体现网站内容而提供的支持系统，从根本上来说，网站的内容才是网站的核心元素，这也就意味着，为用户提供有价值的内容是企业网站运营产生价值的基础。

那么，网站需要什么样的内容？网站内容应该如何表现出来？为了说明企业网站的一般内容，首先看一个企业网站内容的案例。

**案例 3-2：长虹电子集团公司企业网站内容的演变**

四川长虹电子集团公司是国内大型家电企业，也是较早上网的企业之一，长虹网站在不同时期的内容和表现形式有所不同，根据可以收集到的资料，下表中列出了 1999—2016 年期间不同时期网站的主要内容。

**不同时期的长虹企业网站基本状况（1999—2016 年）**

| 日　期 | 网站结构和一级栏目 | 首页主要信息 |
|---|---|---|
| 1999 年 10 月 | 公司简介、长虹新闻、企业文化、长虹产品、服务支持、合作伙伴、加盟长虹、股东信息 | 首页标题为“长虹主页”；<br>首页信息：公司简介、部分产品列表 |
| 2000 年 10 月 | 首页 Frame 结构；<br>网站栏目：公司简介、长虹新闻、企业文化、长虹产品、服务支持、商务信息、加盟长虹、股东信息 | 弹出窗口：小调查<br>企业新闻列表、最新产品列表、WEB-TV 在线调查、网站 LOGO 链接 |

续表

| 日　期 | 网站结构和一级栏目 | 首页主要信息 |
|---|---|---|
| 2001年6月 | 网站结构和栏目同上，网页布局略有调整，没有实质性变化 | 首页左下角增加了长虹股票实时行情图，其他没有很大变化，新闻、产品、调查内容更新，网站链接数量增加 |
| 2004年3月 | 网站栏目：了解长虹、新闻中心、产品中心、客户服务、渠道服务、采购中心、人才中心、长虹俱乐部、合作中心 | 产品分类导航、站内检索、企业新闻、股东公告、在线服务、网上订购、会员（普通用户和供应商）注册和登录、新产品介绍、网上展示（链接）、友情链接 |
| 2006年11月 | 主要内容：产品与服务（产品索引、如何购买、客户服务）、商务合作（供应商、代理商、其他合作伙伴）、关于长虹 | 最新产品列表、客户服务、企业新闻、媒体报道等 |
| 2012年12月 | 主栏目：关于长虹、新闻中心、子公司网站、产品中心、服务专区、我的长虹 | 产品展厅、媒体动态、主题信息等 |
| 2016年6月 | 主栏目：关于长虹、新闻资讯、子公司网站、产品中心、服务专区、长虹社区 | 产品展厅（链接：电视、冰箱、手机、空调、电池）、媒体动态（5条新闻标题）、主题信息（3条，包括扫一扫二维码，关注长虹公司官网微信等） |

从中可以看出，在1999年，长虹网站的内容基本上处于“企业主页”的水平，内容非常简单，主要包括简短的企业介绍和长虹家庭影院、长虹DVD播放机两类产品的列表，不过在栏目设置上，已经具备了一个企业网站的基本架构。到了2000年10月份，网站改版之后，从栏目设置上看，并没有大量的变动，不过首页信息要比一年前丰富了一些，在线调查、网站链接、在线招聘等信息出现在网站首页中。2004年3月，长虹企业网站的功能已经发展得相当完备，基本具备了企业网站应有的功能，网上订购服务也出现在首页。

2006年11月，在本书第3版案例修订时发现，长虹公司网站再次进行了全面改变，网站的网络营销导向也更为明显，在“如何购买”栏目中增加了促销信息、长虹旗舰店、团购等新的服务。

2012年12月，本书第4版案例更新。与几年前相比，长虹公司网站最典型的变化之一是，首页右上角出现了一个网上商城和全球网站的链接，表明长虹网站已经进入了企业B2C电子商务时代及全球化时代。

此外，在长虹网上商城（http://www.changhong.com.cn/shop.html）页面，列出了多个在线销售渠道的图片链接，包括长虹官方商城、彩电淘宝旗舰店、冰箱淘宝旗舰店、手机淘宝旗舰店、新能源公司淘宝旗舰店等。可以看出，长虹各主要产品线都开设了自己的在线销售渠道。

2016年6月，本书第5版案例更新。首页信息未发现重大变化。

**说明：**本案例中关于网站栏目和功能等资料来源于长虹集团公司网站 1999—2012 年间不同时期的历史记录。由于企业网站信息在不断变化中，为获取和保存各个时期的网站资料带来了一定困难，这些资料的收集参考了美国一家研究机构“互联网档案馆”（www.archive.org）所记录的不同时期的网站资料，部分网页上的图片、动态网页等信息不完整，不过并不影响对于网站基本信息和功能的分析。

从上述案例资料可以看出，一个企业网站在不同时期的内容、服务和功能是在不断发展变化的，这反映出企业对网络营销的认识和需求在不断提高。不同时期的网站内容可能有很大差别，网站的内容有两个方面的决定因素：一是要与企业当时的经营状况相关；二是行业内其他企业的网络营销发展状况。在企业的不同规模、不同的经营策略、不同的产品线和营销策略下，网站的内容会有一定的差别，而整个行业网络营销水平的提高，也将促使企业的网络营销策略发生变化，这同样会影响网站的基本内容。

从我国企业应用互联网的发展历程来看，1999 年之前涉及企业上网时常用的一个概念 0——“企业主页”。顾名思义，当时最重要的是建一个主页，一些企业甚至没有自己的独立网址和网站空间，而是在一些大型网站上建立的一个网页或者少数几个网页，其中包含了企业简介、产品介绍、联系方式等基本信息，相当于现在的企业黄页和发布在 B2B 网站的企业简介。由于当时网上信息比较少，即使一个简单的“主页”也能发挥一定的效果，但这种状况在互联网信息非常丰富的情况下已经很难再发挥较大的作用，甚至会影响企业形象，因此现在的企业网站一般是指企业拥有独立域名和独立网站空间（包括虚拟主机、专用主机等形式）的网站。

长虹企业网站信息的演变也说明一个普遍的问题：无论企业网站如何发展演变，但有些基本信息总是不可缺少的，如公司概况、联系方式、产品信息等，但仅有这些信息还是不够的。网络营销信息传递的一般原则告诉我们，由于企业网站是网络营销信息源的基础，作为一个专业的企业网站，在内容规划时应该尽可能做到全面，提供用户关心和需要的信息，这样才能为最终实现销售发挥作用。

根据企业网站信息的作用，可以将**企业网站应有的基本内容**分为如下几类，这些信息类别也是规划网站栏目结构时主要的考虑因素。

**1. 公司信息**

公司信息是为了让新访问者对公司状况有初步的了解，公司是否可以获得用户的信任，在很大程度上会取决于这些基本信息。在公司信息中，如果内容比较丰富，可以进一步分解为若干子栏目，如公司概况、发展历程、公司动态、媒体报道、主要业绩（证书、数据）、组织结构、企业主要领导人员介绍、联系方式等。

考虑到公司概况和联系方式等基本信息的重要性，有时也将这些内容以公共栏目的形式，作为独立菜单出现在每个网页下方，如有必要，详细的联系方式（尤其是服务电话等用户最需要了解的信息）等也可以直接出现在每个网页的适当位置。对于联系信息应尽可能详尽，除了公司的地址、电话、传真、邮政编码、官方 Email 地址等基本信息之外，最好能详细地列出客户或者业务伙伴可能需要联系的具体部门的各种联系方式。对于有分支机构的企业，同时还应当有各地分支机构的联系方式，在为用户提供方便的同时，也起到了对各地分支机构业务的支持作用。

### 2．产品信息

企业网站上的产品信息应全面反映所有系列和各种型号的产品，对产品进行详尽的介绍，如有必要，除了文字介绍之外，可配备相应的图片资料、视频文件等。用户的购买决策是一个复杂的过程，其中可能受到多种因素的影响，因此企业在产品信息中除了产品型号、性能等基本信息之外，其他有助于用户产生信任和购买决策的信息，都可以用适当的方式发布在企业网站上，如有关机构、专家的检测和鉴定、用户评论、相关产品知识等。

产品信息通常可按照产品类别分为不同的子栏目。

如果公司产品种类比较多，无法在简单的目录中全部列出，为了让用户能够方便地找到所需要的产品，除了设计详细的分级目录之外，还有必要增加产品搜索功能。

在产品信息中，有关价格信息是用户关心的问题之一，对于一些通用产品及价格相对稳定的产品，也有必要留下产品价格。但考虑到保密性或者非标准定价的问题，有些产品的价格无法在网上公开，也应尽可能为用户了解相关信息提供方便，例如，为用户提供一个了解价格的详细联系方式可作为一种补偿办法。

### 3．用户服务信息

用户对不同企业、不同产品所期望获得的服务有很大差别，有些网站产品使用比较复杂、产品规格型号繁多，往往需要提供较多的服务信息才能满足顾客的需要，而一些标准化产品或者日常生活用品相对要简单一些。网站的服务信息常见的有：产品选择和使用常识、产品说明书、在线问答等。

### 4．促销信息

当网站拥有一定的访问量时，企业网站本身便具有一定的广告价值，因此，可在自己的网站上发布促销信息，如网络广告、有奖竞赛、有奖征文、下载优惠券等。网上的促销活动通常与网下结合进行，网站可以作为一种有效的补充，供用户了解促销活动细则、参与报名等。

### 5．销售信息

当用户对于企业和产品有一定程度的了解，并且产生了购买动机之后，在网站上应为用户购买提供进一步的支持，以促成销售（无论是网上还是网下销售）。在决定购买产品之后，用户仍需要进一步了解相关的购买信息，如销售网络、网上订购方式、售后服务措施等。

（1）销售网络。研究表明，尽管目前一般企业的网上销售还没有形成主流方式，但用户从网上了解产品信息而在网下购买的现象非常普遍，尤其是高档产品以及技术含量高的新产品，一些用户在购买之前已经从网上进行了深入研究，但如果无法在方便的地方购买，仍然是一个影响其最终购买的因素。因此，企业应通过公布产品销售网络的方式尽可能详尽地告诉用户在什么地方可以买到其所需要的产品。

（2）网上订购方式。如果企业网站具有网上销售功能，那么企业应对网上购买流程做详细说明；即使企业网站并没有实现整个电子商务流程，但针对相关产品为用户设计一个网上订购意向表单仍然是有必要的，这样可以免去用户打电话或者发电子邮件订购的麻烦。

（3）售后服务。有关质量保证条款、售后服务措施，以及各地售后服务的联系方式等都是用户比较关心的信息，而且，是否可以在本地获得售后服务往往是影响用户购买决策的重要因素之一，应该尽可能详细。

**6．公众信息**

公众信息是指并非作为用户的身份对于公司进行了解的信息，如投资人、媒体记者、调查研究人员等。这些人员访问网站虽然并非以了解和购买产品为目的（当然这些人也有成为公司顾客的可能），但同样对公司的公关形象等具有不可低估的影响，对于公开上市的公司或者知名企业而言，对网站上的公众信息应给予足够的重视。

公众信息包括：股权结构、投资信息、企业财务报告、企业文化、公关活动等。

**7．其他信息**

根据企业的需要，可以在网站上发表其他有关的信息，如招聘信息、采购信息等。对于产品销售范围跨国家的企业，通常还需要不同语言的网站内容。

在进行企业信息的选择和发布时，应掌握一定的原则：有价值的信息应尽量丰富、完整、及时；不必要的信息和服务如天气预报、社会新闻、生活服务、免费邮箱等应力求避免，因为用户获取这些信息通常会到相关的专业网站和大型门户网站，而不是到某个企业网站。另外，在公布有关技术资料时应注意保密，避免为竞争对手利用，造成不必要的损失。

#### 3.2.3.2　企业网站的基本内容对网络营销的意义

**案例 3-3：华为与中兴公司网站的栏目与内容比较**

华为与中兴是国内最有影响力的两家通信产品制造企业，华为与中兴也被认为是直接的竞争对手，由于两个公司产品和市场均有一定的相似性，因此在企业网站策略方面也具有一定的相似，网站的栏目设置上看起来大同小异，不过通过对比分析华为与中兴公司网站的内容，可以发现两个企业网站仍然存在明显的区别，不仅在细分栏目设计上有所不同，并且两个公司网站内容表现方式也有较大差别。

**一、华为公司网站（www.huawei.com）的主要内容**

1. 2006年的华为公司网站概况

（1）14个国家/语言版本选择；

（2）产品与解决方案：产品介绍、应用案例、技术词典等；

（3）技术支持：包括资料下载、客户培训、知识中心等；

（4）员工招聘；

（5）华为公司介绍：公司概况、公司新闻、分支机构介绍、经营业绩、资质证书、获得荣誉、公司刊物等。

2. 2016年的华为公司网站概况

（1）华为在全球各大洲国家的官网链接，共有9种语言82个国家，其中：非洲13个、亚太21个、欧洲18个、拉美15个、中东3个、北美2个；

（2）主栏目-我想：包括主流消费产品及解决方案、联系方式等快速通道；

（3）主栏目-行业洞察：全联接世界、客户声音、市场趋势、创新、热点技术、标准与行业贡献；

（4）主栏目-解决方案：热点话题、行业；

（5）主栏目-服务：热点话题、运营商服务、企业服务；

（6）主栏目-产品：个人、商用；

（7）主栏目-技术支持：消费者、企业用户、运营商用户；

（8）主栏目-开发者社区：链接到专题网站 http://developer.huawei.com/cn/；

（9）主栏目-华为商城：链接到独立网站 http://www.vmall.com/；

（10）公共栏目-按访问者：个人用户、企业用户、运营商用户、新闻媒体、供应商、求职者；

（11）公共栏目-关于华为：公司简介、公司治理、高管信息、债券投资关系、可持续发展、网络安全、出版物、公司年报；

（12）公共栏目-新闻&展会：新闻、媒体工具、媒体关系、安全通告、展会活动；

（13）公共栏目-快速链接：华为商城、荣耀官网、华为海洋、心声社区、除名查询、在线反馈。

**二、中兴公司网站（www.zte.com.cn）的主要内容**

1. 2006年的中兴公司网站概况

（1）英语和俄语版本内容选择；

（2）中兴公司介绍：公司概况、组织机构、研发体系、营销体系、质量体系等；

（3）企业新闻；

（4）产品与解决方案：产品介绍、应用案例；

（5）技术支持：返修中心、培训中心；

（6）公司刊物；

（7）投资关系、股票等公共信息；

（8）招聘信息。

2. 2016 年的中兴公司网站概况

（1）选择国家和语言：9 个国家（9 种语言）官网链接，一个全球官网链接（英语）；

（2）主栏目-猜你想去：运营商用户、企业用户、手机用户、媒体记者、人才招聘；

（3）主栏目-解决方案：泛在接入、弹性网络、业务创新、运营与服务、其他；

（4）主栏目-产品：终端产品、无线、承载、云计算、核心网、接入、能源与配套；

（5）主栏目-服务：行业热点、解决方案；

（6）主栏目-技术支持：运营商用户、政企用户、手机用户；

（7）主栏目-关于我们：公司简介、社会责任、投资者关系、新闻资讯、公司刊物；

（8）公共栏目-按访问者：运营商用户、企业用户、手机用户、供应商；

（9）公共栏目-新闻资讯：新闻动态、媒体转载、精彩视频；

（10）公共栏目-投资者关系：公告、定期报告、通函、股东大会通知、月报表；

（11）公共栏目-快速链接：人才招聘、中兴手机商城、星星社区、开除查询、努比亚；

（12）公共栏目-全球销售网点：地图上显示的洲或国家链接，包括北美、拉丁美洲、欧洲、中东非洲、独联体、中国、亚太。

**本案例的问题：**华为和中兴两个公司网站的主要共同点和区别是什么？是否为不同的用户群体提供了足够的内容？从网络营销的角度来看，还有哪些有必要向用户提供的基本内容没有出现在网站中？你认为哪家公司网站内容的专业水平更高一些？通过这两家公司网站后期的改版，他们做了哪些重要的改变？如果你作为公司的网络营销主管，在网站内容营销策略方面会有哪些建议？

资料来源：本书根据华为公司和中兴公司网站相关信息整理，首次资料收集时间为 2006 年 10 月，2016 年 6 月修订。

通过案例可以发现，不同的企业网站，有一些共性的内容，也有本企业专属的项目，在官网上发布企业的基本信息，体现了企业网站的基础网络营销功能——信息发布功能，但这些基本信息显然并不能体现网站的全部网络营销功能。

企业网站的基本内容对网络营销的意义，可以归纳为下列几个方面。

（1）企业形象：企业网站的基本内容提供了企业的“画像”，是潜在用户了解企业信息的官方渠道。

（2）企业可信度：企业的基础信息源，增加了在其他第三方平台发布或引用信息的可信度（如网络百科、微博、B2B平台等）。

（3）资源价值：企业网站的基本内容是企业的网络营销资源，也是企业的历史记录。

经验表明，企业网站发布基本内容并且进行日常的内容维护，仅仅是网站运营的基础工作，通常并不会自动产生显著的网络营销效果，这是因为，网站基础内容大多属于从企业角度发布的信息，如企业简介和企业新闻等，离用户导向还有一定的距离。因此，在网站发布基础内容之后，还需要根据用户对信息的需求，进行系统的内容营销策划及实施，才能真正发挥内容的价值。

### 3.2.4 企业网站的内容营销策略

归根结底，网站内容营销要落实到一个个网页，包括网页内容创作、编辑及发布、推广等环节，相应地网站内容策略应包括：内容来源及创建方法、网页内容发布规范、内容的推广及维护等。

实际上，对许多中小企业来说，不仅内容资源贫乏且不够规范，而且缺少有效的运营维护。一些网站发布基础内容之后，基本上就算告一段落，除了少量的企业动态和新产品信息之外，通常很难有丰富的内容，因此内容营销也就成为制约许多中小企业网络营销的瓶颈。即使一些大中型企业，在网站内容营销方面通常也有很大的局限，造成这种情况的原因大致有下列几种。

（1）网络营销意识：对网站内容营销认识不足，网站内容和营销脱节。

（2）网络营销策略：没有明确的内容营销策略及实施能力。

（3）网络营销方法：没有掌握合理的内容创建和传播方法。

（4）效果目标导向：注重短期效果，忽视资源积累和长期价值。

这类企业网站的典型表现是，企业网站的信息往往是孤立的，形成信息孤岛，缺乏与行业及用户之间的连接，内容僵化，对用户没有吸引力，因而不得不利用外部资源进行网络推广，如投放广告、依赖第三方平台发布信息等。

基于如上分析，本书将企业网站的内容策略归纳为下列五个方面，可根据企业网站的专业水平及运营能力，从中发现适合本企业的内容营销策略及方法。

**1. 内容政策：坚持网站内容营销方针不动摇**

内容是网站运营及网络营销的长期工作，内容营销是永不过时的方法，高质量的内容永远是获得用户的法宝。内容营销的思路包括：制定长期的网站内容营销目标和策略，制定网站内容运营规范，不断创建和丰富网站内容资源，持续为用户创建有价值的内容并通过合理的方式传递给用户。网站内容营销策略对传统 PC 网络营销及对移动网络营销同样重要，内容没有传统和移动的区别，差异仅在表现形式方面。

为了体现对内容的重视，在网站运营岗位设计上，内容创建及运营有必要设置相应的人员和职责，不妨称其为“首席内容官”。当然这个“官”不只是写写文章那么简单，还要负责内容的运营推广，并对内容营销的效果负责。

**2．内容来源：开拓网站内容创建新思维**

网站的常规内容无非是企业新闻、产品介绍、技术方案、顾客服务等基本信息，这些内容对于网站推广是远远不够的，需要突破传统网站内容模式的局限，开拓更广泛的内容来源渠道。例如：

（1）开设企业博客，实现全员网络营销，调动企业全体员工的积极性为网站贡献内容，这种方式在许多大中型企业早已普及，详细内容在本章博客营销中给予介绍。

（2）开启以用户为中心的内容来源。通过在线客服、社交网络等渠道了解用户声音，通过与用户的互动不断挖掘用户感兴趣的话题。

（3）网站内容再生。通过原有内容的聚类、分类、修订等方式，充分利用现有内容资源扩展为更多的网页新内容。本节后面附的几篇扩展阅读文章，对此有详细介绍。

（4）内容合作。作为一种资源合作方式，与相关网站及业内活跃人士开展内容合作，不失为一种便捷的内容扩展方式。

**3．内容细节：细节源于专业，细节体现专业**

“网络营销细节致胜”是本书作者的一贯观点。在网站内容营销方面，细节对效果的影响更为突出。通过对一些网站的调查发现，传统企业网站的很多细节问题多年来一直存在且比较突出，如页面内容缺乏有效的文字描述，网页没有独立的标题（全站所有网页标题都是公司名，或者有些用无标题文档），产品信息描述不完整（有些产品甚至只有一个产品型号而没有文字）……很多看起来可能仅仅是细节的问题累积起来就成了大问题，最终决定了网站专业水平较差。当然这种情况有些受网络营销服务市场的制约，一些服务商提供的模板式网站没有必要功能支持，企业方面对于网站的主要问题在于“重建设、轻运营”，网站建设与运营推广脱节，因此内容营销也就无从谈起。

**4．内容推广：搜索引擎和社交网络是主流**

在本章第 1 节内容营销的五大意识中有一项“传播推广意识”，强调了通过搜索引擎和社交网络进行内容推广的重要性。网站内容推广包括两个方面的含义：一是在内容选题、内容创作及发布时要适应推广的需求；二是对于发布的内容要给予必要的推广。在用户获取及浏览内容的常见方式中，作为网站内容推广主要渠道包括：直接浏览、信息引导（搜索引擎、网站链接)、社交分享等。因此，有效的内容策略应该是在网站整体优化的基础上，将搜索引擎优化规范落实到每个网页，同时让每个网页都适合社交关系网络转发。本书后续内容介绍搜索引擎优化规范（第9章）及关于社交关系信息合作转发的方式（第7章）。

5．内容规范：网站内容规范化和严谨化

规范是专业的体现，也是内容营销效果的基础保证。企业应建立合理的运营管理规范，每一篇网页的写作、编辑、发布、管理的整个流程都要做到规范化和专业化。本书作者所在的新竞争力网络营销管理顾问制定的网站内容维护规范包括下列方面，仅供参考。

（1）文件命名规范，分类目录及文章内容页面URL命名规范。

（2）网页标题设计规范。

（3）META描述设计规范。

（4）META关键词规范。

（5）TAG规范。

（6）网页内容编辑规范。

（7）网页内容发布规范。

（8）网站内容更新周期。

其中，部分内容被列入中国互联网协会企业网站建设指导规范。内容维护属于网站运营的工作范畴，为了保持整体性，关于网站内容规范的详细内容将整合在网站运营规范中（第9章）。

随着互联网应用环境的发展，用户获取信息的方式可能发生变化，相应地网站内容策略也会发生一定的变化，需要根据环境的变化适当调整内容策略，适应信息传递及浏览。

**扩展阅读：网站内容选题与写作参考**

下面是本书作者原创并发布在网站上的部分文章，虽然已经发布几年时间，但至今仍然是适用的，也说明根据网络营销实践总结的一般规律往往具有长期的有效性。

- 网页标题设计原则与一般规律
  http://www.marketingman.net/wmtips/p156.htm
- 再谈网页标题设计的意义及问题分析
  http://www.marketingman.net/lecture/site_051008.htm
- 网页META标签内容写作规范要点
  http://www.marketingman.net/lecture/site_051007.htm
- 网站内容推广策略（第一部分）：增加网站有效内容对于网站推广的作用
  http://www.marketingman.net/tools/wsp120/005.htm

- ❑ 网站内容推广策略（第二部分）：利用现有资源增加网站内容
  http://www.marketingman.net/tools/wsp120/006.htm
- ❑ 网站内容推广策略（第三部分）：利用外部信息资源增加网站内容
  http://www.marketingman.net/tools/wsp120/007.htm
- ❑ 网站内容推广策略（第四部分）：内容推广策略中需要注意的几个细节问题
  http://www.marketingman.net/tools/wsp120/008.htm
- ❑ 网站推广策略之内容推广思想漫谈
  http://www.marketingman.net/tools/wsp120/009.htm

## 3.3　许可 Email 营销基础

电子邮件是比浏览器更早的互联网应用，Email 营销也是最早的网络营销方式之一，尽管电子邮件的使用率受到即时信息及 SNS 社交网络等互联网服务的影响，但 Email 营销的作用仍然不可忽视，是其他网络营销方法无可完全替代的。Email 营销与网络营销的其他方法相辅相成，本身又自成体系，成为一个相对完整的内容营销分支。

2003 年，本书作者出版了国内迄今为止唯一一本关于电子邮件营销的专著《Email 营销》，对 Email 营销的类型、方法及问题等进行了系统的介绍，其中的基本原理和方法到目前为止仍然是有效的。本节内容基于该书的基本框架并结合近年来最新的 Email 营销实践应用，简要介绍许可 Email 营销的基本原理、分类及形式、开展 Email 营销的条件和方法，以及 Email 营销的内容策略、用户策略、信息传递及管理等。

### 3.3.1　许可 Email 营销的基本原理及意义

#### 1. 许可 Email 营销的基本原理

笼统地说，利用电子邮件实现的网络营销信息传递就是 Email 营销。但是由于大量垃圾邮件的出现不仅影响了互联网通信环境，也让 Email 营销的合理性受到质疑。于是，经过不断的发展演变，逐渐形成了一些被广泛认可的行业规范，为 Email 营销地位的确立及长期发展奠定了基础。

在本书第 1 章关于网络营销起源时提到过，美国两个律师制造的垃圾邮件客观上促成了人们对于网络营销的思考，网络营销也是从垃圾邮件问题引起重视之后才逐渐发展起来的。由于在新闻组滥发邮件受到其他成员的指责，在“律师事件”发生的同一年，美国人 Robert Raisch 将电子邮件营销进行了比较系统的研究。Raisch 是 internet.com 公司的创始人，他在 1994 年撰写的一篇论文“未经许可的电子邮件”，在互联网领域产生了重要影响。文中将亚利桑那州两位律师“成功地将信息以低廉的费用传送给数千万消费者”的方法称为“用户付费的促销”，因为信息发送者将互联网作为直接的促销渠道向用户传递信息，却不考虑用户的意愿和为此付出的费用，与现实世界中广告商承担所有信息传递费用的方式不同，这对于用户是不公平的。因为用户接收和自己无关的电子邮件要花费较长的上网时间，在互联网发展初期，上网速度很慢，并且要支付昂贵的上网费用，而邮件发送者并不需要支付太多的费用。

现在普遍的观点是，Email 营销诞生于 1994 年，不仅是因为两个律师的“杰作”，更是因为对于 Email 营销的研究让人们对此具有系统了解和认可。而将 Email 营销概念进一步推向成熟的，是“许可营销”理论的诞生。

“许可营销”理论由营销专家 Seth Godin 在《许可营销》(Permission Marketing: Turning Strangers Into Friends, and Friends into Customers，Simon & Schuster，1999）一书中最早进行系统的研究，这一概念一经提出就受到网络营销人员的普遍关注并得到广泛应用。许可 Email 营销的有效性也已经被许多企业的实践所证实。

按照 Seth Godin 的观点，许可营销的原理其实很简单，也就是企业在推广其产品或服务的时候，事先征得顾客的“许可”。得到潜在顾客许可之后，通过 Email 的方式向顾客发送产品/服务信息，因此，许可营销也就是许可 Email 营销。许可营销的主要方法是通过邮件列表、新闻邮件、电子刊物等形式，在向用户提供有价值信息的同时附带一定数量的商业广告。例如，一些公司在要求你注册为会员或者申请某项网络服务时，会询问你“是否希望收到本公司不定期发送的最新产品信息”，或者给出一个列表让你选择自己希望收到的信息。在传统营销方式中，由于信息沟通不便，或者成本过于高昂，许可营销很难行得通，但是互联网的交互性使得许可营销成为可能。[6]

#### 2. 许可 Email 营销的意义

许可营销原理不仅对 Email 营销产生深远影响，事实上对其他内容营销方法同样具有积极意义，如手机短信营销、APP 信息推送、微信公众号营销（订阅号）等，都需要事先获得用户的许可，当用户不希望继续收到信息时，可以随时退出或拒绝。在网络用户隐私保护方面，许可营销的思想同样具有指导意义。因此可以说，许可营销是内容营销的经典理论和指导思想。

综合有关 Email 营销的研究，本书对 Email 营销是这样定义的：

Email 营销是在用户事先许可的前提下，通过电子邮件的方式向目标用户传递有价值信息的一种网络营销手段。

Email 营销的定义强调了三个基本因素：基于用户许可、通过电子邮件传递信息、信息对用户是有价值的。三个因素缺少一个，都不能称之为有效的 Email 营销。

与许可 Email 营销具有本质区别的，是垃圾邮件。由于很多互联网用户无法正确区分许可 Email 营销与垃圾邮件，因此垃圾邮件泛滥已经成为破坏 Email 营销环境的首要因素。

**背景知识 3-1：什么是垃圾邮件？**

目前在国际上对垃圾邮件并没有完全一致的定义，但核心要素基本是一致的，主要包括：未经用户许可发送；同时发送给大量用户，影响正常网络通信；含有恶意的、虚假的、伪装的邮件发信人等信息。

2002 年 11 月 1 日，由中国互联网协会、263 网络集团和新浪网共同发起，中国互联网协会反垃圾邮件协调小组在北京正式成立，国内 20 多家邮件服务商首批参加了反垃圾邮件协调小组。在《中国互联网协会反垃圾邮件规范》中是这样定义垃圾邮件的：

本规范所称垃圾邮件，包括下述属性的电子邮件：

（一）收件人事先没有提出要求或者同意接收的广告、电子刊物、各种形式的宣传品等宣传性的电子邮件；

（二）收件人无法拒收的电子邮件；

（三）隐藏发件人身份、地址、标题等信息的电子邮件；

（四）含有虚假的信息源、发件人、路由等信息的电子邮件。

资料来源：中国互联网协会网站. 中国互联网协会反垃圾邮件协调小组在京成立[EB/OL].（2002-04）. http://www.isc.org.cn.

遵照国内外有关机构对垃圾邮件的认识，本书将未经用户许可而大量发送的电子邮件均视为垃圾邮件。由于本书主要介绍许可 Email 营销的基本方法，不对垃圾邮件进行专门研究，有兴趣的读者可以参考作者于 2003 年 6 月出版的《Email 营销》一书中的相关内容。由于 Email 营销的方法和环境相对比较稳定，因此十多年来并没有发生根本性的变化，前期总结出的方法和规律仍然具有适用性。

## 3.3.2　Email 营销的分类及基本形式

### 3.3.2.1　Email 营销的分类

根据本书对 Email 营销的定义，规范的 Email 营销是基于用户许可的，但实际上还存在着大量的不规范现象，并不是所有的电子邮件都符合法规和基本的商业道德，不同形式的 Email 营销也有不同的方法和规律，所以首先应该明确有哪些类型的 Email 营销，以及这些 Email 营销分别是如何进行的。

**1．按照发送信息是否事先经过用户许可分类**

按照发送信息是否事先经过用户许可分类，可以将 Email 营销分为许可 Email 营销

（Permission Email Marketing，PEM）和未经许可的 Email 营销（Unsolicited Commercial Email，UCE）。未经许可的 Email 营销也就是通常所说的垃圾邮件（Spam），正规的 Email 营销都是基于用户许可的，如无特别说明，本书所讲的 Email 营销均指 PEM。

### 2．按照用户对 Email 地址资源的所有权分类

潜在用户的 Email 地址是企业重要的营销资源，按照用户对 Email 地址资源的所有权分类，可以将 Email 营销分为内部 Email 营销和外部 Email 营销，或者简称为内部邮件列表和外部邮件列表。内部列表是一个企业/网站利用一定方式获得用户自愿注册的资料来开展的 Email 营销，而外部列表是指利用专业服务商或者具有与专业服务商一样可以提供专业服务的机构提供的 Email 营销服务，自己并不拥有用户的 Email 地址资料，也无需管理维护这些用户资料。

一般情况下，在采用内部列表开展 Email 营销时，有时也笼统地称为邮件列表营销，内部列表开展的 Email 营销以电子刊物、新闻邮件等形式为主，是在为用户提供有价值信息的同时附加一定的营销信息。事实上，正规的 Email 营销主要是通过邮件列表的方式实现的。

由于本书篇幅的限制，在没有特别说明的情况下，本书所说的 Email 营销通常指内部列表营销。有关外部列表营销的内容可参考《网络营销基础与实践》第 2～4 版的相关内容及网络资源，本书不再对外部列表营销进行系统的介绍。

### 3．按照企业的营销计划分类

按照企业的营销计划分类，可以将 Email 营销分为临时性的 Email 营销和长期 Email 营销。临时性的 Email 营销，如不定期的产品促销、市场调查、节假日问候、新产品通知等；长期的 Email 营销通常以企业内部注册会员资料为基础，主要表现为新闻邮件、电子杂志、顾客服务等各种形式的邮件列表，这种列表的作用要比临时性的 Email 营销更持久，其作用更多的表现在顾客关系、顾客服务、企业品牌等方面。

### 4．按照 Email 营销的功能分类

按照 Email 营销的功能分类，可以将 Email 营销分为顾客关系 Email 营销、顾客服务 Email 营销、在线调查 Email 营销、产品促销 Email 营销等。

### 5．按照 Email 营销的应用方式分类

开展 Email 营销需要一定的营销资源，获得和维持这些资源本身也要投入相应的经营资源，当资源积累达到一定的水平，便拥有了更大的营销价值，不仅可以用于企业本身的营销，也可以通过出售邮件广告空间直接获得利益。

按照 Email 营销的应用方式分类，可以将 Email 营销可分为经营型 Email 营销和非经营型 Email 营销两类。当以经营性质为主时，Email 营销实际上已经属于专业服务商的范畴了。

#### 3.3.2.2　内部邮件列表和外部邮件列表的比较

尽管 Email 营销可以有多种不同的分类方法，不过在实际应用中，最常用的是根据 Email 地址资源的所有权进行分类的内部邮件列表和外部邮件列表营销方法，开展 Email 营销的基础之一是拥有潜在用户的 Email 地址资源或者可以利用第三方服务商的邮件列表资源。

因此有必要对“邮件列表”的概念有深刻的认识，并且深入理解内部邮件列表和外部邮件列表的差异。

**背景知识 3-2：什么是邮件列表？**

在有关 Email 的内容中，经常要用到“邮件列表”这一概念，邮件列表是 Email 营销的基本手段之一，在 Email 营销中具有重要作用。

邮件列表（Mailing List）的起源可以追溯到 1975 年，是互联网上最早的社区形式之一，也是 Internet 上的一种重要工具，用于各种群体之间的信息交流和信息发布。早期的邮件列表是一个小组成员通过电子邮件讨论某一特定话题，一般统称为讨论组，由于早期联网的计算机数量很少，讨论组的参与者也很少，现在的互联网上有数以十万计的讨论组。讨论组很快就发展演变出另一种形式，即有管理者管制的讨论组——也就是现在通常所说的邮件列表，或者叫狭义的邮件列表。

讨论组和邮件列表都是在一组人之间对某一话题通过电子邮件共享信息，但二者之间有一个根本的区别，讨论组中的每个成员都可以向其他成员同时发送邮件，而对于现在通常的邮件列表来说，是由管理者发送信息，一般用户只能接收信息。因此，也可以理解为，邮件列表有以下两种基本形式。

（1）公告型（邮件列表）：通常由一个管理者向小组中的所有成员发送信息，如电子杂志、新闻邮件等。

（2）讨论型（讨论组）：所有的成员都可以向组内的其他成员发送信息，其操作过程简单来说就是发一个邮件到小组的公共电子邮件，通过系统处理后，将这封邮件分发给组内所有成员。

内部列表和外部列表是 Email 营销的两种基本形式，两者各有优势，对网络营销比较重视的企业通常都拥有自己的内部列表，但内部列表与采用外部列表也并不矛盾，如果必要，两种方式可以同时采用。表 3-1 对两种 Email 营销形式的功能特点进行了比较。

表 3-1　内部列表和外部列表 Email 营销的比较

| 主要功能和特点 | 内部列表 Email 营销 | 外部列表 Email 营销 |
|---|---|---|
| 主要功能 | 顾客关系、顾客服务、品牌形象、产品推广、在线调查、资源合作 | 品牌形象、产品推广、在线调查 |

续表

| 主要功能和特点 | 内部列表 Email 营销 | 外部列表 Email 营销 |
|---|---|---|
| 投入费用 | 相对固定，取决于日常经营和维护费用，与邮件发送数量无关，用户数量越多，平均费用越低 | 没有日常维护费用，营销费用由邮件发送数量、定位程度等决定，发送数量越多费用越高 |
| 用户信任程度 | 用户主动加入，对邮件内容信任程度高 | 邮件为第三方发送，用户对邮件的信任程度取决于服务商的信用、企业自身的品牌、邮件内容等因素 |
| 用户定位程度 | 高 | 取决于服务商邮件列表的质量 |
| 获得新用户的能力 | 用户相对固定，对获得新用户效果不显著 | 可针对新领域的用户进行推广，吸引新用户能力强 |
| 用户资源规模 | 需要逐步积累，一般内部列表用户数量比较少，无法在很短时间内向大量用户发送信息 | 在预算许可的情况下，可同时向大量用户发送邮件，信息传播覆盖面广 |
| 邮件列表维护和内容设计 | 需要专业人员操作，无法获得专业人士的建议 | 服务商专业人员负责，可对邮件发送、内容设计等提供相应的建议 |
| Email 营销效果分析 | 由于是长期活动，较难准确评价每次邮件发送的效果，需要长期跟踪分析 | 由服务商提供专业分析报告，可快速了解每次活动的效果，如送达率、打开率、回应率等 |

内部列表和外部列表由于在是否拥有用户资源方面有根本的区别，因此开展 Email 营销的内容和方法也有很大差别。由表 3-1 可以看出，自行经营的内部列表不仅需要自行建立或者选用第三方的邮件列表发行系统，还需要对邮件列表进行维护管理，如用户资料管理、退信管理、用户反馈跟踪等，对营销人员的要求比较高，在初期用户资料比较少的情况下，费用相对较高，随着用户数量的增加，内部列表营销的边际成本在降低，其优势才能逐渐表现出来。这两种 Email 营销方式属于资源的不同应用和转化方式，内部列表以少量、连续的资源投入获得长期、稳定的营销资源，外部列表则是用资金换取临时性的营销资源（这两种方式与搜索引擎优化/搜索引擎广告的资源投入模式有一定的类比性）。内部列表在顾客关系和顾客服务方面的功能比较显著，外部列表由于比较灵活，可以根据需要选择投放不同类型的潜在用户，因而在短期内即可获得明显的效果。

#### 3.3.2.3 Email 营销的基本步骤与形式

**1. Email 营销的基本步骤**

Email 营销，发送邮件的数量可能是几百万甚至上千万，显然和一对一的电子邮件通信不是一回事。怎么设计 Email 营销方案呢？在《许可营销》一书中，Seth Godin 认为，实现许可营销有五个基本步骤，他把吸引顾客的注意到许可形象地比喻为约会，从陌生人到朋友，再到终生用户。

（1）要让潜在顾客有兴趣并感觉到可以获得某些价值或服务，从而加深印象和注意力，使得按照营销人员的期望，自愿加入到许可的行列中去（就像第一次约会，为了给对方留下良好印象，可能花大量的时间来修饰自己的形象，否则可能就没有第二次约会了）。

（2）当潜在顾客投入注意力之后，应该利用潜在顾客的注意，比如可以为潜在顾客提供一套演示资料或者教程，让消费者充分了解公司的产品或服务。

（3）继续提供激励措施，以保证潜在顾客维持在许可名单中。

（4）为顾客提供更多的激励从而获得更大范围的许可，例如给予会员更多的优惠，或者邀请会员参与调查，提供更加个性化的服务等。

（5）经过一段时间之后，营销人员可以利用获得的许可改变消费者的行为，也就是让潜在顾客说，"好的，我愿意购买你们的产品"，只有这样，才可以将许可转化为利润。

当然，从顾客身上赚到第一笔钱之后，并不意味着许可营销的结束，相反，仅仅是将潜在顾客变为真正顾客的开始，如何将顾客变成忠诚顾客甚至终生顾客，仍然是营销人员工作的重要内容，许可营销将继续发挥其独到的作用。

Seth Godin 关于 Email 营销的五个步骤为开展 Email 营销提供了基本的思路，整个过程看起来似乎很简单，但在实际工作中，仅有想法是不够的，实际的操作方法往往比理论更重要。比如，为潜在顾客提供什么信息才能引起兴趣并愿意加入到许可的列表中来？用什么方式来管理用户数据资料？又是通过什么手段将信息发送给用户的？怎么来实现 Email 营销呢？因此，对 Email 营销的实现方法和操作技巧进行深入、系统的研究是十分必要的。

**2．邮件列表的形式**

开展 Email 营销的基础之一是拥有潜在用户的 Email 地址资源。这些资源可以是企业内部所有（内部列表），也可以是合作伙伴或者专业服务商所拥有（外部列表），因此 Email 营销的重要内容之一就是用户邮件地址资源的获取和有效管理及应用。

从网络营销目的来看，**常见的邮件列表有六种形式**：

（1）电子刊物；

（2）新闻邮件；

（2）注册会员通讯；

（4）新产品通知；

（5）顾客服务/顾客关系邮件；

（6）顾客定制信息。

这些不同形式的邮件列表总体上是类似的，但在具体的操作模式上有一定的区别，如加入邮件列表的方法、邮件内容设计、邮件发送周期等。

在采用外部列表时，Email 营销和邮件列表之间的差别比较明显，因为是利用第三方的用户 Email 地址资源发送产品/服务信息，并且通常是纯粹的商业邮件广告，这些广告信息是通过专业服务商所拥有的邮件列表来发送的。也就是说，这个“邮件列表”是属于服务商的，对服务商而言，是邮件列表的经营者，而作为广告客户的企业是利用这个第三方的邮件列表来开展 Email 营销，如果这时也称为邮件列表营销，会与内部列表造成一定的混淆。因此在本书中所讲的邮件列表一般是指内部列表 Email 营销。

## 3.3.3 Email 营销的基础条件和过程

### 3.3.3.1 Email 营销的基础条件

Email 营销需要一定的基础条件，尤其是内部列表 Email 营销，是网络营销的一项长期任务，更有必要对内部列表的基础及形式等相关问题进行深入分析。

从 Email 营销的一般过程中可以看出，以内部列表 Email 营销为例，开展 Email 营销需要解决三个基本问题：向哪些用户发送电子邮件，发送什么内容的电子邮件，以及如何发送这些邮件。将内部列表 Email 营销这三个基本问题进一步归纳为**Email 营销的三大基础**，即：

（1）邮件列表的技术基础。从技术上保证用户加入、退出邮件列表，并实现对用户资料的管理，以及邮件发送和效果跟踪等功能。

（2）用户 Email 地址资源的获取。在用户自愿加入邮件列表的前提下，获得足够多的用户 Email 地址资源，是 Email 营销发挥作用的必要条件。

（3）邮件列表的内容。营销信息是通过邮件列表向用户提供的，邮件的内容对用户有价值才能引起用户的关注，有效的内容设计是 Email 营销发挥作用的基本前提。

邮件列表的基础条件具备之后，才能开展真正意义上的 Email 营销，邮件列表的价值才能逐步表现出来。

对于外部列表来说，技术平台是由专业服务商所提供，因此，Email 营销的基础也就相应的只有两个，即潜在用户 Email 地址资源的选择和 Email 营销的内容设计。

利用内部列表开展 Email 营销是 Email 营销的主流方式，也是本书重点讨论的内容。一个高质量的邮件列表对于企业网络营销的重要性已经得到众多企业实践经验的证实，并且成为企业增强竞争优势的重要手段之一，因此建立一个属于自己的邮件列表是非常有必要的。尽管很多网站都非常重视内部列表的建立，但是，建立并经营好一个邮件列表并不是一件简单的事情，涉及多方面的问题，事实上很多网站都难以建立高质量的邮件列表资源。它的主要原因有以下三个方面。

（1）邮件列表的建立通常要与网站的其他功能相结合，并不是一个人或者一个部门可以独立完成的工作，将涉及技术开发、网页设计、内容编辑等内容，也可能涉及市场、销售、技术等部门的职责，如果是外包服务，还需要与专业服务商进行功能需求沟通。

（2）邮件列表必须是用户自愿加入的，是否能获得用户的认可，本身就是很复杂的事情，要能够长期保持用户的稳定增加，邮件列表的内容必须对用户有价值，邮件内容也需要专业的制作。

（3）邮件列表的用户数量需要较长时期的积累，为了获得更多的用户，还需要对邮件列表本身进行必要的推广，同样需要投入相当的营销资源。

在许可 Email 营销中，我们可能会遇到多种难题，除了上面提到的用户邮件资源之外，邮件列表的发送、邮件内容制作等都不是轻而易举的事情。下面将对邮件列表的技术基础、Email 地址资源的获取，以及邮件列表内容策略等基本问题给予进一步分析。

#### 3.3.3.2　Email 营销的过程

Email 营销的过程，也就是将有关营销信息通过电子邮件的方式传递给用户的过程。为了将信息发送到目标用户电子邮箱，首先应该明确，向哪些用户发送这些信息，发送什么信息，以及如何发送信息。Email 营销的过程如下。

（1）制订 Email 营销计划，分析目前所拥有的 Email 营销资源，如果公司本身拥有用户的 Email 地址资源，首先应利用内部资源。

（2）决定是否利用外部列表投放 Email 广告，并且要选择合适的外部列表服务商。

（3）针对内部和外部邮件列表分别设计邮件内容。

（4）根据计划向潜在用户发送电子邮件信息。

（5）对 Email 营销活动的效果进行分析总结。

这是进行 Email 营销一般要经历的过程，但并非每次活动都要经过这些步骤，并且不同的企业、在不同的阶段 Email 营销的内容和方法也都有区别。一般说来，内部列表 Email 营销是一项长期性工作，通常在企业网站的策划建设阶段就已经纳入了计划。内部列表的建立需要相当长时间的资源积累，而外部列表 Email 营销可以灵活地采用，因此这两种 Email 营销的过程有很大差别。我们可以将 Email 营销的一般过程用图 3-1 表示。

在 Email 营销活动中，内部列表和外部列表 Email 营销过程也存在一定的差异，为了进一步辨析两者的区别，表 3-2 对两种列表 Email 营销的过程进行了简单的比较。

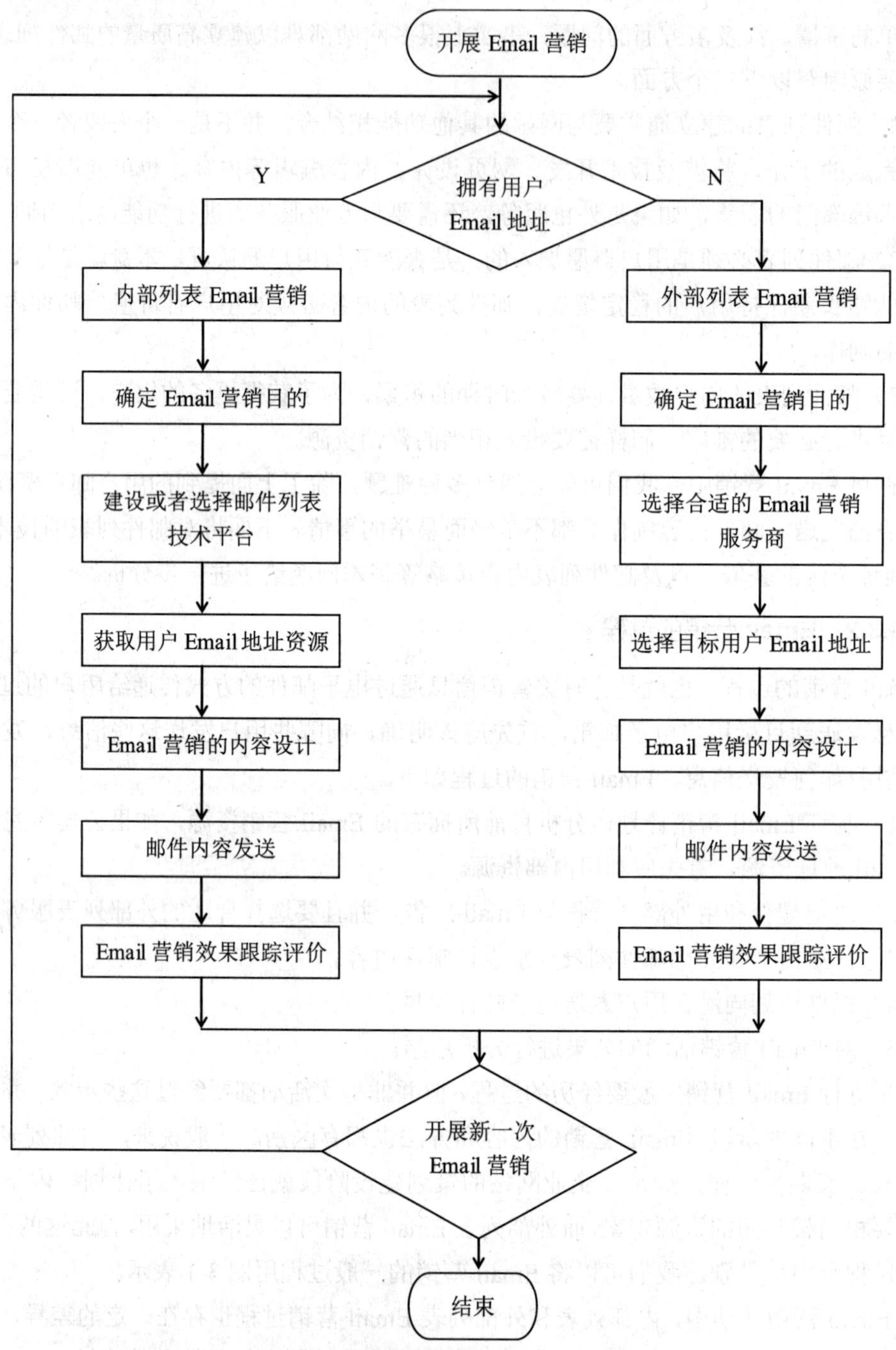


图 3-1　开展 Email 营销的一般过程

表 3-2　内部列表和外部列表 Email 营销过程比较

| Email 营销的阶段 | 内部列表 Email 营销 | 外部列表 Email 营销 |
| --- | --- | --- |
| （1）确定 Email 营销目的 | 需要在网站规划阶段制订，主要包括邮件列表的类型、目标用户、功能等内容。一旦确定具有相对稳定性 | 在营销策略需要时确定营销活动目的、期望目标。每次 Email 营销活动的目的、内容、形式、规模等可能各不相同 |
| （2）建设或者选择邮件列表技术平台 | 邮件列表的主要功能需要在网站建设阶段完成，或者在必要的时候为网站增加邮件列表功能，也可以选择第三方的邮件列表发行平台 | 不需要企业自己建设和维护邮件发行系统，由服务商提供 |
| （3）获取用户 Email 地址资源 | 通过各种推广手段，吸引尽可能多的用户加入列表。邮件列表用户 Email 地址属于企业的营销资源，发送邮件不需要额外支付费用 | 不需要自己建立用户资源，而是通过选择合适的 Email 营销服务商，在服务商的用户资源中按照一定条件选择潜在用户列表。一般来说，每次发送邮件均需要向服务商支付费用 |
| （4）Email 营销的内容设计 | 在总体方针的指导下来设计每期邮件的内容，一般为营销人员的长期工作 | 根据每次 Email 营销活动需要制作邮件内容，或者委托专业服务商制作 |
| （5）邮件发送 | 利用自己的邮件发送系统（或者选定的第三方发行系统）根据设定的邮件列表发行周期按时发送 | 由服务商根据服务协议发送邮件 |
| （6）Email 营销效果跟踪评价 | 自行跟踪分析 Email 营销的效果，可定期进行 | 由服务商提供专门的分析报告，可以是从邮件发送后实时在线查询，也可能是一次活动结束后统一提供监测报告 |

由表 3-2 可以看出，由于外部列表 Email 营销相当于通过广告媒体投放广告，其过程相对简单一些，并且是与专业服务商合作，可以得到一些专业的建议，在营销活动中并不会觉得十分困难，而内部列表 Email 营销的每一个步骤都比较复杂，并且是依靠企业内部的营销人员自已来进行，由于企业资源状况、企业各部门之间的配合、营销人员知识和经验等因素的影响，在执行过程中，会遇到大量新问题，其实施过程也比外部列表 Email 营销复杂的多，但由于内部列表拥有巨大的长期价值，因此建立和维护内部列表成为 Email 营销中最重要的内容。

#### 3.3.3.3　关于 Email 营销中的用户许可过程和许可方式

用户订阅邮件列表，需要有一个用户确认的过程，这是获得用户许可的关键环节。本书中强调，Email 营销必须在用户许可的前提下进行，也就是说，只能用户自愿将自己的邮件地址加入邮件列表，才能向用户发送你所公开承诺的有关信息，并且允许用户随时退出列表。用户加入和退出邮件列表的过程，就是典型的用户许可过程。

获得用户许可还有其他方式，比如，在用户注册为会员的过程中与网站签订的在线协议，如果有用户同意接收网站发送商业信息的条款，属于另一种形式的用户许可。

根据邮件列表用户加入程序的不同，常见的用户许可方式有：Opt-in，Double Opt-In，Opt-out 等。这几种方式不仅在技术上有区别，对于用户来说，给予许可的方式和程度也是不同的。下面分别解释有关概念，并对比各种方式的优缺点（见表 3-3）。

表 3-3　用户加入邮件列表不同方式比较

| 主 要 特 点 | Double Opt-In | Opt-in | Opt-out |
|---|---|---|---|
| 用户许可与信任程度 | 最高，经过用户完全许可 | 中等，可能有部分用户非自行主动加入列表 | 最低，有时接近于垃圾邮件 |
| 用户 Email 地址准确性 | 如果用户输入 Email 地址有误将无法收到确认邮件，经过回复确认，用户邮件地址全部真实、有效 | 部分经过确认，某些列表或者没有经过确认，会存在部分 Email 错误现象 | 没有经过用户确认，可能存在大量错误 Email 地址 |
| 主要优点 | 规范的用户许可方式，用户关注程度高，邮件阅读率高 | 用户主动加入，并且加入列表程序比较简单 | 可以在短期内获得大量潜在用户资源 |
| 主要缺点 | 技术要求高，而且用户加入列表手续复杂，会造成部分用户加入列表困难，或者在输入邮件地址之后，中途放弃确认，如果用户无法收到或者无法回复邮件列表系统发出的确认通知，则无法完成加入手续。如果更换邮件列表发行系统，可能需要已经加入列表的用户全部重新确认，不仅为用户带来很大麻烦，而且将造成大量用户流失 | 如果用户输入 Email 地址错误，系统无法及时发现并给出通知，用户无法完成加入列表手续；由于一些人为原因，用户可能收到非自己订阅的邮件列表，会招致用户抱怨 | 不仅用户定位程度低，而且这种方式发送邮件并未事先征得用户的许可，由于种种原因，用户可能不愿办理退出手续（怕收到更多垃圾邮件或者陷入某种圈套），同时，邮件退订功能也可能存在一定问题造成无法退订。另外，一个用户可能同时拥有几个 Email 邮箱，如果每个邮箱都收到同样的邮件内容，会造成用户的强烈不满 |
| 应用建议 | 建议内部列表 Email 营销采用双向确认方式 | 可作为一种过渡手段，当邮件列表进入正规后尽量避免使用 | 不正规，不推荐使用这种方式 |

**背景知识 3-3：Email 营销名词解释：PEM，UCE，Opt-in，Double Opt-In，Opt-out**

在有关 Email 营销和邮件列表的英文文章中，经常会出现一些专业词汇或者缩写字母，常见的有：PEM，UCE，Opt-in，Double Opt-In，Opt-out 等，其中部分术语可能没有非常贴切的中文词汇，在此根据作者个人的理解，分别解释如下，仅供参考。

**PEM**："Permission Email Marketing"的缩写，即"许可 Email 营销"，简称许可营销。如本书中介绍的内部列表Email营销和向专业服务商付费的外部列表Email营销均属于许可营销的具体表现形式。

**UCE**：与"Permission Email Marketing"（PEM）相对应的是"Unsolicited Commercial Email"（UCE），直译为"未被请求的商业电子邮件"，也就是非许可 Email，即通常所说的"垃圾邮件"，英文中常用"Spam"和"Junk Email"来表达。

**Opt-in**：直译为"选择性加入"，这是一种最简单的用户许可方式，即用户主动输入自己的Email 地址，加入一个邮件列表中。Opt-in 通常又可分为两种形式，一种是用户在网页上的订阅框中输入自己的邮件地址之后，网站无须给予 Email 通知，是否加入成功要等正常收到邮件列表的内容才知道；另一种是在用户输入 Email 地址并点击"确认"之后，网站会立即发出一封邮件通知给用户，如果用户不想订阅，或者并不是自己订阅的（比如他人输入邮件地址错误或者恶作剧），可以按照确认邮件里的说明来退出列表，可能是点击某个 URL，或者是回复确认邮件来完成。我们在此将 Opt-in 称为"单向确认"邮件列表（尽管并不是所有的 Opt-in 都有确认通知），这也是为了与"Double Opt-In"相对应。

**Double Opt-In**：直译为"双重选择性加入"，与"Opt-in"（单向确认）相对应，这里称之为"双向确认"邮件列表。当用户输入自己的 Email 地址，点击"确认"按钮之后，加入邮件列表的程序并没有完成，系统将向用户的邮箱中发送一封确认邮件，只有用户按照邮件中的指示如点击某链接，或者回复邮件，才能完成最终加入列表程序。这样，一方面，避免将错误的Email 地址加入邮件列表；另一方面，杜绝了恶意用他人的 Email 地址加入邮件列表，因而在一定程度上阻止了垃圾邮件的泛滥，尤其在第三方专业邮件列表发行平台上，运行着数以千计的邮件列表，如果不采用双向确认方式，很容易造成垃圾邮件泛滥。

**Opt-out**：直译为"选择性退出"，我们形象地称之为"自愿退出"邮件列表。要加入邮件列表，却使用"退出"的字眼，这本身就有点奇怪，不过从字面意思即可看出使用 Opt-out 的用户许可方式显得不正规。Opt-out 的基本方法是这样的：网站将自行收集来的用户 Email 地址加入某个邮件列表，然后在未经用户许可的情况下，向列表中的用户发送邮件内容，邮件中有退订方式，如果不喜欢，允许用户自己退出。Opt-out 的操作方法也不完全相同，有些网站会在将用户加入之后向用户发一封 Email，告诉他已经被加入邮件列表。在这种情况下，无论是否允许用户"自愿退出"，实际上都有一定的强迫性，与 Email 营销的许可原理有一定的距离，和纯粹意义上的垃圾邮件也差不多了。

资料来源：冯英健. Email 营销[M]. 北京：机械工业出版社，2003.

## 3.3.4 Email 营销的内容策略

Email 营销是典型的内容营销模式，因此内容策略在 Email 营销中占有重要的位置，当 Email 营销的技术基础得以保证，并且在拥有一定数量用户资源的前提下，Email 是否可以发挥营销价值，在很大程度上取决于内容设计。

在 Email 营销的三大基础中，邮件内容与 Email 营销最终效果的关系更为直接，影响也更明显，邮件的内容策略所涉及的范围最广，灵活性最大。相对于用户 Email 资源的获取，Email 内容设计制作的任务显得压力更大，因为没有合适的内容，即使再好的邮件列表技术平台，邮件列表中有再多的用户，仍然无法向用户传递有效的信息。

对于已经加入列表的用户来说，Email 营销是否对他产生影响是从接收邮件开始的，用户最关注的是邮件内容是否有价值。如果内容没有意义，即使加入了邮件列表，迟早也会退出，或者根本不会阅读邮件的内容，这种状况显然不是营销人员所希望看到的结果。

### 3.3.4.1 邮件列表内容的一般要素

尽管每封邮件的内容结构各不相同，但邮件列表的内容从形式上看有一定的规律可循，设计完善的邮件内容一般应具有下列基本要素。

（1）邮件主题。本期邮件最重要内容的主题，或者是通用的邮件列表名称加上发行的期号。邮件主题的设计，与网页标题设计有一定的类似之处，要对用户有吸引力且便于传播。

（2）邮件列表名称。一个网站可能有若干个邮件列表，一个用户也可能订阅多个邮件列表，仅从邮件主题中不一定能完全反映出所有信息，需要在邮件内容中表现出列表的名称。

（3）目录或内容提要。如果邮件信息较多，给出当期目录或者内容提要是很有必要的。

邮件内容 Web 阅读方式说明（URL）：如果提供网站阅读方式，应在邮件内容中给予说明。

（4）邮件正文。本期邮件的核心内容，一般安排在邮件的中心位置。

（5）退出列表方式。这是正规邮件列表内容中必不可少的内容，退出列表的方式应该出现在每一封邮件内容中。纯文本个人的邮件通常用文字说明退订方式，HTML 格式的邮件除了说明之外，还可以直接设计退订框，用户直接输入邮件地址进行退订。

（6）其他信息和声明。如果有必要对邮件列表做进一步的说明，可将有关信息安排在邮件结尾处，如版权声明和页脚广告等。

**案例 3-4：关于邮件列表内容的参考范例**

关于内部列表内容的范例，建议读者参考下列在线资源：

Ezine-Tips Newsletter　http://emailuniverse.com

The eMarketer Daily Newsletter　http://www.emarketer.com/Newsletter.aspx

#### 3.3.4.2　邮件列表内容的六项基本原则

由于 Email 营销的具体形式有多种，如电子刊物 Email 营销、会员通讯、第三方 Email 广告等，即使同样的 Email 营销形式，在不同的阶段，或者根据不同的环境变化，邮件的内容模式也并非固定不变的，所以很难简单地概括所有 Email 营销内容的一般规律。不过，我们仍然可以从复杂的现象中发现一些具有一般意义的问题，并将其归纳为**邮件列表内容策略的六项基本原则**，供读者在开展内部列表 Email 营销实践中参考。

1．目标一致性

邮件列表内容的目标一致性是指邮件列表的目标应与企业总体营销策略相一致，营销目的和营销目标是邮件列表内容的第一决定因素。因此，以用户服务为主的会员通信邮件列表内容中插入大量的广告内容会偏离预定的顾客服务目标，同时也会降低用户的信任。

2．内容系统性

如果对我们订阅的电子刊物和会员通信内容进行仔细分析，不难发现，有的邮件广告内容过多，有的邮件内容匮乏，有的则过于随意，没有一个特定的主题，或者方向性很不明确，让读者感觉和自己的期望有很大差距。如果将一段时期的邮件内容放在一起，则很难看出这些邮件之间有什么系统性，导致用户对邮件列表很难产生整体印象。这样的邮件列表内容策略将很难培养用户的忠诚度，因而会削弱 Email 营销对于品牌形象提升的功能，并且影响 Email 营销的整体效果。

3．内容来源稳定性

我们可能会遇到订阅了邮件列表却很久收不到邮件，有的邮件在读者可能早已忘记的时候却又接收到，这种情况如果不是用户邮箱被屏蔽而无法接收邮件，则很可能是由邮件列表内容发送不连续造成。在邮件列表经营过程中，由于内容来源不稳定使得邮件发送时断时续，有时中断几个星期到几个月，甚至半途而废的情况并不少见，即使不少知名企业也会出现这种状况。内部列表营销是一项长期任务，必须有稳定的内容来源，才能确保按照一定的周期发送邮件。邮件内容可以是自行撰写、自行编辑或者转载，无论是哪种来源，都需要保持相对稳定性。不过应注意的是，邮件列表是一个营销工具，而不是一些文章/新闻的简单汇集，应将营销信息合理地安排在邮件内容中。

4．内容精简性

尽管增加邮件内容不需要增加信息传输的直接成本，但应从用户的角度考虑，邮件列表的内容不应过分庞大，过大的邮件不会受到欢迎：首先，是由于用户邮箱空间有限，字节数太大的邮件会成为用户删除的首选对象；其次，由于网络速度等原因，接收/打开较大的邮件耗费时间也越多；最后，太多的信息量让读者很难一下子接受，反而降低了 Email 营销的有效性。因此，应该注意控制邮件内容数量，不要有过多的栏目和话题，如果确实有大量的信息，可充分利用链接的功能，在内容摘要后面给出一个URL，如果用户有兴趣，可以通过点击链接到网页浏览。

5. 内容灵活性

前面已经介绍，建立邮件列表的目的，主要体现在顾客关系和顾客服务、产品促销、市场调研等方面，但具体到某一个企业、某一个网站，可能所希望的侧重点有所不同，在不同的经营阶段，邮件列表的作用也会有差别，邮件列表的内容也会随着时间的推移而发生变化。因此邮件列表的内容策略也不是一成不变的，在保证整体系统性的情况下，应根据阶段营销目标而进行相应的调整，这也是邮件列表内容目标一致性的要求。邮件列表的内容毕竟要比印刷杂志灵活得多，栏目结构的调整也比较简单。

6. 邮件内容的合适格式

邮件内容需要设计为一定的格式来发行，常用的邮件格式包括纯文本格式、HTML 格式和Rich Media格式，或者是这些格式的组合，如纯文本/HTML混合格式。一般来说，HTML格式和Rich Media格式的电子邮件比纯文本格式具有更好的视觉效果，从广告的角度来看，效果会更好，但同时也存在一定的问题，如文件字节数大，以及用户在客户端无法正常显示邮件内容等。哪种邮件格式更好，目前并没有绝对的结论，与邮件的内容和用户的阅读特点等因素有关，如果可能，最好给用户提供不同内容格式的选择。

#### 3.3.4.3 邮件列表内容运营及创作经验

当一切条件具备，对Email营销的目标、策略和规律也了然于胸之后，还是要将Email营销落实到如何创建电子邮件内容这一基础工作。正如网页内容创建一样，Email内容也需要掌握一定的方法，才能保证邮件列表内容策略六项基本原则的落实，尤其是内容的系统性和稳定性。

尽管邮件列表内容形式不同，内容来源和创作方法也有一定差异，但一些选题和创作思路方面仍具有共同点。根据长期的实际工作经验，本书作者以一个原创专业资讯领域的邮件列表为例，归纳了部分邮件列表内容运营及创作的经验，仅供参考。

1. 资源：电子邮件内容素材库

无论是原创文章，还是根据网络资源进行编辑的内容，通常都可能会引用或插入一些素材和片段，如热点产品资料、调查数据、专业文档、行业重点网络百科词条、企业相关的网络百科词条、企业热门产品简介及图片等。因此，为内容创作建立一个不断更新的行业信息素材库，不仅有利于邮件内容创作，而且成为所有内容营销方法的重要参考资源。

2. 组织：编辑部及虚拟企业媒体中心

在社会化网络营销成为主流模式的环境下，邮件列表内容创作也不必局限于少数网络营销专员或内容营销专员，可以依靠更多社会化用户关系资源。以社会化媒体为基础形成的全员网络营销，提供了丰富的内容素材，作为一项长期活动，可以采取建立长期选稿机制，面向企业内部员工投稿以及用户及行业人士征稿等。这种模式好像一个“邮件营销内容编辑部”，当这种模式实施于多种内容营销策略时，实际上构成了一个虚拟企业媒体中心。企业自媒体，在社会化媒体营销中具有重要的作用。

### 3．目标：吸引力与长效性相结合

邮件列表内容具有可长期保存并方便查询的优势，因此让邮件内容具有吸引力的同时还具有长期价值，是邮件列表内容创建的基本目标之一。在做每个选题、写作或编辑每一篇邮件列表内容时，经常提醒一下：这期内容对用户有吸引力吗？3 个月甚至 1 年后，这期内容是否已经没有任何意义？

### 4．选题：邮件列表内容选题系列化

好的选题是成功的开始，选题的工作量在整个内容创作过程中占有相当大的比重，因此对某个领域做系列的选题要相对轻松一些，一个系列的选题可以为多期邮件列表所用，同时也使得邮件内容具有动态感，更容易体现邮件列表内容的专业性。当然，随着系列话题内容的深入，可能会使得部分对该领域内容没有兴趣的用户产生距离感，甚至可能退出邮件列表。因此做系列选题时，不妨同时就几个相关方向的选题同时进行，以便尽可能满足多数用户的需求。例如，一个以社会化营销为主要方向的系列选题，不妨与内容营销系列选题同时进行，两者有相关性又有各自的特点，覆盖面更广一些。

### 5．主题：总结性、归纳性、结论性

邮件内容不如社交媒体的即时性和活动性，在一定程度上说有点古板和沉闷，不过这也正是邮件内容的优势所在。一般来说，邮件内容比社会化媒体显得更正式和规范，因此更适合有一定深度的内容，并且在文章主题方面，归纳总结和结论性的标题甚至参考一些“标题党”的方式更容易引起读者关注、收藏及转发。例如，10 种增加微信订阅号粉丝的经典方法，99 个 SEO 的致命问题，99%的用户放弃购物车的 8 大原因……事实上，本书作者订阅的一些资讯类邮件列表中，大部分都属于这类内容，因而订阅专业的邮件列表已成为有效的参考资源库。比如将本节内容改编为邮件列表内容时，主题就可以把小节名“邮件列表内容运营及创作经验”修改为“永不过时的七项邮件列表内容创作经验”“内容营销创作七大法宝”等更容易吸引注意力的表达方式。

### 6．来源：行业资讯、媒体、研究、意见领袖

与企业网站内容来源一样，邮件列表的内容也可定义有多个来源，包括企业内部资源及来自网络的用户内容等。例如，把博客或微博内容改编为邮件内容，用户对前期内容的反馈信息总数，利用内容产生内容（故事接龙），等等。

### 7．不断积累临时性、应急性内容

对于定期发送的邮件列表，保持稳定的发送周期是非常必要的，但难免会因为某些客

观原因难以创作最新的内容，因而面临内容断炊的困境。因此在日常工作中做好应急内容准备是必要的。只要有合理的资源储备，其实临时性拼出一些应急的内容并不难，也许会别有情趣，给读者留下清晰的印象。整理一篇临时性邮件列表内容不妨从这些方面入手：工具和网络资源推荐，行业幽默，行业名人轶事，行业基础知识和趣味问题，热点问题调查，用户经常咨询的问题及回复，用户对某些问题的看法，下期邮件列表内容预告等。

事实上，邮件内容创作与其他网络内容没有实质性差异，总体思路是一样的，都是为用户提供有价值的信息，并通过内容传递必要的营销信息。因此，关于邮件列表内容创作经验对于企业网站内容营销、微信公众号营销、博客及微博营销等其他内容营销方法也具有一定的参考价值。

## 3.3.5 邮件列表营销的用户策略

专业的内容是许可 Email 营销的基础之一，而潜在用户数量的多少及对内容关注的程度，则是Email 营销效果的最根本因素。作为邮件列表营销的三大基础之一，如何获取尽可能多的用户加入邮件列表并保持阅读邮件内容，成为邮件列表运营长期且艰巨的工作内容之一。

邮件列表的用户策略需要考虑的问题包括：用户可能来自哪里，如何获得用户的关注及加入，用户收到邮件之后会产生哪些行为等。一般来说，用户加入邮件列表的方式主要包括网站直接订阅入口及注册用户信息。

用户浏览网站时输入邮件地址订阅邮件列表是最传统的邮件订阅方式，在社会化网络兴起之后，更多地被关注微博、微信公众号等方式所替代，因此当前最重要的获得用户许可的 Email 地址的方式，是用户注册的过程，无论通过网站还是手机 APP 注册，正确的邮件地址也就成为必不可少的用户信息。实际上，现在大多数网站或 APP，用户的注册账号就是 Email 地址，用户注册后直接加入邮件列表中，只要用户选择了同意接受电子邮件信息，也就完成了许可的过程。

为了了解邮件列表获取用户 Email 地址的过程，下面仍对传统邮件列表加入方式给予简要介绍，并结合当前的网络营销环境，介绍移动网络及社会化网络环境下增加用户资源的方法。

### 3.3.5.1 传统网站订阅模式邮件列表获得用户资源的方式

很多 Email 营销人员会有这样的体会：由于没有非常成熟的方法来对自己的邮件列表进行推广，即使用户来到了网站也不一定加入列表，因此比一般的网站推广更加困难。通常情况下，用户加入邮件列表的主要渠道是通过网站上的“订阅”框自愿加入，只有用户首先来到网站，才有可能成为邮件列表用户，如果一个网站访问量比较小，那么经营一个邮件列表将是比较困难的事情，需要长时间积累用户资源。尽管如此，并不是说只能被动地等待用户的加入，可以采取一些推广措施来吸引用户的注意和加入。

在传统的网站订阅模式下，**邮件列表获得用户资源的常用方式有以下十种**。

#### 1. 充分利用网站的推广功能

在很多情况下，仅仅靠在网站首页放置一个订阅框还远远不够，同时订阅框的位置对于用户的影响也很大，如果出现在不显眼的位置，被读者看到的可能性都很小，就更不要说加入列表了。因此，除了在首页设置订阅框之外，还有必要在网站主要页面都设置一个邮件列表订阅框，同时给出必要的订阅说明，这样可以增加用户对邮件列表的印象。如果可能，最好再设置一个专门的邮件列表栏目页面，其中包含样刊或者已发送的内容链接、法律条款、服务承诺等，让用户不仅对于邮件感兴趣，并且有信心加入。

#### 2. 合理挖掘现有用户的资源

在向用户提供其他信息服务时，不要忘记介绍最近推出的邮件列表服务。

#### 3. 提供部分奖励措施

例如，可以向用户发布信息，某些在线优惠券只通过邮件列表发送，某些研究报告或者重要资料也需要加入邮件列表才能获得，以提高用户加入邮件列表的积极性。

#### 4. 向朋友、同行推荐

如果对邮件列表内容有足够的信心，可以邀请朋友和同行订阅，获得业内人士的认可也是邮件列表发挥其价值的表现之一。

#### 5. 其他网站或邮件列表的推荐

正如一本新书需要有人写一个书评一样，一份新的电子杂志如果能够得到相关内容的网站或者其他电子杂志的推荐，对增加新用户会有一定的帮助。

#### 6. 为邮件列表提供多订阅渠道

如果采用第三方提供的电子发行平台，且该平台有各种电子刊物的分类目录，不要忘记将自己的邮件列表加入到合适的分类中去，这样，除了在自己网站为用户提供订阅机会之外，用户还可以在电子发行服务商网站上发现你的邮件列表，增加了潜在用户了解的机会。

#### 7. 为邮件列表页面做 SEO

如果网站设有邮件列表栏目或者专题，可以为这个页面进行针对性的搜索引擎优化，吸引用户通过搜索引擎直接来到邮件列表页面并完成订阅流程。这种方式为一次性获得搜索内容的用户提供了长期关注某一领域资讯的机会，对用户和企业双方都是有价值的。

#### 8. 利用企业社交网络资源进行推荐

社交网络信息以碎片化和即时化为主流，早期发布的内容通常会被忽略，因此在企业社交网络中向用户推荐邮件订阅规范性长效性内容，可获得部分用户的加入，同时也延伸了社交网络的服务。

### 9．争取邮件列表服务商的推荐

如果采用第三方的专业发行平台，可以取得发行商的支持，在主要页面进行重点推广，因为在一个邮件列表发行平台上，通常有数以千计的各种邮件列表，网站的访问者不仅是各个邮件列表经营者，也有大量读者，这些资源都可以充分利用。例如，可以利用发行商的邮件列表资源和其他具有互补内容的邮件列表互为推广等。

### 10．为用户提供切实的好处

例如，优惠券、注册即送现金或者获得抽奖机会等，这种思路正是一些关联网站所采用的方法，如某产品开展促销活动期间，通过专门设计的促销活动关联网站，吸引用户主动注册。不过这种因为短时的利益而加入的邮件列表用户是否具有长期的网络营销价值仍然是个无法准确考证的问题，因而应该更注重短期效应。

获取用户资源是Email营销中最为基础的工作内容，也是一项长期工作，但在实际工作中往往被忽视，以至于一些邮件列表建立很久，加入的用户数量仍然很少，Email营销的优势也难以发挥出来，一些网站的许可Email营销甚至会因此半途而废。可见，在获取邮件列表用户资源过程中应利用各种有效的方法和技巧，这样才能真正做到专业的Email营销。

#### 3.3.5.2 提高用户加入邮件列表的成功率

从邮件列表推广获得用户访问，到用户成功加入列表，看起来很简单，其实过程中有多个环节会影响用户加入列表的成功率，这无疑是资源的浪费。因此，有必要研究影响邮件列表订阅成功的因素，并通过改善订阅流程等来达到增加邮件列表订阅成功率的目的。

经验表明，影响邮件列表订阅成功率的因素包括：邮件列表订阅及确认流程复杂，用户未及时回复邮件确认，涉及敏感的个人信息，某些邮件地址被屏蔽无法收到确认邮件等。

为了**增加邮件列表订阅的成功率**，为用户提供方便的加入/退出方式是非常必要的，在保证邮件列表后台技术的前提下，应该在下列几个方面给予特别注意。

（1）尽量简化订阅手续，不要收集不必要的用户信息。

（2）如果采用“双重选择加入”（Double Opt-In）方式，在订阅反馈页面上给出明确的提示，请用户尽快查阅邮箱完成最终确认手续。

（3）在给用户发送的确认邮件中，不要忘记邮件列表的名称以及简介等信息，因为用户可能同时加入多个列表而混淆，也可能不是立即查阅确认邮件，几天后对于订阅哪些邮件列表也许已经忘记。

（4）经常测试邮件列表程序的工作状态，遇到无法加入等故障要尽早解决。

（5）定期分析新用户的增长情况，如果增加缓慢甚至负增长，就需要分析一下原因所在，保持一定的用户增长率是邮件列表正常发展的标志之一。

**案例 3-5：订阅电子刊物的确认过程**

emailuniverse.com 是一个介绍电子邮件营销的专业网站，提供以电子刊物营销技巧为主要特色内容的新闻邮件订阅服务（Ezine-Tips Newsletter）。用户可以通过 emailuniverse.com 首页的订阅框，输入自己的名字和 Email 地址订阅最新的文章内容。emailuniverse.com 电子刊物采用 Double Opt-In 的确认方式，用户输入电子邮件地址之后，必须根据邮件中的提示确认才能完成最后的订阅。

**在网站上反馈的内容中有这样的说明：**

IMPORTANT: Your Confirmation Is Requested & Required

An email has been sent to your email address to confirm your subscription.

Please follow the instructions in the confirmation email to finish the subscription process.

Otherwise, you will not receive the newsletters.

We do this extra step (called double or confirm opt-in) in order to protect our subscribers' private email addresses and to stop any abuse that could happen.

Please check your email now to complete the subscription process. The confirmation email will come from EmailUniverse and just needs you to open it, reply and click SEND. That's all there is to it. The whole process should only take a few moments.

在用户收到订阅确认的邮件中，主要信息如下：

邮件主题：Ezine-Tips Newsletter Confirmation (from EmailUniverse)

邮件正文内容：

Please reply to this email message to confirm your subscription to ezine-tips.

Your email address has been entered for a subscription to the ezine-tips mailing list. However, your new subscription requires a confirmation that you received this email message and want to join this mailing list.

If you do not want to join, do nothing. You will be automaticallyremoved.

To confirm that you do want to join, simply reply to this message.

当回复确认之后，立即会收到一封正式加入邮件列表的通知邮件，该邮件主题是：Welcome to Christopher Knight's Ezine-Tips Newsletter

邮件内容除了告诉用户订阅成功的信息之外，也顺便推荐了最新的研究报告，并且对 Ezine-Tips 电子刊物的内容进行了简要介绍。

这就是许可 Email 营销用户许可的全过程。当用户回复确认邮件之后，自己的 Email 地址才可以被加入该邮件列表，以后就可以按时收到自己订阅的信息了。

资料来源：本书专用案例，根据 emailuniverse.com 的电子刊物订阅过程进行整理。

在Email营销中，许多细节问题都会对Email营销效果产生非常重要的影响，相对于其他网络营销方法，Email营销的专业性要求更高，而这些专业性往往是通过细节体现出来的。仍以用户订阅邮件列表中的确认流程为例，如果在某些方面不够注意的话，用户的确认率将大大降低。

下面是某网站邮件列表设计的真实案例，这里只是隐去了网站的真实网址。

**案例3-6：订阅邮件列表的确认邮件设计引起的问题**

在订阅某邮件列表时，用户收到系统发来的确认邮件信息如下：

邮件主题：系统反馈的信息

邮件内容：我们网站收到了希望将你的邮箱加入订阅用户列表的请求，现在请你确认是否需要订阅。

如果确认订阅，请按以下链接完成订阅。

http://www.********.com/confirmEmail.asp

如果你不需要，请按以下链接取消订阅。

http://www.********.com/cancelEmail.asp

这封邮件内容有什么问题呢？表面看来，邮件内容已经说得很清楚了，功能也是可以保证的，只要点击订阅URL就可以完成最终的加入手续，但这封邮件的确缺少了一些信息，结果造成为数不少的用户在输入邮件地址之后并没有确认加入。

对比前面的案例（订阅电子刊物的确认过程）就可以看出，这个邮件列表确认邮件的问题就出在邮件主题和邮件内容都不够明确，致使相当数量的用户不知道这封邮件和自己有什么关系！一个重要的事实，是用户并不一定在加入邮件地址后马上就去邮箱查看确认邮件，也许要到几个星期之后收取邮件时才会发现，那时一封没有任何明显标志的邮件很难引起用户的注意，也许会作为垃圾邮件删除呢！

实际中类似于本案例中的问题司空见惯，可能仅仅是因为一点小问题而影响到Email营销的整体效果。

资料来源：冯英健. Email营销[M]. 北京：机械工业出版社，2003.

#### 3.3.5.3 提高用户邮件地址的有效性

邮件列表用户的数量固然重要，但用户信息的准确性和活跃度同样重要，因为有效的Email地址是信息得以送达的基础，如果收集到错误的Email地址或用户非常用的邮件地址，即使数量再多，也没任何价值，只能增加退信率。实际上，退信率已经成为邮件列表营销中的主要障碍之一。在这些退信中，有些因素是自己无法控制的，如邮件服务商对邮件列表的屏蔽、免费邮箱终止服务等，但也有部分原因是可以在一定程度上改善的，如用户填写资料时Email地址不准确、用户更换Email地址等。

**增加用户邮件地址的有效性**，可以从三个方面来进行：提高用户邮件地址资料的准确性，了解邮件列表退信原因并采取相应对策，对邮件列表进行有效管理。具体来说，可以对下列几个问题做出相应的控制和改进：

（1）尽量避免错误的邮件地址。尽量采取用户确认才可以加入列表的方式（Double Opt-In），或者在用户加入邮件列表时，请用户重复输入 Email 地址，就像用户注册时的密码确认那样。

（2）请求用户使用可以正常通信的邮件地址。订阅邮件列表的邮件地址多数是免费Email，对于某些免费邮箱服务商屏蔽邮件列表的情形应在显著位置明确说明，以便用户选择合适的 Email 地址。当然，这种情况可能在不断发生变化，应进行跟踪并及时给予通知。

（3）鼓励用户更新 Email 地址。无论是转换 ISP，还是更换工作等原因造成电子邮箱的更换，这部分用户是可以继续争取的，在网站上对于邮件退回的情形给予说明，并为用户更换邮件地址提供方便，这样，当用户回到网站时，有助于提醒用户及时更换订阅邮件列表的 Email 地址。

（4）对邮件列表地址进行必要的管理。对于邮件列表地址进行分析判断，对于无效用户名、已经终止服务的电子邮件，或者确认域名格式错误的邮件予以清除。

（5）尽可能修复失效的邮件地址。对于明显录入字符错误的邮件地址，例如用户名中的空格或非合法字符等，经筛选后可以做尝试性修正。

（6）对邮件被退回的过程进行分析。退信有硬退信和软退信之分，应针对不同的退信原因采取相应的解决方法，了解邮件服务商对邮件列表的规则，必要时与退信率高的邮件服务商进行沟通解决。

#### 3.3.5.4　个人信息保护政策获得用户信任

掌握一定的个人信息是开展个性化服务的基础，为了制订有效的营销策略，营销人员期望掌握尽可能多的用户信息，但是，商家过多获取用户的个人隐私已经在某些方面影响到网络营销的正常开展，因为用户对个人信息保护一直比较关心，尤其是涉及家庭信息、身份证、银行账户、信用卡号码等相关资料。研究表明，个人信息保护与用户加入邮件列表的决策具有重要影响，因为谁也不愿意自己的信息被出售或者与其他公司共享，这样将接收到非自己主动选择的商业信息。

个人隐私对 Email 营销影响的另一种情形是，如果为了获得某个网站提供的服务，用户不得不填写个人信息时往往会提供一些不真实的信息，通常又难以验证，这样根据用户在线填写的信息来开展针对性的网络营销服务往往会形成信息的错误传递，造成效果不佳或者资源浪费。

因此，在邮件列表订阅说明中公布个人信息保护政策是非常有必要的，既表明了经营者的专业性，同时对于增加用户的信心有很大帮助。邮件列表所需要的只是用户的 Email 地址，如果将邮件列表与用户的会员注册结合起来进行时，个人信息保护政策显得更为重要。

**案例 3-7：部分网站关于个人隐私保护的声明**

个人隐私保护声明可能非常简短，也可能很复杂，有时用户甚至很难全部看完那些冗长的声明，这取决于业务的需要以及网站收集个人信息的范围和应用方式，以及网站经营者的偏好等因素。无论声明内容多少，其核心思想都是为了向用户说明收集个人信息的目的，让用户放心地提供必要的个人信息。下面是美国两个电子邮件营销专业网站的个人信息保护声明，供参考。

**1. 美国 Email 营销专业服务商 PostMasterDirect 的个人信息保护政策**

（1）你不会收到垃圾邮件的袭击，我们和你一样痛恨垃圾邮件。注册 PostMasterDirect.com 的邮件列表，你收到的将是自己选择的最感兴趣的商业信息。我们的工作人员会对每一条信息进行检查，以确保发出的信息与邮件列表主题相关。

（2）只要你愿意，随时可以退出我们的邮件列表，原因很简单，你一个月以前加入邮件列表并不代表你愿意永远在列表上。PostMasterDirect.com 发送的每一条信息中在页眉和页脚上都有允许退出列表的代码，只要你将信息转发到 eleteall@postmasterdirect.com，你的邮件地址将会自动从列表中删除。我们也提供订阅状况查询服务，以便退出某个列表，并且更新你的个人信息。

（3）为了提供更好的服务，NetCreations 有时会将你的信息与我们的附属公司和特选的营销合作伙伴共享，这些公司可能会通过在线和非在线的方式向你发送信息。我们也可能从营销伙伴那里获得你所登记的个人信息或者非个人信息，如邮件地址、人口统计资料或者交易信息等，但我们并不会将你的 Email 地址添加到其他邮件列表中去。

（4）如果我们的个人信息保护政策有所改变，我们将会给你提醒。我们有可能修改个人信息政策，不过在新的信息政策实施之前，我们也会提供给你退出列表的机会。

（5）关于公司的变更。如果 NetCreations 发生变更，如公司部分或者全部业务出售、合并，或者其他形式的变动，作为交易的部分内容，你所登记的信息，包括 Email 地址和个人身份信息，将随着公司业务的变迁而随之发生转换。我们也提请注意，NetCreations 的个人信息政策仅适用于我们收集的信息，并不适用于我们有业务关系的网站所收集的信息。希望你经常阅读你所访问网站的个人信息政策。

【原文见：http://www.netcreations.com/privacy.html】

**2. 美国 Email 营销专业服务商 Yesmail 的个人信息保护政策**

Yesmail 的个人信息保护政策相当详细而烦琐，大约有 15 000 个字符。它主要包括：成为 Yesmail 会员需要提供的信息，收集信息的用途，以及如何收集这些信息等。

在此不全文翻译该个人信息保护政策，有兴趣的读者可以到 Yesmail 网站上浏览（全文见 http://www.yesmail.com/privacy.asp）。

资料来源：冯英健. Email 营销[M]. 北京：机械工业出版社.

从以上四个大的方面介绍了邮件列表运营中获取及维护用户 Email 地址资源的方法，除了这些基本方法之外，在实践应用中还有多种方式，如鼓励用户填写个人电子邮件地址的专题促销活动、有奖调查、专门通过电子邮件提供在线优惠券等，有些公司则把 Email 营销与其他网络营销方法结合，挖掘出增加用户邮件资源的新模式。

**案例 3-8：关键词广告与许可 Email 营销的联合策略**

付费搜索引擎关键词广告一向被网络营销人员用来做网站推广和拓展销售。实际上，关键词广告在网络营销中的作用是多方面的，除了促销、品牌宣传，还有更多的网络营销价值。美国网上零售商 400 强之一的 Auntie's Beads Inc.，就用关键词广告来积累他们的许可性 Email 营销潜在客户资源。

Auntie's Beads 的 CEO Henderson 说：我们几年前就开始购买搜索引擎关键字广告，也的确为我们带来不小的增长。但目前由于竞争的原因，关键词字广告成本越来越高，我们便开始考虑将拓展关键词广告作为网络营销工具的作用。

比如，当消费者在谷歌搜索 Swarovski brand of beads and pendants（Swarovski 品牌珠链），AuntiesBeads.com 网站就排在第一链。点击该链接进入的着陆页不是商品促销页面，而是鼓动消费者加入 Swarovski 俱乐部的内容。鼓励消费者输入他们的 Email 地址，以定期获得邮件通信或其他 Email 形式的沟通信息，或收到印刷目录等直邮资料。为了吸引订阅 Email 邮件通信，还附带提供优惠券等机会。以此积累有价值的潜在消费者资料，为以后长期促销做充分准备。

AuntiesBeads.com 推出这一尝试不久，发掘网络营销的总体转化率有所提升，同时整体营销成本有所下降。Henderson 说，对我们来说，投放付费关键词广告的第一大作用是为我们的长期促销提供许可性邮件资源，相比关键词广告用于直接促销带来的转化率更高。

AuntiesBeads.com 利用关键词广告策略获得许可 Email 营销用户的方式为搜索引擎关键词广告发挥更多的价值提供了机会，这种关键词广告与许可 Email 营销的联合策略带给我们的启示是：通过搜索引擎营销手段向用户传递初步的信息，在此基础上获得用户的关注并建立与用户之间的长期联系，从而向用户传递更多有价值的信息，这对增加用户的最终转化率无疑是有价值的。至于建立与用户之间的联系，并不仅限于邮件列表方式，还有更多手段可以利用，如长期优惠卡、提供试用品等。

资料来源：新竞争力[EB/OL].（2006-01）. http://www.jingzhengli.cn/baogao/f20060106.htm.

## 3.3.6　邮件列表营销的信息传递及管理

拥有了一定数量的用户邮件地址，创建了邮件列表内容，那么如何将内容有效地发送给用户呢？这就是邮件列表营销信息传递必须解决的技术问题。

运营邮件列表所面临的基本问题中，发送邮件列表的技术保证又是基础中的基础，无论哪种形式的邮件列表，首先要解决的问题，是如何用技术手段来实现用户加入、退出、发送邮件、管理用户地址、退信管理，以及阅读统计等基本功能。我们将具有这些功能的系统称为"邮件列表发行平台"。

从部分提供邮件列表服务的网站来看，加入/退出邮件列表的界面无须太复杂，只要有一个订阅框和提交按钮，用户输入Email地址并提交即可完成订阅或者退出功能。作为一个用户，加入邮件列表之后，就是等待接收自己所订阅的邮件内容了。表面看来如此简单的邮件列表，实际操作中要复杂得多，对许多缺少专业人员的公司可能还有不小的难度。

推荐读者尝试利用中国最早提供中文邮件订阅服务的ChinaByte电子杂志（http://maillist.chinabyte.com）及Clickz新闻邮件（http://www.clickz.com/static/newsletters）等网站进行实践，从用户的角度了解邮件订阅、接收、退订等流程，以便对邮件列表的实际应用有初步的认识。

#### 3.3.6.1 邮件列表发行平台的基本功能

不同类型的邮件列表其经营方式也有一定差别，但在信息发送方面的基本原理是相近的，下面我们以建立一份电子刊物为例来介绍邮件列表发送所需要的技术功能及主要问题。

经营一份电子刊物需要的最基本的功能包括用户订阅（包括确认程序）、退出、邮件发送等，一个完善的电子刊物订阅发行系统则还包含更多的功能，如邮件地址的管理（增减）、不同格式邮件的选择、地址列表备份、发送邮件内容前的预览、用户加入/退出时的自动回复邮件、已发送邮件记录、退信管理等，这些都需要后台技术的支持。随着用户数量的增加和邮件列表应用的深入，还会出现更多的功能需求，这都需要后台技术不断完善。

那么，这些技术问题如何实现呢？一般来说，常用的有两种方式：如果自己的企业网站具备必要的条件，可以完全建立在自己的Web服务器上，实现自主管理；如果订阅人数比较多，对邮件列表的功能要求很高，这时最好的方式，是与邮件列表专业服务商合作，利用专业的邮件发行平台来进行。有调查表明，将近2/3的邮件列表是企业自行发送的。

此外，作为一种特殊情形，如果邮件列表规模很小，用户数量只有几百人甚至更少，那么发送邮件内容并不需要考虑太复杂的技术问题，利用一般的邮件发送方式即可完成，当然也可以采用邮件群发程序来进行。严格来讲，这种群发邮件的方式并不是真正意义上的邮件列表，可以在邮件列表营销的初期试用，或者作为一种过渡手段。

用户加入/退出邮件列表的方法，通常有两种方式：一种是通过设置在网页上的"订阅/退出"框，用户输入自己的邮件地址并点击相应按钮即可；另一种是发送电子邮件方式完成加入/退出程序。这两种方式可以同时存在，不过后者更适合于在没有网站的情况下经营邮件列表，前者的应用更加普遍。在ChinaByte及Clickz网站的邮件列表订阅过程中，我们都可以对此有所体会。

关于邮件列表的其他技术问题，本书不做深入研究，有兴趣的读者可参考有关邮件列表的技术书籍。

与邮件列表的加入/退出一样，邮件内容的发送也有基于 Web 的方式和基于 Email 方式两种。基于 Web 的发行方法，即将邮件内容粘贴到通过浏览器界面显示的邮件列表内容发行区域中，检查无误后点击“发送”按钮即可（可参考下面案例中的介绍）。基于 Email 的发行方式非常简单（通常是利用专业邮件列表发行商的服务），只需将内容和格式设置好的邮件发送到一个指定的电子邮箱中，然后，发行系统会自动将邮件分发到列表中各个用户的电子邮箱中。下面的案例中介绍了一个邮件列表发行管理系统的基本功能。

**案例 3-9：某网站电子周刊发行系统的主要功能**

某网站电子周刊采用自行建立邮件列表发行系统的方式，主要功能如下：

（1）用户订阅/退订

① 用户加入列表。通过网站首页和主要页面上的“订阅/取消”框来进行，当新用户输入 Email 地址并点击“订阅”后，反馈一个页面，内容为：“您已经申请订阅时代营销免费电子刊物，我们向你的电子邮箱发送了一封主题为‘时代营销电子刊物订阅信息’的确认邮件，邮件内容中有一个确认链接，请尽快查收邮件并根据提示完成操作。如果你没有收到确认邮件，那么可能是因为您输入的电子邮件地址不正确，或者该邮件地址被 ISP 屏蔽，无法接收确认邮件，建议换一个电子邮件地址重新办理订阅手续。”

② 邮件确认。系统将自动发送一封电子邮件，用户需要点击一个 URL 才能完成订阅手续，以免 Email 地址不正确或者被别人误操作，造成不必要的麻烦。

③ 退出列表。通过网站首页和主要页面上的“订阅/取消”框来进行，输入订阅邮件时的 Email 地址并点击“取消”后，即完成了邮件退订手续。

（2）邮件列表后台管理

Email 营销邮件列表发行系统的后台主要包括下列功能。

① 配置列表参数：对邮件列表名称、发送邮件服务器等进行设置。

② 管理邮件地址：对无效用户 Email 地址进行删除、以不同方式查询用户资料、用户 Email 地址备份和恢复等。

③ 发送电子杂志：邮件内容的在线编辑（支持邮件附件和 HTML 功能）、预览、正式发送。

④ 查看历史邮件：这项功能使得管理员可以查看所有发送过的邮件内容。

该邮件列表发行系统使用非常简单，尽管有些高级功能还不具备，但基本上可以满足正常的邮件发送和管理。

**说明**：源于本书作者策划的一个网站，后来由于其所属的公司业务转型不再继续运营该网站，案例中的资料为作者根据当时的工作文档进行整理，对于了解邮件列表平台的功能仍具有参考价值。

#### 3.3.6.2 选择第三方邮件列表发行平台

建立自己的邮件列表发行平台需要较多的资源投入和持续的技术维护，因而对于发行量不大的邮件列表，并不是最好的选择，选择专业服务商的邮件列表发行平台更为合理。一般来说，邮件列表专业服务商的发行平台无论在功能上还是在技术保证上都会优于一般企业自行开发的邮件列表程序，并且可以很快投入应用，大大减少了自行开发所需要的时间，因此与专业邮件列表服务商合作，采用专业的邮件列表发行服务是常用的手段。邮件列表平台有免费及收费服务，中小规模的邮件列表通常采用免费发行平台的服务。

专业邮件列表发行平台是一种通用的邮件列表发行和管理程序，同一个平台可能有数以千计的邮件列表发行用户。一些第三方邮件列表发行系统也可能存在各种问题，因此，在选择邮件列表发行服务商时需要慎重，同时考虑到将来可能会转换发行商，要了解是否可以无缝移植用户资料，而且要考察服务商的信用和实力，以确保不会泄露自己邮件列表的用户资料，并能保证相对稳定的服务。

**选择邮件列表专业发行平台**时需要对下列方面进行必要的考察。

**1. 第三方邮件列表发行平台的基本功能**

作为一个完善的邮件列表发行平台，应该具备下列基本功能。

（1）用户加入、退出列表：包括新用户加入时的确认、错误邮件地址识别和提醒等。

（2）用户地址管理：增加、删除、编辑用户的Email地址。

（3）查看注册用户信息：管理员查看列表用户总数、每个用户的Email地址、加入时间等。

（4）注册用户资料备份：为防止数据丢失，定期将注册用户资料备份，其实现方法可以通过Email发送到管理员信箱，也可以通过Web方式保存。

（5）邮件内容编辑：如果是通过Web方式发送邮件，需要提供在线编辑区域。

（6）邮件内容预览：发送前对邮件的检查是必不可少的步骤，正式发送邮件列表之前先发送给管理员，待最后检查确认后再发送，可以尽可能减少错误。

（7）删除邮件列表及Email地址：当不再利用该发行平台时，邮件列表经营者可以删除列表，并清空所有注册用户地址。

**2. 邮件列表的高级管理功能**

对于要求较高的邮件列表，下列功能也很重要，可根据需要选择。

（1）邮件格式选择：可根据用户选择提供纯文本、HTML、Rich Media等不同格式的邮件内容。

（2）批量导入用户资料：将一个已有的邮件列表转换新的发行平台时，这个功能尤其重要。

（3）退回邮件管理：退回邮件是不可避免的，有时邮件退信率相当高，适当的管理将可以提高邮件送达率。

（4）更换 Email 地址：用户更换 Email 地址的现象非常普遍，为了争取这部分用户重新加入邮件列表，提供方便的更换 Email 地址程序十分必要。

（5）个性化设置：如用户提交 Email 地址后的反馈信息页面定制、发送给用户确认邮件的设置等，对于用户最终确认加入列表具有重要的促进作用。

根据不同的 Email 营销目的和手段，如果还有其他特殊需要，则应和服务商取得联系，以获得专业的服务。各邮件列表服务商提供的发行平台在功能上会有一定的差别，可根据自己的需要进行比较选择。

此外，当邮件列表规模比较小或者要求不高时，免费邮件列表资源也可以作为一种选择，主要用于个人学习和研究，或者小型企业建立邮件列表初期的一种过渡方式。不过，由于邮件列表服务的盈利模式一直比较困扰，许多免费服务都无法持续运营，现在可用的免费邮件列表资源也越来越少了，并且免费服务总是有各种各样的功能限制。例如，有的免费邮件列表发行系统会设定用户人数限制，遭受某些邮件服务器的屏蔽，发行系统功能缺陷，可能会随时中断甚至终止服务等，即使在功能正常的情况下服务商也有可能在邮件列表内容中穿插自己的广告内容，也就是说，在通过这种邮件列表发行系统传递信息时，被附加了“噪声”，这些干扰因素会降低 Email 营销的效果，甚至对企业形象造成负面影响。因此建议商业网站尽量不要采用这种免费服务。

**教学资源：部分免费邮件列表服务资源**

（1）Google 群组（https://groups.google.com）

（2）Yahoo 电子部落（http://groups.yahoo.com）

（3）Bravenet.com（http://www.bravenet.com/webtools/elist/）

说明：Google 和 Yahoo 的邮件列表与本书前面介绍的有一定的差异，Bravenet 提供的是相对比较完整的邮件列表管理平台。

由于种种原因，国内许可 Email 营销一直没有获得好的发展，因而提供邮件列表服务的网站也仅有少数几家且生存困难，2000 年前后一些从事邮件列表服务的网站都相继关闭，因而国内可参考的资源非常有限，国外的一些邮件列表资源由于网络访问等原因而无法正常使用，这也是中小型网站难以有效开展邮件列表营销的原因之一。

本书作者于 2000 年年初创建的电子刊物《网上营销新观察》，截至 2003 年 7 月份发行了 158 期之后，终因无法获得稳定的邮件列表平台而终止。在停止发行之前更换过多家邮件列表发行系统，最后采用的是 Bravenet.com。后期因 Bravenet.com 改版后对中文邮件内容兼容性不佳及服务器时常无法访问等原因，邮件列表无法继续维持下去。

## 3.3.7 Email 营销的效果评价指标简介

无论选择专业 Email 营销服务商的服务，还是运营内部列表实现增进顾客关系，为本企业的产品或服务进行推广，都需要对 Email 营销活动的效果进行统计分析。通过对一些指标的监测和分析，不仅可以用来评价营销活动的效果，而且可以通过这些指标发现 Email 营销过程中的问题，并对 Email 营销活动进行一定的控制及优化。

与 Email 营销相关的评价指标很多，如送达率、开信率、回应率、转化率等，不过在实际中并没有非常完善的 Email 营销指标评价体系，考虑到某些指标可以在一定程度上反映出 Email 营销的效果，这里将有关的指标罗列出来，以供在某些方面参考。

按照 Email 营销的过程将这些指标分为以下四类，每一类中有一个或者若干指标。

（1）获取用户 Email 地址阶段的评价指标。

（2）邮件信息传递评价指标。

（3）用户对信息接受过程的指标。

（4）用户对邮件的回应评价指标。

### 3.3.7.1 获取用户 Email 地址阶段的效果评价指标

在获取和保持用户资源方面，Email 营销的相关指标主要有有效用户数量、用户增长率、用户退出率等。

**1. 有效用户数量**

一个内部列表（邮件列表）最重要的指标之一，是有多少有效用户加入。因为用户的 Email 地址资源既是开展 Email 营销的基础，也是内部列表价值的基础，吸引尽可能多的用户加入列表是 Email 的长期任务。但一个邮件列表多少数量算是成功，并没有绝对的标准，取决于网站的专业程度、规模和投入的资源等因素。一般来说，专业性高的网站，访问量会相对低一些，加入列表的用户自然无法和一般新闻网站的新闻邮件相比，但这些专业邮件列表的定位程度比较高，即使用户数量少一些，同样会有较高的价值。

一般来说，一个内部列表的用户数量应该在 500 个 Email 地址以上时才能逐渐开始发挥其营销价值，如果能维持一个 5 000 以上用户的邮件列表，那么其价值就会更加明显。对于一般的新闻邮件和大型网站的邮件列表，订户数量往往可以高达数十万，甚至更多，但对于一般企业则很难达到这个数量水平。

### 2. 用户增长率

与外部列表 Email 营销相比，内部列表的优点在于经营时间越长，用户数量积累越多，用户数量的增长也在一定程度上反映了用户对于邮件列表的认可。用户数量的增长，可以用“用户增长率”来衡量，增长率越高，说明 Email 营销越有成效。尽管不断有新用户加入，但同时也会有一定数量的用户退出列表，随着用户基数的增加，用户增长率会逐渐下降，甚至在某个阶段会接近 0，但如果增长率为负数，则说明邮件列表出现了某些问题，用户退出率超过了增长率。

### 3. 用户退出率

与用户增长率相对应的一个指标是用户退出率，因为许可营销的基本原则是允许用户自愿加入自由退出，一旦邮件信息对用户没有价值，用户随时可以选择退出列表。对于营销人员来说，当然希望用户退出率越低越好。有必要说明的是有些用户虽然并没有选择退出列表，但也不一定继续阅读邮件内容，这说明实际情况是邮件列表的有效性比退出率反映的情况更严重一些。

获得上述指标需要在每次发送邮件列表前后，对现有用户数量进行统计，这样便很容易获得有关数据。

## 3.3.7.2　邮件信息传递评价指标：送达率/退信率

拥有用户 Email 资源是为了向用户传递信息，实际上，在每次发送邮件内容时，并不是可以发送到所有用户邮箱，有时可以有效送达的信息比例可能很低。如果信息无法有效送达，那么即使用户数量再多，也无法有效地开展 Email 营销。在 Email 营销中，用以说明信息实际传递的指标有“送达率”和“退信率”。

“送达率”和“退信率”所反映的实际上是同一事件的两个方面，两者之和为 100%。如果邮件列表用户数量为 1 000，发送之后有 400 封邮件被退回，那么实际的送达率为 60%，或者说，本期邮件列表的退信率为 40%。

为了获得理想的营销效果，在用户数量一定的前提下，应通过一定的技巧，争取获得最高的送达率。在每次邮件发送之后，对退信情况进行跟踪分析，不仅可以及时了解邮件的实际发送情况，而且有可能发现退信的原因，并采取一定措施给予补救，从而降低邮件列表的退信率。

## 3.3.7.3　用户对信息接收过程的指标

在信息送达用户邮箱之后，并不意味着就可以被用户阅读并做出反应，用户对信息的接受过程，可以用开信率和阅读率、直接删除率等指标来描述。

### 1. 开信率和阅读率

开信率是指在邮件送达用户邮箱后，用户打开的邮件占全部送达数量的比例。阅读率则是指打开并被用户全部阅读的邮件数量占全部送达数量的比例。开信率和阅读率反映了邮件信息受欢迎的程度，如何获得尽可能高的开信率和阅读率，也是Email活动中要考虑和解决的重要内容。

只有在邮件被打开的情况下，才可能被阅读，也只有被阅读，信息才可能会被用户接受。一般来说，阅读率总是小于开信率，开信率又小于送达率。因为用户可能受到邮件主题等信息的影响而打开邮件，但打开之后并不一定完全阅读邮件的内容，可能大概浏览一下就将邮件删除了。

可见，用阅读率指标更能反映出用户对于收到邮件内容的关注程度，但由于存在不完全阅读等情况，获得准确的阅读率具有一定的难度，因此，在一些Email营销活动中，尤其是委托专业服务商投放Email广告时，往往用开信率来表示信息被用户接受的水平。根据目前Email营销领域的平均水平，最理想的情况下，开信率可能超过50%。

获得精确的开信率指标，需要一定的技术手段，通常是在邮件中植入一小段代码，这些代码并不会在邮件正文中显示，对于收信人不会产生影响。但纯文本的邮件难以做到有效跟踪，因此开信率指标不一定能做到准确跟踪。

**2．直接删除率**

许多用户看到自己不喜欢的邮件，就像对垃圾邮件一样，并不打开，而是直接删除，直接删除的邮件数量占有效送达邮件的比例，就是直接删除率。与阅读率的测量有一定难度一样，获得准确的邮件直接删除率也有一定的难度。

#### 3.3.7.4 用户对邮件的回应评价指标

Email营销最终的结果将通过用户的反应表现出来，用户对邮件的回应评价指标主要有直接收益、点击率（点进率）、转化率、转发率等指标。

**1．直接收益**

对于商品促销类的Email营销，最直接的效果莫过于获得的收入，事实上很多企业正是希望从Email活动中取得直接的收入，尤其当采用外部列表开展的临时性Email营销活动。进行投资收益评估是必要的，但问题是不一定能取得精确的效果，因为Email营销的效果可能表现在多个方面，并且可能要一段时间之后才能表现出来。同时，对于新闻邮件、电子刊物等内部列表，很难用直接收益来评价其价值。

**2．点击率（点进率）**

点击率（点进率）是最常用的评价指标之一，虽然并不一定可以准确表明Email营销的最终效果，即使在其他形式的网络广告中，点击率仍然是值得争议的指标，但由于其直观、直接、可以精确测量等特点而一直被采用。

3．转化率

转化率是指由于 Email 营销活动而形成的用户直接购买、注册或者增加的网站访问量等，是一个内涵相对较广的概念，相对点击率等指标，其表现更为全面，对于全面评价 Email 营销的效果更为合理。

4．转发率

当用户收到的邮件比较有价值或者有趣时，他可能会将邮件转发给朋友或者同事，这时可以用转发率（Forwards or Passalongs）来评价邮件的价值，转发率越高，说明邮件得到的反应越高，可以说 Email 营销也越成功。但实际上有多少人会转发邮件，以及如何获得这些数据，还都有待进一步研究，这项指标仅做参考。

在社会化网络营销中，用户的互动指标通常也包括回复/评论数量、转发数量等，这些指标也在一定程度上说明用户对内容的关注及喜爱程度。

如上所述，与 Email 营销相关的指标超过十项，但在实际应用中对 Email 营销进行准确的评价仍然有困难，有时甚至无所适从。例如，电子邮件回应率（如点击率）作为常用的一项评价标准，其他形式的网络广告和传统的直邮广告也一直用回应率来评价效果，许多广告主对 Email 营销也希望用这一指标。但是，回应率并不能完全反映电子邮件营销的实际效果，因为除了产生直接反应之外，利用 Email 还可以有其他方面的作用，例如，Email 关系营销有助于我们与顾客保持联系，并影响其对我们的产品或服务的印象，顾客没有点击 Email 并不意味着不会增加将来购买的可能性，同时也有可能增加品牌忠诚度。

因此，对 Email 营销效果的评价最好采用综合的方法，既要对可以量化的指标进行评价，又要关注 Email 营销所具有的潜在价值，如对增强整体竞争优势方面的价值、对顾客关系和顾客服务的价值、在行业内所产生的影响等方面。

## 3.3.8　Email 营销的细节问题

“网络营销细节制胜”的观点，不仅适用于网站内容营销，在 Email 营销及其他方式中表现的同样突出。当然强调细节是有前提的，在总体功能、服务、内容等方面具备一定基础的情况下，细节的重要性才能体现出来。

2005 年 5 月，美国一家专业许可 Email 营销服务商 Silverpop 开展了一项有关 Email 营销效果的研究，结果发现，尽管处于同样的网络营销环境中，但只有那些注重电子邮件营销各个环节中每个细节的公司，Email 的效果才能真正表现出来，因此得出的结论是：许可 Email 营销效果细节决定成败。这也再次印证了“网络营销细节制胜”的观点。[7]

Silverpop 评论了 175 家零售网站的邮件订阅程序、Email 邮件信息和选择退出（opt-out）

操作。在评测过程中，他们发现 3/4 的企业没有利用好一个最简单的与消费者建立友好关系的良机：回复顾客的 Email 邮件没有包括该顾客的个性化称呼。

另外 1/4 的被评价公司在提供订阅邮件的时候，没有任何鼓动访问者注册邮件的利益性提示。多达 23%的公司没有在主页上给出注册 Email 的入口。

Silverpop 报告还注意到一个现象，如果在订阅邮件的时候为用户提供多种邮件类型选择可以极大地增加 Email 订阅用户数，比如提供商品快讯通知或邮件通信两种类型的选择。但被调查企业的 4/5 都是只提供了一种邮件类型。

Silverpop 的其他相关调查数据：37%的零售商提供订阅邮件时只要求消费者提供一个 Email 地址，39%的零售商要求用户填写一个简短介绍和邮政地址。25%的公司还要求填写电话号码。当消费者完成注册后，43%的公司发送一个确认邮件，但仅有 25%的确认邮件带有注册者的名字。

通过 Silverpop 的调查数据，说明在 Email 营销过程中细节问题的重要性，实际上真正的专业也正是通过细节体现出来的。关于 Email 营销的细节问题，本书作者在《Email 营销》书中有大量描述，在该书出版后，根据 Email 营销实践经验又写出许多相关文章。这些文章包括：

- ❑ 电子邮件细节谈：邮件内容的署名问题（20050525）
- ❑ 电子邮件营销细节谈：发件人信息设计（20050516）
- ❑ 电子邮件主题设计的五项基本原则（20050429）
- ❑ 网络营销的细节问题：电子邮件主题设计的常见问题（20050428）
- ❑ 影响用户电子邮件打开率和阅读率的因素（附：调查资料）（20050131）

由于 Email 营销中涉及的经验和技巧非常多，这里不再详细介绍各种技巧性内容，有兴趣的读者可以参考作者出版于 2003 年 6 月的《Email 营销》、网上营销新观察有关许可 Email 营销的专题研究（http://www.marketingman.net/topics/011_email.htm），以及其他相关的学习资源等，如免费电子书《Email 营销 37 要点》（http://www.wm23.com/kejian/email-37tips.htm）等。

在本节最后，用两个案例来说明 Email 营销应用过程中的问题及如何提高 Email 营销的有效性。

### 案例 3-10：利用 Email 营销减少顾客放弃购物车

网上购物用户放弃购物车是很普遍的现象，几年之前，美国就有几家咨询公司和专业机构对用户放弃购物车的现象进行过研究。例如，咨询研究公司 Basex（www.basex.com）的研究发现顾客在网上购物时放弃购物车的比例为 50%，以比较购物为特色的美国电子商务门户网站 BizRate.com 研究发现顾客放弃购物车的比例高达 75%。

很多网上零售网站对顾客在线购物过程中放弃购物车的问题似乎一筹莫展，不过也有一些网站做出了积极的尝试并且取得了明显的成效，美国女性服装网上商店 Draper's & Damon's 利用

Email 营销减少顾客放弃购物车的比例被证明是非常成功的。

Draper's & Damon's 对于很多网上购物者把原本塞得满满的购物车中途放弃的用户行为深感头疼，为此，他们决定执行一套顾客挽回的营销程序，目标是促使用户回访商店购买被他们早先放弃的服装或其他商品。该营销程序的核心应用是 Email 营销。到目前为止，该网上商店减少顾客放弃购物车的 Email 营销程序产生的开信率高达 81%，网站点击率 38%。

Draper's & Damon's 网上商店的顾客挽回程序除了采用 Email 营销，还使用了网站流量分析系统和其他技术跟踪手段，以获得顾客原始访问数据，对于中途放弃商品的顾客，系统将自动发送 Email 到对方邮箱，提示鼓励顾客重新考虑购买。如果没有进行网站流量跟踪分析和 Email 营销的配合，Draper's & Damon's 将与很多其他网上商店一样，面对顾客的购物车放弃行为束手无策。

Draper's & Damon's 网上商店降低购物车放弃营销程序中尤为精密的是，该程序可以跟踪用户在购物流程的哪一个阶段放弃购物车，并据此设置了 4 种邮件，针对性地发给不同阶段放弃购物的用户。

资料来源：新竞争力[EB/OL].（2006-10）http://www.jingzhengli.cn/baogao/f20061010.htm.

## 案例 3-11：通过邮件内容定位及优化提高 Email 营销效果

下面两个案例分别通过邮件内容的定位及内容的优化进一步提升点击率，对于改进 Email 营销内容策略具有一定的参考价值。

### 一、微软公司利用电子邮件改善 Office 2010 的用户体验

为了改善用户对 Office 2010 软件的使用体验，微软公司从注册用户数据库中选择部分用户，开展了为期 5 个月的 Email 营销活动。

第 1 个月，微软总共向用户发出了 3 封邮件。邮件内容主要针对 Office 2010 软件的使用方法设计，包括：怎么开始使用 Office 2010，怎么打印和保存，以及 Office 2010 中的特色功能。

在接下来的几个月中，微软开始设计特定主题或内容的电子邮件。利用前期 Email 营销活动获得的用户数据资料来判断一个用户对哪一款办公软件最感兴趣，以便发送相关性为导向的邮件。如果无法判断用户的偏好，则邮件内容专门针对如何更好地使用 Excel 软件而设计。

这项 Email 营销活动的最终分析数据表明，邮件打开率达到 50%，视频完整播放率为 63%，远高于行业平均统计数据。而对于向精确定位某些特定软件的用户发送的电子邮件，反应率更为显著。微软公司这项针对 Office 2010 软件用户的推广活动取得了显著的效果，在活动结束后针对新用户参与的抽样调查表明：66%的用户反映学习到了新东西，超过 50%的用户试用了新功能。

而针对用户感兴趣的具体产品定位的邮件内容，用户反应效果更好：80%的用户说学习到了新东西，超过 66%的用户试用了新功能。

资料来源：How Microsoft increased product engagement using email, http://sherpablog.marketingsherpa.com/email-marketing/email-marketing-engagement/,2011.9.

**二、缩短邮件正文内容提高点击率的实验**

在 Email 内容策略中，已经介绍了邮件标题最合理的字数范围。实际上，邮件正文内容的多少同样会对用户的回应情况产生影响。MarketingSherpa 针对邮件正文内容长短两个版本的对比试验表明，邮件内容长短对用户点击率会产生显著影响。这项实验的结论是：短邮件的综合点击率更高！

邮件内容是有关“由 Responsys 公司赞助的第七届 MarketingSherpa 年度 Email 营销奖”。初期的邮件内容相当长，试图将活动所有的细节问题都呈现出来，从会议概况到交通、费用等一应俱全，最后是提交 Email 营销活动案例的链接。

后来，该公司的专业人员对邮件内容进行压缩优化，设置了一个链接“And so much more ...”将更多的细节介绍链接到网站页面，而不是全部呈现在邮件内容中。工作人员对于这个缩短后的邮件内容会产生什么样的效果一点也没有把握，在邮件发出后的几天都在忐忑不安中度过。不过，最终的实验结果表明，短邮件内容的点击率比原来的长邮件提高了 100%！

这个案例告诉我们，影响 Email 营销效果的细节问题很多，有些甚至没有一般的规律，但只要站在用户的角度上思考，并不断进行优化，总能发现解决问题的方法。

（案例素材来源：Shorter copy brings 100% more total clickthroughs, http://www.marketingexperiments.com/blog/analytics-testing/email-test-shorter-copy.html, 2011.9）

资料来源：本书专用案例，2012 年 12 月。

# 3.4 博客营销基础

在本章有关企业网站内容营销的方法中介绍过，开设企业博客频道是扩展企业网站内容的常见方式之一，企业博客已成为企业网站不可缺少的内容来源。在本书第 2 章中将博客作为常见的网络营销工具之一，并介绍了博客的网络营销价值（2.2.2）即第三方博客平台的网络营销作用（2.3.5）。博客在网络营销中具有举足轻重的地位和作用。作为典型的内容营销模式之一，博客的网络营销价值仍然需要通过具体的博客文章内容来体现，本节系统介绍博客营销的基本原理、模式、方法及一般规律。

## 3.4.1 博客营销的定义及基本特征

### 3.4.1.1 博客营销的定义

简单来说，利用博客向用户传递有价值的信息就是博客营销。无论是企业官方博客还是基于第三方博客平台的企业博客，都是开展博客营销的具体形式，因此在介绍博客营销的一般原理和方法时，不必细分博客平台的具体形式，因为他们的基本原理都是一样的，只是在实现方式上有一定的差异。

本书作者根据对博客营销的实践研究，于 2005 年 2 月提出了博客营销的定义（这也是最早发布在互联网上的博客营销的定义）：[8]“博客营销是一种基于个人知识资源（包括思想、体验等表现形式）的网络信息传递形式。因此，开展博客营销的基础问题是对某个领域知识的掌握、学习和有效利用，并通过对知识的传播达到营销信息传递的目的。”

可见，博客营销是知识营销的一种具体表现形式。如果没有受人关注的内容，纯粹的商业信息在博客环境中是不受欢迎的，这也就是博客营销与企业网站内容营销以及供求信息发布的最大区别之处，即开展博客营销的前提是拥有对用户有价值的、用户感兴趣的内容，而不仅仅是广告宣传。

本书对**知识营销的定义**如下：[9]“知识营销是通过有效的知识传播方法和途径，将企业所拥有的对用户有价值的知识（包括产品知识、专业研究成果、经营理念、管理思想以及优秀的企业文化等）传递给潜在用户，并逐渐形成对企业品牌和产品的认知，为潜在用户最终转化为用户的过程和各种营销行为。”

明显可以看出，博客营销与知识营销的思想是完全吻合的，可以说博客营销是以互联网为主要传播手段（尤其是以博客方式）的知识营销。博客营销的思想也正是网络营销信息传递原理所强调的，利用互联网为潜在用户传递有价值的信息。这就意味着，博客营销是一种对互联网环境没有任何不良影响的“绿色网络营销”模式。

博客营销既属于内容营销，也是社会化网络营销方法的一种。博客是社会化网络最早普及应用的模式之一，可以认为博客是 SNS 的初级形态。初期的博客发布及传播同样是在博客平台内部完成，后期博客才发展为多种形式，包括企业博客频道及个人博客网站等，所以 SNS 营销的一般原则对于博客营销与微博营销一样具有适用性。与此同时，博客营销也具有自己的特点，与微博营销等 SNS 应用有显著的差异（在本书关于微博营销的内容中将分析两者的区别）。正是基于这些因素，《网络营销基础与实践（第 5 版）》将博客营销从社会化网络营销类别中分离出来，加入内容营销类别中，更能体现博客的特点。

根据定义，博客营销是以互联网为主要传播方式的知识营销手段，也就是说，博客只是一种表现形态，其实质是为用户提供有价值的信息，是一种信息分享与传播的方式。与传统的企业网站或者第三方信息发布平台的信息传播不同的是，博客通常以个人的名义，而且几乎每个人都可以自由地发布博客，这也就是博客营销之所以成为全员网络营销基础的原因。

通过本书作者十多年来对博客营销的实践和系统研究，将**博客营销的本质**归纳为：“博客营销是以知识信息资源为基础的内容营销模式，通过增加企业信息的网络可见度实现品牌或产品推广，其实质就是以知识信息资源为载体附带一定量的营销信息，即博客营销是内容营销的形式之一。”

这里说的知识信息资源，当然并不是特指专业的学科知识或者新闻资讯，泛指所有对用户有价值的、可以以博客的形式通过互联网传播的内容（因而才会有用户阅读）。

#### 3.4.1.2 博客营销的基本特征

**博客营销有五项基本特征：**博客营销是内容营销的一种形式；博客营销的基础是有价值的知识信息资源；博客营销具有软性营销的特点；实现博客营销的基本途径是网络可见度；博客营销体现了全员网络营销等社会化营销的思想。

**1．博客营销是内容营销的一种形式**

传统网络营销中基于企业网站的信息发布、第三方平台信息发布、搜索引擎优化、邮件列表营销等，都属于内容营销的表现形式，也就是通过网页内容展示获得用户的关注。博客同样属于内容营销，也是通过网页信息的传播获得用户关注。

2012 年 8 月，美国内容营销平台 Outbrain 和 Econsultancy 的一项内容营销调查报告的结果表明，内容营销在网络品牌、增加用户忠诚度等多个方面发挥作用。在内容营销的具体方式中，最有效的方式包括：新闻邮件、SNS 内容更新、发布博客/播客、在自己的网站上发布新闻/文章等。[10]

内容营销要求有持续性、系统性、价值性的特点，这就为博客营销提出了最基本的要求，即博客营销是一项长期的工作，它所发挥的作用具有累积效应而不是如网络广告那样立竿见影。有价值的博客内容越多，营销价值也越高。

2012 年之后，随着智能手机应用的快速发展，基于手机的内容营销形式不断涌现，如本章后续内容将要介绍的微信营销等，成为最有影响力的内容营销方式，不过博客的地位及作用仍然不容忽视，只是在手机网络营销中，博客营销的形式也在不断演变，以适应手机阅读的需求。因此，2016 年之后的内容营销方法及特点，值得重点关注和研究。

**2．博客营销的基础是有价值的知识信息资源**

网络营销的最高层次是为顾客提供价值，这种价值是通过各种渠道逐步建立起来的，博客就是其中的常用渠道之一。博客对用户的价值可通过多种形式体现出来，不同行业可能有不同的特点。例如，对于一些技术性背景的行业，行业动态、业界交流活动、技术资料下载、产品知识分享、问题解答、新观点新知识等等都可能受到用户的关注；而对于旅游行业来说，用户关心的问题则可能是风景介绍、风光图片、旅游攻略、精彩游记、特色饮食等相关的内容。所以，是否可以为用户持续提供有价值的内容决定了企业博客营销是否具有生命力。

**3．博客营销具有软性营销的特点**

相对于比较严谨的企业官方网站，博客的内容选题范围和表现形式更为灵活，使得博客文章内容丰富多彩，这也是博客之所以更容易接近潜在顾客的原因所在。反过来说，如果博客文章也像企业官网内容一样生硬，或者是纯粹的产品信息，那么也就失去了博客的意义，更谈不上发挥博客的营销价值。因此，**“真正的营销应该在博客之外”**。[11]

因此，正如本章前面对内容营销的五大意识（3.1.2）所总结的那样，“内容是思想的载体及表现形式，内容背后是企业或个人的营销思想”，博客及博客营销同样符合这一规律。博客只是营销的载体和媒介，博客本身并不等于博客营销。鉴于博客这种“软性营销”特征，企业（员工）在撰写博客文章的时候，其实没有必要时时处处为这个问题纠结——我这篇博客对企业营销有价值吗？因为并不是每篇博客文章都能实现明确的营销目标，否则那就不是博客而是商业广告了。企业博客的营销价值来自长期的内容积累，每一篇博客对这个最终的营销目标都是有价值的。

**4．实现博客营销的基本途径是网络可见度**

博客文章对企业博客营销的总体价值可能体现在下列一个或者几个方面。

（1）增加了企业网站的内容资源。

（2）为公司网站增加了访问量。

（3）获得潜在用户浏览并关注公司产品。

（4）解答了顾客关心的问题。

（5）为企业网站增加了外部链接。

（6）因为博客直接获得了订单。

……

尽管企业博客总体来说可能发挥的作用表现在多个方面，但具体到某一篇文章是否可以产生某些方面的效果则具有偶然性和不确定性，那么企业博客文章的集合必然有一个共性使得他们体现出这种综合价值。本书认为，众多的博客文章使得企业信息的网络可见度得以提高，因而才使得博客具有营销价值。也就是说，提高企业信息的网络可见度是实现博客营销的基本途径和目标。由此得出的推论是：**没有访问量的博客文章实际上是没有价值的**。于是也就为本节后续内容提出了一个基本问题：如何让博客获得尽可能多的人访问？

**5．博客营销体现了全员网络营销等社会化营销的思想**

既然博客营销是内容营销的一种形式，且具有知识营销的属性，那么博客的价值就有可能超越营销，对企业的经营思想、经营策略，甚至企业价值观等方面产生影响。例如，博客不仅体现了全员网络营销思想，而且对企业知识管理与传播模式的转变、博客与公关策略、博客与顾客信任、博客伴随的企业的风险管理等问题并不能完全包含在博客营销中进行研究。

总之，企业博客不只是一个营销战术问题，而是涉及企业营销策略及公司战略层面的问题，值得企业充分重视。社会化网络的其他方面如微博等也是同等的重要。

对博客营销基本特征的分析，解释了很多人容易形成的一种认识误区：博客营销不就是写博客文章吗？博客营销当然是通过写博客实现的，不过仅仅会写文章是远远不够的，要用专业的方法写有价值的文章。而且还必须了解博客营销的模式、博客营销的基本策略以及博客文章写作的原则和方法等专业层面的知识，才能让博客文章发挥营销的价值。

## 3.4.2　企业博客营销的主要模式及特点

### 3.4.2.1　企业博客营销的基本条件

一般来说，开展**企业博客营销需要具备三个基本条件**。

**1．博客发布和管理的网站平台**

即要有发布博客的基本条件，可以是企业自建的独立博客网站、官方网站的博客频道，也可以是建立在第三方博客平台的企业博客。

**2．持续的博客内容资源**

博客文章是博客营销的基础，对用户有价值的、源源不断的博客内容是体现博客营销价值的必要条件，也是博客营销工作的核心内容。

**3．企业博客管理规范**

企业博客与个人博客有一定的差异，需要有一定的规范来约束，这样才能保证博客营销的价值，另外，对于企业博客营销开展过程中的问题和效果也需要相应的管理规范。

在企业博客营销的实际运营过程中，往往很难在一开始就建立起完善的、切实可行的企业博客管理规范，通常是在博客营销实践中不断摸索和完善的。那么只要具备博客发布平台和内容资源，就可以开始初步的博客营销工作，事实上很多企业也正是通过简单的博客写作逐渐形成系统的博客营销策略。

### 3.4.2.2　企业博客营销的主要模式

企业博客平台的选择或建设模式，不同规模的企业可能会采取不同的模式，一般来说大型企业以企业官方网站的博客频道为主，中小企业则可能选择第三方博客平台发布文章来开展初步的博客营销。就像一些企业在未建立企业官方网站之前利用 B2B 电子商务平台发布企业的信息一样。

从目前企业博客的应用状况来看，**企业博客营销有下列六种常见模式**：企业网站自建博客频道模式；第三方 BSP 公共平台模式；第三方专业企业博客营销平台模式；个人独立博客网站模式；博客营销外包模式；博客广告模式。

下面对各种博客营销模式、特点及其操作方法给予简要介绍。

### 1. 企业网站自建博客频道模式

许多大中型企业及部分中小企业都开始在官方网站开设了博客频道，这种模式已经成为大型企业博客营销的主流方式，通过博客频道的建设，鼓励公司内部有写作能力的人员发布博客文章，可以达到多方面的效果：对企业外部而言，可以达到增加网站访问量、获得更多的潜在用户的目的，对企业品牌推广、增进顾客认知、听取用户意见等方面均可以发挥积极作用；从企业内部而言，提高了员工对企业品牌和市场活动的参与意识，可以增进员工之间以及员工与企业领导之间的相互交流，丰富了企业的知识资源。

企业网站自建博客频道需要进行相应的资源投入和管理，增加了网站运营管理的复杂性，并且需要对员工进行信息保密、博客文章写作方法、个人博客维护等相关知识培训，同时也会让部分员工觉得增加了额外负担，产生抵触情绪等。在全员网络营销时代，每个企业、每个员工都应该尽力适应这种环境。

**案例 3-12：市场研究行业较早开设博客频道的网站 jupiterresearch.com**

Jupiter Research 是国际知名的咨询顾问公司，尤其在市场研究方面享有盛誉。2002 年 9 月，在 Jupiter Research 公司网站上，建立了公司分析员的博客频道（http://weblogs.jupiterresearch.com），其中列出了公司十多个分析员的博客栏目链接，点击进去可以浏览每个人的博客文章，内容形式比较随意，有些只是对某一新闻事件的简短评论，有些则涉及自己对某个问题的观点，还有一些公司活动相关的话题。

Jupiter Research 的企业博客带来了多大价值？我们对此不好推测，不过直到 4 年后，作者写作本节内容时重访 Jupiter Research 博客发现，该公司的博客仍在以每天数篇文章的频率持续更新，坚持发布博客文章的分析员已经达到 23 人，这就意味着 4 年下来，仅仅发布在博客频道上的文章已经达到 2 000 篇左右，不仅大大丰富了企业网站的内容，也为更多潜在用户了解 Jupiter Research 的研究项目提供了机会——因为每一篇文章（发布为一个网页）都可能为企业带来用户，这就是在内容推广策略中提出的，理想的网站优化目标是让每一个网页都带来潜在顾客。

另外，根据知名网站流量排名统计网站 Alexa 的统计数据，到 2006 年 9 月，Jupiter Research 网站博客频道的访问量占公司网站总量的 22%。由此也可以看到博客频道对企业网站访问量的贡献不可忽视。

资料：Jupiter Research 网站博客频道的访问量（www.alexa.com　2006 年 9 月）

- Where do people go on jupiterresearch.com?
- jupiterresearch.com - 78%
- weblogs.jupiterresearch.com - 22%
- podcasts.jupiterresearch.com - 1%

资料来源：www.jingzhengli.cn.

2005年之后，企业博客营销得到越来越多大型企业的重视，尤其是一些知名IT公司，纷纷开始企业博客频道，如Hewlett-Packard，IBM，SUN和Oracle都是这一时期开始博客营销实践的。

2005年8月，IBM公布了专门针对投资人的podcasts站点：www.ibm.com/investor。其中讨论商业和技术主题，如银行业、购物和网络游戏等。IBM也在公司内部网上提供博客系统以鼓励员工使用博客和podcasts。IBM的发言人称，员工对于这些社会化网络和沟通方式的活跃状态让他们意识到新兴技术应用的极大潜力。到2006年2月，约15 000个IBM员工注册了公司博客，2 200个员工定期维护其博客。博客主题从技术讨论到寻求项目帮助，应有尽有。但IBM也发现不少潜在的问题，如机密信息泄露或可能危害公司声誉的信息等。为了降低风险，IBM还专门针对员工发布博客拟订了发布指南，包括员工不得泄露公司机密信息、未经客户许可不得提及客户，不可使用侮辱性或亵渎性语言等。

大型企业和咨询公司之所以成为博客营销的领先者，其共同特征在于这些企业在某些方面引导着行业发展动向，或者拥有丰富的知识资源，这些信息资源通过企业员工的博客传播本身就具有新闻价值，因而很容易受到关注，一些知名企业的员工博客往往成为媒体记者挖掘新闻来源的线索。所以，博客营销对于大型企业而言具有先天的优势。

对于中小企业，通常很难具备行业影响力，也通常要面对信息资源贫乏的困境，中小企业采用博客营销显然并不具备先天优势，不过并不是说就无法挖掘出可以在一定范围内产生影响的知识资源。尽管中小企业博客营销可能还存在一些问题，但是并没有影响博客营销的整体发展趋势，许多中小企业也开始进入博客营销行列。

**案例3-13：小型企业网站自建博客频道案例-jingzhengli.cn**

作为国内专业的网络营销顾问机构，新竞争力网络营销管理顾问（http://www.jingzhengli.cn）也是博客营销的实践者，2007年年初在官方网站专门开辟了“新竞争力博客”专栏。

新竞争力网络营销博客（www.jingzhengli.cn/blog），选用一个经著作权人授权的成熟博客程序系统，根据自己的需要进行配置，并对博客模版进行了较多个性化设计，并且将最新发布的博客文章自动同步到官方网站首页（www.jingzhengli.cn），实现了博客与官网的结合。

新竞争力网络营销博客开通以来，一直是除官方网站之外最重要的信息发布渠道之一，通过博客获得了大量潜在用户访问，对新竞争力知识营销策略发挥了其他信息传播渠道无法替代的作用。

新竞争力企业博客之所以可以取得明显的效果，与新竞争力所拥有的专业知识资源密不可分。新竞争力坚持为用户提供原创的网络营销专业文章，并且通过新竞争力网络营销专业人员的博客文章来传播最新的网络营销思想、有实用价值的网络营销方法和网络营销相关的调查数据。真正专业的文章是不可能凭空想象出来的，通过网站的文章来体现新竞争力的专业水平，这种基于知识的高级网络营销顾问服务是新竞争力的核心竞争力的体现。在这种知识传播过程中，企业博客的作用是不可忽视的。

**2. 第三方 BSP 公共平台模式**

博客的诞生和发展，首先应该归功于免费提供博客服务的第三方网站平台。利用博客托管服务商（BSP）提供的博客平台发布博客文章，是最简单的博客营销方式之一，在体验博客营销的初期常被采用。

第三方公共平台博客营销的好处在于操作简单，不需要网站维护成本，但由于用户群体成分比较复杂，如果在博客文章中过多介绍本企业的信息往往不会受到用户的关注，除非所在企业是 Google、百度等这样受人关注的企业，但实际上这些受到高度关注的企业员工通常并不适宜在公共博客网站以个人身份公开发表公司的信息。因此第三方 BSP 公共平台模式提供的博客服务通常作为个人交流的工具，对企业博客的应用有一定的限制。

常用的第三方博客平台包括主要门户网站的博客频道（如新浪网）、大型电子商务网站（如阿里巴巴），以及专门提供博客服务的第三方博客平台（如博客网）等。到这些网站或者博客频道上浏览一下，很容易发现众多以营销为目的的企业博客的存在，这里不再列举具体的实例。

**3. 第三方专业企业博客营销平台模式**

与第二种模式类似，这种形式的博客营销也是建立在第三方企业博客平台上，主要区别在于这种企业博客营销平台不同于公共博客以个人用户为主，而是专门针对企业博客需求特点提供的专业化的博客托管服务。每个企业可以拥有自己独立的管理权限，可以管理企业员工的博客权限，使得各个员工的博客之间形成一个相互关联的博客群，有利于互相推广以及发挥群体优势。例如，企博网（www.bokee.net）就是国内影响力较大、历史悠久的企业博客营销平台。

第三方企业博客平台的典型问题在于：对提供这种服务的平台的依赖性较高，如功能、品牌、服务、用户数量等；企业网站与企业博客之间的关系不够紧密；员工博客的访问量难以与企业网站相整合，因而企业的知识资源积累所发挥的综合作用有所限制。当然，随着技术和功能的不断发展，这些问题也可能陆续得到解决，从而为企业提供更便捷的服务。此外，选择这种专业的企业博客营销平台服务可能需要为此付费，而不像门户网站博客频道一样免费使用。

**4. 个人独立博客网站模式**

归根到底，企业博客依赖于员工的个人知识，作为独立的个体，除了在企业网站博客频道、第三方博客平台等方式发布博客文章之外，以个人名义用独立博客网站的方式发布博客文章也很普遍。许多免费个人博客程序也促进了个人博客网站的发展，因此对于有能力独立维护博客网站的员工，个人博客网站也可以成为企业博客营销的组成部分。

由于个人拥有对博客网站完整的自主管理维护权力，因此个人可以更加充分发挥积极性，在博客中展示更多个性化的内容，并且同一企业多个员工个人博客之间的互相链接关系也可以有助于每个个人博客的推广，多个博客与企业网站的链接对于企业网站的推广也有一定价值。不过个人博客对个人的知识背景以及自我管理能力要求较高，这种模式也不便于企业对博客进行统一管理。

个人独立博客很多，尤其是互联网领域，有许多知名作者的个人博客网站，这些博客作者虽然以个人的名义发布博客文章，但客观上对其所在公司也发挥了显著影响。英文博客如 Seth's Blog（http://sethgodin.typepad.com）；中文博客如 IT 名博月光博客（www.williamlong.info）。

**5．博客营销外包模式**

可口可乐公司可能是较早采用博客营销外包模式的企业之一。2006 年年初，作为奥林匹克运动会的长期赞助商，可口可乐在冬奥会期间发布了一个对话交流式的营销网站，叫作"Torino Conversations"。该新型网站上开放有 podcasting、发布图片，读者评论等功能，并付费招募分别来自中国、德国、意大利、加拿大、澳大利亚和美国的 6 名大学生，从冬奥会观众的角度，以博客的形式实时报道冬奥会，并宣传可口可乐产品。这个博客团队相当于可口可乐的公关关系 PR 部门下的一个团队，然而并不属于可口可乐公司雇员。[12]

Visa USA 在 2011 年也发布了一个类似的网站，鼓励奥运会爱好者发布关于奥运会的博客。该网站在技术功能上比可口可乐的站点更加先进，除了允许 podcasting、发布图片，读者评论，还可以使用图片管理分享网站 Flickr.com 的图片共享服务及视频博客服务。

可见，博客营销外包作为一种短期的或者阶段性的活动，有其可取的一面。将博客营销外包给其他机构来操作，与传统市场营销中的公关外包类似，也可以认为是网络公关的一种方式。也有一些博客平台提供博文外包的功能，企业发布博文需求，用户为企业撰写博文并获得收益。

外包模式的优点是，企业无需在博客营销方面投入过多的人力，不需要维护博客网站/频道，相应地也就降低了企业博客管理的复杂性。经过精心策划的博客营销外包往往能发挥巨大的影响力。

不过，博客营销外包模式的缺点也是很突出的。例如，由于没有企业员工的参与，非企业员工对企业信息的了解毕竟有限，第三方的博客文章难以全面反映优秀的企业文化和经营思想，也不利于通过博客与顾客实现深入的沟通，如分享产品知识等。同时，由于没有直接参与，企业员工对博客的关注程度也会降低，并且难免出现明显的公关特征。长期下来在用户的可信度等方面会产生一定的影响。因此，外包模式的博客营销往往具有阶段性的特征，即在涉及某些具有新闻效应的热点事件，如奥运会、公司庆典等重要节日、具有极大影响力的重要产品发布等特殊阶段，并且通常只能被知名企业所采用。可见这种模式在实际应用中具有一定的限制。

6．博客广告模式

与前述五种博客营销模式不同之处在于，博客广告是一种付费的网络广告形式，即将博客网站作为网络广告媒体在博客网站上投放广告，利用博客内容互动性的特性获得用户的关注。其特点是简单快捷，只要为博客广告付费，企业信息可快速出现在他人的博客文章中。尽管博客广告目前应用还不规范，一些行业对博客广告的价值还持观望态度，不过一些技术含量高、用户需要获取多方面信息才能做出购买决策的行业在博客广告方面已经做出了成功尝试，这些行业包括 IT 产品、汽车和房地产业等。

博客广告可以有多种模式，如联盟广告模式（利用网站联盟模式，用户与博客平台服务商共享广告收益）、博客模版（在模版上设计企业推广信息，供用户选择，每次博文浏览，相应地也实现了推广信息展示）等。博客广告属于企业网络广告投放的一种形式，严格来说并非通过企业自行控制的网络传播资源，而是一种广告媒体。

随着博客应用的进一步深入，还会有新的博客营销模式不断产生，究竟哪种模式适合自己的企业，需要根据企业的经营思想和内部资源等因素来确定，同时也不排除多种模式共存的可能。

为便于对比，下面将前述六种博客营销模式及其特点整理为表 3-4 形式供参考。

表 3-4　博客营销模式优缺点对比

| 博客营销形式 | 企业博客营销的主要特点 |
| --- | --- |
| 企业网站博客频道 | ① 是大中型企业及知识资源丰富的中小企业博客营销主流模式；<br>② 优点：便于自主控制、和企业官方网站紧密结合、增加企业凝聚力；<br>③ 缺点：增加了网站建设及运营管理的复杂性，而且可能要为此付费 |
| 第三方博客平台 | ① 最简单的博客营销方式之一，是许多中小企业或者个人所采用的主要模式；<br>② 优点：操作简单，不需要维护成本；<br>③ 缺点：博客访问量无法与官方网站紧密结合、可信度较低、访问量不高、博客功能受平台的限制等 |
| 第三方企业博客平台 | ① 专门针对企业博客需求特点提供的专业化的博客托管服务；<br>② 优点：企业可以拥有自己独立的管理权限，有利于互相推广以及发挥群体优势；<br>③ 缺点：对提供这种服务的平台的依赖性较高、企业博客与官方网站之间的关系不够紧密 |
| 个人独立博客网站 | ① 优点：个人可以更加充分发挥积极主动性和灵活性；<br>② 缺点：对个人能力要求较高，这种模式也不便于企业对博客进行统一管理 |
| 博客营销外包 | ① 阶段性推广、短期性活动，博客营销可以包给第三方专业机构/人员；<br>② 优点：降低了企业博客管理的复杂性，效果明显；<br>③ 缺点：明显的公关特征，影响企业可信度 |

续表

| 博客营销形式 | 企业博客营销的主要特点 |
| --- | --- |
| 博客广告 | ① 博客广告可以有多种模式，如联盟广告模式、博客模版等，博客广告是一种广告媒体；<br>② 优点：简单快捷，为博客广告付费，企业信息可快速出现在他人的博客文章中；<br>③ 缺点：博客广告还不规范，网络资源企业无法自行控制 |

## 3.4.3 企业博客营销策略

前已述及，开展企业博客营销需要具备三个基本条件：博客发布和管理的网站平台、持续的博客内容资源，以及企业博客管理规范。总体来说，这与企业网站内容营销的基础条件是类似的。因此，一个**企业的博客营销策略**，应该包括以下三个方面的内容。

（1）企业博客平台建设/选择策略。

（2）企业博客营销的内容策略。

（3）企业博客营销的运营管理策略。

下面以作者所创办的新竞争力网络营销博客（http://www.jingzhengli.cn/blog）为例，简单介绍企业博客营销策略及其实施要点。

### 3.4.3.1 企业博客的建设/选择策略

综合比较企业博客营销的六种常见模式，从网络营销的长期资源来看，企业网站自建博客频道应该是最有价值的一种方式，因此这里以企业博客频道为例来介绍企业博客频道的建设。

常见的企业博客系统建设通常可以采取自行开发，选购第三方博客系统，或者根据免费开源软件修改等方式。新竞争力网络营销博客选用一个经著作权人授权的成熟博客程序系统，根据自己的需要进行配置，并对博客模版进行了较多个性化设计，使之与官方网站在风格上保持一致的同时，符合网站优化设计思想，并且将最新发布的博客文章自动同步到官方网站首页（www.jingzhengli.cn），实现了博客与官网的结合。

在博客系统域名设计策略上，新竞争力博客采用作为主网站一个栏目的方式，即整个博客系统与主站采用同一网站空间，博客网址形式为http://www.jingzhengli.cn/blog/index.html，相应地，每个用户的博客首页均有一个静态网页网址，如本书作者的博客首页为：http://www.jingzhengli.cn/blog/fyj。根据需要，有些企业博客可能采用二级域名的方式：http://blog.jingzhengli.cn。这两种方式各有特点，前者更适合于小型企业采用，后者则便于博客频道的独立运营管理，常为大型企业所采用。

新竞争力博客属于较小型的博客系统，相对来说对系统要求不是很高，配置和管理也比较简单。新竞争力博客系统的后台包括两个部分：系统管理员后台和博客用户后台。两者的主要功能大致如下。

1．系统管理员后台主要功能

（1）系统配置：设置网站名称、版权信息、系统管理方式、是否允许注册或评论等。

（2）日志分类管理：博客文章内容分类及排序。

（3）友情链接管理：在博客首页显示其他网站的链接，为博客友情链接创造条件。

（4）用户页面广告管理：统一调整用户页面的广告展示，实现博客推广资源的统一利用。

（5）用户管理：注册用户管理，包括设置为前台管理员，或者暂停用户登录，修改用户首页 url 地址等。

（6）博客模版管理：对博客网站首页及文章列表页面等模版进行修改，使之符合网站运营需要。

2．博客用户后台主要功能

（1）个人博客设置：包括博客简介、照片上传、用户首页友情链接、博文显示模式等。

（2）博客文章管理：文章分类及管理、文章备份（导出已发布文章到本地硬盘）、文章编辑发布、手动设置文章文件名、文章在个人首页置顶等。

（3）评论及留言管理：其他用户对博文的评论或者留言给予回复和管理，如果存在垃圾信息或者其他不适宜的信息，可以删除。

（4）模版管理：选择和上传自己喜欢的模版样式，对个人博客首页、文章模版页面的功能模块进行个性设置，修改个人博客模板的广告显示，添加访问统计代码等。

不同的博客系统个人后台的基本功能大多是类似的，如果对博客后台管理不是很熟悉，建议注册新浪博客（blog.sina.com.cn）等免费博客用户，对博客后台管理及文章编辑发布进行体验。对于有一定条件的学习者，建议网上下载开源的免费博客系统，在自己的网站空间进行配置和试用。

### 3.4.3.2　企业博客营销的内容策略

几乎所有的内容营销方式都涉及内容策略的规划，包括本书前面有关企业网站的运营推广、邮件列表营销，以及本章后面的微博及微信营销等。由此也可以进一步说明，内容（也就是网络营销信息源）在网络营销信息传递系统中的重要作用。

本章前面的内容分析过大型知名企业本身拥有适合于博客形式发布的内容资源，具有博客营销的先天优势。而中小企业的内容营销策略往往比较艰难，但这并不是说中小企业只能望内容而兴叹，事实上只要掌握正确的策略和方法，同样可以在一定范围内取得影响力，并发挥博客的营销价值。

在出版于 2007 年的本书第 3 版中，还介绍了一个“西安博星科技公司的博客营销实践”

案例，该公司总经理段建先生利用新竞争力网络营销博客发布的几篇文章，产生了意想不到的“博客营销效果”。根据段建先生的介绍，其实他并没有想过自己的博客文章与营销产生直接的联系，只是想把自己多年来对电子商务专业教学的问题，尤其对电子商务教学实践环节的思考写出来，让更多的电子商务教师、电子商务专业学生在教学中少走一些弯路，让学生在校学习期间能真正掌握一些符合电子商务实际工作需要的实用知识。这些问题他考虑很久了，一直没有一个很好的平台来发表自己的观点，正好赶上新竞争力网络营销博客开通（2006年2月），于是借助新竞争力博客平台，发表了一系列有关电子商务教学和电子商务学生就业问题的思考文章，其中包括：

- ❑ 给电子商务专业学生的学习建议(20060226) http://www.jingzhengli.cn/blog/dj/54.html
- ❑ 电子商务专业学生就业机会、就业层次和就业岗位(20060314) http://www.jingzhengli.cn/Blog/dj/74.html
- ❑ 当前高校电子商务教育的矛盾、反思和建议(20060227) http://www.jingzhengli.cn/blog/dj/55.html

尽管只是发表在新竞争力这个小型专业网站的博客频道，但这些深度思考的文章立即引起电子商务师生和研究人员的巨大关注，并且被许多网站转载，电子商务领域的专业杂志《电子商务世界》也转发了有关内容。到2006年10月，其中“给电子商务专业学生的学习建议”一文的浏览量已经超过10 000次，至2013年3月本书第4版内容修订时发现，这篇文章已被访问近30 000次，2016年6月，本书第5版内容修订重访发现，该文浏览次数31 000次！博客发布10年之后，仍有一定的阅读量，由此可见有价值的博客内容将产生多么大的影响力。无论博客文章是否直接介绍公司的产品，都会对读者留下深刻的印象。

一篇专业性很强的文章，能够在很短的时间内引起数千人的关注，能写出这样的文章不是一件简单的事情，如果不是作者对电子商务教学问题的深入研究，没有对解决这些问题的切身体会是不可能做到的。所以，这个问题换个角度就可以这么考虑：既然博星电子商务实验系统软件的创始人段建先生对电子商务教学和实践问题研究如此透彻，那么基于这种认识而开发出来的针对性的教学软件应该是值得信任的，对教学实践是有价值的。于是在这种思想交流过程中，让潜在用户自然而然接受你的理念，并且对产品产生信任感。

后来的发展表明，这些博客文章在潜移默化中发挥了对博星电子商务实验软件系统的营销价值，也确立了其在教学实验软件中的地位，许多大学电子商务实验室建设负责人通过段建的系列文章认识到电子商务专业需要有专业的实验环境，于是多个大学相关教师主动联系了解博星公司（后改名为博导前程）的产品。

作者见证过的中小企业博客营销的成功案例还有很多。早在2003年6月，由本书作者策划，广州时代财富公司支持开通了一个公益性的网络营销门户网站时代营销网

（www.emarketer.cn，这个网站在网络营销领域曾经有很大影响力，后来因公司业务转型而关闭），网站开设有专栏和博客频道，作者可以发表自己的研究文章。网站开通几天后，一家位于汕头的从事网站建设等网络营销服务的公司负责人发表了一篇介绍他们对珠宝行业网络营销认识的文章“中国珠宝在线零售机会与挑战”（http://www.emarketer.cn/em/generalmem/80.htm）。文章发表后没多久，作者在 QQ 中告诉我，让他意想不到的是，北京一家颇有实力的珠宝企业主动找到他，并且签订了一个提供珠宝企业电子商务整体规划和实施的项目，而且这一个项目的金额相当高。

这些博客营销案例都来自小企业，当时同样都没有在行业内的领导力，他们共同的特点是，都是将自己多年来在本领域积累的实践经验和研究成果总结为对同行、对用户有价值的知识，并把这种知识无偿地公开传播，在让用户受益的同时，最终也为自己的企业创造了价值。中小企业的博客营销大致就是这样发挥作用的。

本书作者所在的新竞争力网络营销管理顾问同样是一个小公司，在从事网络营销顾问服务的最初几年，所有国内外的客户都来自网上，无论是著名的全球 500 强大公司还是几个人的小型创业团队，全部是用户主动联系的。其实这也没有任何秘诀，因为新竞争力坚持为用户提供原创的网络营销专业文章，并且通过新竞争力网络营销专业人员的博客文章来传播最新的网络营销思想、有实用价值的网络营销方法和网络营销相关的调查数据。**真正专业的文章是不可能凭空想象出来的**，通过网站的文章可以体现公司的专业水平。在这种知识传播过程中，企业博客的作用是不可忽视的。

综合上述企业博客营销的实例，可以对**博客营销的内容策略归纳如下：**

（1）有价值的内容是博客营销的基础，博客营销对各种规模的企业都是适用的，只有持续为读者提供有价值的博客内容，博客的营销价值才能得以体现；

（2）博客内容需要依托于一个有影响力及具有良好搜索引擎优化基础的博客平台，否则再好的文章也很难被用户发现，这就是博客平台建设策略必须解决的问题；

（3）尽管对博客文章内容没有严格要求，但真正高水平的博客文章不是随便可以写好的，需要对所在行业有深入的认识，善于分析和总结用户关心的问题，并具有无私分享的精神。

总之，博客营销是内容营销的表现形式，制定长期的博客内容策略是博客营销的重要组成部分，包括谁来写博客、如何写博客，以及如何让博客获得更多人访问等，都是博客内容策略应该考虑的问题。

#### 3.4.3.3　企业博客营销的运营管理策略

企业博客已经成为企业官方信息源的一部分，企业博客频道的博客内容则直接是企业官方网站内容的组成部分，因此企业官方博客的运营管理在很多方面与官方网站的运营管理是一致的。

相对于企业官方网站，**企业博客的运营管理内容**要简单一些，大致可以分为三个方面的内容：企业博客系统的技术维护；企业博客内容管理；企业博客运营推广管理。

**1. 企业博客系统的技术维护**

（1）对博客系统及用户博客模板进行全面的网站优化设计，为有效的博客运营推广奠定基础。

（2）应保持博客系统访问通畅，并定期备份博客数据。

（3）博客系统的安全管理，避免系统或者员工博客被黑客利用。

（4）对博客模板及博客文章内容中的链接有效性检测。

（5）不断完善博客系统的功能，改善用户体验。

**2. 企业博客内容管理**

（1）通过调动员工参与博客写作的积极性，让企业博客保持活跃度，获得持续的更新，逐步积累丰富的内容资源，这也是博客营销的长期工作。

（2）对已发布博客文章的跟踪管理，包括对优秀文章多种形式的推荐，如加精、置顶、设为最热博客、在企业网站及其他网站平台的分享、转发等实现多渠道传播，扩大博客传播的影响力。

（3）对一些不适合出现在企业博客频道的内容（包括博客文章及用户评论等）进行删除或者提醒作者进行修改，以保持博客内容的专业度及合法性。

**3. 企业博客运营推广管理**

（1）制定企业博客管理规范，如博客内容的合法性、企业保密制度、内容链接规范、图片管理规范等。

（2）为新员工开展博客文章写作方法的培训，用专业的方式撰写博客。

（3）对员工博客专栏维护提出明确的要求，如博文更新周期、对博客评论及留言的管理等（本节后面内容“企业博客文章的写作原则与方法”中将涉及个人博客专栏的维护管理内容）。

（4）充分利用博客系统的各种推荐功能提高博客文章的可见度，如博客模版设计、博客文章推荐（置顶）、博客首页链接等。

（5）制定必要的博客激励措施，鼓励员工撰写优质博客文章。

（6）企业博客运营效果分析报告：与网站访问分析报告类似，定期分析博客的运营效果，如当月发布博客文章数量、总访问量、活跃博主、访问量最高的博客文章及访问者的来源渠道，博客对企业官网的引导效果等。

以上是从企业角度对博客营销运营管理的基本内容，至于每个博客用户对自己博客的管理，将在下节内容中给予介绍。

## 3.4.4　企业博客文章的写作原则与方法

企业博客营销，最终是通过企业员工（或者其他相关人员）一篇篇的博客文章来实现的，正如网站运营必须通过一个个网页、Email 营销通过一封封邮件内容的积累才能创造出营销价值及用户价值一样。因此，写好每一篇博客文章就成为博客营销的基础，也是网络营销人员最重要的基本能力之一。

当博客网站系统优化配置完成之后，就可以为员工开设博客账户，并指导用户配置自己的博客专栏。完成这些基础工作，每个用户都可以开始发布自己的博客文章。真正考验企业博客是否能发挥效果的，最终取决于是否可以持续不断发布有价值的博客文章。

博客营销从博客文章写作开始。对于一般企业而言，市场营销人员应该具备利用博客传播个人思想的能力，尤其是网络营销人员更应该有效地利用博客营销的价值。

本书将从下列六个方面总结**博客文章写作原则与方法**。

（1）企业博客文章写作的一般原则。

（2）企业博客文章的内容选题方法。

（3）博客文章的表现形式。

（4）博客文章如何与营销相结合。

（5）博客文章如何获得最多的访问。

（6）博客专栏的管理维护。

### 3.4.4.1　企业博客文章写作的一般原则

博客写作，在一定程度上如散文写作一样，在内容及形式上具备“形散而神不散”特点的同时，还要遵守网络信息传播的原则。也就是说，企业员工需要在一定的原则指导下写作企业博客，否则博客文章不仅没有网络营销价值，还可能为企业造成损失，例如泄露公司机密、为竞争对手所利用，或者为公司造成负面影响等。

作者所在新竞争力网络营销管理顾问的研究认为，**企业博客文章的写作一般原则包括五个主要方面**：文章内容符合法律法规；正确处理个人观点与企业立场的关系；博客文章应注意保密；博客文章必要的声明；要有版权意识。[13]

**1．文章内容符合法律法规**

企业博客是官方信息的组成部分，企业需要对所有信息的合法性负责。因此，所有的博客文章内容必须在法律法规许可的范围内，在企业博客中传播非法信息，无疑将对企业网站造成致命的影响。

### 2. 正确处理个人观点与企业立场的关系

由于通过员工博客表达的是个人观点，因此任何人的博客文章都不能代表公司的官方立场，但是作为向读者传递信息的方式，读者会将个人观点与公司立场联系在一起，并且会从个人博客文章去推测甚至臆断企业的行为，尤其是企业高管的博客更容易被理解为企业的官方观点，事实上两者之间的确也是不可完全分割的。因此员工在企业博客文章写作时，应尽可能避免对容易引起公众关注的本企业的热点问题进行评论，如果实在要涉及这类问题，有必要在文章中声明仅属于个人观点，不代表公司行为，并且，如果必要，在博客文章正式发布之前经过内部审核以避免造成不必要的麻烦。

### 3. 博客文章应注意保密

掌握企业机密信息的员工在发布个人博客文章时应有高度的保密意识，不是什么信息都可以随便公开发布的。一般来说，公司内部所有规范文档、客户资料、核心技术、项目开发计划、研究报告、技术资料、市场方案等均属于核心机密，无论是否明确标明“机密”标识。此外，根据常识判断，如果公开后可能对公司造成不利影响的其他信息也有必要考虑保密问题。不过，过于严格的涉密原则对于企业博客也有不利影响，一些员工可能由于过于谨慎而不敢发布博客，影响了企业博客的活跃度。

### 4. 博客文章必要的声明

根据博客文章的内容和目的，在发布的文章中做出声明是十分必要的，如禁止转载声明、免责声明等，尤其当某些情况具有一定的不确定性时，如果忽视这一点就有可能造成麻烦，对于公司高层人士更应注意这一点。2006年9月，多家媒体报道，Sun公司CEO乔纳森·舒瓦茨（Jonathan Schwartz）已经成为一名“国际化”博客，因为他开始以法语和其他九种语言发表博客文章。Sun公司律师向施瓦茨建议，希望他在一些涉及公司发展战略的文章中增加“免责声明”，以免日后被读者当作打官司的证据。

博客文章中的声明不仅对于公司CEO有必要，对于一般员工也有必要，媒体已经有多起因为员工博客文章内容不适当被解雇的报道，而这些问题本来是可以避免的。在没有完善企业博客管理规范的情况下，对有些敏感问题的处理方法还需要博客个人分析判断。

### 5. 要有版权意识

博客文章侵权的事例并不少见，这些都是由于缺乏版权意识所引起的，要做一个受人尊重的博客作者，必须要注重版权保护。如果在博客文章中需要转载或者引用其他来源的内容，如属于版权保护的范畴，应该确保获得版权所有人的许可，并且在版权许可的范围内使用，不要因为个人博客侵权而影响公司的形象。同样的道理，对于个人原创内容，要注意保护自己的版权不受侵犯，版权声明是有必要的。

#### 3.4.4.2 企业博客文章的内容选题方法

为什么一些知名博客总有持续的内容更新并且总能吸引许多读者的兴趣？这些人是天生的写作高手还是有其他秘诀？通过观察一些比较活跃的博客作者不难发现，他们大多是一个行业内的资深人士，有着较深厚的行业背景。那么对于资历不够丰富的企业员工，如何才能保持高度的写作热情及源源不断的内容来源呢？这对很多人可能是一大挑战。所以我们看到，很多企业博客刚开始的时候发布文章频率比较高，以后内容更新会越来越少，许多员工在一阵子博客热情之后就慢慢放弃了博客写作。究其原因，很多是因为不知道该写什么，感觉思维枯竭了，写博客成了很大的压力。

作者个人的体会是，要成为企业博客高手，首先要对博客的内容选题方法有系统的认识和丰富的经验。一般来说，个人的知识体系、生活阅历、兴趣爱好、思维意识、工作环境、社会圈子等决定了选题的范围和主题思想，这些方面也将是博客文章选题的主要来源。下面列举部分博客文章选题思路供大家参考，包括：个人知识和观点分享、专业领域研究和思考、个人生活经历及其延伸、公司工作相关话题、行业信息及问题思考、社会活动及人脉资源扩展、没有明确主题的其他经历。

企业博客文章的内容选题方法有以下七种。

**1. 个人知识和观点分享**

一个人的知识是多方面的，除了企业及产品直接相关的知识，还包括不断学习的知识，如正在阅读的一本新书、正在写的一篇书评、对某个重要问题的看法等，这些都可以作为博客选题。例如，关于博客营销的话题，不仅可以写自己的博客营销体会、案例及经验总结，也可以介绍这个领域的一些动态或者调查资料等。如果逐渐找到了博客的感觉，你会发现，原来可以写并且可以写好的内容太多了。

这方面的文章案例比比皆是，例如，新竞争力网络营销博客中有大量这样的文章：

- ❑ 胡宝介：企业经理人最感兴趣的网络营销渠道（http://www.jingzhengli.cn/Blog/hbj/949.html）
- ❑ 冯英健：为什么写博客越来越难（http://www.jingzhengli.cn/blog/fyj/1254.html）
- ❑ 冯英健：《博客营销》来得正是时候（http://www.jingzhengli.cn/blog/fyj/337.html）

**2. 对专业领域问题的研究和思考**

有观点认为，博客是让个人成为专家最有效的渠道之一。作为个人知识分享的一个特殊领域，如果你在某个领域有独到的研究，可以连续发布自己的最新观点和研究成果，这也是建立个人网络品牌、树立专业形象最有效的网络传播方式之一。无论您的工作专注于哪个领域，如企业网站建设、搜索引擎关键词广告，或者外贸出口等，都有可能有自己独到的见解和深度研究，以系列专业文章写作的方式，可以发掘源源不断的写作素材，在某个阶段还可以进行适当的总结，可以通过早期的观点和内容，延伸出新的内容。

此外，对于非保密性质的专业资料分享，也是很受欢迎的博客话题。例如：

- ❑ 胡宝介：营销软文写作推广成功要素（http://www.jingzhengli.cn/Blog/hbj/898.html）
- ❑ 张宁宁：网站运营人员不可不知的网站分析工具（http://www.jingzhengli.cn/blog/zhangningning/1441.html）

### 3. 个人生活经历及其延伸的故事分享

在一次旅游途中，你发现了什么？哪些信息可能和公司/业务发生一定的联系？比如：

- ❑ 如果是从事网站用户体验工作的，你可以写一篇自己对航空公司在线订票及网上值机系统的经历，让读者感受到你的专业；
- ❑ 如果你从事宾馆酒店服务业，不妨写一下你出差期间对某个宾馆的感受，顺便也与自己公司的宾馆做个比较，自然而然地将本公司宾馆的优点体现出来；
- ❑ 如果你是出版社的编辑，看到机场的一本畅销书和你负责编辑即将出版的一本书有某些方面的可比性，不要放弃这个在博客中推广自己作品的机会；

此类话题比比皆是……源源不断的博客话题在于用心观察、勤奋思考和巧妙的联想。

通过个人生活及其延伸的话题，反映出有营销价值的信息包括：企业员工具备哪些专业知识、正在研究哪方面的问题、对哪些领域比较擅长等。

下面几篇作者个人的博客文章大致都属于与生活经历相关且与公司网站运营等有一定关联的内容：

- ❑ 如家等快捷酒店的网络营销问题（http://www.jingzhengli.cn/blog/fyj/835.html）
- ❑ 经济型连锁酒店体验简评（http://www.jingzhengli.cn/blog/fyj/1349.html）
- ❑ 体验野生昆仑雪菊的色香味（http://www.jingzhengli.cn/blog/fyj/1296.html）

### 4. 与公司工作相关的话题

作为企业的一员，无论是老板还是一般员工，每天接触最多的无疑是公司的各种信息，因此与公司相关的话题往往也成为博客文章最常见的内容选题，如公司产品动态、市场状况、产品推广方案、员工招聘计划等，其实这些方面很多都可以成为博客的话题。

例如，一篇常见的工作博客内容：能力秀走进中国网络营销大会（余沙沙，http://www.jingzhengli.cn/Blog/yss/1111.html）。

与公司工作内容相关的博客选题范围很广，下列几个方面可以随手拈来：

（1）你可以为用户介绍新产品知识，回答用户关心的问题等，在与用户交流的过程中，潜移默化地向用户传递了产品信息，对于用户的购买决策会有很大的帮助，也有助于建立顾客信任。

（2）你可以用自己的方式传播公司文化。如果你参加了一个公司的内部培训，有什么精彩的观点可以公开分享？如果你参与了一项公司的庆典活动，有哪些趣闻？中秋节组织了什么活动，发了什么礼物？在公司获得了什么奖励？写出来，这也是为公司文化的传播做出了贡献。

（3）是否有用户对公司的产品进行了评论？如果这个评论是肯定的，你可以引用第三方的语言来进一步介绍产品，顺便把更高级的应用告诉读者，这种方式或许可以发挥更好的公关效果。"营销在博客之外"，说的就是这个道理。

（4）你在工作中取得了哪些令人瞩目的成就或者阶段性的成果？不妨写出来跟大家分享一下，对自己也是一种总结和提高，对读者也可能有一定的启发。

当然，这些内容也同样适合于微博营销。前面列举了部分新手的博客案例，其实也是想说明一个问题：博客不只是写一篇文章，其实是一种工作意识和态度，只有你在心理上重视才会有写作博客的灵感。

**5．对行业问题的关注及思考**

如果企业内部拥有在某一领域具有影响力的专业人士，通过发表行业观察、分析评论等方式，对业内一些热点问题进行评论，这也是容易引起读者关注的博客话题。如果某员工经常在媒体发表文章，接受媒体采访，参加行业会议等，这些内容作为企业博客文章的话题，展示企业。下面是几个典型的行业分析博客案例：

- 冯英健：电子信息行业关联网站数量最多的企业（http://www.jingzhengli.cn/blog/fyj/1154.html）
- 余沙沙：物流行业网络推广建议（http://www.jingzhengli.cn/blog/yss/1232.html）

**6．社会活动及人脉资源扩展**

每个人都有若干的社会关系，因此每个人都处于一个巨大的社会关系网络中，这也就是社会化网络得以产生和发展的理论基础。个人所参与的各种社会活动，都或多或少会获得别人的关注，把活动中的亮点或者趣事记录下来，这就是很好的博客话题。

另外，在自己写作和发布博客文章的同时，也可以经常关注国内外同行和业内人士的观点，与业内专业人士进行交流，不仅扩大了自己的知识面，也获得了更多的博客写作素材。

**7．没有明确主题的其他领域**

博客的话题很多，几乎可以说无事不成博客。除了可以归纳为一定类别的主题之外，其实随便一个话题都可以成为博客，只要细心观察、用心思考、勤奋记录，就会发现博客话题的资源不仅不会枯竭，还会随着博客写作的积累发现越来越多有趣的话题。即兴而发的随笔博客非常多，很多个人博客就属于这种无主题的即兴之作。

总而言之，博客选题并不难，难的是坚持不懈的写作。博客是对个人毅力的检验，源源不断的博客文章也是对个人努力过程最好的见证。一个人，如果一件简单的事情可以持之以恒坚持 10 年以上，想不成功都难。因此，在一定程度上可以说，博客是人的综合能力的反映。

2012 年 11 月，在修改完成本书第 4 版有关博客文章写作原则和方法这一小节内容之后，作者随即发布了一篇随笔博客文章："博客魅力依旧:博客是人的综合能力的反映"（http://www.jingzhengli.cn/Blog/fyj/1446.html）。

#### 3.4.4.3 博客文章的表现形式

前面在多处提到，博客文章的内容和形式灵活多样，因此一定要为博客文章界定一种或几种模式显然是不太合适的，不过我们可以从各种博客文章的共性中分析其一般要素，从而发现博客文章的一般规律。

由于每篇博客文章都是一个独立的网页形式，因此应具备一个网页内容的基本要素。无论文章形式多么复杂或者简单，**博客文章的一般要素都可以归纳为：**文章标题、博客正文内容（及图片等附加信息）、合理的内容编辑以及必要的相关链接等。

对于具备高级功能选项的博客系统，在发布博客文章时则可能有其他专业的要素，如自定义文章（网页）名称、关键词、网页描述等，这些通常是为了文章（也就是网页）的搜索引擎优化而设计的。博客文章的编辑技巧，实际上与网站运营中的网页内容编辑方式是一样的，这里不再赘述，读者可回顾本书相关章节的内容。

对于大多数并不具备网络营销专业知识的用户来说，将博文看作一篇普通的文章即可，至于文章内容的编辑，只要具备一般文档的编辑能力，按照本地文档类似的方式处理好段落和标题等基本元素即可。但考虑到作为企业博客，有时候就不能那么随意，并要考虑到企业的形象、市场策略等问题，这就需要在遵照企业博客原则的前提下，在文章表现形式方面尽量做到严谨和规范。

那么到底怎么才算严谨和规范呢？事实上很多员工，尤其是新员工，在刚开始写博客时往往有一些胆怯心理：万一我的文章不够专业、不够规范怎么办？会不会被人笑话，会不会给领导留下坏的印象？这些担心不是多余的，但也不必因此而放弃自己发布博客的权利，最重要的是要把握一定的尺度。

根据作者多年博客写作的经验，这里将企业博客文章的表现形式归纳为下列五个应该引起注意的方面，仅供初学者参考。

**1．博文可以没有长度，但不能没有结果**

对于初次接触企业博客的人员，不需要长篇大论，只要把想要表达的一件事情说清楚即可。对于初学者，尤其建议，博客要短小精悍，300～500 字短小的文章即可作为一篇博客，可明确告诉读者，你经历了什么、发现了什么、想到了什么、结果是什么。

"把问题说清楚"，是"网络营销人员十大能力（1）：文字表达能力"中总结出来的（详见 http://www.marketingman.net/Blog/fyj/258.html）。这是对网络营销人员文字表达能力的基本要求，做到这一点，只要用心，对每个人应该都不困难，这才是博客营销之所以能够普及应用的基础保证。

**2．博文观点可以不成熟，但不能方向错误**

观点性文章代表个人的思考，可以将一些零星的想法及时记录起来，同时也让一些还仅仅处于构思阶段的观点和点子提前释放出来，这些观点可能很不成熟，在这种思想释放和交流的过程中，也时常会产生新的灵感，这就是博客区别于正式文章之处。

博客写作促使人不断地思考并逐渐完善自己的观点，但绝是要等到深思熟虑、无懈可击的时候才能公开发表。不过要注意的是，在可能涉及企业观点或者影响到他人利益时，应注意不要出现大的方向性错误，以免引起不必要的麻烦。

**3．博客可以没有深度，但不能没有知识**

对一个问题可以从多个角度进行研究分析，在没有获得最终结果之前，对于过程的参与和中间结果的分析等，如果可以以博客的形式提前与大家分享，应注意无论博客文章是否具有深刻的影响力，但至少不要出现低级常识性错误，否则博客的效果只能适得其反，让读者怀疑你的研究结论和价值。

**4．博客可以没有效果，但要有法律底线**

在博客中发泄个人的不满是很常见的事情，比如遭遇欺骗、受到侵权、不愉快的网站体验、购买伪劣产品或者其他不公正待遇时，通过博客记录自己的遭遇并适当的发泄，这是人之常情。对于此类博客，要注意一个法律底线，即不能因为泄愤而为自己、为企业带来额外麻烦。毕竟博客只不过是一个信息传递工具，通过自己的文字一般也难以达到以其人之道还治其人之身的效果，让情绪得到释放，以感觉心理平衡为度。

**5．博客可以没有营销，但不能没有读者**

博客是为读者阅读而写的，不可能确保每篇文章都有营销效果。企业博客的主要职能之一，是作为企业的网络营销工具，而每个员工的博客文章便是这一工具发挥效果的基本元素，没有一篇篇博客内容的积累，博客系统的技术功能也就没有任何营销价值。但这并不意味着每一篇博客都必须成为企业的公关稿，实际上过于营销化的博客其受欢迎程度也不会多高。因此，不主张把个人博客文章写作局限于企业营销活动的需要，最重要的是要考虑文章内容是否对读者有价值。

至于博客文章如何实现企业网络营销的目的，以及如何让更多的读者阅读自己的博客，本节后面的内容将给予专门介绍。

#### 3.4.4.4　博客文章如何与营销相结合

虽然前文一再强调每篇博客文章在写作和发布时不必时时处处考虑到营销的目的（甚

至说可以忘记营销），但博客的营销价值最终必定是通过博客文章来体现的，那么博客文章与营销之间到底通过哪些途径建立起关联呢？通过对博客的分析发现，博客的营销作用往往是融合在博客内容之中，也就是说内容成为营销的载体，而博客的相关链接则发挥了博客与营销之间的桥梁作用。举例来说，如果博客内容是相关的产品知识分享，用户通过博文中的介绍对某产品产生了兴趣，他可能通过博文中的链接来到企业官方网站或者网上商城获取更多的信息，成为用户购买决策的重要参考，甚至直接产生购买。博客的营销价值就这样潜移默化地产生了。

进一步分析可以发现，某些类型的博客文章及其表现形式可能更容易产生营销效果，如内容与企业产品或服务直接相关、博客增加搜索引擎友好性从而扩大企业的网络可见度、博文中的相关链接发挥的引导作用，以及增进用户关系扩大社会化网络资源等。

下面列举**四类最容易体现博客营销效果的博客文章形式**。

**1．博客文章内容与企业直接相关**

博客的内容直接涉及企业品牌、新闻、产品、顾客关系等方面，通过博客文章的传播，实现品牌及产品推广等营销功能。这也是企业博客最主要的选题方向之一。一个有影响力的企业，博客文章也往往会受到媒体的关注，从而实现更大范围的转载和传播。因此，知名品牌企业的博客就更显得重要，其营销价值也更容易得到发挥。

**2．持续的博客内容更新提高网站的搜索引擎友好性**

企业博客频道是企业官方网站的组成部分，即使博客选题并没有直接与企业相关联，博客也可以成为企业网站内容的组成部分，不断更新的网站内容，更容易获得搜索引擎的关注，从而有利于增加企业信息的网络可见度。对于开设在第三方博客平台的博客文章，则可以理解为企业的外部信息源，除了直接宣传效应之外，通过与企业网站的链接，同样可以提高企业网站的搜索引擎排名权重。随着博客内容资源的积累，网站通过搜索引擎自然检索获得的潜在用户将不断增加，从而实现了博客内容直接推广与网站推广的双重目的。

**3．博客文章中的超级链接是博客与营销的桥梁**

巧用超级链接是博客发挥营销作用的奥妙所在，合理的超级链接也是博客文章与营销的桥梁。为了提供更丰富的延伸信息，博客文章应适当链接涉及的相关内容的来源，如书籍介绍、新闻事件、产品介绍、公司网址、产品经销商名录等，尤其是当文章中涉及某些重要概念（产品）时，应合理引用（链接）本公司的有关信息，这样才能更好发挥博客的网络营销价值。从客观上来说，这样的链接本身并没有明显的产品推广痕迹，不会给读者造成反感情绪，当读者对相关话题产生兴趣时，可以点击链接获得更多信息，从而在客观上发挥了延伸推广的效果。

**经验提示：**博客文章中的链接包括站内链接和站外链接，需要注意的是，应避免过多的链接，尤其是站外链接，一般来说，一篇文章中的链接数量不宜超过 3 个。同时，注意不要链接低质量网页或者临时性的网页网址，因为当这些可靠性不高的网页发生变化时这样很容易造成死链接。从而影响博客的整体质量。一般来说，除了一些大型门户网站和有多年经营历史的有影响力的专业网站之外，不要链接那些可信度不高的网站（如文章来源不明、版权信息不清、网站名声欠佳等）。

**4．互动交流实现社会化网络资源积累**

博客是社会化网络的一种形式，因此在本质上具有社会化网络资源的性质。博客文章本身是企业网站信息资源和知识资源的积累，进一步通过博客文章的评论和回复等功能与读者互动交流则实现了用户关系资源和社会化网络资源的积累。同时还可以将博客与微博等 SNS 形式相结合，从而利用博客扩大企业的社会关系资源，放大博客营销的价值。

总之，作者的一贯观点是，把博客当成传播知识和信息的工具，而不是专业的网络营销工具。除非对于专职的市场人员，并且正在专门从事博客营销的工作，才有必要将营销目的放在重要位置。对于大多员工来说，只要根据自己的工作环境和知识背景，写出自己的所见所想，这样就已经参与了“全员网络营销”。当发布一篇博客文章时，你所需要考虑的仅仅是，“这些内容对读者可能有价值吗？”至于最终的营销效果，是一个不断积累的过程，只有坚持不懈地写下去，博客才能发挥持续的营销价值。

#### 3.4.4.5　博客文章如何获得最多的访问

如同一个网站没有用户访问也就失去了网站的意义一样，无论你多么勤奋，但是博客文章没有人访问，那么博客也只能是白费功夫。所以让博客发挥营销价值的必要条件，除了做个勤奋的博主之外，还要让自己的博客获得尽可能多的用户访问。这也就意味着，博客营销不只是写博客文章，而是要写有用户阅读的博客文章。如何才能让博客文章获得尽可能多的用户访问呢？

首先要自己重视自己的博客，通过合理的设置，让博客体现出个人网络品牌，在增加可信度的同时，也更加便于网络传播；然后，当然是要写出对读者有价值的博客文章，并持续不断地更新自己的博客，必要时还可以做一些简单的网络推广。

本书将个人博客设计和博客文章推广归纳为下列六个方面，即**“个人博客网络推广六大意识”**：博客意识、读者意识、传播意识、搜索意识、分享意识、运营意识。读者可根据个人情况选择采纳。

**【说明】**：“个人博客网络推广六大意识”初稿写于 2012 年 11 月，本章第 1 节“内容营销的五大意识”（3.1.2）初稿写于 2016 年 6 月，对比发现，两者在基本思想方面是基本一致的，可见作为内容营销无论具体是哪种形式，其基本思想和意识是相对稳定的，具有长期的指导意义。

### 1．博客意识——让博客成为个人官方网站

如果博客平台具备个性化设置个人博客首页网址的功能，那么尽可能将你的博客首页URL 设置得可以充分体现你的个人品牌，如用姓名缩写，或者姓名全拼（如本书作者冯英健公司博客首页网址是 http://www.jingzhengli.cn/blog/fyj，新浪博客首页网址是 http://blog.sina.com.cn/fyj），且在博客的主题（博客首页的网页标题）中含有个人姓名信息，这样不仅便于告诉朋友，也有助于建立个人网络品牌。

让个人博客成为自己的官方网站，也是自己的网络名片，这样不仅更容易得到重视，也有利于提高个人博客意识。借助于个人官方博客，所有重要信息都可以以博客的方式发布，同时也可以和其他朋友互相交换博客首页链接（就像友情链接网站推广方式一样）。你也可以把博客网址印在名片上、电子邮件的签名档、QQ/MSN 签名或者状态描述、个人微博及微信的简介等。另外，还有一个最重要的网络推广渠道：搜索引擎。一个设置合理并不断更新的博客，通常可以被搜索引擎收录，且很可能通过任何搜索引擎搜索你的姓名等信息时，你的博客信息就出现在搜索结果的首页。实际上，当一些用户试图寻找某个人的信息时，“姓名＋博客”已经成为最常用的关键词组合形式之一。

### 2．读者意识——了解读者的兴趣及获取信息的习惯

可以结合博客文章选题来进行，在设计文章题目时，不妨到搜索引擎检索一下，同类话题中用户关心哪方面的内容（看搜索结果下面的相关检索可以带来一定的启发），这样，可以从若干备选标题中选择一个有吸引力且含有用户经常检索的关键词，为博客文章的搜索引擎推广打下基础。

例如，你打算写一篇博客营销案例分享的文章，该如何设计博客文章题目呢？如果你的文章标题就是“博客营销案例分享”，是否可以呢？当然这也没有原则问题。不过，博客营销是个比较大的概念，有关博客营销案例的内容可能很多，你的这篇文章会引人注意的可能性就很难说，如果用户通过搜索引擎检索，找到这篇文章的机会也要小很多。所以，可以考虑增加一些具体行业或者其他属性的词汇以缩小内容范围，从而获得这个行业或者领域用户关注的机会。例如“一个环保购物袋企业的博客营销案例分析”，可能要更好一些。

### 3．传播意识——博客的网络传播渠道设计

博客文章与一般的网页一样，获得用户浏览的主要网络渠道包括搜索引擎检索、用户直接访问、朋友推荐、网站内部链接、最新文章列表、其他博客的链接等。因此，可以有意识地设计自己的博客文章传播渠道，让读者可以更方便地了解你所发布的博客文章。

### 4．搜索意识——重视博客文章搜索引擎优化的每个细节

博客文章具有长期生命力的重要原因之一在于搜索引擎的支持，即博客文章可以通过搜索引擎等渠道持续带来用户访问，因此重视博客文章的搜索引擎优化，是博客文章推广

的重要武器。

博客文章的搜索引擎优化与网站搜索引擎优化在原理和操作方法上也有一定的相似之处，不仅可以对整个博客进行全面优化，也可以对每一篇博客文章进行更具体、细致的搜索引擎优化，同时也需要为博客增加必要的外部链接。这对于学习过网络营销，尤其是搜索引擎优化推广常识的人士来说，是最简单不过的事情，几乎不需要任何额外的工作量。

例如，博客文章也应遵循搜索引擎优化的一般原则，如为每篇文章设计一个合理的网页标题、文章标题，摘要信息应该包含符合用户检索的关键词，文章中文字内容丰富且包含有效关键词，博客文章经常更新，等等。

**5．分享意识——与网络好友分享博客文章**

博客就是分享个人知识和信息的一种形式，分享同时也有助于博客推广。在社会化网络中，每个人都是媒体，都具有信息传播的作用，如果你正在应用某些网络社区的服务，如 QQ 聊天、QQ 群、微博、通讯录、博客群等，当你发布了新的博客文章时，可以方便地与自己的网络圈子分享，自我传播也是博客文章获得更多阅读机会的常用措施。

**6．运营意识——成为活跃博客用户**

维护一个高质量的博客，与网站运营维护一样要做大量细致的工作。如果仔细观察一下不难发现，大部分博客用户在发布几篇文章之后都再也没有更新了，坚持更新博客 3 个月以上的用户已经属于少数，如果能坚持数年不间断地写博客，即使不是凤毛麟角，至少也是屈指可数了。而博客的成功就在于坚持，博客的价值也在于不断更新。具备博客的运营意识，做一个活跃博客用户，不断发布新的文章，这是博客获得关注的最重要法宝。

本节将博客的运营意识列在“个人博客推广六大法则”的最后一条，不是因为这一法则的重要性最低，恰恰相反，之所以这样安排，是因为这是博客推广必须坚持的最重要的一项法则，是其他原则发挥作用的必要条件。

#### 3.4.4.6　博客专栏的管理维护

博客营销管理是企业博客营销的基本内容，在前面内容中已经介绍了企业角度对博客营销的运营管理策略，其中也包含了对员工个人博客管理的内容，如对员工博客专栏维护的明确要求、对新员工的专业培训等。因为企业博客不只是员工个人的事情，每个成员都有责任共同维护企业博客频道的正常运营和专业形象，从而为用户提供丰富而有价值的信息源。

企业员工博客专栏的管理维护是企业博客营销管理的组成部分，事实上，只有员工的博客专栏达到一定的专业水准，企业博客的整体水平才能提高。因此，博客营销除了企业层面的管理之外，更重要的在于员工的自我管理，也就是在“个人博客网络推广六大意识”中第一条所强调的，要有博客意识，其中也就包括对博客专栏的管理维护。

这里将**企业员工博客专栏的管理维护的主要内容**归纳为如下七个方面：

（1）博客专栏设置：完善个人博客首页的各项必要信息，如博客名称、个人介绍、文章分类、友情链接等，当某些资料发生变化时要及时更新；

（2）遵守企业博客管理规范：切忌发布任何有可能危机企业网站生存的敏感信息，如法律许可范围之外的内容、企业机密信息等；

（3）博客文章写作：经常更新自己的博客，持续不断地发布有一定专业水准的个人原创文章，就是对企业博客最大的支持；

（4）与博客用户的沟通：参与与读者的互动交流，经常关注读者对博客文章的评论，用平常心对待博客文章评论，既要经得起读者的赞扬，也要听取读者的批评意见，与读者建立良好的交流氛围；

（5）对恶意用户的防范：注意可能对企业博客正常运营造成危害的问题，主要表现包括在博客文章评论中发表大量与文章无关的信息，尤其是评论中出现的无关的网站链接——这是一些垃圾 SEO 惯用的“增加网站链接广泛度”的手段之一，遇到这些不正当的评论者，应及时清理有关信息，如有必要还要采取进一步的行动；

（6）让自己的博客吸引更多的读者：对博客进行必要的网络推广，不断积累博客写作和推广的经验，让高质量的博客文章为企业带来源源不断的潜在用户；

（7）博客文章的用户浏览数据分析：通过网站访问统计数据，了解用户访问的行为习惯，不断总结博客营销的技巧，逐步炼成企业博客营销高手。

这些内容说起来简单，实践起来或许就没那么容易，即使是活跃的博客高手，也有可能面临各种难题。例如，你的某篇博客可能受到公司同事的嘲笑，或者受到竞争者的攻击等，这些都会严重影响博客写作的心理。博客是个人知识、观点和信息的公开分享，你不需要得到所有人的拥护和支持，遇到不同意见甚至他人的攻击谩骂，也是司空见惯的事情。那么如何面对这种局面呢？全球最著名的企业博客罗伯特·斯考给博客们一个建议：“当你告诉人们任何一件事情的时候，要把它当成是可以在《纽约时报》上读到的文章。”如果能保持这种心态，你就已经做得很棒了。同时他也建议博客作者们“脸皮要足够厚”以应付各种抨击。[14]

### 3.4.5 提升博客营销效果的八项措施

本节有关博客的运营管理、博客选题、博客内容推广等都是为了一个目的：让博客营销更有效。尽管本书一再强调，对于一篇具体的博客文章，不必过于强调其营销效果，不过这并不是说企业博客不关心营销效果，而是要关注企业博客的整体营销效果。

为了达到提高博客营销效果的目的，首先要明确博客营销应有的价值。在本书第 2 章中，分别介绍过企业官方博客及第三方博客平台的网络营销价值，企业博客营销可能采用多种模式的组合，因此其应有的效果并不限于官方博客或者第三方博客。综合国内外有关博客营销的研究及实践，作者认为，目前**博客营销的价值主要体现在八个方面：**可以直接带来潜在用户，降低网站推广费用方面，为用户通过搜索引擎获取信息提供了机会，可以方便地增加企业网站的链接数量，以更低的成本对读者行为进行研究，博客是建立权威网站品牌效应的理想途径之一，减小了被竞争者超越的潜在损失，让营销人员从被动的媒体依赖转向自主发布信息。因此，提升博客营销效果的措施也将在这八个方面得以体现。[15]

**1．博客营销的潜在用户策略**

一般来说，对企业的产品和服务感兴趣的读者最有可能是潜在用户，因此在博客内容选题时，有必要将针对企业的产品和服务相关的话题作为重点方向，如某产品的选购和保养知识、产品研发及生产的细节故事等。不过，仅有潜在用户的访问还是不够的，还需要将访问者转化为真正的顾客才能实现直接从博客营销到增加销售的目的，这个过程可能是漫长的，博客营销仅能发挥销售的引导作用，至于最终是否能增加销售额则是难以评估的。

**2．博客的网站推广策略**

通过企业博客实现官方网站访问量的提升，是博客营销最容易体现的效果之一。例如，介绍企业新产品的博文吸引用户来到官网了解更多的信息；通过博客频道的广告投放为官网增加访问；通过博客的链接策略增加官网信息的权重，从而有利于官网的搜索引擎优化效果；等等。也就是说，通过企业博客积累的网络营销资源可以为官网进行推广，从而节约直接用户官网推广的费用。

**3．博客的搜索引擎可见度策略**

搜索引擎是博客的主要访问来源之一。在“个人博客网络推广六大意识”提到的“搜索意识”，也就是将搜索引擎优化的原理和方法应用于博客营销，从而增加博客的搜索引擎可见度，获得更多用户的访问。这一策略的含义是：搜索引擎优化技能应该成为每个博客用户的基本功，是提高企业博客营销效果的有效手段。

**4．博客的链接策略**

与网站的链接策略一样，企业博客也需要合理的链接，包括内部链接及外部链接。内部链接对于官网的推广及潜在用户的引导具有重要意义，外部链接（外部网站链接到博客频道）则对增加博客的搜索引擎可见度有积极意义。博客的内部链接需要员工在维护博客专栏及发布博文时给予重视，外部链接则可以通过互换链接及在第三方网站平台发布信息时附带的网址链接等方式实现。其实，只要把博客运营提升到网站运营管理的高度，就可以发现有很多可以获得外部链接的途径，例如，不仅博客频道可以寻找互换链接，每个员工的博客专栏也可以与其他企业的博客专栏互换链接，博文内容中的互链同样是可行的。

**5. 博客的用户研究策略**

通过博客与用户的互动，主要是利用博客的“评论”功能实现的，从用户的评论中可以发现他对文章内容的态度，也可能提出其他的建议等。如果博客文章有较多的用户访问及评论，那么用于初步的用户研究还是比较有效的。例如，新浪博客的一些知名博客，博文阅读数量可能高达数万次，评论数数以千计，这些都是很有价值的资源。但是，大多数企业博客可能访问量很小，也就失去了用户研究的意义。对此的建议是，通过一些热点事件精心准备的博文，有意识地引导用户发表评论，从而在一定范围内获得用户行为研究的信息。

**6. 博客的网络品牌策略**

网络品牌是企业博客最基本的价值之一，只要通过博客增加了企业的网络可见度，就为企业网络品牌的提升做出了贡献。但博客的网络品牌价值并不限于网络可见度，更重要的体现在行业影响力、顾客信任及顾客价值等方面，显然不是随便发布一些博文所能做到的。这也说明，为了获得企业博客的网络品牌效果，企业开设博客之后靠自然发展是远远不够的，还需要制定系统的博客运营策略及博客竞争策略，并坚持不懈地做有专业水准的博客。

**7. 博客的竞争策略**

率先运用博客的企业，在网络营销方面可能比竞争者领先了一步，当企业的主要竞争者都开始博客的时候，该如何建立自己的竞争优势呢？新竞争力网络营销管理顾问的研究表明，在互联网应用整体水平较高的企业（如电子信息百强企业），企业博客几乎已成为标准配置。于是，企业网络营销竞争将深入每个领域，必须针对性地制定各个细分领域的竞争策略，如搜索引擎营销竞争策略、博客营销竞争策略、在线服务竞争策略等。

**8. 博客的市场与公关策略**

博客是有效的市场与公关工具，对市场人员来说尤其要充分利用博客的功能，因而应该比其他员工有更强的博客意识和传播意识，即博客的市场与公关策略要求每个市场人员都应该是企业的博客高手。不仅博客如此，微博等 SNS 营销也是如此，市场人员必须是所有社会化网络营销手段的高手。“不会博客的营销人不是合格的营销人！”2006 年 2 月，本书作者在营销人博客以此为博文标题发表了自己的观点，相信这个观点将长期有效。[16]

## 3.5 微信营销之公众号营销

本书第 2 章已介绍过微信的网络营销功能，其中关于微信对实现网络营销基本职能的作用中提到了微信的网络推广、顾客关系与服务、网络销售等功能，这些功能的实现，大多依托于微信的常用功能之一——微信公众号。微信公众号营销，也就成为微信营销的主要方式之一。

与许可 Email 营销类似，微信公众号营销属于用户订阅模式的内容营销方法，是许可营销原理在社会化营销中的应用形式。本节将介绍微信公众号营销的基础：基本原理、内容策略和用户策略。

## 3.5.1　微信公众号营销的基本原理

### 3.5.1.1　微信公众号的类型及其网络营销解释

进入微信“添加朋友”菜单，上方的搜索框里提示信息为“微信号/QQ 号/手机号”，这表明要添加用户，可根据用户的微信号、QQ 号码或手机号码来查找。反过来说，一个微信用户至少有一项个人通信信息是和微信绑定的，这也可以成为用户的个人微信 ID。同时，在添加朋友界面的下方，还有一项是“公众号”，其说明信息是“获取更多资讯和服务”。由此可见，个人微信号与公众号是不同的概念，具有不同的应用方式和作用。

微信个人号与 QQ 个人号码的作用类似，用于个人用户之间聊天、创建及加入群聊、发布个人动态信息（朋友圈）、向好友群发信息等，但是个人微信号在信息管理和再传播方面功能较弱。例如（截止到 2016 年 6 月份），发布在朋友圈的消息朋友不能直接转发、信息格式也无法个性化编辑、早期发布的信息管理也没那么方便，而且好友数量也有上限（目前微信每个用户好友数量最多是 5 000 人）。当然，这些功能对于个人交流应该已经够用，但如果作为营销工具，可能在很多方面就难以满足要求。

与微信个人号相比，微信公众号则正好具备营销工具的特点（还记得本书第 2 章介绍的网络营销工具所具有的共性特征吗），因此一经发布很快就成为企业及个人应用最为广泛的移动营销工具，微信营销也成为移动网络营销的典型方法之一。

**1．微信公众号的定义和类型**

其实微信官方并没有对微信公众平台及微信公众号提出正式的定义（但对每个具体的公众号类型有定义，如什么是订阅号），对于微信公众平台网址中“mp”的“m”也可以有多种理解，如 media、marketing、mobile、mass 等，在微信的发展历程中曾将其名称从“官号平台”“媒体平台”到最终定位为“公众平台”，从微信公众平台名称也可以推测其含义的演变，从官方微信到媒体再到公众服务，体现了微信的连接能力不断扩展，连接了工作、生活、学习、娱乐、政务、金融等几乎所有领域。

根据微信公众平台官方网站的信息，到 2016 年 6 月，微信的账号分类（即“公众号类型”）分为三类（见 https://mp.weixin.qq.com/）：

（1）服务号：给企业和组织提供更强大的业务服务与用户管理能力，帮助企业快速实现全新的公众号服务平台。

（2）订阅号：为媒体和个人提供一种新的信息传播方式，构建与读者之间更好的沟通与管理模式。

（3）企业号：为企业或组织提供移动应用入口，帮助企业建立与员工、上下游供应链及企业应用间的连接。

微信公共平台的相关说明：

- 什么是订阅号（http://kf.qq.com/faq/120911VrYVrA15091832Qzqq.html）
- 什么是服务号（http://kf.qq.com/faq/120911VrYVrA150918fMZ77R.html）
- 订阅号如何升级为服务号（http://kf.qq.com/faq/120911VrYVrA141016VBnu2i.html）

微信官方网站对公众平台服务号、订阅号、企业号的相关说明，介绍了三类公众号的区别、适用场合及功能权限差异：[17]

（1）订阅号：主要偏于为用户传达资讯（类似报纸杂志），认证前后都是每天只可以群发一条消息。如果想简单的发送消息，达到宣传效果，建议可选择订阅号；

（2）服务号：主要偏于服务交互（类似银行，114，提供服务查询），认证前后都是每个月可群发 4 条消息。如果想进行商品销售，进行商品售卖，建议可申请服务号；

（3）企业号：主要用于公司内部通讯使用，需要先有成员的通讯信息验证才可以成功关注企业号。如果想用来管理内部企业员工、团队，对内使用，可申请企业号。

### 2．不同类型微信公众号的主要区别与联系

企业号与订阅号及服务号之间差别显著，因此很容易理解其应用场景及功能。订阅号和服务号都有信息传播的功能，但权限不同，应了解其各自的规则。作为网络营销工具，常用的主要是订阅号和服务号，这里简要归纳微信订阅号和服务号的区别及联系。

（1）订阅号和服务号的相同点

信息发送：订阅号和服务号都有信息传播的功能，可以向关注公众号的用户发送信息，并且与用户发生互动。

账号认证：订阅号和服务号都可分为认证账号和非认证账号，其中订阅号认证和非认证账号的权限差别主要体现在认证用户可以成为广告主及流量主，即订阅号具备媒体及广告功能。

（2）订阅号和服务号的差异

信息发送数量：订阅号每天可以群发一条信息，服务号每月可以群发 4 条信息。

信息展示方式：所有订阅号的消息都显示在“订阅号”文件夹中（即通常说的订阅号折叠展示），每个服务号的信息都直接显示在好友对话列表，就好像是微信用户新发布的消息一样展示在信息流中。这就意味着用户查看订阅号信息要多一次操作，需要首先点击订

阅号文件夹，才能从中选择自己希望查看的订阅号内容。

高级权限：认证服务号可申请微信支付，并且具有更多的高级接口功能。订阅号及未认证服务号则不能申请微信支付。

（3）订阅号升级为服务号

微信认证通过的订阅号可以升级为服务号，但服务号不能再变更为订阅号。因此，作为订阅号，如果有继续运营的需要，最好不要转化为服务号。

**3．微信公众号的网络营销解释**

从上述对微信号的基本介绍中，表面来看似乎并未感觉到微信公众号到底对网络营销会产生哪些影响，当我们深入微信的应用场景就会发现，公众号的影响力无处不在，每天的生活、学习、工作都和微信公众号有着密切的关系。例如，进入微信朋友圈或群聊，经常会看到有人“分享了一个链接”，如果你觉得某篇文章内容不错，你可能会将其转发到微信群或朋友圈，于是一篇文章很快就会在众多微信用户之间传播，形成一个社会化关系传播网络，而这个被分享的信息正是通过微信公众号发布的内容！

也就是说，微信公众号是微信传播信息的信息源，且并不仅仅是信息源，而是具备信息发布、传递、用户交互及管理的一个信息生态链！这就是微信公众号文章与网页文章内容传播的显著区别。简单来说，**微信公众号，不仅是信息发布和传播工具，而且是信息传播生态链。**

基于微信的这些特点，从网络营销的角度来看，本书这样总结**微信公众号的网络营销解释**：

“微信公众号是微信用户关系网络信息发布、传播及交互生态链的一个节点，通过这个节点，连接到微信公众平台实现网络营销信息源发布，利用微信用户关系网络实现多维度信息传播及用户交互，最终实现网络营销的各项职能。”

也就是说，通过公众号这个节点发布的信息，具备向整个微信用户全体传播的基础条件，传播的范围及速度，则取决于节点附近用户的密度及用户对信息的感知和认可程度。

从这个角度来看，微信营销具有生态网络营销的性质，是生态型内容营销的典型代表。本书后续内容将微信分销列入生态型网络营销模式。

#### 3.5.1.2　微信公众号营销的模式及流程

由于微信公众号中的订阅号和服务号都具有类似的信息传递功能及操作流程，因此在本书接下来有关微信公众号营销的内容中，不再强调或区分是订阅号还是服务号，两者都统称为微信公众号，而对于企业号，则不做其他的探讨和说明。对于微信公众号营销的分析，一般是基于订阅号，其分析结论和操作方法，对于服务号的信息发布及传递同样是适用的。本书后续内容中涉及的“微信公众号营销”，均以微信订阅号营销为参照，除非需要明确分辨两者的关系时才会特别说明。

在浏览微信朋友圈时，通过好友“分享了一个链接”，你有没有考虑过，这意味着什么？点击链接进去一般就是通过微信公众号发布的文章，这种链接分享也是微信文章获得多层次传播的常见方式。通过这个链接内容，我们不妨分析一下：是什么人发布的信息，如何发布信息，如何被其他用户获取到，用户阅读后有哪些后续行为等。也就是说，通过这样的分析，不难发现微信公众号营销信息传播的模式及流程。

一般来说，**微信公众号运营的流程**包括以下方面。

### 1. 注册账号并验证

注册公众号、选择公众号的类型、设置公众号主体的基本信息（企业或个人）、公众号验证（企业和个人有不同的验证方式）。

### 2. 登录公众平台配置公众号信息

登录公众平台配置公众号信息，主要包括以下方面。[18]

（1）公众号设置

它包括账号头像、公众号名称、微信号、公众号简介等。其中公众号名称和微信号，一旦确定无法改变，因此一定要慎重，经过深思熟虑确定后再做设置。微信号是为了便于用户查询或推广而设置的，例如，公众号“网络营销能力秀”的微信号是wm23com，也就是能力秀官方网站当时的域名。微信号和个人微博的个性域名，以及能力秀个人主页的个性域名设置方式和作用是类似的，都是为了突出个性化信息，其原则是便于传播及记忆。

（2）设置自动回复

它包括用户被添加自动回复（即新用户关注微信号之后给用户自动回复的欢迎或说明信息）、消息自动回复、关键词自动回复。这一功能是利用微信公众平台系统的功能实现与用户之间的自动信息回复，起到欢迎、提醒或简易查询等作用。

### 3. 发布微信公众号信息

即通过公众平台的“群发功能”向微信公众号的关注者发布信息，可选择向全部用户或部分分组用户发送。信息发布成功，用户即可在订阅号中阅读最新收到的文章内容。

### 4. 微信公众号运营管理

它包括用户管理、消息管理、素材管理。其中，用户管理功能可以对用户分组、添加标签、加入黑名单；消息管理是用户与微信号之间互动的主要渠道之一，可以对用户的消息进行回复；素材管理则为发布编辑内容提供了方便，将常用的图片加入素材库以实现快速的内容编辑。

### 5. 微信公众号运营数据分析

微信公众平台提供的分析数据包括用户分析（用户总数、新增用户、取消关注用户等）、已发送消息统计分析（送达数量、阅读数量、分享数量等）。

除了上面基本功能之外，对于认证的高级用户，微信公众平台还提供了推广服务，其中包括广告主和流量主两个角色。广告主可以通过公众平台投放广告，如朋友圈广告和公众号广告。达到一定条件的公众号，则可以申请为流量主，可在公众号文章中投放广告，将阅读量转化为广告收入（类似于网站联盟）。

总之，微信公众平台提供了从用户关注（订阅）、用户互动交流、发布信息及信息管理以及微信号运营统计数据等完整流程的服务，作为公众号运营者，所做的工作主要是提供有价值的内容，并用适当的编辑格式发送给用户。因为简单，所以应用者众多，这是微信公众号营销快速发展的根本原因。

#### 3.5.1.3　微信公众号营销与许可 Email 营销比较

了解了微信公众号信息发布及管理的基本流程，是否有似曾相识的感觉？信息发布平台、订阅用户数量、有价值的内容、信息发送与接收……许可 Email 营销的基本要素不也是这样吗？事实上，微信公众号营销与许可 Email 营销（邮件列表营销）的基本原理、操作流程和方式几乎是一致的，他们都是许可营销理论的内容营销形式，而微信营销在许多方面比 Email 营销更优越、更便利。

下面从五个方面对微信公众号营销与许可 Email 营销进行比较，发现他们的共同点，让不同形式的内容营销发挥协同效果。

**1．用户订阅及退出比较**

微信公众号营销与许可 Email 营销在基本原理和流程方面，都属于用户许可的内容营销模式，两者的流程基本一致，是许可营销理论的具体应用：

**许可 Email 营销用户订阅流程：**用户输入 Email 地址—收到邮件列表平台的确认邮件—用户回复确认订阅（如果是单向许可，则无需用户回复确认）—订阅成功—等待接收邮件列表内容。

**微信公众号营销用户订阅流程：**用户关注微信公众号—收到公众号的自动回复信息—订阅成功—等待接收公众号订阅内容。

对比发现，除了 Email 营销的双向确认之外，其他流程与微信公众号营销几乎一样。微信公众号订阅之所以无须双向确认，是因为每个微信号订阅都只能是用户自行订阅，不存在其他用户盗用别人微信号随便订阅公众号（除非密码泄密被他人盗用）。而邮件订阅存在 Email 地址错误或被别人冒用的可能，因而双向确认是必要的。同样，用户退订微信公众号也更为便捷，只要点击取消关注即可。邮件列表退订流程则需要经过用户确认邮件以免被别人错误退订。

这也就说明，微信公众号的订阅流程更为简单且可信度更高，只有用户主动关注才能订阅成功，这也是微信营销比Email营销普及速度更快的原因之一。

### 2．信息发布平台及发布方式比较

**Email营销信息发送流程：**登录邮件列表管理平台—将事先准备好的邮件内容按照一定的格式进行编辑—邮件发给自己预览检查—向所有列表用户发邮件。

**微信公众号信息发送流程：**登录微信公众平台—将事先设计好的微信内容按照一定的格式进行编辑—微信发给自己预览检查—向所有关注微信号的用户群发信息。

Email营销与微信公众号信息发布方式几乎没有差异，区别仅在于预览邮件要发到自己的邮箱来检查，而测试公众号文章通过微信来浏览。

### 3．内容形式及用户阅读方式比较

许可Email与微信公众号文章在内容形式上具有显著的区别：Email是电子邮件内容，需要用邮件客户端软件或浏览器阅读，而微信公众号文章要用手机的微信浏览器阅读（当然在网页登录微信的情况下也可以用电脑版浏览器阅读但不能匹配最佳格式且部分触摸功能无效），这就决定了两者在内容编辑格式方面要符合自己的特点。

许可Email营销的内容格式要求：邮件标题、摘要信息、邮件正文、签名档、退订说明等基本要素完整，并且要适应主流网页浏览器的显示模式。

微信公众号文章内容格式："头条"文章标题、封面图片及摘要信息、正文图文内容、作者的微信公众号推介等。

通过对比可以看出，微信公众号内容编辑相对简单，通过简单的格式及摘要信息迅速获得用户关注及全文阅读，是公众号与网页内容及邮件内容的区别之一。

### 4．营销模式及效果体现比较

Email营销与微信公众号信息两者都具有内容营销的基本形态及特点，营销模式及效果的体现包括：内容中直接体现品牌或产品信息、在内容中设置图片（含推广信息）、在内容中插入广告、通过超级链接到目标网页等。

两者的区别在于：Email内容编辑自主性较高，可根据需要加入更多的外部链接（一般不受平台规则的制约）；微信公众平台内容有比较严格的管理规范，可以设置外部链接的渠道较少，提供模式有一定的限制。

以送达率作为效果比较的基本指标：Email存在退信及用户拒收等因素，送达率通常不能达到100%；微信公众号文章群发可100%送达，但在用户收到信息之后，未必都会被用户阅读。两者都需要通过"点开率"及"阅读率"的指标来评价，但并没有简单的可比性方法。

### 5．许可Email营销与微信公众号营销的优势与缺点的比较

**许可Email营销的优点：**作为经过20多年实践检验的传统网络营销方式，Email营销

具有长期稳定性及有效性，邮件内容可长期保存，便于管理，尤其在作为会员服务方面比其他营销方式有独特的优点。另外，利用 PC 和手机阅读邮件都比较方便，不受用户上网设备的影响。

**许可 Email 营销的缺点**：邮件送达率受较多因素影响，用户更换 Email 地址会造成呆滞账户、用户活跃度（阅读率等）低、无法通过系统与用户直接互动或互动效率较低。此外，垃圾邮件对许可 Email 营销的影响也一直是一个全球化的难题。互联网应用环境的变化也不可忽视，用户使用电子邮件的习惯逐渐受社交网络及即时信息影响，收取邮件的频率无法与即时信息或社交工具相比，因而获取信息的及时性较差。

**微信公众号营销的优点**：相对于许可 Email 营销而言，微信公众号订阅及退订便捷、信息传递快捷且送达率高，同时便于用户再次传播，具有病毒性营销的基础条件。

**微信公众号营销的缺点**：一方面是微信相对封闭，在微信圈用户之外传播存在一定的障碍；另一方面是微信即时性的特征在公众号信息中同样存在，即时效性强，过期信息容易被淹没，尤其当用户关注了较多数量的公众号时，信息的阅读率将会受到影响。

总之：许可 Email 营销与微信公众号营销有很多相似之处，在内容营销方面可以同步进行，根据各种营销方式的特点，使得内容营销的价值最大化。

## 3.5.2　微信公众号营销的内容策略

通过对微信公众号基本特点的介绍可以看出，在微信营销策略中，内容策略是最重要的组成部分，直接关系到用户是否关注、是否阅读文章内容以及是否有后续转发和互动行为。因此，内容运营是微信公众号运营的基础工作，也是核心工作。下面简要介绍微信公众号营销内容的一般要素、基本原则及部分可借鉴的经验总结。

### 3.5.2.1　微信公众号内容的一般要素

浏览一些有影响力的微信订阅号，可以发现一些共同的特征，如有吸引力的头条标题及配图，清晰的标题及内容排版、明确的推广意识，以及相关的菜单设计等。一般来说，可以将微信公众号内容的要素归纳为以下方面。

**1．封面设计**

每一期公众号文章，就相当于一期手机期刊，好的封面设计，加上引人注意的文章标题，对提高阅读量有着直接的影响。

**2．文章标题**

无论每期公众号是单篇文章，还是多篇组合，每篇文章都需要有醒目的标题，其中头条文章总是发挥着最重要的作用，因此头条文章的标题设计又是所有文章标题设计中最重要的工作。除了用户直接关注并点击公众号封面文章标题之外，文章标题还承担着推广的功能，如好友在朋友圈及群聊天中分享、搜索引擎检索公众号文章等，都需要对每篇文章标题进行合理的设计。

3．正文内容

正文内容是公众号文章的主体，也是获得用户阅读及后续互动或转化行为的载体。需要明确的是，微信公众号文章的正文，与Email营销正文内容有较大差异，在某些方面与网页内容比较接近，即每一篇文章都相当于一个独立的“网页”，而不是将同期的多篇内容发布到同一个页面（电子邮件内容正好相反）。

4．发布个人信息

在公众号文章标题下方，通常会有一个可点击的蓝色字体，显示的是文章发布人的信息。这个功能是微信公众平台自动实现的，无需用户操作。这里的“发布人”实际上是该微信公众号的名称，例如“网络营销能力秀”。点击可进入该公众号的摘要页面，显示公众号的基本介绍及历史消息等，因而新用户可通过这个界面关注该公众号。因此也是通过文章内容获得新用户关注的基本渠道。从这里也可以看出，取一个好的微信公众号名称的重要性。

5．辅助推广信息

除了发布人信息之外，还可以在正文内容之外有意识地设置其他辅助推广信息。辅助推广有两个方面的含义：一方面，通过在文章开始或结尾处增设二维码或文字提示等方式，提醒新用户关注自己的微信号；另一方面，作为已关注公众号的用户，在阅读时可通过文章下方的“阅读原文”链接到网站上，或者通过图片文字等引导用户关注更多的内容。这些辅助推广信息并非必须，但一个用心运营的微信公众号，通常不会忽略这些可能的推广机会。

由于微信公众平台的规范程度较高，因此公众号内容的个性化元素相对较少，例如，不能像网页内容那样附加“相关链接”，不能像电子邮件那样添加超级链接，因此只能专注于内容本身及微信用户之间的推广和传播。从另外一个角度来看，也是微信公众号文章内容的优点：用户专注于核心内容，不受其他信息的干扰。

#### 3.5.2.2 微信公众号内容的一般原则

内容营销的一般规则同样适用于微信公众号内容营销，如有吸引力的标题、对用户有价值的内容、具有营销意识等。同时，微信公众号内容营销也有自己的特点。本书将**微信公众号内容的一般原则**归纳如下。

1．用户价值原则

为用户提供价值是一切内容营销的基础，在微信公众号营销中表现得更加突出和重要，因为每个阅读者都必定是个真实的微信用户，而且可能是你的微信好友，或者好友的好友。用户是第一位，一切以用户为出发点，对于微信营销至关重要。这也是为什么在微信中很少看到“企业动态”“总裁致辞”式内容的原因，而在传统企业网站中，这种内容风格却一直大行其道。

2．内容简单性原则

微信内容是碎片化阅读模式，用户可能随时随地阅读一段信息，但是长篇大论的深度阅读往往需要用更加正式的方式。虽然在网页内容及邮件内容中也都有内容简洁的要求，但作为 PC 阅读信息的承载量毕竟较大，而在手机阅读模式下，简单就显得尤为重要。一些阅读量超高，点赞数超高的文章，可能没有任何价值，但满足了用户的阅读习惯，当然这种经验不可复制，但从中可以看出微信内容营销简单的重要性。

3．内容灵活性原则

与邮件列表内容系统性原则相比，微信公众号内容相对灵活，因为邮件列表通常是比较严肃的“电子刊物”，而微信公众号文章则可能是即时性、娱乐性或随意性的内容，因而可读性更强。这一原则与内容简单相辅相成，用简单的内容及灵活的形式满足用户获取信息及碎片化阅读的需求。

4．内容可信性原则

微信营销是典型的基于网络可信度的营销方式，内容的可信性也就成为微信公众号营销的基础，无论标题多么耸人听闻或具有煽动性，但内容本身必须是可信的，否则就仅有炒作的功能，而难以发挥营销的效果。这也是微信炒作与微信内容营销的区别。

5．内容生态化原则

微信不只是单向信息发布，用户也是内容营销系统的一部分。因此，从某种意义上可以说，微信公众号营销具有网络营销生态思维，是生态型内容营销方式。在微信内容生态中，用户无疑是整个系统的核心，因为有用户关注，内容才能发挥价值；因为用户分享，内容才得以传播并且获得更多用户关注；因为用户互动交流，获得对用户更多的了解并进一步增加可信度及用户主动传播。一个好的微信号内容体系，应具有生态化的思想和策略，这样才能不断发展壮大。

在上述原则中，并没有强调“内容原创原则”，因为原创永远只适合少数人，而且真正原创内容的影响力，往往不如那些利用技巧“借用”原创内容的文章，所以微信公众号运营比较成功的，并不一定都是真正的内容原创者。当然原创仍然是值得提倡和推崇的，只是不必拘泥于为了原创而原创，毕竟效果比是否真原创更直接。事实上，在微信公众号运营中可能会发现，相对于官方网站不限量发布内容显得内容稀缺，公众号内容的取材来源相当广泛，往往因为发布信息容量有限需要在各种内容中进行选择。因此，上述微信公众号内容的一般原则也只是在运营思路及选题方向方面适当参考，至于具体的操作，还需要了解一些基本的技巧。

#### 3.5.2.3 微信公众号内容操作技巧

看看这些微信公众号的文章标题，是否似曾相识：

- ❑ 一千万人看了都转了
- ❑ 这视频，笑死千万人
- ❑ 一考生的零分作文，看了心酸
- ❑ 写得太好了（深度好文）
- ❑ 短短一篇文，少死千万人
- ❑ 史上最全……
- ❑ 绝对震撼……
- ❑ 禁……片，速看，很快就删了……

如果注意观察微信公众号文章，就不难发现，类似这样的标题党无处不在，几乎可以说，做微信的都是标题党！为什么？道理很简单，微信承载的信息有限，标题几乎就决定了阅读量，所以如果你不加入标题党，你辛辛苦苦创作的内容就没人看！没有足够的阅读量，也就谈不上营销效果。可见，**即使在粉丝思维模式下，依然要追求流量效果。**

但是，标题并不是一切，标题只是在某些方面迎合了用户的心理，但是如果没有优质的内容基础，标题就成了名副其实的骇人听闻甚至带有欺骗的性质。有多少人愿意被再三欺骗呢？

以顾客价值为导向的网络营销价值观，对于标题党的存在及影响感受比较复杂：一方面，要坚守价值导向希望不要被标题党所同化；另一方面，又不能不被标题党产生的影响力所影响。那么，需要就找一个中间办法。

从标题党现象中，网络营销学习者可以借鉴的有哪些？如何把标题党的成功之处转化为顾客价值？这是值得认真思考和选择的。通过对众多高阅读量微信文章的分析，我们可以把微信公众号内容进行归纳分析，这样不难发现这些内容的一般规律。

微信文章内容本身的类别可能是五花八门的，几乎各个领域都有多个公众号，不过大多数微信文章通常是很少被阅读和转发的，一般来说，比较受关注的微信公众号内容（包括文字和图片视频等）主要包括：生活感悟类、情感类、名人隐私、热点事件、幽默搞笑、奇闻异事等，而这些公众号的运营者大多为个人或小团队，以获得最大阅读、关注或转发为主要目标。如果从一个企业或者品牌的角度，运营这样的公众号，传播这些内容可能会与企业的价值导向及营销目标有较大的差异，因此，对热门公众号的关注和研究，其意义主要在于从中归纳出内容选题和表现方式中的用户关注点。

本书将微信内容操作选题及写作技巧归纳为：**微信公众号内容爆读绝招 21 点**（20+1 点）：

热点、痛点、笑点、泪点、骂点、观点、共鸣点、好奇点、兴奋点、柔软点、同情点、隐秘点、暴露点、悬念点、疑惑点、诱惑点、蛊惑点、知识点、实用点、收藏点、综合点。

综观上述，所有的技巧点，其实都可以集中到一个核心点：用户需求点（现在流行的说法叫"痛点"）。做微信内容运营，研究用户需求是必须深入细致进行的工作。此外，需要了解的是，这些所谓的技巧甚至"干货"，并非一般规律，通常具有阶段性或仅对部分用户群体有参考意义，因为用户兴趣和行为在不同阶段也会发生变化。例如，对耸人听闻的文章标题看多了也就不会再受诱惑点击了；鸡汤感悟类的内容看多了，发现大都是在浪费时间，也许就希望看一些深度的或知识性的内容。因此，好的内容及表现方式，需要在实际工作中根据用户行为分析不断进行调整和优化，让内容适合用户习惯，获得最好的营销效果。

另外，有关微信公众号内容的选题及写作技巧，对其他网络社区营销及社会化网络营销的内容写作，大多也是适用的，因为这些都属于基于用户可信度的碎片化的阅读方式，用户的阅读习惯是相近的。

## 3.5.3　微信公众号营销的用户策略

微信公众号营销的用户策略主要包括：如何获得更多用户关注（微信吸粉策略），如何为用户开展服务（互动沟通策略），如何让关注者转化为顾客（用户转化策略）等。

### 3.5.3.1　微信公众号营销用户策略之一：微信吸粉策略

网上搜索一下，会有无数篇介绍微信吸粉方法的文章，无论是所谓的"干货"分享，还是各种"吸粉大法""增粉秘籍"，其实大多是比较零散的，或者缺乏可操作性的，或者没有长期参考价值的，这些内容对开拓思路可能有一定的意义，不过并不一定能照搬到自己的实际工作中。因为仅仅是简单的经验和技巧，缺乏对用户行为的深入分析，也就难以发现一般规律，无法发挥长期和系统的指导作用。比如，用户关注微信号的原因是什么，用户是如何信任该微信号的，关注微信号可获得的价值是什么，用户的来源渠道可能有哪些？

#### 1. 用户关心的基本问题

通过分析判断，对这些用户关心的基本问题可以归纳如下几条。

（1）用户关注微信号的主要原因：学习知识、娱乐休闲、兴趣爱好、生活服务、在线购物、资料收集等。

（2）用户信任微信号的主要原因：朋友推荐、系统推荐、内容可信、阅读量高、转发量高、知名度高等。

（3）用户关注微信号的主要价值：获取感兴趣的信息、获得个人生活便利、辅助工作、获得优惠等。

（4）用户关注微信号的主要渠道：根据公众号微信直接添加、微信扫描二维码、公众号搜索、微信文章搜索、朋友圈分享链接、企业官网官博官微链接、企业网站微信公众号页面、第三方网络社区（如论坛、贴吧、聊天室、QQ 空间、微博等）、同行及合作伙伴推荐、成功案例传播、媒体热点介绍、线下推广活动（如赠送样品、优惠购物等）、网上推广活动（如抽奖、赠送礼品等）……

据此分析，我们可以进一步将微信号吸引粉丝关注的方式归纳为下列12个方面，每个方面有若干种渠道或方法，排列组合起来将会有超过百种实用的微信吸粉方法。

**2．微信公众号吸引粉丝的资源**

微信公众号吸引粉丝的资源有以下十二类。

（1）微信公众号内容吸粉：优质内容+适当的引导关注，是微信文章获得新用户的常用模式。内容是基础，但内容本身并不会自动带来新粉丝，通常需要用户分享给新的朋友才能获得新用户关注，这种方式也是社会关系网络吸引粉丝的主要手段。内容吸粉方法可以进一步细分为多种具体的方式，例如：公众号内容网址直接分享给朋友，微信个人号（可以多个个人号）分享到朋友圈、分享到微信群等。

（2）微信公众号的功能吸粉：提供便捷的微信公众号服务（如微信网上值机、航班动态查询、天气查询），满足用户生活服务的需求，是常见的功能吸粉方式。这种方式需要具备某领域的独特资源。

（3）关联公众号互推：在网站运营中我们分析了关联网站的作用，这一原理同样可以应用于微信运营。同时运营若干个有一定交叉和关联内容的公众号，每个公众号的粉丝通常不会完全重叠，利用关联微信内容互相推广，吸引更多的关注者，也是企业内部资源营销的合理应用。

（4）利用微信平台的推广功能：微信的公众号搜索及文章搜索，类似于搜索引擎营销的方式，在用户搜索相关关键词的时候，通过用户的筛选获得关注。符合微信搜索排序规则并获得优先展示机会的内容及公众号，将获得更多的推广机会。这种方法可称之为“微信号优化”（与搜索引擎优化对比）。

（5）社会关系网络推广：个人朋友圈以及朋友的朋友圈是可信度最高的社交资源，利用微信朋友圈分享及群聊分享，是公众号文章推广的常见渠道，也是获得新用户关注的常见方式。至于获得社交关系推荐的方式，除了内容价值基础之外，还可以通过诸如发红包分享、有奖分享等方式获得新用户。

（6）企业官方网络资源推广：企业官方网站、官方博客、官方微博、关联网站、邮件列表等资源都可以发布微信公众号信息，为用户提供更多选择关注的机会。

（7）合作伙伴的公众号资源推广：与邮件列表的合作推广模式类似，与有一定相关性但并非竞争性的公众号合作互相推广，扩展各自的用户群体，是合作共赢的常见方式。

（8）其他社交网络推广：微信之外的其他社交网络如微博、QQ 空间、Facebook、Linkedin 等，同行是可利用的个人关系资源，尽管不能直接分享微信公众号内容，不过通过网址分享或介绍微信号等方式仍然可以获得一定的关注。

（9）第三方网络平台推广：几乎所有用于网站推广的平台，都可以用来推广微信公众号，如博客平台、文档分享平台、在线问答社区等，都可以用适当的方式实施软推广，在分享知识和经验的同时附带自己的微信号或二维码。

（10）搜索引擎推广公众号：搜索引擎是网站内容营销的重要推广渠道，利用搜索引擎推广微信公众号，同样需要基于相应的网页内容。也就是说，在某些网页内容中有意识地提供微信公众号的信息以获得用户搜索阅读并关注，例如，在官方网站为自己的微信号制作一个专门的“着陆页”，除了公众号简介之外，还可以附上往期精彩内容、用户评论、点赞及分享信息等，为用户提供可信的信息；也可以在第三方网站平台如个人博客上专门设置一个微信公众号的网页以增加搜索引擎曝光的机会。

（11）媒体与自媒体软文传播：对于有一定知名度的微信号，往往会获得媒体的关注，以网络软文的形式介绍给更多的用户。在自媒体时代，每个用户都可以发挥媒体的功能，利用自身的网络资源以软文方式传播往往可以达到更好的效果。例如，分享自己的微信号运营案例，介绍自己的微信内容创作经验，分析高访问量及转发量文章等，均属于自我推广的方式。

（12）有奖或赠送扫码关注：这是最常用的微信公众号推广方式之一，无论网上还是网下都是适用的。有奖或赠送（包括折扣、优惠券和实物等）满足了用户对获得实际价值的需求，往往能取得较好的推广效果，在微信公众号推广早期的效果尤其显著。随着用户新鲜感及关注过多公众号意愿的降低以及防范心理的加强，这种方式的效果会呈减弱趋势。

与邮件列表积累用户邮件地址资源一样，微信公众号增加粉丝关注也是一个长期的过程，并且与内容策略密切相关，内容包含推广意识，推广须有内容支持，两者相互依存相互促进。

#### 3.5.3.2　微信公众号营销用户策略之二：互动沟通与转化策略

微信公众号营销是内容营销的方式，同时也是社会化营销的典型方式之一，与用户的互动沟通是微信营销的重要特征，而不仅仅是单项的信息发布与传递。微信公众平台提供了多种用户互动沟通方式（其中服务号比订阅号的互动功能更丰富一些），合理利用不仅能增加用户可信度，也是微信内容再传播及用户转化的主要途径。因此，这里将用户的互动沟通及转化策略合在一起介绍。

微信公众平台提供的互动交流功能包括：被关注自动回复欢迎语、消息自动回复、关键词自动回复、一对一消息回复、微信客服等功能，还可以根据微信自定义菜单设置相应的沟通方式。微信平台的功能仍在不断发展中，具体的方式可登录微信公众平台了解和试用，下面仅对微信沟通与转化的一般流程及意义做简要的分析。

通过对用户关注微信号的流程，我们可以将互动沟通分为三个环节：关注前（基础准备吸引用户）、关注后（及时欢迎获得信任）、运营中（交流推广促进转化）。

**1．用户关注微信号前的互动沟通**

正如网站推广是从网站建设之前的策划阶段就已经开始的，与潜在用户的沟通在用户关注微信号之前就应该开始准备。关注前的基础准备工作是吸引用户的最佳阶段。它主要的准备内容包括：

（1）微信号设置及认证等：这是微信公众号运营的基础，微信号及名称尽可能简单好记且适于搜索，微信号头像有明确的标识，具备条件的有必要申请认证。

（2）微信号简介：这是用户了解微信公众号的最直接信息，一句有吸引力的介绍对于增加用户关注有重要的作用。

（3）带有标识的二维码：吸引用户关注微信号，扫二维码是最主要的方式，同时适用于多种推广场合，一个个性化的二维码，可能会获得出其不意的效果。

（4）往期精彩内容：历史信息是判断公众号价值的核心要素，不要忘记把精彩展示给潜在用户。

（5）用户转发及点赞内容：用户说好才是真的好，用适当的方式展示现有用户的肯定，为潜在用户带来信任。

（6）明确用户关注的价值点：通过往期精彩内容或其他载体，告诉潜在用户，关注本微信号的好处和价值。

**2．用户关注微信号后的互动沟通**

（1）新粉关注问候及提示：微信被添加时的自动回复可承担此项欢迎问候的任务，问候的方式和内容可以自行发挥，给新粉留下深刻的印象。在欢迎的同时不忘提醒用户有关公众号发布的时间甚至新内容预告等，让用户对新内容的发布充满期待。

（2）合理利用关键词回复：利用关键词回复，设置不同类型的常见问题或功能，让新粉关注后可以自助获取更多信息和服务，建立新粉与公众号之间更多的交互。

**3．微信公众号运营中的互动与转化**

在微信公众号运营过程中，除了一对一的咨询交流之外，利用微信提供的各种专题活动功能开展互动交流，如在线投票、有奖游戏、有奖分享、其他优惠活动等，既是对现有用户的互动，也是顾客转化及继续获得新粉的有效手段。

微信公众号营销中的互动沟通策略有自己的独特方式及特点，但也存在普适性的规律，因此对微信互动沟通的分析，对其他社交网络及在线客服等也有一定的参考价值。例如，与用户沟通提前到用户关注之前，在运营过程中通过多种具体的互动方式增加用户的信任，用生态化思维鼓励老用户分享信息带来更多新粉，实现顾客价值并且不断扩大用户来源，具有典型的生态营销特征。

除了基于微信公众号的营销方法之外，微信营销还包括更多方式，如通过微信连接的微网站、微分销、微商城、微店，以及 LBS 营销、微信社群营销、微信分享营销等，这里不做系统的介绍，将在后续相关内容及网络营销教学网站上适当进行介绍。

## 3.6　网络分享式内容营销方法简介

内容营销的范围和方式相当广泛，除了本章前面介绍的网站、博客、Email 及微信营销等主流且由信息发布者主导传播的内容营销方式之外，还有更多的以用户分享模式为主的内容营销形式，包括电子书阅读器、阅读软件、视频分享、音频分享（播客）、图片分享、文档分享、案例及方案分享、规范文档模板下载等。这些分享式内容也是常用的植入式营销的载体，因此也属于植入营销的范畴。

网络分享式内容营销的一般特点有以下方面。

（1）信息表现形式灵活多样：如视频、音频、图片、PDF 文档、TXT 文档、PPT 文档。

（2）信息发布渠道广泛：包括企业网站、社会化网络媒体、第三方网站平台、文档分享平台、第三方云存储平台、直接分享到用户等。

（3）内容阅读及传播方式灵活：不再局限于传统的网站浏览，也包括网络存储及下载、在线播放、手机阅读软件阅读或者以手机 APP 等方式传播。

（4）具有用户主动分享的基础：分享式内容具有病毒性营销的基本属性，有价值的内容往往可以获得用户主动分享，因而分享式内容与社会化网络营销也密不可分。

可见，网络分享式内容营销具有多种网络营销模式的特征，是多种网络营销模式的综合表现，因而是传统的网络营销工具和方法体系所难以包含的，可以认为是基于网络可信度的社会化内容营销。

本节介绍的网络分享式内容营销方法包括：电子书下载与文档分享营销、网络视频分享及图片分享营销等。其他内容营销模式请参考相关的网络资源。

### 3.6.1 电子书下载营销

电子书是起源较早的网络内容营销形式之一，常作为病毒性营销的媒介，在传统PC网络营销方法体系中占有一定的位置，在智能手机时代由于阅读的便利性，电子书获得了新的发展，为内容营销增添了新的活力。

电子书（Electronic Book，E-Book）是一种作为传统印刷品替代技术的数字化出版方式，电子书的内容需要借助于一定的设备才能阅读，如专用的电子书阅读器、个人电脑、智能手机、平板电脑等，有些格式的电子书还需要专用的阅读软件，如PDF阅读器等。由于电子书出版快捷，内容也没有最低字数（页数）的限制，因此比传统印刷版书籍更加灵活，同时由于电子书内容丰富，可信度较高，因此成为一种有效的内容营销载体，主要用于网络品牌推广、网站推广、产品及服务推广等。

**1．电子书的信息传递方式**

在网络营销的应用中，**电子书的信息传递方式**是这样的：

（1）根据一定的营销目的，编写潜在用户感兴趣的书籍内容，在书中合理地插入企业品牌信息、产品信息、网址链接信息、用户分享等营销信息。

（2）将书籍内容制作成某种或某几种格式的电子书。目前常见的电子书格式包括txt、word、PDF、chm等，每种格式的电子书均有相应的制作软件及阅读软件。

（3）将电子书上传到网站或云存储网络空间供用户下载。提供电子书下载可以是在自己的网站，也可以是一些提供公共服务的网站，然后经过适当的推广让用户了解并下载。

（4）用户在阅读电子书过程中，发现企业的促销信息，产生兴趣后来到企业网站了解详情或者关注企业微博/微信与企业建立联系，从而实现了网站或产品推广的基本流程。

一般来说，电子书被下载阅读的次数越多，可以实现的网络营销效果也越好。因此，下载数量也就成为电子书营销效果的评价指标之一。

**2．电子书下载营销的特点**

利用电子书下载开展网络营销具有以下特点：

（1）信息完整并可长期保存。电子书与网页不同，不需要每个页面逐个打开，一部电子书的内容是一个完整的文件，读者下载后书中所有的信息都将完整地被保留，而且书中内容不会因为原提供下载的网站发生变动而改变，只要读者不从电脑等设备上删除，电子书可以长期保存，随时阅读。

（2）可以离线阅读。从网上下载后电子书即可用各种阅读设备离线阅读，这样不必像其他网上信息一样必须在线浏览，毕竟不是所有用户任何时候都可以方便地上网。而一部有价值的书往往会得到读者的反复阅读，并有可能在多人之间传播。正是在这样的阅读和传播中，电子书营销实现了其病毒性营销、达到宣传和获得新用户的目的。

（3）便于用户继续传播。获得尽可能多的用户阅读是电子书营销的关键，而电子书下载后可以方便地通过电子邮件、即时信息、SNS 网络中文件分享、蓝牙传输等方式向别人继续传播，甚至可以在一定范围内共享，如果书中内容对读者有足够的吸引力，这种继续传播是自发的，效果也会更好。

（4）便捷的手机社交化分享阅读。除了对已下载的电子书分享传播之外，对书中的内容页可以实现分享。目前多款流行的手机阅读器都具有社交分享功能，可以将书中的精彩内容分享给你的社交好友，并可加入阅读圈子与兴趣相同者交流，实现信息在更大范围的传播。

（5）促销和广告信息形式灵活。由于电子书本身具有平面媒体的部分特征，同时又具有网络媒体的部分优点，如具有超链接功能、显示多媒体信息等，因此促销和广告信息可以采用多种形式，如文字、图片、多媒体文件等，读者在线阅读时，还可以点击书中的链接直接到达广告目的网页。

（6）营销效果可以测量。由于电子书所具有的互联网媒体特征，其中的电子书广告具有网络广告的一般优点。比如，可以准确地测量每部电子书的下载次数、内容中超链接点击次数等，并可记录统计下载者的分布，这样便于对潜在读者做进一步的研究。

电子书在网络营销中已经有许多成功应用，本书在病毒性营销的相关内容中介绍电子书营销的部分应用案例，有兴趣的读者可以直接阅读有关内容。

## 3.6.2　文档分享营销

或许你有这样的搜索经历：如果搜索一些专业知识，在百度搜索结果中，经常看到百度文库、豆丁网、道客巴巴等网站的相关内容，因为这些网站汇集了大量的专业文档，总有一些文档与用户检索的信息相匹配，于是这些由用户分享上传的文档，通过搜索引擎获得了用户阅读或下载。而在这些文档中，可能含有企业或产品的营销信息，在用户阅读的过程中实现了营销信息传递。

文档分享营销与电子书下载营销的模式及流程有一定的相似之处，但在文档格式及阅读方式方面有一定的差异。电子书通常是需要下载后才能阅读，而在线文档分享通常可以通过浏览器阅读，也可以下载后阅读，而在下载之前，可以通过在线预览方式对文档进行初步的了解，电子书则主要是通过内容简介和样章阅读的方式进行了解。这种差异就意味着营销信息传递也存在差异。

文档分享是典型的知识营销模式，**文档分享营销的主要特点**可归纳如下：

（1）在线文档是基于浏览器的阅读方式。首先需要通过浏览器打开在线文档，这就决定了在线文档与网页内容有一定的相似之处，因此在排版格式和营销信息设计方面可参照网页设计的一般规律，以获得最佳浏览效果。

（2）在线文档通常利用第三方平台传播。由于阅读格式的限制，在线文档通常不适合在企业网站发布（文档的内容可以用其他合适的方式发布到网站上），这就需要选择合适的文档分享平台，了解各个平台的规则，用符合规则的方式展示企业的营销信息（如某些平台不允许在文档内容中出现联系方式），并获得平台最好的展示机会。

（3）文档分享营销时效性长。与微博、微信的时效性强不同，在线文档分享往往在较长时间内有效，因而可以长期带来访问者，这种特点同时也意味着，文档分享营销不易取得立竿见影的营销效果，在制作文档时应注重其长期价值。当文档里的营销信息失效之后，应考虑更新和替代，减少流量资源的浪费。

（4）用户获取信息的目的明确。与网页内容浏览有一定的随意性不同，用户下载文档通常具有明确的需求，对于文档内容关注度较高，尤其是深度分析或论文资料等专业文档，往往可以得到深度阅读，因而专业文档分享对用户获取信息的价值更高。

文档分享虽然已经有多年的历史，但是作为一种营销模式，其实至今没有统一的模式和公认的效果评价方式，并且由于营销方式的限制，因此主要具有品牌推广的意义，作为产品推广或者网站推广，则可能难以取得显著的效果。

### 3.6.3 网络视频分享营销

与在数字视频中投放广告有所不同，网络视频分享营销的信息源于用户分享的视频，与用户文档分享类似，将自己制作的视频文件分享到专业的视频平台或者社交网络，通过内容与营销信息融合，或者在内容中插播营销信息的方式，实现网络营销的信息传递。

早期的视频主要通过专业的摄像设备录制内容，并在PC电脑安装的视频播放器进行播放，现在手机视频制作与分享非常便捷，极大地推动了网络视频营销的发展，成为内容营销重要的发展领域之一。

仔细观察国内外常用的视频网站（如优酷网、YouTube等）及社交媒体视频（如新浪微博、微信短视频）等，可以发现其中有很多带有一定的营销信息。

**网络视频营销的主要特点**如下：

（1）内容与营销信息的融合：高质量的企业视频才能获得用户的关注，要做到内容即营销、营销即内容并不是简单的事情，需要精心策划、制作并采取合理的传播方案。相对于网页文字信息，视频营销在前期策划和制作阶段要投入的资源显然要更多一些。

（2）网络视频的病毒性营销特征：一段好的视频会获得广泛传播，发挥病毒性传播的效果，如果获得各种排行靠前的机会，传播效果会进一步放大。当然绝大多数短视频难以取得惊人的效果，更多需要获得平台的推荐及企业社交资源的转发。

（3）视频营销效果的“滞后”效应：与网页信息直接展示全部内容不同，用户无法一眼看尽视频的全貌，需要耐心看完视频才能了解其内容，因而视频营销的效果也要到用户观看之后才能体现，因此要给用户持续观看的理由，并且为用户留下深刻印象并产生后续的点击转发行为。

视频内容可以发布在企业网站，也可以发布在第三方视频网站、社交网络或 B2C 购物平台（如淘宝），同时也可以通过个人用户之间或朋友圈直接传播，传播方式相对灵活，但目前对网络视频营销效果的评价方式还不完善，尤其手机视频传播等，还需要进一步的观察和实践。

## 3.6.4　图片分享营销

图片与文字几乎是不可分割的网页内容基本元素，不过在网页内容中通常作为文字的配角，因为文字信息更容易被搜索引擎获取，即使用户搜索图片，也往往是因为网页中的文字才得到被展示和浏览的机会。在传统的网页中，图片发挥营销效果的主要方式是通过搜索引擎的图片搜索带来用户访问，为网站增加访问量，至于图片本身的营销效果则很难评估。

不过，作为具有独立“生命”的图片，通过图片分享也可以直接产生营销效果，因为图片本身也是内容，具有独立承担内容营销的能力！图片分享为图片发挥独立营销效果提供了舞台，图片不再仅仅是网页的元素，可以成为完整的网络营销信息源。

图片分享网站为图片处理提供了便利，原始照片经过简单的编辑即可实现更适合网络传播的规格，并可标注相关的标签和说明信息，更重要的是提供了便捷的社交网络分享功能，可以方便地把上传的图片分享到你的微博、QQ 空间、Facebook 等网站。于是，图片的活力和营销价值得到充分的发挥。

### 1．图片分享营销的主要途径

**图片发挥网络营销价值的主要途径**包括：

（1）传统网页的图片搜索：在传统的网页中插入图片，设置图片的 alt 属性（即鼠标悬停在图片上或图片无法下载时出现的文字信息），并且在图片周围的文字中设置描述图片属性的关键词。如一张九寨沟风景的图片，可以在网页正文内容中设计九寨沟风景图片、九寨沟图片等相关的关键词，这样在用户通过搜索引擎搜索“九寨沟图片”时，该图片就有机会出现在搜索结果中，从而得到潜在用户访问，并根据图片来源进入原网页浏览。

（2）分享图片附加营销信息：在图片分享网站或社交网络分享设计的含有一定营销信息的图片（如含有品牌信息、网址或微信公众号），图片在用户浏览及转发的过程中传递了企业的营销信息，这是比较常见的图片营销方式之一。

（3）网络相册及云图片资料库：拍照及设计某些领域的专业图片，上传到网络相册或云存储资料图库，有价值的图片往往会获得较多用户的浏览、下载和转发，从而形成有效的信息传递。国内BATS等大型网站及社交网络通常都提供网络相册或云相册服务。

另外值得关注的是，一些手机APP提供的美颜拍照及图片分享服务，由于上传图片的便利性，可随时拍摄随时上传，比传统的网络相册和图片分享更受欢迎，也更具有潜在的网络营销价值。例如，墨迹天气APP，基本功能是各地天气状况查询，同时用户也可以上传当地的时景照片，通过图片背景及标签标注等方式，在一定程度上发挥了网络营销的作用，对地方服务类的推广有一定的价值。美图秀秀、360相机等APP则提供了丰富的图片美化及SNS分享功能，对图片传播具有较好的效果。

**2. 图片分享营销未成为主流的原因**

从目前网络营销方法体系来看，图片分享营销并未成为主流模式，大致有下列原因：

（1）图片分享营销的规律性不明确：由于图片传递的营销信息本身没有一定的规律，而且分享方式、用户浏览及再传播方式也缺乏规律，因此难以形成具有一般规律性的指导原则及操作方法，甚至有些无所适从的感觉。

（2）用户属性及来源具有不确定性：用户浏览图片信息可能是由于网站的推荐，也可能是朋友的分享，或者图片搜索或随机浏览，用户可能来源于多种渠道，但对于用户行为分析还缺乏有效的措施，用户的不确定性使得图片营销策略具有一定的盲目性。

（3）图片分享营销效果难以评价：图片分享的不同渠道提供的服务可能有较大差异，难以获取浏览数量、再传播数量等指标，同时由于图片上营销信息可能无法直接点击，用户浏览后的行为无法有效跟踪，因此难以建立系统的效果评价方法，从而制约了图片营销方案的实施。

尽管如此，图片分享营销作为内容营销的领域之一，仍然是值得关注和探索的，在实践中不断总结经验，最终可以发现适合自己的营销方案及评价指标体系。

## 3.7 内容营销引流方法——搜索引擎营销

在以工具为主导的传统网络营销方法体系中，搜索引擎营销一直是重要的组成部分，至今仍然是网络营销的重要方法之一。在本书有关内容营销的各种方法中，经常提到内容的运营推广意识及方法，如搜索引擎推广及社交关系转发分享等。其中搜索引擎作为一种信息引导工具，对内容营销的推广发挥着重要的作用。

本书第2章介绍过，搜索引擎在网络营销中有六个方面的作用（见2.3.8节）：网站推广工具、网络品牌传播渠道、产品网络推广工具、网上市场调研工具、网站优化检测工具以及为竞争对手制造网络推广壁垒等。作为网站推广工具，也就是为网站带来访问量，对于网站内容营销、博客营销、网络分享营销等基于浏览器阅读信息的方式，通过搜索引擎可获得用户访问的直接效果。因此搜索引擎成为内容营销的重要引流方法。

搜索引擎营销包括搜索引擎优化及搜索引擎广告两个主要部分，本节介绍搜索引擎营销的基本原理与基于自然搜索结果的搜索引擎优化方法，搜索引擎广告则在本书第 4 章网络广告的内容中介绍。

## 3.7.1 搜索引擎营销的基本原理与目标层次

搜索引擎营销得以体现的必要条件包括三个环节：一是有用户熟悉使用的搜索引擎；二是用户利用关键词进行搜索；三是搜索结果页面的信息对用户产生吸引从而产生进一步的点击行为。可见，在搜索引擎及其收录的网络信息既定的情况下，搜索引擎营销取决于用户的行为。因此本节从用户的搜索行为来研究搜索引擎营销的原理，并在此基础上分析搜索引擎营销的特点和基本特征，为制定及实施搜索引擎营销策略奠定基础。

### 3.7.1.1 从用户搜索行为看搜索引擎营销基本原理

一个典型的用户搜索流程是：选择搜索引擎；设定关键词或者关键词组合进行检索；对搜索结果进行筛选并点击符合期望的信息；进入信息源网站获得详细的信息。如果用户获得满意结果，本次搜索结束；或者，更换关键词重新搜索。如果在更换关键词后仍然没有得到合适的信息，可能放弃或者更换其他搜索引擎进行搜索，并重复上面搜索过程。用户在完成搜索、筛选、点击等基本信息获取行为之后，对于本次获取信息行为是否获得期望的结果得出自己的判断。用户通过搜索引擎获取信息的过程如图 3-2 所示。

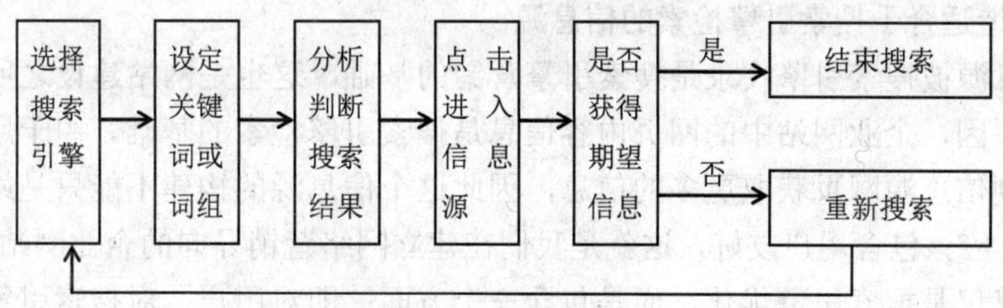


图 3-2 用户通过搜索引擎获取信息的过程

搜索引擎的应用很简单，绝大多数上网用户都有过使用搜索引擎检索信息的经历，并且可能在客观上帮助某些企业实现了搜索引擎营销的目的。企业利用被用户通过搜索引擎检索的机会实现信息传递的目的，这就是搜索引擎营销。

### 1. 搜索引擎营销的基本过程

进一步分析可以发现，**搜索引擎营销得以实现的基本过程是：**

（1）企业将信息发布在网站上成为以网页或文档形式存在的信息源（包括企业内部信息源及外部信息源）。

（2）搜索引擎将网页或文档信息收录到索引数据库。

（3）用户利用关键词进行检索（对于分类目录则是逐级目录查询）。

（4）检索结果中罗列相关的网页索引信息及其链接URL。

（5）根据用户对检索结果的判断选择有兴趣的信息并点击URL进入信息源所在网页。

这样便完成了企业从发布信息到用户获取信息的整个过程，这个过程也说明了搜索引擎营销的基本原理。图3-3表达了搜索引擎营销信息传递的过程。

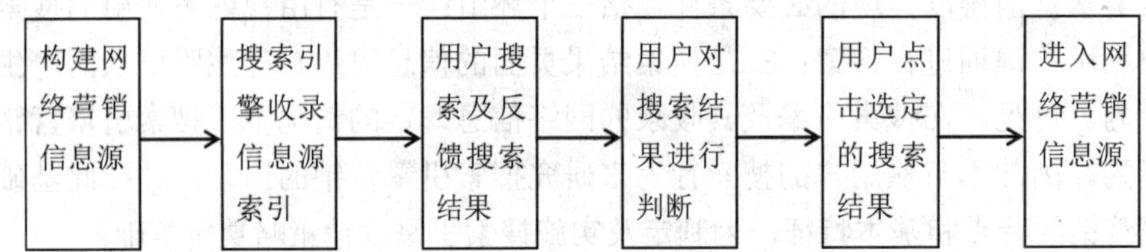


图3-3 搜索引擎营销的信息传递过程

在上述搜索引擎营销过程中，包含了五个基本要素：信息源（网页）、搜索引擎信息索引数据库、用户的检索行为和检索结果、用户对检索结果的分析判断、对选中检索结果的点击。对这些因素以及搜索引擎营销信息传递过程的研究和有效实现就构成了**搜索引擎营销的基本内容**。

### 2. 搜索引擎营销的基本内容

根据搜索引擎营销的基本原理可以看出，**搜索引擎营销的基本内容（任务和方法）**如下。

（1）构造适合于搜索引擎检索的信息源

网页信息源被搜索引擎收录是搜索引擎营销的基础，这也是网站建设之所以成为网络营销基础的原因，企业网站中的网页内容信息是搜索引擎检索的基础。由于用户通过检索之后还要来到信息源网页获取更多的信息，因此这个信息源的构建不能只是站在搜索引擎友好的角度，应该包含用户友好，这就是我们在建立网络营销导向的企业网站中所强调的，网站优化不仅仅是搜索引擎优化，而是包含三个方面：即对用户、对搜索引擎、对网站管理维护的优化。

在讨论搜索引擎营销时，一般情况下，我们主要考虑搜索引擎对于各种网页的检索。除了基于对网页的检索之外，也有一些专业领域的检索，如谷歌的新闻组和图片检索，百度的图片、音乐、视频、新闻、地图检索等，一些搜索引擎也可以对特定文档格式进行检索，如DOC、PDF、PPT等，但是无论是图片还是MP3等文件，通常也是被嵌入在网页中的，可以通过浏览器直接打开或链接到相关信息。这一特点也就决定了，要做好搜索引擎营销，需要从每个网页的搜索引擎优化设计做起。

（2）创造网站/网页被搜索引擎收录的机会

网站建设完成并发布到互联网上并不意味着自然可以达到搜索引擎营销的目的，无论网站设计多么精美，如果不能被搜索引擎收录，用户便无法通过搜索引擎发现这些网站中的信息，当然就不能实现网络营销信息传递的目的。因此，让尽可能多的网页被搜索引擎收录是网络营销的基本任务之一，也是搜索引擎营销的基本步骤。

（3）让网站信息出现在搜索结果中靠前位置

网站/网页仅仅被搜索引擎收录还不够，还需要让企业信息出现在搜索结果中靠前的位置，这就是搜索引擎优化所期望的结果，因为搜索引擎收录的信息通常都很多，当用户输入某个关键词进行检索时会反馈大量的结果，如果企业信息出现的位置靠后，被用户发现的机会就大为降低，搜索引擎营销的效果也就无法保证。

（4）以搜索结果中有限的信息获得用户关注

搜索引擎营销是“信息引导模式”的代表，搜索结果的摘要信息获得用户关注是信息引导得以实现的基础。一般来说，由于搜索结果信息量很大，用户通常不可能点击浏览检索结果中的所有信息，而是首先对搜索结果进行判断，从中筛选一些相关性最强的信息进行点击，进入相应网页之后获得更为完整的信息。这就需要在内容设计时适应搜索引擎收集信息的方式并在有限的展示空间中提供用户感兴趣的信息。相关的主要元素包括：网页标题、关键词、网页摘要信息、网页 URL 等。

（5）为用户获取信息提供方便

用户通过点击搜索结果而进入网站/网页，是搜索引擎营销产生效果的基本表现形式，用户的进一步行为决定了搜索引擎营销是否可以最终为企业带来收益。用户来到网站之后可能为了了解某个产品的详细介绍，或者成为注册用户，但是否最终转化为购买者还取决于更多的因素，如产品本身的质量、款式、价格等是否具有竞争力。在此阶段，搜索引擎营销将与网站信息发布、顾客服务、网站流量统计分析、在线销售等其他网络营销工作密切相关，在为用户获取信息提供方便的同时，与用户建立密切的关系，使其成为潜在顾客，或者直接购买产品。

### 3.7.1.2　搜索引擎营销的特点

与其他网络营销方法相比，搜索引擎营销具有自身的一些特点。搜索引擎营销的特点包括下列六个方面。

**1．搜索引擎营销的基础是企业网络营销信息源**

网络营销信息源包括内部信息源和外部信息源，两者都可利用搜索引擎实现信息传递，当然其前提是信息源发布的网站平台具有良好的网站优化基础。所以，无论是通过企业官方网站、关联网站还是第三方网站平台发布信息，都要求信息发布平台具有搜索引擎优化基础，因为这是企业信息发布获得搜索引擎推广效果的基础。

**2. 搜索引擎营销只发挥信息引导作用**

搜索引擎检索出来的是网页信息的索引，一般只是某个网页的简要介绍，或者搜索引擎自动抓取的部分内容，而不是网页的全部内容，因此这些搜索结果只能发挥一个“引子”的作用。如何尽可能好地将有吸引力的索引内容展现给用户，是否能吸引用户根据这些简单的信息进入相应的网页继续获取信息，以及该网页/网站是否可以给用户提供他所期望的信息，这些就是搜索引擎营销所需要研究的内容。

**3. 搜索引擎营销是用户主导的网络营销方式**

没有哪个企业或网站可以强迫或者诱导用户的信息检索行为，使用什么搜索引擎、通过搜索引擎检索什么信息完全是用户自己决定的，在搜索结果中点击哪些网页也取决于用户的判断，因此搜索引擎营销是由用户所主导的，最大限度地减少了营销活动对用户的滋扰，最符合网络营销的基本思想。

**4. 搜索引擎营销可以实现较高程度的定位**

网络营销的主要特点之一就是可以对用户行为进行准确分析并实现高程度定位，搜索引擎营销在用户定位方面具有更好的功能，尤其是在搜索结果页面的关键词广告，完全可以实现与用户检索所使用的关键词高度相关，从而提高营销信息被关注的程度，最终达到增强网络营销效果的目的。

**5. 搜索引擎营销的直接效果表现为网站访问量**

搜索引擎是内容营销的引流方法，也就是为了增加网站的访问量，并不一定直接体现在销售的增加。这个特点意味着，搜索引擎营销的目标是获得潜在用户的访问，至于访问量是否可以最终转化为收益，不是搜索引擎营销可以决定的，还屈居于内容价值、产品竞争力等多方面的因素。这也说明，提高网站的访问量是网络营销的主要内容，但不是全部内容。

**6. 搜索引擎营销需要适应网络服务环境的发展变化**

搜索引擎营销是搜索引擎服务在网络营销中的具体应用，因此在应用方式上依赖于搜索引擎的工作原理、提供的服务模式等因素，当搜索引擎检索方式和服务模式发生变化时，搜索引擎营销方法也应随之变化。因此，搜索引擎营销方法具有一定的阶段性，与网络营销服务环境的协调是搜索引擎营销的基本要求。

了解了搜索引擎营销的上述特点，对于我们研究不同历史阶段搜索引擎营销的模式、方法以及演变趋势具有一定的指导意义。

## 扩展阅读：搜索引擎营销学习研究资源

（1）搜索引擎营销发展简史和常见问题解答（英文）

iProspect（http://www.iprospect.com）是美国最早的搜索引擎优化和排名专业服务商，在该公司网站上有许多有关搜索引擎营销的研究文章、案例分析和基础知识。下面两项内容对于系统学习和研究搜索引擎营销有一定的参考价值：

搜索引擎营销发展简史　http://www.iprospect.com/search_engine_placement/seo_history.htm

搜索引擎营销常见问题解答　http://www.iprospect.com/search_engine_placement/faq.htm

（2）搜索引擎营销词汇表（英文）

SEMPO（http://www.sempo.org）是一家搜索引擎营销专业服务机构，网站上提供了丰富的搜索引擎优化专业研究文章、案例分析、搜索引擎营销相关网站链接等资源。其中的搜索引擎营销词汇表对常用词汇进行了较为详尽的解释：

http://www.sempo.org/search-engine-marketing-glossary.php

更全面的搜索引擎营销词汇可从下列网站中获得：

Search Engine Dictionary （http://www.searchenginedictionary.com）

（3）搜索引擎营销内容网站（英文）

下面列出的部分网站信息较为丰富，在搜索引擎营销领域有较大影响：

Search Engine Watch （http://www.searchenginewatch.com）

SEO Chat （http://www.seochat.com）

Search Engine Guide （http://www.searchengineguide.com）

Search Engine Optimization Tips （http://www.submit-it.com/subopt.htm）

Search Engine Workshops （http://www.searchengineworkshops.com/articles.html）

Search Engine World （http://www.searchengineworld.com）

（4）搜索引擎营销研究中文资源

网上营销新观察专题　http://www.marketingman.net/topics/004_semseo.htm

新竞争力搜索引擎营销研究　http://www.jingzhengli.cn/baogao/D04.htm

搜索引擎营销基础知识　http://www.wm23.com/resource/R04_searchengine.htm

（5）搜索引擎营销相关书籍

- 《搜索引擎广告：网络营销的成功之路》，（美）赛达著，谢婷，周至译，电子工业出版社，2005 年
- 《google HACKS——巧妙使用网络搜索的技巧和工具》（第二版），Tara Calisbain & Rael Dornfest 著，卞军等译，电子工业出版社，2006 年

（6）电子书及研究报告

《企业网站优化策略研究报告》　http://www.jingzhengli.cn/baogao/wso.html

搜索引擎优化知识手册 http://www.jingzhengli.cn/sixiangku/ebook/2005_hbj_seo.htm

说明：部分网站链接可能已经失效。

#### 3.7.1.3 搜索引擎营销的目标层次

从搜索引擎营销的信息传递过程和实现搜索引擎营销的基本任务，进一步分析可以发现，搜索引擎营销可以分解为不同的层次，每个层次有相应的目标。从初级的被搜索引擎收录到最高层次将浏览者转化为真正的顾客，搜索引擎营销的目标依次提高。图3-4描述了搜索引擎营销的目标层次结构。

从图中可以看出，**搜索引擎营销的四个层次为**：存在层、表现层、关注层和转化层。简要说明如下：

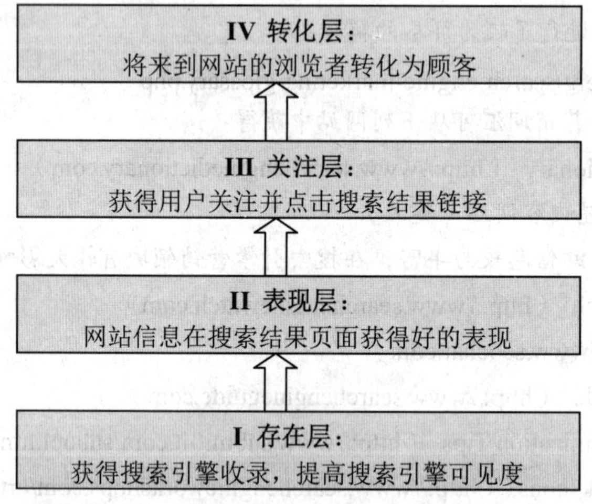


图3-4 搜索引擎营销的目标层次示意图

##### 1. 搜索引擎营销的存在层

存在层的基本目标是网站尽可能多的网页在主要的搜索引擎中获得被收录的机会，这是提高网站信息搜索引擎可见度从而获得整体网络可见度的基础。因此一个网站被搜索引擎收录的网页数量通常被认为是搜索引擎营销的评价指标之一。付费搜索引擎广告也是提高搜索引擎可见度的方式之一，其表现是当用户用尽可能多的关键词搜索时都可以出现企业的付费推广信息。

##### 2. 搜索引擎营销的表现层

表现层的目标是在被搜索引擎收录的基础上尽可能获得好的被推荐机会，即在搜索结果中有良好的表现，因而称为表现层。用户关注的通常只是搜索结果中靠前且引导信息有吸引力的少量内容。如果利用主要的关键词检索时网站在搜索结果中的表现不佳，通常可以利用关键词广告等方式作为补充手段来实现这一目标。同样，如果在分类目录中的位置不理想，则需要同时考虑在分类目录中利用付费等方式获得排名靠前。

3．搜索引擎营销的关注层

关注层直接表现为用户通过搜索引擎检索结果是否会点击来到网站，直接关系到网站的访问量。由于只有受到用户关注，经过用户比较选择后的信息才可能被点击，因此可称为关注层。从搜索引擎的实际情况来看，仅仅做到被搜索引擎收录并且在搜索结果中排名靠前是不够的，这样并不一定能增加用户的点击率，更不能保证将访问者转化为顾客。要通过搜索引擎营销实现访问量增加的目标，则需要从整体上进行网站优化设计，并充分利用关键词广告等有价值的搜索引擎营销专业服务。

4．搜索引擎营销转化层

转化层也是搜索引擎营销的最高目标——将来到网站的访问者转化为真正的顾客，即通过搜索引擎带来的网站访问量的增加转化为企业最终的收益。转化层是前面三个目标层次的进一步提升，是各种搜索引擎方法所实现效果的集中体现，但并不是搜索引擎营销的直接效果。从搜索引擎营销的各项工作，如信息源发布、搜索引擎收录并获得用户点击，到最终产生收益，期间的中间效果表现为网站访问量的增加，网站的收益是由访问量转化所形成的，从访问量转化为收益则是由网站的功能、服务、产品等多种因素共同作用而决定的。因此，第四个目标在搜索引擎营销中属于战略层次的目标。其他三个层次的目标则属于策略范畴，具有可操作性和可控制性的特征，实现这些基本目标是搜索引擎营销的主要任务。

## 3.7.2　搜索引擎营销的主要模式

自从搜索引擎成为互联网信息的检索工具开始，搜索引擎的营销价值就产生了，随着搜索引擎技术的不断发展，搜索引擎营销的模式也随之发展，搜索引擎营销经历了从登录分类目录、搜索引擎自然检索、搜索引擎关键词广告及广告联盟等阶段。与之相对应的是，搜索引擎营销的知识也在不断演进，从简单到复杂，至今已经发展为一个相对完整的搜索引擎营销知识体系。

### 3.7.2.1　搜索引擎营销的发展演变

搜索引擎营销是随着搜索引擎技术的发展而逐渐产生和发展的，从国内外的发展状况来看，搜索引擎营销模式大致经历了四个发展阶段。

第一阶段（1994—1997 年）：将网站免费提交到主要搜索引擎

早期搜索引擎营销的主要任务就是将网站登录到搜索引擎，并通过 META 标签优化设计获得比较靠前的排名。由于主要的分类目录网站雅虎所产生的巨大影响力，当时的一些观点甚至认为，网络营销就是网址推广，只要可以将网址登录到雅虎网站（www.yahoo.com）并保持排名比较靠前，网络营销的主要任务就算基本完成，如果排名可以在第一屏幕甚至前五名，那么就意味着网络营销已经取得了成功。当然，仅仅做到这一点还远远不够，何况网络营销的内容也决不局限于此。

随着搜索引擎分类目录收录网站数量的增多，通过逐级浏览的方式检索信息变得非常麻烦，并且，大约有一半的用户并非通过主页进入网站的，如果其他页面没有登录到搜索引擎，便失去了被用户发现的机会。因此，当时“将一个网站所有的网页都提交给搜索引擎”曾经成为增加网络可见度的一种常见策略。虽然从理论上说可以将一个网站的所有页面全部提交给分类目录，但是实际上是不可能的，不仅要占用营销人员大量的时间和精力，而且，也可能会受到搜索引擎管理人员的拒绝。因此，传统的分类目录型搜索引擎的劣势越来越明显：一方面是除了网站首页之外，同一网站次级栏目和页面的登录使得分类目录的内容显得臃肿和重复，增加了用户检索信息的难度；另一方面，由于大量的信息没有登录到搜索引擎，也使得一些有价值的信息无法被检索到，这也影响了搜索引擎营销的效果。

在搜索引擎营销发展的第一个阶段中发生了几起对搜索引擎营销具有较大影响的事件，这些事件本身也成为搜索引擎营销方法演变的印证：

（1）1994 年，雅虎、Lycos 等分类目录型搜索引擎的相继诞生，搜索引擎的网络营销价值逐渐体现出来，搜索引擎营销的思想也就是这时开始出现的。当时搜索引擎营销的任务就是将网站提交到主要的搜索引擎上。

（2）1995 年，自动提交到搜索引擎的软件诞生，网站管理员可以轻松地一次将网站提交到多个搜索引擎，但由于部分网站滥用这种软件，不断提交同一个网站或者同时提交同一网站中大量的网页以求网站总处于最新位置，或者占领搜索引擎收录网页的主要内容，因此这种软件的问题很快被搜索引擎发现，并且开始拒绝这种自动登录软件提交的信息。

（3）1995－1996 年，基于网页 HTML 代码中 META 标签检索的搜索引擎技术诞生，这种利用 META 标签改善在搜索引擎中排名的技术很快成为搜索引擎营销的重要方法。这就是后来被称之为“搜索引擎优化”方法的萌芽。同时也出现了一些利用 META 标签欺骗搜索引擎的做法，这种方式曾在一段时间内非常有效并且非常流行，成为当时搜索引擎营销的“核心技术”。这种状况也迫使搜索引擎的检索技术不断改进。

（4）1997 年，搜索引擎优化与排名自动检测软件问世，这使得网站管理员或网络营销人员可以检查网站搜索引擎优化设计的水平，并且了解被搜索引擎收录的情况，据此可以进一步制定针对性的搜索引擎营销策略。

第二阶段（1998—2000 年）：技术型搜索引擎的崛起引发的搜索引擎优化策略

本书第 1 章有关网络营销发展历程中的三次革命（1.1.3）的内容中介绍过，网络营销的第一次革命是网络信息展示与获取的搜索技术革命，正是发生在搜索引擎营销的第二个阶段。本书作者于 1999 年 12 月翻译的第一篇有关搜索引擎营销的文章“网站推广——搜索引擎登记技巧”（见 http://www.marketingman.net/wmtheo/wsp107.htm），就是有关搜索引擎优化的内容，介绍了网页标题和 META 标签内容设计等基本方法。该文是国内最早涉及搜索引擎优化的文章之一。

搜索引擎营销的第二阶段，源于搜索技术的发展。为了适应爆炸式增长的网页数量，并且增加信息检索的相关性，于是以谷歌为代表的纯技术型的搜索引擎得以迅速发展。2000 年后，谷歌已成为搜索引擎营销的最主要工具，其重要程度已经超过搜索巨头雅虎，尽管分类目录式的搜索引擎并未退出历史舞台，并且有时仍然在发挥重要作用，但由于谷歌所具有的特点而表现出更大的网络营销价值，如收集网页数量多，检索结果相关性强，高质量的网页（网站）排名靠前等，谷歌的排名计算法则不仅仅是根据网页本身的代码和内容来判断网页是否被收录以及排名状况，而是结合了网页之外的因素，其中重要的指标之一，就是网站被其他网站链接的数量。这种算法的基本思想是基于网站总是链接有价值的其他网站。相对于当前的社会化关系网络的推荐，网站链接也可以被认为是“网站关系网络”的推荐。

“链接广度”（link popularity，有些地方翻译为“链接流行度”）一词就是这个时期出现的。因此搜索引擎营销的方式在利用 META 标签优化获得好的排名的基础上逐渐发展成为内容更为丰富的“搜索引擎营销策略”，其中包括与其他网站的链接（当然网站链接并不仅仅是为了搜索引擎营销，链接本身也具有一定的网站推广价值）。谷歌之所以能保证搜索结果的准确和公证，还有一个原因是谷歌制订了一系列反垃圾信息政策，早期基于 META 标签检索的搜索引擎中常用的欺骗搜索引擎获得好的排名的方式对于谷歌是行不通的，甚至可能因此被拒绝收录作弊网站所有的网页。

为了适应技术型搜索引擎的特点，搜索引擎优化的主要方法由早期单纯的 META 标签优化发展为适应搜索引擎检索的网页内容的优化设计、增加网站被高质量网站链接的数量、提高网站总体质量等。一个网站一旦网站被谷歌收录，站内所有的网页可以自动被收录，只要这些网页符合搜索引擎收录的规则。

在这个阶段，搜索引擎营销仍然是以免费为主，但随着网络经济泡沫的破裂，搜索引擎开始进入收费时代，搜索引擎的营销法则也随之发生重大改变。

第三阶段（2001—2003 年）：搜索引擎营销从免费向付费模式转变

搜索引擎登录一直是网站推广的基本手段，其中一个重要原因是利用搜索引擎登录网站是免费的，但是从2001年后半年开始，国内外主要搜索引擎服务收费商陆续开始了收费登录服务。收费服务自然会影响部分网站登录的积极性，不过也为网站提供了更多专业的服务，从功能上为网络营销提供了更为广阔的发展空间，从而提高了营销的效果。从免费到付费的转变，是搜索引擎营销的一次重大变革。就国内外主要搜索引擎的收费方式来看，当时主要有两种基本情况：比较简单的一种类似于原有的在分类目录上登录网站，区别仅仅在于只有当网站缴纳费用之后才可以获得被收录的资格，另一种则是购买关键词广告。这种关键词广告至今仍是付费搜索引擎营销中的重要方式之一。

关键词广告方式与传统的搜索引擎登录和排名有很大的差别，属于网络广告的一种形式。简单来说就是在搜索引擎的搜索结果中动态发布广告的一种方式，关键词广告出现的网页不是固定的，而是当有用户检索到你所为之付费的关键词时，才会出现在搜索结果页面的显著位置。例如，谷歌关键词广告最早仅出现在右侧，被标注为“赞助商链接”，以区别于左侧正常的网页检索结果，后来左侧搜索结果的上面或者下面也可能出现广告信息，而标注的方式在不同时期也有所不同。

关键词广告从2001年开始已经表现出强劲的增长势头，2002年的关键词检索市场更是一枝独秀，成为引人注目的新型网络广告形式，2003年的增长速度更为显著。在2005年美国的搜索引擎广告已经占据整个网络广告市场的41%（见表3-5）。

**表3-5　美国网络广告市场广告形式及份额（2000—2005年）**

| 网络广告形式 | 2000年 | 2003年 | 2004年 | 2005年 |
|---|---|---|---|---|
| 传统展示广告 | 47% | 21% | 19% | 20% |
| 搜索引擎广告 | 1% | 35% | 40% | 41% |
| 分类广告 | 7% | 17% | 18% | 17% |
| Rich Media | 2% | 10% | 10% | 8% |
| Email广告 | 1% | 3% | 1% | 2% |

资料来源：本书作者根据美国交互广告署IAB网站相关资料整理

与一般的展示类BANNER广告相比，关键词广告有以下三个方面的优势。

（1）在关键词检索页面投放广告具有较高的定位程度，出现在搜索结果信息中的广告有原生广告的某些特点。

（2）广告主可以根据需要通过更换关键词等方式对广告效果进行控制，比一般网页上的静态广告更换要方便得多。

（3）这种关键词检索的广告形式通常以CPC（按点击付费）模式定价，并且广告主可以自行控制每天的最多预算，因而大大减少了无效浏览所要付出的代价，比一般网络广告按显示次数或者显示时间来收费更有吸引力。

由于关键词广告所具有的这些优势，因此在付费搜索引擎营销中成为重要的形式之一，也成为收费搜索引擎营销的代表。关于关键词广告的有关问题，将在本书第 4 章网络广告的内容中介绍。

第四阶段（2004 年之后）：搜索引擎优化被高度重视，关键词广告爆发式增长

与整个企业网络营销发展阶段相对应，2004 年之后是网络营销市场的高速发展阶段，搜索引擎营销的地位受到企业的高度重视，无论是基于搜索引擎自然检索的搜索引擎优化，还是付费关键词广告，都得到爆发式增长。国内中文搜索引擎百度就是这个阶段突飞猛进，在中文搜索引擎市场迅速超越谷歌。

为了适应搜索引擎营销市场的需求及对搜索引擎营销专业知识的要求，大批搜索引擎优化公司（国内更多是个人或者小规模工作室为主）及搜索引擎广告代理机构诞生，一个真正意义上的搜索引擎营销时代蓬勃发展起来并逐渐走向成熟。直到现在，尽管基于社会化网络的社交关系传播获得了营销人员更多的关注，但搜索引擎营销服务市场仍然在不断扩大之中，搜索营销的作用仍不可忽视。

在这个阶段，值得特别一提的是，搜索引擎谷歌将网络会员制营销（简称网站联盟，本书在第 6 章生态型网络营销中介绍）的模式应用于搜索引擎广告，创造性地发明了基于网页内容定位的网络广告（Content-Targeted Advertising），其正式名称为 Google AdSense。谷歌于 2003 年 3 月正式推出这种按内容定位的广告，2004 年 10 月份开放了中文网站的 AdSense 会员注册。

本书作者当时的个人网站“网上营销新观察”（www.marketingman.net）是国内最早一批成为 Google AdSense 会员（内容发布商）的网站之一，也可能是国内第一个拿到 Google AdSense 佣金的网站（谷歌美元支票上显示的签发日期是 2004 年 11 月 22 日）。作者曾在个人网站上发布文章记录了此事件（见“收到谷歌寄来的支票了，有点出乎意料”，http://www.marketingman.net/about/blog/20041207.htm）。在本书生态化网络营销的内容中还将介绍 Google AdSense 的案例。

基于网页内容定位的网络广告是关键词广告的一种扩展形式，可以让关键词广告出现在内容有一定相关性的联盟会员网站上，于是大大扩展了搜索引擎关键词广告的空间，不再局限于搜索引擎检索结果页面的有限位置和纯文字广告形式（如多种规格的图片广告及文字链接广告），因此让搜索引擎的营销价值再提高一个层次，让全球众多的网站都可能成为谷歌网页内容定位广告的载体。到 2006 年，通过 AdSense 内容发布商获得的关键词广告收益已经超过谷歌总收入的 40%，可见其对谷歌搜索引擎市场的重要意义。

其实，谷歌并不是关键词广告及按内容定位广告的首创者，也不是这个领域唯一的经营者。其当时的主要竞争对手 Overture 也推出了类似的广告形式“按效果付费”（Overture 的这项 Pay-For-Performance 服务可以将赞助商的广告链接出现在许多合作伙伴的网站上，

其中主要是与搜索有关的业务。Overture 后被雅虎收购），MSN 搜索等也相继提供类似的关键词广告联盟。此后不久，国内最大的中文搜索引擎百度也推出了类似的服务如“网站搜索联盟和主题推广”，后来统称为“百度联盟”，可以在会员网站展示百度的广告。

2004 年之后的十多年时间内，尽管从表面形式上看，搜索引擎营销并没有像前几个阶段那样发生革命性的变化，但仍然在不断发展和创新之中，如多种分支领域的搜索，如图片搜索、新闻搜索、博客搜索、地图搜索、视频搜索、实时搜索、商品搜索等，在搜索结果页面展示的信息也从早期单一的纯文本网页信息到图文结合及多媒体形式的综合信息等。搜索引擎功能的不断丰富，也为搜索引擎营销带来了更多新的内容，而且搜索引擎的搜索算法也在不断地调整，因为搜索引擎营销的知识也更为广泛。

### 3.7.2.2 搜索引擎营销的主要模式

尽管这里讲搜索引擎营销分为四个发展阶段，但不同阶段之间的搜索引擎营销方式并非完全孤立，而是有一定的关联性，通常是在保持前一阶段仍然有效的方法的基础上，出现了新的搜索引擎营销模式。例如，最早的分类目录网站推广的方法至今仍有一定的价值，只不过现在有的分类目录已经不再是重要的推广方式，或者不再像早期那样收录网站。例如，百度旗下的 hao123 导航网站 (www.hao123.com) 以及百度网址大全（http://site.baidu.com）、搜狗搜索引擎所属的网址导航（http://123.sogou.com）等都仅提供部分大型网站的链接，与传统分类目录不同的是，这些导航网站不一定有详细的行业分类，并且通常不轻易接受新网站登录申请。

到目前为止，**搜索引擎营销的常见方式**可归纳为下面几种。

**1. 免费登录分类目录**

这是最传统的网站推广手段，随着基于超级链接的技术性搜索引擎重要性的提高，现在传统分类目录网站的影响力已经越来越小。搜索引擎的发展趋势表明，免费搜索引擎登录的方式已经逐步退出网络营销舞台。

**2. 付费登录分类目录**

类似于原有的免费登录，仅仅是当网站缴纳费用之后才可以获得被收录的资格。与分类目录网站的总体趋势一样，曾经有一定影响力的付费登录分类目录的方式目前也已经越来越少，因而也只是作为一种参考方法。

鉴于目前分类目录营销已经处于边缘地位，本书不再详细介绍分类目录登录方法等内容，希望了解相关内容的读者，可以参考《网络营销基础与实践》(第 3 版）的相关内容（4.4 分类目录型搜索引擎营销)。本书后续内容仅介绍搜索引擎优化和搜索引擎关键词广告相关的问题。

### 3．搜索引擎优化

即通过对网站栏目结构和网站内容等基本要素的优化设计，提高网站对搜索引擎的友好性，使得网站中尽可能多的网页被搜索引擎收录，并且在搜索引擎自然检索结果中获得好的排名效果，从而通过搜索引擎的自然检索获得尽可能多的潜在用户。搜索引擎优化是2004年之后最重要的搜索引擎营销模式之一。一些没有专门进行搜索引擎优化的网站，网站的要素也可能符合搜索引擎收录的要求，因而也可能通过搜索引擎获得一定的访问量，实际上这也属于搜索引擎优化推广的范畴，属于自然适应性优化。通过系统的网站优化可以获得长期效果。

### 4．搜索引擎关键词广告

即通过为搜索引擎服务商付费的方式，当用户用某个关键词检索时，在搜索结果页面专门设计的广告链接区域显示企业的广告信息。由于关键词广告信息出现在搜索结果页面的显著位置且与用户搜索的内容有一定的相关性，因而比较容易引起用户的关注和点击，是快速扩大搜索引擎可见度的有效方式，也是目前搜索引擎营销市场成熟的推广模式。

此外，由于更多搜索引擎模式的出现，如本地搜索、博客搜索、微博搜索、购物搜索、地图搜索、视频搜索、手机搜索等，也可能会出现相应的搜索引擎营销模式。由于这些都是搜索引擎在某些领域的具体细分模式，在搜索引擎营销的基本方式上与常规搜索引擎具有一定的相似性，因此本章暂不专门介绍这些搜索引擎及其在网络营销中的应用。随着搜索引擎营销的发展演变，搜索引擎营销的内容体系以及所需要的专门知识也不断扩展，逐渐形成了专业化的搜索引擎营销知识体系。本章是搜索引擎营销的基础内容，需要在实践应用中不断丰富和提高，才能真正理解搜索引擎营销的思想并掌握专业的方法。为了便于阅读，将搜索引擎营销内容体系和相关知识整理如下（见表3-6）。

表3-6　搜索引擎营销内容体系和相关知识一览

| 搜索引擎营销策略 | 搜索引擎营销方法 | 主要工作内容 | 相关专业知识 | 预期营销目的 |
|---|---|---|---|---|
| 网站优化 | 搜索引擎优化 | 网站结构、网页布局、网页标题、META标签等要素的优化设计 | 网站建设/网页设计对用户获取信息的影响，以及搜索引擎收录信息的影响 | 构建有效的网络营销信息源 |
| 网站内容策略 | 搜索引擎优化 | 网站内容来源与网站内容更新规划、网页内容设计规范 | 网页标题设计规范、META设计规范、内容相关性、搜索引擎分词方法等 | 构建有效的网络营销信息源 |
| 关键词策划 | 搜索引擎优化 | 分析用户获取信息可能检索的关键词及其组合，将有关关键词合理地分布在网站各个栏目内容中 | 用户搜索引擎检索行为、搜索引擎检索排名原理 | 构建有效的信息源并获得尽可能多的搜索结果领先优势 |

续表

| 搜索引擎营销策略 | 搜索引擎营销方法 | 主要工作内容 | 相关专业知识 | 预期营销目的 |
|---|---|---|---|---|
| 网站链接 | 搜索引擎优化 | 获得相关网站的推荐、站内内容分类和关键词链接 | 相关网站分析及沟通联系 | 获得网站被搜索引擎收录的机会并提高网站搜索排名 |
| 分类目录登录 | 搜索引擎登录 | 将网站提交到主要分类目录 | 了解主要分类目录及其特点 | 获得网站被搜索引擎收录的机会并提高网站搜索排名 |
| 搜索引擎登录 | 搜索引擎登录 | 将网站提交到主要搜索引擎（如果需要的话） | 了解相关搜索引擎及其特点 | 获得网站被搜索引擎收录的机会 |
| 关键词广告 | 搜索引擎广告 | 搜索引擎广告平台选择；关键词组合策划；广告效果管理 | 数字相关搜索引擎服务商的广告投放方式、价格、效果管理方法 | 增加搜索引擎可见度、品牌推广产品推广、提高用户转化率 |
| 用户行为分析 | 搜索引擎营销管理 | 研究第三方统计数据及其实用价值；记录分析用户的访问数据 | 了解不同搜索引擎的用户特征，了解用户获取信息的行为特点，以及浏览和点击广告的行为特征 | 为改进搜索引擎营销策略提供支持 |
| 网站流量分析、转化率分析 | 搜索引擎营销管理 | 网站流量分析；转化率分析；网站优化诊断；广告优化分析 | 网站访问分析方法，关键词广告分析方法，广告效果分析方法 | 效果分析和评价，为进一步提升转化率提供支持 |

#### 3.7.2.3 搜索引擎营销策略体系框架

搜索引擎营销策略最终是要通过具体的搜索引擎营销方法来实现的，搜索引擎营销的主要任务就是合理地利用这些常见的方法来实现各层次的目标。搜索引擎所有的方法归纳起来，主要包括三种基本形式：搜索引擎/分类目录登录、搜索引擎优化、关键词广告。因此搜索引擎营销策略和方法体系看起来并不复杂，不过每一部分都已形成较为系统的方法，甚至成为一个相对完整的分支领域，如搜索引擎广告策划及管理就足以成为一个专业的岗位。

本书对**搜索引擎营销策略内容体系**的设计如图3-5所示。

可以看出，搜索引擎营销方法体系和支持体系共同组成了搜索引擎营销策略体系。目前网络营销方法体系的研究已比较成熟，而支持体系的研究还不够系统，本章的重点内容是搜索引擎营销的方法体系，尤其是搜索引擎优化的基本方法及一般规律等。考虑到具体的操作方法往往会随着互联网应用环境的变化而发生变化，因此本章在介绍搜索引擎营销方法时，将通过操作层面的实践经验归纳总结出具有一般指导意义的结论，具体的操作也是无法在有限的时间内通过书本学习就可以掌握的，需要在实践中逐步积累经验和不断总结提高。

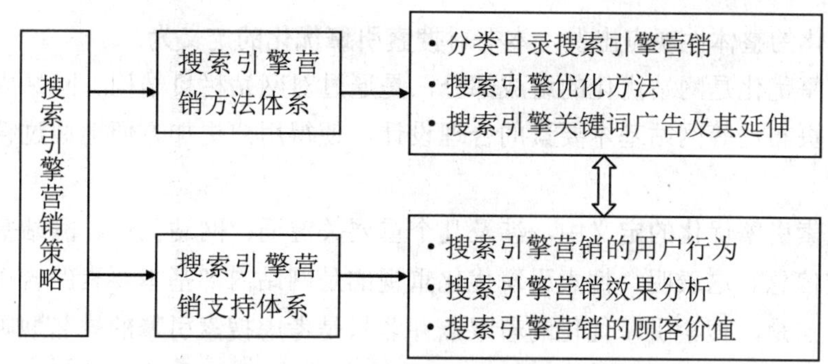


图 3-5　搜索引擎营销策略体系框架图

## 3.7.3　搜索引擎优化的概念及特征

本书前面已经多次出现过搜索引擎优化（SEO）的概念，但并未给出详细的解释。从字面意思来看，这是一个很容易被引入误区的概念，即为了让搜索引擎收录及展示信息而进行的优化。事实上，搜索引擎优化的出发点和目的不应该是搜索引擎，而是用户，即为了用户通过搜索引擎获取有价值的信息而进行的优化设计。搜索引擎营销并不是通过纯技术手段获得，最重要的是对用户获取信息的行为和搜索引擎索引信息规则的理解，因为从根本上来说，搜索引擎检索信息与用户获取信息的基本思路是一致的。

### 3.7.3.1　搜索引擎优化的定义

搜索引擎优化（Search Engine Optimization，SEO），表面的含义看来，就是让网站更容易被搜索引擎收录，并且当用户通过搜索引擎进行检索时在检索结果中获得好的排名位置，从而达到网站推广的目的。这是对搜索引擎优化的初级认识，这样的认识不仅不够全面，而且很容易引起争议，尤其是被搜索引擎视为敌人——因为许多从事搜索引擎优化的人员专门针对搜索引擎的规则缺陷对某些关键词进行排名，不仅干扰搜索引擎检索排名的公正性，为用户通过搜索引擎获取信息形成误导，也损害了搜索引擎服务商的利益。

真正意义上的搜索引擎优化应该是按照规范的方式，不仅网站设计要符合搜索引擎索引信息的一般规律，更重要的是为用户通过搜索引擎获取信息提供方便，让用户最终可以通过网站获取有价值的信息，通过以用户为核心的网站优化指导思想进行网站基本要素的优化设计，最终实现基于搜索引擎自然检索方式的网络营销目的，达到提升网站访问量、产品推广、获得潜在用户的效果。

作为网络营销的一种手段，搜索引擎优化的根本目的是让用户利用搜索引擎这种互联网工具获取有效信息。对这一核心问题没有足够的认识，是对搜索引擎理解产生偏差的根本原因。因此，本书以系统的思想，以用户获取有效信息为核心来阐述搜索引擎优化。

从网站优化的整体性观点出发，本书对**搜索引擎优化的定义为：**

“搜索引擎优化是网站优化的组成部分，是通过对网站栏目结构、网站内容、网站功能和服务、网页布局等网站基本要素的合理设计，使得用户更加方便地通过搜索引擎获取有效的信息。”

在上面搜索引擎优化的定义中，涉及几个重要关键词：网站优化、网站基本要素、用户、获取有效信息。这表明，搜索引擎优化重视的是网站内部基本要素的合理化设计，并且很重要的一点是，搜索引擎优化的着眼点并非只是考虑搜索引擎的排名规则如何，更重要的是要为用户获取信息和服务提供方便，也就是说，搜索引擎优化的最高目标是为了用户，而不是为了搜索引擎。

实际上，当一个网站对用户获取有效信息非常方便并且可以为用户不断提供有价值信息的时候，这样的网站在搜索引擎中的表现通常也比较好，这表明搜索引擎优化是以用户为导向的网站优化效果的自然体现，因为搜索引擎的检索原则是为用户提供与检索信息最相关的内容，这与搜索引擎优化的目的是一致的。反过来讲，如果不通过网站的基本要素优化设计、网站缺乏对用户有价值的信息，即使用其他方式来获得搜索结果的排名效果也是没有实际意义的。

#### 3.7.3.2 对搜索引擎优化网站的基本特征

一个搜索引擎友好的网站，应该方便搜索引擎检索信息，并且返回的检索信息让用户看起来有吸引力，这样才能达到搜索引擎营销的目的。为了说明什么是网站对搜索引擎友好，我们不妨看看**对搜索引擎不友好的网站特征：**

（1）网站结构层次不清，网站导航系统让搜索引擎“看不懂”。

（2）网页中大量采用图片或者 Flash 等 Rich Media 形式，没有或者很少可以检索的文本信息。

（3）网页没有标题，或者标题中没有包含有效的关键词。

（4）网页正文中有效关键词比较少。

（5）在网页代码中堆砌关键词。

（6）在网页代码中使用用户不可见的文本信息（如字体颜色与背景色一样、尺寸为 1 个像素的滚动字幕等）。

（7）大量使用动态网页让搜索引擎无法检索。

（8）网站 URL 层次过多。

（9）复制的网页内容（多个 URL 指向的网页内容一样）。

（10）采用过渡页、桥页等欺骗搜索引擎的方法。

（11）没有被其他已经被搜索引擎收录的网站提供的链接。

（12）网站与大量低质量的网站链接，如没有相关性的网站、作为 link farm 的网站、自动链接网站、留言簿等。

（13）网站中充斥大量欺骗搜索引擎的垃圾信息，如“过渡页”“桥页”、颜色与背景色相同的文字等。

（14）网站内容长期没有更新。

（15）网站中含有许多错误的链接。

相应地，搜索引擎友好的网站正好和上述特征相反，是依靠适合搜索引擎的方式来设计网站，注重每个细节问题的专业性，以真实的信息和有效的表达方式获得搜索引擎的青睐，从而获得更好的搜索引擎营销效果。听起来搜索引擎优化非常神秘，其实一点也不复杂，当明白了搜索引擎优化的重要性之后将会发现，这些“优化”工作本来就应该是网站设计和运营中做到的。

## 3.7.4　搜索引擎优化的基本内容和方法

搜索引擎优化工作是将一个对搜索引擎友好性不够好的网站，通过对网站一些要素的合理设计，改善其在搜索引擎检索结果中的表现，获得用户的关注和点击，并为用户提供有价值的信息。根据网站对搜索引擎友好的基本特征，**网站对搜索引擎优化的内容**可以归纳为下列几个方面。

（1）网站栏目结构和网站导航系统优化。

（2）网站内容优化，包括网页标题、META 标签设计、网页正文内容。

（3）网页布局优化设计。

（4）网页格式和网页 URL 层次。

（5）增加网站外部链接。

（6）影响搜索引擎优化的其他问题。

### 3.7.4.1　网站栏目结构和网站导航系统优化

网站栏目结构与导航奠定了网站的基本框架，决定了用户是否可以通过网站方便地获取信息，也决定了搜索引擎是否可以顺利地为网站的每个网页建立索引，因此网站栏目结构被认为是网站优化的基础要素之一。网站栏目结构对网站推广运营发挥了至关重要的作用，不合理的网站结构和导航系统将造成严重的后果，不仅影响搜索引擎收录网页，而且即使用户登录网站也难以方便地获取有效信息，即对用户易用性和搜索引擎友好性都是不利的。

**案例 3-14：网站对多产品分页设计方法的问题**

经常看到这样的网站：假定某个企业有 100 种产品，在产品目录页面每个页面安排了第 1～10 种产品，然后用户要逐级点击“下一页”来查看其他产品，不仅非常麻烦，而且也影响搜索引擎收录。稍微好一点的网站设计，可能是列出每个网页的链接，用户可以通过第一个产品目录页面直接进入到第 N 个网页。

下面是某网站的产品分页设计截屏图：

本类产品共计132个，共分11页显示，您目前浏览的是第 5 页
第一页 前一页 1 2 3 4 5 6 7 8 9 10 11 下一页 末页

从链接关系上说，这样的网站结构并没有什么错误，理论上讲搜索引擎一般也可以按照这种层次链接关系检索各个相关网页（实际上可能因为网页链接层次过深而被搜索引擎忽略或者降低权重）。如果站在用户的角度上来看，这样的网站结构设计问题就大了：一般的用户，除非其特别需要从这 100 多个产品（10 多个网页）中逐个了解每一种产品信息，否则很难有耐心逐个网页查看。

合理的网站栏目结构，其实没有什么特别之处，无非是能正确表达网站的基本内容及其内容之间的层次关系，站在用户的角度考虑，使得用户在网站中浏览时可以方便地获取信息，不至于迷失，做到这一点并不难，关键在于对网站结构重要性有充分的认识。归纳起来，**合理的网站栏目结构主要表现**在下面几个方面。[19]

（1）通过主页可以到达任何一个一级栏目首页、二级栏目首页以及最终内容页面。

（2）通过任何一个网页可以返回上一级栏目页面并逐级返回主页。

（3）主栏目清晰并且全站统一。

（4）每个页面有一个辅助导航。

（5）通过任何一个网页可以进入任何一个一级栏目首页。

（6）如果产品类别/信息类别较多，设计一个专门的分类目录是必要的。

（7）设计一个表明站内各个栏目和页面链接关系的网站地图。

（8）通过网站首页一次点击可以直接到达某些最重要内容网页（如核心产品、用户帮助、网站介绍等）。

（9）通过任何一个网页经过最多 3 次点击可以进入任何一个内容页面。

#### 3.7.4.2 网站内容优化与网页标题设计

由于网站结构的相对稳定性，一旦设计完成则很少频繁改动，而网站内容则是网站中最活跃的因素，不同的网站内容设计方法（如网页标题、关键词的运用等）也就成为影响网站搜索引擎优化中的主要因素了。经过对网站内容优化思想的长期分析，作者在 2005 年

4 月提出了“**搜索引擎营销的核心思想基于网站有效文字信息的推广**”这一结论。[20]

可见，离开有效的文字内容，也就谈不上搜索引擎优化了。网站的有效内容，即对用户以及对网站推广有价值的内容。增加网站内容的作用首先表现在满足用户获取信息方面，这是任何网站发布内容的基本目的，从直接浏览者的角度来看，网上的信息通常并不能完全满足所有用户的需要，每增加一个网页的内容，也就意味着为满足用户的信息需求增加了一点努力。基于这种认识，新竞争力网络营销专家胡宝介在搜索引擎战略大会（2006 年 3 月 17 日，南京）的演讲中提出了“**网站优化——让每个网页都带来潜在顾客**”的观点。[21]

这一观点成为网站优化思想在网站推广应用方面的经典语录，也是网站内容引流的经典方法。因为，“一个网站的首页只有一个，而网站内容页面可以不断增加”，这也就意味着，网站的搜索引擎优化不应把重点放在网站首页上，而是应该注重每一个网页的优化。并且，为用户提供丰富信息的网站，将通过搜索引擎获得更多的访问量，因此对任何一个网站来说，内容质量的高低都是影响网站效果的核心因素。由此也进一步说明网站内容优化在搜索引擎优化策略中的地位至关重要。

网站内容优化包括网页标题设计、网页 META 设计、网站内容关键词的合理设计、重要关键词的合理链接等方面。**网站内容优化的主要指标**包括：

（1）每个网页都应该有独立的、概要描述网页主体内容的网页标题。

（2）每个网页都应该有独立的反映网页内容的 META 标签（关键词和网页描述）。

（3）每个网页标题都应该含有有效关键词。

（4）每个网页主体内容应该含有适量的有效的关键词文本信息。

（5）对某些重要的关键词应保持其在网页中相对稳定。

下面重点介绍搜索引擎优化中网页标题设计的意义及要点，其他因素本书不再详细介绍，可参见《网络营销基础与实践（第 4 版）》及网络营销网络营销教学网站的相关内容。

**1. 合理设计网页标题的意义**

在历届网络营销能力秀最后阶段，要求学生提交一份自己学习及实践网络营销的总结报告（例如第 16 期能力秀的实践报告说明 http://www.wm23.cn/art/489980.html），在要求中总是特别强调实践报告标题的重要性，并给出了相应的指导，这些指导内容也都来自于网页内容搜索引擎优化的基本要求。因为每一份实践总结报告发布到网站上，都是一个独立的网页，报告的标题也就是网页的标题。每一个网页都应该有一个能准确描述该网页内容的独立标题，正如每个网页都应该有一个唯一的 URL 一样，这是一个网页区别于其他网页的基本属性之一。

根据网络营销教学网站（www.wm23.com）的解释，“网页标题是对一个网页的高度概括，一般来说，网站首页的标题就是网站的正式名称，而网站中文章内容页面的标题就是文章的题目，栏目首页的标题通常是栏目名称”。[22]

根据这一解释，在企业网站中，产品介绍页面的网页标题应该以该产品名称相关的内容作为标题，而不应把企业名称作为标题，尤其不应所有网页共用同一个标题。从网站内容页面网页标题设计的现状来看，绝大多数企业网站都没有对此引起足够的重视，这样不仅为用户来到网站之后获取相关信息带来一定麻烦，更糟糕的是，由于这种不专业的网页标题，使得网页在搜索引擎推广方面缺乏优势，用户可能根本无法通过搜索引擎检索发现这个网页。

详细内容页面如企业新闻内容、具体产品的详细介绍等，是对某项业务、某个产品的最全面的信息，也是用户获取详细信息的最终渠道。因此内容详尽且容易被用户通过搜索引擎检索是对内容页面内容策略的基本要求。从网页被搜索引擎收录和用户获取详细产品信息的角度来看，每个产品信息网页都有可能为公司通过搜索引擎检索带来潜在客户，因此不夸张的说，网页标题设计直接影响了网站的总体网络营销效果。

**2．网页标题设计的一般原则**

经过对大量网站的研究，作者对网页标题设计的观点是：在设计网页标题时，应注意同时兼顾对用户的注意力以及对搜索引擎检索的需要。这一原则在实际操作中可通过下列三个方面来体现，这三个方面也可以被认为是**网页标题设计的一般原则**。

（1）网页标题不宜过短或者过长

一般来说6～10个汉字比较理想，最好不要超过30个汉字。网页标题字数过少可能包含不了有效关键词，字数过多不仅搜索引擎无法正确识别标题中的核心关键词，而且也让用户难以对网页标题（尤其是首页标题，代表了网站名称）形成深刻印象，也不便于其他网站链接。

（2）网页标题应概括网页的核心内容

当用户通过搜索引擎检索时，在检索结果页面中的内容一般是网页标题（加链接）和网页摘要信息，要引起用户的关注，网页标题发挥了很大的作用，如果网页标题和页面摘要信息有较大的相关性，摘要信息对网页标题将发挥进一步的补充作用，从而引起用户对该网页信息点击行为的发生（也就意味着搜索引擎推广发挥了作用）。另外，当网页标题被其他网站或者本网站其他栏目/网页链接时，一个概括了网页核心内容的标题有助于用户判断是否点击该网页标题链接。

（3）网页标题中应含有丰富的关键词

考虑到搜索引擎营销的特点，搜索引擎对网页标题中所包含的关键词具有较高的权重，尽量让网页标题中含有用户检索所使用的关键词。以网站首页设计为例，一般来说首页标题就是网站的名称或者公司名称，但是考虑到有些名称中可能无法包含公司/网站的核心业务，也就是说没有核心关键词，这时通常采用“核心关键词＋公司名/品牌名”的方式来作为网站首页标题。前述网页标题设计案例中列举的某网络营销服务商网站首页标题实例，其实也是采用这种方式来设计网页标题，只不过由于罗列了太多的“核心关键词”，反而没有了核心。

上述关于网页标题设计的三个方面其实都考虑了搜索引擎检索网页的特点，也就是说，网页标题设计都将有利于搜索引擎检索作为重要因素，即使如此，这里仍然强调，与网页内容写作一样，网页标题写作首先是给用户看的，在这个前提之上考虑对搜索引擎检索才有意义。可见网页标题设计并不是一件随意的事情，尤其对网站首页标题设计，不可不慎重。

#### 3.7.4.3　网页布局优化

网页布局，也就是为一个网页分配各项内容的展示位置和方式，让用户方便地找到自己所需要的信息。网页布局的搜索引擎优化在网页设计中很容易被忽略，如经常看到一些网站在左上角设置为用户登录/注册框，左侧设置为内容滚动更新的最新信息等，这些网页布局对搜索引擎优化而言都不是最好的选择。

网页布局的改进需要从用户和搜索引擎两个角度来考虑。网页结构布局对于用户获取信息以及搜索引擎索引信息都有较大的影响，因此也被认为是网站结构方面优化的基本要素之一。网页结构布局与网站内容是密切相关的，合理的网页布局是为了更好地展示网页内容。

在网页结构布局优化方面需要注意以下几个问题。

（1）最重要的信息出现在最显著的位置。

（2）希望搜索引擎抓取的网页摘要信息出现在最高位置（根据网页 HTML 代码顺序）。

（3）网页最高位置的重要信息保持相对稳定，以便搜索引擎抓取信息。

（4）首页滚动更新的信息（如新闻动态等）应该有一定的稳定性，过快滚动的信息容易被搜索引擎蜘蛛所错过，这就要求给予滚动信息有足够的空间。

此外，各个网页布局设计还有必要根据消费者的浏览习惯进行一些调研，在此基础上考虑一些重要信息的位置安排和表现形式。例如，在企业网站研究中，介绍过美国研究机构对用户浏览网页注意力的“F 现象”（见 3.2.1.3），对于网页布局设计有一定的参考价值。

#### 3.7.4.4　网页格式和网页 URL 层次

网页格式包括动态网页和静态网页两种基本形态。静态网页比动态网页对搜索引擎更具有友好性，这早已是基本常识，因此在可能的情况下将动态网页转化为静态网页是基本的优化措施之一。对于某些难以全部实现静态化的网站，在网页设计中应采取“静动结合”的对策。与动态网页相关的另一个问题是，如果网页的 URL 层次过深，同样会影响网页的搜索引擎优化效果。

### 1. 动态网页的搜索引擎优化

正是由于静态网页对于搜索引擎优化非常重要，因此这里再次提出这个问题，并且从搜索引擎优化的角度给予分析。

静态网页的缺点在于其管理维护和交互功能方面的限制，静态网页的优点在于信息内容的稳定性，这为搜索引擎在网上索引网页信息提供了方便，因为这些静态网页总是存在的，只要搜索引擎根据某个链接关系发现这个网页，就很容易抓取这个网页的信息。这就好比派出所对某个地区的人口进行管理一样，对于常住人口总是比较容易管理的，只要根据户口本的信息上门去核对就可以，而对于大量的流动人口，要想获取这些人员的信息就比较复杂，除非在某个时期让所有的流动人口都暂时停止不动，等待公安人员来检查证件并进行登记，或者让每个流动人员都“链接”（挂靠）到常住人口的户籍本上。

网站建设采用静态网页形式只是有助于搜索引擎索引信息，但并不意味着只要是静态网页就一定会被搜索引擎收录，而动态网页就一定不会被搜索引擎收录，一个网页是否能在搜索引擎索引时有好的表现，并不完全取决于是否是静态网页，更重要的还在于网站结构和导航、网页中的文字息，以及网页的链接关系等。

在人口管理上，将“动态人口”转化为“静态人口”不太现实，但在网站建设中是可以做到这一点的。与静态网页不同的是，动态网页的内容是当用户有点击请求时才从数据库中调出返回给用户一个网页的内容，也就是说，这个动态网页实际上并不是一个存放在服务器上的独立文件，当没有用户请求时这个动态网页实际上是不存在的。这样，当搜索引擎蜘蛛在网上漫游索引网页信息时，动态网页自然就不容易被收录到了。

事实上搜索引擎也收录了大量的动态网页信息，那么这些动态网页怎样才能被搜索引擎收录呢？其实动态网页被搜索引擎收录和静态网页被收录的原理是一样的，只是因为两种网页表现形式的差异造成了搜索引擎索引这些文件的方式有所不同，动态网页只有通过链接关系被搜索引擎蜘蛛发现才可能被收录。如果一个动态网页信息发布到服务器之后，没有任何一个网站/网页给出链接，那么这个动态网页几乎是无法被搜索引擎检索到的。

其实，静态网页也是同样的道理，如果新发布的网页信息没有被任何一个被搜索引擎已经收录的网页所链接，即使网页是静态形式也不能被搜索引擎收录。既然如此，为什么说静态网页比动态网页容易增加搜索引擎的收录机会呢？其实还是由网页之间的超级链接关系所决定的。在静态网页之间建立的链接关系，如同每个静态网页本身一样，都是固定存在的，这样搜索引擎检索就很容易通过逐级链接收录所有相关网页，而动态网页内容中的链接关系这样的机会就比较少了，除非这个动态网页已经被搜索引擎收录，其中链接的其他网页才可能被收录。

我们可以利用搜索引擎找几个相关的例子来观察一下，搜索结果中存在动态网页的话会有哪些特点，为什么这些网页会被搜索引擎收录，以及与其他静态网页的搜索结果情况相比较。

通过观察分析不难发现，对于动态网页，如果希望被搜索引擎收录，就需要增加该网页 URL 被链接的机会，这种链接不仅可以是在自己的网站上，也可以是在其他网站上。这实际上也就是增加动态网页搜索引擎可见性（动态网页搜索引擎优化）的常见方法之一。当然，对于动态网页搜索引擎优化最好的方法，还是把动态网页转化为静态网页发布，并且遵照搜索引擎优化的一般规律，在网站栏目结构、导航、网页标题和 META 标签设计、网页布局等方面做好优化工作。

2．网页 URL 层次的搜索引擎优化

为什么网站的首页容易被搜索引擎收录并且网页在搜索引擎中的权重相对较高？其中的原因之一是，网站首页通常放在网站的根目录下，网页层次简单。例如，长虹集团首页网址是顶级层次（http://www.changhong.com.cn），而产品与服务栏目首页为 4 层，http://www.changhong.com.cn/changhong/b2c/10.htm。

随着网页层次的增加，一般说来，网页在搜索结果的级别也在降低，有些网站把首页顶级域名重定向到多层次 URL 之后，通过谷歌工具条检测可以看到，这样的网站首页 PR 值通常为 0，表明层次过多的网页在搜索引擎检索结果中几乎没有任何优势。

网页 URL 层次的搜索引擎优化要点如下。

（1）网站首页：必须保证把 index 文件放在根目录下。确保当用户访问时出现的是 http://www. mydomain.com，而不是多层次结构。

（2）一级栏目首页：网页 URL 最好不超过 2 个层次。

（3）详细信息页面，例如企业信息和产品信息，最好不超过 4 个层次。

#### 3.7.4.5　网站链接与搜索引擎优化

由于技术型搜索引擎把一个网站被其他相关网站链接的数量作为评估网站级别的因素之一，因此在搜索引擎优化中需要适当考虑网站链接。描述一个网站被链接数量的概念常用“链接广度”（Link Popularity）来说明。根据搜索引擎制定的网页级别排名规则，在其他方面差不多的情况下，链接广度高的网站在搜索结果中排名靠前。不过，搜索引擎的算法也在不断发展，近年来一些搜索引擎对外部链接的权重有了新的规则，影响可能不如从前那么直接，但总体来说仍然是比较重要的。

**背景知识 3-4：关于网站链接的概念 inbound link/outbound link**

“Inbound Link”，可直译为“来自外部网站的链接”，也就是我们通常所说的一个网站“被其他网站链接的数量”，或者简称为“外链”。与 Inbound Link 有相近意义的词汇还有“incoming link”等。有些地方直接将这一指标等同于网站链接广度（或称为链接广泛度）。

Inbound Link 指标可以通过一些专用软件和工具进行检测，网上也有多种免费资源可以利用。例如，利用搜索引擎 Google 在搜索框中键入命令 site：www.domain.com 则可以获得网站被其他网站链接的数量。而在雅虎网站的命令为 site：http://www.domain.com 。

这里有必要说明的是，不同检测工具、不同搜索引擎的检测结果可能并不一致，这是因为各个检测工具对网站外部链接的定义不一致，或者因为数据库信息不同步等原因。

与“Inbound Link”相对应的一个词语是“Outbound link”（其同义词是“external link”），也就是一个网站链接其他网站的数量，这两个指标并不一定相同，一般来说，有些大型企业网站被链接数量通常较多，而链接到其他网站的数量可能很少，一些小型网站两项指标可能都很小。

Inbound Link 和 Outbound link 的具体意义是指：假定有三个网站 A、B、C 之间发生了链接关系，当网站 A 上链接了 B 和 C，那么 B 和 C 各获得 A 网站的 1 个 Inbound Link，而 A 网站则是 2 个 Outbound link ，如果 B 网站链接了 A 网站，而 C 网站并没有链接 A 网站，那么 A 网站的 Inbound Link 数量为 1 个。在搜索引擎优化中，搜索引擎排名算法中要计算的是一个网站的 Inbound Link 数量，而不是 Outbound link，因此如何增加有效的 Inbound Link 就成为搜索引擎优化要考虑的一个方面。当然这仅仅是搜索引擎优化的一个方面而已，也不必过分夸大其作用。

资料来源：网上营销新观察，http://www.jingzhengli.cn/baogao/f20060210.htm.

不过要注意的是，对于任何搜索引擎而言，网站内容的相关性是最重要的因素，网站链接仅处于次要地位。而且，搜索引擎并不把链接广度作为考察被外部网站链接的唯一因素，同时还要考察外部链接网站的质量（如网站的访问量和链接网站之间的相关程度等），一个高质量网站的链接其重要程度高过多个低质量网站的链接效果，因此建立链接广度并非要不加取舍地与众多网站建立链接关系，事实上这样做的效果不仅不能提高排名，只能适得其反。

例如，一些自动登录搜索引擎的软件能否在增加链接广度方面发挥作用呢？如果用这种自动登录的方式可以将信息登记到许多网站上，并不能增加网站排名的质量。原因很简单，自动提交的所谓搜索引擎通常都是一些没有多大知名度访问量也不高的网站，你的信息是否可以从数据库中被其他搜索引擎检索到都是疑问。而且，作为即分析网站链接关系为看家本领的搜索引擎，对于搜索引擎领域的情况非常熟悉，如果链接网站不是搜索引擎，仅仅是为了增加链接广度的目的，这样的花招很容易被搜索引擎识破。

增加链接广度不仅是为了搜索引擎优化，同时也是网站推广的常用方法。然而在搜索引擎优化的实际工作中，很多 SEO 由于片面夸大外部链接的作用，往往通过大量增加网站链接的方式来获得网站在搜索引擎中的排名，甚至采用种种不合理的方式来获得外部链接，如在留言簿和博客中大量制造关键词链接。

### 案例 3-15：SEO 通过博客文章留言增加网站链接广泛度

下面是在营销人博客“搜索引擎排名秘诀——丑陋的 SEO 秘诀写照”（原文见 http://www.marketingman.net/blog/fyj/195.html，后面的留言因对网站造成潜在危害已经被删除）文中的一个截屏图：

**留言板首页(签写留言)**

**恭恭敬敬**

2006-3-16 17:12:38 By:某某(游客)

一多花摘了许久枯萎了也舍不得丢，一把伞撑了许久雨停了也记不起wow gold收，一条路走了许久天黑了也走不到尽头，一句话wow gold想了很久清楚了，才说出口：

个人主页 | 签写留言 | 回复 | 删除

**ss**

2006-3-16 13:12:20 By:ss(游客)

博客地址 T恤 衡器 鲜花 衡器 电子衡器 电子汽车衡 电子吊称 地磅 气体报警器 气体检测仪 免烧砖机 制砖机 砌块机 免烧砖机 白癜风 药店 肾病 风湿 类风湿 风湿性关节炎 类风性湿关节炎 强直性脊柱炎 旅游策划 旅游营销 旅游开发 旅游规划 衡器 免烧砖机 起重机 医药公司 药房 药店 肾病 风湿 类风湿 风湿性关节炎 类风性湿关节炎 强直性脊柱炎 液晶电视 医药公司 等离子电视 服装 瑞丽 时尚 杀菌锅 旅游规划 起重机 等离子电视 空调 网络电话 纸杯 药房 药店 撤场 情色 旅游规划 旅游策划 旅游营销 旅游开发 网络电话 纸杯 医药公司 药房 药店 杀菌锅 起重设备 起重机械 电动葫芦 防爆起重机 旋臂吊 起重机 涂布机 网站地图 网站地图 杀菌锅 情色 纸杯 衡器 衡器 T恤 wiremesh 旅游规划 破碎机 丝网 鲜花 电磁流量计 磨机 除湿机 烧烤 烧烤 拓展训练设施 拓展训练设施 拓展训练

个人主页 | 签写留言 | 回复 | 删除

**幸福人生**

2006-3-16 10:41:10 By:新的一年(游客)

友情工业服务信息：校直机，打头机，拉管机产品服务，详情请浏览打头机相关拉管机和校直机的首页。

个人主页 | 签写留言 | 回复 | 删除

首页 上一页 下一页 尾页 页次：1/1页 15篇留言/页 转到：1

上面图中每个词组都链接到一个 URL，这样就为每个关键词增加了一个外部链接，当这种链接数量比较大时（也就是在多个网站发布类似的信息），许多 SEO 相信，该关键词在搜索引擎中就获得了检索结果排名的优势。关于这样通过大量发布垃圾链接的手段，一直被很多 SEO 们作为捷径和不可告人的秘籍，但是这样的手段即使偶尔得逞也不可能持久，甚至还有被搜索引擎删除网站的可能。

资料来源：营销人博客，http://www.marketingman.net/blog/fyj/195.html.

那么，网站链接数量对于网页在搜索引擎搜索结果中的排名究竟有多重要？“主流搜索引擎网页排名算法分析”一文通过对美国主流搜索引擎相关问题的介绍在一定程度上做出了解释。[23]

三大英文主流搜索引擎谷歌、雅虎和 MSN 的网页排名算法中，对于一个网站被其他网站链接的质量和数量等，都被认为是网站在搜索结果排名的重要因素，不过各个搜索引擎的网页排名算法对于网站外部链接的质量以及其他因素的权重可能有一定的差异。

美国搜索引擎营销公司Fortune Interactive发布一项研究报告对三大主流搜索引擎谷歌、雅虎和 MSN 的网页排名算法进行了分析。以下是新竞争力网络营销管理顾问选择编译的 Fortune Interactive 对网页排名算法中有关外部链接因素重要程度排名的研究发现。

表 3-7　三大主流搜索引擎对网页排名算法外部链接因素重要性评估

| 重视程度 | 谷　歌 | 雅　虎 | MSN |
|---|---|---|---|
| 1 | 外部链接网站的质量 | 外部链接网站的质量 | 外部链接网站的质量 |
| 2 | 网站内容主题相关性 | 网站内容主题相关性 | 链接文本 |
| 3 | 外部链接网站 title 关键词 | 链接文本 | 网站内容主题相关性 |
| 4 | 链接文本 | 外部链接网站 title 关键词 | 外部链接网站 title 关键词 |
| 5 | 外部链接数量 | 外部链接数 | 外部链接数量 |

#### 3.7.4.6　其他搜索引擎优化问题

前面介绍了搜索引擎优化的主要内容，包括网站结构和网页内容等，实际上影响搜索引擎优化的因素还有很多，例如，网站内容的权威性；内容原创比例；网站内容更新频率；是否有堆砌关键词、是否有复制内容以及不合理的网页重定向、桥页等欺骗搜索引擎的方法；等等。

总之，搜索引擎优化是网站专业水平的综合体现，是系统性网站优化工作的一部分，仅仅通过增加网站链接等外部要素的改善是难以获得持久的搜索引擎优化效果的。下面通过两个综合案例分析也可以看出，在搜索引擎优化工作中某些方面的疏忽都可能造成严重后果。

**案例 3-16：Batteries.com 网站优化的经验和教训**

Batteries.com 是美国领先的电池销售网上商店，在 2004 年该网站进行了一次改版，当时为了避免出现大量死链接，网站保留了旧版的网页，因此搜索引擎在索引新版网页的同时也收录了大量多余的旧网页，结果搜索引擎以为 Batteries.com 复制网页内容，属于搜索引擎作弊，导致 Batteries.com 在搜索引擎上的自然排名急剧下跌。

新版还有大量动态技术生成的网页，造成搜索引擎索引困难，以上原因导致 Batteries.com 在 2004 改版后在搜索引擎自然排名方面一落千丈。后来该网站与一家知名搜索引擎营销公司合作，对网站进行了彻底优化，并删除了多余的旧版网页，4 个月之内，网站被 Google 收录的网页数量剧增，以电池相关的诸多关键词在 Google 和 Yahoo 的排名均在显著位置。

为了进一步提升搜索引擎优化效果，Batteries.com 在 2006 年计划发布 30 个微型内容子站，这些子站商品包含各类电池如碱性电池、笔记本电脑电池等的产品目录。子站还提供与电池产品有关的教育性内容和幽默性文章内容，并有链接指向 Batteries.com 网上商店进行购买。Batteries.com 已于 2006 年 2 月份发布了 5 个内容子站。

Batteries.com 网站优化的经验和教训值得一些关注搜索引擎优化的网站借鉴。现在，“搜索引擎优化”在搜索引擎服务商眼里是一个敏感词汇，几乎与“搜索引擎垃圾”是同一含义，尤其那些以种种不合理方式提高搜索引擎关键词排名为目的 SEO，更是让搜索引擎深恶痛绝，欲置之死地而后快。

搜索引擎排名不等于搜索引擎优化，更不等于真正意义上的网站优化，网站优化与搜索引擎排名有着本质的区别，如果对搜索引擎检索规则理解不够深入，片面追求搜索引擎检索关键词排名效果，难免进入搜索引擎优化误区，其结果将是受到搜索引擎的惩罚，直至网站彻底被搜索引擎删除。

资料来源：新竞争力，2006 年 2 月，http://www.jingzhengli.cn/baogao/f20060210.htm.

下面的案例也与网站改版有关，而且网站改版后采用了新的域名，如果处理不当，改版前网站积累的搜索引擎收录的网页资源都将失去意义。本书第 3 章有关企业网站改版的内容中介绍过相关的问题和应遵循的原则，这些问题在现实中并不少见。

### 案例 3-17：搜索引擎收录网页数量为什么在下降？

一个原本搜索引擎收录良好的网站，几年之后搜索引擎收录反而每况愈下，这是什么原因呢？2005 年，新竞争力在一箱调查报告中发现，××精密仪器有限公司网站网页收录量在同行网站中处于领先地位。而在 2010 年 11 月重新调查该企业网站时发现，该企业已更换企业网站域名（说明：因可能为该企业带来负面影响，因此本案例中略去了该企业名称及域名的真实信息），调查网页收录量，该企业网站在百度和 Google 中的收录量仍然领先，但相比 2005 年调查数据有明显降低，且关键词在搜索引擎检索结果的表现也有显著下降。

××精密仪器有限公司是个拥有 6 家分公司的股份制大公司。产品线丰富，涉及十五大系列 300 多种工业自动化控制产品。这样的企业在网站内容建设上也会比小公司网站更为丰富。2005 年 10 月份调查该企业网站（当时用的域名），Google 收录了该公司网站 600 多个页面，11 月 Google 数据更新后收录了 500 多个页面，而且低质收录情况很少。作为一个企业网站，网页收录数量遥遥领先。这与该公司网站重视内容建设和内容优化是分不开的，在调查中位列“机械企业网站内容页面内容优化前 10 名”。该网站内容丰富，内容页面优化到位，在 2005 年 10 月份调查期间，以其核心产品“炉顶热电偶”在 Google 中检索，该内容页面排名第 4，搜索引擎优化优化成效显著。

2010 年 11 月份调查结果显示，该企业官方网站（已更换为新的域名）Google 收录量为 270 多页，下降了很多，关键词表现也大不如前。

这一案例说明，如非特别需要，正常运营中的网站尽量不要更换域名。尤其在网站改版时需要注意，不仅要保持域名的稳定，还需要保持原有网页 URL 的可持续访问，否则被搜索引擎收录的信息都将失去，早期的搜索引擎优化效果将受到影响。

资料来源：新竞争力. 企业网站优化策略研究报告[EB/OL].（2010-12）http://www.jingzhengli.cn/baogao/wso.html.

实际上，目前搜索引擎对于网站改版可能引起的问题已经给予关注，并且提供了一些必要的引导和网站改版工具。例如，百度站长工具（http://zhanzhang.baidu.com）中专门设置了“网站改版工具”，以便能让百度搜索引擎了解网站改版后的域名及网页资源，尽可能减少因网站改版引起的资源损失。

## 3.7.5 搜索引擎优化作弊与搜索引擎给站长的优化指南

在早期的META标签检索为主的搜索引擎中，通过一定的“技术手段”，也就是用误导的方式获得在搜索引擎中好的排名有时是可以做到的，因此这种“网络营销技巧”也就广为流传。对于技术型搜索引擎优化的作弊，常见的方式包括关键词堆砌及垃圾等。为提高搜索结果的质量，搜索引擎一直在与搜索引擎垃圾（Spam）做斗争。一些对SEO产生浓厚兴趣又不求甚解更不愿脚踏实地进行网站基本要素优化的人，很容易因为盲目的“优化”而陷入搜索引擎优化作弊的误区。因此，有必要了解搜索引擎优化的作弊问题及搜索引擎给站长提供的搜索引擎优化指南。

### 3.7.5.1 什么是搜索引擎垃圾

搜索引擎垃圾是为了获得搜索引擎优化效果而采取的作弊行为，造成搜索结果成为事实上的垃圾信息。这些信息是为了 “搜索引擎优化”而设计的信息，如大量重复的关键词、用户不可看到的文字等。如果网站被发现采用了搜索引擎垃圾的方式进行优化，将受到搜索引擎的处罚。

不同搜索引擎对垃圾信息的定义也有一定差别，例如谷歌在举报的垃圾信息的表单中列出了下列几项内容：[24]

（1）隐藏的文字或链接；

（2）容易误解或堆积的词汇；

（3）与谷歌检索不匹配的网页；

（4）伪装的网页；

（5）欺骗性的网址重新指向；

（6）专门针对搜索引擎的入门网页；

（7）复制的网站或网页；

（8）付费购买的外部链接。

此外，谷歌认为是垃圾信息的也包括其他一些方面，如用图片和无关的词汇填充网页、同样的内容出现在多个域名或次级域名的网页、链接了被认为是低质量的网站，以及容易与知名网站误导的网址（如www.yahhoo.com）等。

从谷歌对垃圾信息的定义可以看出，搜索引擎对那些利用搜索引擎特点而设计的“技巧”都是非常关注的，而且各个搜索引擎对垃圾信息的基本标准并没有太大差异。由此也说明，搜索引擎优化应该是基于网站要素优化的“实事求是、脚踏实地”的工作。

2013 年 2 月 19 日，百度网页搜索反作弊团队发布的公告中指出：“我们仍然痛心的发现，反复强调过的买卖链接行为仍然大量存在，在此，我们再一次提醒这部分站长，此类链接早已被系统所识别并且已经从链接计算中清除。”[25]

可见，为了获得某些关键词排名的搜索引擎作弊行为是一直存在的，搜索引擎也不断从技术上减少作弊行为对正常搜索结果造成的影响。作为专业的搜索引擎营销人员，应该坚信，利用搜索引擎开展营销的基础是建设专业的网络营销导向的网站，没有这种基本功，即使针对热门的关键词进行了大量优化、即使在所有搜索引擎中排名第一，也一样不会有多大价值。

#### 3.7.5.2 营销人员必须知道的搜索引擎优化指南

为了获得高质量的搜索信息，尽量减少搜索引擎垃圾，针对网站搜索引擎优化的需要，各大搜索引擎都会给网站运营人员提供一些基本方针和指导，值得网络营销人员，尤其是搜索引擎营销人员深入学习和领会，并贯彻到搜索引擎营销工作中去。

**1. 谷歌给网站管理员的指南**

下面内容摘选自谷歌网站管理员指南，每一个网站管理员、网页设计师、搜索引擎营销人员都应该对相关内容了如指掌，并且将指南中的原则应用于网站优化工作。

请牢记谷歌在网站管理员指南中的一句话：“请扪心自问：我这样做能否帮助我的用户？如果不存在搜索引擎，我是否还会这样做？”

**参考资料：谷歌的网站管理员指南（节选）**

遵循这些指南将有助于 Google 查找、索引并对您的网站进行排名。即使您选择不采纳这些建议，我们也强烈建议您对“质量指南”多加留意，其中简要说明了一些可能造成网站从 Google 索引中彻底删除的违禁行为。网站被删除之后，Google.com 或 Google 所有合作伙伴网站的搜索结果中都不会再显示该网站。

**设计与内容指南**

- ❑ 网站应具有清晰的层次结构和文本链接。每个网页应至少可以通过一个静态文本链接打开。
- ❑ 为用户提供一个网站地图，列出指向网站重要位置的链接。如果网站地图上的链接超过或大约为 100 个，则需要将网站地图拆分为多个网页。
- ❑ 网站应具有实用性且信息丰富，网页文字应清晰、准确地表述要传达的内容。

- ❑ 要考虑到用户会使用哪些字词来查找您的网页，确保网站上确实包含了这些文字。
- ❑ 尽量使用文字而不是图像来显示重要的名称、内容或链接，因为Google抓取工具无法识别图像中所含的文字。
- ❑ 确保TITLE和ALT标记具有说明性且表达精准无误。
- ❑ 检查链接是否损坏，并确保HTML格式正确。
- ❑ 如果采用动态网页（即网址中包含“?”字符），请注意并非每一个搜索引擎Spider都能像抓取静态网页一样抓取动态网页。动态网页有助于缩短参数长度并减少参数数目。
- ❑ 将给定网页上的链接限制在合理的数量内（少于100）。

**质量指南—基本原则**

- ❑ 设计网页时该考虑的是用户，而不是搜索引擎。不要欺骗用户，或提交给搜索引擎一种内容，而显示给用户另一种。这种做法通常称为“隐藏”。
- ❑ 请不要为了提高搜索引擎排名而弄虚作假。一个简单分辨是非的方法是：您是否可以坦然地跟竞争对手网站解释您对网站所做的事情。另一个有用的测试即扪心自问：“这能否给我的用户带来帮助？如果不存在搜索引擎，我是否还会这样做？”
- ❑ 请不要参与旨在提高您的网站排名或PageRank的链接方案。尤其要避免链接到违禁的网站或“恶邻”，因为您自身的排名可受到这些链接的负面影响。
- ❑ 请不要使用未授权的计算机程序提交网页、检查排名等。这些程序会耗用计算机资源并违反我们的服务条款。Google 不建议使用 WebPosition Gold 这类产品向Google发送自动查询或用程序编写的查询。

**质量指南—具体指南**

- ❑ 请不要使用隐藏文本或隐藏链接。
- ❑ 请不要采用隐藏真实内容或欺骗性重定向手段。
- ❑ 请不要向Google发送自动查询。
- ❑ 请不要使用无关用语加载网页。
- ❑ 请不要创建包含大量重复内容的多个网页、子域或域。
- ❑ 请不要创建安装病毒（如特洛伊木马）或其他有害软件的网页。
- ❑ 请不要采用专门针对搜索引擎制作的“桥页”，也不要采用如联属计划这类原创内容很少或几乎没有原创内容的“俗套”（cookie cutter）方式。
- ❑ 如果您的网站参加联属计划，请确保您的网站可为其增添价值。请提供独特而相关的内容，使用户有理由首先访问您的网站。

资料来源：https://support.google.com/webmasters/answer/35769?hl=zh-Hans.

### 2. 百度提供的搜索引擎优化指南

在百度站长学院（http://zhanzhang.baidu.com/college/index）中，提供了许多有关搜索引擎优化的学习指南，下列网页及文档资料，对搜索引擎优化人员是必读内容，深入理解搜索引擎的规则及建议，以免在搜索引擎优化中出现无法挽回的损失。

- 搜索引擎优化建议 http://zhanzhang.baidu.com/wiki/5
- 《百度搜索引擎网页质量白皮书》http://zhanzhang.baidu.com/college/documentinfo?id=186
- 《百度搜索引擎优化指南 2.0》http://zhanzhang.baidu.com/college/documentinfo?id=193&page=1
- 《百度移动搜索优化指南 2.0》http://zhanzhang.baidu.com/college/documentinfo?id=162&page=1

# 3.8 内容营销综合应用——病毒性营销

病毒性营销的概念，在本书第 2 章介绍网络营销工具的价值时曾多次出现，例如“微博具有病毒性营销的天然属性”“微信朋友圈符合病毒性营销的原理，丰富了病毒性营销信息源的表现形式”等。病毒性营销是一种低成本、传播速度快的营销方式，常为网络营销人员所追捧。这种“让内容带来用户、让用户带来更多用户”的营销模式听起来有点不可琢磨，不过深入研究仍可发现其一般规律，且具有可复制性、可操作性的特点，是一种经得起时间考验、经得起实践检验的实用型网络营销方法。

从根本上来说，病毒性营销就是内容营销——或者叫“**内容+营销**”，体现了本书强调的“内容营销意识”。在策划创作内容的时候，直接融入了营销推广策略，将对用户有价值的信息源，通过用户及社会关系网络不断向更大的范围传递。由于病毒性营销的信息源及传递渠道形式多种多样，并不属于某种特定形式的内容营销，因而是一种综合性的内容营销方式。

## 3.8.1 病毒性营销的基本原理

2000 年 2 月，本书作者在一篇翻译文章“病毒性营销的六个基本要素”（http://www.marketingman.net/wmtheo/zh206.htm，原作者为美国电子商务顾问 Ralph F. Wilson 博士）中，首次将“viral marketing”一词翻译为“病毒性营销”（后期有些文章中翻译为病毒式营销，描述的是同一个概念）。随后对病毒性营销进行了多年的跟踪研究，并总结了病毒性营销的步骤、基本思想和一般规律。病毒性营销成为网络营销方法体系中跨工具的一种常用方法。该文介绍了病毒性营销的基本原理、要素及实施案例。

**1．病毒性营销的原理**

病毒性营销并非真的以传播病毒的方式开展营销，而是通过用户的网络传播，信息像病毒一样传播和扩散，利用快速复制的方式传向数以千计、数以百万计的受众。例如，微博中的用户自愿转发、微信的朋友圈及群分享等，就是病毒性营销模式的体现，在 SNS 普及之前，电子邮件、网上聊天工具等都是常用的病毒性营销传播工具。

由于这种传播是用户之间自发进行的，信息的传播是不需要付费的，因此病毒性营销也成为免费网络营销方法的典型方式之一。其实病毒性营销不仅是一种实用的网络推广方法，也反映了一种充分利用各种资源传递信息的网络营销思想。

**2．病毒性营销的六个基本要素**

Ralph F. Wilson 博士将一个有效的病毒性营销战略归纳为以下六个基本要素。

（1）提供有价值的产品或服务。

（2）易于向他人传递的信息源形式。

（3）信息传递范围很容易从小向很大规模扩散。

（4）利用社会关系网络主动传播。

（5）利用大众化的互联网工具传播。

（6）利用别人的资源进行信息传播。

根据这一基本规律，在制定和实施病毒性营销计划时，应该进行必要的前期调研和针对性的检验，以确认自己的病毒性营销方案是否满足这六个基本要素。

**3．病毒性营销的经典范例**

下面我们通过案例来进一步说明病毒性营销的基本原理和流程。

**案例 3-18：Hotmail 的病毒性营销方法**

1996 年，Sabeer Bhatia 和 Jack Smith 率先创建了一个基于 Web 的免费邮件服务，即现在为微软公司所拥有的著名的 Hotmail.com。许多伟大的构思或产品并不一定能产生征服性的效果，有时在快速发展阶段就夭折了，而 Hotmail 之所以获得爆炸式的发展，就是由于被称为“病毒性营销”的催化作用。

Hotmail 的用户数量是有史以来发展最快的，无论是网上还是网下，也无论是任何产品还是印刷品。Hotmail 是世界上最大的电子邮件服务提供商，在创建之后的 1 年半时间里，就有 1 200 万注册用户，而且还在以每天超过 15 万新用户的速度发展。在申请 Hotmail 邮箱时，每个用户被要求填写详细的人口统计信息，包括职业和收入等，这些用户信息具有不可估量的价值。

令人不可思议的是，在网站创建的 12 个月内，Hotmail 花在营销上的费用还不到 50 万美元，而 Hotmail 的直接竞争者 Juno 的广告和品牌推广费用是 2 000 万美元。在提供用户注册资料时，有些用户会担心个人信息泄密，因此比较谨慎，也就是说，免费邮件的推广也有一定的障碍，那么，Hotmail 是如何克服这些障碍的呢？答案就在于：病毒性营销。

当时，Hotmail 提出的病毒性营销方法是颇具争议性的，为了给自己的免费邮件做推广，Hotmail 在邮件的结尾处附上："P.S. Get your free Email at Hotmail"，接收邮件的人将看到邮件底部的信息，然后，收到邮件的人们继续利用免费 Email 向朋友或同事发送信息，会有更多的人使用 Hotmail 的免费邮件服务，于是，Hotmail 提供免费邮件的信息不断在更大的范围扩散。现在几乎所有的免费电子邮件提供商都采取类似的推广方法。因为这种自动附加的信息也许会影响用户的个人邮件信息，后来 Hotmail 将"P.S."去掉，将强行插入的具有广告含义的文字去掉，不过邮件接收者仍然可以看出发件人是 Hotmail 的用户，每一个用户都成了 Hotmail 的推广者，这种信息于是迅速在网络用户中自然扩散。

在这个病毒性营销的经典范例中，基本操作流程如下：

① 提供免费 Email 地址和服务。

② 在每一封免费发出的信息底部附加一个简单标签："Get your private, free Email at http://www.hotmail.com"。

③ 然后，人们利用免费 Email 向朋友或同事发送信息。

④ 接收邮件的人将看到邮件底部的信息。

⑤ 这些人会加入使用免费 Email 服务的行列。

⑥ Hotmail 提供免费 Email 的信息将在更大的范围扩散。

病毒性营销与生物性的病毒不同，因为数字病毒可在国际间不受制约地迅速传播，而生物病毒往往需要直接接触或其他自然环境的作用才能传播。尽管受语言因素的限制，Hotmail 的用户仍然分布在全球 220 多个国家，在瑞典和印度，Hotmail 是最大的电子邮件服务提供商，尽管没有在这些国家做任何的推广活动。尽管 Hotmail 的战略并不复杂，但是，其他人要重复利用这种方法，却很难取得同样辉煌的效果，因为这种雪球效应往往只对第一个使用者才具有杠杆作用。

资料来源：网上营销新观察，http://www.marketingman.net/wmtheo/zh206.htm.

Gmail 的邀请模式也是成功的病毒性营销案例之一，只不过与 Hotmail 所采取的方式完全不同。

### 案例 3-19：Gmail 的邀请模式

Google 于 2004 年 4 月 1 日愚人节推出的超大空间 Gmail（http://mail.google.com/Gmail）也采用了典型的病毒性营销模式。由于这个特殊的日子，而且当时主要的免费邮箱服务商如 Yahoo 等仅提供 5M 的邮件空间，所以很多人以为这不过是 Google 的一个玩笑而已，并当作玩笑而传播。

Gmail是搜索引擎Google提供的免费邮件服务,其特色不仅在于有超过2.5G的邮箱空间(每时每刻都在继续增长中)，而且还在于将电子邮件与高效的搜索技术相结合，可以更加方便地管理自己的Email信息。Gmail还具备在邮箱中直接与在线好友进行聊天（Google talk）等多项特色功能。

本书第三版写作完成时（2006年11月）Gmail仍然没有开放给所有用户随意注册，而是采用邀请函的模式。直到2007年2月14日，Gmail才正式开放注册。这一病毒性推广活动持续了将近3年时间。

根据Google对Gmail的说明，由于仍在对Gmail进行测试和改进，因此还无法让所有人使用。现在Gmail对新用户注册加入采用了邀请模式，新用户申请Gmail邮箱需要得到其他用户的邀请才可以加入。所以，要申请Gmail邮箱，你首先要获得一个已经成为Gmail用户的邀请邮件，你只需要把自己的名字和其他电子邮件地址告诉你的朋友，让你的朋友在Gmail邀请函模版中输入您的信息并点击发送邀请函，这样当你收到邀请邮件之后，点击访问邮件中的链接，按照提示步骤就可以注册自己的免费Gmail邮箱了。

Gmail发布初期每个新用户可以获得6个邀请资格。随后，一个注册Gmail用户最多可以发出100份邀请函（有些50份或者更少，部分新注册用户可能暂时没有邀请资格）。

由于Google的Gmail邀请函是一种“稀缺资源”，因此很多用户为了获得一份邀请函而想尽各种办法，早期一些拥有邀请函的用户甚至到eBay去拍卖。本书作者由于在网站发表文章介绍过如何获得Gmail邮箱邀请,结果每天收到数十封索取邀请函的电子邮件,而在一些谈论Gmail邀请函的博客文章往往也是最受关注的内容，并且会有大量读者留言希望获得一份Gmail邀请。可见，Gmail获得了用户的广泛认可，利用口碑传播达到了品牌推广的目的。

事实上，对于已经成为Gmail邮箱的用户，当邀请函用尽之后，Google会不定期重新赠送邀请函。这也就表明，Google对于这种信息的传递途径是经过精心设计的，有效地利用了用户的社交网络和口碑传播资源。

直到现在（2016年），Gmail仍然是最受用户欢迎的免费邮箱之一，其免费存储云空间已经达到 15G，邮件空间也作为“云端硬盘存储空间”的一部分（关于 Google 云存储的介绍见https://www.google.com/settings/storage?hl=zh-CN）。

资料来源：网上营销新观察， http://www.marketingman.net/FAQ/0046.htm.

前面两个案例中Hotmail和Gmail都是提供的免费邮箱服务，尽管两者所采用的病毒性传播途径不同，但均达到了同样的效果：几乎无需投入市场推广费用而获得大量用户。当然，这种“免费”仅仅是相对于一般的付费或投入其他资源进行网络推广而言，实际上为用户提供免费服务仍然是要付出设备及运营服务成本的，只是获得用户的成本相对较低。

### 4．病毒性营销与病毒的关系

通过上述案例也可以看出，病毒性营销的过程和病毒没有任何关系。所以当使用病毒性营销这一概念时，有必要明确表明其与病毒之间的本质区别。因为没有人喜欢自己的电脑出现病毒，可见病毒并不是受人欢迎的东西。病毒性营销的基本思想只是借鉴病毒传播的方式，其本身并不是病毒，不仅不具有任何破坏性，相反还能为传播者以及病毒性营销的实施者带来好处，因此病毒性营销和病毒之间并没有任何直接的联系。

但在病毒性营销的实际操作中，如果没有认识到病毒性营销的本质是为用户提供免费的信息和服务这一基本原则，有时可能真正成为传播病毒了，尤其利用一些"技术手段"来实现的所谓病毒性营销模式，如自动为用户电脑安装插件、强制修改用户浏览器主页地址、自动转发邮件等，这些都不能称之为病毒性营销了。

### 5．病毒性营销基本思想

"病毒性营销是一种网络营销方法（常用于网站推广、网络品牌推广），即通过提供有价值的信息和服务，利用用户之间的主动传播来实现网络营销信息传递的目的；病毒性营销同时也是一种网络营销思想，其背后的含义是如何充分利用外部网络资源（尤其是免费资源）扩大网络营销信息传递渠道。"这就是病毒性营销的基本思想。这一基本思想是制定、实施病毒性营销计划的基本指导原则。[26]

### 6．病毒性营销的其他成功案例及基本要素比较

除了 Hotmail 这一最成功的病毒性营销案例之外，还有很多其他成功案例。下面再举几个国际著名网络服务商的成功案例。

（1）**ICQ（http://www.icq.com）**：1998 年 7 月，在被 AOL 以 3 亿美元现金收购之前，ICQ 属于以色列一家公司，当时已经拥有了 1200 万实时信息服务注册用户。ICQ 的通信方法也类似于病毒性传播方式。通信双方都需要下载安装客户端软件，然后，用户会通过电子邮件等方式告诉自己的朋友或同事，请他们利用这种网上实时通信工具，就这样一传十，十传百，越来越多的人加入了 ICQ 用户的行列。

（2）**Amazon（http://www.amazon.com）**：Amazon 同时采取会员制和病毒性营销两种方式来进行推广，到 2000 年年底有大约 50 万会员网站链接到 Amazon 网站，2004 年年初，这个数字又增加到 90 万个，通过在会员网站点击链接到 Amazon 网站的 BANNER 广告完成的网上购物，会员网站将获得一定佣金。Amazon 采用的病毒性营销手段，是鼓励顾客送给朋友一本书作为礼物，当收货人收到礼物时，印刷在包装品上的宣传资料在为 Amazon 做广告。

（3）**Geocities（http://www.geocities.com）**：Geocities 为用户提供免费建立个人网站的服务，用户邀请朋友访问自己的网页，当有访问者来访时，Geocities 的弹出广告会邀请访

问者使用 Geocities 的服务。

（4）**eGroups (http://www.egroups.com)：** eGroups 允许用户建立在线讨论组和工作组，通过邀请朋友或同事加入来达到宣传自己的目的，其发展前 410 万用户的速度甚至比 Hotmail 还要快（注：eGroups 后被雅虎公司收购，改名为 Yahoo! Groups）。

下面用列表的形式对比上述 4 个网站所采取的病毒性营销战略中的基本要素。

**表 3-8　病毒性营销案例比较**

| 网站名称 | 是否免费 | 传播方式 | 规模限制 | 传播动机 | 传播网络 | 传播资源 |
|---|---|---|---|---|---|---|
| Amazon | 是 | 拷贝 HTML 代码 | 需要数据库支持 | 获得收入 | 会员网站访问者和电子杂志 | 会员网站和电子邮件 |
| ICQ | 是 | 下载软件 | 需要大型服务器 | 聊天、交流 | 家庭、朋友、同事 | 使用自己的 Email |
| Geocities | 是 | 建立网站 | 需要大型服务器和硬盘空间 | 个人表现欲望 | 家庭、朋友、同事 | 会员的 Email |
| eGroups | 是 | 网络社区 | 需要大型服务器 | 工作交流、同行交流 | 同事、学术 | 会员的 Email |

资料来源：Web Marketing Today，Issue 71，2000.2，http://www.wilsonweb.com/wmt5/viral-compare.htm.

作者对病毒性营销的研究始于 1999 年，对病毒性的研究内容已比较成熟，并且已公开发布了许多相关的研究文章，希望深入研究病毒性营销的读者，可参考下列网络资源链接：

- 病毒性营销基本思想， http://www.jingzhengli.cn/sixiangku/s02/02012.htm
- 病毒性营销的一般规律， http://www.jingzhengli.cn/sixiangku/s02/02013.htm
- 病毒性营销研究专题：http://www.marketingman.net/topics/019_viral-marketing.htm

## 3.8.2　实施病毒性营销的五个步骤

在病毒性营销进行系统研究，并实施了多个成功案例之后，本书作者于 2005 年 2 月总结了“成功实施病毒性营销的五个步骤”。[27]

与网站内容营销的选题、创作、发布、运营推广等步骤类似，实施病毒性营销的五个步骤包括：病毒性营销方案的规划和设计、独特的病毒性营销创意、信息源和传递渠道的设计、原始信息发布、病毒性营销效果跟踪管理。

### 1. 病毒性营销方案的整体规划

病毒性营销绝不是随便可以做好的，首先要有规划及方案设计，并付出心血制作让人眼前一亮并产生转发冲动的内容。病毒性营销方案规划，包括营销目标计划、用户价值分析、内容策划、传播方案、预期效果等。在进行方案规划时，应确认方案符合病毒性营销的基本思想，即传播的信息和服务对用户是有价值的，并且这种信息易于被用户自行传播。

**2．病毒性营销创意**

病毒性营销需要独特的创意，并且精心设计病毒性营销方案（无论是提供某项服务，还是提供某种信息）。最有效的病毒性营销往往是独创的。独创性的计划最有价值，跟风型的计划有些也可以获得一定效果，但要做相应的创新才更吸引人。同样一件事情，同样的表达方式，第一个是创意，第二个是跟风，第三个做同样事情的则可以说是无聊了，甚至会遭人反感，因此病毒性营销之所以吸引人就在于其创新性。在方案设计时，一个特别需要注意的问题是，如何将信息传播与营销目的结合起来？如果仅仅是为用户带来了娱乐价值（如一些个人兴趣类的创意）或者实用功能、优惠服务而没有达到营销的目的，这样的病毒性营销计划对企业的价值不大。反之，如果广告气息太重，可能会引起用户反感而影响信息的传播。

**3．信息源和信息传播渠道的设计**

虽然说病毒性营销信息是用户自行传播的，但是这些信息源和信息传递渠道需要进行精心的设计。例如，要发布一个节日祝福的动画或小视频，首先要对祝福内容进行精心策划和制作，使其看起来更加吸引人，并且让人们更愿意自愿传播。仅仅做到这一步还是不够的，还需要考虑这种信息的传递渠道，是在某个网站下载（相应地在信息传播方式上主要是让更多的用户传递网址信息）、还是用户之间直接传递文件（通过电子邮件、IM 等）或者通过微信群转发？如果希望适用于多种传播方式，就需要对信息源进行相应的配置和管理。

**4．原始病毒性营销信息的发布和推广**

最终的大范围信息传播是从比较小的范围内开始的，如果希望病毒性营销方法可以很快传播，那么对于原始信息的发布也需要经过认真筹划。原始信息应该发布在用户容易发现，并且用户乐于传递这些信息的地方（如活跃的网络社区、微信公众号、微信群等），如果必要，还可以在较大的范围内去主动传播这些信息，等到自愿参与传播的用户数量比较大之后，才让其自然传播。

**5．病毒性营销的效果跟踪管理**

当病毒性营销方案设计完成并开始实施（包括信息传递的形式、信息源、信息渠道、原始信息发布）之后，对于病毒性营销的最终效果实际上自己是无法控制的，但并不是说就不需要进行这种营销效果的跟踪和管理。实际上，对于病毒性营销的效果分析是非常重要的，不仅可以及时掌握营销信息传播所带来的反应（如对于网站访问量的增长、微信粉丝增加数量等），也可以从中发现这项病毒性营销计划可能存在的问题，以及可能的改进思路，将这些经验积累为下一次病毒性营销计划提供参考。

总之，病毒性营销具有自身的基本规律，成功的病毒性营销策略必须遵循病毒性营销的基本思想，同时病毒性营销也是一项艰苦的创意性活动，不要指望会有自动自发形成完全没有资源投入的病毒性营销。

## 3.8.3 长效病毒性营销方案实例及启示

前面介绍的 Hotmail、Gmail、ICQ 等都是一些著名的大型公司，或者从当初的小公司发展成为著名的大公司，他们有实力提供免费服务，有条件几年不盈利来吸引用户的注意力，因此具备开展病毒性营销的基础条件，但并不是每个企业都有这样的条件，也不是每个企业利用病毒性营销都可以取得举世瞩目的成就。

不过，一般的小公司小网站通常也可以利用病毒性营销的思想和方法，根据自己的资源合理设计病毒性营销方案，在一定范围内取得明显的效果。对于一些小企业或小型网站来说，病毒性营销不一定要很大规模，力争在小范围内获得有效传播是完全可以做得到的，很多病毒性营销的创意适合于小企业，如提供一篇有价值的文章、一部电子书、一张优惠券、一个节日祝福卡、一则幽默故事、一篇微型小说、一个免费下载的游戏程序等，只要能恰到好处地在其中表达出自己希望传播的信息，都可以在一定程度上发挥病毒性营销的作用。

例如，利用电子书作为病毒性营销的载体，以知识为内容营销的方式几乎可以说是长盛不衰，永远有效的，而且适用于各种规模的企业或网站。

**案例 3-20：长盛不衰的电子书病毒性营销方法**

（1）时代营销网的电子书病毒性营销案例

时代营销网（www.emarketer.cn）发布于 2003 年 6 月，是由国内知名网络顾问公司时代财富（www.fortuneage.com）经营的网络营销专业门户网站（几年后因公司业务转型该网站现关闭）。由于时代营销并非一个营利性的商业网站，因此在网站推广方面也基本没有投入专门的资金，而是利用现有的部分网络营销资源进行推广，在网站发布初期就制定并采用了病毒性营销的推广方法。

由本书作者策划并参与编译、注释、制作的电子书《网站推广 29 种常用方法》作为病毒性营销工具，发挥了相当大的作用，这部书的原作者正是前面提及的 Wilson 博士。1997 年 12 月 1 日，Wilson 博士发表了“23 Ways to Promote Your Site”，该文章被广泛传播，成为网络营销方法经典文章之一。随着网络营销环境的不断发展变化，虽然文中所提到的一些方法仍然有效，但有些内容发生了重大变化，因此 Wilson 博士对该文进行了修订和补充，于 2003 年 6 月 4 日推出了最新版本的“29 Ways to Promote Your Website”。在这篇文章中，Wilson 将网站推广策略分为 5 个主要类别的 29 种方法：搜索引擎策略（8 种方法）、链接策略（4 种方法）、传统方法推广（4 种方法)、Email 推广(4 种方法)、混合方法(5 种方法)、付费广告策略(4 种方法)。

由于 Wilson 这篇文章具有较大的影响力，很容易得到快速传播，也就是说，具有了病毒性营销工具的特征，时代营销充分利用了这篇文章的病毒性推广价值。在看到最新文章发表后，时代营销当即与 Wilson 博士取得联系，征得原作者许可后，时代营销网工作人员将该文翻译为中文，并根据国内网络营销的现实情况和有关研究以“时代营销注”的形式，对原作中每种方法都给出注释和建议，为读者提供更为丰富的内容，时代营销网将“网站推广 29 种常用方法”制作为 exe 格式的电子书供读者免费下载。

该电子书制作完成之后，分别在时代营销网站、网上营销新观察和专门提供电子书下载的 E 书时空三个网站给出链接，尽管这三个网站都属于小网站，时代营销更是刚刚发布几天没有任何知名度的网站，但却取得了出人意料的效果：在电子书发布后的 10 天内已经有超过 2 万人下载！也就是说，至少有 2 万人通过这部电子书中的信息知道了时代营销，其中很多人成为时代营销早期的用户群体，时代营销网站也取得了比预期要好得多的推广效果。时代营销作为专业的网络营销信息网站，用自己的实际行动创造了网络营销的经典案例。

(2) 电子书病毒性营销的更多实战案例

借鉴时代营销电子书营销的成功经验，2005 年，在新竞争力网络营销管理顾问成立初期，利用免费电子书作为病毒性营销工具进行网站推广，每次都获得比较显著的效果，电子书、免费研究报告、深度研究文章等知识营销手段也成为新竞争力主要的网络营销方法。

例如，40 多页的免费电子书《搜索引擎优化(SEO)知识完全手册——基于新竞争力网站优化思想的 SEO 优化指南》(http://www.jingzhengli.cn/sixiangku/ebook/2005_hbj_seo.htm) 在 2005 年 4 月首次发布之后，迅速引起大量关注，甚至一些用户将电子书放到淘宝网站销售。业内人士惊叹：好大一病毒！其产生的影响力可想而知。

然而，用户和读者不知道的是，为了这部电子书，在当时 SEO 知识还不够系统，可参考资源不多的情况下，主要靠自己的实践体验和总结，新竞争力的工作人员辛苦创作了六个月！后来该电子书又经过数次修订，保持内容的长期有效性。

此后，《Google Adwords 关键字广告高手速成指南》(http://www.jingzhengli.com/research/ebook0723.html)、《博客营销研究》免费电子书(http://www.jingzhengli.cn/sixiangku/Ebook_0601.htm)、《网站推广 120 种方法》免费电子书(http://www.jingzhengli.cn/sixiangku/xjzl_wsp120.html) 等当时的热点网络营销方法电子书相继发布，在传播专业知识的同时，不仅发挥了一定的网络推广效果，这些内容营销资源，也奠定了新竞争力网络营销顾问的专业地位。

资料来源：

(1) 时代营销网的病毒性营销推广案例. http://www.marketingman.net/tools/wsp120/012.htm.

(2) 新竞争力研究成果. http://www.jingzhengli.cn/about/about_research.htm.

**电子书病毒性营销的启示：病毒性营销思想永不过时！**

互联网工具在变，但互联网传递信息的实质不变。病毒性营销的载体和形式会变，但病毒性营销思想不变。

## 关于内容营销的结语

对内容营销的介绍到此暂时告一段落，关于内容营销的话题，可以写出更长的目录和更详细的介绍及案例分析。内容与营销永远是不可分割的，即使用整本书的篇幅来写也不会觉得内容不够多（其实本章的文字信息几乎已经达到一部书的内容），但限于篇幅本书不能做更多详尽的罗列，因为除了内容营销，网络营销还有更多的内容。在结束本章内容之前，我们记着一句话也就领悟了内容营销的真谛：**内容的营销意识。**

## 本章内容提要

内容营销是一个庞大的体系，囊括了传统网络营销方法体系的大部分内容（企业网站营销、Email 营销、搜索引擎营销、病毒性营销等），并且新增加了部分典型的内容营销方法（微信公众号营销、网络分享内容营销）。可见内容营销是网络营销的基础。

用户获取内容的五种主要方式：（1）直接浏览；（2）信息引导；（3）用户订阅；（4）社交分享；（5）网络下载。相应地，内容营销有五种模式：（1）信息发布模式；（2）信息引导模式；（3）信息订阅模式；（4）社交分享模式；（5）资源分享模式。

关于内容与营销的关系：内容是思想的载体及表现形式，内容背后是企业或个人的营销思想。内容营销的五大意识：（1）资源基础意识；（2）传播推广意识；（3）隐性营销意识；（4）预期效果意识；（5）长效价值意识。

一个完整的企业网站包括四个基本要素：结构、内容、服务、功能。网站结构是为了向用户表达企业信息所采用的网站布局、栏目设置、信息的表现形式等；网站内容是用户通过企业网站可以看到的所有信息，也就是企业希望通过网站向用户传递的所有信息；网站功能是为了实现发布各种信息、提供服务等必需的技术支持系统；网站服务是指网站可以提供给用户的价值，网站服务是通过网站功能和内容而实现的。

网站内容是重要的营销资源！企业网站内容营销五大策略：（1）内容政策：坚持网站内容营销方针不动摇；（2）内容来源：开拓网站内容创建新思维；（3）内容细节：细节源于专业，细节体现专业；（4）内容推广：搜索引擎和社交网络是主流；（5）内容规范：网站内容规范化和严谨化。

许可营销是内容营销的经典理论和指导思想，Email 营销是基于用户许可的信息订阅模式。开展 Email 营销的三大基础条件：（1）邮件列表的技术基础；（2）用户 Email 地址资源的获取；（3）邮件列表的内容及管理。邮件列表内容策略的六项基本原则：（1）目标一致性；（2）内容系统性；（3）内容来源稳定性；（4）内容精简性；（5）内容灵活性；（6）邮件内容的合适格式。Email 营销的效果指标可分为四类：（1）获取用户 Email 地址阶段的评价指标；（2）邮件信息传递评价指标；（3）用户对信息接受过程的指标；（4）用户回应评价指标。

博客营销是一种基于个人知识资源的网络信息传递形式。博客的网络营销价值需要通过具体的博客文章内容来体现。博客营销的五项基本特征：（1）博客营销是内容营销的形式之一；（2）博客营销的基础是有价值的知识信息资源；（3）博客营销具有软性营销的特点；（4）网络可见度是实现博客营销的基本途径；（5）体现了全员网络营销等社会化营销的思想。博客文章选题的七种基本思路：（1）个人知识和观点分享；（2）专业领域研究和思考；（3）个人生活经历及其延伸；（4）公司工作相关话题；（5）行业信息及问题思考；（6）社会活动及人脉资源扩展；（7）没有明确主题的其他经历。博客文章写作的一般原则：（1）文章内容符合法律法规；（2）正确处理个人观点与企业立场的关系；（3）博客文章应注意保密；（4）博客文章必要的声明；（5）要有版权意识。个人博客网络推广六大意识：博客意识、读者意识、传播意识、搜索意识、分享意识、运营意识。

微信公众号营销属于用户订阅模式的内容营销方法，是许可营销原理在社会化营销中的应用形式。微信公众号不仅是信息发布和传播工具，而且是信息传播生态链。微信公众号是微信用户关系、网络信息发布、传播及交互生态链的一个节点。微信公众号内容的一般原则：（1）用户价值原则；（2）内容简单性原则；（3）内容灵活性原则；（4）内容可信性原则；（5）内容生态化原则。

网络分享式内容营销是多种网络营销模式的综合表现，是基于网络可信度的社会化内容营销。常见的网络分享式内容营销方法包括：电子书下载与文档分享营销、网络视频分享及图片分享营销等。其他内容营销模式请参考相关的网络资源。网络分享式内容营销的一般特点：（1）信息表现形式灵活多样；（2）信息发布渠道广泛；（3）内容阅读及传播方式灵活；（4）具有用户主动分享的基础。

搜索引擎作为一种信息引导工具，对内容营销的推广发挥着重要的作用，是内容营销的重要引流方法。目前搜索引擎营销的主要形式：（1）免费登录分类目录；（2）付费登录分类目录；（3）搜索引擎优化；（4）关键词广告。搜索引擎优化是网站优化的组成部分，是通过对网站栏目结构、网站内容、网站功能和服务、网页布局等网站基本要素的合理设计，使得用户更加方便地通过搜索引擎获取有效的信息。搜索引擎优化的内容包括：网站栏目结构和网站导航系统优化；网站内容优化，包括网页标题、META 标签设计、网页正文内容；网页布局；网页格式和网页 URL 层次；网站链接策略等。

病毒性营销是一种综合性的内容营销方式，通过“内容+营销”，体现了本书强调的“内容的营销意识”。通过用户的网络传播，信息像病毒一样传播和扩散，利用快速复制的方式传向数以千计、数以百万计的受众。常用的病毒性营销传播工具包括微博、微信、电子邮件、网上聊天工具等。病毒性营销是一种网络营销方法，同时也是一种网络营销思想。实施病毒性营销的五个步骤：病毒性营销方案的规划和设计、独特的病毒性营销创意、信息源和传递渠道的设计、原始信息发布、病毒性营销效果跟踪管理。

## 本章参考资料

[1] 新竞争力. 搜索引擎优化的最高境界是忘记搜索引擎优化[EB/OL].（2015-10-12）http://www.jingzhengli.cn/sixiangku/s01/01032.htm.

[2] 冯英健. 网站内容推广策略（第五部分）：网站推广策略之内容推广思想漫谈[EB/OL].（2005-02-05）http://www.marketingman.net/tools/wsp120/009.htm.

[3] 新竞争力. 大型企业网站十大问题原因分析[EB/OL].（2005-04-12）http://www.jingzhengli.cn/sixiangku/s01/01020.htm.

[4] 新竞争力. 用户浏览网页时视线跟踪研究对网页布局设计的启示[EB/OL].（2006-09-18）http://www.jingzhengli.cn/baogao/f20060918.htm.

[5] 新竞争力. 网页浏览注意力“F 现象”[EB/OL].（2006-04-03）http://www.jingzhengli.cn/baogao/f20060403.htm.

[6] Seth Godin. Permission Marketing: Turning Strangers Into Friends, and Friends into Customers[M]. New York: Simon & Schuster, 1999.

[7] 新竞争力. 许可 Email 营销效果细节决定成败[EB/OL].（2005-05-26）http://www.jingzhengli.cn/report/F2005/0517.htm.

[8] http://www.marketingman.net/zhuanti/blog/5201.htm.

[9] http://www.marketingman.net/FAQ/0012.htm.

[10] Marketers Bullish on Future of Content Marketing, http://www.emarketer.com/Article.aspx?R=1009406, 2012.10.

[11] 冯英健. 博客营销就是在大量博客网站上发文章吗？[EB/OL].（2007-07-06）http://www.marketingman.net/Blog/fyj/2125.html.

[12] 新竞争力. 可口可乐的博客营销与博客营销服务的市场机会[EB/OL].（2006-02-14）

http://www.marketingman.net/zhuanti/blog/5221.htm.

[13] 新竞争力．博客营销研究:企业博客写作原则与方法[EB/OL].（2006-04-25）http://www.jingzhengli.cn/sixiangku/Ebook_0601.htm.

[14] 专访著名企业博客斯考伯：如何把博客写得更棒[EB/OL].（2006-07-03）http://tech.sina.com.cn/i/2006-07-03/09111017727.shtml.

[15] 冯英健．体现博客网络营销价值的八个方面[EB/OL].（2005-08-29）http://www.marketingman.net/zhuanti/blog/5217.htm.

[16] 冯英健．不会博客的营销人不是合格的营销人[EB/OL].（2006-02-24）http://www.marketingman.net/blog/fyj/61.html.

[17] 腾讯客服-公众平台服务号、订阅号、企业号的相关说明．http://kf.qq.com/faq/120911VrYVrA130805byM32u.html.

[18] 微信公众号注册说明．http://kf.qq.com/faq/120911VrYVrA151013MfYvYV.html.

[19] 从网站优化设计的观点看，什么样的网站结构才是合理的[EB/OL].（2005-12-05）http://www.marketingman.net/lecture/site_051005.htm.

[20] 新竞争力．搜索引擎营销的核心思想[EB/OL].（2005-04-29）http://www.jingzhengli.cn/sixiangku/s01/01025.htm.

[21] 胡宝介．网站优化——让每个网页都带来潜在顾客[EB/OL].（2006-03-17）http://www.wm23.com/kejian/k0607.htm.

[22] 网络营销教学网站．什么是网页标题<title>？设计网页标题应注意哪些因素？http://www.wm23.com/resource/R03/site_3031.htm.

[23] 新竞争力．主流搜索引擎网页排名算法分析[EB/OL].（2006-07-20）http://www.jingzhengli.cn/baogao/f20060720.htm.

[24] http://www.google.com/contact/spamreport.html.

[25] 百度绿萝算法上线公告[EB/OL].（2013-02-19）http://zhanzhang.baidu.com/wiki/142#184400-tsina-1-30838-57cdb9a38802f20332d4ff66963acf4e.

[26] 新竞争力．病毒性营销基本思想[EB/OL].（2005-05-10）http://www.jingzhengli.cn/sixiangku/s02/02012.htm.

[27] 冯英健．成功实施病毒性营销的五个步骤[EB/OL].（2005-02-19）http://www.marketingman.net/wmtheo/zh262.htm.

# 第 4 章

# 网络广告基础

网络广告几乎无处不在，由此可见网络广告在互联网上的重要地位，以及在网络营销内容体系中具有的不可替代的作用。网络广告不仅是网络营销诞生的标志，也是最常见、最活跃的网络营销方法之一。网络广告涉及的内容非常广泛，如网络广告设计、网络媒体投放策略、网络广告效果监测等。网络广告本身自成体系，成为网络营销体系中一个相对完整的分支。近年来由于手机广告的快速发展，出现了更多网络广告形式，使得网络广告的内容更为丰富，在为网络广告投放增加新选择的同时，也增加了网络广告管理的复杂性。

本章介绍网络广告相关的基础知识、网络广告的应用状况和发展趋势，以及网络广告效果评价等方面的基本问题。

## 4.1 网络广告的主要形式及特点

本书前面内容介绍过，全球第一个标准 BANNER 网络广告出现于 1994 年 10 月 27 日，国内的网络广告诞生于 1997 年 3 月。从网络广告出现至今已经有 20 多年的历史，网络广告的形式发生了巨大的变化，不过最早的 BANNER 一直延续到现在仍是常用的网络广告格式。这 20 多年也是互联网经济最为活跃、日益成为经济和社会主流的高速发展阶段，网络广告则在互联网行业一直发挥着举足轻重的影响。

美国的互联网经济是全球网络经济的航向标，网络广告领域也不例外，因此对美国网络广告的发展状况的了解，也就在很大程度上反映了全球网络广告的整体发展状况。1996 年，美国互联网广告署 IAB（Internet Advertising Bureau）宣布成立（注：2001 年年初更名为交互广告署——Interactive Advertising Bureau），会员包括交互式广告和营销领域的知名公司。IAB 通过对网络广告的收入进行跟踪，按季度发布调查报告，这些调查结果也成为分析和认识网络广告发展状况的重要依据，本书通过 IAB 的相关调查数据分析有关网络广告形式及其发展演变的信息。

广义地讲，网络广告是在互联网上发布的所有以广告宣传为目的的信息，如基于网页显示的各种图片和 Rich Media 格式的广告、电子邮件广告、搜索引擎广告等。为了对网络广告进行深入研究，有必要对网络广告的形式进行分类。

美国交互广告署（IAB）每季度及每年度发布的美国网络广告市场的收入规模和各种网络广告形式所占份额，其中的网络广告形式也成为分类的主要参考依据。本书根据 IAB 从 2000 年之后发布的《美国网络广告收入报告》整理出报告中列出的各年度不同类别的网络广告形式（见表 4-1）。

表 4-1　美国网络广告形式分类（2000—2016 年）

| 年　度 | 网络广告形式 |
| --- | --- |
| 2000 | 旗帜广告（Banners）、赞助式广告（Sponsorships）、分类广告（Classifieds）、推荐式广告（Referrals）、插播式广告（Interstitials）、邮件广告（E-Mail）、富媒体广告（Rich Media）、关键词广告（Keyword Search）、其他形式（others）等九种形式 |
| 2001 | 旗帜广告、赞助式广告、分类广告、推荐式广告、插播式广告、邮件广告、富媒体广告、关键词广告、上架费（占位费）（Slotting Fees）等九种形式<br>注：2001 年将上架费广告替换了 2000 年的其他形式广告 |
| 2002 | 同 2001 年 |
| 2003 | 展示性广告（Display Ads）、赞助式广告、分类广告、推荐式广告、插播式广告、邮件广告、富媒体广告、关键词广告、上架费（占位费）（Slotting Fees）等九种形式<br>注：2003 年 IAB 将旗帜广告（Banners）的概念替换为展示性广告（Display Ads）概念 |
| 2004 | 展示性广告、赞助式广告、分类广告、推荐式广告、邮件广告、富媒体广告、搜索引擎广告（Search）、上架费（占位费）等八种形式<br>注：2004 年 IAB 将关键词广告（Keyword Search）概念替换为搜索引擎广告（Search）；其次，对比 2003 年数据，IAB 将插播式广告归入富媒体广告概念，因此网络广告形式由九类减少为八类 |
| 2005 | 展示类广告（Display Related）、分类广告、引导/推荐式广告（Lead Generation/Refferals）、邮件广告、搜索引擎广告等五种形式<br>注：2005 年的展示类广告概念包括了 2004 年展示广告、富媒体广告、赞助式广告以及上架费广告等四种形式的概念；而 2005 年的推荐式广告加入（Lead Generation）强调这部分广告收入统计来源于广告客户因为网络广告而获得回报而支付的网络广告费用 |
| 2006 | 展示性广告（Display Ads）、赞助式广告、分类广告、引导广告（Lead Generation）、邮件广告、富媒体广告、搜索引擎广告等七种形式<br>注：2006 年 IAB 又将展示类广告（Display Related）和展示广告（Display Ads）的概念重新进行了替换 |
| 2007 | 展示性广告（Display Ads）、赞助式广告、分类广告、引导广告、邮件广告、富媒体广告、搜索引擎广告、数字视频广告（Digital Video）等八种形式<br>注：2007 年 IAB 新增加了数字视频广告形式 |

续表

| 年　度 | 网络广告形式 |
| --- | --- |
| 2008 | 标志广告（Banner Ads）、赞助式广告、分类广告、引导广告、邮件广告、富媒体广告、搜索引擎广告、数字视频广告等八种形式<br>注：2008年IAB将展示广告（Display Ads）替换为了标志广告（Banner Ads） |
| 2009 | 展示性/标志广告（Display/Banner Ads）、赞助式广告、分类广告、引导广告、邮件广告、富媒体广告、搜索引擎广告、数字视频广告等八种形式<br>注：2009年用展示性/旗帜广告替换了2008年标志广告形式 |
| 2010 | 同2009年 |
| 2011 | 搜索引擎广告（Search）、展示类/旗帜广告（Display / Banner）、分类广告（Classifieds）、数字视频广告（Digital Video）、引导广告（Lead Generation）、手机广告（Mobile）、富媒体广告（Rich Media）、赞助式广告（Sponsorship）、邮件广告（Email）<br>注：2011年首次引入手机广告形式 |
| 2012 | 搜索引擎广告（Search）、展示类/旗帜广告（Display / Banner）、分类广告（Classifieds）、手机广告（Mobile）、数字视频广告（Digital Video）、引导广告（Lead Generation）、富媒体广告（Rich Media）、赞助式广告（Sponsorship）、邮件广告（Email）<br>注：广告形式同2011年，但市场份额排序有所变化，手机广告份额上升 |
| 2013 | 搜索引擎广告（Search）、展示类/旗帜广告（Display / Banner）、手机广告（Mobile）、数字视频广告（Digital Video）、分类广告（Classifieds）、引导广告（Lead Generation）、富媒体广告（Rich Media）、赞助式广告（Sponsorship）<br>注：与2011年相比，广告形式减少了邮件广告。手机广告市场份额继续上升到第3位，分类广告下降到第5位 |
| 2014 | 搜索引擎广告（Search）、手机广告（Mobile）、展示类/旗帜广告（Display / Banner）、数字视频广告（Digital Video）、分类广告（Classifieds）、引导广告（Lead Generation）、富媒体广告（Rich Media）、赞助式广告（Sponsorship）<br>注：与2013年相比，手机广告市场份额继续上升到第2位，首次超过展示类广告份额 |
| 2015 | 广告格式同2014年。显著变化是，2015年全年手机广告市场份额（25%）与搜索引擎广告（38%）的差距在缩小，而在2015年第4季度则已超出：手机广告占35%，搜索引擎广告占34%。在手机广告形式中，展示类广告占53%，搜索广告占43%，其他类型占4% |
| 2016 | 根据一般规律，IAB于2017年4月发布2016年全年网络广告收入报告。手机广告市场份额大幅超过搜索广告已成为必然 |

资料来源：根据IAB发布的美国2000—2015年网络广告收入报告整理（www.iab.com）。

表中的有关资料表明，2007年到2011年，IAB将网络广告的形式主要划分为八种，仅仅在是否是展示性广告（Display Ads）、旗帜广告（Banner Ads）以及展示性/旗帜广告（Display/Banner Ads）有一些区别（为了了解这些常见广告形式的发展趋势，我们将这些近年名称不太一致的Display/Banner Ads统一称为“展示性广告”），这些也是比较成熟的网络广告形式。

从 2011 年开始，手机广告快速发展，在 2011 年的网络广告收入报告中 IAB 首次引入了手机广告形式（报告发布日期为 2012 年 4 月），手机广告的市场份额逐年扩大，到 2014 年已超过展示类广告份额，占据继搜索引擎广告之后的第二位。到 2013 年，由于邮件广告收入市场份额过小，首次从主要网络广告形式中淡出。

从上述信息也可以看出，随着互联网应用的发展，网络广告的形式及定义也一直发生着演变。可以预计，随着互联网应用的发展，一些新的网络广告形式仍将不断出现。

关于网络广告形式的小结：

根据 IAB 的分类方式，目前常用的网络广告形式包括九个类别：展示性广告、赞助式广告、分类广告、引导广告、电子邮件广告、富媒体广告、搜索引擎广告、数字视频广告和手机广告。

下面以表格的形式对比介绍各种网络广告的形式及其特点（见表 4-2）。

**表 4-2　主要网络广告形式及其特点**

| 形　　式 | 网络广告的作用及特点 |
|---|---|
| 展示性广告 | 在网页上以静态或者超链接的方式展示企业广告内容或者企业形象的网络广告形式。该广告形式出现最早，是互联网最传统而且多年来一直具有较高市场份额的网络广告形式，其主要作用在于提升企业品牌形象和企业品牌认知度 |
| 赞助式广告 | 赞助式广告的形式多种多样，如内容赞助、节目赞助、节日赞助以及活动赞助等。该广告形式主要是为了提高企业形象或者扩大产品知名度 |
| 分类广告 | 一般分类广告都放置在专业的分类广告网站或者是综合性网站开设的相关频道或栏目，主要借助平台的大流量吸引更多消费者关注企业。由于网络分类广告按照主题归类，消费者可以自主选择感兴趣的主题，因此不容易在心理上让消费者排斥 |
| 引导广告 | 在 IAB 的统计中，主要指广告服务商向广告客户提供和广告客户相关的客户购物查询要求或者向广告客户提供了消费者的信息（如地理位置、联系方式以及行为方式）。这部分网络广告收入一般以消费者的行动如消费者应用、浏览、参与（如抽奖）或者注册作为广告客户支付广告服务商费用的依据。因此该广告形式对投资回报率 ROI 的企业比较有吸引力 |
| 电子邮件广告 | 利用企业的客户电子邮件资源或者第三方电子邮件列表，将各种形式的广告以直接发送广告邮件或者将广告内容搭载进新闻邮件、订阅期刊或者以软件升级等形式发送给邮件所属人。该广告形式针对性较强，费用低廉，广告内容可以个性化定制。近年来即时信息及 SNS 对邮件使用率有一定影响，使得邮件广告份额越来越低 |
| 富媒体广告 | Rich media 并不是一种具体的媒体形式，而是指具有动画、声音、视频或交互性的信息传播方法，包含下列常见的形式之一或者几种的组合：流媒体、声音、Flash，以及 Java、JavaScript、DHTML 等程序设计语言。富媒体可应用于各种网络服务中，如网站设计、电子邮件、BANNER、BUTTON、弹出式广告、插播式广告等。富媒体在多样性和互动性等方面也有显著的优势。因此富媒体广告的点击率明显比其他网络广告形式的点击率高 |

续表

| 形　式 | 网络广告的作用及特点 |
|---|---|
| 搜索引擎广告 | 在IAB的统计中，搜索引擎广告包括了关键词广告和网站优化两个方面的内容。由于搜索引擎广告是在客户进行搜索行为时依据客户的个性化搜索需求显示的网络广告，不仅广告的针对性显著且广告转化率也相对其他网络广告形式明显，被业界认为是性价比较高的网络广告形式之一。因此该网络广告形式近年来一直占据网络广告市场的主要地位 |
| 数字视频广告 | 数字视频广告采用数码技术将广告以视频的形式展现在互联网上，可以是在网页上投放的视频广告也可以是在网络视频分享网站等多种流媒体上投放的视频广告。由于该广告表现形式新颖且感官冲击力强，内容丰富，互动性强，实时信息更新快等优点不仅带给客户记忆深刻的新奇体验，也可显著提高客户的眼球吸引力和心理占有率 |
| 手机广告 | 手机广告并非单一的广告形式，而是包括了所有适合在手机上展示/播放的网络广告，包括：BANNER广告、数字视频广告、数字音频广告、赞助式广告、富媒体广告、搜索引擎广告等。同时也包含一些专用的手机专用广告形式。手机广告中社会化媒体广告（如Facebook广告、微博广告等）占比较高 |

截至2016年，市场份额前三位的网络广告格式是：搜索引擎广告、手机广告、展示类广告/旗帜广告。

此外，除了这些基本形式之外，网络广告还有更多的新形式或概念，如社会化媒体广告、原生广告、植入广告、游戏广告、APP 广告、电商平台广告、自媒体广告等。本章后面内容将介绍部分基本网络广告形式及发展中的新型网络广告形式。

## 4.2　网络广告的网络营销价值

美国交互广告署（IAB）在其官方网站上的一篇研究文章中介绍了企业有必要选择交互广告的28个理由，其中包括：增加品牌认知和顾客忠诚，有助于建立用户数据库，对多种广告活动和价格模式进行测试和调研，跟踪分析顾客的兴趣及其变化趋势，为网站带来访问量，为销售场所带来顾客，为同一公司其他品牌的产品开展交叉销售，开发用户数据库，提供和改善顾客服务，优化广告投放效率，提高企业招聘员工的效率和质量等。[1]

2012年4月，Nielsen通过采访来自包括亚太、欧洲及拉美地区在内的56个国家共28 000名在线消费者，对全球广告信任度进行了调查。结果表明，越来越多人表示信任网络广告，而电视、杂志及报纸等传统广告形式的信任度在急剧下降。该调查数据显示，92%的消费者倾向于根据口碑推荐选择产品。虽然网络广告信任度仍不及传统广告，但它正以加速度获得越来越多消费者的信任。受访者中有 33%的人表示相信在线标志广告，40%相信搜索广告，

36%相信社交网站上发布的广告。移动标志广告和电影电话文字广告的信任者分别为 33%和 29%。这些数据表明，各种形式的网络广告在消费者中的信任度正在逐步得到提升。[2]

从网络广告对网络营销职能产生的效果来看，**网络广告的网络营销价值**可归纳为六个方面。

1. 品牌推广

在所有的网络营销方法中，网络广告的品牌推广价值最为显著，是增加企业信息网络可见度及网络可信度最直接的方法之一。同时，网络广告丰富的表现手段也为更好地展示产品信息和企业形象提供了必要条件。

多家机构的网络广告研究都得出相似的结论：无论是在快速消费品行业（如洗发水）还是在耐用品行业（如汽车），企业投放的网络广告（如网页展示类广告及搜索引擎关键词广告等），其网络价值不仅仅在于吸引用户点击、促进销售，同时对于增加用户的品牌认知也有明显效果。

2. 网站推广

网站推广是网络营销的主要职能，获得尽可能多的有效访问量是网络营销取得成效的基础。网络广告对于网站推广的作用非常明显，通常出现在网络广告中的“点击这里”按钮就是对网站推广最好的支持。网络广告通常会链接到相关的产品页面或网站首页，用户对于网络广告的每次点击，都意味着为网站带来了访问量的增加。因此，常见的网络广告形式对于网站推广都具有明显的效果，尤其是关键词广告、BANNER 广告、Email 广告等。

3. 销售促进

用户由于受到各种形式的网络广告吸引而获取产品信息，已成为影响用户购买行为的因素之一。尤其当网络广告与企业网站、网上商城等网络营销手段相结合时，这种产品促销活动的效果更为显著。网络广告对于销售的促进作用不仅表现在直接的在线销售，也表现在通过互联网获取产品信息后对网下销售的促进。也正因为如此，每到圣诞、新年购物等高峰季节临近，商家的广告大战就特别激烈，发布在第三方网络媒体的广告量比平时有显著的增加。

4. 在线调研

在促销和品牌展示之外，网络广告还可以用于营销支持，如在线调研就是比较常见的方式之一。网络广告对于在线调研的应用可以表现在多个方面，如对消费者行为的研究，对于在线调查问卷的推广，对于各种网络广告形式和广告效果的测试，用户对于新产品的看法等。通过专业服务商的邮件列表开展在线调查，可以迅速获得特定用户群体的反馈信息，大大提高了市场调查的效率。通过搜索引擎关键词广告的对比分析，则可以分析各种用户的搜索行为。

5．顾客关系

网络广告所具有的对用户行为的跟踪分析功能为深入了解用户的需求和购买特点提供了必要的信息。这种信息不仅成为网上调研内容的组成部分，也为建立和改善顾客关系提供了必要条件。网络广告对顾客关系的改善也促进了品牌忠诚度的提高。

6．信息发布

网络广告是向用户传递信息的一种手段，因此可以理解为信息发布的一种方式。通过网络广告投放，不仅可以将信息发布在自己的网站上，也可以发布在用户数量更多、用户定位程度更高的网站及社会化媒体、APP 软件，或者直接通过电子邮件发送给目标用户，从而获得更多用户的注意，大大扩展了网络营销的信息发布功能。

随着网络广告的深入发展，传统的广告形式发生了很大变化，内容与广告结合日益紧密，内容即广告，广告即内容，这也使得传统网络广告的价值发生变化。比如，从网络营销运营管理的角度来看，广告丰富了网站的内容，也为用户带来了新的阅读和分享体验，通过用户分享广告信息创造价值，形成企业、网络媒体、用户及社交圈之间一种新型的信息与价值传递体系。

例如，微信朋友圈的信息流广告往往为“跟广告的广告”提供了机会（即在广告后面发布的评论中含有推广信息，他的好友可以看到这些信息）；一些打车软件或 O2O 服务的网络推广信息，通过用户分享到社交网络得到广泛传播。事实上，部分网络广告也成为分享式网络营销的一种方式，网络广告的营销价值有待进一步挖掘和探索。本书后续内容中将介绍分享式网络营销方法。

## 4.3　网络广告的基本要素及本质

由于网络广告的形式众多且并非依赖一种固定的网络营销工具或网络媒体，而是涉及设计、投放、管理控制、用户行为、效果评价等多个环节，这就决定了网络营销人员需要对网络广告的基本要素及特点、网络广告的本质有更多的了解。

### 4.3.1　网络广告的基本要素及一般流程

相对于其他免费网络推广方法，网络广告的基本特点之一是付费，即需要向广告服务商或广告媒体支付网络广告投放费用，可见网络广告具有显著的目的性和针对性，即通过资金投入，利用专业网络媒体的用户资源实现企业网络推广的目的。

### 1．网络广告的基本要素

除了企业的营销预算之外，**网络广告需要具备三个基本要素**。

（1）网络广告的信息及形式：通过合理的广告设计及着陆页设计，以适当的广告格式，表达明确的诉求，为广告投放及管理做好准备。其中着陆页可能直接到达企业网站的指定页面，也可能是服务商提供的专用页面。

（2）网络媒体及用户资源：网络广告媒体的价值是通过用户而体现出来的，因此媒体和用户是不可分割的整体，用户是网络广告价值的核心，选择网络媒体的前提是拥有预期的潜在用户资源。

（3）网络广告投放及效果评价：网络广告的优点之一是方便地投放及效果管理，因此广告服务商应具备提供专业的广告投放管理系统及效果分析报告的能力。

了解了网络广告的基本要素，也就为分析网络广告的一般流程提供了参考路径，也就是从这些基本要素入手，了解网络广告策略过程每个环节的基本内容。

### 2．网络广告的一般流程

**网络广告一般流程可分为五个阶段。**

（1）企业网络营销计划阶段：确定营销目标、投放范围及预算等。

（2）网络广告策划设计阶段：网络广告及着陆页面策划设计。

（3）网络媒体选择与评估阶段：选择网络媒体，分析用户资源。

（4）网络广告投放阶段：针对媒体的广告资源投放相应的广告内容。

（5）网络广告效果管理阶段：跟踪分析网络广告效果，不断优化广告及投放策略。

其中前两个阶段主要取决于广告主，其他环节则与网络广告服务商及用户行为密不可分，可见投放网络广告绝不仅仅是企业自己的事情，而是网络广告基本要素紧密结合的系统活动。

## 4.3.2　揭示网络广告的本质

网络广告的本质是向互联网用户传递营销信息的一种手段，是对用户注意力资源的合理利用。相对于传统广告形式，网络广告呈现出一些自身的特点。了解这些特点，是把握网络广告营销策略的基础。关于网络广告的特点，一些书籍和文章可能会罗列某些显而易见的表面特点，如交互性、广泛性、针对性、表现形式多样性、易统计性等，但这些特点并不足以从深层次说明网络广告的本质，难以对实施网络广告策略形成实质性的指导价值。

在对网络广告现状进行充分分析研究并对目前已广泛传播的网络广告一般特点重新梳理的基础上，本书总结了**网络广告的以下四个本质特征**。

### 1. 网络广告需要依附于有价值的信息和服务载体

用户是为了获取对自己有价值的信息来浏览网页、阅读电子邮件，或者使用其他网络服务如搜索引擎、即时信息、社交网络等，除了专门的研究人员之外，很少有用户上网是为了纯粹寻找并点击网络广告。因此，网络广告需要与这些有价值的信息和服务相依赖才能存在，离开了这些对用户有价值的内容，也就不会有用户浏览，网络广告便无法实现网络营销的目的。

在谈论网络广告的定向投放特点时应该正确认识这一因果关系，即并非网络广告本身具有目标针对性，而是用户获取信息的行为特点要求网络广告具有针对性，否则网络广告便失去了存在的价值。网络广告这一基本特征表明，网络广告的效果并不是单纯取决于网络广告自身，还与其所发布的环境和依附的载体有密切关系，这也说明了为什么有些形式的网络广告可以获得较高的点击率，如搜索引擎关键词广告、SNS 信息流广告等，而网页上的一般 BANNER 和文字链接广告点击率却在持续下降的事实。

### 2. 网络广告的核心思想在于引起用户关注并产生进一步的行动

由于网络广告承载信息有限，即使具有部分互动功能的广告通常也只能实现有限的用户交互行为，因此网络广告本身难以承担直接销售产品的职责，而且广告一般展示在其他网络平台上，广告主难以进行深入的用户转化工作，因此通常利用网络广告将用户引导到广告主自己的网站空间，获得用户的进一步浏览、注册、购买等行动。也就是说，网络广告是一种信息引导模式，直接效果主要表现在浏览和点击等进一步的行动，因此网络广告策略的核心思想在于引起用户关注和行动。

网络广告这一特点与搜索引擎营销传递的信息只发挥向导作用是类似的，即网络广告本身所传递的信息是非完备的营销信息，是为吸引用户关注而专门创造并展示于容易引起用户关注位置的信息导引。这些可以测量的指标与最终的收益之间有相关关系，但并不是一一对应的关系。浏览网络广告者并不一定点击，浏览者也可以在一定程度上形成转化。这也为网络广告效果的准确测量带来了难度，而且某些网络广告形式如纯文本的电子邮件广告等本身也难以准确测量其效果。网络广告这个特征也决定了其效果在品牌推广和产品推广方面更具优势，而其表现形式因新、大、奇等特点更能引起注意。这也说明为了摆脱网络广告点击率不断下降的困境，网络广告形式不断革新的必然性。

### 3. 网络广告具有强制性和用户主导性的双重属性

网络广告的表现手段很丰富，有些广告形式具有强制性，如弹出广告、自动播放的视频广告等，一些新型的广告则与信息融为一体，成为内容的一部分。可见网络广告是否对用户具有强制性关键取决于网络广告投放而不是广告本身。早期的网络广告对于用户的无滋扰性也使其成为适应互联网营销环境营销手段的优点之一，但随着广告商对于用户注意力要求的扩张，网络广告逐渐发展为具有强制性的一面，当然最终是否形成转化仍然取决于用户，因而同时也具有用户主导性的一面。

为了追求短期的广告效果，越来越多的广告商采用强制性的手段迫使用户不得不浏览和点击，如弹出广告、全屏广告、插播式广告、漂浮广告、浏览器插件广告等。有些恶意广告软件像病毒一样被强制安装在用户的计算机上，为用户正常上网行为带来很大的影响。虽然这些广告引起用户的强烈不满，但从客观效果上达到了增加浏览和点击的目的，因此为许多单纯追求短期可监测效果的广告客户所青睐。这也使得网络广告与传统广告一样具有强制性，而且表现手段越来越多，强制性越来越严重。

2006 年之后，国内反流氓软件（恶意软件）的声音越来越高涨，一些恶意软件厂商被管理部门曝光，这些举措在一定程度上对网络广告的强制性有所减轻，但仍难以杜绝。总体来说，网络广告在朝着用户导向发展，强制性网络广告逐步被边缘化。

**4．网络广告应体现出用户、广告主和网络媒体三者之间的交互关系**

网络广告的三个基本要素表明，网络广告涉及广告主、网络媒体及用户，网络广告的交互性也是因此而产生的。在谈论网络广告的交互性时，通常是从用户对于网络广告的行为来考虑。例如，一些富媒体广告及信息流广告用户可以根据广告中设定的一些情景作出选择，在即时信息广告中甚至可以实时地和工作人员进行交谈，不过这种交互是有限的，其实并没有反映网络广告交互的完整含义。

网络广告交互性的真正意义在于体现了用户、广告主和网络媒体三者之间的交互关系。就是说，网络媒体提供高效的网络广告环境和潜在用户资源，广告主则可以自主地进行广告投放、更换、效果监测和管理，而用户可以根据自己的需要选择自己感兴趣的广告信息及其表现形式并作出相应的行为。也只有建立了三者之间良好的互动关系，才能实现网络广告的和谐环境，让网络广告真正成为便于企业都采用的网络推广手段，让用户在获取信息的过程中关注广告，网络广告的价值也才能最大限度地发挥出来。

这种交互关系具有一定的理想特征，但离现实并不遥远，目前 SNS 媒体的信息流广告（如微信朋友圈广告）、原生广告等模式已经表现出较好的和谐的交互关系。

## 4.4　网络广告形式简介（1）：展示性广告

展示性广告是目前常见的网络广告形式，通常是在网页上出现的各种规格的图片或动画广告。展示类广告最早的形式称为“BANNER 广告”，也称标准标志广告或旗帜广告，一般以图片形式放置在网页上，在用户浏览网页信息的同时，吸引用户对广告信息的关注，点击广告后来到广告着陆页，为用户提供更详细的产品信息及订购方式或者注册、参与调查等，从而实现企业的网络营销目的。

### 4.4.1 展示性网络广告的常见规格

展示性广告有多种表现规格和形式，其中最常用的是486×60像素的标准标志广告。由于这种规格曾处于支配地位，在早期有关网络广告的文章中，如没有特别指明，通常都是指标准标志广告。这种标志广告有多种不同的称呼，如横幅广告、全幅广告、条幅广告、旗帜广告等。

除了标准标志广告，早期的网络广告还有一种略小一点的广告，称为按钮式广告（BUTTON）。常用的按钮广告尺寸有四种：125×125像素（方形按钮），120×90像素，120×60像素，88×31像素。随着网络广告的不断发展，新形式和规格的网络广告不断出现，因此IAB也在不断颁布新的网络广告标准。到2004年年初，IAB制定的BANNER广告标准有下列类型和规格（见表4-3~表4-5），目前仍然是网络广告设计参考的标准。

**表4-3　BANNER和BUTTON广告**　　单位：像素

| 展示性广告形式和名称 | 规　格 |
|---|---|
| 全幅标志广告 | 468×60 |
| 半幅标志广告 | 234×60 |
| 垂直BANNER | 120×240 |
| 宽型BANNER | 728×90 |
| 小型广告条 | 88×31 |
| 1号按钮 | 120×90 |
| 2号按钮 | 120×60 |
| 方形按钮 | 125×125 |

**表4-4　长方形广告和弹出式广告**　　单位：像素

| 广告形式和名称 | 规　格 |
|---|---|
| 大长方形广告 | 336×280 |
| 中长方形广告 | 300×250 |
| 长方形 | 180×150 |
| 垂直长方形 | 240×400 |
| 正方形弹出式广告 | 250×250 |

**表4-5　摩天大楼形广告**　　单位：像素

| 广告形式和名称 | 规　格 |
|---|---|
| 摩天大楼形广告 | 120×600 |
| 宽摩天大楼形 | 160×600 |

除了 IAB 推荐的标准规格之外，不少网络媒体还自行制定了一些广告规格，有些远远大于 IAB 的标准，这些不规范现象也为网络广告投放和管理带来了一定的混乱。

## 4.4.2 网络广告规格演变及对效果的影响

早期的 BANNER 网络广告以 468×60 像素为主，在网上信息和网络广告数量较少的情况下可以获得比较满意的效果。但由于标志广告只能承载有限的信息，如果需要了解更详细的内容，则需要通过点击进入一个包含更多内容的网页（即着陆页）或者是广告主自己的网站。

许多用户在浏览网页内容时并不希望当前的活动被打断，因此可能不会立即点击网络广告。针对这种状况，有两种常见的处理措施，比如使用更加醒目的颜色、更具有视觉刺激性的图像或者富有吸引力的文字来诱导用户点击；还有一种与此相反的表达方式，不追求点击，而是尽量增加广告内容中的信息量，将诉求内容、网址等联系手段直接在广告条中表达出来，以便用户记录并在适当的时候访问网站。诱导性广告可能会获得短期点击率的提高，但随着用户上网经验的增加，对诱导性广告的了解会更多，同样会导致点击率的降低。为了提高网络广告的关注度，2000 年之后网络广告尺寸开始向越来越大的方向发展。

在 2001 年年初新诞生的一些大尺寸网络广告（如 240×400 像素）曾引起了广泛关注，并在一段时间内获得了较好的效果，因此甚至产生了网络广告“越大越好”的观点，认为较大的广告形式对消费者的吸引力也较大，因此在传递营销信息时效果也就越好。一般来说，大尺寸的网络广告在新发布的一段时间内受到关注的程度会比较高。但随着时间的推移，用户的关注同样会降低，因此同样会出现点击率下降的结果，而且网络广告尺寸的扩大总是有一定限度的。如果一个网页中被网络广告占据了大部分空间，也会引起用户的厌烦情绪，最终影响网络广告的效果。

专业网络广告公司 DoubleClick 于 2004 年 2 月份发布的统计数字表明，各种规格的网络广告点击率每个季度都在持续下降，这不仅仅是增加广告尺寸所能改变的。到 2003 年第四季度，点击率最高的是规格为 250×250 像素的弹出式广告，点击率为 0.75%，其次是 340×400 像素的大尺寸广告，点击率为 0.72%，而 468×60 像素的标准 BANNER 广告平均点击率为 0.49%。[3]

用户对不同网络广告形式的喜好和接受程度也不一样，如弹出式广告、全屏广告等由于对用户正常浏览信息和使用网络服务产生影响导致拒绝心理，但从点击率等网络广告直接效果来看，这种对用户形成滋扰的网络广告效果可能更为显著，因为用户往往不得不去浏览和点击。2003 年 5 月份，美国一家网络广告公司 Advertising.com 发布的一份分析报告认为，弹出式广告的点击率和转化率分别是 468×60 像素标准 BANNER 广告的 13 倍和 14 倍；直方形摩天大楼广告的效果也不错，点击率高出标准 BANNER 广告的 60%，转化率高出 20%。不仅如此，弹出广告甚至比 Rich Media 格式的网络广告效果也更好一些（当然，弹出广告本身也可以是Rich Media格式的）。一些大量使用弹出广告的广告主也认为，采取这种广告形式的转化率的确比较理想。[4]

但不能否认这样一个事实，许多调查表明，网民对于弹出广告的厌恶程度几乎可以赶上垃圾邮件，有些用户尝试使用应用屏蔽网络广告的程序，也有一些网站已经决定禁止使用弹出广告形式。例如，美国女性网站IVillage.com从2002年9月份开始已经决定废除网站上的弹出广告，因为调查表明IVillage 92.5%的用户认为弹出广告是该网站最不受欢迎的内容。从网络营销的基本原则和总体发展趋势上来看，对用户形成滋扰的弹出式广告是遭到反对的，一些国际知名公司也开始抵制弹出广告，如从2003年开始，谷歌和雅虎工具条等都具有自动拦截弹出广告的功能，微软公司的MSN网站也已在2004年2月13日宣布立即停止出售弹出广告（无论是pop up，还是pop under）。

网络广告由于具有强制性和用户自主性的双重属性，如何利用这种特征在不至于对用户造成严重影响的情况下适度增强网络广告的效果成为一个值得深入研究的问题。美国交互广告署（IAB）于2003年9月份曾邀请网络广告业的相关人士进行研讨，商讨是否需要为弹出式广告制定一个标准以提高该产业在消费者中的信誉，在IAB看来，解决弹出式广告问题的一个可行方法就是对其出现频率加以限制，但考虑到很多网站和广告公司并没有加入IAB，制定相应的标准和限制出现频率等方法也难以彻底解决这一问题。因此对于如何使用弹出广告的问题并没有得出一致的意见。[5]

许多市场调研机构关于网络广告形式及效果影响的研究多年来一直没有停止过。2012年3月市场研究机构comScore的VCE研究发现728×90像素的广告被看到的可能性最高，为74%。而中型的广告被看到的可能性为69%，宽旗帜广告被看到的概率为66%，因为用户要往下拉才能看全该类广告。

作者通过Google AdSense网络广告展示及点击的统计数字观察发现，除了广告尺寸和形状之外，对广告点击率影响更大的是广告的位置。传统的置于网页顶端的BANNER广告，点击率通常不超过0.1%，而放置于文章内容正文中的正方形广告（330×280像素）点击率可达到0.5%以上，而置于网页正文内部的728×90像素的长形广告，点击率可能会更高一些。因此AdSense往往会提醒联盟用户，将广告位下移到接近内容的位置以获得更多的广告点击。当然网络广告内容设计也是影响点击率的重要因素，因此不能笼统地说哪种广告规格及位置一定比另外一种要好。

## 4.5 网络广告形式简介（2）：网络分类广告

你是否在赶集网、58同城等本地分类信息网站上发布或者浏览过信息？比如租房、二手家具出售、本地招聘等，或者，在等待电梯或观看网络视频时，是否注意到播出的这些网站的广告？赶集网和 58 同城都是目前国内最有影响力的综合分类广告网站。此外在各个行业也都有一些有影响力的行业分类广告网站。

## 4.5.1　网络分类广告的特点及发布途径

在专业的网络分类网站出现之前，国内大型门户网站（如新浪网）在 2001 年前后已推出了分类广告频道，成为国内网络分类广告行业发展的启蒙者。分类广告是网上信息发布的一种形式，在专业的分类广告服务出现以前，一些网络营销人员往往在网络社区中发布商业广告。不过有些社区并不欢迎大量的广告信息，因此在网络社区做广告感觉有点遮遮掩掩，而在分类广告区则可以光明正大地为产品/服务作宣传。现在有些分类广告服务仍然是免费的，对许多中小企业来说，充分利用网上的免费资源，无疑是有吸引力的。

**1．网络分类广告的特点**

网络分类广告具有以下基本特点。

（1）简单实用：广告形式简单，通常为文字及图片信息，无须专业的网络广告设计人员，也无须太多的专业知识，一般电脑或手机上网用户都可以操作，是一种简单实用的网络推广方法。

（2）信息集中：一个分类清晰的分类广告网站，每一类下面都可能集中大量同类信息，为用户选择提供了便利，查看分类广告的人一般对信息有一定的主动需求，意向明确，这也是分类广告的优势所在。

（3）沟通及交易便捷：与 BANNER 广告或搜索引擎广告相比，分类广告可以承载更多的信息，详细描述及联系方式甚至在线订购均可在一个网站或一个网页内完成，用户通过一个网页浏览即可获取全部信息甚至完成沟通及交易。

**2．网络分类广告的发布途径**

网络分类广告常见的信息发布途径如下。

（1）专业的分类广告服务网站。

（2）综合性网站开设的相关频道和栏目。

（3）网上企业黄页。

（4）部分行业网站和 B2B 网站的信息发布区。

（5）网上跳蚤市场。

（6）部分网络社区的广告发布区等。

一般来说，专业性的分类网站通常功能比较完善，分类也比较全面，用户很容易在适合自己产品的类别发布广告。同样，用户查找信息也比较方便，从而保证了分类广告信息的效果。综合性网站的分类广告栏目可以从众多的网站访问者中吸引一部分人的注意，行业网站和B2B综合网站则容易直接引起买卖双方的关注，广告效果甚至略胜一筹。

根据美国互联网研究公司 Pew Internet & American Life Project 和市场调研公司 comScore Networks 的调查数据，2005年是专业在线网上分类广告网站访问量增长最快的阶段，后期由于社交网络及其他网络信息发布方式的出现，网络分类广告所占市场份额逐渐降低。表4-6是2004－2005年美国部分分类广告网站及其访问量。[2]

表4-6　2004—2005年美国最大的分类广告网站及其访问量

| 分类广告站点 | 2004年9月独立用户数/千人 | 2005年9月独立用户数/千人 | 访问量变化/% |
|---|---|---|---|
| Craigslist.org | 3 425 | 8 764 | 156 |
| Traderonline.com | 4 305 | 8 180 | 90 |
| Cars.com | 2 767 | 3 749 | 35 |
| Apartments.com | 1 560 | 2 102 | 35 |
| Abracat.com | 1 364 | 959 | −30 |
| Homescape.com | 595 | 826 | 39 |
| Puppydogweb.com | 590 | 799 | 35 |
| Livedeal.com | 67 | 797 | 4 |
| Tribe.net | | 721 | |
| Regionalhelpwanted.com | 964 | 685 | −29 |

资料来源：comScore Media Metrix 2005，Pew Internet & American Life Project，2005.11.

### 扩展阅读：美国部分较大的免费网络分类广告网站（2016年）

Craigslist （http://www.craigslist.com/）

Backpage（http://www.backpage.com/）

Quikr（http://www.quikr.com/）

Gumtree（http://www.gumtree.com/）

iNetGiant（http://www.inetgiant.com/）

Classified Ads（http://www.classifiedads.com/）

eBay Classifieds（http://www.ebayclassifieds.com/）

OLX.com（http://www.olx.com/）

Oodle（http://www.oodle.com/）

Adpost（http://www.adpost.com/）

资料来源：本书作者根据互联网资源整理（2016年5月），原文见 http://www.quertime.com/article/top-30-best-free-classified-ads-posting-listing-web-sites/。

到 2011 年之后，由于手机网络广告的发展，网络分类广告与其他 B2B 信息平台一样，市场份额在逐渐降低，一些企业将注意力更多地转向社会化媒体营销及移动网络营销等领域。

## 4.5.2　分类广告在网络营销中的应用

分类广告不仅适用于个人发布供求信息，也适合于小型企业、本地服务业、商品批发、中介公司等作为网络营销信息发布渠道。分类广告的应用比较简单，与 B2B 电子商务平台大致类似。不同的分类广告网站有自己的功能和特点，从总体流程及运营思路方面，具有可遵循的一般规律。

利用分类广告开展网络推广的过程可分为以下三个阶段。

**1．分类广告信息准备与发布**

选择分类网站平台，注册账号或用网站提供的第三方账号登录，然后在正确的类别发布信息即可。通常可以提前准备好要发布的产品或服务介绍，包括标题、内容提要、可以展示详情及细节的图片、详细介绍等。需要说明的是，信息标题及细节图片等对于用户了解信息及确定购买意向具有非常重要的作用，应尽可能提供用户关心的要素。与网站内容营销中网页标题设计的意义一样，分类信息标题的意义还在于，用户在站内搜索信息时，是否含有丰富及精准关键词的标题直接关系到是否可以出现在搜索结果中以及用户的关注程度。

**2．分类广告信息推广——站内可见度**

发布了分类信息并不意味着网络推广的结束，如果将分类广告作为一种常规的网络推广手段，信息发布仅仅是推广的开始。因为在同一个网站平台上，可能集中了大量的相关信息，如搬家服务，大量的搬家公司在发布类似的推广信息，而分类信息页面承载的信息量有限，很多信息可能被淹没了，无法被用户发现。为了提高信息的站内可见度，可以从内容优化及站内付费推广两个方面考虑。

（1）内容优化：与网页内容的搜索引擎优化思路一样，做好标题及内容相关性的设计，使得用户在站内搜索时获得展现的机会。

（2）付费推广：站内推广是分类广告平台的主要收益模式之一，如 58 同城提供了多种站内推广方式（见 http://e.58.com/），包括智能推广、精准推广、置顶推广、品牌推广等。支付一定的费用，获得更多的曝光机会和专业服务，或许是提高分类广告效果的捷径。

**3．分类广告管理与效果分析**

专业的分类广告网站为用户提供了信息发布、推广、交易撮合、效果分析等一系列基础功能，为分类广告投放及管理带来了方便。对已发布信息的用户浏览、沟通等统计数据进行分析，结合信息的可见度，不断优化信息内容及推广方案，有利于最大可能发挥网络分类广告的价值。

# 4.6 网络广告形式简介（3）：搜索引擎广告

在本书第 3 章搜索引擎营销的内容中介绍过，搜索引擎营销主要包括搜索引擎优化及搜索引擎广告两大部分。搜索引擎广告的主要形式是关键词广告，即用户通过某个关键词在搜索引擎搜索信息的结果页面出现相关的广告信息，关键词广告与自然检索结果共同组成了搜索结果页面的内容。搜索引擎关键词广告与搜索引擎优化不同，是广告主为搜索引擎平台（也就是网络媒体）付费而展示广告的方式。

搜索引擎关键词广告因其更加灵活和可控性高等特点受到企业的认可。相关统计数据表明，到 2006 年年底搜索引擎广告已几乎占全部网络广告市场份额的半壁江山，2011 年之后仍然保持着这种市场份额，近年来由于手机网络广告市场的迅速扩大，关键词广告的市场份额有所下降，但直到 2015 年仍然是占份额最大的广告形式（2015 年全年占 38%，见表 4-1）。

另外，在手机广告形式中，搜索引擎广告也占较大的比例。因此本节用较多篇幅来介绍关键词广告的相关内容，包括搜索引擎广告的形式、特点，以及网站投放搜索引擎广告的基本方法和主要问题等。广告格式同 2014 年。显著变化是，2015 年全年手机广告市场份额（25%）与搜索引擎广告（38%）的差距在缩小，而在 2015 年第 4 季度则已超出：手机广告占 35%，搜索引擎广告占 34%。在手机广告形式中，展示类广告占 53%，搜索广告占 43%，其他类型占 4%。

## 4.6.1 搜索引擎广告及其表现形式

并不是每个网站都可以通过搜索引擎优化获得足够的访问量，尤其是一个竞争激烈的行业中大量的企业网站都在争夺搜索引擎检索结果中有限的用户注意力资源时，很多企业会受到搜索引擎自然检索推广效果的制约，因此企业往往采用付费搜索引擎广告与搜索引擎优化的组合策略。

付费搜索引擎广告，就是在用户利用搜索引擎检索信息时在检索结果页面出现的、与用户所检索信息有一定相关性的广告内容。出现在搜索结果页面左侧的搜索广告，也具有信息流广告的特征。

最早的付费搜索引擎竞价排名开始于 2000 年。1998 年创建于美国的搜索引擎 Overture 以成功运作竞价排名模式而著名，并且带动付费搜索引擎营销市场蓬勃发展。Overture 在 2003 年 7 月份被雅虎以 16.3 亿美元的价格收购，成为雅虎搜索引擎营销体系的组成部分。

关键词广告是搜索引擎服务商的主要赢利模式，目前在国内影响力最大的搜索引擎包括百度、谷歌（Google）和搜狗，每个搜索引擎都有各自的关键词广告服务，在表现形式上也有较多的相似之处，只是在具体的广告投放模式、广告管理方式、每次点击的价格等方面有一定的差异。下面以百度和谷歌为例介绍关键词广告的表现形式。

#### 4.6.1.1　百度关键词广告形式及演变

百度关键词广告，最初叫竞价排名，目前统一称为“百度推广”。 竞价排名最初是指在搜索引擎检索结果中，依据付费的多少来决定广告的排名位置，付费高的网站信息将出现在搜索结果最靠前的位置。这里所说的付费，是指用户每点击一次检索结果的费用。由于这种纯粹按照付费来决定排名的方式可能出现广告与搜索结果的相关性不高或者其他容易引起误导的情形，因此逐步演变为考虑了更多因素形成的综合排名模式，如图 4-1 所示。

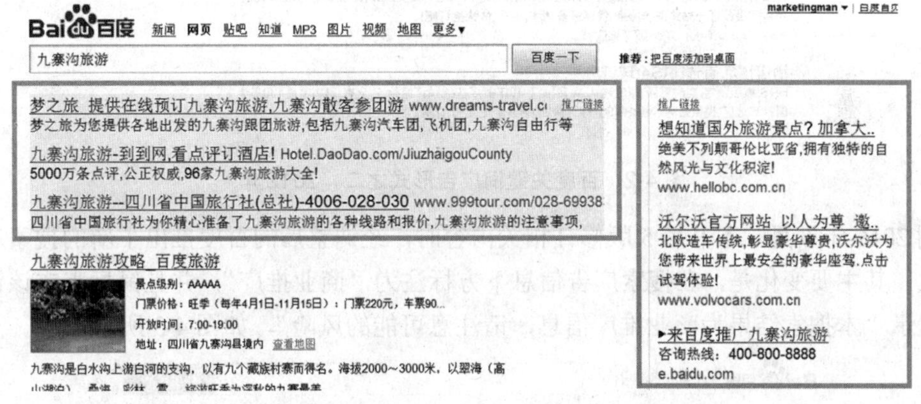


图 4-1　百度关键词广告形式之一，2012 年

在利用某些关键词进行搜索时，如果有广告客户“购买”了这个关键词，那么在搜索结果页面将出现广告信息和自然检索结果同时存在的情形。图中用方框线圈起来的两个部分，即标注了“推广链接”字样的文字链接，就是百度关键词广告的常见形式。搜索引擎以这种标注或者不同背景色的方式区别付费信息与免费检索信息，以尽可能减少信息误导。

百度搜索引擎早期的竞价排名广告形式与此略有区别。这种形式到 2012 年本书第 4 版写作过程中还可以看到，只是利用某些关键词搜索时才会出现（如酒店预定），其展示形式如图 4-2 所示。在搜索结果页面排名靠前的部分检索结果后面会出现**[推广]**字样，这些标注了**[推广]**的信息就是百度提供的竞价排名推广服务。早期的百度竞价排名广告，所有的内容都出现在自然检索的前面，当用户通过一个关键词检索之后，在出现的检索结果中，首先是竞价广告信息，当这些广告内容显示之后才是自然检索结果。2006 年 2 月份之后百度对竞价排名广告的表现做了调整，一般只有在搜索结果第一页的部分或者全部内容后面标注为**[推广]**，然后出现的是自然检索结果，如果某一类别的广告信息比较多，则出现在搜索结果右侧单独列出的一列竞价广告信息中。

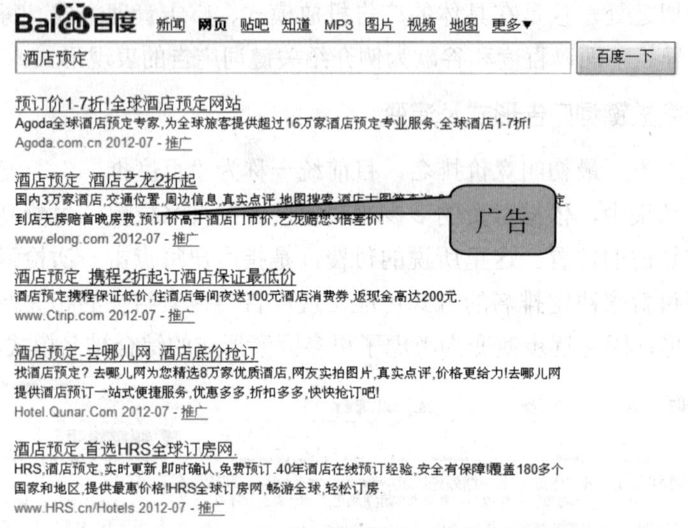

图 4-2　百度关键词广告形式之二，2012 年

到 2016 年 6 月，本书第 5 版修订相关内容时，经调整后的百度推出了新的搜索广告展示形式。其主要变化是，在搜索广告信息下方标注为“商业推广”，并且鼠标点击该链接会出现提示“本搜索结果为商业推广信息，请注意可能的风险”，如图 4-3 所示。

图 4-3　百度关键词广告形式之三，2016 年 6 月

由于百度是市场份额最大的中文搜索引擎，大量的用户搜索量使得在百度搜索的推广可以获得更多的关注和点击，同样的广告内容，同样的资金投入，相对于其他搜索引擎，在百度推广获得点击效果的时间更快，不过这也意味着单位时间内在百度的广告消费更高，因此需要更加重视每日广告预算限额管理，以保证广告可以在计划的时间内分时段展示。

**扩展阅读：如何投放百度搜索推广**

根据百度推广官方网站（http://e.baidu.com/）的相关信息，投放百度广告需要联系当地服务商进行操作，可通过拨打 400 电话或者点击“在线申请”提交联系表单，由百度各地的服务机构联系用户，并指导用户开通账户、制作和投放广告等一系列活动。由于目前百度搜索推广服务不能完全由用户直接操作，必须经过服务商/代理商向百度申请开户，因此，用户所支付的推广费用将包括“推广费”和“专业服务费”两项内容。其中推广费即实际可用于点击广告的费用，而专业服务费是指“用于购买百度提供的百度推广服务专业咨询、百度推广服务账户管理、技术维护及月度回访服务”的费用。

尽管用户开户等手续需要通过服务商来操作，但广告创意、广告内容写作、关键词选择及广告着陆页设计等，很多方面的工作最好由客户自己提出建议，或者对服务商的方案进行分析判断并提出自己的意见。另外，还需要不断关注广告排名情况、竞争者的广告投放，以及广告费用统计报告、点击量统计报告等。总之，投放百度搜索广告看起来并不复杂，但是如果想要获得更高的投资回报率，还是有必要投入相当的精力。

#### 4.6.1.2　谷歌关键词广告形式及演变

谷歌的关键词广告形式多年来没有明显的变化，只是在广告的标注名称上有一定的差异。2006 年本书第 3 版写作时的截屏图（见图 4-4）显示，关键词广告一般出现在搜索结果左侧靠上的位置以及搜索结果的右侧，并且在关键词广告上面标注了“赞助商链接”。出现在左上方的通常是热门的关键词。

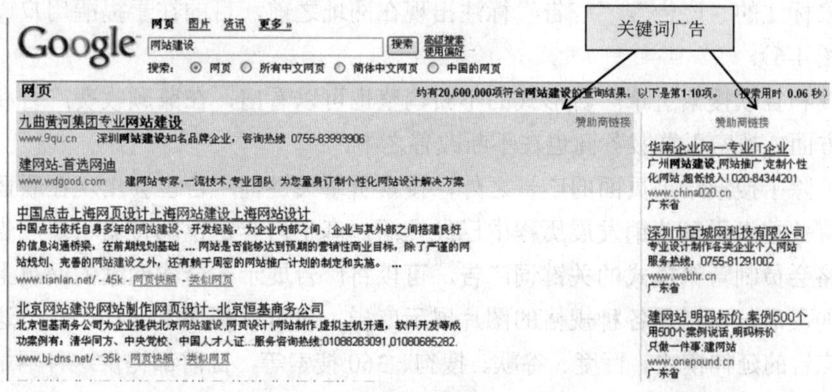


图 4-4　Google 关键词广告（Google AdWords），2006 年

到 2012 年，谷歌搜索结果页面的关键词广告中早期的“赞助商链接”标注字样有一些改变。在左上方的标注是“与‘九寨沟旅游’相关的广告”，右侧则是“广告”。当用不同的关键词搜索时，左侧标注的信息也会变成与关键词相匹配的信息（见图 4-5）。

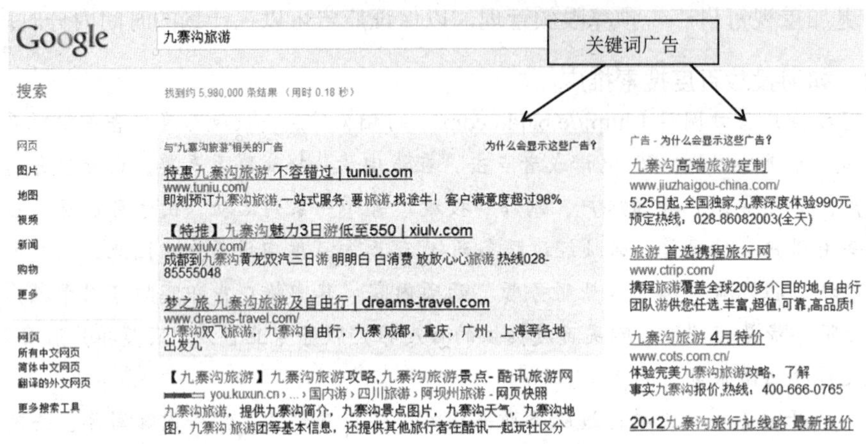


图 4-5　Google 关键词广告形式，2012 年

显而易见的是，标注为“广告”比“赞助商链接”的意义更为明确，这也是从减少误导用户的角度来考虑的。

当时谷歌关键词广告在每个搜索结果页面右侧的展示数量最多为 8 条，而左侧最多在默认的每页 10 条自然检索结果上方和下方各 3 条。

2016 年 6 月，在本书第 5 版写作调研相关资料时，由于网站访问方面的障碍无法获得期望的完整信息。不过从部分信息中可以看到，在搜索结果右侧没有出现广告，左侧搜索结果上面出现了 4 条广告，下面仍然是 3 条广告（据分析是因为广告条目不足，最多也可以显示 4 条广告，整个网页合计 8 条），原来标注的“相关广告”字样，已调整为更为醒目的黄色背景标注的“广告”。“广告”标注出现在网址之前，目的在于提醒用户谨慎点击该网址（见图 4-6）。

从百度和谷歌搜索引擎广告形式的不断调整也可以看出，在兼顾收费广告和自然检索的公正性方面，搜索引擎服务商也在不断改善之中。

此外，除了搜索结果页面的广告之外，搜索引擎关键词广告也会出现在联盟网站的网页上。在有关搜索引擎营销发展历程中已经介绍，基于内容定位的搜索引擎广告，也就是采用了网络会员制营销模式的关键词广告，可以将广告展示在合作网站的网页上，并且广告形式更加灵活，可以是各种规格的图片展示广告，也可以是文字链接广告。这是搜索引擎关键词广告的延伸模式。百度、谷歌、搜狗、360 搜索等，目前都提供这种网站联盟形式的关键词广告，广告主可以选择是否在合作伙伴（内容发布商）网站展示自己的广告。

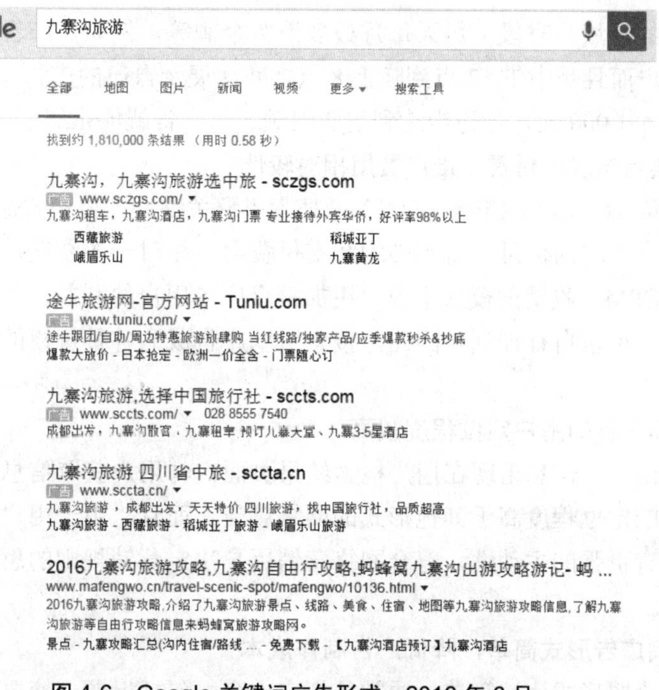


图 4-6　Google 关键词广告形式，2016 年 6 月

由于这种模式的广告设计、投放、管理等与关键词广告的基本模式类似，因此本章不再系统介绍关键词广告联盟的操作内容。有兴趣的读者可以自己到各搜索引擎联盟进行更多的了解：百度联盟首页网址（http://union.baidu.com）、搜狗联盟首页网址（http://union.sogou.com）、Google AdSense 首页网址（https://www.google.com/adsense）。关于网络会员制营销的原理和方法，参见本书第 6 章生态型网络营销的相关内容。

## 4.6.2　搜索引擎关键词广告的十大特点

关键词广告是目前应用最广泛的付费搜索引擎推广模式，这与关键词广告自身的特点密不可分。本书归纳了关键词广告模式的十大特点。

### 1．关键词广告是“立竿见影”的网络推广模式

搜索引擎是目前用户获取网页信息的主要渠道之一，只要投放了关键词广告，当用户搜索时，企业的相关推广信息会立刻出现在搜索结果页面，广告显效快，远比搜索引擎优化效果更为直接。而且由于广告展示在自然搜索结果前列，用户关注程度更高，对于竞争性激烈的行业，关键词广告的优势更为显著。

### 2．搜索引擎关键词广告的灵活自主性

由于关键词广告管理系统的功能越来越强大，广告用户可以实现灵活自主的广告投放，

包括广告投放的区域、时段、每天每月最多消费金额等。例如，广告用户可选择只有在广东省上网的用户而且是中午 12 点到晚上 8 点之间才展示自己的广告；也可以设置每天最多投放 200 元或者 1 000 元，这样当达到消费限额之后广告就停止展示，使得预算可控。

**3. 按有效点击次数付费，推广费用相对较低**

按点击付费（Cost-Per-Click，CPC）是搜索引擎关键词广告模式最大的特点之一。对于用户浏览而没有点击的信息，将不必为此支付费用，相对于传统展示类网页网络广告按照千人印象数（CPM）收费的模式来说，更加符合广告用户的利益，使得网络推广费用相对较低，而且完全可以自行控制。因此，搜索引擎广告成为各种规模的企业都可以利用的网络推广手段。

**4. 关键词广告的用户定位程度较高**

由于关键词广告信息出现在用户检索结果页面，与用户获取信息的相关性较强，因而搜索引擎广告的定位程度高于其他形式的网络广告。而且，由于用户是主动检索并获取相应的信息，具有更强的主动性，符合网络营销用户决定营销规则的思想，属于绿色健康的网络营销模式。

**5. 关键词广告形式简单，降低广告制作成本**

关键词竞价的形式比较简单，通常是文字内容，包括标题、摘要信息和网址等要素，关键词不需要复杂的广告设计，因此降低了广告设计制作成本，使得小企业、小网站，甚至个人网站、网上店铺等都可以方便地利用关键词竞价方式进行推广。

**6. 关键词广告投放及管理效率较高**

关键词广告推广信息不仅形式简单而且整个投放过程也非常快捷，大大提高了投放广告的效率。与其他广告模式相比，关键词广告管理更为高效。例如，对广告展示内容的调整非常方便，可方便地修改包括广告标题、内容摘要、链接 URL 等信息。广告主也可以随时调整关键词的设计，如对于广告展示次数太低、每次点击费用太高的关键词等都可以进行更换或者取消广告投放。

**7. 关键词广告引导用户到达页面的针对性更强**

关键词广告所链接的页面，通常被称为着陆页，即用户点击广告链接到达的第一个页面。关键词广告所链接的 URL 由广告主自行设定，可以引导用户来到任何一个期望的网页，理想的方式是为广告设置一个专门的着陆页而不仅仅是到网站首页。在自然检索结果中，搜索引擎收录的网页信息是网站运营人员无法自行确定的，出现在哪个网页无法自行选择，因而这也是关键词广告针对性更强的一个原因所在。

**8. 关键词广告具有原生广告的一般特点**

关键词广告出现在搜索结果页面，作为搜索结果的组成部分，广告内容与自然搜索信息融为一体，共同组成了完整的网页内容，因而容易受到用户信任并点击。因此关键词广告点击率通常比展示类广告要高，当然其中也包括用户误点击的成分。搜索引擎通常会在搜索结果中对广告信息给予标注，但仍有相当比例的用户无法区分或没有意识到其中的广告信息。

9．关键词广告效果一目了然

当购买了关键词广告服务之后，服务商会为广告用户提供一个管理入口，可以实时在线查看推广信息的展示、点击情况以及广告费用消费信息，经常对广告效果统计报告进行记录和分析，对于积累搜索引擎广告推广的经验、进一步提高推广效果具有积极意义。

10．关键词广告是搜索引擎优化的补充

搜索引擎优化是网站基本要素优化的反映，通常无法保证很多关键词都能在搜索引擎检索结果中获得好的排名优势，尤其是对于一个企业拥有多个产品线时，搜索引擎优化难以做到覆盖面很广，这时采用关键词广告推广是对搜索引擎自然检索推广的有效补充，综合利用关键词广告与搜索引擎优化更有利于提升搜索引擎营销的效果。

除了前述搜索引擎广告的十大特点之外，利用关键词广告及搜索引擎优化的搜索引擎营销组合策略占据有限的搜索结果推广空间，也是一种合理的网络竞争方式。因此，策略性关键词广告投放也是企业竞争战略的需要。

上面列举了搜索引擎关键词广告的一般特点，具体到不同的搜索引擎，还会有一些自己的特点，例如 Google 提供了信息非常全面的在线帮助信息，关键词推荐和效果跟踪分析工具对于专业用户带来了极大的便利，并且在 Google 投放和管理关键词广告的整个流程都可以在线完成。这些具体的差异，需要在实际工作中去比较和发现，以便发挥每个搜索引擎最大的网络推广价值。

### 4.6.3 关键词广告排名的算法规则

由于搜索引擎广告技术的不断发展，对关键词广告的质量也提出来越来越高的要求，因而并不是只要付费就可以获得好的广告展示机会，这就是由关键词广告排名的算法规则在发挥作用。

与搜索引擎收录网站及检索结果排名的算法属于搜索引擎公司的机密一样，关键词广告的算法也属于技术机密，不同的搜索引擎算法规则也存在一定差异，而且随着环境的变化，各种算法和规则也在不断地调整改进之中。因此只能根据一些公开的信息对搜索引擎广告的算法进行推测，大致了解这些规则对于专业的关键词广告投放及管理具有一定的参考价值。

百度关键词广告的排名规则网上有一些非公开的分析，与“百度综合排名指数”有一些关联，但并没有发现权威的资源可供参考。据推测，部分基本规则与谷歌应该有相似之处。下面是根据一些网上公开的资料对谷歌关键词广告排名算法的介绍。

根据一些网站的介绍，谷歌关键词广告的排名有一套比较复杂的算法，谷歌赞助商链接区域的关键词广告，在每一页最多可以出现 8 条信息，这些信息的排名位置并非完全按照每次点击费用的高低来决定，还要考虑该关键词的可能点击率，以及用户所选择关键词与广告链接页面（着陆页）之间的相关性等。谷歌根据一定的算法，综合这些主要因素来决定同类广告的排列次序。

例如，A 公司在谷歌投放了“九寨沟旅游”为关键词的搜索引擎广告，假定这个关键次的点击率预计为 1%（谷歌在关键词管理后台中提供了点击率估算工具），而 A 公司为关键词设定的每次点击费用为 1 元，如果 B 公司用同样的关键词在谷歌进行推广，设定的每次点击价格为 0.9 元，那么 A 公司的推广信息将出现在 B 公司之前。但是，假定 B 公司同时选择了“九寨沟”作为关键词，而这个关键词的点击率估算为 2%，由于 B 公司所投放关键词广告的综合效果可能更好，那么，当 A 公司和 B 公司的广告需要同时出现在同一个检索结果页面时，B 公司的广告将出现在 A 公司之前。

2005 年 12 月份，谷歌将关键字广告着陆页内容分析引入广告排名算法。关键字广告链接指向的着陆网页应该与关键词广告中所设定的关键词有最高的相关性，这样可以最大可能地为用户提供与广告展示的内容相关的网页。谷歌将关键字广告着陆页内容分析引入广告排名算法，至少可以发挥下列两个方面的作用：（1）尽可能减少用户获取有价值信息的点击次数，从而提高用户转化率；（2）可以减少挂羊头卖狗肉式的虚假广告所造成的不良影响。[6]

Google 通常根据终端用户的反馈信息来不断调整对着陆页质量评估的算法。2006 年 6 月底前后，谷歌再次发布了 AdWords 广告着陆页评估技术升级，着陆页内容相关性将影响 Google AdWords 广告价格。如果用户购买的关键词与所指向的链接页面（广告着陆页）内容不相关，那么这些用户的 Google AdWords 关键词广告最低 CPC 价格将要上升。不过，大部分企业的关键词价格将不会由于这次技术升级受到影响。[7]

此次技术更新主要针对部分网站利用 Google AdSense 漏洞，制作空无内容而仅放置 Google AdSense 广告蒙取广告费的网站，即所谓的“made for AdSense”(MFA) 网站。这些网站往往以最低价格购买 AdWords 广告，然后把广告引向一个带有 AdSense 或其他上下文关联广告的着陆页面，用户点击广告所获得的佣金收益超过他购买关键词的成本费用，从而蒙骗广告费。

谷歌认为，由于页面内容本身没有价值，这样的广告页面带来极差的用户体验，因此通过提高这类网站的关键词 CPC 价格，提高成本，让这些网站无利可图。谷歌在其关键词广告的帮助中心对于什么是高质量的着陆页提出了一些建议，主要包括：提供与关键词相关的实实在在的内容、有用户个人信息保护声明、导航清晰，网站明确区分内容链接与广告链接。

除了 MFA 网站直接受到影响之外，此次 AdWords 着陆页评估算法升级还将影响到那些采用图片的活动宣传性网页，如采用 Flash 制作的富媒体网页。Did-it Media Management 的执行主席 Kevin Lee 认为，这些网站在设计网页时从来不考虑搜索引擎优化，因为他们主要通过购买关键词广告来获得用户点击。但本次 AdWords 算法升级后，由于 AdWords 蜘蛛在这些花俏的 Flash 着陆页面找不到关键词文本内容，可能会影响到着陆页与关键词的相关性降低，从而导致他们的关键词 CPC 价格提高。因此，Lee 认为，**搜索引擎优化不仅对网站的自然检索带来访问量，现在对网站的谷歌关键词广告成本也产生直接的影响**。

2006 年之后的十多年来，谷歌的搜索结果展示方式一直在不断的调整之中，关键词广告的展现方式也进行了相应的调整，尤其是 SNS 及手机搜索的快速发展，传统的网页搜索也会相应地随之发生变化，但由于网站访问障碍等原因，作者难以获取全面的跟踪研究资料，因此只能从一些基本信息及一般原则进行初步的分析。最新的研究资料将通过网络营销教学网站及微信等方式与读者分享。

不过可以肯定的是，搜索引擎广告仍然会不断地发展演变。可见，投放和管理搜索引擎关键词广告绝不是很简单的事情，并不是随便可以做好的，需要掌握较多的经验和技巧。因此很多企业往往寻求代理商的服务，帮助企业打理关键词广告推广，通常需要为服务商支付广告消费金额 10%左右的技术服务费。

### 4.6.4　搜索引擎关键词广告的投放策略

搜索引擎广告形式看起来并不复杂，但也并不仅是选择关键词及写作广告文案的问题，实际上还有更多的问题需要考虑，如选择哪些搜索引擎平台组合，在产品或网站推广的什么阶段最适合投放广告，以及如何不断优化关键词广告以提高投资收益率等。

无论是自行投放关键词广告，还是委托搜索引擎广告代理商投放，在制定关键词广告计划以及投放关键词广告时，都需要考虑这些基本问题：我的网站需要投放关键词广告吗？应该在哪个阶段投放，在哪些搜索引擎上投放？应该如何选择关键词，如何设计关键词广告及着陆页？如何设定关键词广告预算并对广告效果进行管理控制？

#### 1. 在网站运营的哪个阶段投放关键词广告

关键词广告的特点之一是灵活方便，可以在任何时候投放，也可以将任何一个网页作为广告的着陆页面，因此，如果需要，可以在网站推广运营的任何阶段投放关键词广告。不过在网站运营的某些阶段采用关键词广告策略则显得更为重要，例如：

- ❑ 网站发布初期
- ❑ 有新产品发布并且希望得到快速推广时
- ❑ 在竞争激烈的领域进行产品推广时
- ❑ 当（与竞争者网站相比）网站在搜索引擎自然检索结果效果不太理想时
- ❑ 希望对某些网页进行重点推广时

**2．搜索引擎广告平台的选择**

应该在一个搜索引擎投放关键词广告，还是在几个搜索引擎同时投放？如果有充足的广告预算，可以选择在所有主流搜索引擎同时投放广告。这是因为不同的搜索引擎有不同的用户群体特征，如果希望自己的广告内容向尽可能多的用户传递，那么选择不同搜索引擎的组合是比较合理的。如果潜在用户群体特征比较明显，并且正好与某个搜索引擎的用户特征最为吻合，那么在单一搜索引擎投放广告即可实现较好的营销效果。一般来说搜索引擎的用户量较大（或市场占有率高）的搜索引擎，广告效果快，也意味着每次点击费用可能更高一些。

**3．关键词组合的选择**

关键词组合是搜索引擎广告中最重要也是最有专业技术含量的工作内容之一，因为关键词的选择直接决定了广告的展示和被点击的情况，是对投资收益率影响最大的因素。一些看起来用户检索量很大的通用词汇可能带来大量的点击（意味着花费了大量的广告费），但却不一定获得很高的顾客转化率。所以，在选择关键词时，既要考虑这些关键词可能带来的用户检索量，也需要考虑用户点击率与转化率的关系。合理的关键词选择建立在对用户检索行为分析的基础之上。

一般来说，一个网站的关键词可分为三大类型：核心关键词、关键词组合（含核心关键字的词组及句子）和语意扩展关键词（同义词、否定词、语境关联词等）。这些关键词又可以从通用性和专用性等角度进行分析。通用性关键词用户检索量大，但并不一定转化率高，顾客转化率高的关键词往往是比较专业，或者多个关键词组合的检索。例如，当用户用形如“产品名称/型号＋品牌名称＋价格＋销售地点”（例如某某手机 某某型号 深圳销售点 价格）之类的关键词组合时，往往可能意味着他已经形成了初步的产品购买意向。

选择合适的关键词及关键词组合依赖于搜索引擎营销人员丰富的经验，以及对该行业产品特点和用户检索行为的深入理解，同时，也可以借助于搜索引擎服务商提供的相关工具和数据进行分析，如Google提供的关键词分析工具和百度的相关检索资料等。

Google AdWords广告自助发布系统后台提供的关键字查询参考工具，显示用户搜索的某核心关键词下的关键词组合和语境关联词汇（谷歌称“扩展广泛匹配”），供广告客户使用该工具进行关键词策划，选择要投放竞价广告的关键词列表。百度提供的相关检索、百度指数（http://index.baidu.com）等都可以提供一些相关的信息。

### 4. 广告文案及广告着陆页面设计

选择合适的关键词组合之后，还需要对广告文案和着陆页面进行专业的设计。关键词广告形式比较简单，主要是简短的标题和一段简要描述文字，在广告内容写作方面，与一般的分类广告类似，应达到让用户通过有限的信息获得关注并点击广告链接来到网站获取详细信息的效果。

关键词广告着陆页的设计对于顾客转化有重要关系，如果用户点击广告信息来到网站（广告着陆页）之后无法获得他所需要的信息和服务，那么这个用户很快就会离开，广告费用也就白白浪费了。谷歌甚至把关键词与着陆页的相关性作为评估关键词广告价格的一个指标，由此也可以看出其对提高用户体验、增强广告效果的意义。

### 案例 4-1：阿里巴巴的关键词广告设计（2006 年与 2016 年比较）

阿里巴巴不仅是搜索引擎优化最好的电子商务网站之一，也曾经是百度和谷歌最大的关键词广告客户之一，利用众多关键词检索，都可以看到阿里巴巴的关键词广告信息。

下面分别用不同的关键词检索，在百度检索结果第一页的竞价排名广告中选择 1 个阿里巴巴网站（或阿里系网站）的关键词广告供学习研究。通过对比，分析 2006 年与 2016 年的阿里系关键词广告设计思路的变迁以及广告投放策略的区别。

另外，读者还可以利用更多的关键词检索，看看阿里巴巴关键词广告设计有哪些特点。

**（1）检索关键词**：外贸出口（2006 年）

下载外贸出口操作手册

免费下载《外贸出口操作手册》，帮国内企业提升外贸出口能力，获取外贸出口网上解决方案，扩大海外市场。阿里巴巴——全球顶尖外贸出口网站，40 多万专业买家，每天 3 000 多条海外求购信息。

exporter.alibaba.com/leads/cs_download_2. ... 1K 2006-10 - 推广

检索关键词：外贸出口（2016 年）

外贸出口，支持26种货币交易，安全，效率，值得信赖　　商业推广
PayPal—专业的国际主流第三方支付平台，提供更好的服务，为您的跨境交易保驾护航;支持26种货币交易，自动货币兑换，即时转账银行账户，免费注册收付款账户享更多服务
www.paypal.com　2016-06　V2 - 评价

2016外贸出口首选-华邦大通，实力品牌!
21年专业外贸出口，为企业提供一站式外贸出口服务，助力华邦实业!外贸出口咨询电话:4008-590-518
www.cnchase.com　2016-06　V2 - 评价

阿里巴巴一达通，外贸综合服务平台
阿里巴巴一达通，外贸代理出口免收服务费，更有专享出口1美金补贴3分人民币阿里巴巴一达通，通关，退税，外汇，金融，物流一站式外贸综合服务
onetouch.alibaba.com　2016-06　V3 - 4288条评价

（2）检索关键词：涡轮机（2006年）

阿里巴巴，涡轮机网上批发市场

阿里巴巴是全球领先的涡轮机市场，有为您精选的各款涡轮机，也欢迎您来展销！1 000万网商，1 600万商机，助您快速成交！超值的产品，丰富的涡轮机行情，尽在阿里巴巴。

china.alibaba.com 1K 2006-10 - 推广

**检索关键词**：涡轮机（2016年-淘宝网）

涡轮流量计华水仪表:400-006-3791涡轮流量计 商业推广

华水仪表涡轮流量计研发多系列的高质量产品，涡轮流量计涡街流量计，涡轮流量计

智能涡轮流量计 涡轮流量计价格

lwq气体涡轮流量计

www.tjhsyb.net 2016-06 - V1 - 评价

涡轮机来京东，呵护爱车不怠慢

涡轮机尽在京东商城，款款热卖产品超低折扣价。京东商品品质无忧，放心购!

www.jd.com 2016-06 - V3 - 3635条评价

涡轮机超值低价，尽在淘宝!

淘宝网 涡轮机，百万商家，8亿商品，高人气热卖，淘你满意!货真价实，物美价廉，海量选择，时尚网购新体验。支付安全交易，交易有保障!

simba.taobao.com 2016-06 - V3 - 4288条评价

资料来源：根据百度搜索结果采集。

案例采集时间：第一次2006年10月，第二次2016年6月。

### 5．关键词广告预算控制

制定推广预算是任何一项付费推广活动必不可少的内容，关键词广告也不例外。在关键词广告的特点中已经介绍过，关键词广告的优势之一是广告用户可以自行控制费用，为关键词广告预算管理带来了更大的自主性。作为搜索引擎营销人员，应该充分利用这一特点进行广告预算控制。

例如，在谷歌投放关键词广告，不仅可以设定每天最高广告费用限额，用户还可以自行设定每个关键词每次点击费用的高低，多付费将增加显示的机会，少付费则会有相应的减少。这样，当广告预算消费过于缓慢时，可以通过增加相关关键词数量，或者适当提高每次点击价格等方式获得更多的广告展示机会；反之，如果广告花费过高，则可以通过降低每天的广告费用限额或者减少关键词等方式进行费用控制。

### 6．关键词广告效果分析与控制

关键词广告是按照点击次数和每次点击价格付费的广告形式，因此每个搜索引擎服务商都会提供关键词广告的展示和点击次数等相关的统计信息，否则也就不能称之为按点击付费的广告了。服务商提供的关键词广告管理后台的各项数据是分析关键词广告的基础，这些指标一般包括：每个关键词已经显示的次数和被点击的次数、点击率、关键词的当前

价格、每天的点击次数和费用、累计费用等。

通过广告效果分析，如果发现某些关键词点击率过低，也有必要对这些关键词进行更换，因为这样的关键词无论对广告用户还是搜索引擎服务商都是没有意义的，这样的关键词显然不受服务商的欢迎，因此可能会被服务商终止该关键词广告的显示。例如，当在谷歌的关键词点击率不足 0.5%时，就需要对关键词进行修正，而点击率低于 0.3%时会被自动取消该关键词广告的显示。

另外，还可以结合网站流量统计分析数据进行对比分析，尤其当发现某些关键词广告点击数据异常时（如可能产生了点击欺诈），进行关键词广告效果分析与网站流量对比分析就更为重要。有关网站流量分析的方法，将在本书“网络营销管理”的相关内容详细介绍。

在对关键词广告投放有一定的认识之后，接下来就可以尝试进行搜索引擎广告开户及投放了。鉴于搜索引擎营销的内容较多而且仅关键词投放的学习和实践就需要较长的时间，因此作者不建议初学者在此投入太多的精力。有兴趣的读者可参考作者前期写的一些内容，如谷歌关键词广告（Google AdWords）基础知识与常见问题解答（http://www.marketingman.net/FAQ/google.htm），或者《网络营销基础与实践（第 3 版）》（4.6.4.2 关键词广告投放的一般步骤）的有关内容。

作为关键词广告的实践活动，建议读者到 Google AdWords 页面（https://adwords.google.com/）注册一个账号，登录后台了解有关内容（说明：如果有 Gmail 账号，可以直接登录），无论是否真的投放广告，都可以通过后台了解 Google 关键词广告及管理的相关知识，使用有关的分析管理工具。

## 4.7 网络广告形式简介（4）：手机广告

前已介绍，手机广告从 2011 年之后快速发展，到 2015 年上半年市场份额已经接近搜索引擎广告（不含手机搜索），成为近年来增长最快的网络广告形式，到 2015 年第四季度，手机广告一跃成为网络广告市场份额第一位，比第二位的搜索引擎广告高出 8%。

根据 IAB 发布的网络广告收入统计报告，2015 年第四季度网络广告市场份额前 5 位所占份额分别为：手机广告 40%（其中手机搜索占 43%，手机展示广告占 54%，其他形式占 3%）；搜索引擎广告 32%；BANNER 广告 12%；数字视频广告 7%；分类广告 4%。而 2015 年全年市场份额前 5 位所占份额分别为：手机广告 35%（其中手机搜索占 43%，手机展示广告占 53%，其他形式占 4%）；搜索引擎广告 34%；BANNER 广告 13%；数字视频广告 7%；分类广告 5%。[8]

从这些统计数据可以看出，手机网络广告已经成为网络广告市场的主流，且仍在快速增加中，因此手机的网络广告价值也日益重要。IAB 统计报告中对手机广告分为三类：手机展示广告、手机搜索广告及其他形式。这说明，展示类广告及搜索引擎广告在移动互联网中仍然占有重要地位。

在移动营销发展历程中，早期基于 GSM 网络及 wap 上网的手机广告形式主要是短信、彩信广告及部分图片广告，现在 IAB 统计的手机广告基本上是基于智能手机的广告形式。PC 端的网络广告形式大多可以通过智能手机展示，因此手机广告的形式与早期相比发生了很大变化。

有关短信及 wap 广告的内容，在《网络营销基础与实践》第 1～2 版（2002 年 1 月第 1 版，2004 年第 2 版）中有关无线网络营销的内容中有详尽的介绍，考虑到当前这些手机广告形式已经不再是主流应用，因此从第 3 版（2007 年）开始已经不再详细介绍。随着移动网络营销与 PC 网络营销的日益融合，从《网络营销基础与实践（第 5 版）》开始（2016 年），也不再明确区分 PC 网络营销与手机网络营销方法的差异。

现在，随着 HTML5 标准的广泛应用，通过手机浏览器几乎可以实现所有传统 PC 端的网络广告展示，如搜索引擎广告、BANNER 广告、数字视频广告、社交媒体信息流广告等形式在手机上继续适用之外，又出现了一些专门适用于手机的广告形式，如 APP 开屏广告、社交网络红包广告、LBS 广告、移动 WIFI 广告等。

由于手机广告仍然处于不断发展演变之中，对于手机广告形式及规律性的深度探讨还需要更多的实践和时间，因此本节仅作为一个引子，更多内容有待进一步研究后通过互联网、课件文档补充资料等方式与读者分享。

## 4.8 网络广告形式简介（5）：其他

互联网的快速发展带来了网络广告的不断创新，新的网络广告形式不断涌现，其中有的已经逐渐成为网络广告的常见形式，有的仍在不断的发展演变之中。本节简单介绍其他几种常见的或者与传统广告有所不同的新型网络广告形式，包括：网络视频广告、社会化媒体广告、原生广告、社交网络红包广告和电商平台网络广告。

### 4.8.1 网络视频广告

网络视频是内容分享式营销的一种方式，同时网络视频也是数字视频广告媒体，用户在观看网络视频时会先收看一段视频广告，这也是视频分享网站平台的主要营收模式。视频广告无论在 PC、IP 电视、平板电脑还是智能手机都有广泛的应用。

### 1. 视频广告的常见形式简介

根据优酷土豆网 2016 刊例的广告价格表（见 http://r2.ykimg.com/0510000056D80F1967BC3D266100455E），在优酷土豆视频中投放的视频广告的主要形式包括贴片广告、暂停广告、角标广告等。收费模式均为按播出次数收费（CPM）。

贴片广告是在视频内容正式播放之前插播的一小段广告，广告时长分为 5 秒、15 秒、30 秒，这也是最常见以及给浏览者留下印象最深的广告形式之一。暂停广告是用户点击暂停播放按钮后出现的一幅广告，用户可点击关闭广告或重新开始播放视频时广告自行关闭。角标广告与传统电视节目的角标一样，在视频播放过程中在屏幕右下角出现的文字或图片广告，角标广告通常不会占用很大的屏幕位置，是一种对用户观看干扰较小的广告形式。

贴片广告、暂停广告、角标并非视频广告的全部形式，也没有清晰地表明广告形式的类别及规格，因此需要对视频广告有更专业的了解。

根据美国IAB网站发布的《数字视频广告格式指南及最佳实践》(*Digital Video Ad Format Guidelines & Best Practices*)，数字视频广告可以分为两大类别：线性广告（linear video ads）和非线性广告（nonlinear video ads）。两者均可在视频区域之外展示“伴随广告”（companion ads），伴随广告并不影响视频播放，可以理解为一种辅助性的广告展示。图 4-7 是基于数字视频广告播出时间线性投放的广告时间及位置示意图。[9]

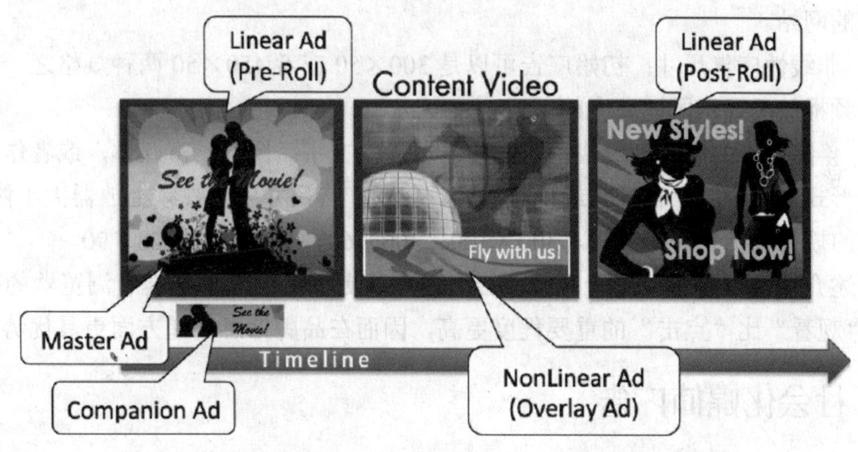


图 4-7　数字视频广告形式示意图（来源于 www.iab.com）

从图中可以看出，线性广告，也就是在视频内容正式播放前及刚结束时插入的一段短视频，与视频内容是连续在一起播出的，需要占用全部播放区域，与优酷土豆网的“贴片广告”形式是一致的，因此可理解为视频贴片广告。非线性广告则和“角标广告”类似，是在视频播出的同时在播放区域的下方（或其他位置）覆盖部分视频内容插入广告，广告的格式可以是文字、图片或富媒体格式，与传统的展示广告形式类似。

### 2．IAB对视频广告规格的部分说明

（1）线性广告显示时长：分6秒、15秒或30秒三种规格。

（2）线性广告可点击性：无论是线性广告还是伴随广告，都可以点击链接到广告主指定的网址。对于互动式广告，用户点击或滚动互动组件可延长广告播出时间或者进入广告主的网站。

（3）线性广告清晰度：应提供高、中、低三个档次的版本供用户选择。

**对于16:9显示模式的分辨率：**

低：360p或更低，典型规格为640×360

中：360p～576p，典型规格为854×480 (ATSC)，1024×576 for (PAL)

高：576p～1080p，典型规格为1280×720（720p），1920×1080（1080p）

**对于4:3显示模式的分辨率：**

低：480p或更低，典型规格为640×480

中：480p～576p 典型规格为640×480 (ATSC)，768×576 (PAL)

高：此模式无高质量图像

（4）非线性广告展示时间：5～15秒，或者持续显示。

（5）非线性广告可点击性：用户点击或滚动广告区域可自动启动视频、互动广告或到达广告主的网站。

（6）非线性广告尺寸：初始广告可以是300×50或者450×50两种规格之一，同时不能超过视频播放器显示区域高度的1/5。

（7）伴随广告的格式及规格：伴随广告可以是文字、图片、富媒体，或者作为视频的背景皮肤形式，但不能含有音频或视频内容。伴随广告尺寸应与视频播放器大小协调一致，通常可用的规格包括：300×250、300×100、300×60、468×60、728×90。

从前述介绍可以看出，由于视频广告可以承载更多的信息，与基于浏览器的展示类广告相比，“观看”比“点击”的重要程度更高，因而在品牌信息传递方面更具优势。

## 4.8.2 社会化媒体广告

### 1．社会化媒体广告的定义

社会化网络媒体，简称社会化媒体（social media），是上网用户交流、分享、获取信息、发布个人观点及动态的网络平台，包括网站及手机APP等多种形式，如Facebook、Twitter、新浪微博、微信、QQ空间等。社会化媒体广告也称社交媒体广告或简称为社会化广告、社会广告或SNS广告，简单来说，是在社会化网络媒体上投放的广告，是社会化网络营销的方式之一（利用用户粉丝资源自行发布的推广信息不属于社会化广告的范畴）。[10]

但 SNS 网站上的广告并非都属于社会化媒体广告(如在网页上展示的 BANNER 广告)，而只有当具备某些社会化的属性时才能称之为社会化广告。美国 IAB 于 2009 年 5 月为社会化广告的定义是：[11]

“社会化广告是一种融合了消费者同意展示及被分享的用户交互广告，在广告内容中有发布人的图像或用户名，使得用户可以与广告发布者产生交互。”

这一定义的文字表达有些拗口，我们可以这么理解社会化广告定义所指出的基本属性，包含三个方面的含义：

（1）用户同意广告出现在个人的社交信息中（如微博信息流）。

（2）广告发布者也是一个社交媒体的“用户”，有发布人的明确信息，如头像或用户名。

（3）用户可以在社交网络中与广告发布者交互，如关注、转发、评论等。

从这些属性来看，目前的社会化网络服务中，在微博、微信朋友圈等 **SNS 信息流中投放的广告属于社会化广告的范畴**，而这些广告也被称为“原生广告”。不过原生广告的范围更广一些，并不限于 SNS 信息流广告，可简单理解为**原生广告包含了社会化广告**。

**2．社会化媒体广告的形式**

至于社会化广告的具体形式，则比较个性化，如一段文字加网址链接、一个可以直接提交结果的小调查、一个图片、一段视频等，只要适合通过社交网络发布的内容，就可以成为社会化广告的具体形式。

以新浪微博为例，“微博推广”的社会化广告形式包括（见 http://fuwu.weibo.com/function/spreadweibo）：

（1）粉丝头条：将你的最新动态、推广内容在第一时间触达粉丝，让他们打开微博一眼就能看到。

（2）粉丝通：是微博推出的精准信息流广告，可以根据年龄、性别、地域以及兴趣等属性精准地投放广告。

（3）微任务：通过创意传播、微植入及组合传播等多种传播方式，实现企业品牌传播及活动推广，带来流量。

至于社会化广告的收费模式，也有多种形式，有按展示数量收费的，也有按效果收费的。例如，腾讯广点通广告的收费模式分为 CPC 和 CPM 两种（见 http://e.qq.com/training/basic/list012.html）。这也从一个侧面说明，无论网络广告的形式如何变化，网络广告的基础统计指标仍然是有效的，浏览数和点击数是网络广告效果评价的基础。

作为一种用户互动性强的广告形式，广告主对社会化广告有更多的评价指标而不仅仅是浏览和点击。例如，微博广告则可在微博平台内部甚至用户个人页面之内完成广告的传播和转化，因此用户互动指标也就在一定程度上反映了广告的效果，包括获得用户关注（增加粉丝量）、用户参与微博活动（评论、转发、@更多好友）等。

总之，网络广告不只是市场规模在扩大，社会化网络媒体在不断发展变化，社会化广告的形式也在不断创新，目前很难说已经形成哪些固定的模式，需要在发展中不断探索和总结。另外，除了微博、微信这些用户普及程度高的社会化媒体，其他社会化网络如开放式在线百科、在线问答、在线点评及本地生活社区类网站等都在不断推出各种广告形式，这些都是社会化广告值得关注的领域。

## 4.8.3 原生广告

### 1. 原生广告的概念

原生广告（native advertising）概念诞生于2012年。2014年2月美国IAB提出讨论。顾名思义，原生广告是天生的、本地化的一种广告形式，简单来说就是网络媒体、内容与广告的相互融合。广告也成为网络媒体中有价值的内容的一部分。

原生广告并不是一种专用的广告格式，其格式包括文字、图片、视频等常见的内容形式，同时也与社会化媒体广告、信息流广告等概念有一定的重叠或交叉。之所以称为原生广告，主要原因在于这种广告与传统的网络媒体中内容与广告相对独立有显著的差异。

比如，搜索引擎关键词广告及社交媒体的信息流广告，从形式上看就是一种原生广告的感觉，实现了广告内容与网页正文内容的融合，但这些广告是否可被定义为原生广告并没有统一的结论，因为有些广告实质上和原有的网络广告没有差异，广告和用户之间未必建立起“原生”的关系。相对而言，微信朋友圈及QQ空间等社交平台的信息流广告则更接近原生的特性。

图4-8两则通过手机浏览的广告分别是腾讯新闻APP的信息流广告（a）及微信朋友圈广告（b）。从图4-8中可以看出，腾讯新闻中的广告“碳化木质啤酒桶”形式和新闻标题看起来完全一样（只是这标题写作方式仍然是典型的淘宝宝贝体），但在信息右下方标注了“广告”，以区别正常的新闻信息。微信朋友圈中，“华为终端”的广告与微信好友的消息形式一样出现在信息流中，右上方标注了“推广”以明确提示用户，这是推广信息。这则朋友圈的广告吸引了很多好友在评论中发布“跟广告的广告”（因涉及真实用户信息不便在书中公开展示），微信朋友圈广告通常都有这个“附加广告功能”，这也体现了广告与内容融合的功能。

这两则广告案例说明，原生广告与网页或APP的常规内容相融合，并且可以有不同的类型和不同的表现方式，不过，广告内容尽管和信息流看起来没有区别，但为避免信息误导，仍有必要以明确的方式标注其广告属性，区别于普通的信息内容。反过来说，没有标注广告或推广的商业信息，只能视为网页或APP的内容，如果属于商业推广信息对用户产生误导，就可能引起相应的法律问题。

（a）　　　　　　　　　　　　　（b）

图 4-8　原生广告示例：腾讯新闻 APP 及微信朋友圈手机广告

### 2．原生广告的形式

2015 年 6 月 IAB 在“IAB Native Advertising Playbook”文档中列出以下六种原生广告形式：[12]

（1）信息源单元（In-Feed Units）；

（2）付费搜索单元（Paid Search Units）；

（3）推荐工具（Recommendation Widgets）；

（4）促销列表（Promoted Listings）；

（5）原生元素的内置广告（In-Ad (IAB Standard) with Native Element Units）；

（6）用户定制或以上未包含（Custom /Can’t Be Contained）。

### 3．原生广告的特点

可见，原生广告的形式是多样的，并不局限于社交媒体的信息流广告，而广告是否具有原生的属性，除了形式之外，更重要的在于用户的感受，即是否具备原生的效果。参考 IAB、维基百科等机构或网站对原生广告的有关描述，结合本章前面提出的网络广告的本质特征，原生广告应体现广告主、网络媒体及用户之间的交互关系。因此，本书将**原生广告的特点**归纳为三个方面：

（1）**针对性及原创性**：广告主根据特定媒体的特点专门设计的、符合用户获取信息特点的广告形式。当然，原生广告应当是广告主原创且直接投放到特定媒体的。

（2）**视觉效果融合性**：从用户浏览效果来看，原生广告与界面其他内容在形式上是一个整体，并无传统网络广告争夺用户注意力或强制阅读的方式，不过为了明确广告与内容的差异，在广告周围通常会有明显的标注信息，如广告、推广、赞助等。

（3）**用户价值导向性**：尽管看起来广告是内容的一部分，但用户可以明确看出广告与其他内容的差异，点击或浏览广告，是出于兴趣或者价值而不是被网络媒体强制展示，用户甚至可以选择是否显示或关闭广告。

总之，原生广告本质上仍然是广告，与企业软文或植入广告从表现形式到本质都不相同，因而具有网络广告的一般特征。

原生广告的这些特点使其设计及投放管理难度较大，因此初期只有一些大品牌在大型社交网络率先投放原生广告。随着社交平台广告系统的不断完善及门槛的降低，广告用户可自主管理、自主设定广告预算及分析广告效果，原生广告才具备更大的发展空间。Facebook、Twitter、新浪微博等，目前都具备了中小企业乃至个人投放原生广告的基本条件。

**扩展阅读：关于原生广告的其他网络资源**

- ❑ 原生广告 https://zh.wikipedia.org/wiki/
- ❑ Native advertising http://www.iab.com/guidelines/native-advertising/
- ❑ 关于原生广告的视频介绍 https://www.youtube.com/watch?v=813APfPvEF0
- ❑ 原生广告 http://baike.baidu.com/view/9646209.htm

## 4.8.4 社交网络红包广告

网络红包源于 2014 年 1 月腾讯公司发布的微信红包，微信用户绑定银行卡之后可以向自己的好友发红包，也就是将自己银行账户中的资金转移给好友，红包资金保存在微信红包接收者的账户内，可以提现到银行卡，也可以直接用于支付某些消费项目，如手机充值等。微信红包实现了微信用户与银行卡绑定，为接下来的微信支付打下了基础。2014 年春节之后的手机上网用户，很多都有过抢红包或发红包的经历。

微信红包、QQ 红包、支付宝红包、微博红包等，现在对大多数上网用户来说都不陌生，已成为日常社交尤其是春节收发红包最受欢迎的方式。“能发红包解决的就不用发祝福语”之类的网络语言在微信群里经常可见。一到节假日或特殊节日，要求群主发红包的段子也是不断出现。网络红包已经成为用户使用频繁的网络服务之一。

根据本书对网络营销工具属性的分析，当一种网络服务成为常规应用时，便具有了网络营销的价值。网络红包也是同样的发展路径，从纯粹的社交应用很快发展成为网络广告媒体。提供红包收发的平台如微信及支付宝，事实上也就成为网络红包广告平台。

从 2015 年春节晚会到 2016 年春节晚会，微信红包和支付宝红包都成为商家的广告投放平台。通过网络红包发放优惠券及传递品牌信息，成为网络红包广告的基本形式。“你抢到的不是红包，是广告”，这是很多用户的真实感受。至于红包广告的投放方式及计费方式，则无确切的公开信息，通常是一些品牌企业直接与网络平台联系沟通。据一些网络消息称，企业在春晚期间利用红包进行推广的费用起步价通常在千万以上的级别。

由于红包营销模式仍在不断发展演变中，尚未形成一种稳定的、有一定规律且可以被大多数企业采用的营销模式，因此这里仅做简要介绍并建议营销人员关注其发展动态，暂不做进一步的分析。

### 4.8.5　电商平台网络广告

电子商务平台是国内企业开展网上销售的主要渠道之一，由于平台功能完善且集聚了大量的潜在用户，因此平台电商是投资少见效快的电子商务模式之一。电商平台不仅吸引了大量中小企业进入，同时众多大型品牌企业也纷纷在电商平台开设官方旗舰店。京东商城、淘宝、天猫、苏宁等电商平台对国内企业开展网上销售发挥了非常重要的作用，在电商平台进行付费推广（广告）也就成为企业扩大站内信息可见度从而获得顾客的重要手段。

**1．电商平台网络广告的特点**

（1）高效率的广告投放：平台广告媒体属于内部资源，广告主来自平台入驻的商家，作为一项延伸服务，站内网络广告投放及管理更便捷高效，商家无须从第三方购买广告媒体资源，可获得快速推广效果。

（2）全信息广告流程：通过站内广告链接，用户点击后可直达商家商品页面或促销页面，无须制作专用的广告着陆页即可展示完整的产品信息并直接订购，在平台内部完成从推广到购买整个流程，因此电商平台内部广告可认为是信息量最大的网络广告形式。同时由于广告效果与销售直接关联，数据分析更有说服力。

（3）平台广告的原生属性：当用户浏览电商网站的产品页面或搜索结果页面，网站内容与广告内容都属于相关产品，两者共同组成了用户所浏览的网页内容，广告具有明显的原生属性，为用户获取相关产品信息提供了方便，更容易被用户接受。

电商平台内部广告具有多方面的优点，是入驻商家不可忽视的站内推广方式。

与搜索引擎广告相比，电商平台网络广告也有类似之处：用户的自然搜索或浏览，相当于搜索引擎营销中的搜索引擎优化，而付费推广则类似于关键词广告。当然电商平台广告的形式并不仅仅是搜索广告，也包括展示类广告或其他赞助类广告等。下面以淘宝直通车和京东快车为例简单介绍电商平台广告的形式。

**2．电商平台网络广告示例**

（1）淘宝直通车（http://zhitongche.taobao.com/）

官方介绍：“淘宝（天猫）直通车是一款帮助您推广商品/店铺的营销工具。通过对买家搜索的关键词或是淘内/外的展现位置出价，从而将宝贝展现在高流量的直通车展位上，您也可自行选择在哪些买家眼前展现，让宝贝在众多商品中脱颖而出找到她的买家。”

淘宝直通车与关键词广告有一定的相似之处，是基于站内搜索、按点击付费的关键词广告形式。当用户搜索产品关键词时，商家的广告信息（图文信息）会出现在搜索结果页面右侧，广告信息位置会根据商家出价高低排序，付费越高被用户发现的机会越大。

（2）京东快车（http://help.jd.com/Vender/question-785.html）

官方介绍："京东快车是一款面向POP商家开放的网络营销系统，为商家提供一站式网络营销解决方案。京东快车—网络营销系统投放渠道包括：站内推广、联盟推广、邮件推广，通过多渠道组合投放，实现营销活动达到立体式、全方位的推广效果。京东快车—网络营销系统，基于京东大数据平台，为用户人群定向，实现广告精准投放，提升商家转化率。"

可见，京东快车站内推广方式与淘宝直通车有很大的区别，不仅仅是站内广告，还结合了站外推广资源，包括京东联盟网站广告及电子邮件推广。站内推广（http://help.jd.com/Vender/viewQuestion-785-1788.html）也不仅仅限于站内搜索广告，也包括多种展示类网页广告形式。

每个电商平台的广告形式会有一定差异，但都具有同样的网络营销价值，是开展平台电子商务的重要推广手段。

有关网络广告的更多形式，本书作者将做进一步的跟踪研究，有兴趣的读者请关注网络营销教学网站的相关介绍。

## 4.9 网络广告效果评价方法简介

网络广告的常见的定价模式包括CPM、CPC、CPA及按显示时长收费等，网络广告效果评价的常见方式通常也是基于定价方式，包括按展示付费及按效果付费或者两者相结合的评价方式。对于某些特定格式的广告则可能有特殊的评价办法，如搜索引擎关键词广告按每次点击费用指标、社会化网络广告的用户互动指标、邮件广告的送达率及阅读率、富媒体或视频广告按展示时长等。对于网络广告效果评价的方法仍处于不断发展变化之中。

### 4.9.1 关于网络广告效果评价的不同观点

网络广告自诞生之日起，一个最大的亮点就是其交互性和可测量性，作为网络广告特有评价方法，浏览数和点击率一直是被广泛认可的主要指标，但是，随着BANNER广告平均点击率的不断下降，如果仍然按照这些指标来评价网络广告，则不能充分反映真实的效果。于是，对于网络广告效果的评价方法出现了一些不同的观点。

2001年前后，受到互联网泡沫破裂的影响，网络经济进入低潮。受此影响，网络广告市场也从高增长转为下降趋势，网络广告的价值也受到质疑。为了重新向人们证明网络广告的价值，一些网络广告公司和咨询机构纷纷发表研究报告，并对网络广告的效果给予充分肯定。这些研究结果的共同点在于，特别关注网络广告点击之外的效果，得出了几乎相同的结论：用户虽然并未点击广告，但对品牌价值和销售促进仍然有效果。这些研究结论也直接影响到对网络广告效果的评价方法问题。为了让人们相信点击率并不代表网络广告的实际效果，有些网络广告公司（如 Market Watch）在向用户提供的统计报告中已经不包括点击率这一指标，不过对这种做法颇有争议。

全球最大的专业网络广告公司之一 Double Click 声称，早在 1999 年前就已经意识到，用点击率来衡量标志广告的效果本身就是错误的，并努力使人们也相信这一点。2004 年 2 月初，Double Click 发布的 2003 年第四季度网络广告趋势报告表明，由于网络广告数量越来越多，造成直接回应率进一步降低。2003 年第四季度网络广告的平均点击率指标只有 0.4%，比 2003 年同期下降了 45%，不过这并不意味着网络广告已经没有效果。事实上，Double Click 的调查数据显示，用户在观看网络广告之后的 30 天内所产生的某种行动——浏览率反而上升了 42%，达到 0.75%。Double Click 的研究认为，广告客户发布 BANNER 广告的主要目的在于企业品牌展示，而对于直接回应指标的关注程度也在降低。[13]

综合来说，网络广告的积分模式可分为三类：按展示计费、按效果计费、展示及效果混合计费。图 4-9 显示了 IAB 统计的 2005 年至 2015 年美国互联网市场不同计费方式投放比例的演变轨迹。

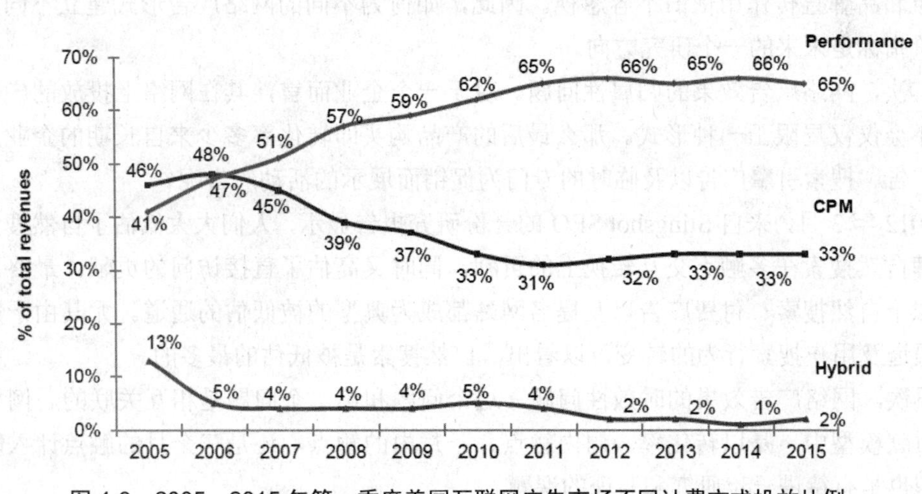


图 4-9　2005—2015 年第一季度美国互联网广告市场不同计费方式投放比例

资料来源：http://www.iab.com/wp-content/uploads/2016/04/IAB-Internet-Advertising-Revenue-Report-FY-2015.pdf.

从图 4-9 中数据可以看出，10 年来，按效果计费份额（Performance）快速增长并逐步趋于稳定，从 2005 年的 41%一路飙升到 2011 年的 65%，此后则基本稳定；按展示计费（CPM）的份额则略有下降，2007 年被按效果计费方式超过，从 46%下降到 33%左右并趋于稳定；混合计费模式（Hybrid）仍然占据了较低的市场份额，目前市场份额基本稳定在 2%左右。

按效果付费也反映了基于 CPC 计费模式的搜索引擎广告市场增长情况；CPM 计费模式则大致反映了展示类广告的市场状况。按效果计费可以使广告主更加精确的衡量广告效果，广告费用可以被更好的控制，提高广告客户的投资收益率（ROI），更加受到广告客户的青睐。按展示次数付费的转化效果并不直接，但是这样的广告方式有其存在的网络环境及持久生命力。混合付费形式由于计费方式复杂、效果不明确反而趋于边缘地位。

上述数据表明，就目前而言，以效果付费的模式仍处于主流地位，但是这种在具体执行过程中还是有很多问题有待商榷。

首先，不同的网络广告形式的效果评价指标应该是有区别的。例如，以建立品牌形象为主要目标的展示性广告和以销售为目标的搜索引擎关键词广告所采纳的效果评价指标肯定是有所区别的。2009 年 7 月 Adweek Media 和 Harris Poll 发布的美国消费者评价不同形式广告在购买决策中的影响情况调研数据发现：46%的消费者认为品牌图形广告易被忽略，而认为其对购买决策有帮助的人仅占 1%；相比而言，认为搜索引擎广告易被忽略的人相对较少，占比 17%，而认为其对购买决策有帮助的人数占比达 14%，高于品牌图形广告。[14]

由于搜索引擎广告相对品牌图形广告具有更加精准的特点，因而在帮助消费者进行产品购买决策即促进产品销售方面更具有效果。但是，品牌图形广告从长期来说，对于企业的形象和品牌宣传作用依旧不容忽视。因此，如何为不同的网络广告形式建立不同广告效果评价指标是未来的一个研究方向。

其次，网络广告效果的归属性问题。对于一个企业而言，其在网络上投放的广告一般来说不会仅仅局限于一种形式。那么最后的产品购买即转化率多少来自长期的企业形象展示性广告、搜索引擎广告以及临时的专门为促销而展示的活动广告呢？

2012 年 3 月，来自 Slingshot SEO 的一份研究报告显示，人们大大低估了自然搜索以及无品牌自然搜索在多触点交互转换上的贡献，同时又高估了直接访问的贡献。最终，其他的类似于自然搜索、付费广告以及提名网站都成为典型的被低估的通道。尤其由于影响销售的渠道及用户搜索行为的转变可以看出，自然搜索是被低估的最多的。

再次，网络广告效果的时效性问题。这个问题和第二个问题是相互关联的。例如在多触点贡献模型中，是以转化率一周内触点、一月内的触点，还是三个月的触点计入触点贡献模型也是有待进一步研究和验证的课题。

最后，网络广告中的无效点击。点击量及点击率一直是最重要的效果指标之一，但无论对于网页展示类广告还是搜索引擎关键词广告，都可能存在无效点击问题，包括恶意点击或者无意点击。在按点击付费的关键词广告中，这种现象更为突出。恶意点击通常为竞争对手或者联盟网站主所为，前者为恶意消耗竞争者的广告费用，后者则为提高自己加入的联盟广告佣金。无意点击则属于用户无法明确辨认是否为广告内容而点击，点击之后发现并非自己希望看到的信息，或者有些页面广告阻挡了用户鼠标的轨迹不得不点击广告。尽管一些广告商都声称会通过技术手段排除无效点击，但实际上完全消灭无效点击是不太可能的。

总而言之，对网络广告效果的评价并不是想象的那么简单，并非说记录一些广告的展示数量以及用户点击次数等就可以解决问题的。尽管如此，目前对网络广告效果的评价仍然取得了较大的进展，一些评价方法已经获得了广泛的应用。

## 4.9.2　评价网络广告效果的常见方法

网络广告的效果评价关系到网络媒体和广告主的直接利益，也影响到整个行业的正常发展，广告主总希望了解自己投放广告后能取得什么回报，在最容易监测的浏览数量和点击率不能反映网络广告效果的情况下，就产生了这样的问题，究竟怎样来全面衡量网络广告的效果呢？

下面从定性和定量的不同角度介绍了**网络广告的效果的三种基本评价方法**：对比分析法、加权计算法、点击率与转化率。这些并非评价测量网络广告的所有方法，仅供在实际应用中参考。

**1．对比分析法**

无论是 BANNER 广告，还是 Email 广告，由于都涉及点击率或者回应率以外的效果，因此，除了可以准确跟踪统计的技术指标外，利用比较传统的对比分析法仍然具有现实意义。当然，不同的网络广告形式，对比的内容和方法也不一样。

对于 Email 广告来说，除了产生直接反应之外，利用 Email 还可以有其他方面的作用。例如，Email 关系营销有助于企业与顾客保持联系，并影响其对产品或服务的印象。顾客没有点击 Email 并不意味着不会增加将来购买的可能性或者增加品牌忠诚度。从定性的角度考虑，较好的评价方法是关注 Email 营销带给人们的思考和感觉。这种评价方式也就是采用对比研究的方法：将那些收到 Email 的顾客的态度和没有收到 Email 的顾客的态度作对比，这是评价 Email 营销对顾客产生影响的典型的经验判断法。利用这种方法，也可以比较不同类型 Email 对顾客所产生的效果。

对于网页展示类广告，除了直接点击以外，调查表明，广告的效果通常表现在品牌形象方面，这也就是为什么许多广告主不顾点击率低的现实而仍然选择展示广告的主要原因。

当然，品牌形象的提升很难随时获得可以量化的指标，不过同样可以利用传统的对比分析法，对网络广告投放前后的品牌形象进行调查对比。

**2．加权计算法**

所谓加权计算法，就是在投放网络广告后的一定时间内，对网络广告产生效果的不同层面赋予权重，以判别不同广告所产生效果之间的差异。这种方法实际上是对不同广告形式、不同投放媒体或者不同投放周期等情况下的广告效果进行比较，而不仅仅反映某次广告投放所产生的效果。加权计算法要建立在对广告效果有基本监测统计手段的基础之上。

下面以一个例子来说明：

第一种情况，假定在A网站投放的BANNER广告在一个月内获得的可测量效果为：产品销售100件（次），点击数量5 000次。

第二种情况，假定在B网站投放的BANNER广告在一个月内获得的效果为：产品销售120件（次），点击数量3 000次。

如何判断这两次广告投放效果的区别呢？可以为产品销售和获得的点击分别赋予权重，根据一般的统计数字，每100次点击可形成2次实际购买，那么可以将实际购买的权重设为1.00，每次点击的权重为0.02，由此可以计算上述两种情况下，广告主可以获得的总价值。

第一种情况，总价值为：$100\times1.00+5\,000\times0.02=200$。

第二种情况，总价值为：$120\times1.00+3\,000\times0.02=180$。

可见，虽然第二种情况获得的直接销售比第一种情况要多。但从长远来看，第一种情况更有价值。这个例子说明，网络广告的效果除了反映在直接购买之外，对品牌形象或者用户的认知同样重要。

这种评价方法的问题在于，权重的设定对加权计算法最后结果影响较大。比如，假定每次点击的权重增加到0.05，则结果就不一样。如何决定权重，需要在大量统计资料分析的前提下，对用户浏览数量与实际购买之间的比例有一个相对准确的统计结果。

**3．点击率与转化率**

点击率是网络广告最基本的评价指标，也是反映网络广告最直接、最有说服力的量化指标。不过，随着人们对网络广告了解的深入，点击它的人反而越来越少，除非特别有创意或者有吸引力的广告。造成这种状况的原因可能是多方面的，如网页上广告的数量太多而无暇顾及，浏览者浏览广告之后已经形成一定的印象无需点击广告或者仅仅记下链接的网址以备将来访问该网站等。因此，平均不到0.4%的点击率已经不能充分反映网络广告的真正效果。

于是，对点击以外的效果评价问题显得重要起来。与点击率相关的另一个指标——转化率，被用来反映那些观看而没有点击广告所产生的效果。

美国的网络广告调查公司 AdKnowledge 在“2000 年第三季度网络广告调查报告”中提出用“转化率”来评价网络广告的效果，AdKnowledge 将“转化”定义为受网络广告影响而形成的购买、注册或者信息需求。该公司认为，这项研究表明浏览而没有点击广告同样具有巨大的意义，营销人员更应该关注那些占浏览者总数 99%的没有点击广告的浏览者。

AdKnowledge 的调查表明，尽管没有点击广告，但是，全部转化率中的 32%是在观看广告之后形成的。该调查还发现了一个有趣的现象：随着时间的推移，由点击广告形成的转化率在降低，而观看网络广告形成的转化率却在上升。点击广告的转化率从 30 分钟内的 61%下降到 30 天内的 8%，而由观看广告的转化率则由 11%上升到 38%。

虽然转化率的概念对增强网络广告的信心具有一定意义，但转化率的监测在操作中还有一定的难度。因此，全面评价网络广告效果仍然是比较复杂的问题。尤其是近年来社会化网络广告及手机广告的快速发展，网络广告效果评价也越来越复杂，事实上，很多新型网络广告可能根本没有成熟的效果评价方式，但这并不影响各种新型网络广告的发展。

最后附上“网络广告史上一个经典的弹出广告案例”，介绍了从对弹出广告曾经获得的极大关注到用户的不断质疑，以及经历 10 多年时间网站仍获得不断发展的事实。正如一些在黄金时段连续播出的不讨人喜欢的电视广告，虽然不受观众欢迎，但仍然不得不承认其对产品品牌及销售的确发挥了作用。作为网络广告发展历程中的一个特例，很难简单地用肯定或否定来做结论，仅供研究和参考。

### 案例 4-2：网络广告史上一个经典的弹出广告案例——X10.com 一夜成名的故事

利用弹出广告来进行网站推广，并且借助于网站流量排行榜的新闻效应，一个不知名的网站在很短的时间内超过众多名牌网站进入人们的视线。不过，X10.com 采用的弹出广告模式受到广泛的置疑。

X10.com 是美国一个家用电子产品网上零售商，以前并无特别辉煌的历史记录，甚至很少在媒体上看到有关的介绍，X10.com 之所以能够在很短的时间出名，就是因为在 Jupiter Media Metrix 网站排行榜上一跃名列前茅。

X10.com 首次出现在 Media Metrix 的 50 个访问量最大网站排行榜是在 2001 年 3 月，初次登场就以 840 万独立访问者位居第 30 名，到了 4 月份，以超过 1 500 万的访问量成为第 14 名，到 5 月份，其用户数又比上个月增长了 87%，达到 2 860 万，远远超过 Amazon 和 eBay，排名也跃升到第五位。2001 年 6 月份，X10.com 在 Jupiter Media Metrix 统计的访问量排行榜中位于第 4 名，访问量为 3 420 万人，前 3 名是：AOL 时代华纳 9 190 万人；微软公司 6 150 万人；雅虎 5 990 万人。直到 2001 年 10 月份，X10.com 仍然以 3 933 万独立用户数排行第五。进入 2002 年下半年之后，X10.com 才逐渐从 50 大网站名单中隐退。

X10.com是如何获得大量访问量的呢？原来X10.com大量使用Pop-Up和Pop-Under形式的网络广告（弹出一个新窗口），自动获得了大量的网站访问量记录。X10.com受益于2001年前后网络广告市场的不景气，使得可以与广告商讨价还价，以很合算的价格在高访问量的网站购买大量的广告空间，包括New York Times、MSNBC.com和Weather.com等网站，并且只有用户点击进入X10主页或者完成购买后，才支付相应的广告费。

与弹出式广告Pop-Up相对应，Pop-Under实际上是一种"隐性弹出式"网络广告。二者不同之处在于，Pop-Up是用户一打开一个网站时首先弹出广告窗口，而Pop-Under并不会在浏览一个网站时对用户产生直接的影响，而是隐藏在用户所请求的网页下面，只有你离开这个网站时，才会弹出这个广告主的新浏览窗口，不论是否进入X10.com网站，每次弹出广告都会为X10增加一个访问者数量的记录。X10.com主要就是利用这种方式在很多大型网站为一个无线摄影机产品做广告，事实上，X10.com的访问量中95%都来自于Pop-Up/Pop-Under广告，其中有多少人真正浏览过X10的网站并且购买产品还很难判断。

pop-under广告方式其实并非X10.com首创，而是在2000年11月份首次由Fastclick.com开始推出。实际上在很多以骗取访问量为目的的网站都可以看得到，有些网站甚至设置三个以上的隐性弹出窗口。

X10的这种做法在业内产生了很大争议，受到一些分析人士的质疑。作为美国网站访问量排名权威的两个公司Nielsen/NetRatings和Jupiter Media Metrix就有截然不同的观点，前者拒绝承认X10.com的访问量，而后者则认为这种访问量是合理的，并据此将其纳入排名。反对者认为，尽管X10所获得的访问量是合理的，但绝大部分都不是出于用户自愿的，从长期来看，这种非自愿的访问量很难转化为实际销售，对销售增长没什么帮助，这种观点显然是以网络广告的点击和转化方面考虑的。赞同者则坚持认为，由于弹出窗口本身的内容与网站业务相关，这种营销手段很可能会转化为最终销售，而且X10.com的品牌价值得到了很大提升，因此这种广告形式是值得肯定的。的确，虽然对X10.com以这种方式所获得的访问量的价值有很大的争议，但谁也无法否认，由于在Jupiter Media Metrix网站流量排行榜中名列前茅，X10.com的知名度和品牌价值得到了很大提升。

要评价X10.com所获得巨大访问量的价值，仅从是否可以转化为现实的销售额来看，显然是不全面的，因为获得访问量的过程实质上与品牌推广有很大关系，虽然我们无法判断X10.com采取这种策略的真正目的，但可以肯定的是，X10.com的确吸引了很多注意力，几乎可以称为一夜成名，可以说，相对于那些花费数千万甚至数亿美元来做品牌推广，然后既无法盈利又没有新的资金投入而关闭的网站来说，X10.com的品牌推广策略是相当成功的。

由于X10.com创造了几乎是一夜成名的神话，Pop-Under网络广告形式曾得到很多网站的青睐，曾经大有流行之势，但也由此带来了不少问题。首先，是否能将访问量（包括那些实际上看到弹出窗口之后很快就将其关闭的访问量）转化为销售额的问题，是很多分析家最为关心的。由于 X10.com 的产品定位比较狭窄，主要是有一定技术含量的家用电子产品（如网络摄像头等），产品价格在 50 美元到几百美元之间，因此，尽管有很大的访问量，真正购买产品的用户比例可能很小，广告的最终效果可能还不如通常的弹出式网络广告。其次，如何继续保持现有的品牌问题。如上所述，由于 X10.com 从广告中获得的销售收益可能并不理想，长期靠这种广告方式维持访问量的领先地位需要不断投入资金，否则可能很快被挤出“50 大”，这样，将对品牌形象和用户信心都产生很大的损害，甚至很快会被人遗忘。这种风险不得不认真对待。再次，用户会对大量的 Pop-Up/Pop-Under 广告产生反感情绪，人们甚至在考虑用什么方法可以避免弹出广告的骚扰，所以不可能长期采用同样的方式。

不过，仅仅从顾客感受角度主观断定 X10.com 网站的实际收益状况似乎是没有太大意义。事实上，十多年之后，这个网站不仅依然存在，而且仍在经营监控摄像头、IP 摄像机、家庭自动化等安全监控类产品。直到本书第 4 版修订案例时（2013 年 3 月）重访 X10.com 网站，该网站的 Alexa 全球网站排名为 7 万左右，而在第 5 版修订期间（2016 年 6 月）其排名约为 31 万，其对应的网站访问量在家庭安全电子产品行业中还处于领先的地位，或许与十多年前曾经获得“成功的网络推广”奠定的基础有一定关系吧？

资料来源：根据网上营销新观察（http://www.marketingman.net）文章“一夜成名，X10.com 有价值吗”“pop-under 与 X10.com 访问量价值分析”等资料改写。

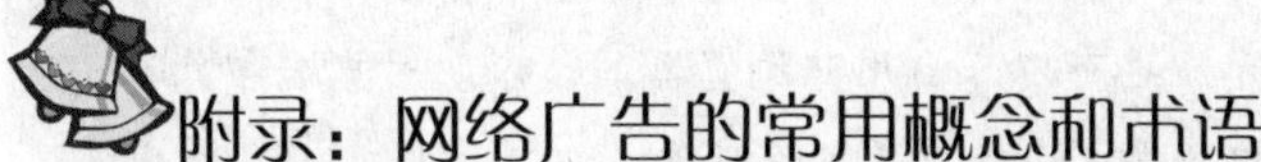

## 附录：网络广告的常用概念和术语

说明：网络广告的名称大多来源于英语，其中有些概念已成为互联网的常用术语，如 Page view、CPC 等，有些则较为少见，需要专业的解释。本书作者根据美国交互广告署官方网站（http://www.iab.net）的“Glossary of Interactive Advertising Terms”中列举的词汇选择编译了部分概念和术语，包括网络广告的基本概念、网络广告效果测量及定价模式三个方面共计 30 多条，供网络营销学习者参考。

**1. 关于网络广告的基本概念**

Interactive advertising：交互式广告，指具有交互性的各种形式广告，从广告媒体上看，包括网络广告、无线广告、交互电视广告等；从广告形式上看，包括 BANNER、赞助式广告、电子邮件广告、关键词检索、推荐式广告、分类广告等。

Interstitial ads：插播式广告。在两个网页内容显示切换的中间间隙显示的广告，也称过渡页广告。相近的术语还有 Intermercial ads、Splash pages、Flash pages。

Transitional ad：过渡页广告，也称插播式广告，与“Interstitial ads”意义相近。

Pop-up ad：弹出式广告。在已经显示内容的网页上出现的具有独立广告内容的窗口，一般是网页内容下载完成后弹出式广告也随之出现，因而对浏览网页内容产生直接影响。

Pop-under ad：隐藏式弹出广告。形式与一般的弹出式广告相同，不同之处在于这种广告是隐藏在网页内容下面，刚打开网页时并不会立即弹出广告，只有当关闭网页窗口，或者对窗口进行操作如移动、改变窗口尺寸、最小化时，广告窗口才弹出来。

Skyscraper：摩天大楼型广告。一种窄、高垂直放置的网络广告形式。IAB 推荐的标准目前有两个规格：120×600 像素和 160×600 像素。

Rich media：富媒体。Rich media 并不是一种具体的媒体形式，而是指具有动画、声音、视频或交互性的信息传播方法，包含下列常见的形式之一或者几种的组合：流媒体、声音、Flash，以及 Java、JavaScript、DHTML 等程序设计语言。富媒体可应用于各种网络服务中，如网站设计、电子邮件、BANNER、BUTTON、弹出式广告、插播式广告等。

**2. 关于网络广告效果测量**

Ad view：广告浏览。即广告被用户实际看到一次称为一次广告浏览。广告浏览数是最早的定价基础之一，但由于出现的广告是否被浏览实际上无法测量，因此现在已经不用这一概念。现在采用的最接近广告浏览的概念是“广告显示”。

Page view：页面浏览。即用户实际上看到的网页。由于页面浏览实际上并不能准确测量，因此现在采用的最接近页面浏览的概念是“页面显示”。

Ad impression：广告印象。广告印象包括两个方面，即服务器端和用户端。网络广告可以来自服务器为用户浏览器提供的广告显示，也可以来自用户浏览器的请求。对广告印象有不同的测量方式。粗略地说，广告印象和页面显示、广告下载比较接近。

Impression：印象，同 Page view，指受用户要求的网页的每一次显示，就是一次印象。

Ad impression ratio：广告印象率。点击数与广告印象数的比例，同点击率。

Ad click：广告点击。是用户对广告的反应形式之一，通过对广告的点击引起当前浏览内容重新定向到另一个网站或者同一个网站其他网页。

Click Through：点击次数。即网上广告被用户打开、浏览的次数。

Click-through Rate：点击率。网络广告被点击次数与显示次数的比例。

Ad display/Ad delivered：广告显示/广告传递。一个广告在用户计算机屏幕上完全显示称为一次广告显示 /广告传递。

Ad download ：广告下载。服务器完整地将一个广告下载到用户的浏览器称为广告下载。如果用户的请求并没有被完全执行，广告下载不完整或者没有被下载，就形不成广告浏览。广告下载与广告显示意义相近。

Transfer /Ad transfers：传送/广告传送。传送是指服务器对来自网页请求的成功反应，也指浏览器接收到来自服务器的完整网页内容。广告传送是指用户点击一个广告之后成功地显示广告客户的网站。当一个网络广告被点击之后，正常情况下将重新定向或者为用户的浏览器“传送”广告客户的网站内容。如果用户浏览器成功地显示广告客户的网站内容，那么就形成了一次广告传递。否则，将只有点击而没有形成传递。

Reach：送达。有两个方面的含义：① 在报告期内访问网站的独立用户，以某类用户占全部人口的百分比表示。② 对于一个给定的广告所传递到的总的独立用户数量。

Unique Users：独立用户数量。指在一定的统计周期内访问某一网站的所有来自不同服务器的用户的数量。通过一个服务器来的不同用户，无论多少人次，都被认为是一个独立用户。

Return visits：重复访问数量。用户在一定时期内回到网站的平均次数。

Repeat visitor：重复访问者。在一定时期内不止一次访问一个网站的独立用户。

Traffic：访问量。来到一个网站的全部访问或访问者的数量。

ROI（Return on Investment）：投资收益率。即净利润除以投资额。

**3. 关于网络广告的定价模式**

CPA（Cost-per-Action）：每次行动的费用，即根据每个访问者对网络广告所采取的行动收费的定价模式。对于用户行动有特别的定义，包括形成一次交易、获得一个注册用户或者对网络广告的一次点击等。

CPC（Cost-per-Click）：每次点击的费用。根据广告被点击的次数收费。例如，关键词广告一般采用这种定价模式。

CPM（Cost per Thousand Impressions）：每千次印象费用。广告条每显示 1 000 次（印象）的费用。CPM 是最常用的网络广告定价模式之一。

CPO（Cost-per-Order）：也称为 Cost-per-Transaction，即根据每个订单/每次交易来收费的方式。

PPC（Pay-per-Click）：是根据点击广告或者电子邮件信息的用户数量来付费的一种网络广告定价模式。

PPL（Pay-per-Lead）：根据每次通过网络广告产生的引导付费的定价模式。例如，广告客户为访问者点击广告完成了在线表单而向广告服务商付费。

PPS（Pay-per-Sale）：根据网络广告所产生的直接销售数量而付费的一种定价模式。

CPTM（Cost per Targeted Thousand Impressions）：经过定位的用户（如根据人口统计信息定位）的千次印象费用。CPTM 与 CPM 的区别在于，CPM 是所有用户的印象数，而 CPTM 只是经过定位的用户的印象数。

资料来源：http://www.iab.com 。首次发布于《网络营销基础与实践》（第 4 版），2013 年 7 月。

## 本章内容提要

本章介绍网络广告的基本形式以及网络广告效果评价等方面的基本问题，其中重点介绍了关键词广告的形式、特点及投放中的问题。另外介绍了一些近年来出现的新型网络广告，如手机广告、社会化媒体广告、原生广告、网络红包广告及电商平台广告等。

根据 IAB 的分类方式，目前常用的网络广告形式包括九个类别：搜索引擎广告、手机广告、展示类广告/旗帜广告、数字视频广告、分类广告、引导广告、富媒体广告、赞助式广告。

网络广告的四个本质特征：（1）网络广告需要依附于有价值的信息和服务载体；（2）网络广告的核心思想在于引起用户的关注并产生进一步的行为；（3）网络广告具有强制性和用户主导性的双重属性；（4）网络广告应体现出用户、广告主和网络媒体三者之间的交互关系。

原生广告是天生的、本地化的一种广告形式，是网络媒体、内容与广告的相互融合，广告也成为网络媒体中有价值的内容的一部分。原生广告的三个特点：（1）针对性及原创性；（2）视觉效果融合性；（3）用户价值导向性。

网络广告的效果的三种基本评价方法：（1）对比分析法；（2）加权计算法；（3）点击率与转化率。

## 本章参考资料

[1] IAB's 28 Reasons to use Interactive Advertising．http://www.iab.net.

[2] http://techcrunch.com/2012/04/10/survey-trust-in-online-ads-grows-while-trust-in-print-and-tv-ads-drops.

[3] Double Click. DoubleClick Q4 2003 Ad Serving Trends[EB/OL]. (2004-02) http://www.doubleclick.com.

[4] CyberAtlas. Pop-Ups Work[EB/OL]. (2003-05) http://cyberatlas.internet.com.

[5] 新浪科技．美网上广告业讨论规范弹出式广告以难产告终[EB/OL]．（2003-09）http://tech.sina.com.cn.

[6] google 将关键字广告着陆页内容分析引入广告排名算法[EB/OL]．（2005-12-22）http://www.jingzhengli.cn/baogao/f20051216.htm.

[7] 着陆页内容相关性影响，Google AdWords 广告价格[EB/OL]．（2006-07-13）http://www.jingzhengli.cn/baogao/f20060713.htm.

[8] 2015 Internet Advertising Revenue Full-Year Report[EB/OL]. (2016-04) http://www.iab.com/wp-content/uploads/2016/04/IAB-Internet-Advertising-Revenue-Report-FY-2015.pdf.

[9] Digital Video Ad Format Guidelines & Best Practices[EB/OL]. (2016-01), http://www.

iab.com/guidelines/digital-video-ad-format-guidelines-best-practices/.

[10] 社会化媒体. https://zh.wikipedia.org/wiki/社会化媒体.

[11] Social Advertising Best Practices[EB/OL]. (2009-05) http://www.iab.com/wp-content/uploads/2015/09/Social-Advertising-Best-Practices-0509.pdf.

[12] IAB Native Advertising Playbook[EB/OL]. (2015-6) http://www.iab.com/wp-content/uploads/2015/06/IAB-Native-Advertising-Playbook2.pdf.

[13] DoubleClick Q4 2003 Ad Serving Trends[EB/OL]. (2004-02) http://www. doubleclick.com.

[14] http://www.marketingcharts.com/television/tv-ads-most-helpful-web-banners-most-ignored-9645/harris-poll-adweek-media-most-helpful-ads-june-20091jpg.

# 第 5 章

# 社会化网络营销基础

社交网络尤其是智能手机的社交应用已深入人们生活、工作及商务活动的各个层面，社会化网络对网络营销思想和模式也发生了深刻的变革，以网络可信度为核心的社会化网络营销被称为网络营销的第三次革命，出现了多种社会化网络营销的方法并得到广泛应用。

社会化网络（SNS）营销的基本形式包括基于社交资源的社会关系网络营销及社会化媒体广告。本章主要介绍社会化网络营销的基本思想、特点与部分常见社会化营销方法，如微博营销、网络社群营销等。

## 5.1 社会化网络的技术基础及对网络营销的影响

社会化网络，也称社会性网络、社交网络，全称为"社会化网络服务"（Social Network Service，SNS），简称社会化网络或社交网站。社会化网络是一个基于互联网联系、交流、分享信息的网络社区。由于在这个社区中通过各种关系集聚了数以百万甚至数以亿计的用户，这些用户通过各种关系连接起来，如朋友、同事、同一地区、兴趣、话题等，形成一个庞大的关系网络。

根据维基百科的定义，"社会网络是由许多节点构成的一种社会结构，节点通常是指个人或组织，社会网络代表各种社会关系，经由这些社会关系，把从偶然相识的泛泛之交到紧密结合的家庭关系的各种人们组织串连起来"。[1]

可见，社会化网络的核心是连接，即通过互联网技术实现人与人关联的社会关系之间的联系和沟通，使得互联网不仅是电脑与网页之间的连接，同时也建立起人与人之间的连接。也就是说，社会化网络的核心是人，每个人都是网络上的一个节点，每个节点与更多的节点连接，形成一个庞大的关系网络，通过这个网络实现信息交流与传递。SNS 对互联网思想的深刻影响，也是本书重新定义网络营销（2016）时考虑的重要因素之一。

目前国内外知名的大型社交网站包括 Facebook、Google+、Myspace、Plurk、Twitter、微信、QQ 空间、微博等。很多读者每天都在使用至少一种社交网络服务，因此对 SNS 并不陌生。

### 5.1.1　社会化网络的技术基础

社会化网络的普及应用与互联网技术的发展是密不可分的，其中最重要的互联网技术基础是 Web2.0 的广泛应用及移动互联网技术的发展。

**1．Web2.0 的概念**

Web2.0 是 2003 年之后互联网的热门概念之一。Web2.0（也有人称为互联网 2.0）是相对 Web1.0 的新的一类互联网应用的统称。Web1.0 的主要特点在于用户通过浏览器获取信息，Web2.0 则更注重用户的交互作用，用户既是网站内容的消费者（浏览者），也是网站内容的制造者。

Blogger Don 在他的“Web2.0 概念诠释”一文中提到“Web2.0 是以 Flickr、Craigslist、Linkedin、Tribes、Ryze、Friendster、Del.icio.us、43Things.com 等网站为代表，以 Blog、TAG、SNS、RSS、WIKI 等社会软件的应用为核心，依据六度分隔、xml、ajax 等新理论和技术实现的互联网新一代模式”。[2]

附部分相关概念介绍（如需进一步了解，请访问该网址）：

- 什么是六度分割（http://www.wm23.com/resource/R01/Internet_1014.htm）
- 什么是社会化网络（http://www.wm23.com/resource/R01/Internet_1014.htm）
- 什么是 XML（http://tech.sina.com.cn/it/2004-08-22/1601409816.shtml）

有“互联网之父”之称的蒂姆•伯纳斯-李（Tim Berners-Lee）从模式的角度对 Web2.0 进行了界定，强调 Web2.0 以“人”为关注点以区别于 Web1.0 以“信息”为关注点。蒂姆 •伯纳斯-李指出 Web1.0 是基于信息的网络，而 Web2.0 是基于人的网络。Web2.0 是一种新的互联网信息交流方式，通过各种网络技术应用促进网络上人与人之间的信息交换和协同合作，其模式更加以人为中心。因此，Web2.0 更加强调信息在人之间的交互、分享、增值和流动，而不仅仅是 Web1.0 时期信息的单向输出。

如果从技术的角度对 Web2.0 进行界定，一般认为双向的消息协议是 Web2.0 架构的关键元素之一。Web2.0 事实上并不是一个技术的标准，准确的说是一个用来阐述技术转变的术语。

到目前为止，对于 Web2.0 概念的说明，通常采用 Web2.0 典型应用案例介绍，加上对部分 Web2.0 相关技术的解释，这些 Web2.0 技术主要包括 BLOG、RSS、WIKI、网摘、SNS、P2P、IM 等。

**2．Web2.0 的技术**

综合互联网上有关 Web2.0 概念和技术的介绍，所谓的 Web2.0 技术主要包括：BLOG、

RSS、WIKI、网摘、SNS、P2P、IM、基于位置的服务（Location Based Service，LBS）等。由于这些技术有不同程度的网络营销价值，因此Web2.0在网络营销中的应用已经成为网络营销的新领域。本书作者率先对博客营销、RSS 营销等进行实践应用和系统研究，已经获得了一些成功经验，并且一些观点和研究结论被广为引用，如博客营销的定义、博客网络营销的价值、微博营销与博客营销的本质区别等。

下面是对部分Web2.0相关技术的简单介绍，其中一部分在本书相关章节中已经有详细解释，这里不再详细描述。如有必要，请重新回顾一下相关的概念。[3]

（1）BLOG——博客/网志

在本书第2章中将博客（BLOG）及第三方博客平台作为常用的网络营销工具，介绍了博客的基本含义和网络营销价值。

（2）RSS

RSS（Really Simple Syndication）是网站和其他站点之间共享内容的一种互联网技术。RSS在信息传递方面具有多种优势，因而在Web2.0类网站中获得广泛的应用。

（3）WIKI——在线百科全书

WIKI 是一种多人协作的在线写作工具。WIKI 站点可以有多人（甚至任何访问者）维护，每个人都可以发表自己的意见，或者对共同的主题进行扩展或者探讨。本书第 2 章介绍了开放式在线百科（WIKI）的网络营销价值（见2.3.4节）。

（4）网摘

“网摘”又名“网页书签”，起源于一家叫作Del.icio.us的美国网站自2003年开始提供的一项叫作“社会化书签”（Social Bookmarks）的网络服务，网友们称为“美味书签”（Delicious在英文中的意思就是“美味的；有趣的”）。

（5）SNS——社会化网络

Social Network Software，社会性网络软件，依据六度理论，以认识朋友的朋友为基础，扩展自己的人脉。Facebook、Twitter、Linkedin、新浪微博、腾讯微信等都是目前有代表性的SNS网络平台。

（6）P2P——对等联网

P2P是peer-to-peer的缩写，peer在英语里有“（地位、能力等）同等者”“同事”和“伙伴”等意义。这样一来，P2P也就可以理解为“伙伴对伙伴”“点对点”的意思，或称为对等联网。目前人们认为其在加强网络上人的交流、文件交换、分布计算等方面大有前途。

（7）IM——即时通信

即时通信（Instant Messenger，IM）软件可以说是目前我国上网用户使用率最高的软件之一。网上聊天一直是网民们上网的主要活动之一，网上聊天的主要工具已经从初期的聊天室、论坛演变为以 QQ、淘宝旺旺等为代表的即时通信软件。大部分人只要上网就会开着自己的 QQ。作为使用频率最高的网络软件，即时聊天已经突破了作为技术工具的极限，被认为是现代交流方式的象征，并构建起一种新的社会关系。

上面列举的典型 Web2.0 技术，有些已经在网络营销中获得广泛应用，如博客和 RSS 作为网络营销信息传递的工具、即时通信作为常用的在线顾客服务及直接信息传递手段、SNS 则被应用于口碑传播、互动营销及网络社群营销等。而随着 HTML5 的普及应用、基于移动互联网的社交化应用表现出生机勃勃的繁荣景象，移动社交网络服务已成为社会化网络中的主流。

## 5.1.2　社会化网络对网络营销发展的影响

由于社会化网络提供了更为便捷且互动性更好的信息发布与传播模式，因而几乎所有上网用户都直接或间接地参与到社会化网络营销之中，于是网络营销进入社会化阶段。网络营销社会化，是社会化网络应用普及的必然结果。

SNS 带来的实际上是一场网络营销社会化的大变革，即与企业相关的每个人都将成为网络营销系统中的一个部分。传统的网络营销基于企业网站的信息源创建、网络信息传播渠道建设与管理以及如何适应用户获取信息的方式，从而实现向潜在用户传递营销信息的目的。在这种以网络可见度为目标的网络营销系统中，网络营销人员一直处于隐性地位，是通过网络营销的效果来体现网络营销人员的活动。简单来说，**传统的网络营销是以互联网技术为基础，而社会化网络中的网络营销是以人员及其社会关系为基础，人既是网络营销信息的发布者也是传播者和接收者。**

在专业技术主导的网络营销模式下，网络营销是少数专业人员的工作，尤其在互联网应用普及程度较低的情况下，网络营销是一门专业的知识。随着上网人口越来越多，且越来越多的人通过社会化网络等服务参与到互联网的内容创造和传播之后，实际上大多网络用户都具备了一定的网络营销资源和能力。近年来微商的兴起也是这种现象的具体表现。在一定程度上可以说，每个人都需要具备一定的网络营销素质。在一个企业中，网络营销也不仅仅是市场部的工作职责，每个员工，乃至供应商、合作伙伴、分销渠道、客户等都将直接或间接对企业网络营销产生影响。

网络营销社会化的表现是：网络营销正从专业知识向社会普及知识演变。**网络营销社会化的现象**体现在以下三个方面。

（1）网络营销应用领域的社会化：除了企业营销之外，已经普及到各个领域，如个人求职、家政服务、房屋出租、城市公关等。

（2）信息传递方式的社会化：Web2.0 技术及移动网络的发展为个人共享信息提供了更

多的便利，信息的发布渠道更多、传播速度更快，同时发布和获取信息的工具也更加便捷，如智能手机、平板电脑、智能家电、智能穿戴设备等。由于信息传递的交互性，每个人在信息获取的同时也都可能成为信息的传播者，如博客、微博、贴吧等。

（3）网络营销知识传播社会化：除了高校电子商务等专业的课堂教育，还有各种社会培训，同时还有各种专业和普及的书籍杂志，也有大量的文章和知识分布在各种规模的网站或手机客户端，如学术网站、博客网站、论坛、在线百科、微信公众号、APP 等，几乎所有的专业术语都很容易通过互联网检索而获得。

在网络营销社会化的环境下，网络营销作为一门专业学科，将显得更加重要，有助于在互联网环境下充分发挥个人的竞争优势，这种优势不仅表现在网络营销专业工作岗位上，也表现在社会生活的各个领域。**网络营销社会化促使网络营销成为一种思维模式和生活态度，而不仅仅是营销方法。**

这里有必要说明的是，网络营销社会化并非一种具体的网络营销方法，而社会化网络营销（SNS 营销）只是网络营销社会化的一种现象，是指借助于社会化网络媒体开展的各种网络营销活动，如 Facebook、Twitter、微博、微信等，而参与的群体并不一定是网络营销专业人员。同样，下面将要介绍的“全员网络营销”也是在网络营销社会化背景下产生的一种网络营销理念和模式。

## 5.1.3 社会化网络与全员网络营销

### 1. 社会化网络与全员网络营销概述

本书前述有关博客营销、微信公众号营销、社会化网络广告等内容也具有社会化营销的基本属性，也可以认为，是社会化网络改变了企业网络营销的基本思想和模式。由于社会化网络的普及应用，全员网络营销理念也应运而生。全员网络营销是体现网络营销社会化的一个方面。

“全员网络营销”（Total Internet Marketing，TIM）是随着 Web2.0 的发展应用逐渐从 Blog Marketing、SNS 营销、WIKI 营销、网络书签等相关概念演化发展而来。本书作者对博客网络营销价值的相关研究认为，“博客推动企业进入全员营销时代”，博客营销可以被认为是全员网络营销思想的萌芽，而微博等 SNS 营销则让全员网络营销进入普及应用阶段。[4]

在目前常见的社会化网络应用中，如果说博客是个人知识资源的网络传播所产生的营销能力，微博则是个人社会网络资源扩展的价值体现，在线百科 WIKI 则代表了群体知识资源的组合与传播效应。这些新兴网络营销模式都具有从传统网络营销向全员网络营销发展的基本特征，是全员网络营销思想产生的基础。

除了博客营销等 Web2.0 营销思想之外，TIM 概念的提出也受到 TQM（全面质量管理）

思想的启发，因为无论是企业网络营销还是质量管理，实际上都是系统工程，不只是某个部门或者某几个岗位人员的事情，几乎每个员工的行为都在一定程度上对企业的经营成效产生影响。借鉴 TQM 管理方法来研究企业营销能力，最早见诸于美国学者 George S. Day（1994）的研究文章“The capabilities of market-driven organizations”。[5]

不过，目前无论对企业网络营销能力还是全员网络营销的研究都是初步的，因此本书只能简要分析网络营销从传统模式到全员网络营销模式演变的主要驱动因素（见图 5-1）。

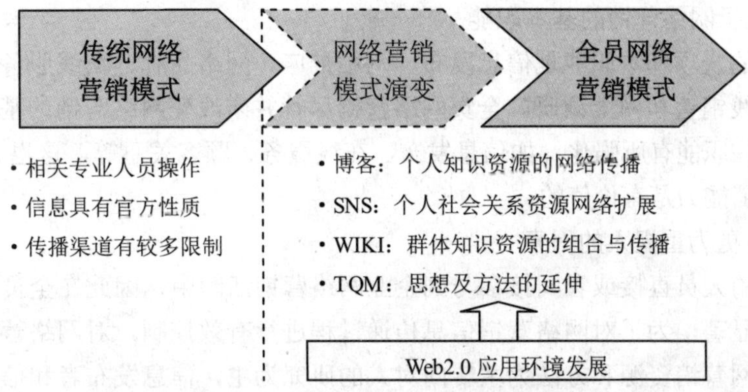


图 5-1　从传统网络营销到全员网络营销的演变

借鉴 TQM、博客营销、网络营销等概念和研究方法，这里对全员网络营销给出一个较为浅显的说明：[6]

TIM 是由于 Web2.0 等互联网技术的发展，在传统网络营销一般原则基础上形成的一种新的网络营销思想和模式，使得网络营销将扩展到企业的每一个员工，甚至整个业务流程中各个机构的相关人员，每个人都可以根据个人的知识资源及社会关系资源对企业网络营销活动发挥影响。

可见，全员网络营销仍然是以网络营销基本思想和方法为基础，并且将企业的产品、技术、企业文化、管理思想、发展动态等，通过相关人员个人及社会关系网络以不同形式向用户和公众传播。其中个人的知识资源和表达能力等将成为个人对全员网络营销贡献大小的主要因素，这是区别于传统网络营销的基本特征之一。

**2．全员网络营销对传统网络营销产生的影响**

全员网络营销的定义表明，全员网络营销是网络营销发展到一定阶段的产物，**全员网络营销对传统网络营销产生的影响**表现在下列五个层面。

（1）进一步强调了网络营销的系统性

网络营销的系统性可以从三个方面描述：网络营销策略的系统性、网络营销人员的系统性、网络营销管理的系统性。早期的网络营销以企业网站维护、信息发布、网站推广等为主要内容，从事网络营销的相关工作只是相关部门的专业人员，相对而言对于网络营销过程的控制比较容易。TIM 由于涉及公司多个部门甚至企业外部的关系网络，对于网络营销系统性的三个方面都将产生新的问题。例如，相对于单向信息传递为主的 Web1.0 来说，Web2.0 的主要特点之一在于用户与网站之间、用户与用户之间的互动，同时用户获取信息的渠道更多、更快，这就要求有与新环境相适应的网络营销信息发布及传播方式，并对用户获取信息的行为变迁有更深入的了解。

（2）强化了网络营销的基本职能

网络营销的八项基本职能是信息发布、网站推广、网络品牌、在线服务、顾客关系、销售渠道、在线销售和网上调研。全员网络营销尽管并未改变网络营销的基本职能，但在一些方面对这些职能有所强化，如信息发布、在线服务、顾客关系等，这也表明 TIM 对增强企业网络营销能力是有价值的。

（3）TIM 更为重视人的因素

由于更多的人员直接或者间接参与到企业网络营销活动中，因此在全员网络营销中人的因素将更为显著，为了对网络营销信息传递过程进行有效控制，对网络营销能力等方面的研究从互联网营销资源和方法为主转向对人的研究为主，信息发布者和信息接受者的行为都将成为研究的对象，这与传统营销中只重视消费者行为是不同的。因此网络营销的核心思想及内容体系也会随着发生一定的变化，在《网络营销基础与实践》第 5 版对网络营销的重新定义以及内容体系设计上，已经体现了这种变化。

（4）TIM 对网络营销的专业性要求更高

网络营销的基本任务之一就是合理利用互联网工具有效地向用户传递有价值的信息，无论是 Web2.0 之前的网络营销还是之后的网络营销，这一基本任务都不会改变，要改变的是如何发挥更多信息传递渠道（如社会关系网络），如何更有效地传递信息以及如何让信息对用户更有价值。尽管在网络营销社会化环境中，许多人都具备一定的网络营销知识，这同时也意味着将陷入更激烈更复杂的网络营销竞争。系统认识全员网络营销的思想和策略，提升网络营销的专业层次，才能在激烈竞争中取胜。

（5）网络营销效果评价的复杂性进一步提高

尽管很多具体的网络营销活动可以进行量化，如网站的页面浏览次数和用户来源分布、网络广告点击率、搜索引擎关键词广告每次点击的成本、每获得一个顾客的平均成本、每条微博的转发次数等，但从严格意义上来评价网络营销的总体效果往往是非常困难的，因为网络营销的效果表现在多个方面，如品牌提升、减少顾客服务成本以及促进网下销售等，但如何评价网络营销的综合效果一直是一个难题。全员网络营销策略的引入，必然给网络营销效果评价带来更大的困难，这将成为网络营销研究的难点之一，有待于进一步的发展和研究。

如果说全员网络营销体现了网络营销社会化环境下的网络营销思想，那么社会化网络营销就是实现全员网络营销的具体模式，包括博客营销、微博营销、微信营销、WIKI 营销、在线问答营销、经验分享、图片及视频分享、网络相册、网络直播等都在某些方面具有显著的 SNS 营销的特征。

# 5.2　社会化网络营销的特点及功能

目前在全球范围内应用最多的、最有代表性的社会化网络站点如 Facebook.com、Twitter.com 和新浪微博等，其共同特点是用户可以通过网站平台实现与其他用户之间的沟通和信息分享，实现网络社交功能，同时可以在不同的平台之间实现部分信息的分享与传播。

SNS 营销是利用社会化网络进行营销信息传递和交互的一种网络营销方法，其核心是通过人的信息资源及社会关系网络资源的扩展，实现信息分享和传播。SNS 营销实际上是一种网络口碑营销与传统信息发布方式相结合的综合网络营销模式，只是其主体不再局限于企业营销人员，从公司总裁到普通员工以及所有的社会关系节点都可能是 SNS 营销的一部分。

## 5.2.1　社会化网络营销的特点

### 1. 社会化网络营销的基本特点

与基于企业网站的信息源构建及传播模式相比，**SNS 营销的基本特点**表现为“五化”：平台化、全民化、一体化、分散化和动态化。

（1）平台化：SNS 平台是信息发布与传播的基础

SNS 营销信息传播通常基于影响力较大的第三方 SNS 平台（包括网站、APP 等形式），在同一平台上实现信息源的发布、传播及交互，部分信息也可以分享到其他 SNS 平台。离开社交平台，社会化网络营销将无法实现。

（2）全民化：SNS 是一种生活方式

社交网络应用没有技术门槛，每个人、每个机构都可以参与，是一种全民化、社会化的网络营销工具，并且融入生活的各个层面，即 SNS 与每个人的生活密切相关。

（3）一体化：SNS 平台内部实现信息发布与传递

SNS 平台既是信息源发布媒体，也是信息传播渠道，SNS 网站信息传播以平台内部渠道为主，可通过用户关系网络实现内部信息的多层次传播。

（4）分散化：无主流、平等的网络信息传递机会

在 SNS 平台上，每个用户都是 SNS 信息传播的主体，理论上说社会关系网络中每个节点的地位都是平等的，实际上由于每个节点的连接数量与强度不同，在社会关系网络中节点连接最多、强度最高的用户具有最强的信息传播能力。平台内部的用户关系网络则是信息传播力的决定因素。

（5）动态化：SNS 信息传播的动态性和快速衰减性

SNS 营销信息是一种“临时非正式动态信息传播”，信息传播的范围和持久性取决于 SNS 网络中共同关注该话题的用户，且具有动态特征，信息传播往往随着时间的推移具有快速递减的现象。

### 2．社会化网络营销与传统网络营销信息传递的关系

图 5-2 大致描述了社会化网络信息传播的特点，可以看出从信息源发布、传播渠道及信息接收都在一个 SNS 平台中完成（途中虚线框内所示），这是 SNS 营销区别于传统网络营销的显著特点。由此也可以做出推论：**SNS 营销是传统网络营销的有效补充，两者没有替代关系，可以通过内容资源及用户资源实现相互融合和促进。**

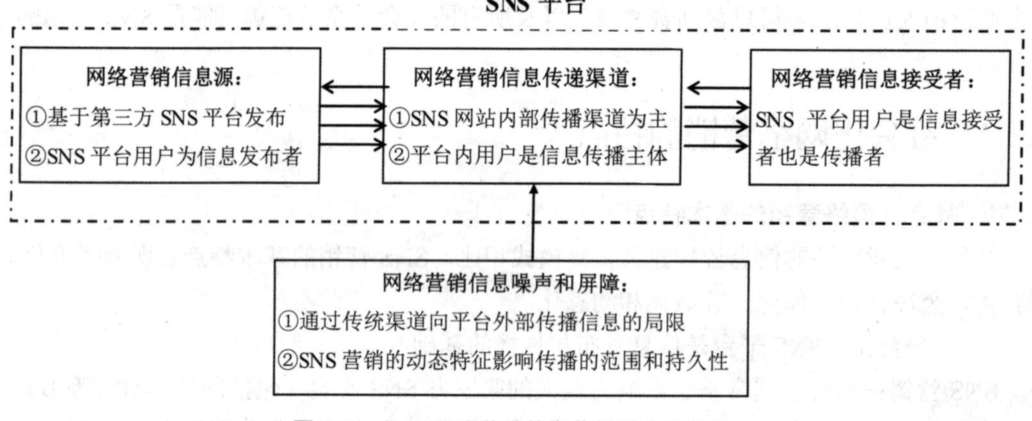


图 5-2　SNS 网络营销信息传播特点示意图

由于各个 SNS 网站的功能、影响力以及用户群体特征差异，因此不同平台的信息传播模式也可能存在一定的差异，但总体来说都具有上述一般特征。

此外，与传统网络营销信息传递模式的区别，还在于 SNS 基于用户关系网络的资源，使得信息传播能力具有开放和快速放大的特点，发布的信息不仅可以同时让所有好友（即你的社会网络关系圈）了解，还可以通过好友向他的社会关系网络传播信息，从而实现在更大范围的传播。在这一点上与病毒性营销有一定的类似之处（都具有网络口碑营销的特点），只是病毒性营销是自发性蔓延的，难以实现有效的控制和管理，而 SNS 营销则可以通

过用户网络的连接关系进行分析和管理。

当然，SNS 也具有一定的局限，尤其是向 SNS 平台之外传播信息时，往往受到平台功能或开放性的约束。一般来说，从一个平台到另一个平台，或者平台内部信息通过传统的互联网传播工具如搜索引擎或电子邮件等传播可能受一定的制约，如有些 SNS 网站内容对于非登录用户无法浏览，也可能无法被搜索引擎收录。

下面以表格的形式从信息源创建、传播渠道、用户接收信息行为以及信息传播屏障方面对传统网络营销与 SNS 营销信息传递规律进行比较，从中可以更清楚地看出两者的区别和联系，社会化网络营销的特点也就更加清晰了（见表 5-1）。

表 5-1　SNS 营销与传统网络营销信息传递的比较

| | 信息源创建方式 | 信息传播渠道及传播特点 | 用户接收行为方式及特征 | 信息传播的主要屏障 |
|---|---|---|---|---|
| **传统网络营销**（以搜索引擎营销为例） | 基于企业官方网站或者第三方平台的信息发布 | 多渠道传播，外部网络传播渠道为主。互联网工具是传播主体 | 用户与信息源之间交互，用户之间无信息交互 | 孤立的信息源：信息孤岛 |
| **社会化网络营销**（以微博营销为例） | 基于 SNS 平台的信息发布 | SNS 平台内部用户间信息传播为主。社交关系是信息传播主体 | 用户是信息的发布者，同时也是信息接收者和传播者 | 孤立的用户关系：行为孤岛 |

通过上述比较可以看出，在传统网络营销环境中，信息孤岛是网络营销信息传递的最大屏障，也就是说没有合理的传播渠道，再好的信息源也无法发挥营销作用。在社会化营销环境中，用户的社会关系网络决定了是否可以实现有效的信息传递，如果一个用户和其他用户之间没有关联，或者一个用户发布的信息得不到其他用户的响应，那么将成为行为孤岛，终结了信息传播的放大效应。

## 5.2.2　社会化网络营销的功能

由于社会化网络是互联网用户的常用服务，具备了网络营销工具的基本特征，因而也就具有了网络营销功能。

### 1. 社会化网络营销的基础功能

本书将**社会化网络营销的基础功能**归纳为五个方面：构建社会关系网络资源、社交网络信息发布、沟通与交流、病毒式传播和网络广告媒体。

（1）构建社会关系网络资源：以每个节点为中心与其他节点建立直接和间接的连接，连接的节点越多，社交网络越大，也就意味着潜在用户更多。社交网络资源是建立网络可信度及社会关系传播的基础，是开展社会化网络营销的必备条件。

（2）社交网络信息发布：每个节点都是一个媒体（自媒体），可自主发布信息，并通过个人关系网络进行传播，因此社会化网络也称为社会化媒体。

（3）沟通与交流：通过同一社交网站用户之间的连接实现各种沟通，如一对一实时信息交流、分享文件、阅读其他用户发布的信息、评论或转发信息、参与各种圈子及话题等。

（4）病毒式传播：用户发布的信息通过社会关系网络传播并通过其他用户在更大范围内传播，每个用户节点都是一个信息传递渠道，因而可实现多渠道病毒式传播的效应。

（5）网络广告媒体：每个社会化网络平台，都具有网络广告媒体的基本属性，是企业投放社会化网络广告的常用资源。

基于社会化网络的上述功能，作为一种网络营销工具，可表现为具体的网络营销应用。本小节以一项美国中小企业开展社会化营销的调查结论为参考，来说明现阶段社会化网络营销的应用状况，并根据作者对社会化营销的实践经验，归纳总结社会化网络营销的价值。

美国市场研究公司 SMB Group 发布于 2012 年 7 月份的一项关于社会化网络对中小企业影响的调查报告“2012 Impact of Social Business in Small and Medium Business Study”认为，知名大企业不仅早已投入到社会化网络营销中，而且 SNS 已经逐渐渗透到企业的商务流程中，而中小企业由于没有充足的时间和资源，影响了社会化网络应用的进程。在这项调查中，被调查样本企业中只有 24%的小企业（员工人数 20～99 人）表示采用了初步的社会化媒体营销，而中型企业（员工人数 100～999 人）中占这一比例为 33%。[7]

关于美国中小企业所采用的社会化媒体渠道，SMB Group 这项调查报告的结论是，Facebook 无疑是企业 SNS 营销的第一选择，有 26%的小型企业以及 38%的中型企业表示在 Facebook 上有自己的企业页面。此外，企业的 SNS 营销还包括在 Facebook 群组中发布信息、企业所在行业的网络社区、公司参与 Linkin 的论坛、在相关博客中发布评论、建立企业 Twitter 账户、在 YouTube 发布企业视频宣传、企业博客、社会化书签网站（如 Digg）、地理位置服务（FourSquare）等。

【说明】：上述报告到 2016 年 6 月并无后续更新数据，考虑到美国 SNS 市场格局近年来没有发生大的变化，因此研究结论仍具有参考价值。

由上述调查结果也可以看出，社会化网络营销与其他传统网络营销方法一样（如许可 Email 营销、网络广告等），由于大型企业拥有充足的营销资源，往往更容易取得成效。在 SNS 环境中，中小企业的社会关系资源及品牌影响力较弱，因而其能发挥的价值通常也比较有限。大型企业和中小型企业利用社会化营销的程度和方式有较大差异，体现了 SNS 营销在不同企业所发挥的价值差异。那么，社会化网络对企业的经营可以发挥哪些价值呢？SMB Group 的调查表明，社会化媒体最重要的价值之一是与企业的商务流程整合，这也是当前主要应用方向。

也就是说，社会化网络的作用不仅表现在营销方面，而且渗透到顾客服务、销售、研发等领域。如果我们注意观察一些大型企业的微博也可以发现这样的现象（如小米手机微博 http://www.weibo.com/xiaomishouji），除了企业官方微博之外，还有多个部门的官方微博、客服微博、部分产品线官方微博、人力资源微博，乃至某些产品的专题微博等。可见微博的应用已经远远超越了“社会化营销”的范围。当然，这些细分的企业微博，也在直接或间接发挥着网络营销的作用，这也是网络营销社会化的表现。

至于中小企业的社会化网络应用，SMB Group 的调查表明，也在一定程度上朝着企业综合应用方向发展，只不过相对于大型企业来说应用还比较初级。将社会化网络应用于营销是中小企业当前应用的主要方式，如将 SNS 与企业网站整合，以及利用社会化网络开展网络营销等。下面是相关的调查结论（见表 5-2）。

表 5-2　美国中小企业社会化网络应用状况（2012 年 7 月）　　单位：%

| SNS 与商务流程的整合应用模式 | 正 在 应 用 | 1 年内自行整合应用 | 1 年内通过服务商整合应用 | 没有整合应用计划 |
|---|---|---|---|---|
| 公司网站 | 37.7 | 29.0 | 16.7 | 16.5 |
| 营销流程 | 19.7 | 28.9 | 14.5 | 36.9 |
| 顾客服务/支持流程 | 19.5 | 27.4 | 13.2 | 39.9 |
| 销售流程 | 12.9 | 19.3 | 14.5 | 53.3 |
| CRM 应用 | 12.7 | 25.9 | 17.5 | 43.9 |
| 手机友好的公司网站 | 11.6 | 19.9 | 13.4 | 55.1 |
| 产品开发流程 | 19.7 | 28.9 | 14.5 | 36.9 |

资料来源：SMB Group，2012 Impact of Social Business in Small and Medium Business Study.

从表中 SMB Group 有关美国中小企业社会化网络整合应用状况的调查数据可以看出，近期 SNS 在中小企业的主要应用领域为：与公司网站整合、与营销流程整合、与顾客服务/支持流程的整合。在实施 SNS 整合应用的模式上，中小企业更倾向于利用企业内部的人员来进行。

此外，社交化网站也被用作网站引流渠道。2012 年 8 月，美国一家 SEO 公司 webmarketing123.com 的一项调查数据显示，美国 B2C 营销人员中 43%的被调查者反映利用 Twitter 可以为网站带来引导，认为可以带来销售的占 19%。当然，至于某项具体的 SNS 活动是否能带来引导和销售则另当别论。事实上，从社交平台为网站引流，以及从网站为企业吸引粉丝都是可行的方法。[8]

2．社会化网络营销的价值

综合前述调查及实践，本书作者认为，SNS 营销与基于企业网站开展的网络营销方式既有一定的联系又有相对独立性。相应地，社会化网络营销的营销价值也表现出一些明显的特征。这里将**社会化网络营销的价值**归纳为下列八个方面。

（1）社会化网络时代不可缺少的官方 SNS 信息源

在 Facebook、Twitter、新浪微博、微信公众平台等主流 SNS 网站平台开设企业官方账户已成为企业官方网站及官方博客之外的重要的官方 SNS 网络信息源，为企业增加了新的发布及传递渠道，而且相对于官方网站和博客，SNS 网络的信息传播更为及时，也更容易引起用户关注及互动。合理利用企业官方 SNS 账户，在网络公关、产品发布等方面将发挥不可估量的作用。

事实上，作为官方信息发布渠道目前几乎已经成为所有企业的首要 SNS 应用模式。相应地，在公司网站加上“微博关注”也成为不可缺少的信息，如图 5-3 所示。

图 5-3　深圳航空公司官方网站页面上方的微博链接

（2）SNS 作为企业网络品牌的延伸

没有 SNS 账户的企业，正如无法通过企业名称在搜索引擎中检索到官方网站信息，或者没有自己的企业博客一样显得网络品牌意识的淡薄，对企业可信度也将产生一定影响。SNS 出现之后，普及应用速度前所未有，几乎所有的知名企业都开设了企业官方微博、官方微信公众号等 SNS 应用，许多中小企业也注册了企业官方 SNS 账户。

（3）社会化网络是重要的网络营销平台

在 SNS 与企业商务流程的整合应用中，营销是最有效的应用之一，SNS 营销正迅速普及，SNS 已经成为继 B2B 网站平台、第三方博客网站、B2C 电子商务平台等基于网络可见度的信息发布平台之后最重要的网络推广平台，是基于网络可信度的网络营销模式的基础。

（4）SNS 与在线销售的整合应用

通过社会化网络与在线销售的整合实现在线销售，是社会化电子商务的常见形式，如通过微信获得用户关注，进入微店查看产品并直接下单。尽管 SNS 本身并不是销售平台，但可以通过 SNS 的信息发布以及与用户的沟通，将用户吸引到微店/微站或其他交易平台完成交易，如戴尔、麦当劳等知名企业通过官方微博均带来大量的用户。现在很多农家及小企业通过新浪微博进行推广并获得用户的直接订购，或者通过淘宝网店成交的现象已经司空见惯。可见，这种“SNS 电子商务”模式为网上商店运营提供了新的推广、沟通和服务渠道，使得社会化电子商务模式简洁有效。

（5）SNS 扩大企业信息网络可见度

利用 SNS 平台扩大企业信息网络可见度包括两个方面：SNS 平台内部和公共搜索引擎。

与搜索引擎、博客、B2B 平台信息发布、网络广告等扩大企业网络可见度的常用方式类似，通过微博等 SNS 平台的信息发布功能，使得企业信息在平台内部得以合理展示，并通过社会关系网络的扩大传播，在 SNS 平台内有效扩大企业网络可见度。同时，部分公共搜索引擎开始收录微博信息，通过公共搜索引擎可以继续扩大企业在搜索引擎平台的可见度。

（6）SNS 的在线沟通功能

与即时信息、Email、在线表单、论坛等在线沟通工具不同，SNS 具有开放性和互动性更强的优势，因此可能在很大程度上取代其他传统的网络沟通工具。以微博为例，不仅好友之间可以通过私信、评论、转发、@等方式沟通，陌生人也可以通过这些方式进行联系沟通（如果个人账户设置许可陌生人联系的话），而且可以通过双方的社会关系网络继续扩大沟通信息的传播范围，获得更大的影响力。

（7）SNS 与在线顾客服务相结合

与即时信息等在线聊天工具不同，SNS 不仅是在线沟通工具，同时也是信息发布和传播工具，因此，将 SNS 应用于在线顾客服务为顾客提供了极大的便利，不仅可以解答顾客的各种问题，也可以随时发布顾客关心的问题，并方便收集用户的意见和建议。

（8）SNS 的市场研究价值

传统的网络市场调研主要利用在线调查表单、电子邮件等方式进行，SNS 则提供了另一种在线调查的方式。利用 SNS 开展市场调研可发挥多方面的作用，而且往往可以获得更为真实的信息。例如，将 SNS 应用于客户分析及竞争者分析、征求消费者的反馈意见等不仅便利而且具有更好的互动性，使得在线市场调研的形式和过程更为灵活有趣。

除了上述明确的网络营销价值点之外，一些 SNS 平台（如微博）还可以发挥更多的作用，例如，辅助在线招聘、关注行业动态、与业内专业人士的交流、对企业官方网站/博客信息的再传播等。微信公众平台等则为企业自媒体及订阅式信息传播提供了极大的便利。不过值得注意的是，SNS 的高效信息传播对企业也存在一定的风险，如糟糕的产品或者客户服务遭到用户的抱怨、不当言论影响顾客信任等，而企业的负面信息往往会被迅速扩大，给企业造成不良影响。

## 5.3　社会化网络营销的基本内容及方法

传统网络营销的核心思想是通过有效提升企业信息网络可见度获得潜在用户关注及转化（即网络可见度思维模式），主要内容包括网络营销基础建设（网站建设及优化）、网站运营及推广、网站运营效果分析等，这些工作目前仍是网络营销的重要内容，但随着社会化网络的深入应用，网络可见度已经不再是网络营销的全部内容，对企业网络营销的贡献度受到较大的制约。

社会化网络营销以网络可信度及社会关系资源为基础，营销思想和方法与网络可见度思维模式有较大的差异，形成了比较系统的内容体系和操作规律，其中有些已经比较成熟，有些还需要进一步探索和总结。

社会化网络营销还在快速发展之中，建立完善的方法体系目前还为时尚早，不过根据本章前面对社会化网络的功能、信息传递特征及网络营销价值分析，可以在一定范围内勾画出社会化网络营销的基本框架，作为对开展社会化网络营销的参考。

本书在网络广告内容中介绍过，社会化网络营销与搜索引擎营销类似，包括基于平台用户自行开展的营销活动以及在平台投放付费广告（当然两者也可以同时进行），这里仅介绍用户自行开展的社会化营销活动。为描述简单，以下所说的社会化网络营销不包括社会化媒体广告的内容。

与传统网络营销内容类似，社会化网络营销的内容体系也可分为三个部分：平台选择及账户设置、内容及互动、效果分析与管理，其中每个部分包括若干项任务或流程。

**社会化网络营销的流程和方法**包括如下内容。

**1．SNS 平台选择：SNS 营销的基础条件**

一般来说，只有在选定的 SNS 平台上注册为用户才有资格使用平台的各种服务，如关注好友及获得好友的关注，发布信息，回复他人发布的信息等。所以，利用 SNS 平台开展网络营销的前提是选择目标用户参与的 SNS 平台注册账户，获得平台使用资格，并熟悉 SNS 平台的基本功能。例如，在 Facebook、Twitter、新浪微博、微信公众平台等网站注册自己的账号，并且设置合适的用户名称及展示方式等基本信息，如企业品牌标示等，有利于获得其他用户的关注和信任。

**2．建立关系网络：个人节点融入社会关系网络**

SNS 营销是基于社会关系网络的营销，每一个用户是网络中的一个节点，都和“我”有直接或者间接的联系，我的每一条信息都是通过这些关系传播的，每个用户都是一个信息传播渠道。因此，当拥有自己的 SNS 平台账户之后，接下来就是建立个人的社会关系网络，并将个人节点融入网络中，以个人为中心，形成一个关系网络。这里所说的“个人节点”并不仅仅局限于个人用户，也包括以企业或机构名称注册的用户，在社会网络关系中无论是企业还是个人，都表现为一个“关系节点”。

建立社会关系网络的途径有很多，例如，可以通过平台提供的好友查找或邀请等功能，关注自己希望关注的好友及有影响力的媒体或者个人，同时也获得已在平台上的好友关注，当然也可以把自己的用户信息以其他各种联系方式告知你所熟悉的人，如传统的网站、即时信息工具、电子邮件等。这些人将是我的关系网络中的核心成员，也就是具有强相关关系。相应地，还有通过其他关系建立起来的相互关系，可能是弱关系，也可能是临时关系，如通过朋友的关系联系起来的关系，通过某个共同话题建立起来的关系等。弱关系和临时关系的总数可能远远大于强关系的数量，是用户关系资源的重要组成部分。个人社会关系网络可用图 5-4 来表示。

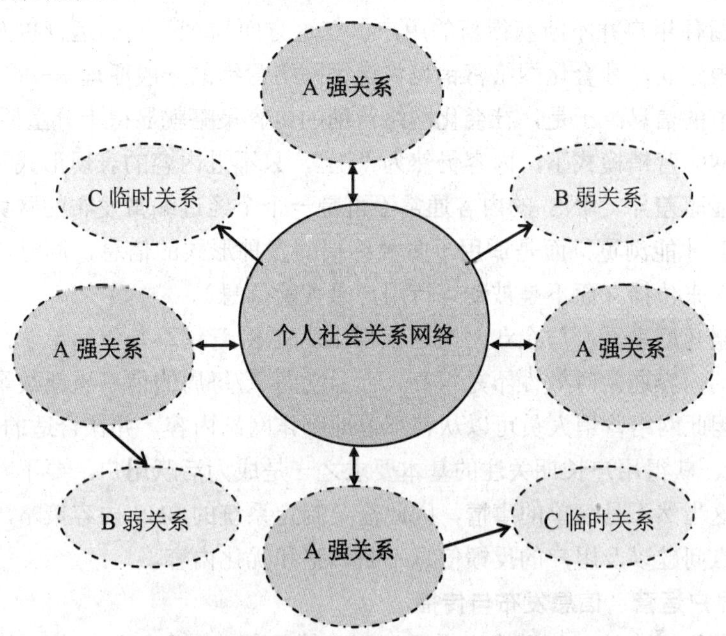


**图 5-4　个人社会关系网络中心示意图**

图中分别用 A、B、C 表示三类主要的社会关系：强关系、弱关系和临时关系。

对于该示意图的说明：在描述社会网络关系的方法中，社会网络分析法的研究已经比较系统和完善，有很多专业的术语和分析方法，本书仅为直观表达社会关系网络中的各种成分，不属于专业的社会网络分析，因而并未采用有关的规范分析方法。

**3．营销资源积累：持续积累用户资源**

积累用户资源是建立社会网络关系的组成部分，之所以单独作为社会化网络营销的一项工作，是基于用户资源对 SNS 营销的重要意义。持续积累用户资源是社会化营销的长期工作（正如邮件列表营销的用户资源积累一样），用户资源的数量和传播能力也是社会化网络营销的评价指标之一。

如图 5-4 所示，在用户资源的三种关系类型中，强关系属于重要的少数，互相交往密切，具有信任感，通常可以通过直接联系等方式建立；而弱关系和临时关系则属于 SNS 运营过程中逐渐建立起来的关系，有些是通过强关系的引导建立的，有些是通过有效运营 SNS 内容或活动获得用户的关注而建立起来的。获得尽可能多的弱关系和临时关系是扩大关系网络资源的重要任务，这一任务往往也决定了如何制定有效的内容及互动策略。

#### 4．内容与营销：SNS 营销的内容策略及实施

社会化网络营销通常也具有内容营销的一般特点，因而可以参照已经成熟的内容营销的一般规律。社会网络关系的建立和维护需要以不断更新信息为基础，只有内容获得用户的欢迎，才能留住用户并不断获得新的用户，在这方面与企业网站运营以及邮件列表营销是类似的。归根结底，社会化网络营销也将遵循网络营销的一般原理——利用 SNS 工具向用户传递有价值的信息。于是，社会化网络营销的内容策略就显得十分重要。

在社会化网络营销模式下，内容仍然为“王”，只不过内容的表现形式及传播方式与传统网络营销有显著差异。SNS 的内容通常不再是一个个经过编辑发布的网页的形式，也不再依赖个人电脑才能浏览，而是适用于多种终端的多种形式的信息，同时，好的内容还需要有影响力的人来传播（而不是被动等待用户来搜索信息）。

从内容策略角度来看，与企业网站运营相比，SNS 营销不是更简单了，而是要求更高了。企业网站的内容通常时效性不是很高，而且对每天/每周的信息更新数量通常也不会有过多的要求，因此网络营销人员可以从容不迫地制作网站内容，并在合适的时间发布即可。在 SNS 平台上，获得用户长期关注的基本要求之一是成为活跃用户，要不断提供对用户有价值的信息，这当然不是简单的事情，因此需要制定系统的 SNS 内容策略，在实施过程中结合当前的热点问题以及用户的反馈信息不断调整和优化内容。

#### 5．SNS 账户运营：信息发布与传播

与网站运营一样，社会化网络也需要有明确的运营计划和目标，其中信息发布与传播是 SNS 运营的基础工作（与企业网站内容维护及网站推广是同样的道理）。在 SNS 内容策略的指导下，将各种设计好的内容按照一定的时间进行发布及有效传播，是 SNS 营销的常规工作内容。从其他用户角度来看，他所看到的只是你的信息内容及传播的力度，如有多少人参与转播，多少人参与评论，多少人收藏等外在的表现，至于你的内容策略是如何制定的，内容素材源自何处以及创作的过程，用户也只能通过你发布的信息本身来体会。

在企业网站运营活动中，新的内容发布之后，除了对一些专题活动会进行大力推广之外，对于一般的网页内容，由于针对每个网页主动向用户推荐的渠道较少，因此通常就是被动地等待用户来访问。在社会化网络营销活动中，仅仅完成信息发布是远远不够的，还需要借助于各种社会网络关系通过多种互动传播推广才能扩大信息传播的范围。也就是说，SNS 营销是运营出来的，而不是被动等待的结果。同时，信息发布的时间和方式对信息传播的效果也有显著的影响，因此还需要对平台内用户的浏览习惯、参与偏好等进行系统的研究。

#### 6．效果分析与管理：SNS 营销效果评价

效果分析及管理是每个网络营销分支领域都要开展的工作，除了总体评价方法之外，

各个领域还有相应的评价指标，如搜索引擎广告的点击率、Email 营销的送达率、网站的 IP 及 PV 数量等。相对于比较成熟的网络营销领域，SNS 营销的效果评估更为复杂一些，因此现阶段对 SNS 营销效果的评价往往比较表面化，通常以用户以及信息被关注的程度的量化数据作为主要指标，如信息被阅读数量、新增粉丝数量、用户转发的次数、某项活动的参与人数等。

社会化网络的效果评价目前仍是全球性的难题。美国公司 Econsultancy 和 Adobe 的一项联合调查发现，在 2012 年 8 月份，全球 57%的公司在跟踪社会化媒体营销效果时能采用的最深层次的评价方法也只能是跟踪活动过程的相关统计数据，如关注者数量、评论数量以及用户在社会化媒体页面所停留的时间等。仅有 12%的企业和 16%的代理机构表示跟踪过 SNS 营销的转化率和 ROI 的评价，另外有少数企业和代理机构跟踪分析社会化媒体对其他营销渠道的影响，如对于搜索引擎营销的影响等。此外，还有 20%的公司对社会化媒体营销的效果没有任何评价措施[9]（见表 5-3）。

表 5-3　美国企业社会化媒体营销效果评价状况（2012 年 8 月）　单位：%

| 社会化媒体对公司/客户影响评价办法 | 代理机构采用 | 公司自行采用 |
| --- | --- | --- |
| 活动数据（关注者数量、评论数量、停留时间等） | 60 | 57 |
| 通过社会化媒体对收入的影响 | 16 | 12 |
| 社会化媒体对企业营销渠道的影响（如搜索） | 12 | 11 |
| 几乎没有任何效果评价措施 | 12 | 20 |

资料来源：Econsultancy and Adobe. Quarterly Digital Intelligence Briefing: Managing and Measure Social, 2012, 9.

尽管系统评价 SNS 营销对企业的价值还比较困难，但许多企业相信，在网络营销社会化时代，拥有自己的官方 SNS 渠道是非常必要的，而且越来越多的企业将 SNS 营销纳入企业网络营销整体系统中。

通过上述分析可以看出，尽管 SNS 营销与传统的基于网站的网络营销方法在核心思想及运营方式方面有较大的差别，但在某些方面仍然有相通之处。例如，SNS 营销与许可 Email 营销的基本原理和流程方面有较大的相似性，在本书有关微信公众号营销的内容中也进行过分析。同样，接下来将要介绍微博营销的基本流程也是类似的，只是具体的操作方式以及用户互动性和传播能力方面，SNS 营销比许可 Email 营销有更大的优势。

## 5.4　社会化网络营销应用（1）：微博营销基础

微博营销是基于微博平台的网络营销方式，是社会化网络营销的典型方法之一。如果说博客营销的内容选题、写作、编辑技巧及推广有一定的专业知识要求，那么每条最多可发布140字的微博则完全扫平了专业因素的障碍，因而微博的普及化速度远远快于博客(注：新浪微博于2016年年初取消了140字的限制，超过的部分以折叠的方式出现)。自2009年下半年微博在国内兴起开始，作为一种新型的信息传播工具，微博营销也应运而生，而且其被认识和利用的速度比任何其他网络营销方法都要快得多。

在本书第2章中总结了微博的特点及微博平台的网络营销功能，本章前面的内容中分别介绍了社会化网络信息传播的特点及社会化网络营销的一般内容，这些内容为进一步研究微博营销打下了基础。本节探讨的内容包括：微博营销与博客营销的比较、微博营销的常见模式及可利用的网络资源、企业微博的运营管理，以及开展微博营销的常见问题分析等，最终目的在于通过微博的合理应用使得微博的网络营销功能得以实现。

特别说明的是，相对于基本成熟的博客，微博仍处在不断发展演变之中，因此微博营销的模式和内容也处于动态发展阶段，本节所介绍的微博营销方法，可能在一段时间后发生明显的变化，如果内容不再适用，请关注相关网站的最新内容，如网络营销教学网站（www.wm23.com）等相关专题及文章。

## 5.4.1 微博营销与博客营销的区别与联系

微博营销与博客营销虽然都是全员网络营销的表现形式，都具有内容营销及SNS营销的共同属性，但两者在信息源的表现形式及信息传播模式方面都存在巨大的差异，这就意味着微博营销与博客营销的操作方法也必然存在显著差别。

通过对比分析微博营销与博客营销的异同，可以发现两者的本质区别，也可以找到微博营销与博客营销之间的相互关系，从而可以将博客营销的成功经验应用于微博营销，让两者相辅相成，为充分利用企业网络营销资源、实现企业整体网络营销目标发挥更大的作用。

### 5.4.1.1 微博营销与博客营销的差异

前已述及，博客营销是内容营销的一种形式，从信息发布与传递的角度看，与网站的内容营销没有本质的区别，因而仍然属于依赖互联网工具传播信息的模式。而微博营销信息则主要依赖于社会关系资源的传播，虽然也有一定内容营销的成分，但更多的是包含了人的行为因素，即人的因素（社会关系）决定了微博信息传播的范围，是基于微博平台且对人的依赖。

下面通过四个方面详细比较分析**微博营销与博客营销的差异**：信息源表现形式的区别、信息传递模式的区别、用户获取信息及行为的差异，以及运营模式的差异。

**1．微博与博客信息源表现形式的差异**

博客文章要经过标题设计、内容写作、编辑和发布的基本流程，每篇博客文章表现为一个完整的独立网页，文章标题出现在博客文章列表中，所有已发布的博客文章就组成了一个博客网站（或博客频道）的基本元素。博客营销信息源与网站信息源的形式没有实质的差异，博客营销对内容的质量有一定的专业要求，也正是这一特点决定了博客营销在实际应用中有一定的难度，成为博客营销的瓶颈之一。

与博客的表现形式不同，用户发布的微博信息呈现在粉丝面前的通常是一个页面中的组成元素而不是一个完整的网页内容，即与其他用户发布的信息流动态地组成了一个页面内容（除非你的这位粉丝只关注你一个人）。虽然用户发布的一篇微博也可以成为一个独立的网页（即有唯一的 URL），但是这个“网页”的信息量较少，一个表情，一个符号，或者一句话都可能作为一篇微博发布，因而“微博网页”被独立展示的机会较少，独立存在的价值相应也较低。微博信息源的表现形式，与搜索引擎搜索结果中的信息有一定的相似之处，即某网站的网页摘要信息与其他网站的摘要信息共同组成了一个“搜索结果页面”，将这些信息动态地呈现在用户面前。

微博与博客信息源表现形式的差异表明，博客信息源的价值越高，内容编辑越专业，被展示和阅读的机会可能越大，而微博信息源的数量越多，被展示和阅读的机会可能越高。**这也就是为什么微博营销要强调微博活跃度的原因所在**。不过，随着搜索引擎对微博信息处理能力的提高，微博的价值及专业性也将影响其在搜索引擎中的曝光度，即搜索引擎为微博信息在平台外的传播将发挥越来越重要的作用，在这方面博客与微博有一致化的趋势。因此，微博活跃度并不是微博价值的唯一决定因素，微博信息源的专业度及价值也将成为影响其网络传播的重要因素。可见，微博信息源设计需要考虑网络可见度及网络可信度两个方面的因素。

**2．微博与博客信息传播模式的差异**

企业博客可以有多种实现方式，包括自建企业博客频道与第三方平台开设博客等，而微博通常需要在专业服务商的平台上发布及管理，与企业博客的第三方博客平台模式类似。这是因为一个企业内部的微博，由于用户数量有限，很难实现大范围的信息传播。因而微博信息传播通常要依赖其所在的微博平台，如新浪微博，或者腾讯微博，或者 Twitter 等，这些微博事实上已经成为竞争激烈的营销平台。微博信息的传播渠道包括微博平台内部传播以及平台外部传播，目前内部传播为主要渠道。

（1）微博平台内部传播的方式

① 发布微博信息，被关注好友（粉丝）直接浏览，这是最基本的微博信息传播方式。

② 粉丝转发信息，从而实现在粉丝的粉丝中二次传播，这样受欢迎的信息往往能通过粉丝的转发在更大范围内传播，这也是微博最重要的传播方式之一，**这就是为什么说微博营销希望获得尽可能多的粉丝数的原因**，尤其是粉丝数量多且活跃度高的粉丝，对信息的传播能力越强。

③ 利用微博平台的功能和服务扩大内部网络曝光机会，例如，获得平台推荐，成为微博平台的热门话题，在站内搜索中获得靠前的机会等。

（2）微博平台外部传播的方式

① 第三方平台的传播，如在公共搜索引擎搜索结果中获得展示。

② 在官方网站等其他网站的链接，如许多企业网站上的“关注××微博”，获得用户的直接访问和关注。

③ 利用微博开放平台功能（如新浪微博秀），将微博信息同步到其他网站、论坛、邮件签名档等。

④ 其他再传播方式。将微博信息作为博客素材通过博客等形式传播、转发到其他微博平台或者网络社区等。

可见，微博平台外部传播方式与内部传播有很大差异，它主要依赖博主本人及互联网工具资源，而不是社会关系资源，这种站外传播的方式与博客的信息传播渠道比较接近，与传统网站推广方式一样，通过用户直接访问、搜索引擎检索、网站链接、用户转发，也可以利用病毒性营销、网络广告等方式进行传播。

**结论：**在网络信息传播渠道方面，微博更注重于平台内部用户之间的传播，站外传播能力相对较弱；而博客的信息传播方式正好相反，博客平台内部的传播力度较小，以传统的网络传播渠道为主。实际上，这种差异正好使得微博与博客的信息传播具有互补性，也就为实现博客营销与微博营销的组合策略奠定了基础。

**3．微博与博客用户获取信息及行为的差异**

由于博客营销属于传统的内容营销方式，用户获取博客信息与获取企业网站信息的方式没有显著区别，即通过用户直接访问、搜索引擎、网站内部及外部链接、其他网站的转发等方式浏览博客信息。一般来说，博客浏览者与信息发布者（博主）之间仅能实现评论、引用、转发等简单的交互沟通，因而主要作为单向的信息接收者。

在微博环境中，“用户是网络信息发布和传播的主体，也是网络信息源及信息的接收者”，用户获取信息及传播信息可以同时进行，又可以用多种方式便捷地实现信息获取和传播。用户可以利用电脑、手机等多种终端以及多种客户端应用程序方便地获取微博信息，发挥了“碎片时间资源集合”的价值，因而信息接收者与发布者（微博主）之间具有实时互动的基础。至于信息接收者是否继续传播他所浏览的微博信息，则可能取决于对信息发布者的信任、对微博信息的关注，以及社会关系网络中其他朋友的反应等多种因素。

将以上差异归纳起来可以看出，**从用户获取信息的方式来看**，博客营销与微博营销的区别在于：博客营销以信息源的价值为核心，主要体现信息本身的价值，用户获取信息的行为及反映也取决于博客内容的价值；微博营销以信息源的发布者为核心，体现了人的核心地位。但某个具体的人在社会网络中的地位，又取决于他的朋友圈子对他的言论的关注程度，以及朋友圈子的影响力（即群体网络资源）等复杂因素。

因此，**从信息传播方式来看**，微博营销与博客营销的本质区别在于：博客营销可以依靠个人的知识及能力通过各种网络渠道进行信息传播（对互联网工具的依赖）；而微博营销除了个人的知识与能力之外，还要依赖自己的社会关系网络资源才能获得信息在更大范围的传播（即对人的依赖）。

**4．微博营销与博客营销运营模式的差异**

微博营销与博客营销在网络营销信息传递要素方面的差异，也就决定了微博营销与博客营销的运营及操作模式必然有重大差别。它主要表现在以下方面：

（1）构建方式的差异：企业博客通常作为企业官方网站的组成部分，而企业微博则建立在第三方微博平台上，与企业网站可以不发生直接的联系，属于企业的外部网络经营环境。因此微博营销体系的构建和启动较为简单。

（2）运营方式的差异：企业博客营销需要长期坚持不懈的积累，博客营销的价值在于博客内容的积累效应，即博客营销注重长期效果。微博营销不仅需要持续的信息发布，还需要有更多的互动交流，并不断引入新鲜话题和活动，需要投入更多的关注和热情。这种差异表明，博客营销运营的核心是博客内容的内在价值，而微博营销的核心在于运营人员的能力和态度。尽管存在运营方式的差异，但微博营销与博客营销一样是对营销人毅力的考验。

（3）管理方式的差异：企业博客用户集中在一个企业可以自主控制的系统中，实现规范化管理难度相对较小，而一个企业可能有众多部门、众多员工的微博分散在不同的微博平台，且可能以个人身份展示，对员工微博很难建立起统一的管理规范，因而企业官方微博账户更具有“官方”的特色，是企业微博营销的权威信息源。

（4）运营资源的差异：博客营销积累的是网站内容资源，微博营销积累的是用户关系资源。显然用户关系资源更容易放大并快速实现营销价值。这同样表明两者不具有排斥性，博客营销与微博营销应该是互相促进协同发展的“双博组合”。

#### 5.4.1.2　微博营销与博客营销的相互关系

微博营销与博客营销差异的分析表明，两者不仅没有互为排斥的关系，而且应该是协同发展的组合关系。这一结论对于在全局性的高度制定系统的企业的社会化营销策略具有积极意义。对微博营销与博客营销相互关系的进一步分析，是确立两者在社会化营销体系中地位和方向的基础。

**微博营销与博客营销的相互关系**可以从三个方面来分析：微博营销与博客营销在社会化营销策略中的地位、微博营销与博客营销的目的、微博营销与博客营销运营的协同。

**1．微博营销与博客营销地位的同等性**

对比分析可以发现，微博的网络营销功能（见 2.3.6 节）与企业博客的网络营销功能（见

2.2.2 节）大体是一致的，两者都是企业信息源的组成部分，也都属于全员网络营销的具体形式，只是在信息传播及运营模式和效果体现方面有一些差异。它们在企业社会化网络营销中的地位没有高低之分，只有轻重缓急之别。

事实上，博客营销经过十年的发展已经非常成熟，对于中小企业仍然是网络营销方法之一。微博营销由于还处于发展阶段，微博运营方法还不成熟，尤其对于小企业而言，由于很难在短期内获得大量用户的关注，微博营销也就难以体现出立竿见影的效果，而且面临与微信等其他 SNS 的部分替代效应。相对而言，博客营销的价值更稳定，值得继续投入精力、持续不断的积累博客内容资源。微博营销同样也需要较长时期的资源积累和运营经验积累过程。

**2．微博营销与博客营销目标的一致性**

由于微博营销与博客营销的网络营销功能类似，不仅两者所处地位是同等的，而且两者的网络营销目标也是一致的：都是以企业（或者个人）的知识和资源为载体，以适当的方式向用户传递有价值信息的同时附带一定的营销信息，从而实现网络营销信息的传递与交互。

由于微博营销与博客营销的目标一致，因此可以综合发挥两者的网络营销价值。例如，对于同样的信息源素材，可以通过加工整理成合适的内容类型，分别通过博客和微博进行发布，这样更有利于增加信息的网络可见度。如果在新浪博客发布博文，系统会提示是否要同步到新浪微博，或者可以通过微博后台的设置，让发布在其他博客网站的博文同步到发一篇微博到新浪微博。当然，由于微博字数的限制，不能完整显示博客的内容，同步到微博的信息通常是“博客标题+博文 URL”的形式。同理，发布在微博的内容经过适当的编辑修改，设计一个合理的文章标题，可以作为博客文章来发布。可见微博与博客本来就是可以同步发布的，这是对网络信息源的充分利用。这与网络营销信息传递的原则是一致的，即建立尽可能多的网络信息传播渠道。

此外，由于微博营销与博客营销都需要创造有价值的内容，因此在内容选题和写作要点方面，博客营销成熟的经验同样可以应用于微博营销。

**3．微博营销与博客营销运营的协同性**

博客与微博信息源的交互应用，表明微博营销与博客营销具有相互促进的基础因素，可以协同运营。两者不仅可以共享网络信息源，也可以互为推广，同步发展。一种简单的应用形式是把博客内容分享到微博，并且提供微博关注提示，也可以将最新发布的微博同步到博客内容中。同时，在微博中有计划地介绍企业博客内容及作者，不仅丰富了微博的内容，也为博客发挥了一定的推广作用。

微博营销与博客营销的协同运营，有助于在全局性的高度制定系统的企业的社会化营销策略。

## 5.4.2　微博营销的常见模式及网络资源比较

相对于博客营销的模式，微博营销的构建模式比较简单，主要是利用影响力较大的公共微博平台实现企业信息传播及交互，不过微博营销的表现形式灵活多样，使得微博比博客更容易体现“营销在博客之外”的社会化营销思想。

### 5.4.2.1　企业微博账户的常见形式

常见的比较规范的微博账号形式可以归纳如下。

**1．企业官方微博**

官方微博是最基本的企业微博形式，即以企业官方信息发布的方式运营的企业微博。现在大多数网站及知名企业都开设了自己的官方微博，如当当网、携程旅行网、联想、海尔等。一般来说，企业的知名度越高通常关注者也越多。官方微博通常表现得比较严谨，而且往往以企业本身的信息为核心，因此一个企业仅有一个官方微博显得比较单一，往往会辅以其他形式的微博协同开展微博营销。在表现形式上，企业官方微博模式类似于在第三方平台开设的企业官方博客，而在内容传播方面，又类似于内部列表 Email 营销。

**2．企业分支机构及职能部门微博**

每一个部门、每一个产品、每一个网站、每一个品牌都可以开设自己的专属微博，这在一些大企业中已经普遍采用，如在新浪微博上可以看到类似这些形式的企业微博：中国电信、中国电信客服、中国电信广东客服、中国电信广东网厅；海信集团、海信冰箱洗衣机、海信空调、海信手机官方微博、海信电视官方微博、海信电视宁波分公司；华为、华为终端官方微博、华为终端招聘官方微博、华为商城、华为网盘官方微博、华为中国区等。

企业分支机构及职能部门的微博营销，与企业官方微博的模式基本一致，仅仅是信息发布的主体差异，而在服务对象和项目方面可以比企业官方微博更具体一些，如客服微博、招聘微博等一般仅担负相应的职能，而不是作为营销的目的。

**3．企业领导人微博**

有影响力的企业领导人微博，对于企业微博营销具有十分重要的意义。他们只要随便发布几条信息，即使没有提及企业的任何信息，其网络营销价值仍不可低估。王峻涛，网名老榕，1997 年 11 月 2 日在四通利方网站（即新浪网的前身）曾经以一篇网络帖子“大连金州没有眼泪”让国内球迷朋友捶胸顿足。他也曾经是中国电子商务旗帜的 8848 网站创始人，目前是 6688.com 网站创始人，也是活跃的微博用户。老榕在新浪微博的自我介绍中自称“职业网上小贩”，实则微博营销高手。企业领导人微博，老榕是典型案例之一。这里不多介绍，可访问老榕微博（http://weibo.com/laorong）做更多的了解。

有些企业高层领导可能出于面子或者担心负面影响等原因从不或者很少在微博上露面，与公众也很少有交流，其实是在浪费有价值的网络营销资源。

**4．企业员工微博**

每个企业员工都可以有自己的微博，甚至多个微博账户，如工作微博账户、个人生活与社交微博账户等。尽管员工微博账户的影响力可能无法与企业领导人相比，但由于多个员工的群体联动优势，仍然是微博营销不可忽视的重要力量，尤其涉及公司敏感话题的微博，员工微博的群体力量是非常重要的。这也就是很多企业鼓励员工开设微博的意义所在。事实上，微博营销是全员网络营销的形式之一，每个员工微博都是企业社会化营销的资源。

**5．行业资讯微博**

以发布行业资讯为主要内容的微博，往往可以吸引众多用户的关注，类似于通过电子邮件订阅的电子刊物（邮件列表）或者 RSS 订阅等，微博内容成为营销的载体，订阅用户数量决定了行业资讯微博的网络营销价值。因此，运营行业资讯微博与运营一个行业资讯网站在很多方面是类似的，需要在内容策划及传播方面下很大功夫。

与此类似的还包括各种媒体微博、娱乐及热点微博账户，如冷笑话精选、幽默搞笑家等，都拥有大量粉丝。这些微博发挥着媒体的属性，将营销信息穿插其中实现微博营销的目的。

除了上面列举的五类常见的微博账户形式外，还有大量以微博营销为主要目的的“非正式微博账户”，如包含各种热门影视作品相关的账户、各种热点产品相关的账户、各种业务相关的账户等。含有“搬家公司”“网络营销公司”“SEO”等热门关键词的微博用户的账号并不一定是真正的某某公司，而是为了利用微博搜索等方式获得曝光的机会，作为微博推广的一种手段。

此外，一个公司或者部门甚至个人用户都可能注册形式多样的多个账户，从而使得微博营销的形式显得更为灵活多样，也更为杂乱，因而其规范性远远不及博客营销以及企业网站营销等传统的网络营销模式。

### 5.4.2.2 企业微博营销的常见模式

尽管微博营销的表现形式具有不规范性，不过基于不同微博信息传播渠道等要素的分析，我们可以把微博营销归纳为八种常见的模式。

**1．企业自主微传播模式**

利用企业官方微博、分支机构官方微博、企业领导人及员工微博等与企业相关的真实博客账户发布的企业微博信息，通过微博平台直接传递给各相应账户的关注者，并以奖励的方式鼓励信息接收者再次传播，这是最基本、最直接的微博信息传播模式，因而可称为自主微传播模式。

这种微博营销模式依赖于企业微博账户本身的关注者数量及关注程度，企业可自主决定微博的内容、发布时间、重发频率等，且目标用户及传播范围明确，因而通常并不需要更多的资源投入。但是，如果微博的关注者数量较少，也就发挥不了显著的网络营销价值，而且，由于微博信息直接面向自己的关注者，如果有过多的推广信息或者方式欠妥，可能会引起部分用户取消关注等负面效果。

2. 社会关系资源传播模式

尽管一个企业的微博账户关注者数量有限，但是每个关注者也是一个微博信息源，每个用户都拥有或多或少的新的社会关系资源，如果关注者继续转发企业发布的信息，那么这条微博信息将继续被传播，也就是信息传播范围在不断扩大。这种利用关注者的社会资源关系继续放大传播范围的特征，正是微博营销的独特魅力之处，因而可称为社会关系资源传播模式，也可以直观地称为"微博转发模式"。这种模式实际上与"病毒性营销"一样，利用的是网络口碑传播的效应让信息不断扩大传播范围。正如本书前面对微博所介绍的：微博具有病毒性营销的天然属性，是网络口碑传播最有效的工具之一（见 2.3.6 微博平台的网络营销功能）。

理论上，社会关系资源传播模式可能实现多层次关系传播，即：

①企业微博→②一级传播（直接关注者转发）→③二级传播（关注者的社会关系资源传播）→④三级传播……

因而可以通过少量的直接关注者迅速向大范围扩散。至于是否可以实现这种扩散效应，则主要取决于企业及微博内容的影响力、直接关注者的传播意愿等多种因素。事实上，对于商业信息，用户自愿主动转发的意愿往往是比较低的，因此要真正调动直接及间接社会关系资源的积极性，还需要对微博转发模式做进一步的策划和运营，也就是如下介绍的利益驱动型微博传播模式及微病毒营销模式。

**关于微博转发方式的扩展链接：本书第 7 章相关内容**

有关社交关系资源传播的方式，在本书第 7 章"社交信息合作转发推广"（见 7.3.2 节）中，从资源合作推广的角度，总结了便于实现微博转发的七种方式：内容驱动转发、好友友情转发、互换资源转发、关联账号转发、大号代理转发、利益驱动转发和互助联盟转发。可以提前跳转到相关内容对比了解。

3. 利益驱动型微博传播模式

如果稍微留意就会发现，在新浪微博平台的微活动（http://event.weibo.com）应用中，可能有上万个进行中的有奖转发活动，这个数字仅仅是利用新浪微活动指定的流程和功能开展的有奖活动，此外还有不计其数的企业自己发起的各种有奖转发微博活动。新浪微活动对有奖转发的介绍是："它是从参与转发活动指定微博的人员中，系统随机抽取中奖者的一种有奖活动形式。发起者不能自行人工抽奖。"

这种有奖转发微博营销活动可被称为利益驱动型微博传播模式。有奖转发是利用了用户获奖的心理参与企业微博信息的再传播，也使得参与活动的用户不再局限于企业微博的直接关注者。企业以少量的奖品投入，就可以通过利益驱动的临时网络关系资源获得信息快速传播的目的，极大地扩展了企业自主微传播及社会关系资源传播模式的影响范围。

虽然有奖转发并非微博特有的网络推广模式，但是微博转发具有高效快捷及可准确统计等诸多优点，借助于微活动平台，还可以使有奖转发更为规范，对维护活动的公平性具有积极意义，因而更容易受到用户的信任，如果活动及奖品设计有较高的吸引力，往往能在短时间内吸引众多用户参与转发。

**4．微博用户自发传播模式（微病毒营销模式）**

病毒性营销的原理在微博营销中同样是适用的，而且更容易形成病毒性传播效应。利用微博用户自发传播模式的微博营销，即为微病毒营销模式。显然，要实现微病毒营销效果，基本前提是用户有自愿转发的意愿，也就是病毒性营销中强调的对用户的价值所在。要做到这一点并不容易，需要对病毒性营销的原理及一般规律有充分的认识并制定切实可行的病毒性营销方案。[10]

通过对一些用户转发次数较多的微博活动分析不难发现，这些**用户自发传播微博营销方式的特点**都有一些类似之处，例如：

（1）与当前热点事件有关，如世界杯、奥运会、某热播影视作品等，容易引起用户关注。

（2）每个转发者都能从转发微博中得到一定的价值，如为自己提供了一个表达自己观点的机会，哲理性的内容对自己有启发意义，转发中获得被其他用户关注的机会，可以为自己的关注者带来某种价值等。

（3）容易实现多层次传播，即具有信息传播渠道的自动扩大效应，通常是由于微博源具有较高的影响力，而且微博信息具有争议性或者容易激发用户回答问题，从而易于产生自愿转发。

（4）可能成为微博的热门话题，热门微博得到微博平台的推动，可以实现在更大范围内的传播效应。

从这些特点中不难看出，具有病毒性营销效应的微博，必然是经过认真策划的，从信息源到信息传播渠道设计，每个环节都符合病毒性营销的一般规律。

**5．微博平台推荐模式**

无论通过哪种方式，如果成为热门微博话题获得平台的推荐，无疑对微博传播是有很大推动作用的。但由于微博营销信息本身的商业性，通常并不适合被微博平台在热门话题中直接推荐，因此比较可行的做法是与微博的各种专题活动、分类排行榜、微博信息搜索，以及开放平台的各种合作开发应用进行合作，获得在显著位置的推荐。当然，这种推荐可能是需要付费或者其他利益分成的。

6．微博广告模式

微博广告是微博平台主要的收入模式之一，因此比微博平台推荐更直接的方式是以付费的方式投放微博广告，如新浪微博在 2012 年 9 月份开始推出的“粉丝头条广告”就是微博广告形式的一种。随着微博功能的不断发展，也必将产生更多的微博广告形式。例如，基于网络会员制营销原理的微博广告联盟平台或许可以成为一种实现“全民自媒体广告”的模式。[11]

此外，在微博的主要页面直接投放展示类广告及文字链接广告，也是常见的微博推广模式，尽管与直接通过微博信息传播模式有差异，但同样可以达到吸引微博用户关注并参与相关活动的目的。

7．微媒体传播模式

微博的媒体属性为微博营销带来很大发挥空间，于是把微博作为媒体运营，当获得较多关注者之后，通过媒体发布一定的营销信息或者转发相关的商业信息，通过“第三方”来传递企业的营销信息，也就顺理成章地成为“微媒体营销模式”。这种模式与俗称的“草根大号转发”模式具有较高的相似性，拥有众多粉丝的名人传播方式同样也具有媒体传播的效果。因此这种“微媒体”包括多种灵活的形式，并不限于行业资讯、专题报道、媒体微博等看起来更像“媒体”的微博。

8．微博扩展传播模式

微博营销以影响力较大的微博平台为主要信息发布及传播渠道，但微博营销不必局限于一个微博平台上，还可以有不同形式的扩展。例如，可以利用用户重复度不高的多个微博平台的定位及服务差异，用适当的方式分别传播符合各微博用户特征的信息。同时，也可以利用微博开放平台的应用功能（如新浪微博秀）将微博传播扩展到第三方渠道，其他网站和网络社区，也可以通过对微博进行必要的搜索引擎优化，使得企业微博信息可以展示在搜索引擎营销结果中。由于各个微博平台的功能和架构设置不同，因而可能存在搜索引擎收录和展示的差异，对此有必要针对性地了解各主要微博平台及企业微博信息对搜索引擎的优化情况。

#### 5.4.2.3　企业资源与微博营销模式选择

由于微博的表现形式及微博营销的模式灵活多样，有的可以单独操作，也可以采用不同方式的组合，因此在实际工作中往往存在选择的困惑。为了解决这一问题，本书从微博营销所需的资源类型与微博营销模式之间的关系入手进行比较分析，从而为企业制定合适的微博营销方案做参考。

下面是企业微博营销资源的七种类型。

（1）直接关系资源：拥有较多数量的活跃关注者，具有丰富的社会关系资源，可进行企业自主信息传播。

（2）间接关系资源：在社会关系网络中拥有信息传播能力较强的强相关关系，且可以为企业用以作为微博营销。

（3）产品及资金资源：为微博营销提供奖励及费用支持，适合有奖转发等模式。

（4）独特内容资源：内容为微媒体营销模式的基础。

（5）创意策划资源：这是微病毒营销必须具备的条件。

（6）微博平台资源：与微博平台合作，通过平台推荐是微博营销的捷径。

（7）网站运营资源：将网站运营资源和能力应用于微博运营，是微博营销长期有效的策略。

根据企业所拥有的微博营销资源，可以相应在八种常见微博营销模式中进行选择。表5-4大体描述了微博营销资源与模式有效性的关系。

**表5-4　微博运营资源与微博营销模式选择**

| 微博营销模式 | 企业微博营销资源类型 | | | | | | |
|---|---|---|---|---|---|---|---|
| | 直接关系 | 间接关系 | 产品资金 | 独特内容 | 创意策划 | 微博平台 | 网站运营 |
| 自主传播 | ★★★ | | ★★ | ★ | ★ | | |
| 社会关系 | ★★ | ★★★ | ★★ | | ★ | | |
| 有奖转发 | ★★ | ★★ | ★★★ | ★ | ★ | ★ | |
| 微病毒 | ★★ | ★ | ★ | ★★ | ★★★ | | ★ |
| 平台推荐 | ★ | ★ | ★★ | ★★ | ★★ | ★★★ | |
| 微博广告 | ★★ | | ★★★ | | | | |
| 微媒体 | ★ | ★ | ★ | ★★★ | ★ | | ★ |
| 微博扩展 | | | | | | | ★★★ |

说明：表中以★号数量的多少描述微博营销模式的适用性强弱，3个★表示最适用，1～2个★表示有一定的适用性，但不是最佳模式。

即使拥有全部上述类型的资源，微博营销还需要最重要的一项资源——网络营销人员的能力。所有的微博信息制作与发布、微博活动的策划及管理等都需要专业的、勤奋的微博运营管理人员，因此微博营销更能体现“人”的重要性。正因如此，本书第一次将网络营销人员能力纳入网络营销资源管理中。

## 5.4.3　企业微博营销的实施与管理

在对企业的运营资源状况及适合的微博营销模式进行评估后，就可以进入微博营销的策略制定及实施阶段。在本章前面的内容中将社会化网络营销的模式及一般内容划分为六个基本流程：获得 SNS 营销的基础条件、建立社会关系网络中心、持续积累用户资源、SNS 营销的内容策略及实施、信息发布与传播、SNS 营销效果控制与管理。将这一基本原则具体应用于微博营销，我们可以整合为**实施企业微博营销的三项基本内容**。

（1）构建微博营销的基础条件。

（2）制定微博营销方案并以正确的方法实施微博营销。

（3）微博营销的运营管理。

### 5.4.3.1　开展微博营销的基础条件

与企业网站、企业博客等基于内容的网络营销模式类似，企业开展微博营销也需要一些必要的条件，如信息发布平台的选择、信息源构建及传播渠道建设等。具体来说，**微博营销应具备的三项基础条件**包括：选择微博平台及注册微博账户、塑造企业社会化网络品牌形象和构建社会关系网络基础。

**1．选择微博平台及注册微博账户**

微博营销主要在影响力较大的公共微博平台上进行，如新浪微博、腾讯微博、Twitter 等，一般来说企业官方微博通常会开设在不止一个微博平台上，而各种分支机构及业务部门的微博账户可能集中在一个微博平台上开展工作（如新浪微博），这主要是为了充分利用企业微博运营人力资源，不至于将有限的资源分散化。因此，企业在不同微博平台上注册自己的微博账户时可以有所倾向性，如以某一个微博平台作为微博营销的主要场所，而其他微博平台仅用于官方微博信息发布、微博客服等。

为了开展微博营销的需要，一些企业在注册微博账户时，除了本节介绍的企业微博账户的常见形式外（见 5.4.2.1 节），往往还有更多灵活的表现手段，如××产品粉丝团、××产品代理，以及各种个人昵称账户。这种多账户资源也是一些企业为了制造微博营销活跃气氛的常见手段。

**2．塑造企业社会化网络品牌形象**

企业微博网络形象的可信度对增加用户信任、获得用户关注具有重要意义。微博平台通常提供了丰富的功能为用户设置个性化信息，合理利用微博账户设置提供的功能，是在微博上塑造企业网络形象的基础，如微博的“头像”、个性化域名、用户简介、微博模板背景图等，经过合理的设计，这些元素都可以用来展示企业的品牌形象。用户头像和背景图包含企业品牌、LOGO、官方网址、核心产品等元素是微博网络品牌建设的必备要素。

此外，一些微博平台开启了用户认证服务，如新浪微博的认证用户标识为“V”（个人认证用户为橙色V，企业认证用户为蓝色V）。微博认证也是塑造网络品牌形象的基本内容，对于增加用户可信度具有积极意义。对于知名度并非家喻户晓的企业，每一个可以展示企业形象的元素都应受到重视，尤其是关于企业微博简介等信息是至关重要的，应充分利用每一个机会完善企业的网络品牌形象。

**3. 构建企业社会关系网络基础**

获得尽可能多的关注者（粉丝）是开展微博营销的用户基础，这是一项长期的工作。在微博开通的初期立刻获得大量用户关注通常是不太现实的，但是如果被关注者寥寥无几，有可能影响新用户的信任。因此，在开启微博初期是一个关键阶段，首先可以邀请熟知的关系相互关注，建立起一定数量的社会关系基础后，再通过其他途径吸引更多用户的关注。

由此可以看出，相对于博客营销，尽管微博营销的平台建设和账户设置并不复杂，但是具有挑战性的是微博营销一开始就需要把注意力集中到潜在用户上，因为只有潜在用户关注企业的微博，才能为后期的微博营销创造条件。

#### 5.4.3.2 企业微博营销运营方案

建立起微博营销的基础条件后，如何开展微博营销？正如成功的网站是运营出来的一样，成功的微博也是运营出来的。网站运营，以网站内容维护及网站推广为主要工作，微博运营也是同样的道理，只是微博推广的方式相比网站来说要简单而直接，即直接面向用户：用户既是信息的接收者，也是信息的传播者，离开用户资源，微博营销也就无从谈起。因此，微博营销运营方案的核心是用户：用户来源、用户数量、用户活跃程度、用户对所发布信息的关注和兴趣，以及用户对信息的互动与再传播等。简单来说，微博运营就是以用户为核心的信息传递与交互。

我们通过微博平台可以看到许多正在进行中的企业微博活动，每个活动的背后必然都有一个“微博营销方案”。这些方案通常都是阶段性的，或者针对某项推广内容进行的微博营销，属于短期微博营销方案。企业微博运营是长期的、连续的，在微博运营过程中可能穿插一定的短期的活动。因此，企业微博营销运营方案应该是长期方案和短期活动相结合，长期方案是微博营销的总体规划，也是应重点研究的内容。

制定一个切实可行的企业微博营销方案是企业微博营销可持续性发展的基本要求，通常需要经过分析评估、资源积累、系统推广及效果显现阶段。一般来说，**企业微博营销方案大致应包括下列三个方面的内容**：内容策略、用户策略和推广策略。

**1. 企业微博的内容策略——微博内容规划**

微博内容是微博运营的基础。本章前面分析过做个活跃微博用户的意义，活跃意味着要有源源不断的微博内容资源，而且要对用户有价值。这方面与邮件列表及微信公众号营销类似，定期发布内容对一些企业来说也是最大的难点之一。尤其是原创内容，往往成为制约企业微博营销的重要因素。

参照本书前面介绍的网站内容策略、邮件列表内容策略、博客营销的内容选题等思路，并参考一些活跃企业微博案例，可以把企业微博的常规内容创作思路归纳为：

（1）企业日常动态：如公司新闻、新产品发布、企业文化等企业官网的常规内容。

（2）官方博客信息：把发布在企业博客的精华内容推荐给微博用户。

（3）顾客服务信息：产品使用及维护知识、顾客咨询问题解答、产品购买引导等。

（4）市场与公关信息：促销活动、优惠券、热销产品推荐、用户好评等。

（5）产品与技术信息：技术方案、技术规范分享、产品设计、用户体验等。

（6）行业动态：重要的行业信息、有影响力的观点等也是常见的微博内容来源。

（7）微博信息转发：关注并选择性转发他人有价值的微博信息也是微博内容的重要组成部分。

……

除了这些可作为日常微博信息的内容之外，最能体现微博价值的，应该是原创微博内容。原创内容选题可以很广泛，从某产品的用户行为、市场价格行情到专业术语解释等，都有各自独特的价值。以网络营销顾问服务领域为例，原创微博的内容选题包括：网络营销解决方案及案例分析、对某网络推广产品的使用体验、网络推广平台的使用技巧、调查数据分析、热点网络营销方法介绍等。这些内容并不容易找到一般规律，只有在对行业进行深入研究的基础上，才能创作出有价值的微博内容，这项工作一点也不比网站内容或者博客内容创作轻松。

**2．企业微博的用户策略——获得用户的关注及信任**

实现顾客价值是网络营销的最高层次，这一指导思想在微博运营中体现得尤为突出。在微博运营中，用户期望的价值是什么？如何为用户提供价值？如何才能获得尽可能多的用户关注及信任？这就需要以顾客价值为导向的用户策略。

在微博运营中，下列几个方面无疑是提供顾客价值的基础。

（1）信息价值：企业微博信息满足用户信息获取的需求。

（2）顾客关系价值：用户被认可的价值，即用户被关注。

（3）顾客服务价值：解决用户关心的问题，提供高效的在线服务。

（4）交互传播价值：关注用户的微博内容并参与互动传播。

（5）特有活动价值：为用户提供优惠券、新产品试用、奖励活动等。

……

由上述内容可以发现，实现用户价值实际上不过是微博运营的必然结果，并不需要增加过多的额外工作。也就是说，企业微博的顾客价值是一种经营理念，而不是经营方法，正如搜索引擎优化的目的是为了用户更方便地获取有价值的信息而不是针对搜索引擎制作内容一样。顾客价值导向应体现在网络营销的各个领域。

**3．企业微博的推广策略——微博推广方案**

日常的微博信息发布是微博营销的基础，但仅靠按部就班的日常微博更新，对用户的吸引力有限，获得新用户的速度也较慢，因此通常需要在维持企业微博日常运营的基础上，根据需要开展必要的微博活动来扩大推广效果，如有奖活动、平台推荐、微博广告、网络口碑传播等。在企业微博营销的常见模式（见 5.4.2.2 节）中，已经介绍了部分微博推广方式。除此之外，也可以像企业网站推广那样，通过电子邮件、QQ、名片、印刷品、产品外包装等方式，把企业微博网址告诉更多的用户，同时也可以邀请更多用户加入微博阵营，让大家通过微博实现更好的沟通。

最有效的微博推广方案，可以通过 SNS 好友圈子的多层次传播快速实现信息在更大范围的传播。微博推广的效果则取决于企业所拥有的直接或间接用户资源。因此企业微博运营方案的三个方面是相互关联、相辅相成的，微博运营与其他企业网络营销策略也有一定的关联，不将微博作为孤立的网络营销分支，即应将企业微博运营作为企业整体网络营销方案的组成部分。

#### 5.4.3.3 企业微博运营管理规范

网站运营、网站优化、企业博客等都有相应的运营管理规范，因为每一种网络营销方法都有自己内在的规律，只有发现并遵循这种规律，网络营销活动才能更专业、更有效。由于微博营销还未走向成熟，运营经验总结与一般规律的研究也比较有限，因此本书仅初步探讨**微博运营管理规范的六个基本方面**：企业微博账户规范、企业微博内容规范、信息发布管理规范、用户交互管理规范、风险及限制性信息管理规范和企业微博效果评估。

**1．企业微博账户管理规范**

（1）企业微博责任人的职责范围。

（2）企业微博账户设置各项基本元素完整。

（3）严谨的企业介绍信息。

（4）保持微博名称、个性网址与企业网络品牌的一致或相关。

（5）保持企业公告/动态及模板设置的时效性。

**2．企业微博内容规范**

（1）制定系统的内容选题及制作计划。

（2）掌握微博内容策略各个方向的最新动态。

（3）预留充分的时效性不强的备用内容。

（4）根据微博用户行为特征不断调整微博内容策略。

（5）企业微博内容本地备份。

**3．企业微博信息发布规范**

（1）遵守微博平台的管理规范。

（2）遵照企业微博信息审核流程。

（3）微博信息发布频率计划。

（4）在最合理的时间发布信息。

（5）微博应急处理措施等。

**4．用户交互管理规范**

（1）定期记录和分析用户数量变化。

（2）关注业内有影响力的用户及微博领先者。

（3）与活跃用户保持互动沟通。

（4）转发有价值的微博信息。

（5）取消关注长期呆滞账户。

**5．风险及限制性信息管理规范**

（1）不发布可能涉及公司机密的信息。

（2）不发布可能引起纠纷的信息。

（3）不发布可能暴露个人隐私的信息。

（4）不发布过于私人生活化的内容。

（5）其他不适合随意发布的信息。

**6．企业微博运营效果评估**

（1）微博信息发布的数量与质量。

（2）原创微博内容所占比例。

（3）微博的曝光量（阅读数）。

（4）用户对信息的评论与转发比例和数量。

（5）微博用户类型及数量增长趋势。

（6）微博信息的站内可见度。

（7）微博信息的搜索引擎可见度。

（8）企业微博对总体网络营销效果的贡献等。

上述内容尽管只是对微博运营管理的初步考虑，实际上已经包含了许多需要耐心和细致的工作，而这些工作是无法忽略或者被替代的，尤其不能简单地以付费推广的方式替代。

由此也进一步表明，企业微博是一项长期战略，其价值需要经过长期的资源积累和转化的过程才能得以体现。

### 5.4.4 提升企业微博营销效果的措施

目前微博营销的效果及其评价方式还不完善，下面以定性分析的方式介绍微博营销效果的表现以及提升微博营销效果的措施。

#### 5.4.4.1 体现企业微博营销效果的九个方面

在本书第2章介绍微博平台的功能时，将微博的网络营销功能归纳九个方面（见2.3.6节），可简要描述为：官方信息源、网络品牌、网络营销资源、网络推广、在线沟通、网站交互推广、网络口碑传播、网络调研和搜索引擎可见度。在本章内容中，进一步将包括微博营销在内的SNS营销价值归纳为八个方面（见5.2.2节）：SNS官方信息源、企业网络品牌的延伸、SNS将成为重要的网络营销平台、SNS与在线销售的整合应用、扩大企业信息网络可见度、SNS的在线沟通功能、与在线顾客服务相结合和SNS的市场研究价值。而一些市场研究机构认为中小企业SNS的应用领域是：SNS与公司网站整合、与营销流程整合、与顾客服务/支持流程的整合（调查数据见表5-2）。

从不同的角度对微博营销效果的定义可能会有一定的差异，但总体来说有其共性的因素。综合各角度的研究结论，本书将**微博营销应体现的网络营销效果及其评估思路**归纳为下列九个方面。

**1．作为企业网络品牌的组成部分**

微博成为企业网络品牌的标准配置，正如企业官方网站一样重要。因此，在微博平台及公共搜索、企业网站等常见渠道中是否可以方便地找到企业官方微博信息，以及官方微博是否持续发布及时有效的信息，也就成为企业网络品牌的基本的评价指标。

**2．持续积累网络营销资源**

微博用户是最有价值的网络营销资源，通过微博运营不断扩大有效用户数量，可以为企业持续积累网络营销资源。企业微博的用户数量、活跃用户比例等可以用来评估微博的网络营销资源价值。

**3．微博平台的信息传播**

在微博平台发布和传播企业信息是企业微博的基本功能。微博信息发布数量及浏览量、原创微博内容数量、微博发布频率、用户对微博内容的评论及转发量等可用来评价企业微博信息传播的效果。

**4．扩大企业信息网络可见度**

通过微博平台实现企业信息的传播，是企业信息网络可见度在微博平台内部的表现，而微博信息又可以通过公共搜索及同步分享等功能实现微博平台外部传播。通过企业信息在微博平台内部可见度及公共搜索引擎可见度的表现，可以评估微博对企业信息总体网络可见度的贡献。

**5．微博与官方网站的信息共享及推广**

对官方网站及官方博客信息进行加工整合后在微博平台进行传播，是企业微博内容策略的基本要求，通过用户的浏览和点击相关链接能够实现对官方网站的推广。官方网站信息在微博平台的展示数量、用户通过微博点击进入企业网站的数量等指标可以用来评估微博对官方网站的推广效果。

**6．在线促销工具**

利用微博平台的直接信息发布，或者结合各种形式的微博活动及微博广告，可以快速扩大传播效果，实现产品及服务的在线促销。对于某一具体的微博促销活动，可根据活动的总浏览数、参与转发的用户数量、带来新增用户量，以及形成的直接销售量等作为活动效果评价的参考指标。

**7．在线顾客服务**

在线客服是企业微博最常用的功能之一，对于维护顾客关系、提高顾客满意度具有重要意义。衡量微博客服效果的因素包括：有关顾客服务的微博内容数量，用户参与提问的数量及回复率、回复时间、用户满意程度等。

**8．网络公关**

在企业微博传播企业信息的同时也可能会出现其他用户发布的企业负面消息，微博运营不可避免地会有危机公关的需要。对负面信息源的分析与沟通、网络公关的响应时间及化解方式等是考察微博网络公关效果的基本因素。

**9．市场研究素材及分析**

微博平台中大量的行业信息、竞争者信息、用户反馈信息及微博统计数据等为市场研究提供了基础素材，同时一些微博的调查投票功能也为市场分析提供了方便。对微博的调查功能的合理利用及各项素材的综合分析，是微博运营管理的必要工作。

随着微博平台功能的进一步发展，未来的微博或许将有更多值得关注的功能，以及更详尽的微博运营分析等。微博营销的效果及评价有待进一步实践和研究。

#### 5.4.4.2　提高企业微博营销效果的九项措施

体现企业微博营销效果的九个方面明确了提高企业微博营销效果的方向，开展微博营销的意义也就是通过适当的措施让这些潜在的功能得以有效发挥。

基于对微博营销效果及其评估方式的初步认识，可以有针对性地总结出**提升微博营销综合效果的九项措施**。

### 1. 提高企业微博运营的地位

尽管企业微博与企业网站、企业博客都同属官方网络信息源，但由于网站和博客并非实时受到用户关注，从信息发布到被用户浏览，往往有一段时间延迟，因而信息发布不会产生爆发式的影响力，而微博用户对信息的获取及反应要快得多，这就要求企业对企业微博的运营投入更大的精力，运营人员也需要更强的责任心。当企业微博拥有相当数量的关注者后，适当提高微博运营在网络营销工作中的地位是非常必要的。相应地，对微博运营的管理也应更严格一些。

### 2. 增强企业微博运营的用户意识

用户数量及其信息传播能力是微博营销最重要的资源，因此在微博运营中用户数量、活跃度等，犹如网站运营中的网页浏览数和 IP 数量一样重要，以运营效果为导向的企业微博，必须把用户意识放在首位。从微博内容选题计划、信息发布时间和频率、在线服务，到产品推广、有奖微博活动，都要考虑到这样的信息是否对用户有价值？是否会获得新用户的关注？或者是否会对用户造成滋扰？将顾客价值理念落实到微博运营中，对于企业微博的持续发展具有重要意义。

### 3. 熟悉微博平台的功能应用技巧

在微博平台内实现有效信息传播，除了基本的信息发布之外，掌握微博传播的规律，并熟悉微博平台及开放应用的各种功能及应用技巧是十分必要的。例如，用于展示企业官方形象的微博模板设计及各模块的应用；用于特定需求的微博发布工具长微博、时光机；用于微博推广的二维码、微博秀；用于分析微博运营效果的各种统计数据；等等。微博平台的新功能、新应用在不断出现，其中许多值得深入实践体验。

### 4. 树立企业微博的搜索引擎优化意识

在网站运营中，搜索引擎优化意识对于制作高水平的网页内容，并通过搜索引擎带来访问量具有重要的影响。为了扩大微博的传播效果，将搜索引擎优化思想和方法应用于微博也是非常重要的。在企业微博营销的常见模式（见 5.4.2.2 节）中的微博扩展传播模式，已经介绍过微博搜索引擎优化的作用，在微博运营中应掌握各微博平台对于主要搜索引擎优化的特点，让微博内容写作在为用户提供价值的同时获得搜索引擎优化的效果，从而扩大微博信息的传播范围。

### 5. 企业微博运营的“五官整合、五官齐下”

官方企业网站、企业博客、企业微博、企业微信、企业 APP 运营的目标是一致的，是企业的五大官方信息源（“企业五官”），实现内容资源共享与互为推广的必由之路是从运营策略层面将五个方面整合起来，而不是相互独立运营。“五官整合、五官齐下”策略包括制定总体运营目标与各自的分项指标、统一推广计划、共享内容资源和推广资源等，在运营岗位设置方面，也有必要兼顾五方工作的结合。

#### 6. 企业微博与市场推广活动的结合

微博是重要的网络推广工具，不仅在开展专题市场推广及产品促销活动时发挥作用，在日常市场工作中都有必要将企业微博作为主要推广工具。这也就意味着企业微博运营具有跨部门的职能和属性。

#### 7. 企业微博与客服业务流程的结合

为了解答顾客关心的问题，除了官方微博之外，大型企业大多设立有专门的客服微博，甚至不同产品部门有各自独立的微博客服账户。尽管如此，顾客发现问题后到微博提出问题，并等待微博回复，仍然显得比较漫长或者对结果无法预期，如果没有明确的规则约束，用户在微博上@某些企业的客服得不到任何回复是司空见惯的事情。因此，在业务流程（尤其是电子商务业务）中融合实时微博客服及建立微博客服规范的必要性将越来越明显。

#### 8. 企业微博运营与网络公关的协调

在网络公关方面，企业微博比官方网站及博客更及时、更有效，因此应将其作为网络公关的首选官方信息发布渠道。这就要求公关人员对微博运营方式及规范有系统的了解，同时微博运营人员对网络公关的流程和模式应有充分的了解，且微博运营与市场及公关部门应保持密切的协作，在应对突发事件及危机公关时才能协调高效工作。

#### 9. 不断修订和完善企业微博运营管理规范

微博在不断发展，微博运营及管理的内容和方式也不是一成不变的，即微博运营规范具有阶段性的特征，需要根据运营中发现的问题不断修订和完善。因此，相对于比较成熟和稳定的网站运营规范，对微博运营规范的执行应具有一定的灵活性，要适应不断发展变化的微博环境。

总之，最成功的微博营销不在书本里，也不在固定的模式里，发展变化是现阶段微博营销的典型特征。在以“微营销”为特色的社会化营销中，微博、微信，以及随后可能会产生的更具颠覆性的“微××”，都是值得持续关注和深入应用的方式。

## 5.5　社会化网络营销应用（2）：网络社群营销

网络社群，是指因某种关系而连接在一个圈子的互联网用户，如 QQ 群、微信群、同一微信公众号的订户、同一话题的参与者、同一用户（如明星）的共同关注者（粉丝）、微群、微博好友圈、微信朋友圈等。网络社群营销是在网络社区营销及社会化媒体营销的基础上发展起来的用户连接及交流更为紧密的网络营销方式。

### 5.5.1 网络社群营销的特点及与网络社区营销的区别

与网络社群相关的一个概念是虚拟社区（或者叫网络社区）。在早期 PC 互联网时代，通常用虚拟社区来描述互联网用户之间的信息交流场所，如网络聊天室、BBS/论坛、留言板等。2000 年之前上网的用户对网易社区、新浪论坛等并不陌生，这些早期的网络社区满足了用户之间交流的需求。虚拟社区一词在 Howard Rheingold 于 1993 年出版的《虚拟社区》一书中被介绍，这可能是最早对互联网人际关系的研究。[12]

网络社群的概念则是由于 Web2.0 的发展尤其是社交网络的应用才逐步流行起来的。从 SNS 发展的时间上推测，网络社群的概念大约出现在 2006 年前后，社群经济、分享经济等概念也是在同样的背景下逐渐被认识的，可见社群是以社交化为基础的。根据网络营销的一般规律，有什么样的工具和平台，就会出现相应的网络营销方法，因此本书倾向于社群营销概念与社群的兴起出现于同一时代。2010 年《社群新经济时代》一书首次系统介绍了社群经济理论，但并非首次解释社群营销的概念。[13]

由此可见，网络社群与网络社区之间既有一定的联系也有明显的区别。网络社群与网络社区之间的共同性在于，二者都是以交流沟通为出发点，但社群成员之间的连接及交流更紧密，可信度更高，更重视社群成员的参与感与归属感。实名制（或经过社交平台认证）成为用户展示个人信息的常见方式。网络社区的用户关联则较为松散，用户之间通常仅知道“网名”，而并不公开真实的身份和联系信息，因而通常具有虚拟的性质。早期网络营销被称为“虚拟营销”，也与这些因素有一定的关系。

但是社群与社区有时也难以明确区分，有些网络服务很难明确归为社区还是社群，如贴吧、网络百科、博客等。如果从英文名称来看，社群与社区都是 Community，表明社群与社区的同源性，实际上很难严格区分两者的差异。因此，本书的观点是，理解社区与社群的差异，更多地可从应用方面去考虑。

从网络营销的角度来看网络社区营销与网络社群营销的区别：

（1）网络社区营销属于传统的基于互联网工具的网络营销方法，是对网络工具营销价值的合理挖掘及利用。也就是说，**网络社区营销的核心是工具，通常是先有工具后有营销，通过工具实现营销信息的发布与传递**。网络社区营销的方式，主要通过发广告、软文等方式进行，营销方式简单直接，不容易被用户接受，还可能受到社区管理的约束。

（2）网络社群营销是在网络社会关系的基础上，将人和人连接起来，通过交流和分享等方式获得信任，通过人的关系网络传播营销信息并实现后续行为。**网络社群营销的核心是人及连接，属于先有人后有营销的方式。**网络社群营销的方式，主要通过连接、沟通等方式实现用户价值，营销方式人性化，不仅受用户欢迎，还可能成为继续传播者。

当然社群营销也离不开网络工具（通常是社交平台），但仅仅依赖工具本身，没有社会关系网络节点的连接和参与，社群网络营销是无法实现的。网络社群营销以社交平台为依托，构建了社会化网络关系的互动和信任，在此基础上实现价值传递。网络社群营销是最具活力的社会化网络营销形式。因此可以说，网络社群营销是网络社区营销及社会化网络营销的高级形态。

表 5-5 简单总结了社群营销与社区营销的主要特点。

**表 5-5　网络社群与网络社区营销特点总结**

| | 出现时间 | 产生背景 | 核心思想 | 营销模式 | 典型代表 |
|---|---|---|---|---|---|
| 网络社区营销 | 1993 年 | 网络交流 | 工具导向 | 广告、软文 | 论坛 |
| 网络社群营销 | 2006 年前后 | 社交网络 | 关系网络 | 连接、沟通 | 微信群 |

## 5.5.2　网络社群营销的若干问题探讨

网上分析最多的社群营销案例包括小米手机和星巴克咖啡等，这些成功的案例各有各的资源和策略，其共同点是利用社交网络建立了用户的沟通渠道，并且让用户参与到产品设计和营销活动中。小米手机的社群营销主要通过微博及小米官网、手机社区等平台进行，星巴克则利用各大社交平台发布各种推广活动吸引用户。

我们不妨通过小米手机微博分析一下，小米的社群营销到底有什么特别之处。案例资料来源：http://www.weibo.com/xiaomishouji。

小米手机微博案例之一：2016 年 4 月 13 日，大屏小米手机征名投票（http://www.weibo.com/2202387347/DqKb2eOyX）

微博内容："大家好！我们打算推出一款'有史以来最大屏的小米手机，是个全新品类'。备选有 4 个名字：小米 Max、小米 Pro、小米 Plus、小米 Big。想请大家帮忙投票看看。放心，这个未满 18 岁也可以投。"

微博信息显示，参与这项征名投票活动的用户数大约 8.5 万人，如此大的用户样本量，足以满足任何统计分析的数据需求，得出的调查结果具有较高的可信度，这些都是用户自愿参加的，无须任何费用。同时，这条微博获得了 3 万多次转发和 4 万多条评论，可见用户参与的热烈程度。不过相对于小米手机 1 451 万的粉丝量，参与转发和评论的总用户数仅占 0.5%。这说明庞大的粉丝数量是小米手机微博营销的重要资源。同时也意味着，如果按此比例，粉丝量不足 1 万的小品牌微博获得的用户参与数量可能就不具有统计意义。

另外，根据小米手机微博 4 月 15 日发布的消息（http://weibo.com/2202387347/Dr32u4c7x）："'大屏小米手机'新品征名投票，2 天以来在微博、小米社区和 MIUI 论坛共有超过 24.5 万人参与，包括未满 18 岁的。最终@小米 Max 以 116 294 票，成为最受大家喜爱的名字。”

从这个信息可以看出，小米大屏手机征名活动并不仅仅在新浪微博进行，还包括小米官方的社区和论坛。那么，就提出了一个问题，小米手机微博、社区及论坛在整个社群营销体系中分别处于什么地位，发挥哪些作用呢？继续看更多的小米手机微博，不难看出其关联营销的机制设计。

**小米手机微博案例之二**：2016 年 5 月 3 日，手机用户资深度测试送 5 台#小米 Max#（http://weibo.com/2202387347/DtNf348Pj）

微博内容：“【手机用户资深度测试 送 5 台#小米 Max#】你玩机够 Max 吗？MIUI 报告显示：31.7%的人玩手机每天超 5 小时，平均点亮屏幕 214 次，女生比男生更爱玩。5 月 10 日小米 Max 发布，大屏幕、大电量、大容量，专为资深用户设计！马上测试，获得你的玩机称号并分享微博，每天送一台新品手机。”后面所附 URL 链接到小米官网的小米 Max 新品发布专题活动页面（http://hd.mi.com/y/04271a/index.html）。

与微博新品征名的活动不同，这则微博则将微博用户吸引到小米官方网站参与测试活动。其实很多微博活动，最终都会链接到小米官网来进行。微博平台是别人的，官网是自己的，这个道理很明显。就是从微博平台获得粉丝关注，然后通过各种活动，将用户吸引到官方网站或官方社区，真正成为企业的用户资源。

小米手机的营销模式成为被广泛关注的成功案例，研究小米模式的文章众多，每个作者都可能从不同的角度发现和分析小米成功的因素，其中比较一致的观点包括用户参与、饥饿营销等，简单来说也就是充分发挥了社群经济的优势。当一个企业或者一种营销模式成功之后，往往会被广泛传播和模仿，那么小米的营销模式（这里仅探讨社群营销模式）是否具有一般规律，是否可以被更多的中小企业借鉴和模仿？这是我们以小米手机为研究对象探索网络社群营销的基本出发点。

事实上，到目前为止，小米营销模式模仿难度还是很大的，很少有同样成功的案例，更不用说可复制应用于中小企业的成功经验。由于网络社群营销还处于发展初期，还没有广泛适应的成熟的方法，但社群营销的威力已经得以表现，所以随着社交网络及社会化营销日益成熟，通过一些方法探索社群营销的一般规律是可行的。我们这里尝试从提出问题入手，初步勾画网络社群营销的一般框架，更深入的分析留待后续研究。

**本节探讨网络社群营销的部分问题**：网络社群营销的架构设计、网络社群的类型选择、社群营销的适用性问题、网络社群营销的本质。

#### 5.5.2.1 网络社群营销的架构设计——如何建立网络社群

网络社群是以社交网络为基础的，但作为第三方的社交网络服务有多个，不同的社交平台功能不同，用户有交叉也有差异，仅仅依托一个社交平台通常是不够的，往往需要利用多个平台充分发挥各社交网络平台的特点，最大限度地发挥社交平台的连接与沟通价值，获得更多新用户关注以及与老用户的沟通。同时，在条件具备的情况下，还需要建立企业自己的社交中心，将分散在各社交平台的用户集中到企业自己的用户中心，完成社群资源的积累。

因此，企业级网络社群的一般架构是：社交网络集群+企业用户关系中心。而以个人为核心的网络社群（基于自媒体的扩展），大多建立在主要的社交平台上，通过各个平台的功能实现用户参与及沟通。

相应的一个问题是：开展社群营销需要投入多少资源，该如何设计岗位职责及目标？营销人员需要哪些能力和资源？这些现实问题，目前还很难有明确的答案，还需要每个企业不断的探索和总结。

#### 5.5.2.2　网络社群的类型选择——应该建立什么样的社群

狭义的网络社群往往指微信群、QQ 群等将多个用户连接到一个社交圈子的社群，但由于各种群的规模总是有限的（如每个微信群最大用户数 500 人，QQ 群 2 000 人），而且群成员之间的关系可能比较分散，缺少相互沟通的信任基础。广义的社群则包括各种社交媒体账号所拥有的关注者，即社交网络中每个节点都是一个社群的运营者。社群营销往往是狭义与广义的社群同时存在，通过不同的方式沟通交流及分享。因此，作为网络社群营销的基础，需要对各种社交网络的关注者及聊天群进行合理的划分，形成目标清晰的社群子系统。

本书将网络社群类型进行初步的归纳。

**1．狭义的社群成员关系分类**

在狭义的社群中（如微信群），根据群主与群成员之间的关系，可将社群分为交流型社群、通知型社群和不确定型社群。其中，交流型社群以群成员的交流互动为主，通常适用于有共同话题且有一定比例的活跃用户群体；通知型则主要由群主（发起人或运营人）向群成员发布消息，成员之间较少沟通，通常为群主权威性较高，成员以聆听为主；不确定型则兼具前两者的情况，没有明显的特点。

**2．社群业务性质分类**

根据社群的业务性质，可将网络社群分为服务型社群与订阅型社群，这也是借鉴了微信公众号的分类方式。服务型社群以用户服务为核心，注重互动咨询，增强用户的参与感。订阅型社群则偏重向用户传递有价值的信息，企业（社群运营者）是订阅型社群的核心，决定着信息传递的内容、频度及营销目标，属于粉丝思维的运营方式，是社群营销的基础。

**3．社交关系强度分类**

根据社群成员在社会关系网络中的连接强度，可将社群分为紧密型、松散型和无关联型三种类型。紧密型是社会关系网络中的强关系，松散型则是临时关系或弱关系。无关联型社群虽无直接沟通，但拥有共同的话题，可以发展成为松散型甚至紧密型，属于可发展的社群成员。例如，网络百科同一词条或同类词条的编辑者，虽无直接关联（无相互关注及交流），但拥有共同的话题和行为，在一定的条件下可以发展转化。

4. 社群资源的形式分类

根据社群建立的方式，可将社群分为社交平台内社群、跨社交平台社群、企业社群和个人社群等类型。一个企业的社群资源可能是单一形式，也可能是多种形式的组合，在这些社群方式中，社交平台内部社群是基础，包括微博营销、微信营销、Facebook 营销等，是所有社群营销必不可少的社交资源。这再次表明，社会化营销是社群营销的基础，社群营销不可能脱离社会化营销独立存在。

每个社群的运营者都希望建立一个用户数量大、活跃程度高、归属感强的社群集合，但实际上受到各种因素的制约，很难做到理想状态，因此就需要在各种类型的群形态中选择及尝试适合自己的社群形式及规模。

#### 5.5.2.3 社群营销的适用性——开展社群营销需要具备什么条件

通过对企业成功案例的分析以及对社群架构及形式的初步了解，其实不难得出结论：成功的社群营销不是随便可以复制的，构建和运营一个好的社群绝不是简单的事情，即使掌握了所有的方法，也未必能实现预期的目标，更不要说通过社群获得理想的营销效果了。

建立和运营网络社群的条件包括人力和资金、内容和服务、时间和耐心、产品及营销模式等。其运营模式和流程，与一般的 SNS 营销并无原则性差别，但对沟通和服务方面有更高的要求，而不是简单的通过社交网络实现“内容营销”。

也就是说，社群营销比内容营销和一般的 SNS 营销难度更高，需要更多的资源投入及用户资源积累，社群营销并不是立竿见影的营销方式，在短期内难以获得显著的投资收益。如果某些环节对用户没有产生价值或吸引力，即使经过较长时间可能也无法积累足够多的社群成员，这就意味着社群营销的失败。

可见，并非每个企业都有能力创建和运营自己的网络社群，也就意味着网络社群营销并非普遍适用的网络营销方法。不过，这并不是说不具备条件的企业就无法利用社群营销，因为基于网络社群中的连接关系，每个节点都具备分享和沟通的机会，可以充分利用所参与的社群，以适当的方式传递企业的信息。当然不是简单地在社群内发布广告，而是要通过积极参与社群活动，分享及互动，逐步获得群成员的信任和重视——建立企业的网络可信度，在此基础上利用社群资源实现营销的目的。

简单来说，**开展网络社群营销的一般思路**是：一方面尽可能构建及运营以本企业为核心的社群，另一方面可以参与尽可能多的相关社群，或者与资源互补的相关社群进行资源合作，合理利用第三方的社群资源在一定范围内实现社群营销的目的。

以上仅是关于网络社群营销的一些基本认识，还有更多值得进一步探讨的问题需要在实践中不断探索和总结，例如：

（1）如何制定针对不同社群形式的内容策略。

（2）获得网络社群成员的渠道、方法及规律。

（3）社群营销活动策划及实施的原则和方法。

（4）保持社群活跃度、可信度、认同度的有效方法。

（5）网络社群成员管理办法。

（6）社群营销效果的评价指标及方法。

（7）社群营销中的法律问题及解决途径。

……

#### 5.5.2.4　网络社群营销的本质

在本节的最后，用一个不成熟的观点作为对网络社群营销本质的总结：**网络社群营销的本质是：基于社群成员期望及需求的未来营销方式。**

这个观点可从以下两个方面进行阐述。

（1）有关“未来营销”的概念，与基于用户行为历史数据分析的营销模式相对应（如大数据营销），意指营销策略基于成员未来的需求，而不是已经发生过的历史行为。

（2）网络社群营销应用及研究还处于初级阶段，本书前述的有关分析和结论仅供参考，希望发挥一定的启发作用。作者本人也在深入实践中，后续深度研究及经验总结将通过网络营销教学网站及作者的社交网络陆续发布，也将在本书重印或再版时逐步更新。

## 本章内容提要

传统的网络营销是以互联网技术为基础，而社会化网络中的网络营销是在 SNS 平台上以人员及其社会关系为基础，人既是网络营销信息的发布者也是传播者和接收者。网络营销社会化促使网络营销成为一种思维模式和生活态度，而不仅仅是营销方法。SNS 营销是传统网络营销的有效补充，两者没有替代关系，可以通过内容资源及用户资源实现相互融合和促进。

社会化网络营销（SNS 营销）是利用社会化网络进行营销信息传递和交互的一种网络营销方法，其核心是通过人的信息资源及社会关系网络资源的扩展，实现信息分享和传播。社会化网络营销的基本特点表现为“五化”：平台化、全民化、一体化、分散化、动态化。社会化网络的基础网络营销功能包括五个方面：构建社会关系网络资源、社交网络信息发布、沟通与交流、病毒式传播、网络广告媒体。

社会化网络营销的流程和方法包括容：（1）SNS平台选择：SNS营销的基础条件；（2）建立关系网络：个人节点融入社会关系网络；（3）营销资源积累：持续积累用户资源；（4）内容与营销：SNS营销的内容策略及实施；（5）SNS账户运营：信息发布与传播；（6）效果分析与管理：SNS营销效果评价。

博客营销与微博营销的区别：（1）用户获取信息的方式的区别在于：博客营销以信息源的价值为核心，主要体现信息本身的价值，用户获取信息的行为及反映也取决于博客的内容的价值；微博营销以信息源的发布者为核心，体现了人的核心地位。（2）信息传播方式的本质区别在于：博客营销可以依靠个人的知识及能力通过各种网络渠道进行信息传播（对互联网工具的依赖）；而微博营销除了个人的知识与能力之外，还要依赖自己的社会关系网络资源才能获得信息在更大范围的传播（即对人的依赖）。

实施企业微博营销的三项基本内容：（1）构建微博营销的基础条件；（2）制定微博营销方案并以正确的方法实施微博营销；（3）微博营销的运营管理。微博运营管理规范包括六个方面：企业微博账户规范、企业微博内容规范、信息发布管理规范、用户交互管理规范、风险及限制性信息管理规范、企业微博效果评估。

网络社群与网络社区之间既有一定的联系也有明显的区别。两者的共同性在于，都是以交流沟通为出发点，但社群成员之间的连接及交流更紧密，可信度更高，更重视群成员的参与感与归属感。网络社群营销是在网络社区营销及社会化媒体营销基础上发展起来的用户连接及交流更为紧密的网络营销方式。

本章以小米手机为例，探讨了网络社群营销的部分问题：网络社群营销的架构设计、网络社群的类型选择、社群营销的适用性问题、网络社群营销的本质。开展网络社群营销的一般思路是：一方面尽可能构建及运营以本企业为核心的社群，另一方面可以参与尽可能多的相关社群，或者与资源互补的相关社群进行资源合作，合理利用第三方的社群资源在一定范围内实现社群营销的目的。网络社群营销的本质：基于社群成员期望及需求的未来营销方式。

## 本章参考资料

[1] 社会网络．https://zh.wikipedia.org/wiki/社会网络．

[2] 搜狐IT频道．http://it.sohu.com/s2005/web2info.shtml．

[3] 搜狐IT频道．http://it.sohu.com/s2005/web2info.shtml；博客网．http://www.bokee.com；网络营销教学网站．http://www.wm23.com；网上营销新观察．http://www.marketingman.net．

[4] 冯英健．网络营销基础与实践[M]．第 3 版．北京：清华大学出版社，2007．

[5] Day, G. S, The capabilities of market-driven organizations[J]. the Journal of marketing, 1994, 58(4): 37-52.

[6] 冯英健，李琪．全员网络营销价值及影响因素分析[J]．情报杂志，2008，9．

[7] SMBs Struggle to Adopt, Integrate Social Media[EB/OL]. (2012-09-10) http://www.emarketer.com/Article.aspx?R=1009332.

[8] Social Media Proves Value, Gets Budgets[EB/OL]. (2012-09-17) http://www.emarketer.com/Article.aspx?R=1009352.

[9] Marketers Still Can't Tie Social to Bottom Line[EB/OL].(1012-09-12) http://www.emarketer.com/Articles.aspx?R=1009340.

[10] 新竞争力．根据病毒性营销的一般规律[EB/OL]．（2005-05-16）http://www.jingzhengli.cn/sixiangku/s02/02013.htm.

[11] 新竞争力．微博是个天然广告联盟平台[EB/OL]．（2013-03-01）http://www.jingzhengli.cn/Blog/fyj/1468.html.

[12] 虚拟社区．https://zh.wikipedia.org/wiki/虚拟社区．

[13] 艾瑞克·奎尔曼．社群新经济时代[M]．洪慧芳，译．财信出版，2010．

# 第 6 章

# 生态型网络营销模式

生态型网络营销模式，是基于网络营销生态思维的核心思想，以用户关系网络的价值体系为基础的网络营销方法。本章以部分有代表性的生态型网络营销方法为例，介绍了生态型网络营销的价值关系模式，包括网络会员制营销（网站联盟）、微信分销、众筹营销等。

## 6.1　生态型网络营销的概念及特点

在本书第 1 章有关“中国网络营销思维模式的演变”中介绍过，网络营销思想经历的主要阶段包括技术思维、流量思维、粉丝思维及 2015 年之后逐渐形成的生态思维。生态型网络营销概念是在生态思维的基础上形成的一种可操作的网络营销方法。本书首次提出生态型网络营销的概念。

生态型网络营销即以生态思维设计的网络营销策略及方法，借鉴生态学及由此产生的商业生态系统、行业生态系统等概念，对网络营销系统中参与者的地位及价值进行分析设计，形成利益共享、可持续发展的网络营销生态系统。为了说明网络营销生态系统各参与者之间的相互关系，首先回顾一下生态学对生态系统的定义：“在自然界一定范围或区域内，生活的一群互相依存的生物，包括动物、植物、微生物等，和当地的自然环境一起组成一个生态系统。”[1]

与自然界的生态系统类似，网络营销生态系统是由营销活动范围内所涉及的相互依存或影响的组织、人员、网络平台、营销环境等组成。它包括网络营销信息创建者、信息发布渠道（企业网站、网络广告媒体、社交网络等）、信息传播渠道（搜索引擎、即时信息、电子邮件、社交网络等）、第三方服务商、信息获取者、消费者（销售者）、管理机构等。

例如，在传统网络营销市场上，域名注册及虚拟主机服务商、网站建设服务商、企业用户、网站推广服务商等形成了一个网络营销服务生态系统。在搜索引擎广告领域，搜索引擎平台、投放广告的企业、广告浏览及点击者之间，也可以认为是一个生态系统，三者相互依存才使得搜索引擎广告系统得以正常运转。

生态系统的概念还可以扩展到网络营销之外的信息传递系统及电子商务系统。例如，在淘宝电子商务系统中，淘宝网站平台、企业网店、网店服务商（如快递公司、网店推广服务商）与消费者等，形成了一个网上销售生态系统。在微信系统中，用户与用户之间形成关系网络，其中包括信息发布者、信息传播者、信息接受者，于是形成了一个微信信息的发布及传播生态系统。

但是这些以业务为纽带形成的生态系统，在系统各成员/组织之间并未形成明确的价值关系传递，通常仅仅是紧密相关的两个成员或组织之间发生服务和被服务的关系，实质上是一种业务依存关系。以信息为纽带的微信信息生态系统，由于没有发生以实际利益为基础的价值传递，因而与生态型网络营销的思想也有一定的距离。

一个理想的生态型网络营销系统应该具备下列基本特点。

（1）系统中各成员或组织之间有相互依存的关系，但并不限于业务关系。

（2）系统中各成员或组织之间有明确的价值传递关系，且具有长期性。

（3）系统中各成员或组织共同形成一个社会化网络子系统，即每一个生态型网络营销系统也是一个微型的社会化网络，具备社会化网络的基本特点。

不过这种微型社会化网络并不一定依托于公共社交平台，可以是自成体系，相对独立。其中最重要的特征之一是，系统不具有强制性，成员可以自由加入和退出，无须支付费用（或低于正常市场价格），并且经过自己的努力，利用自己的网络资源（如网站访问量资源或社会关系资源）可以获得收益、获得低于市场价格的优惠，或者其他潜在的价值（如成就感、优越感等）。这就意味着，在这个系统中，存在着明确的价值链，包括营销支持平台、营销资金提供者（如广告主企业或网店店主）、参与者（推广者或分销者）、最终用户（消费者或推广信息接收者），所有参与者根据营销效果获得佣金或收益，而最终用户则获得优惠购买或其他利益。

生态型网络营销的意义在于，它体现了网络营销中的价值关系，实现信息传递与价值传递相结合，丰富了网络营销的内涵，是对网络营销思想的扩展。同时，生态型营销也使得顾客关系营销及顾客价值营销理论具有可操作性。

## 6.2　原生态：网络会员制营销（网站联盟）

网络会员制营销（Affiliate Programs）是常用的一种利益分享模式的网络营销方法，在大型电子商务网站得到广泛应用，如亚马逊网站联盟、Google AdSense、当当联盟、百度联盟、携程网站联盟、网易网站联盟、淘宝客等。后来在一些网页或文档中出现了“网站联盟”“联属网络营销”等术语，实际上说的都是同一回事。

国内最早使用“网络会员制营销”这一术语始于1999年12月。本书作者翻译的“实施会员制计划中7项致命的失误”（见 http://www.marketingman.net/wmtheo/apm201.htm），文中首次将 Affiliate Programs 的中文意义用“会员制营销”来表达。对网络会员制营销最早的系统描述，则是在本书作者出版于2002年1月的《网络营销基础与实践》一书中。该书对网络会员制营销的描述如下：

“如果说互联网是通过电缆或电话线将所有的电脑连接起来，因而实现了资源共享和物理距离的缩短，那么，网络会员制计划则是通过利益关系和电脑程序将无数个网站连接起来，将商家的分销渠道扩展到地球的各个角落，同时为会员网站提供了一个简易的赚钱途径。”

可见，这种模式最初是一种商家与加盟会员利益共享的网络营销方法，而不仅仅是通过会员网站投放广告，通常是支付销售额一定比例作为会员网站的佣金。通过会员制程序，连接了网站平台运营者（联盟主）、网络媒体内容提供者（网站主）、网络广告投放者（广告主）及最终消费者之间的价值关系，从一定意义上讲，形成了价值共生的生态系统，具备生态型网络营销的雏形，为基于顾客价值为核心的社会化生态网络营销的产生奠定了成熟的理论基础，进行了实践的检验。

在网络营销内容体系建立和发展历程中（1994—2015年），尽管网络会员制营销方法（网站联盟）早已诞生并发挥着重要的作用，但在传统的以互联网工具或平台为主线的方法体系中，一直难以归入一个合适的类别，直到本书首次提出生态型网络营销的概念，网络会员制营销才找到自己的位置，事实上是生态型网络营销最早的萌芽。经过长期的发展演变，网站联盟的价值网络得到进一步的完善，成为大型电子商务网站有效的网络推广方法。

对网络会员制营销这种简单明了的“原生态”网络营销生态关系的分析，有助于理解深层次的生态型网络营销系统。

## 6.2.1 关于网络会员制营销的起源

网络会员制营销起源并成功应用于在线零售网站。在电子商务比较发达的美国，网络会员制营销已经形成电子商务网站重要的收入来源之一，在应用范围上，也不仅仅局限于网上零售，在域名注册、网上拍卖、内容销售、网络广告等多个领域都普遍采用。在美国，实施网络会员制计划的企业数量众多，几乎已经覆盖了所有行业，而参与这种计划的会员网站更是数以十万计。

根据亚马逊网站（Amazon.com）的介绍，到2006年，加入亚马逊网站会员制计划的网站就超过100万个，而且会员网站数量还在不断增加中。国内的网络会员制营销起步较晚，2003年之后才进入了一个快速发展时期，尤其是随着第三方网络联盟服务的兴起，网络会员制营销模式在国内的应用逐渐接近成熟。

一般认为，网络会员制营销（Affiliate Programs ）由亚马逊公司首创。因为 Amazon.com 于 1996 年 7 月发起了一个“联合”行动，其基本形式是：一个网站注册为 Amazon 的会员（Join Associates），然后在自己的网站放置各类产品或标志广告的链接，以及亚马逊提供的商品搜索功能，当该网站的访问者点击这些链接进入 Amazon 网站并购买某些商品后，根据销售额的多少，Amazon 会付给这些网站一定比例的佣金，最高的可达到 15%。从此，这种网络营销方式开始广为流行并吸引了大量网站参与——这个计划后来被称为“网络会员制营销”。

网络会员制营销资源网站 AffiliateManager.net 的发行人、《成功的网络会员制营销》一书作者 Shawn Collins 的研究发现，其实早在 Amazon 之前两年，就已经出现了网络会员制营销的雏形，只不过当时没有系统的描述。在 Amazon.com 之前实施会员制计划的公司主要有：PC Flowers & Gifts.com（1994 年 10 月），AutoWeb.com（1995 年 10 月），Kbkids.com/BrainPlay.com（1996 年 1 月），EPage（1996 年 4 月）等。[2]

## 6.2.2　关于第三方网站联盟平台

网站联盟可以由网站直接发起，也可以通过第三方联盟平台来进行。亚马逊网站、百度、携程、当当网等这些提供网站是自己作为联盟主提供的网络会员制营销（网站同时也是广告主），即由网站自己提供的联盟平台。随着网站联盟的广泛应用，出现了第三方网站联盟平台，即由专门提供网站联盟服务的网站为其他网站提供这种联盟技术服务，网站主通过联盟平台可以在多个联盟主中进行选择。

一个网站通常既可以采用第三方联盟平台的服务，也可以用自己的联盟平台开展网络营销。正如一些航空公司的网站自己在线销售机票的同时，也通过携程等第三方机票代售网站销售。

### 案例 6-1：eBay 利用第三方网站联盟平台实施的网络会员制营销

eBay 成立于 1995 年 9 月，是目前世界上最大的网上拍卖网站，拥有注册用户 3 000 多万人，根据 Jupiter Media Metrix 发布的 50 家最大网站排名，2001 年 5 月份 eBay 的独立用户数量为 1 923.6 万人，排名第 12 位。从销售收入来看，根据 Nielsen//NetRatings 和 Harris Interactive 的研究报告，在 2001 年 5 月份网上拍卖网站收入已达到 5.56 亿美元，比上年同期的 2.23 亿美元增长了 149%。eBay 在 2001 年 5 月份的收入占全部网上拍卖的 64%，收入为处于该领域第二位公司的 4 倍，让竞争对手望尘莫及，而且 eBay 的访问者转换率也是最高的，将近四分之一的网站访问者成为购买者。

eBay 的会员制营销开始于 2000 年 4 月，当时是与 ClickTrade（http://www.clicktrade.com）合作开展的，这个会员制营销计划提供的佣金是按照注册用户数量来计算的，从会员网站链接来的访问者成为注册用户，会员可以获得 3 美元的佣金。eBay 在与 ClickTrade 合作的一年中有 20 000 个会员网站加盟。2001 年 4 月 18 日，eBay 开始与 Commission Junction（http://www.cj.com）合作，不过 ClickTrade 的会员制程序在一定时期内还可以继续使用，以后将逐步转移到 Commission Junction 的系统中。Commission Junction 是第三方会员制营销方案提供商，提供第三方的用户访问跟踪、实时报告系统、佣金结算，并解决会员账号管理中的一切问题。

eBay 与 Commission Junction 合作开始第 2 个会员制营销计划的同时，也将佣金水平从原来支付给每个注册用户 3 美元上升到 4 美元，这样又大大地激发了会员的积极性，新计划实施 1 周后，就有 3 000 个网站加盟成为会员，6 个星期后会员数量达到 12 000 个。有数字表明，在 2001 年 5 月份中的一个星期，通过 Commission Junction 会员制程序获得的点击次数超过 50 万，简直不可思议。

与一般网站花费大量金钱而吸引用户的做法不同，eBay 并没有为用户提供什么特别的激励手段，没有优惠券，也没有免费送货政策，用户加入 eBay 完全是出于自愿。根据 eBay 2001 年第一季度的财务报告，获得每个注册用户的平均成本为 14 美元，而通过会员制营销计划支付给会员的佣金为 4 美元，显然，这个佣金支出是很合算的。

不过，在 eBay 的运营过程中，网站自己的网络会员制营销也发挥着重要的作用，并非仅仅依靠第三方联盟平台。根据 eBay 发布的 2015 年财报，公司全年净营收入为 85.92 亿美元。近年来 eBay 网站经历了发展中的一些问题，营业收入出现一定的下降。

资料来源：网上营销新观察（http://www.marketingman.net/wmtheo/apm208.htm），2016 年 5 月修订。

美国的第三方网站联盟服务非常成熟，提供这种服务的网站很多，如在 Affiliate Marketing & Programs Directory（http://www.affiliateprograms.com）这个网站上列出了很多提供网站联盟业务的网站以及第三方联盟平台。国内目前也有许多第三方网站联盟平台，由于占据主导地位的不多且经常处于变化之中，因此这里不再列举具体网站平台的名称，大家可根据需要随时通过搜索引擎、分类目录等方式了解当前最有影响力的第三方网站联盟平台。

### 6.2.3 网站联盟的网络营销价值关系分析

无论是网站自行开展网络会员制营销计划，还是借助于网站联盟平台，都可以通过适当的方式发挥网络会员制营销的价值。经过十多年的实践和研究，网站联盟的网络营销价值关系已经比较成熟和清晰。网站联盟的网络营销价值关系归纳如下。

**1．对联盟主的价值：扩展推广、广告定位、分销渠道**

联盟主是网络会员制营销系统中的核心，承担着招募会员（网站主）及会员管理、广告制作及投放、效果跟踪、数据处理及佣金发放等整个活动流程。对于联盟主来说，可以获得的网络营销价值包括以下方面。

（1）扩展了网络广告的投放范围

一般来说网站内部广告空间有限、流量有限，因此站内广告资源不足，需要将网络广告扩展到其他网站。在其他网络媒体网站投放广告是常用的方法之一，但由于各个网络媒体的广告投放方式、用户来源及广告管理方式差异较大，在多个媒体投放和管理广告就显得比较复杂。通过网络会员制程序，轻易实现在众多网站投放及管理广告，大大扩展了网络广告的投放范围。在数以万计甚至百万计的网站上展示广告，而不仅仅是少数大型门户网站，也是长尾理论的应用案例之一。

（2）提高了网络广告投放的定位程度

相对于传统的大众媒体，定位性高一直是网络广告理论上的优势，但在传统门户网络广告投放的模式下，实际上很难做到真正的定位，即使选择某个相关的频道，或者某个专业领域的门户网站，也无法做到完全的定位。基于内容定位的网络广告则真正做到了广告内容与用户正在浏览的网页内容相关。例如，搜索引擎广告联盟（Google AdSense、百度联盟、搜狗联盟等）提供了极好的案例实证。在采用网络联盟策略之前，关键词广告只能出现在搜索结果页面上，由于网页空间有限，使得大量的广告没有机会出现，无论对于广告主还是搜索引擎都是损失，通过联盟方式，成功地将关键词广告投放在众多相关的网站上。

（3）扩展了商家的网上销售渠道

网络会员制最初就是以网上销售渠道的扩展取得成功而受到肯定，其应用向多个领域延伸并且都获得了不同程度的成功，直到现在，网络会员制营销模式仍然是在线销售网站拓展销售渠道的有效策略之一。以当当网为例，自从 2001 开始当当联盟以来，经过几年的发展，至今仍然非常重视这一在线销售渠道策略，在 2004 年 10 月份还对当当联盟栏目进行了全新的改版，增加了更多会员可供选择的链接形式，并改进了账户查询等技术功能。国内另一家知名网上零售网站卓越网（后改名为亚马逊），也在 2004 年开放了网站联盟并一直沿用至今，这充分说明了网上零售商对于网络联盟价值的肯定。后期发展起来的大型电子商务网站如京东商城、凡客诚品等，大多也都实施了网络会员制营销计划。

**2．对广告主的价值：效果、管理**

广告主包括自行实施网络会员制营销的联盟主，也包括第三方网站联盟平台的所有广告主，以及第三方电子商务网站平台上的广告客户，如在百度联盟投放关键词广告的企业。它的主要价值包括：按效果付费及广告管理便利。

（1）按效果付费，节约广告主的广告费用

网站联盟普遍采用按效果付费，包括按每次点击费用、每次转化费用、每个订单的百分比等方式支付会员网站广告费或销售佣金。这样不会为无效的广告浏览支付费用，因此网络广告费用更为低廉。另外，对于那些按照销售额支付佣金的网站，如果用户通过加盟网站的链接引导进入网站，第一次并没有形成购买，但用户收藏或者记录了网站的网址，以后可能直接进入网站而不需要继续通过同一会员网站的引导，那么网站并不需要为这样的销售支付佣金，因此对于商家来说更为有利，这种额外的广告价值显然胜过直接投放网络广告。

（2）为广告主投放和管理网络广告提供了极大的便利

网站联盟为广告主向众多网站同时投放广告提供了极大的便利。在传统网络广告投放方式中，广告主通过广告代理商或者直接与网络媒体联系，由于各个网络媒体对广告的格式、尺寸、投放时间、效果跟踪方式等都有很大的差别，一个厂家如果要同时面对多个网络广告媒体的话，工作量是巨大的，这也在一定程度上说明了为什么只有少数门户网站才成为广告主投放网络广告的主要选择。网络联盟完全改变了传统网络广告的投放模式，让网络广告分布更为合理。与网络广告投放的便利性一样，广告主对于网络广告的管理也比传统方式方便得多。有的网络广告内容的有效生命周期不长，或者时效性要求较高，如果要在大量网站上更换自己的广告，操作起来也会很麻烦。采用网络联盟模式之后，只要在自己的服务器上修改一下相关广告内容，不希望出现的广告即刻消失了，而新的广告立刻就会出现在加盟网站上。

**3．对网站主的价值：流量转化、内容延伸**

网站主，也称联盟会员、内容发布商等，是指拥有自己可掌控的内容资源并加入了某个网络会员制营销程序网站运营者，通过在自己的网站投放联盟广告获得销售佣金或广告费。

（1）为会员网站创造了流量转化为收益的机会

对于加盟的网站主来说，可以通过加盟网络会员制计划获得网络广告收入或者销售佣金，将网站访问量转化为直接收益。一些网站可能拥有可观的访问量，但因为没有明确的赢利模式，网站的访问量资源便无法转化为收益，通过参与会员制计划，可以依附于一个或多个网站联盟，将网站流量转化为收益。对于内容为主的网站，获得广告收入是比较理想的收益模式，通过加盟广告主的联盟计划而获得广告收入。浏览一些资讯网站可以发现，网页上显示的广告都是百度联盟或谷歌提供的广告，这些都是联盟广告。

（2）丰富了会员网站的内容和功能

对于内容型网站来说，放置网络广告是网页的“标准配置”，不仅让网页内容看起来更丰富，也对用户获取更多信息提供了方便，尤其是当网络广告信息与网站内容相关性较强时，广告的内容便成为网页信息的扩展。对于广告主为在线销售型的网站，如当当网上书店，加盟会员在网站上介绍书籍内容的同时，如果用户愿意，可以根据加盟网站的链接直接开始网上购书行动，尤其是当网站为读者精心选择了某一领域最有价值的书籍，为用户选择书籍提供了更多的方便。如果网络联盟计划中提供了会员网站可以利用的功能，则进一步扩展了会员网站的功能，如 Google AdSense 除了提供基于内容定位的广告之外，还为会员网站提供搜索功能，用户利用谷歌搜索，如果点击了搜索结果中的关键词广告，也会为会员网站带来获得收益的机会。

#### 4．对网站用户的价值：相关性的产品或服务信息

通过浏览网页获取有价值的信息，是网站为用户提供的基本价值。与内容相关的网络广告，将网页内容延伸到相关的产品或服务，可认为是一种附加价值。尤其是，当网站联盟程序通过用户获取信息的行为进行分析后提供更为精准的广告，对用户的价值更为显著。例如，假如你打算做一个内蒙古大草原的旅游计划，当你通过搜索引擎搜索过相关的关键词之后，在浏览联盟网站时，搜索引擎会根据用户本地搜索记录在联盟会员网站投放相关的广告，为用户提供更多的选择。

但是，网站联盟广告的点击率通常仅有 0.5%左右，表明联盟广告对绝大多数用户的价值并不显著，用户对联盟广告习惯性忽略，或者对广告没有兴趣。在传统的“原生态网站联盟生态系统”中，为最终用户提供的价值过低，或许是制约网站联盟进一步发展的关键。如何通过网络会员制程序为用户提供更大的价值，尤其是直接获得收益或者优惠，是网站联盟价值体系设计值得重视的问题。

#### 5．对第三方联盟平台的价值：收益、传播

第三方联盟平台为联盟主提供了方便，为网站主提供了更多比较和选择的机会，在网站联盟系统中发挥着连接联盟主与网站主的作用。网站主展示的广告为联盟主带来了收益，联盟平台从中获得一定份额的佣金或其他服务费用，这是联盟平台的直接收益。同时，联盟平台还可以获得联盟广告的“病毒性营销收益”，即广告主发布的广告展示在网站主的网站上，广告内容中会出现联盟平台的信息，网站主及联盟广告越多，联盟平台收到的传播价值越大。可见，连接更多的联盟主与网站主，是第三方平台价值的基础。

通过上述分析可以看出，通常只有实施网络会员制计划成为联盟主，并且有一定数量网站主加盟，网络会员制营销才能得以实现。现实中并非所有企业都具有这种资源和能力，如同网络社群营销一样，对于大多数中小企业可能并不适用，不过可以利用某些联盟平台的服务，在联盟平台的网站主网站上投放广告。例如，大型搜索引擎联盟，广告主可以自行选择是否将关键词广告展示在联盟网站，甚至可以根据一定的条件选择合适的会员网站进行投放。

### 6.2.4 经验分享：联盟网站主如何才能获得理想的收益

网站自行建设联盟系统或利用第三方联盟平台成为联盟主，在网站联盟的运营过程中还有更多的实际问题值得深入研究，如联盟主对网站主的招募、培训及服务，网站主联盟选择及广告优化等。

成立于 1999 年 12 月的提供会员制名录的先驱网站 Refer-it.com 的会员经理 Shawn Collins，就归纳了“实施会员制计划中 7 项致命的失误”（见 http://www.marketingman.net/wmtheo/apm201.htm），这些观点对于联盟主至今仍有参考价值。

作为联盟网站主，目的是把网站访问量通过联盟广告实现更多的收益。一个网站加入网络会员制程序一般并不复杂，根据联盟主设定的加盟程序进行在线申请，获得审核后，将联盟代码或者产品信息加入到自己的网站上即可，一般网站有关网络会员制计划的介绍通常也很简单，但对于会员网站来说，要从网络会员制营销中赚取利润并不是像加入程序那么简单，会员制营销是否可以取得效果取决于提供这种计划的网站和会员双方共同努力的结果，会员的努力是自己最后可以取得收益的必要条件。

本书作者的个人网站是国内最早加入 Google AdSense 的联盟网站主之一，通过长期实践发现，网站主取得好的收益需要从对会员制营销的认识上和操作方式等几个方面入手。

**1．注意网络会员制计划的选择**

开展会员制营销计划的网站可能很多，也许有不少看起来都适合你的网站，但是，同时参与太多的会员计划可能并不是好事，太多的链接会把你的网站淹没，使得访问者感到厌烦，再也不想访问你的网站，这样只能适得其反。因此，认真挑选那些具有高点击率和转化率的商业网站，争取总的收益最好，而不是追求参与数量。在选择要参与哪些会员制计划时，首先要考虑与自己网站的内容是否有关以及出现的广告是否值得信任，另外，比较合理的情况是，网站上加入的广告信息可以为访问者提供相关的有价值的延伸信息，否则提供的联盟广告内容对网站本身可能造成伤害，不仅赚不了佣金，而且不利于网站的发展。访问者到一个网站往往是为了获取某些特定方面的信息，可以利用这些目标用户的特点和兴趣向他们推荐与自己网站内容相关的产品、信息和服务。例如，你的网站是有关汽车维修的，那么参与一个信用卡销售或者生日礼品网站的会员制计划也许不会有什么好的效果，不管有多高比例的佣金。

**2．天下没有免费的午餐，赚钱没那么容易**

表面看来，利用会员制营销方式赚钱非常容易，无非是在会员网站上放置一些 BANNER、文字或其他形式的链接，其实隐藏在这种表面现象的背后还有大量烦琐甚至艰苦的工作，同时还需要足够的耐心。免费的午餐通常总是有条件的。通过网络会员制模式获得收益，首先要建设一个对用户有吸引力的网站，因为访问者来到你的网站不是为了点击会员程序的链接，甚至他们也不会对你的链接给予特别的注意。因此需要时时提供新鲜的、有价值的内容，通过内容营销引流获得访问者，还要有耐心，你的努力迟早会有回报。

**3．完善会员网站建设**

在会员网站上有两个基本问题应给予特别的注意：首先，要尽可能提高网站访问量，访问量是参与会员制营销取得成功的最基本的因素，因此，需要不断吸引新的访问者。这又回到了网站推广的基本问题上来了，当然有很多常规方法，例如，搜索引擎优化，与其他网站建立广泛的链接，或者通过博客、SNS 等方式推广网站。其次，注意网站的易用性，尤其不要出现链接错误，联盟广告的链接错误意味着即使有用户点击也不能获得佣金收益。

**4．除了链接，还需要推广**

网络会员制营销不仅仅是在会员的网站放置图标或者文字链接。如果可能，有必要为网站访问者提供更多的相关内容，如介绍某些产品维修知识、使用体会等，当然你也可以为一本新书写一篇书评，或者分享某个新产品的使用体验，这种方式的推荐非常有效，因为访问者会对网站的观点产生信任感而产生购买产品的欲望（自然是联盟推荐的产品）。

上面介绍的只是一些一般的体会，针对某些具体的网站联盟，还有必要了解更详尽的使用方法和推广技巧，这些只能从大量的实践体验中慢慢总结。

最后，通过一个网上广为传播的案例，分享一个个人站长的网络赚钱经验，希望读者可以从中得到一些启发。

**案例 6-2：三个月内通过 Google AdSense 赚一百万美元**

2006 年 9 月，多个网站发布了“Google AdSense 富翁排行榜”的消息，其中排名第一的是美国交友网站 PlentyOfFish.com 的站长 Markus Frind，这个仅有他自己一个人维护的网站，每月从 Google AdSense 获利 30 万美元。于是引起了媒体和读者对他的极大兴趣，“三个月内通过 Google AdSense 赚一百万美金的人”成为网上竞相转载的文章之一（如果您有兴趣的话，建议您到搜索引擎上检索一下，以便浏览全文信息），以至于很难找到文章的原始出处。

根据网上的相关内容，这个故事的主角 Markus Frind 在世界站长论坛上发表的帖子“我是怎样在三个月之内赚了一百万”中，为 AdSense 会员提出了如下建议：

（1）要分析访客的 IP 地址。通过访客的 IP 地址，来分析他来自于哪个国家和地区。因为很多时候，美国的一个访客点击一个广告，可能会给你带来 5 美金的广告收入。但是其他地方的访客有可能只有 2 毛钱的收入。

（2）你必须建立一个能吸引回头客的网站。他的建议是：不要幻想能通过搜索引擎优化本身来致富。但是如果你建立的是一个免费的找工作的网站，你却可能一年赚 3 千万元。其他像俱乐部会员，免费交友等，这类网站都有可能赚大钱。寻找一个已成熟的市场，给这个市场提供一个免费的服务，然后卖广告。

（3）让你的用户和访客来生成网站内容。例如，让他们写一些类似夜总会的、旅馆的或是高尔夫球场的评论。

（4）不要进入一个太多人已经在用 AdSense 的市场。最好是能创造一个你自己的市场。

（5）网站必须非常简单，必须速度快。一页最多两个广告，最多一到两张图片。不要让你的访客晕头转向，不知所措。

（6）到其他论坛里去转转。如果人们没有在谈论你的目标市场，那么你有很大的机会在这个市场里赚钱。

事实上，关于如何优化网站设计以获得 AdSense 更高的点击率等技巧，在 AdSense 支持中心（https://www.google.com/adsense/support）都有详尽的介绍，并且提供了多个非常有用的网站诊断分析工具，只是能深入理解并结合自己网站进行相应改进的网站还比较少，因此能够在三个月内赚一百万美元的网站毕竟还是少数。

在互联网发展早期，个人网站站长通过网站联盟赚钱是常见的做法，只要用心做好有价值的内容，通过搜索引擎优化等方式即可获得较高的访问量。不过随着社会化网络的兴起，个人站长的流量思维模式开始变得落伍，传统的网站推广方法显得力不从心，网站主在网站联盟系统中也面临困境。如何将流量思维、粉丝思维与生态思维相结合，新发现网站联盟的优势，是网络会员制营销模式面临的重大挑战。

资料来源：本书综合互联网上多个网站的相关内容编译整理。

## 6.3 微生态：微信分销三级返利营销模式

在网络营销课程设计的实践项目中，2015 年秋季网络营销能力秀（第 14 期）活动方案中有一项微信商城营销实践活动（见 http://www.wm23.cn/art/468824.html），包括一个互联网金融网站的在线理财产品及一个实体企业的保健枕头，两者产品形态不同，但营销模式类似，都是利用微信分销三级返利的原理，通过微信转发邀请好友关注商家的微信公众号，实现交易后参与转发邀请好友者可以获得一定的佣金。这种分销返利营销就是微商或微分销的常见模式，通过微信平台，在商家、多级分销用户及直接用户之间形成一个以社会关系为基础的利益共享的微生态系统。

微商，是近年来热门的移动电子商务概念之一，通常是指通过移动社交网络的信息传递实现的销售模式，其中通常会涉及微营销、微信分销及朋友圈营销等概念。本书作者认为，微营销包括两个方面的含义：第一，是通过微博、微信等移动社交网络开展的网络营销活动；第二，是在个人社交圈子这个相对微小的范围内进行信息传递及交易，实际上是市场细分原理在移动商务中的具体应用，也就是面向个人社交网络的市场营销活动。

微分销则是通过微博、微信、微店等方式进行网络推广和销售，形成销售之后，参与分销（转发信息）的用户可获得一定比例的佣金。狭义的微分销则特指为微信分销，也就是通过微信公众平台实现的多级分销、三级利益模式。微信分销是一个比较具体的概念，已经有成熟的产品和技术支持，已成为众多微商首选的微营销模式。本节以微信分销为例，探讨微生态营销关系及问题。

## 6.3.1 微信分销与多层次营销、金字塔销售、传销的比较

可以认为，微信分销的原理源于多层次营销（multilevel marketing，MLM），也就是营销人员除了直接销售产品之外，还可以通过发展下级销售商（或称代理商、分销商）实现多级销售佣金，但与传统的多层次营销又有显著的区别。

相对于传统的销售模式，多层次营销属于一种创新。其优点是，在 MLM 活动中销售者同时也是消费者，在获得了消费权的同时也获得了销售权，并且可以通过发现下级销售人员获利，因而有更高的积极性发展和培训下级人员。但是由于多层次销售模式不断发展演变，有些具备欺诈的性质，以发现下线人员为主要的获利手段，实质上成为非法传销活动，带来了一系列经济和法律问题。

多层次营销在我国台湾地区称为“多层次传销”，又称结构行销（structure marketing）或多层次直销（multilevel direct selling）。多层次营销发源于 20 世纪的美国，参与营销的人员获取销售奖金的方式有两种：第一，可以经由销售产品及服务给消费者而获得零售奖金；第二，他们可以从直属下线的销售额或购买额中赚取佣金，并且可以从下线的下线销售额中赚取佣金。也就是说，这种营销组织形式是多层次的，参与的层级越多，位于上端的营销人员获利越大。与多层次营销相关概念还包括：金字塔式销售、传销等。[3]

金字塔式销售（pyramid scheme），在香港被称为“层压式推销”，台湾称为“老鼠会”。与通常的多层次销售不同，采用金字塔式销售的公司通常没有提供任何产品或服务，或者是以高出市价的价钱出售产品，参与者付入会费或高价购买产品后，要介绍其他人入会才有收入，上层的参与者可以分享下层参与者的入会费，一层压一层，如金字塔一样，参与者通过介绍其他人加入而赚取佣金。层压式推销最早成立于 1964 年，由美国人威廉·帕特里克在加州所创，当时的公司名为“假日魔法公司”，在短短的 8 年时间其业绩从第一年的 52 万美元蹿升至 1972 年的 2.5 亿美元。[4]

实际上，多层次营销、传销与金字塔式销售等概念之间的关系和区别并不是很清晰，除非专业人士，否则很难明确区分，而且在不同的国家或地区，对这些概念及其合法性的规定也可能有较大差别。例如，中国大陆与香港、台湾对此的规定也不太一致。金字塔式

销售由于存在明显欺诈性质，在许多国家和地区被视为非法活动。在中国香港，金字塔式销售属于违法，但并没有禁止多层次传销。在中国台湾，多层次传销是合法的商业行为，正规经营的大型“直销”业者广泛采用，但金字塔式销售则为法律所不容。

在中国大陆，多层次传销与金字塔式销售被统称为传销，属于经济犯罪。1990 年 11 月 14 日，雅芳为中国第一家正式以传销申请注册的公司，正式名称为“中美合资广州雅芳有限公司”，注册地为广州。此后，各种名目传销公司遍地开花。到 90 年代中期，以销售化妆品为主的雅芳获得快速发展，沿海城市和省会城市，随处可以接触到“雅芳小姐”。由于传销带来了众多经济和社会问题，1994 年 8 月 11 日国家工商管理局发出《关于制止多层次传销活动违法行为的通告》，9 月 2 日再次发出《关于查处多层次传销活动中违法行为的通知》，正式宣布传销为违法活动。1998 年 4 月 21 日，中国政府发布《关于禁止传销经营活动的通知》，宣布全面禁止传销。

国务院于 2005 年 8 月 23 日发布《禁止传销条例》和《直销管理条例》，分别自 2005 年 11 月 1 日和 2005 年 12 月 1 日起施行。2009 年 2 月 28 日，第十一届全国人大常委会第七次会议通过刑法修正案，在第 224 条后增加一条与传销相关的条款，正式将传销视为刑事犯罪：

“组织、领导以推销商品、提供服务等经营活动为名，要求参加者以缴纳费用或者购买商品、服务等方式获得加入资格，并按照一定顺序组成层级，直接或者间接以发展人员的数量作为计酬或者返利依据，引诱、胁迫参加者继续发展他人参加，骗取财物，扰乱经济社会秩序的传销活动的，处 5 年以下有期徒刑或者拘役，并处罚金；情节严重的，处 5 年以上有期徒刑，并处罚金。”

至此，传销在中国成为众所周知的违法犯罪活动。但各种名目、各种形式的变相传销活动并未绝迹，尤其随着互联网的发展，出现了多种网络多层次销售的案件，这种现象至今仍然没有绝迹，时不时会看到公安机关破获某特大传销团伙的新闻报道。

那么微信分销的“多层次营销”基因与传销是否具有相关性，如何体现与传销的区别呢？

根据业内人士的普遍共识，微信分销属于多级分销、三级利益关系的结构。也就是说，并不是金字塔式销售，每个销售人员在不同的层级中实际上是平等的地位，每个人的利益都只能来自下方一级和二级代理的销售。例如，我邀请我的朋友购买了某互联网金融公司的理财产品，朋友又邀请朋友成功购买了产品，那么我将从朋友及朋友的朋友实现的销售中获得一定的佣金，朋友的朋友再邀请更多的朋友、实现再多的销售，也与我的利益无关。如果利益关系超出了三级，就涉嫌多层次营销或传销。

### 6.3.2 微信三级分销的一般流程及特点

根据作者实践体验过的部分微商城分销实例，实现微信分销三级返利的基本流程和条件总结如下：

（1）我：直接关注企业微商城微信公众号，或者通过我的好友分享关注后，进入企业微信公众号，生成自己的微店或推广二维码（有些可直接开通，有些可能需要一定的操作），根据指定的方式分享给微信好友（如微信分享二维码或指定的链接）。

（2）我的微信好友：通过我的分享关注企业微商城公众号，直接进入我的微店购买产品，或者继续分享给微信好友。

（3）微信好友的好友：重复微信好友的动作，购买产品或继续分享给自己的好友。

以此类推，可实现无限级别分销和推广。在这个流程中，每个被推荐并关注企业微商城微信公众号的用户，都可以拥有一个和企业微商城同产品同价格的下级微商城，或者类似的代理资格。一般来说，在其他用户看来，我的微店和企业微商城没有区别，这样，当下级好友购买产品后即可获得一定比例的佣金，具体的佣金比例则由企业自主设定。根据企业的分销政策，当佣金达到一定比例后可提现或转做其他用途。

总之，微信分销是通过微信平台的用户连接，以利益为导向实现的企业与用户之间、用户与用户之间的价值传递。

根据上述流程，将微信三级返利营销用框图表示如图 6-1。

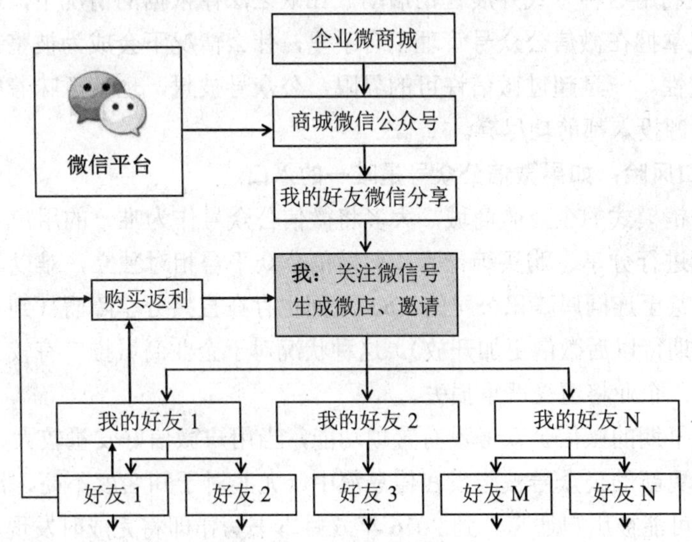


**图 6-1　微信三级返利营销流程示意图**

图中利益关系为：我邀请我的好友 1 购买了产品并且成为下级分销商，他邀请的好友 1 也购买了产品并继续成为他的下级分销商，于是我将从我的好友 1 及他的好友 1 中获取一定的佣金。邀请的其他好友没有形成交易的话就没有佣金收益，不过这些被邀请关注微信号的好友及好友的好友，仍然是在我的利益链上，是潜在收益资源。

### 6.3.3 微信分销模式的潜在问题分析

以数量庞大的微信用户为基础，加上利益驱动因素，微信分销模式得到快速发展，为众多微店、微商城所采用，成为社群营销的常用方式之一。不过微信分销并不成熟，甚至还存在一定的风险，有些方面值得引起重视，以免在实践中发生重大损失。

**1. 法律风险：三级返利分销与多层次营销的界限**

如前所述，微信分销模式在某些方面与多层次营销或传销的界限容易被混淆。关于利用微信公众平台实施不正当分销的行为，微信官方在“微信公众平台关于整顿多级分销模式行为的公告”（2015年2月15日）中提出了两个方面的违规示例，对于违规行为将给予永久封号的处罚。这两个示例如下：[5]

（1）通过分销模式依据下线销售业绩提成。

（2）以许诺收益等方式诱导用户滚动发展人员。

根据这个示例分析，可能许多微信三级返利分销模式都属于违规行为，尤其是多级代理有差价的产品，很难把握是否违规的尺度。但实际上许多提供微信分销系统的产品及微商城的分销仍然利用这种方式开展营销活动。在缺乏法律依据的情况下，这种分销模式是否违规，裁决权掌握在微信公众号管理平台手里，什么情况下会成为被整顿的对象，仍然有较大的不确定性。一旦超过微信许可的界限，公众号被封，也就意味着整个商业流程的中断，所有的资源投入都前功尽弃。

**2. 用户入口风险：如果微信公众号是唯一的入口**

采用微信分销模式的企业微商城，大多将微信公众号作为唯一的用户入口，用户只有关注公众号才能进行分享、购买等行为。但微信公众平台相对独立，难以与其他网络平台之间进行分享，甚至连同属腾讯公司的QQ之间也存在直接分享障碍（到本书写作期间仍然是这种状况，期待以后微信更加开放）。这种状况对于企业商城推广有较大的制约，尤其一旦公众号被封，企业将遭受严重损失。

另外，由于早期的微信公众号没有置顶功能，当用户微信好友量较大，信息比较多的时候，没有及时更新的公众号被隐没在信息流中，尤其对于知名度不高、日常应用频度较低的公众号，很可能被用户遗忘。到2016年6月本书写作即将完成时发现，从微信6.3.16版本开始增加了公众号置顶功能，但是如果用户关注过多的公众号，有几个公众号能获得用户置顶的“特殊关照”呢？而且，如果长时间没有新的信息发布，公众号同样会被大量的信息淹没。所以这种公众号被遗忘或被淹没的情况仍然是比较突出的问题。

**3. 社交关系风险：利益损害社交**

微信分销模式主要基于微信用户的社交关系，但是过度的社交推广也可能引起一系列的问题，不仅个人无法获得收益，而且严重的还影响个人的社交资源。例如：

（1）透支个人社交资源，降低个人的信誉度，成为社交圈中不受欢迎的人。

（2）过度推广分享，缺乏针对性，成为干扰信息，也影响个人的最终收益。

（3）对企业或产品无充分的了解，盲目加入分销，无收益影响持续积极性。

（4）参与过多的微信分销，无所适从，浪费时间和流量。

**4．企业信誉风险：殃及分销链**

由于微信分销发展初期可能很多企业一哄而上，有的可能并不具备充分的条件或具有不规范之处，开展微分销具有一定的盲目性。如果用户选择企业不当，在社交网络传播企业信息不仅个人无法获得利益，也可能为分销链上的用户带来意想不到的法律纠纷和经济损失。尤其在快速发展的移动电子商务中，鱼龙混杂的事情屡见不鲜，一些企业利用移动互联网新兴的营销手段，用户缺乏足够的辨别能力，最终成为受害者。

当然，这些问题是发展中的潜在问题，可以通过合理的跟踪管理及早发现并尽量避免，微信分销作为一种有影响力的生态型网络营销模式，其价值是主流的。

## 6.3.4　建立和谐的微生态营销系统

综合前面的分析，作为微生态营销的代表之一，微信三级分销有其优势，也存在一些潜在的问题，并且可能出现变相的多层次传销活动。因此如何发挥这种营销模式的优势同时尽可能避免潜在风险，建立持久的、和谐的微生态营销系统，比短期获得快速裂变式发展更有长期价值。

借鉴微信分销模式，我们不妨从其他形态做一些分析，将会带来更广阔的思路。例如，对于非实物商品交易的微信分享推广，如注册会员，假设每注册一个会员由商家给予 2 元奖励（现金或提供某种优惠券），其中发送邀请的人和被邀请的人各得 1 元，这样，不管处于多少层次之下，邀请者和被邀请者的权益总是平等且互利的，同样是利用微信邀请好友加入的方式，但明显与多级返利或多层次营销有着本质的不同，真正形成了一种消费者也是营销者、人人参与、人人受益的生态关系。事实上，这种模式在滴滴打车、e 袋洗等优惠券分享式营销中取得了很大成功。

将这种思路应用于实物产品的微营销，利用微信分销的思路，经过适当的修正，仍然可以发挥很好的裂变式营销效果。例如，通过销售渠道体系扁平化设计，即不设置传统的一二三级代理关系，每个用户都是企业微商城的代理同时也是消费者，用户获得利益来自两个方面：一是自行消费获得的返利（即相当于代理价购买）；二是邀请好友加入，好友消费时获得一定的佣金（即作为推广者获得的收益），但被邀请的好友并非下级代理关系，是同等的伙伴关系，即好友再邀请好友加入与我不发生利益关系。

由于这种模式可以用“代理”的价格消费，同时又可以作为“推广者”分享给好友获得营销收益，所有用户地位相等，权益相等，处于一个和谐的生态关系中。这种微生态营销系统，不存在通过多级利益获暴富的幻想，但为所有参与的成员带来实际的价值。

事实上利用这种思路开发的一些基于微信公众号的电子商务应用，已经取得了可喜的成就。例如，一个以专供东北生态大米起步并不断扩展到更多优质生态农产品的移动电子商务企业（微信号：哎呦味），自行开发了一个基于微信平台的微商城，利用微信分销的原理，通过用户的分享传播，带来了爆发式的增长。用户购买哎呦味产品不仅可直接获得返利，还可以同时拥有自己的“哎呦味微店”，这样分享给好友，在好友购买产品后同样可以获得一定的销售佣金，产品价格与好友通过“哎呦味总店”购买是完全一样的。每个被推荐的用户，既可以是消费者，也可以是推广者，所有推荐和被推荐的用户，在整个微生态营销系统中处于平等互惠的地位。

结合本章介绍的网站联盟及微信分销方法的特点，将一个**和谐的微生态营销系统应具备的条件**总结如下：

（1）两级相关利益：除了我的消费优惠利益之外，社交推广仅和我相邻的上下两级之间发生利益关系，隔级则无利益关系，体现了付出才有收获的公平原则，同时有动力推荐更多的直接好友加入微生态营销系统中。

（2）用户地位及利益均等：每个用户既是消费者又是推广者，在系统中推荐人和被推荐人均可获得同等的利益，避免被推销或被发展下线的嫌疑，有利于维持长久的可信任的社交关系。

（3）企业信誉保证：系统中的优惠及利益来自系统发起的企业。由于用户与企业之间可能经由多级社交关系推荐，每级用户关注企业是出于用户之间的信任传递，可能对企业及产品一无所知，因而用户与企业之间的信任关系并不稳固，出现纠纷将无从追究企业责任，因此参与微生态营销的企业应具备良好的信誉保证。

（4）社交平台的技术及用户支持：微生态系统用户来自于社交网络，需要以公共社交平台的技术支持和用户群体为基础。完善的用户加盟管理及效果跟踪管理系统是所有生态型网络营销方法的基础，微生态营销平台在保证与微信平台无缝连接的基础上，同时应具备易用、快捷、稳定的基本要求。

本节介绍的微生态营销方法以企业产品和服务为分析对象，其实，微生态营销方式不仅应用于产品及服务推广，其他社会化营销活动同样具有适用性，包括宗教、政府公关乃至社交活动等。例如，在微博上，时常可以看到一些号召力强的大 V 玩这样的互粉游戏：大 V 发布一条号召粉丝之间互粉的微博，粉丝在下面发布评论，每个粉丝与自己相邻的（或者后面的）10 个粉丝互粉，这样每人就可以获得 100 个粉丝。这是社群的力量，同时也见证和体现了微生态营销思想的价值。

可见，微生态营销，不仅是一种网络营销方法，同时也是一种网络营销思想。微生态营销思想与网络营销的总体思想是一致的，其实前面介绍过的很多网络营销方法都包含着相应的网络营销思想，如内容营销、病毒性营销等。

## 6.4　众生态：众筹营销模式

众筹，并非为营销而生，但由于基于社会化网络基础且具有明确的价值关系，实际上成为一种具有争议性的但不乏成功案例的网络营销模式。众筹营销与社群营销、微信分销一样具有生态性质，因此众筹营销作为生态营销的代表之一：众生态营销。

### 6.4.1　众筹的网络营销意义

众筹是指个人或小企业通过互联网向大众筹集资金的一种项目融资方式。众筹（Crowdfunding），也称公众集资、群募、群众募资（台湾），指透过互联网展示、宣传计划内容、原生设计与创意作品，并与大众解释让此作品量产或实现的计划。有兴趣支持、参与及购买的群众，可借由“赞助”的方式，让此计划、设计或梦想实现。

根据网上传播较多的说法，最早的众筹是一些艺术家们为完成艺术创作或演出活动而向公众募集赞助。全世界产生的第一个众筹活动，是 1997 年的英国乐团 Marillion。他们透过从广大的群众中募集款项，募集了 6 万美金，成功地完成了美国的巡回演出。[6]

全球第一个众筹网站平台，公认的是 2009 年 4 月 28 日成立于美国的 Kickstarter 网站，该网站专门为具有创意方案的企业筹资。Kickstarter 早年的业务增长十分迅速，到 2010 年 Kickstarter 就有 3 910 个成功项目，捐款 27 638 318 美元，项目的成功率为 43%。在 2012 年 10 月 10 日，该网站拥有 73 620 个启动项目（3 426 个正在进行），成功率为 43.85%，累计捐款资金达 3.81 亿美元。[7]

基于互联网的众筹在 2010 年后发展迅猛。国内众筹同样得到快速发展，不仅出现了一大批专业的众筹网站，淘宝网和京东商城等大型电商平台也都推出了众筹平台。众筹以项目融资为初衷，由于结合了网络营销的思想和方法，事实上也是一种有效的网络营销手段。

众筹之所以得以实现，与其中的营销思想关系密不可分，即以顾客价值为导向、利用适当的信息发布与传播渠道为用户提供有价值的信息、获得用户关注、参与或购买等预期结果。可见，众筹的过程完全符合网络营销信息传递的原理，因而具有网络营销的天然属性。这样也就不难理解众筹与众筹营销的联系了。

归纳起来，众筹的网络营销意义主要体现在如下五个方面。

（1）微社群资源：参与众筹的用户，出于对同一产品或服务的共同兴趣，是建立以兴趣为主导的微社群资源的有效途径。

（2）网络调研：新创意、新产品是否获得用户的关注和支持，用户关心的有哪些问题，在众筹的过程中可以充分收集用户的意见，众筹结果就是一份高质量的网络调研报告。

（3）可见度与可信度：企业在众筹平台发布的项目信息，作为一种网络信息发布与传播手段，对于增加企业网络信息可见度，获得潜在用户的关注有独特的价值，如果项目众筹融资成功或超出预期，众筹项目还具有明显的网络公关效果，有利于提升企业网络可信度。网络可见度与可信度都是企业网络营销的核心要素。

（4）产品预售：通过众筹项目为用户提供高预期附加值，实际上相当于以团购甚至更优惠的价格预购产品，企业提前获得顾客并筹集资金，用户则获得实际的优惠。

（5）顾客价值：顾客价值是网络营销的最高原则，包括信息价值、产品价值、参与和体验价值、顾客服务价值等，在众筹过程中都将得到充分的体现，这是其他网络营销方法所不具备的特点。

总之，众筹营销是一种以顾客价值为基础、以预期效果为导向、发布众筹的企业与参与者共同营造的具有社会生态化特征的网络营销方法。这也是本书将众筹营销称为众生态营销的原因。

关于众筹营销的案例，有兴趣的读者可以进行网络搜索，如娱乐宝众筹电影、乐视盒子众筹营销、逻辑思维的会员费招募等，从中或许可以得到一些启发，但这些过于火热的案例通常没有可复制性。在淘宝和京东众筹平台上，有很多正在进行中的众筹项目可以跟踪了解，或许可以对众筹获得更多的认识。由于新兴模式变化过快，今天的热点可能不久之后因某些问题被抛弃或被否定，因此本书不对具体的案例做深入的分析，相关内容可参考最新的网络资讯。

至于众筹营销的实现方式及操作技巧，其实亲自操作一下比阅读任何“干货分享”都更有价值。可选择自己信任的众筹平台（如京东众筹或淘宝众筹），根据平台的操作说明，一步一步完成众筹项目的资料准备、项目发布及管理。当然，首先在平台上向人气旺的众筹项目学习也是必不可少的。

### 6.4.2 众筹营销的基本要素与本质特征

通过对众筹网络营销意义的分析可以看出，众筹营销的核心是通过众筹平台实现众筹发起人与众筹支持者（或称加盟者）之间的价值连接。实现众筹营销的基本要素包括：

（1）众筹平台：提供众筹项目发布、浏览、用户沟通、投资及管理等基础功能。

（2）众筹发起人：项目的策划者及运营者，担负着众筹项目发布管理及众筹成功后项目的运营、兑现支持者的回报等一系列工作。发起人应对众筹项目及投资回报等做真实、详尽的解释，以争取尽可能多的支持者。

（3）众筹支持者：参与众筹的支持者，也是众筹项目的直接用户和未来受益者，为众筹提供资金支持，与发起人沟通交流对产品的建议等。

可见，众筹是通过众筹平台将众筹项目发起人与支持者连接起来，实现相互支持利益共享。相应地，**众筹营销也就是众筹发起人利用众筹平台将支持者连接起来，形成一个以项目（产品或服务）为核心，以价值为导向的利益圈子**。无论从形式上还是从本质上看，众筹营销与网络会员制营销和网络社群营销等有着很多相似之处。

网络会员制营销是通过网站广告链接将网站主网站当前的流量资源转化为广告主的销售收益；网络社群营销是社群发起人将 SNS 的现实营销资源及社群成员未来营销价值融合为一体，实现当前营销及未来营销的预期，是社交化的价值营销。网络会员制营销和网络社群营销分别为现实资源的转化及现实与未来资源价值的集合，而**众筹营销是典型的未来营销模式**，即将可提供资金的支持者的收益预期“折现”或“预售”为当前的销售效果，并且在产品的设计和生产过程中持续得到支持者的关注。这是众筹营销与其他生态型营销模式的主要区别。

因此，本书认为：众筹营销的本质特征是价值驱动的未来营销。

本书第 5 章将网络社群营销的本质总结为“基于社群成员期望及需求的未来营销方式”。可见，网络社群营销与众筹营销在核心思想及本质方面有一定的共性特征。众筹营销同样是预期利益主导下的社会化营销，在某些方面可认为是网络社群营销的一个分支。

在本书写作期间，作者通过对京东等众筹平台部分项目的观察发现，许多众筹项目实际上并没有多少创意性，对资金需求也很少，通过众筹的方式以相对优惠的价格预售产品才是主要的目的。当然，众筹与网上销售（同样可以预售）的方式不同，充分利用平台的特性，才能取得最好的营销效果。

此外，作为一种新生事物，相关政策和法规相对滞后，众筹也存在一些融资、股权和法律等方面的风险。一般来说，众筹本身存在的问题，通常都会反映在营销过程中，如信息欺诈、回报承诺过高增加运营成本、项目支持者过少造成众筹失败等。因此，众筹营销还需要更多的实践检验及行业规范。

**关于生态型网络营销的结束语：**

除了本章前面介绍的网站联盟、微信分销、众筹营销等应用较多的生态型营销模式之外，其实还有很多方面具有生态营销的性质。例如，网络百科词条营销中的知识分享利益关系也具有生态的属性；内容分享营销也是一种和谐的微生态模式；网络社群营销与生态网络营销的关系则更加密切，在很多方面相互交叉和关联，有时两者甚至没有明显的界线。

总之，如前所述，2015 年之后形成的网络营销生态思维，以可信的社交关系为基础，以连接各方参与者的价值为导向而产生的生态型网络营销方法，将在更多方面发挥越来越重要的作用，是网络营销值得重视的发展方向。

## 本章内容提要

生态型网络营销是本书首次提出的网络营销概念，是在生态思维的基础上形成的一种可操作的网络营销方法。生态型网络营销体现了网络营销中的价值关系，实现信息传递与价值传递相结合，丰富了网络营销的内涵，是对网络营销思想的扩展。

网络会员制营销（网站联盟）通过会员制程序，连接了联盟主、网站主、广告主及最终消费者之间的价值关系，具备生态型网络营销的雏形，为基于顾客价值为核心的社会化生态网络营销的产生奠定了成熟的理论基础，进行了实践的检验。

微信分销是通过微信平台的用户连接，以利益为导向实现的企业与用户之间、用户与用户之间的价值传递。微信分销的原理源于多层次营销，但与传统的多层次营销又有显著的区别，属于多级分销、三级利益关系的结构。一个和谐的微生态营销系统应具备的条件：（1）两级相关利益；（2）用户地位及利益均等；（3）企业信誉保证；（4）社交平台的技术及用户支持。

众筹营销是一种以顾客价值为基础、以预期效果为导向、发布众筹的企业与参与者共同营造的具有社会生态化特征的网络营销方法。众筹的网络营销意义体现在五个方面：微社群资源、网络调研、可见度与可信度、产品预售、顾客价值。众筹营销的本质特征是：价值驱动的未来营销。

## 本章参考资料


[1] 生态学. https://zh.wikipedia.org/wiki/生态学.

[2] Shawn Collins. History of Affiliate Marketing[EB/OL]. (2000-11-10) http://www.clickz.com.

[3] 多层次传销. https://zh.wikipedia.org/wiki/多层次传销.

[4] 金字塔式销售. https://zh.wikipedia.org/wiki/层压式推销.

[5] 微信公众平台官网. https://mp.weixin.qq.com/cgi-bin/announce?action=getannouncement&key=1423994796&version=3&lang=zh_CN.

[6] 群众募资. https://zh.wikipedia.org/wiki/众筹.

[7] Kickstarter. https://zh.wikipedia.org/wiki/Kickstarter.

# 第 7 章

# 资源合作及分享式营销

合作与分享，体现互联网的连接价值；合作与分享模式的发展，适应网络营销思维模式演变的规律，体现了共享经济时代的营销特征。作为网络营销方法体系的一个新类别，合作与分享式营销的研究还处于初级阶段，本章以具体应用形式介绍三类资源合作与分享营销：网络可见度资源合作、网络可信度资源合作和网络分享式资源合作。

## 7.1 网络营销资源合作的类别及模式

开展网络营销需要一定的资源，如网站内容资源、网站访问量资源、邮件列表用户 Email 地址资源、社交网络粉丝资源、信息传递渠道资源等，可掌控及利用的资源越多，网络营销越有成效。因此，资源积累一直是网络营销工作的重要内容之一。

资源合作其实是一个“古老”的网络营销理念，在《网络营销基础与实践》第 1 版（2001 年）中介绍过最简单的资源合作形式——网站交换链接。这种简单的资源合作，在网站推广及搜索引擎优化中一直发挥着不可替代的作用，而邮件列表营销中的联合列表也是应用广泛的资源合作形式。这种合作的思想可以进一步推广到网络营销的多个领域，具有普遍的指导意义。

资源合作的基本出发点是利用自己的资源与合作伙伴互补合作，换取同等或更多的资源，实现网络营销资源及效果的扩大。资源合作通常以平等、互利、长效为基础，并不以支付费用为手段。资源合作的营销思想经过不断发展，演化出多种模式和方法，其中有的成为成熟的网络营销方法，有的还需要进一步探索和完善。

在传统的网络营销内容体系设计中，资源合作营销一直未成为主流方法，并且未形成完整的体系，显得比较分散。本书之所以首次将资源合作与分享作为网络营销五大方法的类别之一，与网络思维模式的演变具有密切的关系。进入网络社会化阶段之后，网络营销已经不仅仅是网络技术和营销人员的工作，每个人的社会关系网络及不同的关系网络之间必然发生各种沟通和联系，孤立和封闭已无法适应当前的发展。孤立的信息是网络可见度的障碍，孤立的行为是网络可信度的障碍，封闭是网络营销生态化的障碍，因此合作与分享是网络营销发展的必然结果。

根据本书第 1 章提出的“网络营销的三次革命”（见 1.1.3 节）及“正在形成的网络营销思维”演变路径（见 1.1.4.1 节），每个阶段有与其相适应的资源合作模式，据此我们将资源合作与分享方法分为三个类别：网络可见度资源合作、网络可信度资源合作、网络分享式资源合作。

网络营销资源合作与分享的基本类别简介如下：

（1）**网络可见度资源合作**：以网站流量、网页内容为基础，通过合作的目的在于增加网站的网络可见度，从而获得更大的访问量。典型的方法包括网站交换链接、交换广告、网站内容授权合作等。

（2）**网络可信度资源合作**：以网站或 APP 注册用户资源、社交网络粉丝资源为基础，目的在于利用合作方的资源进行推广，进一步增加用户、粉丝数量或者浏览量。典型的方法包括：邮件列表联合订阅（即订阅邮件列表 A 同时可收到 A 推荐的邮件列表 B 的内容）、微信公众号文章转发到朋友圈、微博转发、网络社群资源交换等。

（3）**网络分享式资源合作**：以社会化网络平台为基础，各参与者为了同一目标或利益形成的多种形式的合作，通过个人的知识资源、社交关系资源的分享或交换，获得更多的资源或直接利益。常见的分享式合作方式包括：知识社群分享、ASK 网络社区互助、利益分享、SNS 邀请及转发等。

分享式合作与内容营销中的知识分享有一定的类似之处，但方式和目的有一定的差异，网络分享式合作基于社会化网络，而纯内容分享通常以获得网络可见度为目的，往往通过专用的文档分享平台或视频平台来进行，用户之间没有或很少产生社交关系。

从资源合作的模式来看，可见度资源合作通常以一对一直接合作或一对多直接合作（数量有限），可信度资源合作包括一对一和一对多模式，而网络分享式资源合作通常有多对多的特点。这也从另一个方面体现出资源合作营销模式的演变与网络营销思维模式的演变规律是一致的。总之，无论是网络营销的整体思想，还是具体到资源合作营销，都经历了从网络技术、网络营销专业人员、企业全体人员到整个社会关系网络的演变过程。

本章内容将选择部分成熟或典型的方法介绍网络资源与合作方式的基本思路与操作方法，更多的资源合作模式有待进一步实践和研究。

## 7.2 网络可见度资源合作

网络可见度是基于网站的传统网络营销的核心，利用网站内容及访问量资源进行合作的，根本目的是提高网站的网络可见度，从而获得更多用户访问，实现网站推广的目的。

每个网站都是一个网络媒体，可以拥有多种形式的网络营销资源，如网站内容资源、站内广告资源、网站链接资源等，利用网站的资源与合作伙伴开展合作，通过资源共享，实现双方网络推广的目的。

在以网络可见度为目标的网站资源合作形式中，交换链接和交换广告是互联网发展初期常用的网站推广方法，其中网站交换链接应用更加广泛，是网站资源合作方法的鼻祖，至今仍在发挥一定的网络推广效果，具有其他网络推广不可替代的作用。本节仅介绍网站链接推广的方法和作用，至于其他形式的网络资源合作推广方法，可在网络营销工作中不断实践体验及总结。

在一些网站首页或频道首页的下方，经常会看到罗列若干网站名称或 LOGO，这些通常就是网站交换链接的展示形式。交换链接或称互惠链接、互换链接、反情链接，是具有一定互补优势的网站之间的简单合作形式，即分别在自己的网站上放置对方网站的 LOGO 或网站名称并设置对方网站的超级链接，使得用户可以从合作网站中发现自己的网站，达到互相推广的目的。这是交换链接最初的意义，即通过互相链接网站获得潜在用户访问。

不过，交换链接还有比是否可以取得直接效果更深一层的意义，获得其他网站的链接也就意味着获得了合作伙伴和一个领域内同类网站的认可，因为建立交换链接的过程，也就是向同行或相关网站推广自己网站的过程，你的网站能引起对方的注意和认可，交换链接才能得以实现。因此，交换链接的意义实际上已经超出了是否可以直接增加访问量这一具体效果，获得合作伙伴的认知和认可，同样是一个网站品牌价值的体现。

## 7.2.1 网站交换链接的网络营销意义

归纳起来，**网站交换链接的作用主要体现在六个方面。**

**1. 通过交换链接提高网站的网络可见度**

在多个相关网站上出现自己网站的名称和链接，是很多网站推广人员希望看到的结果，尤其是出现在业内知名网站。这是网站链接获得的直接可见度，同时高质量的相关链接还可以获得搜索引擎可见度，这可认为是间接提高网络可见度的方法。

**2. 网站交换链接推广获得直接的访问量**

具有一定访问量且内容相关的网站之间相互链接，可以为合作双方网站带来一定的访问量，很多用户通过网站链接发现了新的网站。研究表明，网站链接是用户发现新网站的常见方式之一（如中国互联网络信息中心的统计报告），从网站访问统计数据中也可以看出部分访客来自于合作网站链接。不过，随着用户获取新网站渠道的增加，尤其是搜索引擎成为最常用的互联网应用之后，网站链接直接获得访问量的推广效果相对降低了。

网站交换链接之后是否可以从合作网站获得用户访问，主要取决于网站之间内容的相关性、合作网站所提供的链接位置和链接方式、合作网站的可信度和访问量等因素。一般来说，小网站被大网站链接、新网站被老网站链接获得的推广机会较多。但是往往又不容易实现这样“不对等”的链接，因此对网站链接获取访问量的目标不应有过高期望，毕竟网站链接还有更多方面的价值。

**3．网站链接增加网站在搜索引擎排名中的优势**

根据现阶段常用的搜索引擎如百度、Google 等的算法规则，一个网站要想获得搜索引擎收录并取得好的搜索排名，通常需要有一定数量的外部网站链接，尤其是高质量网站的网站链接至关重要，因此获取外部链接不仅是网站推广的直接需要，也是搜索引擎优化必不可少的工作内容。

需要说明的是，为了增加搜索引擎排名优势而进行的网站链接通常有多种表现形式，如网页内容中的文字链接、文章标题链接等，并不限于排列于首页“交换链接”区域的网站列表。

**4．网站交换链接增加网站的可信度**

获得其他网站的链接，并不一定都能获得很多被点击的机会，即使被大型网站链接也不一定就可以带来数量显著的用户访问，但这并不意味着这样的链接就没有意义。如果合作网站具有较高的可信度和较大的访问量，那么获得合作伙伴网站上的链接，可以增加用户浏览时的印象，在增加网站可见度的同时获得潜在的网络品牌价值，是网站可信度的具体表现。

**5．交换链接意味着合作伙伴网站的认可**

交换链接的另一个无法用定量指标衡量的价值在于，通过建立网站合作关系而得到合作伙伴尤其是行业内伙伴的认可。建立网站交换链接的过程，也就是向同行或相关网站推广自己网站的过程，你的网站能引起对方的注意和认可，交换链接才能得以实现。因此，交换链接的意义实际上已经超出了是否可以直接增加访问量这一具体效果，获得合作伙伴的认知和认可，同样是一个网站品牌价值的体现，对网站品牌具有长期的意义。

**6．通过网站链接为用户提供延伸服务内容**

对于大多数中小型网站来说，内容往往比较单一，尤其是很多小型企业网站，除了企业介绍、产品介绍之外，似乎很难提供其他更多有独特价值的内容，而用户对某个产品及其相关知识、销售渠道、用户评论、行业规范等往往需要有更多了解才能形成购买决策，因此通过企业网站链接到用户所感兴趣的其他网站，是对用户提供服务内容的一种延伸，是网站顾客价值体现的一个方面。因此，一个好的企业网站往往比较重视与相关网站的合作。

在网站运营工作中，交换链接通常是一个阶段性的工作，在网站发布和推广的初期显得更为迫切。其实网站交换链接没有终止的时候，网站链接的数量和质量指标也没有严格的标准，需要根据网站运营工作的需要和机会而做出判断和决策。

## 7.2.2　网站交换链接的常见形式

网站链接通常表现形式是两个网站之间的交换链接，正如在一些网站下方经常可以看到的“友情链接”列表那样，点击 A 网站友情链接区中 B 网站的链接，在 B 网站相应的位置也可以看到 A 网站的名称和链接。但网站链接推广的形式并不仅限于此。**网站链接的常见形式包括**互换链接、循环链接、轮辐式链接和链接联盟。

### 1．互换链接

互换链接，即两个网站之间的一对一直接交换链接，是最基本的网站合作形式。它根据双方约定的链接方式，用 LOGO 或者文字链接到对方网站，由于合作的网站之间通常都具有相互了解的基础，并且网站内容有一定相关性，所以这种互换链接常被称为友情链接，适合于规模相当的网站之间直接沟通合作，这也是一般网站合作推广所采用的基本模式。

### 2．循环链接

循环链接是多个网站之间的互换链接，即超过两个网站之间的单向循环链接，例如 A—B—C—D—A 四个之间形成的环状链接关系。这种循环链接常被一些拥有多网站群的机构采用。

### 3．轮辐式链接

轮辐式链接即一个网站作为核心，分别与其他多个网站建立相互链接或者单向链接，而其他被链接网站之间并不一定发生链接关系，这种链接模式常见于网站分类目录、行业龙头网站、以及收费链接网站等，一些拥有多个关联网站集群的机构也可能采取这种模式。

### 4．链接联盟

链接联盟通过网站联盟程序实现多个网站之间的互相链接。例如，通过会员网站上放置联盟代码，A 网站上与联盟系统提供的 10 个网站建立链接，B 网站也与系统内的 10 个网站链接，但 A 和 B 网站之间是否有链接关系，并不是自己直接决定的，而取决于程序的设计规则。这种链接联盟，由于相互链接的网站之间相关性不高，对网站推广的实际价值不大，并且可能会被搜索引擎视为作弊行为，因而并非主流应用形式。

除了前述的网站链接方式之外，互联网上还存在形形色色的链接方式，其中有些属于垃圾 SEO 的手段，即用不正当的方式为网站获取外部链接。例如，用户不可见的链接，常用方式是利用网页上 1 个像素大小的图片链接到某个网址，或者用与网页背景色相同颜色的文字加超级链接等；用信息群发软件在 B2B 网站平台、论坛、博客文章后面的评论等大量发送含有链接的信息；通过黑客攻击手段，在其他网站代码中插入链接（俗称黑链）等。这些链接对互联网环境产生很大的干扰，正规网站推广运营不应该采取这些手段。

由于交换链接推广方法实施简单，因此在本书后面内容中将不再详细介绍网站链接推广的实施方法以及交换链接管理等具体问题，如果读者希望对此做进一步的了解，请参考《实用网络营销教程》的相关内容，以及网络营销教学网站（www.wm23.com）、网上营销新观察网站推广方法专题（www.marketingman.net/topics/003_sitepromote.htm）等网络资源。

# 7.3 网络可信度资源合作

社交网络中的可信度资源，包括关系密切的强关系（支持者）、社群成员的认同感、稳定的内容来源或服务等。本节以网络社群资源合作及微博转发推广为例，介绍网络可信度资源合作的基本思路和方法。

## 7.3.1 网络社群资源合作推广

本书第 5 章简单介绍了网络社群营销及相关的问题（见 5.5 节），其中包括社群营销的适用性问题，得出的结论是“网络社群营销并非普遍适用的网络营销方法”。并提出了不具备自建社群的企业利用社群营销的基本思路：“参与尽可能多的相关的社群，或者与资源互补的相关社群进行资源合作。”网络社群资源合作的思路，并不一定限于没有充分资源建立企业为核心的社群，而是适用于所有的企业。社群合作推广与网站链接推广一样具有普适性。

与 WIKI 及 ASK 社区的知识分享式推广不同，社群资源合作通常并非通过第三方社交平台公开进行，因为网络社群有一定的私密性，在某些方面与网站交换链接的思路有一定的相似之处。

网络社群营销是社会化营销的一种表现形式，一个网络社群通常由创建者、支持者和跟随者所组成，网络社群需要持续的运营维护才能不断发展和扩大。社群的维护与网站运营维护又有一定的类似之处，如两者都需要不断为用户/会员提供新的内容，都需要一定的推广才能获得更多的用户（这里“用户”也包含社群的成员），都需要建立必要的运营管理规范等。

经过多年的实践和总结，网站推广的方法已经比较丰富且具备可遵循的一般规律，而社群推广方法则比较分散，不同“社群主”可利用的资源及方法差异较大，因此社群资源合作也尚未成为成熟的社会化营销方法。不过可以肯定的是，社群资源合作可以是社群营销的基本方法之一。社群营销包括较多的内容，这里仅就社群营销中的资源合作方法提出一些基本思路供参考。

### 1．社群资源合作的基础

网络社群资源的基本形态包括社交网络的关注者（如微博的粉丝、微信好友及微信公众号订阅用户等)、社交群聊成员数量及活跃度、网络社群的内容和服务、保持群成员认同感和参与感的独特方法等。因合作通常需要在相关或互补的其他社群之间进行，如同网站链接的“门当户对”一样，在自身社群资源欠缺的情况下是很难找到合作伙伴的。所以，创建和运营一定规模的社群是合作推广的基础，合作是在运营中进行的，是运营工作的组成部分。

**2. 社群资源合作的目的**

与网站交换链接多方面的网络营销价值相比，社群资源交换的目的相对比较简单，大致包括如下几个方面：

（1）拓展社群成员来源渠道，扩大社群成员数量。

（2）利用合作伙伴社群资源直接推广产品或服务。

（3）通过合作伙伴社群网络建立企业/个人可信度。

……

简单来说，可以从合作伙伴社群资源中获得潜在用户，或者直接推广产品和服务，但有必要明确的是，社群合作是利用合作伙伴的社群成员资源，如果有明显的“拉客”或广告嫌疑，通常是不受欢迎的，可能会被合作伙伴视为“挖墙脚”，这种合作也难以长期维持下去。

**3. 社群资源合作的方式**

当拥有了社群资源并且明确了合作的目的之后，要明确到底开展哪些方式的社群资源合作。其实社群资源合作与网站交换链接一样，并没有多少技术含量，重要的是联系和沟通，只是相对于网站链接，社群合作并不具有规范性，沟通工作会更复杂一些。下面是一些具有可操作性的社群资源合作方式：

（1）社交网络互相推荐：根据约定的内容和方式，在 A 的社群中推荐 B 的信息，同样，在 B 的社群内推荐 A 的信息，实现互相推广的目的。

（2）聊天群成员互换：A 创建的聊天群邀请 B 加入，于是 B 便拥有了与 A 的群成员交流的机会，可以用适当的方式推介产品或建立个人可信度。

（3）内容资源互换：如同微博互相转发那样，在 A 的社群内发布 B 的内容，在 B 的社群内发布 A 的内容，有兴趣的成员可以相应的关注。

（4）内容授权输出：内容资源丰富但社群成员数量有限的企业或机构，可以将深度内容授权其他网络社群转发，约定保留版权人的重要信息，通过内容传播扩大可见度并获得更多的潜在用户。

社群资源如同网站一样，需要长期的运营和积累，因此社群资源合作也需要一个动态管理过程，当合作伙伴的社群资源已不具备合作的基础，就需要适时调整合作对象及合作方式。如同网站交换链接一样，有时会因为合作网站改版、关闭等原因而不再具备合作条件，需要不定期回访以确认链接的正确性及相关性。

### 7.3.2 社交信息合作转发推广

SNS 营销是以用户的网络可信度为基础，除了社交关系网络成员直接浏览信息之外，通过社交关系的转发可以在更大范围内传播消息，于是社交网络转发也就成为 SNS 营销的常见方法之一，如将信息分享到微信朋友圈及微信群、微博转发等。下面以微博转发推广为例介绍网络可信度资源合作方式之一——社交信息合作转发推广。这种思路同样适用于微信公众号分享等其他社交信息合作转发。

在微博中，经常会看到一些有奖转发活动的内容，通常要求“转发微博并@3 个好友”，才符合参与抽奖的条件。这是因为，与基于网络可见度的网络营销方法相比，SNS 营销需要更多的关系节点浏览及传播信息，才能发挥显著的效果，于是在微博营销中，“转发+@好友”也就成为常用的方式，一条微博的转发数量，也就成为评价营销效果的指标之一。

在本书第 5 章有关企业微博营销的八种常见模式（5.4.2.2）中，介绍了微博传播的部分方式。本章从合作推广的角度，总结了便于实现的微博转发的七种方式：内容驱动转发、好友友情转发、互换资源转发、关联账号转发、大号代理转发、利益驱动转发和互助联盟转发。

**1. 内容驱动转发：粉丝自愿自发**

微博营销也可以认为是内容营销的方式之一，高质量内容吸引粉丝自愿转发是微博运营者最喜欢看到的结果，转发体现了内容受欢迎的程度，说明微博运营卓有成效。因此内容运营是微博运营的重要工作之一，选择适合粉丝转发的内容，如热点、心灵共鸣、实用知识、有益于朋友的话题等，获得粉丝的关注和认同感，再以适当的方式鼓励转发，于是形成良性循环发展。不过，作为产品或服务类信息，如果没有精心的策划，要获得粉丝的自愿转发，还是有一定难度的，需要更好的创意，将“广告即内容”的营销思想落实到每条微博信息中。

**2. 好友友情转发：社交人品价值**

好友及忠诚的支持者是社交网络中的强关系，通常也是微博转发的核心力量。从一定程度上可以说，微博转发与否体现了你的社交人品。因此，维护社交网络强关系是需要特别重视的工作。网络社交与现实社交本质是一样的，用心关注、平等沟通、礼尚往来等社交礼仪对促进友情转发是必不可少的。不要总是到需要转发微博的时候才想起你的朋友。

**3. 互换资源转发：粉丝资源合作**

作为本节前述社群资源合作的具体方式，寻找合适的微博博主开展合作，相互转发微博，发挥各自粉丝资源的营销价值。

**4．关联账号转发：求人不如求己**

关联网站、关联微博等都是企业的网络营销资源，利用企业自己运营的微博关联账号资源，对重要的微博进行集中转发，几乎是每个企业都在运用的基本方式。关联微博转发在运营思路上和电商平台网店的“刷单”类似，虽然手段有些灰色，但作为增加可信度的基础上扩大网络可见度的一种方式，通常还是有一定效果的。

**5．大号代理转发：投放自媒体广告**

大号转发微博是效果明显的推广方式之一，主要是基于大号众多的粉丝资源及个人品牌价值，尤其是产品推荐类微博，其他用户转发未必引起关注，选择微博大号帮助转发可能会有较好的效果。事实上转发微博也是很多明星及公众人物 “自媒体广告”常见的粉丝资源变现方式。如果没有微博大号朋友或对等的资源可以互换，通常是要为大号转播付费的，但这种自媒体广告往往没有统一的收费标准，也很难有专业的效果跟踪评价方式，因而可能要承担一定的风险。

**6．利益驱动转发：微博有奖活动**

有奖转发通常会得到较多的响应，尤其是微博大 V 或者知名企业发起的活动，参与转发的人数众多。通过微博官方应用中的微博活动（http://event.weibo.com/）可实现有奖转发的整个流程及活动数据统计分析。当社会关系网络资源不足，或希望借助于微博平台的推动在更大范围内传播，设计对用户有吸引力的有奖转发活动，也不失为有效的方法。不过，这是典型的利益驱动型的微博转发活动，与网络可信度没有直接的关系。如果你拥有较多的粉丝，通常都不好意思为了抽奖而转发这样的微博活动。

**7．互助联盟转发：微博互推工具**

一些草根账户或新账户社交资源不足或其他方面的不足难以获得粉丝转发或合作转发时，可以考虑利用第三方微博互推工具实现转发。在微博应用广场（http://app.weibo.com/）有很多可以互粉及互相转发的应用工具，如微博互推联盟（http://apps.weibo.com/wbhutui）就是其中的一个应用。微博互推联盟为普通用户提供了互粉、互相转发微博等服务，互推工具还可以监控不诚信的行为，保护多方合作者的权益。这种互推基于积分来实现，即你求别人转发要支付积分，而帮他人转发可以获得积分，互粉或互推的用户之间属于以利益为基础的临时社会关系。不过这种临时社会关系缺乏相关性及信任基础，在互助推广方面难免有一定的盲目性。

无论选择哪种微博转发方式，都应当考虑到粉丝接受的程度，坚持信息适量原则，不要为过多的转发内容而失去粉丝的信任。

# 7.4 网络分享式资源合作

网络分享式资源合作营销伴随着社会化网络应用而产生和发展，以知识和关系资源的分享与交换为主要表现形式，其中知识资源分享模式已比较成熟，社会关系资源分享模式尚处于实践探索阶段。本节介绍两种成熟的网络分享式资源合作营销方法：网络百科词条营销和 ASK 网络社区互助营销。

## 7.4.1 网络百科平台的知识分享营销

### 1. 网络百科平台的知识分享营销概述

基于网络百科的 WIKI 词条营销在以网络营销工具为主线的方法体系中，被列入 Web2.0 及社会化网络营销的范畴（本书第 4 版），这是因为开放式网络百科与博客一样属于社会化网络最早的形态，在社交网络连接关系更为紧密之后，这些以内容为主、社交为辅的松散型社会化网络服务的社交意义日益淡化。实际上网络百科是最有价值的知识分享平台，尽管具有社会化网络的表象，但参与合作编辑同一词条的用户群体并没有实质性的交流活动，因此从形式上看更接近于在第三方网络平台发布信息的内容营销，只是由于百科词条内容是开放式的，任何用户都可以编辑修改，因此与传统的内容营销模式有着很大的不同。因此将 WIKI 词条营销作为基于知识的分享式营销是比较合理的。

本书第 2 章中将开放式网络百科的网络营销价值归纳为三个方面（见 2.3.4 节）：通过百科词条内容直接展示企业的信息；通过百科词条的知识分享达到推广的目的；通过词条正文、参考文献，或者扩展阅读等方式添加网址链接。也就是说，通过无偿参与编写 WIKI 词条，将企业或产品信息穿插在词条内容中获得企业信息展示的机会，提高企业信息的网络可见度；并且通过相关内容的网址链接引导用户访问网站，也为网站增加了一条外链。

严格来说，WIKI 词条本身只是对某个概念或者知识的解释，不应该在严肃的概念解释中插入具有推广性质的内容，即 WIKI 作为网络营销工具难免会影响内容的公正性。但不能不考虑这样一个事实：为什么用户愿意无私地为百科平台网站贡献词条内容呢？如果不是为了自己的某些利益，如何才能长期坚持不懈地编辑高质量的词条内容？所以，作为一个折中，百科词条管理通常会允许一定程度上的“网络推广”行为存在，当然不能在词条内容中有过于明显的广告痕迹，否则百科平台的客观性、知识性、权威性就会下降。

国内影响力较大的中文在线百科网站包括百度百科（http://baike.baidu.com）、搜狗百科（http://baike.sogou.com）、360 百科（http://baike.so.com）等，各个百科平台提供的功能有一定差异，平台的用户群也有所不同，但都有一个共同的特点，即用户可以自由创建词条以及对现有词条进行编辑修改，并且都可以在一定程度上为词条编辑者提供“网络推广”的机会。

根据相关研究，**开放式百科词条被应用于网络推广主要有四个方面的原因。**[1]

（1）在线百科平台具有开放性，任何人可以编辑，降低了免费网络传播的门槛。

（2）在线百科平台严格的审核制度保证词条内容具有较高的可信度。

（3）在线百科词条内容丰富，搜索引擎友好度高，因而百科词条的信息具有更高的搜索引擎可见度。

（4）百科词条中的延伸阅读等可以增加相关网页的链接，这种免费获得高质量外链的方式颇受 SEO 人员的重视。

因此，事实上在线百科不仅是传播知识的平台，也成为许多企业的网络推广方法。总体来说，只要遵循百科网站的编辑规范，词条内容经过严格审核，是可以实现知识传播与适量的网络推广共存的。相对于 B2B 平台信息发布、搜索引擎广告等，WIKI 词条的内容更严谨，更可信。

**2．在线百科平台网络推广的模式**

企业一般如何利用在线百科平台开展网络推广呢？通过对主要在线百科平台词条信息的调查分析，新竞争力网络营销管理顾问归纳出**在线百科平台网络推广的以下六种模式。**[2]

（1）WIKI 词条正文内容广告

WIKI 词条正文内容广告是在词条的正文内容中添加的具有广告功能的文字信息，如在企业名称词条中介绍企业具体产品或服务信息，或在与企业相关的某商品词条中介绍本企业产品信息及公司介绍等。对于企业名称词条而言，详尽的正文内容，不仅能为访问者提供有价值的信息，而且有助于提升企业形象。词条正文内容中如果包含有详尽的产品或服务介绍信息，可以增加访问者对企业信息的了解，在一定程度上实现企业产品或服务的推广。

（2）WIKI 词条中的网页 URL 链接

URL 链接广告是指在词条的参考资料或扩展阅读中加入企业官方网站或其他关联信息页面的链接，URL 链接广告不仅能为企业的相关平台带来优质的外部链接，而且能直接为企业网站或相关平台带来直接访问量，是有效的外部链接资源之一。

（3）WIKI 词条中的图片广告

在词条的正文中，引入图片对企业及其产品或服务进行描述，实际上发挥了图片广告的效果。相对文字来说，图片更容易让用户形成视觉上的感官认识，丰富了企业百科推广的表现形式。

（4）WIKI 词条中的图片文字注释

WIKI 词条中图片文字注释的表现形式包括，底部有加粗的文字说明或者在图片本身具有文字水印宣传信息，这种方式进一步加强了图片广告的营销传播效果。

（5）WIKI 词条中的相册广告

相册广告是互动百科和百度百科特有的功能，是指在百科词条正文内容中出现的图片不是单图，而是组图的形式，除此之外，在词条内容的下方，有专门的组图展示区域。相册广告是图片广告进一步的延伸和发展，能够更充分的发挥百科平台的图片广告推广价值。

（6）WIKI 词条中的名片广告

名片广告是百度百科特有的形式，是指在百度百科词条中出现在词条正文上方的内容，是对整个词条内容的概括和总结。名片广告可以丰富企业的词条内容，提升企业词条的专业性，另外，百度名片属于百度百科的一种关联平台，为企业制作名片可以增加企业推广渠道，增加企业信息的传播机会。

调查表明，上述六种 WIKI 推广模式在不同百科平台上的表现有一定的差异，主要原因在于各个平台对词条编辑规则设置的差别，如互动百科平台的词条中含有 URL 链接的比例最高，66.2%的词条包含 URL 链接信息。由此也可以看出，为企业网站增加外部链接，是企业创建百科词条的主要动力之一。

关于在线百科词条推广的操作技巧、常见问题及案例分析等内容，可参考《实用网络营销教程》（冯英健著，清华大学出版社，2012 年 8 月）第 7 章，以及《企业百科推广策略研究报告》的详细内容（http://www.jingzhengli.cn/baogao/ewiki.html）。

## 7.4.2 ASK 网络社区营销

### 1. ASK 网络社区营销概述

ASK 网络社区是一种辅助问答式知识分享平台，如百度知道、腾讯问问、新浪爱问、知乎网站等。在这些 ASK 社区中，所有用户都可以提出问题，同时每个人也都可以去回答别人的问题，正是在这种“问答”中，为一些企业的“网络推广”带来了机会，通过提出问题和解答问题将信息传递给潜在用户。例如，有用户提问“深圳哪里能买到正宗大红袍茶叶”，其中可能有其他用户的回复，也可能有商家的回复，甚至是某个商家的自问自答，在这一问一答中，必然会涉及商家的信息。这就是 ASK 推广的基本形式，与早期的论坛推广有一定的相似性。

ASK 社区具有一定社会化网络的特征，但用户之间的关系并不紧密，仅仅是因为某个话题而发生临时性的关联。不过一个问题可能代表了多个用户的疑问，一个问答可能还有多个人浏览和参与，随着问答内容的积累，可以在相对较长的时期内持续发挥作用。关注同一话题的用户形成一种松散性、动态性的社会关系。

与 WIKI 词条的公正性一样，如果问答社区中商业信息泛滥，也就失去了 ASK 社区的原本价值，所以从真正的用户价值角度来看，ASK 社区应尽可能减少其被用于商业性的网络推广。因此，商家在利用 ASK 社区进行推广时，应将为用户提供有价值的信息为基础，而不是赤裸裸的广告宣传，这是所有社会化网络营销方式的基本准则。

一般来说，利用 ASK 网络社区开展网络营销的作用主要体现在两个方面。

（1）ASK 网络社区庞大的用户群体互动交流，通过解答用户提出的实际问题而形成信任和口碑效应，因而对于网络品牌和网络推广具有一定的效果。

（2）利用第三方 ASK 平台的站内搜索及公共搜索引擎提高企业信息网络可见度，如通过一些关键词搜索时，搜索结果中通常可以看到“百度知道”及知乎网站的相关内容。

除了 ASK 社区的直接网络推广效果之外，对用户问答内容的分析，也可用于研究用户行为，如了解用户对某产品所关心的问题，以及遇到问题之后可能的行为等。对于网站运营人员来说，关注 ASK 社区用户的问题及解答，对于网站常见问题（Frequently Asked Questions，FAQ）内容设计、博客内容选题、微博话题等也有积极意义。

### 2. ASK 网络社区营销的方法

ASK 网络社区营销的方法，在一些方面与微博、WIKI 等都有相关性，微博营销及 WIKI 的一些成功方法也可以作为参考。这里将 **ASK 网络社区营销方法**归纳为以下三个方面。

（1）从专业的角度选择问题及提供解答

由于 ASK 网络社区中用户提问和回答问题有较大的随意性，有些提问可能不够专业，有些回答也可能不够完善，因此，以专业和严谨的态度解决用户提出的新问题还是自己提出引导性问题并回复，更容易获得用户的认可。专业，也是利用 ASK 网络社区开展网络营销的基础。

（2）做 ASK 社区有价值的活跃用户

做一个活跃用户，经常关注用户提出的问题，持续为用户提供有价值的解答，同时也可以将自己发现的问题提出来与他人一起探讨，如同专业博客和微博一样，是在行业内建立知名度及可信度的途径之一，尤其以企业或者品牌名称作为用户 ID，每次问答都是品牌展示的机会。

（3）扩大 ASK 社区信息的传播范围

与微博信息推广一样，一些用户关心的问题除了在 ASK 平台内部传播之外，还可以在其他平台继续传播。例如，将有关问题及解答作为企业网站 FAQ 或者博客的内容发布；当然也可以针对某些重要问题及解答页面进行必要的搜索引擎优化处理，从而增加公共搜索引擎检索结果展示的机会。

除了上述问答式互助营销的常规方法之外，一些活跃度较高的 ASK 社区（如知乎网站等），往往也成为一些热点话题的网络信息源，通过各社交网络进行分享，使得 ASK 互助问答营销与社交网络的结合更加紧密，扩展了ASK信息的传播方式和范围。

本章有关资源合作与分享营销方式的介绍，仅仅是开启了一种思路，更多的模式和方法有待于进一步实践和探索。

## 本章内容提要

资源合作是一个“古老”的网络营销理念，基本出发点是利用自己的资源与合作伙伴互补合作，换取同等或更多的资源，实现网络营销资源及效果的扩大。本书首次将资源合作与分享作为网络营销五大方法类别之一。根据网络营销的发展演变规律，本书将资源合作与分享方法分为三个类别：网络可见度资源合作、网络可信度资源合作、网络分享式资源合作。

在以网络可见度为目标的网站资源合作形式中，交换链接和交换广告是互联网发展初期常用的网站推广方法，其中网站交换链接是网站资源合作方法的鼻祖，具有其他网络推广不可替代的作用。网站交换链接的作用主要表现在六个方面：提高网站的网络可见度、获得直接的访问量、增加网站在搜索引擎排名中的优势、增加网站的可信度、获得合作伙伴的认可、为用户提供网站内容延伸服务。

基于网络可信度网络资源合作方法，常见的包括网络社群资源合作及微博转发推广等。社群营销中的资源合作方法需要考虑的三个基本问题是：（1）社群资源合作的基础；（2）社群资源合作的目的；（3）社群资源合作的方式。社交信息合作转发推广，以微博转发为例，微博转发的七种方式：内容驱动转发、好友友情转发、互换资源转发、关联账号转发、大号代理转发、利益驱动转发、互助联盟转发等。

网络分享式资源合作营销伴随着社会化网络应用而产生和发展，以知识和关系资源的分享与交换为主要表现形式，其中知识资源分享模式已比较成熟，社会关系资源分享模式尚处于实践探索阶段。目前比较成熟的网络分享式资源合作营销方法包括：网络百科词条营销、ASK网络社区营销。

## 本章参考资料

[1] 新竞争力．《企业百科推广策略研究报告》结论要点[EB/OL]．（2011-02-11）http://www.jingzhengli.cn/baogao/ewiki2.html.

[2] 新竞争力．在线百科词条推广的六大模式和五大问题[EB/OL]．（2011-02-11）http://www.jingzhengli.cn/sixiangku/s01_ewiki.html.

# 网络营销实践与管理

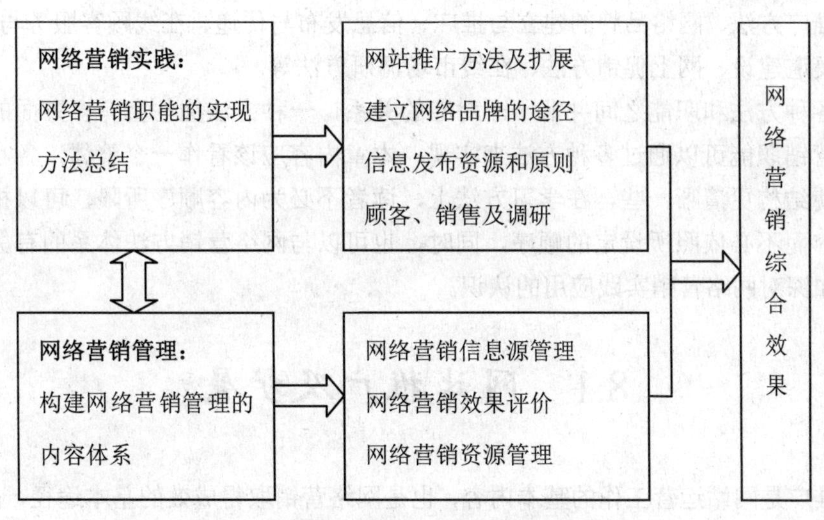


网络营销实践与管理内容示意图

# 第 8 章

# 网络营销实践应用

本书构建的网络营销职能体系明确了网络营销应该做什么，而建立网络营销方法体系的目的是解决如何做的问题。网络营销实践，就是综合应用网络营销基本原理、手段与方法，并通过对网络营销效果的控制，以确保网络营销计划的实现。

本章以网络营销八项职能为主线，从应用角度简要总结实现各项职能的网络营销方法，包括网站推广方法、网络品牌的建立与推广、信息发布与传递、在线顾客服务与顾客关系、网上销售渠道建设、网上促销方法、在线市场调研方法等。

由于各种方法和职能之间并非一一对应的关系，一种方法往往会有多方面的效果，而同一网络营销职能可以通过多种方法来实现。本章内容应该看作一个整体，各小节的编排只是为了使结构更清晰一些，在学习方法上，读者不必为内容顺序所限，可以根据需要阅读有关内容而不必依照所设定的顺序，同时，也可以与网络营销方法体系的有关内容相结合，从而加深对网络营销实践应用的认识。

## 8.1　网站推广及扩展

网站推广是网站运营工作的基本内容，也是网络营销取得成效的基本途径，在 PC 传统网络营销中具有非常重要的作用。网站推广的目的在于让尽可能多的潜在用户了解并访问网站，从而利用网站实现向用户传递营销信息的目的，用户通过网站获得有关产品和公司的信息，为最终形成购买决策提供支持。

网站推广效果的评价指标主要包括：网站访问者数量（IP）、网站浏览量（PV）、注册用户数量、用户访问时长等。这些指标的含义将在本书第 9 章网站访问统计分析的相关内容中介绍。

### 8.1.1　常用网站推广方法综述

网站推广的策略，是对各种网站推广工具和资源的具体应用。制定网站推广策略是在分析用户获取网站信息的主要途径的基础上，发现网站推广的有效方法。实践经验及相关研究表明，用户获得企业网站信息的主要途径包括搜索引擎、关联网站、网站链接、社会化网络传播、电子邮件、即时信息、网络广告等方式。每种网站推广方式都需要相应的网络工具，或者推广的资源，表 8-1 归纳出部分**常用的网站推广方法**及相关网络工具、资源及操作要点。

表 8-1　常用网站推广方法及相关网络工具和资源

| 网络营销方法类别 | 网站推广方法 | 相关工具、资源及要点 |
|---|---|---|
| 内容营销 | 网站内容营销—用户直接访问 | 网址综合推广：印刷品、产品包装、说明书、名片、广告、二维码、邮件签名档等 |
| | 网站内容营销—关联网站营销 | 运营若干关联网站，扩展网站内容、增加可见度及相互链接 |
| | 网站内容营销—搜索引擎营销 | 分类目录及搜索引擎登录：每个网站的基本要素进行搜索引擎优化，注重优化规范及细节，每个网页的标题、摘要描述、关键词设置等，增加内部链接及外部链接等 |
| | 博客营销 | 企业官方博客及员工博客：扩大企业信息可见度，博客链接到企业网站的相关页面，注意博文的搜索引擎优化，博文转发到微博、微信等拓展传播渠道 |
| | 许可 Email 营销 | 潜在用户的电子邮件地址资源：在邮件列表内容中添加企业网站相关页面链接 |
| | 微信订阅号营销 | 微信公众号：在订阅号文章中“阅读原文”链接到企业网站相关页面，文章内容中体现企业网址等 |
| | 文档、图片、视频分享营销 | 第三方分享平台：以适当的方式将含有企业网站的信息分享，如软文、图片资料、技术文档、研究论文等 |
| | 病毒性营销方法 | 多种资源利用：免费电子书、免费软件、免费贺卡、免费游戏、微博好友转发、微信朋友圈转发等 |
| 网络广告 | 搜索引擎关键词广告 | 搜索引擎广告平台：在企业网站设计广告着陆页、投放搜索结果的关键词广告及搜索联盟广告。 |
| | 展示性广告 | 选择网络广告媒体：广告着陆页设计、相关规格的 BANNER 广告设计、广告投放及效果管理 |
| | 社会化媒体广告 | 选择社会化媒体平台：广告着陆页设计、信息流广告设计、自媒体广告投放 |
| 社会化营销 | 社交网络内容营销 | 微博、微信、QQ 空间等 SNS 平台：企业网站内容分享到 SNS，SNS 内容+企业网址链接等，吸引用户到网站浏览 |
| | 社交平台专题活动 | SNS 平台：有奖转发、有奖参与等，SNS 运营与企业网站专题活动相结合 |
| 生态型营销 | 网络会员制营销 | 第三方网站联盟平台或企业自建联盟程序：提供按行动支付推广费用的联盟活动（CPA） |

续表

| 网络营销方法类别 | 网站推广方法 | 相关工具、资源及要点 |
| --- | --- | --- |
| 资源合作与分享 | 网站内部资源推广 | 官方网站及关联网站：网站内容资源、站内广告、站内推广区。提高重要页面站内推广机会，增加用户关注度和浏览量 |
| | 网站互换链接推广 | 内容相关有一定访问量的合作伙伴网站：互相链接实现网站可信度及用户访问 |
| | 网络百科词条推广 | 网络百科平台：创建及编辑相关的 WIKI 词条，以参考资料、扩展阅读等方式加入企业网页链接，前提是企业发布可信度高的内容 |

通过表 8-1 可以看出，每个类别的网络营销方法均有一种或多种适用于网站推广的方法，其中内容营销的适用性最广，几乎所有的内容营销方法都可用于网站推广。另外，网站推广的基本工具和资源都是一些常规的互联网应用内容，但由于每种工具在不同的应用环境中会有多种表现形式，因此建立在这些工具和资源基础上的网站推广方法相当繁多，这就大大增加了用户了解网站信息的渠道，也为网站推广提供了更多的机会。表中列出的仅是部分应用较多的方法，实际上还有更多具体的推广方式。

除了这些常规网站推广方法之外，一些网站为了追求访问量往往采用一些不规范的方式（如软件下载、交友社区、网络游戏、成人网站等），如未经许可的广告插件、弹出广告、浏览器插件、更改用户浏览器默认主页、强制性安装的软件（俗称流氓软件）、垃圾邮件、不规范的网站联盟等，这些方式对网站访问量的增长可能具有明显的拉动作用，但由于对用户正常上网造成不良的影响甚至危害，因此在正规的网络营销中并不提倡这些方法。

此外，形形色色的网络营销软件对网站推广也发挥着一定的影响。网站推广工作可否用网络营销软件实现？在企业网络营销发展应用的过程中，许多企业进行了大量的实践和探索，如通过各种信息发布软件在供求信息平台群发信息、把网站自动提交到多个搜索引擎、博客群发、微博信息群发等，有些软件甚至通过网页收集电子邮件地址进行群发邮件，制造了大量的垃圾信息。所以许多所谓的网络营销软件鲜有成为主流网络营销工具的案例。究其原因，主要是这些软件开发的指导思想在于试图将网络营销简单化，将网络营销信息源到传递渠道的工作等同于简单的群发信息，甚至期望达到一劳永逸的目的。实际上网络营销是长期的、琐碎的工作，没有专业人员踏实认真的工作和长期的网络资源积累，寄希望于一两个软件来替代复杂的人工工作，从理论到现实都是不太可能的事情。

### 8.1.2 网站推广的阶段及其特征

尽管网站推广有多种方法，但并不是说随便什么方法都可以随时发挥作用，在网站运营推广的不同阶段，网站推广策略的侧重点和所采用的推广方法也存在一定的区别，因此有必要对网站推广的阶段特征及相应的网站推广方法进行系统的分析。

#### 8.1.2.1　网站推广的阶段与访问量增长曲线

通过对大量网站推广运营的规律的研究，从网站推广的角度来看，**一个网站从策划到稳定发展要经历四个基本阶段**：网站策划与建设阶段、网站发布初期、网站增长期和网站稳定期。图 8-1 是一个网站推广阶段与访问量增长曲线示意图。

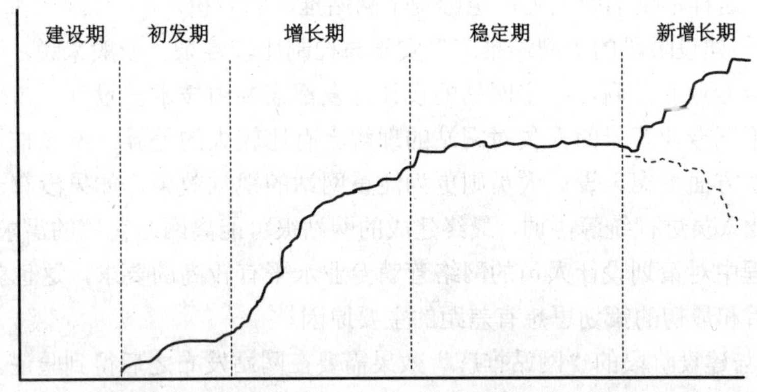


**图 8-1　网站推广的四个阶段与访问量增长示意图**

图 8-1 中表现的是一般正常网站访问量的发展轨迹，或者说是对一个网站推广效果的期望轨迹，并不能代表所有网站的发展状况，如我们不能忽视一些网站由于推广不力等原因造成访问量长期没有明显增长的情况，有些网站则有可能在某个阶段出现意外原因造成访问量的突然下降，甚至无法访问的现象，不过这些特例在这里不做更多的探讨。

从图 8-1 中可以看到，当网站进入稳定期之后的发展，由于不同的经营策略，网站访问量可能进入新一轮的增长期，也可能进入衰退期。对于一个长期运营的网站，自然希望当进入一个稳定阶段之后，通过有效的推广，再次进入成长期。之所以网站进入稳定期之后不同的网站会出现迥异的表现，在很大程度上就是对网站运营所处阶段及其特点了解不深，没有采取针对性的推广策略。

另外，这里解释一下，为什么要把网站建设纳入网站推广的阶段中。在企业网站研究的相关内容中，已经介绍过网站建设对网络营销可能产生的影响，尤其是对网站推广的影响，因为网站推广方法受到网站功能和设计的制约，网站建设决定了某些网站推广方法，如对于搜索引擎营销等，应该从网站策划建设阶段就开始，否则等到发现网站推广效果不佳时，还是要进行网站基本要素的重新设计。因此，尽管真正意义上的网站推广通常在网站发布之后进行，但在策划和建设过程中就有必要制定推广策略，并且为网站发布后的推广奠定基础，也就是说，网站策划和建设的阶段，事实上已经开始了网站推广工作。

#### 8.1.2.2 网站推广的阶段特征

**1. 网站策划与建设阶段网站推广的特点**

在策划阶段，真正意义上的网站推广并没有开始，不过这个阶段的“推广”具有特殊的意义。其主要特点表现在以下几个方面。

（1）“网站推广”很可能被忽视。大多数网站在策划和设计中往往没有将推广的需要考虑进来，这个问题很可能是在网站发布之后才被认识到，然后再回过头来考虑网站的优化设计等问题，这样不仅浪费人力，也影响了网站推广的时机。

（2）策划与建设阶段的“网站推广”实施与控制比较复杂。一般来说，无论是自行开发，还是外包给专业服务商，一个网站的设计开发都需要由技术、设计、市场等方面的人员共同完成，不同专业背景的人员对网站的理解会有比较大的差异，例如技术开发人员往往只从功能实现方面考虑，设计人员则更为注重网站的视觉效果，如果没有一个具有网络营销意识的专业人员进行统筹协调，最终建成的网站很可能离网络营销的需求有很大差别，因此在这个过程中对策划设计人员的网络营销专业水平有较高的要求，这也就是为什么一些网站建成之后和最初的策划思想有差距的主要原因。

（3）策划与建设阶段的“网站推广”效果需要在网站发布之后得到验证。在网站建设阶段所采取的优化设计等“推广策略”，只能凭借网站建设相关人员的经验来进行，是否真正能满足网站推广的需要，还有待于网站正式发布一段时间之后的实践来验证，如果与期望目标存在差异，还有必要做进一步的修正和完善，也正是因为这种滞后效应，更加容易让设计开发人员忽视网站建设对网站推广影响因素的考虑。

这些特点表明，网站推广策略的全面贯彻实施，涉及多方面的因素，需要从网络营销策略整体层面上考虑，否则很容易陷入网站建设与网站推广脱节的困境。目前这种问题在企业中是普遍存在的，这也是企业网站往往不能发挥作用的重要影响因素之一。

**2. 网站发布初期推广的特点**

网站发布初期通常指网站正式对外宣传之日开始到大约半年的时间。网站发布初期推广的特点表现在以下几个方面。

（1）网络营销预算比较充裕。企业的网络营销预算，应用于网站推广方面的，通常在网站发布初期投入较多，这是因为一些需要支付年度（季度）使用费的支出通常发生在这个阶段。另外，为了在短期内获得明显的成效，新网站通常会在发布初期加大推广力度，如发布广告、新闻等。

（2）网络营销人员有较高的热情。这种情感因素对于网站推广会产生很大影响，在网站发布初期，网络营销人员非常注重尝试各种推广手段，对于网站访问量和用户注册数量的增长等指标非常关注。如果这个时期网站访问量增长较快，达到了预期目的，对于网络营销人员是很大的激励，可能会进一步激发工作热情，反之，如果情况不太理想，很可能会影响积极性，甚至对网站推广失去信心，一些企业的网络营销工作也可能就此半途而废。所以工作人员的个人经验和情感因素也是网站推广的重要影响因素之一。

（3）网站推广具有一定的盲目性。尽管营销人员有较高的热情，但由于缺乏足够的经验、缺乏必要的统计分析资料，加之网站推广的成效还没有表现出来，因此无论是网站推广策略的实施上还是网站推广效果方面都有一定的盲目性，因此宜采用多种网站推广方法，并对效果进行跟踪控制，逐渐发现适合于网站特点的有效方法。

（4）网站推广的主要目标是用户的认知程度。推广初期网站访问量快速增长，得到更多用户了解是这个阶段的主要目标，也就是获得尽可能多的用户认知，产品推广和销售促进通常居于次要地位，因此更为注重引起用户对网站的注意，在采用的方法上，主要以新闻、提供免费服务和基础网站推广手段为主。

这些特点为我们制定网站发布初期的网站推广计划提供了思路：尽可能在这个阶段尝试应用各种常规的基础网络营销方法，同时要注意合理利用营销预算，因为有些网络营销方法是否有效尚没有很大的把握，过多的投入可能会导致后期推广资源的缺乏。在这个阶段所采用的每项具体网站推广方法中，有相应的规律和技巧，这些内容将在介绍网站推广的具体方法时详细介绍。

**3．网站增长期推广的特点**

经过网站发布初期的推广，网站拥有了一定的访问量，并且访问量仍在快速增长中，这个阶段仍然需要继续保持网站推广的力度，并通过前一阶段的效果进行分析，发现最适合于本网站的推广方法。

网站增长期推广的特点主要表现在下列几个方面。

（1）网站推广方法具有一定的针对性。与网站发布初期的盲目性相比，由于尝试了多种网站推广方法，并取得了一定效果，这个阶段对于哪些网站推广方法更为有效积累了一些实践经验，因此在做进一步推广时往往更有针对性。

（2）网站推广方法的变化。与网站发布初期相比，增长期网站推广的方法会有一些变化。尽管前期的部分推广可能仍处于持续发挥效果的阶段，不过这并不是说就不需要网站推广了，相反，为了继续获得网站访问量的稳定增长，需要采用更具有针对性的网站推广手段，有些甚至需要独创性才能达到效果。

（3）网站推广效果的管理应得到重视。网站推广的直接效果之一就是网站访问量的增加，对网站访问指标进行统计分析可以发现哪些网站推广方法对访问量的增长更为显著，哪些方法可能存在问题，同时也可以发现更多有价值的信息，如用户访问网站的行为特点等。

（4）网站推广的目标将由用户认知向用户认可转变。网站发布初期阶段的推广获得了一定数量的新用户，如果用户肯定网站的价值，将会重复访问网站以继续获得信息和服务，因此在网站增长期的访问用户中，既有新用户，也有重复访问者，网站推广要兼顾两种用户的不同需求特点。

网站增长期推广的特点反映了一些值得引起重视的问题：作为网络营销专业人员，仅靠对网站推广基础知识的了解和应用已经明显的力不从心了，对网站推广的方法、目标和管理都提出了更高的要求，有时甚至需要借助于专业机构的帮助才能取得进一步的发展。这也就说明，这个阶段对于网站进入稳定发展阶段具有至关重要的影响，如果没有专业的手段而任其自然发展，网站很可能在较长时间内只能维持在较低的访问量水平上，最终限制了网络营销效果的发挥。

**4. 网站稳定期推广的特点**

网站从发布到进入稳定发展阶段，一般需要半年到一年甚至更长的时间，稳定期主要特点表现在以下几个方面。

（1）网站访问量增长速度减慢。网站进入稳定期的标志是访问量增长率明显减慢，采用一般的网站推广方法对于访问量的增长效果不明显，访问量可能在一定数量水平上下波动，有时甚至会出现一定下降，但总体来说，正常情况下网站访问量应该处于历史上较高的水平，并保持相对稳定。如果网站访问量有较大的下滑，应该是一种信号，需要采取有效的措施。

（2）访问量增长不再是网站推广的主要目标。当网站拥有一定的访问量之后，网络营销的目标将注重用户资源的价值转化，而不仅仅是访问量的进一步提升，访问量只是获得收益的必要条件，但仅有访问量是不够的。从访问量到收益的转化是一个比较复杂的问题，这些通常并不是网站推广本身所能完全包含的，还取决于企业的经营策路和企业赢利模式。

（3）网站推广的工作重点将由外向内转变。也就是将面向吸引新用户为重点的网站推广工作逐步转向维持老用户，以及网站推广效果的管理等方面，这是网站推广周期中比较特殊的一个阶段，这种特点与网站建设阶段在某些方面有一定的类似，即主要将专业知识和资源面向网站运营的内部，而且这些工作往往没有非常通用的方法，对网络营销人员个人的专业水平提出了更高的要求。

网站稳定期推广的特点表明，网站发展到稳定阶段并不意味着推广工作的结束，网站推广是一项永无止境的工作，网站的稳定意味着初级的推广工作达到阶段目标，保持网站的稳定并谋求进入新的增长期仍然是一项艰巨的任务，如不能合理维持网站运营的稳定性，将很可能进入访问量下降阶段。

表8-2简要描述了网站推广各个发展阶段的特点。

表 8-2　网站推广阶段特征总结

| 网站运营阶段 | 网站推广的阶段特点 |
| --- | --- |
| 网站策划建设阶段 | 对个人经验和知识要求比较高，建设过程控制较复杂；网站推广意识不明确、经常被忽视；效果需要后期验证，滞后效应容易导致忽视网站建设对网站推广的影响 |
| 网站发布初期 | 有营销预算和人员热情的优势；可尝试多种常规网站推广方法；网站推广具有一定的盲目性；尽快提升访问量是主要推广目标 |
| 网站增长期 | 对网站推广方法的有效性有一定认识，可采用更适用的推广方法；常规方法不能完全满足网站推广的要求；除了访问量的提升，还应考虑与实际收益的结合；需要重视网站推广效果的管理 |
| 网站稳定期 | 访问量增长缓慢，可能有一定波动；注重访问量带来的实际收益而不仅仅是访问量指标；内部运营管理成为工作重点 |

#### 8.1.2.3　总结：网站推广四个阶段的主要任务

在网站发展的不同阶段，每个阶段中网站推广具有各自的特点，这些特点也决定了该阶段网站推广的任务也会有所不同。网站推广四个阶段的主要工作任务摘要总结如表 8-3 所示，供在制定网站推广计划时参考。

表 8-3　网站推广四个阶段的主要任务

| 发 展 阶 段 | 网站推广的主要任务 |
| --- | --- |
| 网站策划建设阶段 | 网站总体方案制定：结构、功能、服务、内容、推广等；网站开发设计及其管理控制；网站优化设计的贯彻实施；网站测试和发布准备 |
| 网站发布初期 | 常规网站推广方法的实施，尽快提升网站访问量，获得尽可能多用户的了解 |
| 网站增长期 | 常规网站推广方法效果的分析；制定和实施更有效的、针对性强的推广方法；重视网站推广效果的管理 |
| 网站稳定期 | 保持用户数量的相对稳定；加强内部运营管理和控制工作；提升品牌和综合竞争力；为网站进入下一轮增长做准备 |

### 8.1.3　网站推广方法的扩展——企业官方 APP 推广

在移动网络营销中，企业官方 APP 也是重要的官方信息源，因此网站推广的工作不仅是网站本身，还应包括企业官方 APP 等其他官方信息源的推广。企业网站推广的方法，作为企业官方 APP 推广也可以参考。只是 APP 推广的首要目标是用户下载安装，可以到各应用市场下载（类似网站登录搜索引擎），也可以直接到企业网站下载。APP 下载然后才是应用，即活跃用户数量等。这就决定了企业 APP 首先要登录到各个主流应用市场（如同网站登录分类目录或搜索引擎，APP 应用市场如腾讯应用宝、百度手机助手、豌豆荚等，以及各大手机厂商自己的应用市场），一方面通过应用市场的推荐获得用户下载，另一方面也可以直接利用网站推广的方法获得用户。

通过企业官方网站开展的APP推广，可以通过两个方面进行：一方面，充分利用企业网站内部资源，如网页内部的广告、网页模板上的推荐区域、站内专门设置的APP下载链接位置等；另一方面，利用外部资源对APP的推广，也就是为APP下载设计一个专用页面（相当于网络广告的着陆页），无论是各种内容营销方法，还是网络广告或者社会化网络营销等，都可以将推广目标链接到这个页面，实现企业APP的推广目的。

鉴于企业网站推广的方法大多可用于官方APP推广且比较成熟，而且手机APP推广目前尚未成为大多数中小企业的主要需求，因此本书暂不详细讨论企业APP推广的方法及效果评价方面的内容。

## 8.2 网络品牌的建立与推广

网络品牌是各种网络营销活动效果的综合体现，又对其他网络推广活动产生直接或间接的影响，同时网络营销的多种方法都对网品牌产生直接或间接的影响，所以可以说网络营销方法与网络品牌具有密切的关系。了解网络品牌的一般规律和方法，是实现网络品牌职能的基础。

### 8.2.1 网络品牌的含义和特征

#### 1. 网络品牌的含义

在网络营销中，涉及网络品牌概念的很多，尤其在有关域名、企业官方网站、网络广告、社交网络、网络舆情等相关领域中，都会涉及品牌形象的问题，但网络品牌究竟是什么含义，则很难找到权威的解释。为了详细说明网络品牌的含义，这里先回顾一下市场营销中品牌的概念。美国市场营销协会对品牌的定义是：

“品牌（brand）是一种名称、属性、标记、符号或设计，或是他们的组合运用，其目的是借以辨认某个销售者或某群销售者的产品或服务，并使之同竞争对手的产品和服务区别开来。”[1]

从这个定义来看，主要强调了品牌的可辨识性因素，即企业品牌存在的区别于其他企业的特征。那么什么是网络品牌呢？简单来说，企业品牌在互联网上的存在即网络品牌。网络品牌有两个方面的含义：一是通过互联网手段建立起来的品牌；二是互联网对网下既有品牌的影响，或者网下品牌在互联网的延伸。两者对品牌建设和推广的方式和侧重点有所不同，但目标是一致的，都是为了企业整体形象的创建和提升。

**2. 网络品牌的特征**

相对于传统意义上的企业品牌，网络品牌具有下列四项基本特征。

（1）网络品牌是网络营销效果的综合表现

网络营销的各个环节都与网络品牌有直接或简介的关系，因此，可以认为网络品牌建设和维护存在于网络营销的各个环节，从网站策划、网站建设，到网站推广、顾客关系和在线销售，无不与网络品牌相关，网络品牌是网络营销综合效果的体现，如网络广告策略、搜索引擎营销、供求信息发布、企业网络百科词条、企业网络社群等各种网络营销方法等均对网络品牌产生影响。

（2）网络品牌的价值只有通过网络用户才能表现出来

正如科特勒在《营销管理》一书中所言，“每一个强有力的品牌实际上代表了一组忠诚的顾客”。[2]

因此，网络品牌的价值也就意味着企业与互联网用户之间建立起来的和谐关系。网络品牌是建立用户忠诚的一种手段，因此对于顾客关系有效的网络营销方法对网络品牌营造同样是有效的，如企业官方微博的粉丝、企业微信公众号关注者、网站的电子刊物、企业注册用户等。

（3）网络品牌体现了为用户提供的信息和服务

例如，Google 是最成功的网络品牌之一，当我们想到 Google 这个品牌时，头脑中的印象不仅是那个简单的网页搜索框，更主要的是在搜索方面的优异表现，Google 可以给我们带来搜索信息的价值。可见有价值的信息和服务才是网络品牌的核心内容。同样，提到 Twitter，就想到微博，看到 Facebook 就意味着社交网络，正是这些知名网站深入人心的服务造就了这些知名的网络品牌。

（4）网络品牌建设是一个长期的过程

与网站推广、信息发布、在线调研等网络营销活动不同，网络品牌建设不是通过一次活动就可以完成的，不能指望获得立竿见影的效果，从这个角度也可以说明，网络营销是一项长期的营销策略，对网络营销效果的评价相应地也需要用一些长期指标来衡量。

## 8.2.2　网络品牌的层次

当我们在微博上看到一个知名企业的微博，如果粉丝数量很小，很可能觉得奇怪，这么一个知名企业，怎么很少用户关注其微博？这表明微博传递给用户的企业网络品牌形象与用户心目中的企业形象有差别。类似的，当用户访问该公司的官方网站时，如果企业网站看起来比较专业，那么会对该品牌产生满意，否则将降低企业品牌的信任程度，但不至于对这个知名企业完全失去信任，因为该企业的品牌还有更多的途径对用户产生影响，而且已有的品牌威力会形成一种印象惯性，即使在网络品牌方面有不足的地方，也容易受到用户的忽略。但是，如果用户看到一个并不熟悉的企业网站或微博时，通常很难一下子和企业的品牌结合在一起，因为这个品牌在该用户心目中还不存在，这时通过网络形成的品牌印象，也是对企业品牌的第一印象。

这也可以说明，知名品牌企业的网络品牌策略主要是品牌形象从网下向网上的延伸和发展，而非知名企业和新创企业的网络品牌则近乎全新的创建过程，对于网络用户来说，从网上获得的印象几乎就是对于企业的全部印象。

实践经验表明，**网络品牌可分为三个层次：表现形态、信息传递和价值转化**（见图 8-2）。

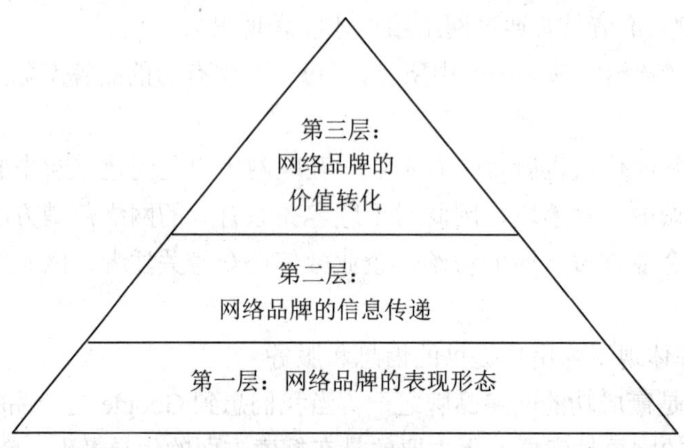


**图 8-2　网络品牌的层次结构示意图**

（1）网络品牌要有一定的表现形态。一个品牌之所以被认知，首先应该有其存在的表现形式，也就是可以表明这个品牌确实存在的信息，即网络品牌具有可认知的、在网上存在的表现形式，如域名、官方网站（网站名称和网址）、LOGO、官方微博、官方商城、官方 APP、企业电子邮箱、企业二维码等。

（2）网络品牌需要一定的信息传递手段。仅有网络品牌的存在并不能为用户所认知，还需要通过一定的手段和方式向用户传递网络品牌信息，才能为用户所了解和接受。网络营销的主要方法如搜索引擎营销、社会化网络、许可 Email 营销、网络广告、病毒性营销等都具有网络品牌信息传递的作用。因此网络营销的方法和效果之间具有内在的联系，如在进行网站推广的同时也达到了品牌推广的目的，只有深入研究其中的规律，才能在相同营销资源的条件下获得综合营销效果的最大化。

（3）网络品牌价值的转化。网络品牌的最终目的是获得忠诚顾客并增加销售，因此网络品牌价值的转化过程是网络品牌建设重最重要的环节之一，用户从对一个网络品牌的了解到形成一定的转化，如网站访问量上升、注册用户人数增加、社交粉丝量增加、对销售的促进效果、顾客满意度提高等，这个过程也就是网络营销活动的过程。

## 8.2.3　建立和推广网络品牌的基本途径

多种网络营销方法都有助于建立和推广网络品牌，本书归纳了**建立和推广网络品牌十种基本途径**。

### 1．企业官方网络信息源中的网络品牌

企业官方网络信息源包括企业官方网站、官方 APP、官方博客、官方微博、官方微信号、官方商城等，是传播企业网络品牌最主要的官方网络渠道，利用官方网络信息源是传播企业网络品牌的首要途径。

以官方网站建设为例，企业网站不仅是网络营销的基础，也是网络品牌建设和推广的基础，在企业网站中有许多可以展示和传播品牌的机会，如网站域名、网站上的企业标识、网页内部网络广告、网站上的公司介绍和企业新闻等有关内容。由于企业网络品牌的多元性，保护网络品牌有时要增加额外的成本，如注册多个相关域名、维护多个社交网络账号等。

#### 案例 8-1：域名与网络品牌保护

一个企业需要注册多少个域名才能实现网络品牌保护？

首先，域名有多个后缀，每个不同的后缀都是一个独立的域名。尽管从用户网站访问的角度来看，一个域名就够了，但实际上，由于域名有不同的后缀（如.com、.net、.cn、.biz 等），以及品牌谐音的问题，为了不至于造成混乱，对于一些相关的域名采取保护性注册是有必要的，尤其是知名企业。但对于过多的保护性注册，也增加了企业的保护性支出，这些网络品牌资产虽然有其存在的价值，但却无法转化为收益。

其次，除了域名后缀之外，由于同一品牌名称的文字表达信息在英语、其他国家语言或汉语拼音中通常并不一致，因此一个国际化企业需要多种语言的域名保护。即使仅专注于国内市场的企业，由于品牌名与中文品牌拼音之间并非一一对应的关系，也为域名保护增加了复杂性。

例如，康佳集团，中文商标为“康佳”，其英文商标为“KONKA”，那么康佳的汉语拼音所对应的域名也将对康佳的网络品牌有一定影响，但汉语拼音“kangjia”所对应的中文并不是唯一的，除了康佳之外，还有“康家”等也有一定意义的词汇。所以，域名保护有时是比较麻烦的问题。

### 2．企业电子邮件中的网络品牌和传播

以企业官方网站域名为后缀的企业电子邮箱，是企业网络品牌的重要组成部分。作为市场工作的需要，每天都可能会发送大量的电子邮件，其中有一对一的顾客服务邮件，也会有一对多的产品推广或顾客关系信息，通过含有企业标示的电子邮件向用户传递信息，也就成为传递网络品牌的一种手段。

电子邮件的组成要素包括：发件人、收件人、邮件主题、邮件正文内容、签名档等。

在这些要素中，发件人信息、邮件主题、签名档等都与品牌信息传递直接相关，但往往是容易被忽略的内容。正如传统信函在打开之前首先会看一下发信人信息一样，电子邮件中的发件人信息同样有其重要性。如果仅仅是个人 ID（如名字缩写）而没有显示企业邮箱信息的话，将会降低收件人的信任程度；如果发件人使用的是免费邮箱，那么很可能让收件人在阅读之前随手删除，因为使用免费邮箱对于企业品牌形象有很大的伤害，正规企业，尤其是有一定品牌知名度的企业在此类看似比较小的问题上不能掉以轻心。

下面是在电子邮件信息中传播网络品牌信息值得重视的一些要点。

（1）设计一个含有公司品牌标志的电子邮件模板（其作用就像邮政信函中使用的有公司品牌标志的公文纸和信封一样），这个模板还可以根据不同的部门，或者不同的接收人群体的特征进行针对性的设计，也可以为专项推广活动进行专门设计。

（2）电子邮件要素完整，这是体现企业网络品牌规范的表现形式之一。

（3）为电子邮件设计包含企业网络品牌信息的签名档，如 LOGO、公司名、官方网址、微博。

（4）商务活动中使用以企业域名为后缀的电子邮箱而不是免费邮箱或者个人邮箱。

（5）企业对外联络电子邮件格式要统一，即应有统一的企业电子邮件使用规范，如用户名称设置、邮件标题规范、签名规范等。

（6）在电子刊物、会员通讯、客服邮件及通过系统邮箱自动发给用户的通知邮件中，均应保持要素完整并在邮件内容的重要位置出现公司品牌标识。

当然，利用电子邮件传递营销信息时，邮件内容是一切的核心，如果离开了这个基础，无论再完美的模板和签名也没有太大的意义。因此，品牌信息的传播是产品促销/顾客服务/顾客关系等网络营销信息的附属内容，只有在保证核心内容的基础上才能获得的额外效果。

**3．社交网络平台的企业网络品牌传播**

企业网络营销进入社会化网络时代，博客、微博、微信等社交网络平台已经成为企业必不可少的社会化媒体传播渠道，这些渠道也是传播企业网络品牌有效途径，与企业官方网站同等重要。

以企业微博为例，已成为当前网络品牌推广的最活跃方式之一，本书在相关内容中介绍过，企业微博的第一效果表现在微博是企业网络品牌的组成部分。微博平台也为企业提供了丰富多彩的网络品牌推广方式，除了常规的微博模板展示、微博内容运营及用户互动之外，还可以利用微博平台开展各种有奖转发、微博调查、微博客服、微博秀、微群、微吧、微刊等，大大扩展了企业网络品牌推广的内容和形式。

此外，创建企业及产品相关的在线百科（WIKI）词条、贴吧、ASK 网络社区、视频分享网站等，均为企业网络品牌展示提供了机会，对于扩大企业品牌网络可见度具有积极意义。

### 4．搜索引擎营销中的网络品牌传播

基于企业网站的网络营销方法中，搜索引擎仍然是用户获取网络信息的主要方式之一，搜索引擎在企业网络品牌传播中一直发挥着重要作用。如果通过搜索引擎都无法搜索到企业的官方信息源（即搜索引擎可见度不高），对企业网络品牌将是很大的损失。用户通过某个关键词检索的结果中看到的企业信息，是对一个企业/网站网络品牌的第一印象，这一印象的好坏则决定了这一品牌是否有机会进一步被认知。这就是说，如何提高网站搜索引擎可见度成为搜索引擎提升网络品牌的必由之路。

利用搜索引擎提升网络品牌的基本方法可简要归纳如下：

（1）重视企业官方信息源的建设，包括内部信息源和外部信息源，都应在主要搜索引擎有良好的表现。

（2）坚持企业官方网站、官方博客等内容营销的规范，在页面标题、摘要描述等信息中尽可能包含企业品牌信息，如品牌名、网站名称、企业名称等。

（3）持续发布高质量网页内容，尽可能增加网页被搜索引擎收录的数量。

（4）贯彻执行网站优化思想和方法，提高网页在搜索引擎检索结果中的表现，获得比竞争者更有利的地位，包括重要关键词检索的排名位置和标题、摘要信息对用户的吸引力。

（5）管理搜索引擎推广效果，如有必要，可利用关键词广告进一步提高网站搜索引擎可见度，在提升网络品牌的同时，也获得了增加竞争壁垒的效果。

（6）扩展搜索引擎综合检索可见度，包括地图搜索、图片搜索、新闻搜索、商品搜索、文库搜索、实时搜索等，都有必要作为网络品牌搜索引擎推广效果的考核内容。

### 5．第三方电子商务平台的网络品牌传播

在第三方网络推广平台中，B2B 平台和 B2C 网店平台是企业常用的网络推广渠道，这些平台对增加企业信息网络可见度、获得潜在用户均有一定的效果，同时也具有网络品牌推广的价值。在本书第 2 章介绍了 B2B 电子商务平台及 B2C 网上商店平台的网络营销价值，并且分析了提高企业在电子商务平台内部可见度的意义。

现在很多消费类知名企业如波司登羽绒服、浪莎袜业等，都在淘宝网、京东商城、当当网开设了网上旗舰店，不仅作为开展网上销售的渠道，对于提升企业网络品牌同样具有重要价值。

### 6．网络广告中的网络品牌推广

网络广告的作用包括品牌推广和产品促销等，一直是网络品牌推广的有效手段。相对于其他网络品牌推广方法，网络广告在网络品牌推广方面具有针对性和灵活性的特点，可以根据营销策略需要设计和投放相应的网络广告，如根据不同节日设计相关的形象广告，并采用多种表现形式投放于不同的网络媒体。利用网络广告开展品牌推广可以是长期的计

划，也可以是短期的推广，如针对新年、情人节、企业年庆等特殊节日的品牌广告。

**7．知识营销的网络品牌传播**

知识营销在网络营销传播中一直发挥着重要的作用，如博客营销等内容营销模式，都与知识营销密不可分。可见，知识营销与网络品牌传播具有密切的相关性，以适当的网络方式传播的有价值的知识，是网络品牌的有效载体。[3]

知识营销需要一定的内容资源及信息传播途径，否则就成立空洞的概念。博客、网站的专业内容、电子书、研究报告、白皮书等，都是常见的知识营销载体。

**8．网络公关与网络新闻传播**

网络公关活动在网络品牌推广中具有传播速度快、效果持久等特点，同时可能作为网络营销的案例以及网络新闻在更大范围内进行传播。例如，一些企业与大学生网络营销能力秀活动（http://www.wm23.cn）合作，通过为高校电子商务专业学生提供网络营销实践机会，在高校网络营销教学领域树立了良好的形象，有效实现了网站的品牌推广。

**9．用户自发传播的网络口碑效应**

对于容易引起用户广泛兴趣的信息，往往可以利用用户自发传播的病毒性效应实现网络口碑传播，是网络品牌营销的有效方式之一。例如，节日祝福图片或视频、优秀广告案例、公益活动等是很多用户喜欢的内容形式，一则优秀的作品往往会在很多同事和网友中相互传播，在这种传播过程中，浏览者在获得了心情愉悦的同时也可能会注意到该作品所在网站或社交网络的信息和创作者的个人信息，实现了品牌传播的目的。

**10．价值型免费网络服务的网络品牌传播**

搜狗输入法是近年来最受用户欢迎的中文输入法之一，这一免费服务为搜狗的网络品牌传播发挥了显著效果。2006年6月，搜狗拼音输入法发布，立刻引来了很多用户试用并纷纷通过博客和网络社区发布使用体验，一时间成为热门话题。本书作者也在试用之后在新竞争力博客和营销人博客分别发布了博文“搜狗拼音输入法，好用！”（见http://www.jingzhengli.cn/blog/fyj/178.html），以及“搜狗拼音输入法，用了都说好”（见http://www.marketingman.net/Blog/fyj/1823.html），不久之后，两篇博客文章都达到万次以上的访问量，由此可见这一服务所产生的巨大影响力。类似的利用免费服务实现品牌推广的案例很多，如免费邮箱、免费网络硬盘以及许多免费软件等。基于手机应用的多种实用型APP软件，对于网络品牌传播也都会产生积极的作用。

除了上述建立和传播网络品牌的部分常见方法之外，还有多种对网络品牌传播有效的方法，如开展网络公益活动、参与行业论坛、发放网络红包、网络分享优惠等。网络品牌推广往往需要一定的资源投入，并且是一项长期的工作，同时往往可以在其他网络营销活动中兼顾网络品牌的推广。

# 8.3　信息发布与传递

网络营销的信息传递是网络营销内容体系的主体，信息发布也是网络营销的基本职能之一。通过对信息发布与传递一般规律的总结，可发现和掌握网络营销信息发布的特点，从而充分发挥网络营销信息发布职能的价值。

## 8.3.1　信息发布的网络渠道资源

信息发布需要一定的网络信息渠道资源，这些资源可分为内部资源和外部资源，内部资源包括企业网站及其所属的博客、关联网站、官方商城、APP 等，外部资源则包括社会化网络平台、搜索引擎、文档分享平台、电子商务平台、公共博客平台、网络广告媒体、合作伙伴的网络营销资源等。掌握尽可能多的网络营销资源，并充分了解各种网络营销资源的特点，向潜在用户传递尽可能多的有价值的信息，是扩大网络可见度的基础。

因此，作为信息发布职能的基础之一，就是挖掘并利用信息发布和传播的渠道资源。当具备了必要的信息发布和传播的渠道资源之后，传递什么信息，以及如何更有效地传递信息就成为信息发布所要解决的问题。

这里将**信息发布的资源挖掘和应用原则**归纳为下列四个方面。

**1．充分利用和挖掘内部网络信息发布资源**

企业网站是信息发布的首要渠道，也是最完整的网络营销信息源，因此应充分发挥企业网站的信息发布功能。一个小型企业网站每天的平均访问量也许只有两三百人，看起来不多，但不要小看这个数字，一个月下来访问量就将近一万人，一万个人看过企业网站，相对于发放一万份宣传单资料的效果应该要好得多，即使一个最简单的网站，也比印刷的 Catalog 可以提供更多的信息，并且可以不断更新，将最新信息向用户/潜在用户提供，主动来到网站的用户对网站内容的关注显然多于随手收到的宣传材料。

充分发挥企业网站的信息发布功能包括下列几个方面的内容。

（1）在网站策划和设计方面，为发布信息提供支持，如网站在主要页面的显著位置开设重要信息发布区域、在网页上预留广告空间等。

（2）在网站功能方面，建立适合信息传递的资源积累和应用机制，如关注微信公众号、企业官方微博等链接。

（3）在网站内容维护方面，应积极配合市场策略的需要，将重要信息及时发布在企业网站上，并根据需要通过 SNS、IM、电子邮件等方式向用户传递信息。

同样，企业所属的手机 APP、博客、关联网站、官方商城等，都是宝贵的信息发布资源，在网络营销策略中要充分重视企业的内部信息发布资源。

**2．充分利用第三方网络平台的资源**

利用第三方网站平台的免费网络资源发布信息在网络营销中一直发挥着重要作用，是扩大企业信息网络可见度不可缺少的内容，因为企业官方渠道有限，通过第三方平台可以大大扩展信息发布渠道。随着 Web2.0 与社会化网络的兴起，免费网络资源更为丰富，包括 WIKI、贴吧、ASK 社区、博客、微博、微信公众平台、图片分享、视频分享、文档分享、电子商务平台等，为免费发布信息提供了更多机会。合理利用第三方平台网络信息资源，尤其是影响力较大的网络平台如新浪博客、新浪微博、百度知道、百度百科、淘宝网等，是扩大企业网络可见度的重要途径。

**3．广泛挖掘合作伙伴的网络资源**

资源合作是网络营销的重要方法之一，合作伙伴是网络营销中有价值的资源之一，这种资源的应用通常是互惠互利的，在不投入资金的情况下合作伙伴之间都取得一定的网络推广效果。企业网站的网络营销功能之一就是“资源合作”，充分发挥网站的功能，可以实现与其他合作伙伴、供应商、分销商之间多方面的合作，从而获得更多的信息发布机会，如通过合作伙伴的邮件列表发送信息、与合作伙伴交换广告空间、微博互转、微信公众号文章互推等，从而实现信息发布渠道的扩展。

**4．合理选择网络服务商的资源**

利用免费网络信息发布并不意味着不投入资源，有些需要大量的人力资源投入。因此为某些网络营销服务投入一定的资金是合算的，尤其是在某些竞争激烈的场合，可通过付费的方式获得企业信息可见度的提升，从而实现网络营销效果的最大化。例如，在阿里巴巴 B2B 电子商务平台中，付费用户往往比免费用户有更高的可信度及更多被用户发现的机会，同样，在电子商务平台内部投放广告、在微博信息流付费推广等方式，获得平台内部可见度的机会更大。

信息发布是信息传播的基础而不是终结，尤其在社会化网络阶段，如本书所强调的，信息传递包括基于互联网工具的网络资源及社会关系网络资源两个方面。充分利用信息的分享传播资源，可以实现信息在更大范围内的传播。现在很多网页内容下方都有社会化分享链接，如新竞争力博客博文、网络营销能力秀学生观点内容页面下方等，都有社会化分享链接，通过点击即可将信息分享到其他社会化网络平台，目的都是扩大信息传递的机会。

## 8.3.2　网络营销信息发布的内容原则

在具备了信息发布渠道资源的基础上，还需要有对用户有价值的内容资源——在本书有关营销的内容中，针对性总结了各种方式的内容策略，如企业网站的内容策略、博客内容策略、微信公众号内容策略等，这些方法和规律，都可以应用到网络营销信息发布的相关场合。

在此基础上，本节进一步总结了具有普适性的**网络营销信息发布的内容原则**，包括下列三个方面。

**1．保持信息的时效性**

除了一些长效的知识性文章之外，大部分企业信息是需要保持时效性的，尤其在社会化网络分享的信息，时效性要求更高。因此，作为企业网络信息发布的第一原则，就是发布最新的内容，并以尽可能快的速度传递信息。

**2．常规信息全面准确**

所谓常规信息，也就是发布后较少改变、时效性不明显的信息，如企业一般介绍、网站使用帮助信息等，这些信息应在全面和准确方面显出专业水准。这就是“细节体现专业”的具体表现。

例如，通过对国内外多个知名电子商务网站的分析可以发现（如 amazon、ebay、bizrate、淘宝网、当当网等），这些网站在用户帮助以及常见问题解答中都罗列了大量详细的问题，涉及从用户检索商品、注册、购物车、支付、配送、退换货、个人信息保护等与在线购物过程中可能遇到的问题，详尽的 FAQ 不仅方便了用户了解相关问题，也实现了顾客在线服务的目的。因此，在本章有关在线顾客服务的内容中还会继续介绍 FAQ 的作用。

作为一个反例，很多企业网站的“关于我们”（或类似的栏目名称）通常是很久都不更新的，即使其他栏目内容每天都在更新维护，也可能忘记“关于我们”的时效性及信息全面原则。建议读者不妨随手打开几个企业网站比较一下，或许会发现更多问题。

**3．信息内容要有合理的表现方式**

在保证信息有效和全面的基础上，还必须保证各种信息以最合适的方式来表现，信息发布的内容包括文字、图片、多媒体文件等，在网站上尤其以文字信息最为重要，是主要的信息表现形式。

因此，作为网络营销人员核心能力第一位的“信息创建能力”，特别要求有良好的文字表达能力。其实文字表达能力也是从事一切营销活动的基本能力之一，需要文字表达的内容很多，小到产品介绍资料、广告文案、企业新闻，大到整个网络营销策划方案都离不开文字表达，尤其在企业网站建设阶段，大量的资料也都需要准备，要适合网站用户的特点，要让网站内容适合搜索引擎检索，所有的内容都需要精心写作。在社会化网络中，碎片化阅读的习惯要求必须用尽可能简短的文字信息获得用户的关注，对文字功夫提出了更高的要求。可见，内容清晰、明确及富有吸引力是对网络信息发布的基本要求。

# 8.4 在线顾客服务与顾客关系

在线顾客服务与顾客关系都是网络营销职能的组成部分，两者关系密切相关，在线顾客服务是建立和改善顾客关系的必要手段，顾客关系的水平直接反映了顾客服务水平的高低。因此将顾客服务和顾客关系这两种职能的实现方式放在一起介绍。

## 8.4.1 在线顾客服务的主要形式

作为网络营销课程学习者，在参加本书的教学实践——网络营销能力秀活动中，遇到问题可能会通过微博、QQ群、站内提问等方式咨询；我们在淘宝购物时可能会通过淘宝旺旺或网页聊天工具与卖家进行沟通；当我们第一次编辑网络百科词条时，可能需要查看FAQ了解相关的操作；当你申请微博认证遇到问题时，可能需要微博私信沟通；等等。

这些通过互联网工具为用户提供服务的形式，都属于在线顾客服务的方式，各种网络沟通工具也就成为在线顾客服务工具。在线顾客服务主要有三个方面的作用：增进顾客关系、增加顾客满意度；提高顾客服务效率；降低顾客服务成本。

从顾客服务的表现形式来看，在线服务包括用户自助服务、互助服务及人工服务等基本形式。

**1．自助服务**

用户通过网站上的说明信息寻找相应的解答，或者自己通过加入网络社区等方式获取自己感兴趣的信息，常见的方式有FAQ、博客、会员通讯、在线演示等。

自助服务通常应用于一个网站内部，其优点是对实时性要求不高，通过网站在运营过程中不断发现问题并积累，后期人工服务成本较低，缺点是用户需要阅读大量的信息，部分问题没有解答或者没有解决用户希望的答案，因此通常适用于解答网站使用过程中的一般性问题。

**2．互助服务**

互助服务是一种“社会化在线服务”形式，并不限于一个网站内部。通常是在一个网络社区或社群中，用户提出问题，其他用户来回答，形成一种互助关系。常见的互助形式如论坛、ASK社区、贴吧、QQ群、微信群等。

互助服务的特点在于，用户提出的问题涉及面较为广泛，有些是网站运营人员无法遇到或无法回答的问题，通过众多用户的相互帮助，可以解答形形色色的问题。在这方面，百度知道、百度经验等都是用户比较活跃的互助服务形式。

3. 人工服务

人工服务是一种高级形态的在线顾客服务，对实时性、专业性等方面有较高的要求，在线客服人员需要根据顾客提出的问题，通过人工回复的方式给予回答，常用的方式包括在线表单、电子邮件、在线聊天工具、微博私信、微信、语音电话、视频直播等。

人工服务的优点是效率高，实时性强，对提高顾客满意度有较好的效果。其缺点在于对互联网工具依赖程度较大，人工服务成本较高。

下面以在网站上应用最广的 FAQ 为例，说明其重要意义及在实践中应注意的问题。至于其他顾客服务工具，每种都有自己的特点，通过实践总结可以不断发现其规律及使用技巧。

案例 8-2：用 FAQ 解答网站 80%的问题

FAQ 是互联网上最早的用户帮助形式，至今仍然是网站最重要的顾客服务手段之一。

FAQ 是“经常问到的问题”的英文缩写（Frequently Asked Questions），即把一些功能和服务的常见问题罗列出来供用户自主查看。在利用一些网站的功能或者服务时往往会遇到一些看似很简单，但不经过说明可能很难搞清楚的问题，有时甚至会因为这些细节问题的影响而失去用户。其实在很多情况下，只要经过简单的解释就可以解决这些问题，这就是 FAQ 的价值。

网站上的常见问题（FAQ）解答是一种常用的在线帮助形式，一个好的 FAQ 系统，应该至少可以回答用户 80%的一般问题，这样不仅方便了用户，也大大减轻了网站工作人员的压力，节省了大量的顾客服务成本，并且增加了顾客的满意度。因此，一个优秀的网站，应该重视 FAQ 的设计。

例如，Google AdWords 和 AdSense 的常见问题解答（https://support.google.com/adwords/?hl=zh-CN）均多达数百条，而且还在不断增加中。新浪微博在线帮助（http://help. weibo.com）同样提供了主要产品常见的热点问题，并设置了一些重要应用的快捷入口为用户提供方便。

本书作者在 2004 年为时代营销网站所准备的 FAQ 中，总共写了 1 万多字，分 8 个类别，有几十个问题，但仍觉得有些问题没说清楚，一些内容还需要在网站运营中不断补充和完善。

FAQ 之所以很重要，是基于两个基本事实：一是当用户到一个新网站时，难免会遇到这样那样不熟悉的问题，有时可能仅仅是非常简单的问题，但可能导致用户使用过程出现困难；二是绝大多数用户在遇到问题时，宁可自己在网站上找答案，或者自己不断试验，而不是马上发邮件给网站管理员，何况即使发了邮件也不一定能很快得到回复。

网站的 FAQ 一般包括两个部分：一部分是在网站正式发布前就准备好的内容，这些并不是等用户经常问到才回答的问题，而是一种“模拟用户”提出的问题，或者说，是站在用户的角度，对于在不同的场合中可能遇到的问题给出的解答；另一部分是在网站运营过程中用户不断提出的问题，这才是真正意义上的用户问题解答。不过，通常并不需要对这两部分的内容做严格的区分，都统称为 FAQ。如果网站发布前的 FAQ 设计比较完善，那么在运营过程中遇到的问题就会大大减少，因此，比较理想的状况是，前期准备的问题应该至少包含80%以上的内容。

通常情况下，一个网站从规划、设计，到功能开发、测试，这些工作一般不可能一个人完成，各个环节的人员对一个网站各项功能和要素的理解不一定都站在顾客的角度考虑，也不可能都按照网络营销的观点来处理问题。当各个部分的工作基本完成之后，还需要对网站进行总体的“运营调试”，对于用户（尤其是新用户）在各个环节可能产生的疑问分别给予解答，这是一项很重要的工作内容。

根据作者的调查，很多网站对FAQ重视不够，不少大型企业网站甚至根本没有这项内容，一些网站仅仅是流于形式，不仅内容贫乏，甚至答非所问，这样不仅解决不了顾客关心的问题，在一定程度上也损害到网站的形象。相对而言，国内一些知名网上零售网站的FAQ体系设计比较完善，一般针对用户在购物流程、商品选择、购物车、支付、配送、售后服务等方面分别给出一些常见问题解答。

资料来源：本书专用案例。

### 8.4.2 在线顾客服务与个人信息保护

个性化定制的顾客服务是在线顾客服务的特殊形式，满足了用户的特定需求，如产品优惠信息、新产品通知等，这种针对性的网络营销被称为个性化营销或者一对一营销。为了提供定位程度更高的个性化服务，往往需要对用户个人信息有进一步的了解，如性别、年龄、收入、爱好、地理位置、通信方式，甚至身高、体重等，于是也就涉及在线顾客服务与个人信息保护的关系问题。

个性化营销（Personalization Marketing）被认为是一种理想的网络营销手段，甚至有不少人士认为个性化服务是电子商务成功的关键所在。实际上，包括一对一营销在内，这些概念都是市场细分原理的深入应用。

个性化服务的前提是获得尽可能详尽的用户个人信息，因此实施个性化服务首先应该了解个人信息对网络营销的作用，以及如何合理地收集用户的个人信息。

我们可能会遇到一些网站要求用户登记很详细的个人信息，除非对该项服务特别有兴趣，很多人可能会选择放弃注册，对商家来说，也就意味着失去了一个潜在用户。另一种情形是，为了获得某个网站提供的服务，用户不得不填写个人信息时，往往会提供一些不真实的信息，通常又难以验证，这样根据用户在线填写的信息来开展针对性的网络营销服务往往会形成信息的错误传递，造成效果不佳或者资源浪费。

很明显的是，要求用户公开个人信息越多，或者是用户关注程度越高的信息，参与的用户将越少。为了获得必要的用户数量，同时又获取有价值的用户信息，需要对信息量和信息受关注程度进行权衡，尽可能降低涉及用户个人隐私的程度，同时尽量减少不必要的信息。这种现象值得引起重视，即在网络营销中获取用户个人信息应适量，这样才能保证网络营销与个人隐私的和谐。

**“个人信息适量原则”**是本书作者总结的，在开展个性化营销及顾客服务中应遵循的一般原则。

个人信息的适量原则可以从两个方面来理解：一方面，在用户可以接受的范围内获取尽可能多的用户信息；另一方面，是指应当以尽可能少的、最有价值的用户信息来保证网络营销的需要。

根据这一原则，在各种注册程序中对于信息选项进行充分的论证，既要考虑到用户公开个人信息的心理承受能力，又要保证获得的用户信息都有切实的价值，对于可有可无的信息，坚决取消，而对于用户关心程度较高的信息，则应采取慎重的态度，只有到非常必要时才要求用户提供，同时不要忘记公开个人隐私保护条款，尽可能减少用户的顾虑。个人信息适量原则与个人信息保护政策是同一问题的不同表现方式，应作为网络营销的一条重要法则。

# 8.5　网上销售渠道建设

经过十多年的高速发展，企业网络营销与网上销售的关系越来越紧密，尤其在一些电子商务平台、社交网络及大型企业网站，两者已实现了对接和融合。可以说，现在几乎所有的行业都已进入电子商务时代，对一些消费品而言，已基本实现了“可见、可信、可在线购买”的基本流程，也就是通过企业信息的网络可见度到可信度并且转化为直接销售。

于是，如何实现网络营销与在线销售的整合，即建设网上销售渠道，已成为当前网络营销的基本内容之一。

相对于以营销信息传递为主的网络推广，网上销售涉及的问题要复杂得多，除了网上销售平台功能开发建设、网站运营及推广等基础网络营销内容之外，还包括支付、安全、配送、售后服务等电子商务活动中的基本要素。作为网络营销的内容，无法包括整个电子商务体系的所有环节，主要关注网上销售渠道建设及推广运营的方法，属于企业电子商务的基础性问题。

## 8.5.1　网上销售渠道的主要模式

一般来说，**网上销售渠道建设有三种主要方式**：作为在线销售网站的供应商、在第三方电子商务平台开设网上商店、企业自己运营的独立网上销售网站（或者企业网站的网上商城频道）。这三种方式从运营、资金投入和管理方面以及对企业资源的投入各不相同，为企业开展网上销售提供了不同层次的选择。下面简要介绍这三种方式各自的特点。

**1．作为电子商务网站的供应商**

目前，团购、网上外卖等O2O电子商务已经非常普及，为企业或个人提供了进入网上销售的便利条件，不必自己运营网店，作为供应商直接进入电子商务流程。作为电子商务网站的产品或服务供应商，对企业本身没有过多的电子商务技术要求，与传统的销售模式并没有很大的区别，企业可集中精力做好产品供应，无须在电子商务方面投入很大精力，借助于其他销售商开展销售，为企业增加网上销售渠道，这是参与电子商务最简单的方式。

当然，由于厂商不参与网上销售及运营管理的过程，这种方式的主动权就掌握在网上销售渠道手里，生产厂商对此难以控制。同时，由于要为渠道商提供一定的供货折扣，这样就减少了生产企业的利润空间。随着价格竞争日益激烈，供应商的利润空间将被挤压，将影响企业为电子商务网站供货的动力，因此一些企业在作为电子商务网站供应商的同时，也在通过不同方式开展直接网上销售。

**2．通过第三方电子商务平台开展在线销售**

淘宝、天猫、京东商城等大型网上商城为企业通过电子商务平台开设网上商店提供了极大便利，企业可以利用这些平台快速实现网上销售。通过第三方电子商务平台开展网上销售具有以下优势。

（1）第三方平台自身品牌的影响力聚集大量人气，利于企业网上商店在平台内部的推广，并可提升企业网店的可信度。

（2）第三方平台有规范的运营维护流程，企业可以迅速开设网店，降低网店建设成本。

（3）第三方平台具有完善的购物流程系统，有利于改善用户体验。

（4）第三方平台的支付体系、配送体系及信用体系完备。

（5）知名度高的第三方平台本身具备较好的网站优化及平台内部和外部推广基础，利于企业网店运营推广。

当然，第三方电子商务平台也有一定的制约因素，如受平台规则的制约、模板化的网店系统不利于企业的个性化操作、网店用户资源与企业网站其他服务难以整合等。因此一些具有实力的企业在采用第三方平台网上商店的同时，往往也会建立自己的独立网上商城，以两者相结合的模式开展网上销售，同时兼具各自的优势。

新竞争力网络营销管理顾问关于企业开设网上商城模式的调查表明，被调查的已开展电子商务的企业中80.4%拥有独立网上商城，72.5%的企业在第三方平台如淘宝、拍拍等开设网店，其中淘宝商城是企业开设网店的首选平台，52.9%的企业既有独立网上商城又在第三方平台开店，也有部分企业将电子商务业务外包给专门的第三方电子商务服务公司经营，占被调查企业总数的3.9%。[4]

3．企业独立网上商城系统

每个企业都应该有自己的官方网站，这是 2000 年前后网络营销还处于初级阶段时，本书作者提出的观点。这一观点早已得到了证实。与此类似，每个有条件的企业都有必要建立自己的网上销售平台（尤其是移动电商平台），也是企业电子商务发展的必然趋势，这与企业利用第三方电子商务平台的销售渠道并不矛盾，而是相互补充、相互促进的。

企业建设独立网上商城，需要投入较多的开发和运营资源，可以根据企业的经营需求进行针对性的开发设计，根据营销计划开展网站的运营推广，根据运营目标进行网站功能和服务的调整，具有针对性、自主性、适应性强的优势。更重要的是，随着电子商务的发展，企业网上商城必将成为企业商业流程的组成部分，是任何第三方服务所无法替代的。一些领先的电子信息企业如海尔、长虹、华为、联想、小米手机等均已建立了企业自主运营的网上商城系统，在企业经营中发挥着重要的作用。

至于企业应采用哪种在线销售模式，或者哪些在线销售模式的组合，取决于企业的经营目标和资源状况。一般来说，大型企业建设独立网上商城系统的需求更为迫切一些。

此外，网络会员制营销模式作为网上商城的一种按效果付费的推广方式（CPS），也可以认为是一种网络销售渠道的扩展，即相当于加入联盟的会员网站成为网上商城的分销渠道，只是所有的订单管理及商品管理工作仍要由企业网上商城承担，会员网站仅仅发挥网络广告引导的作用，因此网络会员制营销也可以理解为一种推广手段。

## 8.5.2　网上销售渠道建设方案

除了在线销售渠道的初级形式——作为电子商务网站供货商的模式不需要对网上销售渠道建设和运营之外，无论是基于第三方电子商务平台的网上商店，还是企业自主经营的独立网上商城，都有一个系统建设的过程。当然，网上商店系统与企业独立网上商城系统，无论在建设流程还是工作量方面都有很大差别，网上商店建设是对网上商店平台功能的合理利用，简单来说只是网店配置、装饰和产品上架的问题，也许几天即可完成，而独立网上商城则需要系统的网站策划、开发、设计、测试、产品上架等一系列流程，可能需要几个月甚至更多的时间。不过网上商店和独立网上商城建设在指导思想上是一致的，即都是为了获得用户的关注、信任并方便用户购买，因此在网页布局、产品展示、产品推介等方面的设计原则是类似的。

### 8.5.2.1　网上商店系统建设

我们或许都有过在淘宝网购物的经历，或者可能是淘宝卖家，对于淘宝网店的大致结构及网店风格应该有一定的印象。网上商店建设，通常被简单地称为“网店装修”，由此可见，网店建设实际上只是对网站提供的各种架构、功能模块的选择使用，并结合网店的经营特色实现对网站的配置和装饰，通常不涉及技术开发等复杂的技术工作。

网上商店建设的一般步骤包括以下方面。

1. 选择电子商务平台并开设账号

网上商店建设的第一步也就相当于开店要选择店址一样，即选择哪些电子商务平台开设网上商店，以及开设多少个网上商店，接着就要为每个网上商店注册一个账号，并完成平台所要求的各种认证手续，如身份认证、银行账户认证等。一般来说，商家选择电商平台要考虑的因素包括：用户数量大、服务价格适中、管理维护方便等。这也就是为什么卖家首选淘宝、京东等大型电子商务平台的原因所在。

2. 规划设计网店装修效果图并准备装修材料

既然是“装修”，就要对预期效果进行规划，并根据“装修图”进行施工，包括网店布局、颜色、风格等。网店装修所需要的材料包括必要的装饰图片、背景图、网店 LOGO 等。

3. 网店基本信息设置

网店信息设置，与企业网站的基本信息设置有一定的相似性，即根据选定的网店模板，完善各个模块的基本信息，如产品类别、网店简介、联系方式、公告信息等。至此，一个网店的配置基本就绪，接下来就是产品上架等运营准备工作了。

4. 产品资料准备及上架网店产品

根据配置好的网店系统，分别将产品按照事先确定的分类逐一上传即可。当然，在此之前，有大量的产品资料准备工作，包括产品拍照和图片处理、产品文字描述、产品属性、价格、售后服务承诺等详细信息。

5. 网店正式运营之前的测试工作

当完成了网店布置和产品上架之后，如同网站建设把所有的程序、网页内容都已经上传到服务器一样，还需要有系统的测试工作，不仅要对整站内容进行详细检查，如网店信息是否完善，产品排列是否合理，产品图片、文字、价格等信息是否正确，购物流程是否顺畅等。在正式运营之前，邀三五个好友试用一下，走一遍购物流程，根据反馈意见再进行一番调整和完善。

将进入网上商店的运营阶段，有网店推广、产品促销、顾客沟通、流量分析、订单处理更多的工作，更大的考验还在后面。至于网店运营方法和技巧等，在此就不再罗列，有大量的书籍、文章、帖子分享网店卖家的成功经验，至于哪些是真正有效的，哪些是适合本企业的，还需要经过实践检验和不断总结。

#### 8.5.2.2 企业独立网上商城系统建设

企业独立网上商城系统，可以是独立域名的网站（如海尔商城 www.ehaier.com，华为商城 www.vmall.com），也可以是企业官方网站的一个频道（如小米手机营业厅 www.xiaomi.

com/c/contract/、康佳商城 shop.konka.com）。从技术角度来看，他们在基本网上购物功能方面大体是类似的，差异主要体现在网站架构、技术选型、数据库设计、高级管理功能、与第三方电商平台旗舰店的整合、PC 端与移动端的整合等方面；从网络营销的角度看，不同的 B2C 网上商城系统差异主要体现在运营支持功能（如网站基础优化、站内推广方式）、页面布局、URL 设计、顾客服务以及在用户体验的细节处理等方面。

建设企业独立网上商城系统要考虑的首要问题，是全部自行开发设计，还是在已有系统的基础上进行二次开发，也就是系统选型问题。选择采用专业网店服务商提供的网店系统，是企业快速建设独立网上商城的方式，价格也相当低廉，尤其适合中小规模的企业采用。但对于综合性网上商城系统建设，以及与企业商务流程如营销及内部信息化流程整合要求较高的系统，通常只能自行开发，很难找到可以满足企业特殊需求的通用网店系统。调查表明[《企业 B2C 网站运营策略研究报告》（2011，新竞争力）]，41.5%的企业采用已有网店系统进行修改或二次开发建设网上商城，目前企业 B2C 网站采用的网店系统包括 shopex、ecshop、360shop 等服务商提供的网店系统，其中包括开源系统。

据作者的了解，在实际应用中，企业选择合适的 B2C 网上商城系统并不容易，往往需要在众多网店系统中进行比较，并且要对网店系统进行大量的优化开发才能适合企业的需要，有些网店系统底层架构的限制，对于运营支持产生较大的限制，在网站运营过程中将陆续体现出来，回头来又要做大量的修改工作，甚至不得不放弃初期的系统，重新开发一套新的网上商城。这种情况并不少见，初期为追求低投入导致后期网站运营困难重重。

无论采用网上商店还是独立网上商城作为在线销售渠道，都需要投入足够的运营资源，否则网上销售渠道也就成了一个空架子。尽管网上商城建设及运营方法已经比较成熟，但在实际工作中仍然存在较多的问题，其直接结果表现在网站运营效果不佳，如网站访问量不高，订单数量少，用户忠诚度不高等，应引起足够的重视。

## 8.6　网上促销方法

提高网上销售效果的方法之一，是网上促销。网上促销是网络营销的基本职能之一，是各种网络营销方法的综合应用，也为通过网络营销获取直接收益提供了必要的支持。同网站推广一样，多种网络营销方法对促销都有直接或间接的效果，同时也有一些专用的网上促销手段，如在线优惠券、网上团购、众筹预售等。

## 8.6.1 影响网上销售成功的主要因素

**1．网上购物三个阶段及其对销售的影响**

了解具有网上销售促进效果的方法，首先要对消费者网上购物的过程和行为做必要的了解。消费者的一次网上购物活动要经历多个环节才能完成，可分为三个阶段：商品决策阶段、费用决策阶段、顾客服务决策阶段。每个阶段又包含多个不同的环节，每个环节都可能对网上销售成功与否产生影响。

**网上购物三个阶段及其对销售的影响**有如下几个方面。

（1）商品决策阶段对网上购物的影响

商品决策是消费者成功实现网上购物的基础，其中包括商品查询和浏览商品介绍等步骤。消费者首先要在大量的商品中找到自己感兴趣的商品，然后根据网上提供的商品介绍，进一步判断是否符合自己的期望，然后才能将合适的商品放入购物车。事实上，对于网上购物者来说，找到自己需要的商品并不是一件简单的事情。一般来说，由于网站首页和主要频道页面可以发布的信息有限，并且也不可能将所有的商品都放在主要页面上，这样就为用户发现商品带来了困难，除了依靠销售商的重点推荐之外，主要依靠搜索功能来寻找自己需要的商品，但由于商品名称的专用性、用户搜索技巧和网站搜索功能等因素的影响，并不一定都可以发现自己需要的商品。

在对用户引导，以淘宝网为例，提供了丰富的商品属性分类及关键词搜索联想功能，对于用户选择产品带来了极大的便利。

（2）费用决策阶段对网上购物的影响

费用包括商品本身的价格和送货费用等，这两项因素对于消费者的购买决策都有重要影响。网上购物在消费者心目中早已形成了更便宜的印象，大多数网上销售网站的产品也会比商场购买价格更低，但价格水平是否满足消费者的期望仍是影响其最终购买的因素之一，而且用户可能在不同的网站之间进行价格比较，如果没有价格优势，很可能会失去这个用户。

除了商品价格之外，送货费用也是消费者比较关心的一个因素，尤其在一个订单总额比较低的情况下，如果送货费用占消费总额的比例过高，会影响最终的购买决策，因此一些网站往往采用免费配送的方法来吸引顾客。在很多网上商店的产品描述中，“包邮”是重要关键词之一，也说明了这一现象。

（3）顾客服务决策阶段的影响

顾客服务包括购买过程的服务和售后服务，前者包括在购物时发现问题后是否可以在常见问题解答中找到答案，以及通过在线聊天、电话等咨询是否可以得到满意的答复；后者则包括是否可以快速、准时收到货物，是否可以对订单进行跟踪查询，以及是否有合理的退换货政策等。

此外，消费者在一个网站首次进行网上购物时，一般还需要注册个人信息，这样才能获得网站的送货服务。在用户注册过程中，涉及个人信息保护等因素，尤其是联系电话、收货地址等信息，如果网上销售商没有明确的个人信息保护政策，用户可能不愿意提供这些真实信息，网上购物同样无法完成。在本章介绍过的个人信息适量原则（8.4.2）对于网上销售同样非常重要，对个人信息保护重视不够，会让相当比例的用户对网上购物失去信任，这是任何促销手段也无法解决的问题。

**2．影响网上销售的明显因素**

归纳起来，对网上销售具有明显影响的因素包括下列几个方面。

（1）网上购物网站基本功能完善，访问速度快、导航清晰、用户注册和操作简单、订单查询和管理方便。

（2）商品丰富，分类清晰，易于查询及搜索。

（3）商品介绍信息全面，便于用户进行购买决策。

（4）网上销售商对畅销商品的推荐。

（5）顾客对商品的评价较高，愿意向他人推荐。

（6）网上销售商的促销活动，如在线优惠券、积分、折扣、对 VIP 会员的优惠措施等。

（7）商品价格优惠。

（8）送货费用低甚至免费。

（9）合理的退换货政策。

（10）送货时间快，并且送货费用低。

（11）个人信息保护政策。

（12）方便的付款方式。

（13）在线顾客服务水平高，如常见问题解答内容全面，即时信息实时解答用户问题等。

在所有这些影响网上销售的因素中，商品价格、送货费用、商家推荐、优惠措施等在一定程度上可以受到相应的促销活动的影响，因此网上促销方法也是针对这些因素进行设计的。这同时也说明一个基本问题，即无论什么促销方法，都需要建立在网站功能和服务完善、产品信息丰富、产品质量可靠、顾客服务水平高、产品价格优惠这些基本前提之上，离开了这些基础，什么样的在线促销手段都难以发挥应有的作用。

## 8.6.2　常用网上促销方法综述

几乎所有的网络营销方法对销售活动都有直接或间接的促进效果，如各种网站推广手段为网站带来访问量增加的同时，也就意味着带来了新的潜在顾客；基于顾客关系的社交网络及即时信息，提高了顾客忠诚度，同样对增加销售具有促进作用。

从针对的用户对象来看，网上促销可分为对新用户的促销和对老用户的促销；从促销场合来分，网上促销可分为站内促销及站外促销。站内促销，以面向老用户为主，获得用户的重复购买，常用的方式包括会员通讯邮件、手机短信、站内推广、价格折扣、在线优惠券、交叉销售、站内团购等；站外促销，更多是面向新用户以及即兴购买型的用户，常用的网络促销方式包括展示类网络广告、搜索引擎广告、社会化媒体广告、微博活动促销、网站联盟推广（网络会员制营销）、比较购物搜索引擎、在线优惠券及交叉销售等。

这些网络促销方法，大部分都已包含在本书前面介绍过的网络营销常用方法之中，下面简要介绍比较购物搜索引擎、在线优惠券及交叉销售。

#### 8.6.2.1 比较购物和购物搜索引擎

当网上购物网站数量越来越多时，同样的商品在不同网站的价格可能相差很大，当消费者希望寻找一个价格比较低廉的网站时，如果逐个进行比较，不仅效率比较低，而且也很难对被选择的网站做一个全面的评价，比较购物网站的出现解决了用户这一难题，其客观效果使商家和消费者双方都获得了应有的价值。

在所有的比较购物网站中，成立于1996年的BizRate.com是最早也是最成功的一个，到2004年年初，已经拥有超过41 000个在线购物网站的3 000多万条产品索引，事实上已经成为当时美国第一电子商务门户网站。随着加入比较购物网站的服务商数量和产品数量的迅速增加，比较购物网站已经与搜索引擎具有类似的特征，即作为用户查询商品信息的工具，为制定购买决策提供支持，因此一些网站开始逐渐放弃比较购物一词，而改称为购物搜索引擎。现在BizRate就将自己的使命定义为全球最好的购物搜索引擎。Yahoo和Google也分别推出了自己的购物搜索引擎（http://shopping.yahoo.com、http://froogle.google.com），也是基于已有的搜索引擎技术。2004年3月，Yahoo以5.75亿美元的价格收购了欧洲第一大比较购物搜索网站 Kelkoo，由此也可以看出购物搜索引擎的前景非常看好。因此，在网上销售中利用购物搜索引擎进行推广，也就成为类似于使用搜索引擎进行网站推广的网上商店/产品促销手段。

常规意义上基于网页搜索的搜索引擎在搜索结果中的内容是根据相关性排列的来源于其他网站的内容索引，与此类似，购物搜索引擎的检索结果也来自于被收录的网上购物网站，这样当用户检索某个商品时，所有销售该商品的网站上的产品记录都会被检索出来，用户可以根据产品价格、对网站的信任和偏好等因素进入所选择的网上购物网站购买产品。一般来说，购物搜索引擎本身并不出售这些商品，不过会为购买商品提供极大的方便，甚至可以在浏览比较购物信息的过程中完成订单。

购物搜索引擎与一般的网页搜索引擎相比的主要区别在于，除了搜索产品、比较价格、了解商品等基本信息之外，通常还有对产品和在线商店的评级，这些评比结果指标对于用户购买决策有一定的影响，尤其对于知名度不是很高的网上零售商，通过购物搜索引擎，不仅增加了被用户发现的机会，如果在评比上有较好的排名，也有助于增加顾客的信任。以 BizRate 为例，用户不仅可以用多种方式进行检索，如产品名称、品牌名、网站名称等，还可以对产品进行评比，可以发表自己的意见，这些信息也可以被别的用户参考。

另一家创建于 1999 年的美国比较购物网站 Shopping.com ，其主要优势在于包含丰富的在线购物相关的产品信息和在线商店信息，产品信息包括产品评论、购买指南、产品图片和详细描述等，在线商店的信息则包括各种产品的价格、商店评比星级和用户评论、优惠券以及其他对顾客有价值的信息。因此当用户使用购物搜索引擎检索商品时，可以获得比较丰富的信息，对制定购买决策有较大的参考价值。

这也从另一个角度说明，网上购物网站利用购物搜索引擎进行推广，可以增加被用户发现的机会，从而达到促销的目的。至于购物搜索引擎的推广方式，也与常规的网页搜索引擎营销方法类似，首先应该将购物网站在购物搜索引擎登录，这样才能获得被检索到的机会，其次还需要针对不同购物搜索引擎的算法规则进行优化设计，争取在搜索结果中排名靠前，也可以利用类似于关键词广告的方式，在搜索结果页面“赞助商链接”中投放广告，以实现更多被用户发现的机会。

例如，Shopping.com 采用的是类似于竞价广告的方式，即网上商店存入 200 美元的预付金，根据用户对商品信息的点击收取费用。被雅虎收购的欧洲最大的比较购物网站 Kelkoo.com 的商业模式与 Shopping.com 类似，网上商店登录产品是免费的，不过要根据用户点击数量收费。

下面是美国市场研究公司 Hitwise 调查发布的美国十大比较购物搜索引擎（2005 年 11 月）：

Shopping.com
BizRate
Yahoo Shopping
Shopzilla
Froogle
NexTag
PriceGrabber
Epinions
Calibex
MSN eShop

2005 年之后，购物搜索引擎市场不断发展演变，到 2012 年已发生了很大变化。专注于购物搜索引擎领域研究的 CPCStrategy（http://www.cpcstrategy.com），在 2012 年 5 月份对美国购物搜索引擎综合评价排出前十位的网站如表 8-4 所示。

表 8-4 美国十大比较购物搜索引擎（2012 年 5 月）

| 比较购物搜索引擎名称 | 网址 | 收费模式 |
|---|---|---|
| Google Product Search | http://www.google.com/shopping | 目前仍然是免费 |
| Nextag | http://www.nextag.com/ | CPC |
| Pricegrabber | http://www.pricegrabber.com/ | CPC |
| Shopping.com | http://www.shopping.com/ | CPC |
| Amazon Product Ads | http://www.amazon.com/ | CPC |
| Shopzilla | http://www.shopzilla.com/ | CPC |
| Pronto | http://www.pronto.com/ | CPC |
| Become.com | http://www.become.com/ | CPC |
| Bing | http://www.bing.com/ | 免费 |
| TheFind | http://www.thefind.com/ | 免费 |

资料来源：http://searchenginewatch.com/article/2097413/The-10-Best-Shopping-Engines.

此后，比较购物搜索引擎领域的市场格局仍未稳定，除了 Google 产品搜索继续保持第一之外，其他购物搜索网站的排名都发生了一定的变化，一些退出十大，同时也有一些新的购物搜索网站进入十大行列，如表 8-5 所示。

表 8-5 美国十大比较购物搜索引擎（2014 年 6 月）

| 比较购物搜索引擎名称 | 网址 | 收费模式 |
|---|---|---|
| Google Product Search | http://www.google.com/shopping | CPC |
| Shopzilla | http://www.shopzilla.com/ | CPC |
| Pricegrabber | http://www.pricegrabber.com/ | CPC |
| Amazon Product Ads | http://services.amazon.com/content/product-ads-on-amazon.htm | CPC |
| eBay Commerce Network | http://www.ebaycommercenetwork.com/ | CPC |
| Become | http://www.become.com/ | CPC |
| Nextag | http://www.nextag.com/ | CPC |
| Bing Product Ads | http://www.bing.com/ | CPC |
| Pronto | http://www.pronto.com/ | CPC |
| Amazon.com | http://www.amazon.com/ | 按销售额百分比 |

资料来源：https://searchenginewatch.com/sew/study/2097413/shopping-engines.

从上面信息中也可以看出，除了亚马逊网站按销售额百分比收费之外，其他比较购物搜索引擎都采用了按每次点击收费的模式（CPC），即专业购物搜索引擎实际上已经发展为是一种按点击付费的商品搜索广告，并非基于自然搜索的结果。

近年来国内比较购物搜索引擎同样在不断的发展之中，但比较购物搜索引擎一直没有形成主流地位，主要有以下几个原因。

第一，购物搜索的商品数据来源于各大电子商务网站，而这些网站并不一定欢迎比较购物搜索的这一做法，因而可能会采取一定的限制措施，这就从根本上影响了比较购物搜索的生存基础，如媒体报道，京东商城等电商网站对一些购物搜索引擎实施屏蔽。

第二，购物搜索引擎通常只能从部分大型网上商城获取商品信息，大量中小型电子商务网站的产品无法在比较购物搜索结果中得以展示，因而对中小型电子商务网站发挥不了促销的作用，而对于大型知名网站的用户来说，往往直接来到网站进行站内商品搜索和比较，通常不需要经过比较购物搜索这个环节。

第三，由于网上销售竞争激烈，电子商务网站的产品价格变化非常快，购物搜索引擎展示的信息可能相对滞后，将降低购物搜索的实际价值，对用户最终购买决策的影响也将降低。

第四，通过大型电商平台购物是国内用户养成的一种习惯，通过天猫、京东等大型平台电商开设的品牌旗舰店，获得了大量用户的直接访问和购买，这些旗舰店无须利用购物搜索的推广，或者推广效果并不显著。

谷歌中国于 2012 年 12 月 11 日关闭购物搜索，也在一定程度上说明了这个问题。谷歌中国于 2009 年 5 月推出购物搜索，后来由于谷歌调整在中国的市场战略，购物搜索也陷入困境。正如新浪科技报道中所提到的，“购物搜索要解决的问题不止在技术层面，而是需要持续投入人力与各个电商平台沟通，否则一个更改就可能导致数据无法抓取”。[5]

下面是作者于 2013 年 3 月份整理的目前在国内有一定影响力的购物搜索引擎（分类导航），仅供参考：

- ❑ 一淘网 http://www.etao.com/
- ❑ 百度团购导航 http://tuan.baidu.com/
- ❑ 百度购物搜索 http://gouwu.baidu.com/
- ❑ 搜狗购物搜索 http://shopping.sogou.com/
- ❑ 聪明点购物搜索 http://www.smarter.com.cn/

在 2016 年 6 月本书第五版写作期间重新浏览以上站点，其中，百度购物搜索（http://gouwu.baidu.com/），被重定向到百度知道首页（http://zhidao.baidu.com/）；百度团购导航（http://tuan.baidu.com/）则被重定向到百度糯米首页（https://www.nuomi.com/）。搜狗购物搜索（http://shopping.sogou.com/）网页无法打开（浏览器界面显示：无法找到 shopping.sogou.com 的服务器 DNS addres），具体原因不详，不过发现了一个搜狗购物频道

（http://gouwu.sogou.com/）。

#### 8.6.2.2　在线优惠券促销

如果你参与过淘宝网“双 11”购物节，会对商家提供的各种在线优惠券留下深刻的印象，（如店家推出的满 100 元可使用 20 元甚至更多的优惠券）。即使在平时，也有很多商家在使用优惠券吸引顾客。

所谓在线优惠券，也就是为消费者提供的一种优惠措施，在线优惠券并没有固定的形式，可以是提供一定的折扣，也可以是直接在消费者的账户中注入一定金额可用于购物的电子货币，或者在提交订单后在线支付时直接给予减免部分账单。在线优惠券与传统商场的优惠券在功能上是一样的，也就是用一定的优惠手段吸引顾客增加消费，并对网上购物网站增加依赖感。

相对于传统形式的优惠券，**在线优惠券的主要价值和特点**表现在下列几个方面：

（1）通过发送优惠券达到促销的目的。在线优惠券发送方式灵活，可以直接发送到用户账户中，也可以通过网上下载、社交网络分享等方式进行，含有在线发送优惠券的促销电子邮件更能吸引用户关注，发放优惠券的过程，也是很好的产品促销过程。

（2）在线优惠券成本较低。与实物优惠券或购物券相比，在线优惠券不仅不需要实体介质，而且只是一种优惠手段，一般无法兑现货币，因而发行费用较低。

（3）刺激在线购物。无论是提供折扣优惠还是直接发送的电子货币，用户只有在购物时才能使用，为了使用在线优惠券，有助于刺激消费者的在线购物。

（4）促使更多用户注册。有研究表明，提供在线优惠券会吸引更多的用户注册，即使这些用户注册后当时并没有马上完成网上购物，也为网站增加了潜在的用户资源，通过建立长期友好的关系，这些用户最终很可能成为真正的顾客。

（5）可以进行效果跟踪。由于可以为在线优惠券设置跟踪代码，哪些用户兑换/使用了优惠券，可以方便地进行统计，从而对在线优惠券的促销效果进行合理的评价。

正因为在线优惠券所具有的促销价值，许多网上购物网站都会在不同时期，采用各种在线优惠券来实现扩大销售的目的。

除了上述几种网上促销方式之外，利用在线购物网站的访问量资源，采用商品排名和推荐对于商品促销也有很大帮助，这实际上利用的是购物网站自身的信息发布功能，为用户获得商品信息提供一种直观的渠道，由于人们普遍存在的一种从众心理，使得畅销商品更加畅销。此外，根据不同的季节和商品特点进行的价格折扣、免费送货促销等手段都有明显的效果，由于这些方法比较简单，可根据经营需要方便地采用，这里不再做具体介绍。

#### 8.6.2.3　在线交叉销售及其细节

或许你有这样的印象：当你在网上商店查看某个商品时，往往会在该网页显著位置看到这样的提示信息：购买此商品的顾客同时还购买过……这种推荐购买相关商品的营销手法就是典型的交叉销售方法（cross-sell），目的是希望消费者购买更多感兴趣的商品。

电子商务网站交叉销售系统所推荐的产品，不是随意一个“相关产品”，通常是基于用户浏览和购买的大数据分析进行推荐。有研究认为，亚马逊网站最早将大数据营销应用于交叉销售，并且多年来一直成为大数据营销的经典案例。

在交叉销售中一些细节问题发挥着至关重要的作用，如果处理不当，不仅发挥不了促销的作用，甚至会引起严重后果。在这方面，即使知名品牌的电子商务网站也有可能出现失误。相关案例请参考本章参考资料。[6]

美国互联网营销专业资讯网站 CLICKZ 专栏作者 Jack Aaronson 归纳总结了电子商务网站实现交叉销售对不同网页设计的几个细节问题，包括：产品详细介绍页面的交叉销售要素、购物车页面的交叉销售设计、电子商务网站首页设计等方面。有兴趣的读者可阅读本章参考资料列出的网络资源，这里不再详细介绍。[7]

综上所述，在线交叉销售与网络会员制营销模式类似，不仅需要强大的技术功能和大数据分析能力支持，而且需要对用户购买行为等有系统的研究，一切从方便用户的角度入手，才能最终将网站访问者转化为真正的顾客。在线交叉销售与网络会员制营销模式也从一个侧面说明，有效的网络营销必须建立在可靠的技术环境中，这也是传统营销的一般理论在网络营销实践应用中往往显得没有可操作性的原因之一。

## 8.7　网上市场调研方法

网上市场调研，泛指利用互联网手段所进行的各种以市场调研为目的的活动，如收集市场信息、了解竞争者的情报、调查顾客对网站改版的意见、参与微博活动调查等。作为网络营销的基本职能之一，相对于无处不在的网络推广而言，网上市场调研的存在感略低一些，不过这并不意味着可以被忽略。其实网络调研无处不在，如内容营销选题、用户搜索行为分析、网站访问统计分析等无不包含着网上调研的思想和方法。

由于网上市场调研的内容体系庞大，限于篇幅，本章仅简要介绍部分网上调研的常用方法，并以在线调查问卷方法为例，总结网络市场调研中应注意的一些问题。

### 8.7.1　网上调研的常用方法

一般来说，网上调研可分为三个步骤：确定调研主题、设计调研方法、收集和处理调查数据。其中调研方法和数据处理通常需要借助于一些互联网工具和专业的在线调查分析系统。

本书根据应用场合总结了一些**常用的网上市场调研方法**，包括网上搜索法、网站及邮件跟踪法、网站用户抽样调查法、网站投票法、固定样本调查法、在线调查问卷。其中在线调查问卷是应用最广，也是专业程度最高的网上调研方法之一。

**1．开放性市场资料收集：网上搜索法**

利用搜索引擎，可以获得大量有用的市场资料，可用于市场调查数据收集、行业竞争分析等目的。网上搜索是最简单最有用的网上调研方法之一。

网上搜索所利用的主要工具是搜索引擎，网上检索通常作为收集第二手资料的手段，但是利用搜索引擎强大的搜索功能也可以获得大量第一手资料。比如，在传统的市场调研中，收集一个行业中主要竞争厂家资料的途径包括参加行业博览会，向厂家索取资料，收集报刊上相关的新闻、广告、财务报告、招聘信息，通过行业协会的会刊资料查询，或者主管部门的统计报告等，这其中既有第一手资料，也有第二手资料。现在，其中的很多第一手资料可以通过网上搜索来完成。只要企业有网站并在搜索引擎进行登记，就可以找出该企业的网址，然后通过直接访问目标企业的网站查询相关信息，而有关该企业的新闻报道等通常也可以直接从网上查到。

利用网上搜索可以收集到市场调研所需要的大部分第二手资料，如大型调查咨询公司的公开性调查报告，大型企业、商业组织、学术团体、著名报刊等发布的调查资料，政府机构发布的调查统计信息等。

**2．行业网站资料收集：网站及邮件跟踪法**

由于互联网数据的开放性和动态性，利用搜索引擎收集市场资料通常适合于临时性的调研，对于需要长期跟踪收集的行业网站资料，则可以利用网站及邮件跟踪的调研方法。

根据企业市场策略的需要，选定一批有价值的网站进行定期跟踪收集资料是很有必要的，无论是企业的市场调研部门自行开展市场调研，还是委托专业代理机构进行，都有必要对企业相关的市场信息资料有所了解。根据调研的性质和目的不同，需要的资料也有很大差别，一般来说，可以提供大量第一手市场信息和第二手资料的网站有：各类网上博览会、各行业经贸信息网、企业间电子商务（B2B）网站、行业垂直网站、大型调研咨询公司网站、政府统计机构网站等。

如果觉得每天跟踪访问大量的网站占用太多时间的话，也可以利用一些网站提供的邮件列表服务来收集资料，这种方式实际上也是网站跟踪法的一种形式。很多网站为了维持与用户的关系，常常将一些有价值的信息以新闻邮件、电子刊物等形式免费向用户发送，通常只要进行简单的登记即可加入邮件列表。比较有价值的邮件列表如各大电子商务网站初步整理的市场供求信息，各种调查报告等，将收到的邮件列表信息定期处理也是一种行之有效的资料收集方法。

此外，关注相关网站的社交网络信息（如官方微博等）也是收集最新资料的有效方式。

**3．网站用户满意度调查：网站用户抽样调查法**

网站用户抽样调查法，常用于对本网站易用性、用户满意度等方面的调查，即将事先设计好的调查问卷，通过技术方式随机发放给网站的浏览者，浏览者填写问卷并提交即完成了一个样本的调查过程。这是一种综合性的网上市场调研方法，集问卷调查、投放、回收于一体。

网站用户抽样调查的基本原理是，利用设定好的规则对网站访问者进行跟踪分析，对于符合要求的用户在访问网站时弹出一个调查说明及问卷，这种方式与传统市场调查的拦截调查方式是类似的。例如，在某一天或几天中某个时段访问网站的用户，或者对来自某些地区、某些 IP 地址段等条件的访问者，当进入网站打开一个网页后，弹出调查问卷，等待用户填写并提交。

作者在浏览一些网站时曾多次遇到此类的抽样调查，如新浪微博的弹出抽样调查等。出于对网站的信任，每次都很耐心地完成了在线调查表的各项内容。在此过程中也发现了这种网络抽样调查的细节问题，如有些网站问卷表格尺寸过大，在分辨率不够高的笔记本电脑的屏幕中无法完整展示且没有自动出现滚动条，使得难以找到翻页和提交按钮，如果无法通过鼠标滚轮操作完成的话，就只能放弃提交调查表。可见对调查表在不同规格电脑中的测试是非常必要的。

除了本网站内部调研之外，网站抽样调查法也可以推广到多个网站同时调查，如为了某项研究，调查单位可与若干网站协商达成合作，将调查问卷代码投放在选定的网站上，各网站的用户填写问卷之后集中提交到调查单位的问卷系统中进行统一处理。

**4．简易网络小调查：网站投票法**

登录自己的微博，除了发布图片和文字等基本信息之外，有没有注意到“更多”中的“投票功能”？其中的基本元素包括投票标题（最多 25 字）和自己定义的若干投票选项（2～20 项），此外还有一些高级设置，如单选/多选、投票结束时间、用户参与投票成功后的文字说明等。这就是一个典型的网站小调查，也称为网站投票。在本书第 5 章介绍的小米手机微博案例中（见 5.5.2 节），就包含了利用微博投票的内容。

其实在很多网站都可以看到类似的网站小调查功能，在一些新闻网站的内容页面下方，有时也会出现用户观点的小调查。这种调查方式也属于在线问卷的一种，只是通常比较简单，只有几个可选项目，用户选择后点击提交即完成了一次在线调查，不会占用太多时间，很多用户也就乐意随手参与一下调查。这种简易网络调查，可以用于多种目的，尤其是了解用户对某事件的看法，当参与用户数量较多时，调查结果是相当有说服力的。

5. 长期调研：固定样本调查法

为获得长期调研结果的可靠性并使得调查结果具有可比性，一种专业的市场调研方法是固定样本调查。

同传统调查中的固定样本连续调查法道理一样，根据调查目的的要求，用合理的抽样技术选定固定样本用户，当然，这些用户必须是可以经常上网的用户，对固定样本用户给予必要的培训，说明调查目的，提出一定的要求，由各样本用户按照要求将所要调查的内容记录下来，定期提交给市场调研项目的负责人，资料提交形式既可以通过网站提交在线表单，也可以通过电子邮件等方式发送。

固定样本调查可以保证样本数量和回收调查表的质量，但是长期维持数量众多的固定样本用户需要较大的费用，对于临时性或一次性市场调查项目难度较高，但对于专业的市场调研部门或者调查公司，则显得很有价值。一些国际著名的调查公司都有自己的固定样本。例如，著名的调查公司 Nielsen//NetRatings 利用分布在全球的 90 000 个以上的固定样本收集实时数据，其中美国的固定样本由 49 000 个家庭用户和 8 000 个工作用户组成，样本数量还在不断发展和轮换之中。

6. 专业在线调查问卷：在线调查表

利用在线调查表获取信息是最常用的在线调研方法，也是在线调研的重点内容。在线调查表广泛地应用于各种专业的调研活动，这实际上也就是传统问卷调查方法在互联网上的表现形式。最简单的调查表可能只有几个问题需要回答，或者几个答案供选择，一个复杂的在线调查可能有几十个甚至更多的问题。

例如，中国互联网络信息中心（CNNIC）所发布的中国互联网络发展状况统计中的部分内容就利用在线调查表来收集有关信息，调查的内容涉及用户的上网习惯、个人资料、对互联网领域一些热点问题的看法等，通过对这些调查数据的整理，形成了内容丰富的调查报告。

开展在线调查问卷工作除了需要专业的调查问卷设计之外，网站还需要相应的技术功能支持。开发一个完善的在线调查系统其实并不简单，尤其当被调查用户较多、调查数据量较大时，对在线调查系统的要求还是比较高的，相应的开发和维护成本也很大。因此很多专业的调查往往委托第三方专业在线调查机构来操作。

不过随着一些大型网站服务内容的扩展，陆续出现了一些在线调查平台，其中有些可以免费使用。例如，腾讯问卷（http://wj.qq.com）免费在线调查系统，在提供常规在线问卷设计及投放服务的同时，还提供了一些常用的问卷模板，使得问卷设计更简单，如餐饮类团购用户满意度问卷模板、社交网站满意度问卷模板、团购网站用户满意度、数码家电类产品满意度问卷模板等。类似的服务还有百度开放云提供的问卷调研服务（https://bce.baidu.

com/product/qss.html?t=cp:ct）等。

由于在线调查表方法的重要性，本节下面专题介绍在线调查表设计及回收处理等方面的问题。

## 8.7.2　在线调查表设计、投放及回收

利用**在线调查表收集信息需要经过三个基本环节**：调查表设计、投放和回收。设计高质量的在线调查表是在线调研获得有价值信息的基础。

### 8.7.2.1　在线调查表设计的常见问题和基本方法

一个**完整的在线调查表包括三个组成部分**：关于调查的说明、调查内容和被调查者个人信息。

其中调查内容是主体，调查说明是为了增加被调查者的信任，以及对调查问卷做必要的解释以免引起歧义，影响参与者的积极性，或者对调查结构产生不良影响。要求被调查者提供个人信息的目的，一方面在于了解被调查者的基本状况，另一方面也是为了向参与调查者提供奖励、感谢等，这部分内容通常为可选内容。

#### 1. 在线调查表设计的常见问题

设计高质量的在线调查表不是一件轻而易举的事情，在实际中经常遇到一些**在线调查表存在种种问题**，主要表现为以下几个方面。

（1）对调查的说明不够清晰。这种情况容易降低被调查者的信任感和参与兴趣度，结果是参与调查的人数减少，或者问卷回收率低。

（2）调查问题描述不专业或者调查选项有歧义。这种情况会造成被调查者难以决定最适合的选项，不仅影响调查结果的可信度，甚至可能使得参与者未完成全部选项即中止调查。

（3）遗漏重要问题选项，没有包含全部可能的因素并且没有“其他”选项。调查选项不完整可能使得参与者从中无法选择自己认为最合适的条目，这样的调查很可能得不到真实的结果，会降低调查结果的可信度。

例如，在一个“用户最常用的搜索引擎”调查选项中，如果选项只有：Google、搜狗、雅虎、搜搜这五个选项，那么最终的调查结果会将百度排除在外，这显然不符合当前国内用户使用搜索引擎的习惯，其与实际情况有很大的差别，调查结果自然也很难让人信服。

相对专业的调查问题选项对在线调查表的设计者提出了更高的要求，因为任何一项重要信息的遗漏都可能意味着调查结果价值的降低。对于这个问题的弥补办法之一是，在调查表中设置一个“其他”选项，当然这不是最好的办法，如果最终的调查结果中选择“其他”的比例较高，那么就说明对于这个问题的选项设置不尽合理，甚至有可能遗漏了某些

重要问题。

（4）调查问题过多，影响被调查者参与的积极性。同一份问卷中设计过多的调查问题使得参与者没有耐心完成全部调查问卷，这是在线调查最容易出现的问题之一，如果一个在线调查在 10 分钟之内还无法完成，一般的被调查者都难以忍受，除非这个调查对他非常重要，或者是为了获得奖品才参与调查。

（5）调查目的不明确，数据没有实际价值。由于问卷设计不尽合理，即使获得了足够数量的调查结果，但是有些数据对于最终的调查研究报告却没有价值，这样也失去了调查的意义。为了避免这种事情的发生，在实际应用中可以采用 “预期结果导向法”设计在线调查表。

（6）过多收集被调查者的个人信息。有些在线调查对参与者的个人信息要求较多，真实姓名、出生年月、学历、收入状况、地址、电话、电子邮箱甚至身份证号码也要求填写，由于担心个人信息被滥用，甚至因此遭受损失，很多人会拒绝参与这样的调查，或者填写虚假信息，其结果是问卷的回收率较低，影响在线调查的效率，并且可能影响调查结果的可信度。一般来说，收集用户的个人信息应尽可能简单。

**案例 8-3：CNNIC 调查问卷设计中的两个细节问题**

中国互联网络信息中心（CNNIC）每半年一次的中国互联网络发展状况统计报告部分数据采用在线调查方式，CNNIC 的在线调查也是国内规模最大、最专业的在线调查。不过即使如此，在早期的调查问卷部分项目设计中仍然可能有一些不够专业的地方。

**问题案例之一：对网络广告形式描述不清楚**

CNNIC 在 2001 年 6 月开始的第 8 次调查问卷中，有一个调查项目是“哪一种网络广告形式最能吸引您点击”，其中对网络广告格式分类如下：

- **28. 哪一种网络广告形式最能吸引您点击？**
  - ◯横幅式广告（又名"旗帜广告"）
  - ◯按钮式广告
  - ◯游动式广告
  - ◯插页式广告（又名"弹跳广告"）
  - ◯文字式广告
  - ◯邮件式广告

最终的调查结果是：动画式广告以 66.50%的比例位居首位（结果有点怪异）。其实这项调查结果就存在对网络广告形式的分类不合理现象。因为动画式广告实际上并不是一种广告形式，而是网络广告内容的一种表达方式，横幅式广告、跳出窗式广告、邮件式广告、插播式广告等形式的网络广告都可以设计为动画式。而且，“插页式广告”的说法不仅不专业，而且与“弹跳广告”（弹出广告）也根本不是一回事，所以这样的说明会让被调查者更加难以选择，何况当时大多数互联网用户对网络广告形式的理解也很有限。

后来，CNNIC 在 2001 年 7 月份发布的调查报告中对这个问题做出了改进，从 2002 年 7 月之后的调查报告中则取消了这项调查。

**问题案例之二：单选还是多选？**

在 CNNIC 的“第十六次中国互联网络发展状况网上调查问卷” 第 22 个问题中的调查选项是这样设置的：

22. 您对互联网最反感的方面为：　（单选）
- ○ 垃圾邮件
- ○ 弹出式广告/窗口
- ○ 网络病毒
- ○ 网络入侵/攻击（包括木马）
- ○ 网上不良信息
- ○ 网上虚假信息
- ○ 网上收费陷阱
- ○ 隐私泄露
- ○ 其他（请注明 ）

在填写这个调查问题时，就会感觉很为难：究竟哪一项才是最反感的？如何才能做出判断呢？在网络病毒、网络入侵、网上收费陷阱等方面，很难说出哪种情况最让人反感，所以这样的选项被作为单选问题就不够合理。而且，网络病毒和木马之间本身也不是所有人能都弄清楚的问题，这样就很容易让被调查者难以抉择。如果本项调查的目的是了解哪些问题对用户造成的影响最大，那么如果这些问题之间并不具有排他性，通过这种方法获得的调查结果一定不是最好的。

通过这个例子说明这样的问题：一个调查问题的选项设计应该是单选还是多选，主要取决于调查的目的和各个选项之间的关联性，如果调查结果具有唯一性，或者各个选项之间具有排他性，那么作为单选比较合理，否则应考虑采用多选的方式。

案例说明：这里之所以以 CNNIC 在线问卷设计中的两个小问题作为不专业的案例进行分析，只是为了说明在线调查问卷设计的专业性问题可能会通过一些细节体现出来，对问卷设计人员提出了较高的要求。不过，相对于 CNNIC 调查报告的总体价值，这些小问题并不重要，CNNIC 对中国互联网发展研究的贡献是毋庸置疑的。而且在网络广告发展初期，对网络广告形式进行清晰的分类本身也并不容易。本案例对于学习和研究来说，显得多少有点过于吹毛求疵。

资料来源：根据 CNNIC《中国互联网络发展状况调查问卷》第 8 次（2001 年 6 月）、第 16 次（2005 年 6 月）调查问卷整理分析。

### 2. 在线调查表设计的基本方法

在线调查表设计的“预期结果导向法”是本书作者在对大量在线调查的研究以及从事在线调查实践的基础上总结出来的经验方法，也就是从期望的调查结果倒推出应该调查的问题，并将这些问题用合理的方式设计为在线调查表。这种方法包括下列三个步骤：

（1）确定调查目的和主题

调查目的是设计调查表的基础，是开展调查的基本出发点，调查问卷的设计和调查报告的写作都是为了实现这一基本目的。当调查目的确定之后，可以为本次调查设定一个主题，主题应便于被调查者快速了解调查的目的和基本内容，也为调查报告的写作提供方便。

（2）分析预期的调查结果

按照一般的调查程序，应该首先设计调查表，但实践经验表明这种方法设计出的调查问卷可能存在一定的问题，如调查结果没有价值，或者遗漏重要调查信息等。与常规调查问卷设计不同的是，“预期结果导向法”在确定调查目的和主题之后，接下来详细列出期望获得的调查结果，分析每种期望的结果是否有可能通过调查获得数据。为了进一步明确需要调查的问题和问题的调查选项，甚至可以尝试在没有开始正式调查之前就撰写调研报告的框架和部分预期内容，当然这时的调研报告中所涉及的问题都还没有相应的数据，提前写作只是为了检验是否需要某些数据，以及如果获得了某个方面的数据对研究报告是否有价值。经过初步的分析之后，可以比较明确需要调查哪些问题，这样可以避免在调查表设计时遗漏重要问题，以及调查不必要的项目。

（3）根据预期调查结果设计调查表

当期望获得的调查结果比较明确之后，根据这些结果来设计相应的调查问卷也就是水到渠成的事情了，只要在设计过程中注意问题的清晰准确以及调查选项合理，不要遗漏任何重要问题和每个问题的选项，就可以设计出一份高质量的调查表。另外，为了被调查者能理解调查表中涉及的专业问题，在调查开始之前做出相关的调查说明是必要的。

#### 8.7.2.2 在线调查表的投放和回收

##### 1. 在线调查表的投放和回收概述

设计好了在线调查表，还需要通过一定的方式让被调查者看到调查表并参与调查，这样才能完成调查过程。在传统市场调查中，调查问卷发放和回收是一项工作量巨大的工作，占用大量人力，而且效率比较低，网上市场调研则要方便得多，只需要在相关的网站上发布调查表即可。

发布在线调查表的前提是网站具有在线调查系统所需要的功能，如调查表的设置、发布、结果分析和输出等，在一个完善的在线调查系统中，调查表的回收则是自动完成的，参与调查者完成调查，点击提交按钮，这份调查表已经被回收了，通过在线调查的后台管理功能，即可看到调查的结果。这也是在线调查的优越性之一，不需要等到调查和问卷统计结束即可了解调查中的动态结果，调查结束，全部的统计结果也随之完成，无须用人工方式对大量调查表进行统计，也避免了统计过程中一些人为的错误，减少了数据处理的误差。

建议学习和实践应用者利用腾讯问卷等免费资源进行尝试和体验，如确有必要才考虑开发自己专用的在线调查系统。

**2．在线调查表的投放和回收的几个重要问题**

从操作流程上说，在线调查表的投放并不复杂，不过在实际应用中，调查表的投放并不仅仅是发布在网站上这么简单的工作，为了保证在线调查的质量，还要考虑更多的因素。这里总结了**在线调查表的投放和回收的几个重要问题**。

（1）在线调查表发布之后应进行的必要宣传

将一个在线调查表发布在网站上之后，并不一定马上受到很大关注，尤其是访问量比较小的网站，为了获得尽可能多的用户参与调查，还有必要对调查进行一定的宣传，如在网站显著位置发布消息，通过会员通讯做一定的宣传等。如果希望在短期内获得尽可能多的用户参与，还可以利用一些外部网络营销资源，如在访问量大的网站发布网络广告、利用专业服务商的邮件列表直接向用户发送调查表等。

（2）对调查数据进行备份

在线调查一般需要几天甚至几个月的时间，随着在线调查的开展，获得的调查资料逐渐增加，在这个过程中，需要对这些资料给予备份，以免发生意外出现数据丢失。可根据实际情况决定备份周期，如果参与人数较多，可以每天备份一次，否则可以适当放宽备份资料的周期。

（3）跟踪调查进展，及时处理无效问卷

在调查过程中，可能会出现一些意外情况，如同一用户的多次提交、在线调查系统功能不正常造成无法提交调查表等，通过在线调查的后台管理系统，对调查进展进行跟踪分析，便于尽早发现问题，提高在线调查的质量。

### 8.7.2.3　总结：在线调查注意事项

尽可能提高在线调查结果的质量，是开展网上市场调研过程中每个环节都要考虑的问题。本书总结了**开展在线市场调研应注意的七项问题**。

**1．认真设计在线调查表**

前面已经分析过在线调查表本身可能存在的问题，在线调查表应该主题明确、简洁明了、问题便于被调查者正确理解和回答，同时，调查表也应该方便调查人员的工作，且便于调查结果的处理，其实这也是所有问卷设计中应该遵循的基本原则。除了前面介绍过的“预期结果导向法”之外，对于在线调查问卷的设计仍然可以参考市场调研中一般问卷的设计技巧。

**2．在线调查表的测试和修正**

在正式发放在线调查表之前，可以在小范围内（如自己的同事、朋友等）对调查表进行测试，让同事和朋友作为被调查者，认真回答各项问题并选择合适的选项，收集测试过程中发现的问题，对调查表进行必要的修正，以确保正式调查的顺利进行，避免在正式开始调查后才发现问题。

3．公布个人信息保护声明

网络用户对个人信息有不同程度的自我保护意识，在网站推广、电子商务等各个方面显得非常重要，市场调研同样也需要认真对待，在开展网上调查时也有必要让用户了解调研目的，并确信个人信息不会被公开或者用于其他任何场合。但国内的一些网上调查对此还没有足够的重视，有些网站利用在线调查的机会收集到用户的电子邮件地址大量发送商业广告，甚至将这些信息出租给电子邮件服务商，为参与调查的用户带来很多烦恼，这是对被调查者的个人隐私的侵犯。

4．利用技术手段尽量减少无效问卷

除了问题易于回答之外，在线调查表还有必要利用 JavaScript 等电脑程序在问卷提交时给予检查，并提醒被调查者对遗漏的项目或者明显超出正常范围的内容进行修改补充。为了避免同一用户重复提交调查表，可以利用 cookies 来做一定的限制。当然，这些措施也只能在一定程度上有效，如果出现蓄意的破坏（如利用电脑模拟不同用户 IP 提交调查结果），是很难杜绝的，这也是在线调查的弊端之一。

5．吸引尽可能多的用户参与调查

参与者的数量对调查结果的可信度至关重要，在企业利用网站自行开展网上调查时，由于网站访问量小，参与调查的人数就更加少，这样，为了达到一定的样本数量，就需要较长的时间，当调查表放置一段时间之后，长期客户将不会重复参与调查，因此参与调查者的数量增长会越来越缓慢，而且，网站上长时间放置同样的调查表也会给网站形成内容陈旧的印象。由于市场形势变化很快，几个月前的资料可能就已经没有参考价值，如果调研资料的获取和分析耗时较长，得到的结果也很可能失去意义。因此，应采取一定的措施尽量增加被调查者的数量，可以利用一些奖励措施，必要时还可以采用付费推广的方式进行宣传。

6．注意被调查者人口结构和行为对在线调查产生的影响

网上调查的局限不仅受样本数量少的影响，样本分布不均衡同样可能造成调查结果误差大。由于网上调查的对象仅限于上网的用户，在不同区域或不同的网站上，上网用户结构会有明显的特征。如果被调查者样本结构不够合理，调查结果可能会产生一定的偏差，因此，网上调查的抽样范围有一定的限制，抽取的样本有时甚至无法正确反映总体的状况，这些问题需要引起充分重视。

此外，被调查者提供信息的准确性也直接影响在线调查结果的可信度。出于刺激参与

者的积极性，在线调查一般都会提供一定的奖励措施，有些用户参与调查的目的可能只是为了获取奖品，甚至可能用作弊的手段来增加中奖的机会。虽然在传统的问卷调查中也会出现类似的问题，但由于网上调查无纸化的特点，为了获得参与调查的奖品，同一个用户多次填写调查表的现象常有发生，即使在技术上给予一定的限制条件，但也很难杜绝。如果回收的调查表中有大量不真实的信息，自然会降低调查结果的价值。因此，奖项的设置对问卷的有效比例具有一定影响，同时，筛选无效问卷是在线调查的必要环节之一。

**7．认真研究国际市场调研中的特殊问题**

国际营销市场通常比国内市场调研问题更加复杂，如各种语言问卷翻译的准确性问题，不同经济发展状况和不同文化背景下被调查者对在线调查的接受程度所存在的差异等，通常需要在正式开展调查之前给予尽可能多的了解，或者与目标调研国家/地区的市场调查机构或知名网站开展合作。

前面总结了网上调查的常用方法和问题，肯定了网络市场调研的重要作用，但也应看到，网上调研在实际应用中有一定的局限，并且调查结果受具体操作方法的影响比较显著。总之，网上市场调研是一项专业的工作，对网络营销人员的综合能力有较高的要求。

## 本章内容提要

本章以网络营销八项职能为主线，从应用角度简要总结实现各项职能的网络营销方法，包括网站推广方法、网络品牌的建立与推广、信息发布与传递、在线顾客服务与顾客关系、网上销售渠道建设、网上促销方法、在线市场调研方法等。

总结了网络营销方法体系中对网站推广有直接作用的常用方法及所需要的工具和资源，包括网站内容营销、搜索引擎营销系、网站内部资源推广、关联网站推广、博客营销、微信公众号营销、资源合作推广、病毒性营销、社会化网络内容营销、网络百科词条推广、网络广告等。

网络品牌具有四项基本特征：网络品牌是网络营销效果的综合表现；网络品牌的价值只有通过网络用户才能表现出来的；网络品牌体现了为用户提供的信息和服务；网络品牌建设是一个长期的过程。网络品牌包含三个层次：网络品牌的表现形态；网络品牌的信息传递；网络品牌的价值转化。归纳了建立和推广网络品牌常用的十种常见途径。

信息发布需要一定的信息渠道资源，这些资源可分为内部资源和外部资源。掌握尽可能多的网络营销资源，并充分了解各种网络营销资源的特点，向潜在用户传递尽可能多的有价值的信息，是网络营销取得良好效果的基础。本节归纳了信息发布的资源挖掘和应用四项原则及网络营销信息发布的三项内容原则。

专业的在线顾客服务体系主要有三个方面的作用：增进顾客关系、增加顾客满意度；

提高顾客服务效率；降低顾客服务成本。在线服务包括用户自助服务、互助服务及人工服务等基本形式。网站上的常见问题解答（FAQ）是一种常用的在线帮助形式，一个好的 FAQ 系统，应该至少可以回答用户 80%的一般问题。

网上销售渠道建设的三种方式：作为在线销售网站的供应商、在第三方电子商务平台开设网上商店、企业自己运营的独立网上销售网站（或者企业网站的网上商城频道）。这三种方式从运营、资金投入和管理方面以及对企业资源的投入各不相同，为企业开展网上销售提供了不同层次的选择。

常用的网络促销方式包括展示类网络广告、搜索引擎广告、社会化媒体广告、微博活动促销、网站联盟推广（网络会员制营销）、比较购物搜索引擎、在线优惠券及交叉销售等。

本书根据应用场合总结了一些常用的网上市场调研方法，包括：网上搜索法、网站及邮件跟踪法、网站用户抽样调查法、网站投票法、固定样本调查法、在线调查表。其中在线调查问卷是应用最广，也是专业程度最高的网上调研方法之一。

在线调查表设计的“预期结果导向法”包括三个步骤：（1）确定调查目的和主题；（2）分析预期的调查结果；（3）根据预期调查结果设计调查表。本书总结了在线调查表的投放和回收中的常见问题，以及开展在线市场调研应注意的七项问题。

## 本章参考资料


[1] [美]菲利普·科特勒．营销管理[M]．第十版．梅汝和，等，译．北京：中国人民大学出版社，2001：486．

[2] [美]菲利普·科特勒．营销管理[M]．第十版．梅汝和，等，译．北京：中国人民大学出版社，2001：488．

[3] http://www.marketingman.net/FAQ/0012.htm．

[4] 企业 B2C 网站运营策略研究报告[EB/OL]（2011），http://www.jingzhengli.cn/baogao/eb2c2.html．

[5] 新浪科技．谷歌中国 12 月 12 日关闭购物搜索[EB/OL]．（2012-12-11）http://tech.sina.com.cn/i/2012-12-11/16497876614.shtml．

[6] 网上商店交叉销售方法效果调查[EB/OL]．（2005-06-20）http://www.jingzhengli.cn/report/F2005/0614.htm．

[7] Jack Aaronson，Effective Cross-Selling Online[EB/OL]. (2006-06) http://www.clickz.com/experts/crm/traffic/article.php/3610171.

# 第 9 章

# 网络营销管理基础

网络营销管理，是对网络营销工作过程的跟踪控制和阶段效果的分析总结，网络营销管理融入网络营销活动的流程之中，是开展网络营销不可缺少的内容。合理的网络营销管理有利于企业网络营销活动有计划、有目的的进行，对于发现的问题进行及时的控制和调整，从而实现预期的网络营销总体效果。

本章在对网络营销管理内容体系进行探讨的基础上，总结了目前比较成熟的部分网络营销管理内容，包括网站运营管理规范、网站访问统计分析管理等，并对网络营销资源管理的意义及基本内容进行了初步分析。

## 9.1 网络营销管理的内容体系

尽管本书建立的网络营销的内容体系总体框架已基本稳定（主要包括三大部分：理论基础、方法体系、实践及管理），其中的理论基础和网络营销方法体系也已经过长期的实践检验，但网络营销管理的内容体系至今仍不完善，尚有较多不确定性有待进一步实践和研究。本节从不同的角度对比分析，选择比较合理的网络营销管理体系设计方案，构建网络营销管理内容的一般框架。

### 9.1.1 网络营销管理内容体系的分类

网络营销工作时时都离不开网络营销管理，只是这些工作可能是零散的，不够系统的，有时也缺乏针对性，如对企业官方微博内容的日常审核及用户评论的管理、对于企业网络群聊的成员管理及聊天信息管理、企业网站数据库安全管理、每周或每月的企业网站访问统计分析、对于正在进行的网络广告效果的跟踪控制、对于行业竞争状况的日常跟踪分析等，这些都与网络营销管理相关，但任何一项工作或者若干工作的组合也并不等于完整的网络营销管理。

因此，建立网络营销管理体系的意义就在于将这些零散的日常管理工作系统化、规范化，从而使得网络营销工作更有效。

由于网络营销管理内容的复杂性，尽管经历了多年的实践和探索，仍面临着一些不确定性的问题，比如：

- 是否可对网络营销管理工作进行合理的分类，这种分类的依据是什么？
- 如何将网络营销管理的思想和方法从日常的工作中提炼出来，形成一种规律或规范？
- 哪些工作属于网络营销管理的专门内容，是否需要设置专门的网络营销管理岗位，以及对这一岗位的具体职能和要求有哪些？
- 如何建立一个相对完整的企业网络营销管理规范框架？

诸如此类的问题，需要从网络营销管理的基础问题开始入手并不断总结和完善。本节对网络营销内容分类方法的探讨，有助于逐步看清网络营销管理的框架体系。不过这种分类方法仍然是初步的，比较粗略的，从中可以看到一些合理的思路，也可能存在一些实用中的问题。

根据研究和应用的不同角度，可以用多种方法对网络营销管理内容体系进行分类。

**1. 根据管理学的研究方法分类**

根据管理学的研究方法，可以将网络营销管理分为网络营销计划管理、网络营销人事管理、网络营销组织管理、网络营销策略实施管理、网络营销效果评价和控制等。每一项网络营销管理职能都可以细化为若干具体的工作，并且与网络营销具体策略的实施建立对应关系。

这种分类方法的特点是具有管理规范性，但在实际应用时会显得有些过于宏观和理论化，并非每个企业都具备规范化的基础条件，也并不是所有的网络营销工作都建立在完整的系统计划基础之上。因此，这种管理思想仅可参考，实践性较弱。

**2. 根据网络营销活动流程分类**

根据网络营销活动流程的阶段，可以将网络营销管理分为网络营销总体策划阶段的管理、网络营销准备阶段的管理、网络营销实施过程的管理、网络营销效果控制与评价管理等。

这种分类方法，主要适用于某项具体的网络营销活动过程的管理，显得清晰而规范，但对于网络营销日常活动管理及企业网络营销资源管理等方面显得无能为力。

**3. 根据网络营销活动的类型和性质分类**

根据网络营销活动的类型和性质，可以将网络营销管理分为专项网络营销策略管理、阶段性网络营销管理、日常网络营销管理。

专项网络营销策略管理是对于某一项具体的网络营销活动或者某一项网络营销策略（如微信公众号运营管理、搜索引擎广告管理等）；阶段性管理主要针对某个时期，或者网络营销发展的某个阶段进行的临时性管理措施，如在网站建成之后进行的不同阶段的推广计划和效果评价等；日常网络营销管理是一项连续性的工作，具有长期性、重复性的特征，如网站内容维护管理、官方微博运营管理等。

按网络营销活动类型和性质分类，将网络营销管理与方案实施工作相结合，可操作性强，缺点是，网络营销管理的系统性比较欠缺，尤其是缺乏管理的高度。

**4．根据网络营销的职能分类**

根据本书提出的网络营销的八项基本职能，可以将网络营销管理分为网络品牌管理、网站推广管理、信息发布管理、在线顾客关系管理、在线顾客服务管理、网上促销管理、网上销售管理、网上市场调研管理。

与参照管理学的方法类似，虽有一定的规范性但与网络营销工作内容融合性不高，管理成为一项附加的工作，可操作性不强。

**5．根据网络营销信息传递原理分类**

根据本书提出的网络营销信息传递原理，可以将网络营销管理分为网络营销信息源管理、网络营销传播渠道管理、用户管理、网络营销效果管理等。

这种分类方式具有一般规律性明显的特点，网络营销管理的思想相对比较清晰，但对于网络营销信息传递系统中每个要素管理的内容需要进一步具体化，并归纳其管理的一般任务及规范，才有可能与网络营销的具体方法相结合，成为网络营销工作的组成部分。

本书倾向于以网络营销信息传递原理为基本思路，结合网络营销活动类型及流程等具体应用，对网络营销管理的内容做进一步的分析，逐步发现其一般规律，构建系统的网络营销管理体系。

通过对网络营销各种不同的分类方式及其包含的内容也可以看出，网络营销管理的内容相当繁多，对网络营销管理的认识和完善，仍需要一个相当长的阶段。

## 9.1.2　网络营销管理的内容体系框架

通过对网络营销管理的不同分类方式，可以了解在不同视角下网络营销管理的表现形式和包含的主要内容，使得网络营销管理的体系逐步清晰化。由于网络营销管理所涉及的内容较多，而且有些分类方式造成管理工作的系统性或可操作性不强，难以直接与实践应用相结合。

因此可以认为，简单的网络营销管理分类方式还不足以对网络营销管理建立起整体印象，正如在网络营销的内容体系没有被清晰地勾画出来之前，对于网络营销的认识往往是多种具体网络营销方法的简单堆积，或者某些零散的，甚至是不切实际的“网络营销理论”的罗列。这样简单的堆积和罗列对于理解网络营销的核心思想、提升对网络营销的认识显然是不够的。同样的道理，即使对网络营销管理的一些常规内容有所了解，也不等于已经认识了网络营销管理的全貌。

为了系统分析网络营销管理的一般框架和内容，下面以网络营销信息传递系统为基础，结合网络营销实际工作流程和各项内容，初步归纳现阶段网络营销管理的一般内容，并初步勾画网络营销管理内容体系的一般框架。

《网络营销基础与实践（第 2 版）》（2004 年）提出的网络营销信息传递原理，十多年来一直成为实践导向的网络营销内容体系的理论基础，至今仍发挥着不可替代的作用。根据这一原理，一个完整的网络营销信息传递系统包括信息源、信息传播载体和传播渠道、信息接收渠道、信息接收者、噪声和屏障等基本要素（见 1.3.3 节）。

网络营销信息传递系统中每项基本要素对应相关的工作内容及管理内容。以企业官方网站运营推广为例，网络营销信息传递各要素相关的网络营销工作内容包括：

（1）构建网络营销信息源的主要工作：企业网站建设、网站内容创建、内容发布及维护等。

相关管理工作：网站建设规范、网站内容管理规范及日常管理等。

（2）信息传播载体和传播渠道建设的主要工作：通过网址宣传获得用户直接访问网站、搜索引擎推广、博客营销、资源合作推广、社会化网络推广、投放网络广告等。

相关管理工作：网站用户管理、第三方用户资源管理、网络传播渠道资源管理、网站推广活动管理及效果评价等。

（3）信息接收渠道及信息接收者相关的主要工作：搜索引擎优化、邮件列表营销、官方微博运营、在线顾客服务、网上促销活动、用户行为分析、网站访问统计分析等。

相关管理工作：顾客服务管理、用户行为分析管理、网络营销效果评价管理等。

（4）应对噪声和屏障的主要工作：网站基本要素优化、网络营销环境优化（如适应搜索引擎规则变化、了解社交网络信息发布规则）、行业竞争状况分析、网络可见度分析、网络可信度分析等。

相关管理工作：信息源及传递渠道有效性管理、网络营销工具管理、行业竞争及合作管理等。

上述基于网络营销信息传递系统的管理工作，实际上也代表了当前网络营销管理的主要工作内容。将上述管理工作内容经过进一步整合和归类，一般地，我们将网络营销管理工作归纳为下列五个方面。

（1）网络营销信息源管理。

（2）网络信息传递资源管理。

（3）网络营销用户资源管理。

（4）网络营销环境优化管理。

（5）网络营销效果评价管理。

此外，作为一项隐性营销资源——网络营销人员的网络营销能力，也是网络营销资源管理的重要组成部分。在本章最后一小节（见 9.5.3 节）将会简要介绍网络营销人员的核心能力指标体系。

综上所述，网络营销管理贯穿于整个网络营销活动中，网络营销管理的内容体系反映了网络营销信息传递系统各要素及各环节的主要工作内容。下图简要表达了当前网络营销管理的基本框架和一般管理内容示例（见图 9-1）。

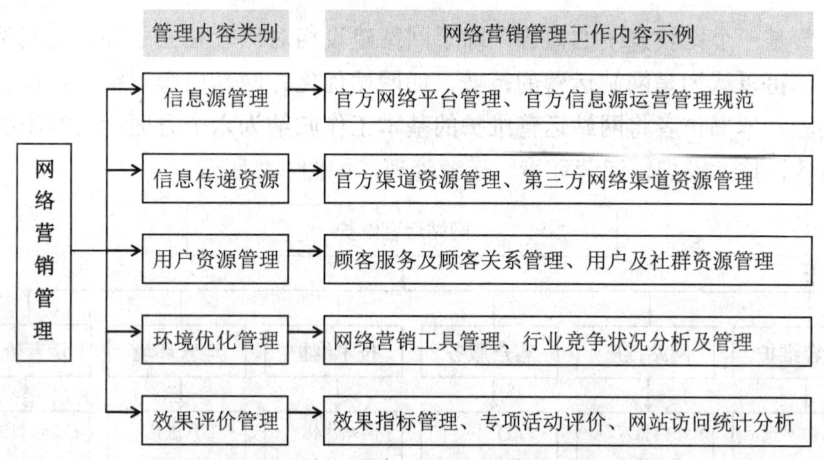


**图 9-1　网络营销管理的内容体系框架及示例**

从网络营销管理的应用现状来看，目前对于网络营销管理的应用，主要是网络营销信息源管理及效果评价管理方面相对比较成熟，如在网站建设及运营管理规范、网站推广效果评价、网站访问统计分析等方面。这些工作也是最基本的网络营销管理内容，已经广泛应用于企业网络营销活动之中。

本章后续内容主要介绍网络营销信息源管理（以企业网站运营管理为例）及网站运营效果评价管理（以网站访问统计分析为例)等，并对网络营销资源管理进行了初步的探讨。此外，本书前面章节介绍了部分专项网络营销方法及管理，如许可 Email 营销效果评价指标、博客营销管理规范、微博营销管理规范、网络广告效果评价指标、信息发布的一般原则等，将网络营销管理内容穿插于网络营销方法体系之中，这里不再做进一步的总结和分析。

## 9.2　网络营销信息源管理

企业网络营销信息源包括内部信息源及外部信息源，其中内部信息源为企业可掌控的各种官方信息及发布渠道，本节以企业内部信息源为例介绍网络营销信息源管理的基本内容。

企业官方网络营销信息源包括：企业官方网站、关联网站、官方博客、官方微博、官方微信、官方商城、官方APP等。在这些信息源中，企业官方网站是基础，也是最重要的网络营销信息源。下面以企业官方网站为对象，介绍网站运营维护及管理规范，其中的部分内容也适用于其他官方信息源管理参考。

## 9.2.1 网站运营维护的基本内容

网站运营是一个比较笼统的概念，除了网站建设相对比较独立之外，与网站相关的其他所有工作都可以认为是网站运营的范畴，如网站优化、网站内容营销、推广、改版等。根据实践经验，本书作者将**网站运营维护的基本工作归纳为六个方面**：内容维护、网站推广、客户服务、技术维护、运营环境、运营管理，如图9-2所示。

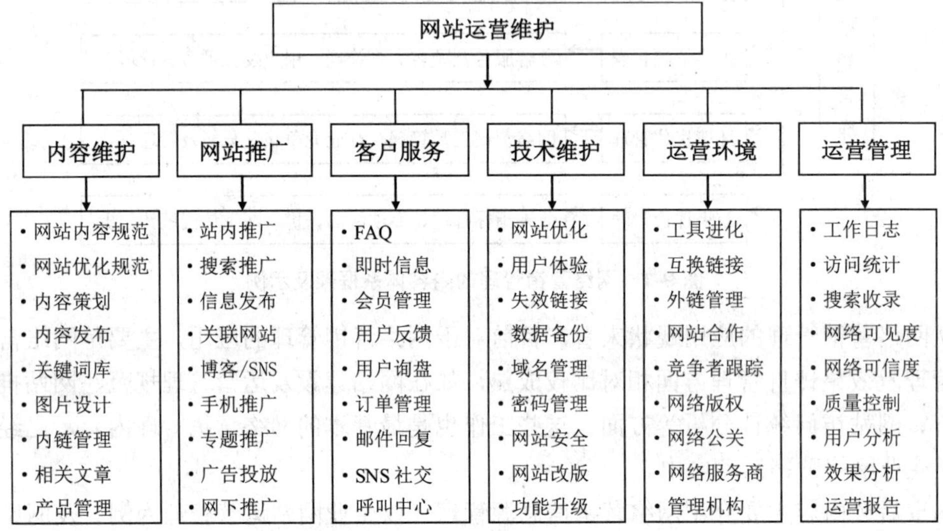


**图9-2 网站运营内容框架**

原始资料来源：冯英健．实用网络营销教程[M]．北京：清华大学出版社，2012（本书2016年6月修订）。

由网站运营内容框架也可以看出，网站优化、网站推广、用户体验、网站改版等也都属于网站运营的内容范畴，相应地应该赋予网站运营管理部门负责人较高的级别和权限来协调各个部门的工作，这样才能保证网络运营各个环节的协调一致。

## 9.2.2 网站运营管理规范简介

由本书作者起草，经中国互联网协会企业网站建设指导规范评审专家团评审修订后的《企业网站建设指导规范纲要》于2009年7月发布，其中有关**网站运营管理及维护相关的内容**包括下列七个方面。[1]

（1）建立网站内容发布审核机制，始终保持网站内容的合法性。

（2）保持合理的网站内容更新频率。

（3）保持网站服务器正常工作，对网站访问速度等进行日常跟踪管理。

（4）网站内容制作符合网站优化要求。

（5）网站安全管理，包括网站管理密码、BBS、留言板等，重要信息（如数据库、访问日志等）要定期备份。

（6）保持网站重要网页的持续可访问性，不受网站改版等原因的影响。

（7）对网站访问统计信息定期进行跟踪分析。

根据上述指导规范，结合企业网站运营的实际情况，这里列举部分规范作为示范参考。其中最常用的网站运营规范包括以下三个方面的内容。

（1）网站内容维护规范。

（2）网站优化（搜索引擎优化）规范。

（3）网站运营管理规范。

#### 9.2.2.1　网站内容维护规范

制订网站内容维护规范的目的是保持网站运营的连续性和协调性，整个网站内容的定位和表现风格等遵循一定的规则，不至于因运营人员的变动及个人习惯等因素而影响整个网站内容的和谐。

下面内容摘自新竞争力网络营销管理顾问为某信息资讯类网站制订的《网站内容维护规范》，供读者参考。

**1.《××网站内容维护规范》目录**

- ❑ 网页文件命名规范。
- ❑ 网页标题设计规范。
- ❑ META 描述设计规范。
- ❑ META 关键词规范。
- ❑ TAG 设计规范。
- ❑ 网页内容编辑规范。
- ❑ 网页内容发布规范。
- ❑ 网站内容更新周期。

**2. 网页文件命名规范**

- ❑ 文件夹和文件名一旦生成在后期运营中不能修改。
- ❑ 文件名全部为小写字母（或者字母数字组合）。
- ❑ 在中文网站中，如果该名词的英文名称是人家熟知的，可以用英文，例如 internet、

ec、book 等，否则可用汉语拼音（或者与数字的组合）。

- 文件夹字符数不宜过长，最好不超过 10 个字符。
- 尽量不要用汉语拼音首个字母缩写作为网页文件名。
- 文章内容页面，如果不是热门词汇，不必手工填写文件名，可自动生成编号，以数字作为内容页面的文件名。

3．网页标题设计规范

- 网页标题字数 8～20 个字比较理想，最多不超过 25 字。
- 标题含有至少 1 个重要关键词。
- 标题中尽量不用标点符号，如果确实需要，可用英文标点。
- 网页标题要适合完整地出现在正文中。
- 尽量不用网上出现过很多次的网页标题，除非是概念定义等无法改变属性的标题。

由于完整的内容维护规范条目较多且涉及到知识产权保护，在此不便于公开。如果需要制定某个网站的内容规范，运营人员可通过其他渠道收集相关信息并结合网站的具体情况进行整理，规范的项目可参考《××网站内容维护规范》目录进行调整。

#### 9.2.2.2 网站优化规范

网站优化（含搜索引擎优化）是一项长期细致的工作，需要贯彻到网站运营过程的每个细节如内容写作、关键词设计、网页 URL 定义、网站内部链接、网站外部链接等。下面是新竞争力网络营销管理顾问根据网站优化的一般原则和实践经验制订的**《网站优化规范》摘要**，包括五个方面：搜索引擎优化的指导思想与一般原则、对用户获取信息的优化规范、网站结构与网页设计优化规范、网站内容优化规范和实施网站链接规范。供企业在制定网站优化等相关规范时参考。

1．搜索引擎优化的指导思想与一般原则

- 搜索引擎优化的目的是方便用户通过搜索引擎获取信息，搜索引擎优化必须贯彻以用户优化为导向的网站优化设计思想，任何一个问题都要考虑是否有助于用户获取信息。
- 重视每一个基本要素和每项指标的专业性，通过对网站各项基本要素的优化实现搜索引擎优化的目的。
- 为搜索引擎抓取信息提供方便，不采用任何被搜索引擎视为垃圾信息的方法和欺骗搜索引擎的方式。

2．对用户获取信息的优化规范

- 网站栏目结构完整且保持整个网站统一。
- 网站导航系统清晰。

- ❑ 首页含有有效文字信息。
- ❑ 有合理的产品分类和产品目录，并连接到相应的栏目/页面。
- ❑ 产品介绍信息全面。
- ❑ 企业/网站介绍信息。
- ❑ 从首页到详细内容页面的点击次数最多为 3 次。
- ❑ 通过任何一个网页到达站内其他任何一个网页不超过 3 次点击。
- ❑ 网站联系方式齐全。

**3．网站结构与网页设计优化规范**

- ❑ 网站栏目结构合理。
- ❑ 网站辅助导航设置清晰，通过任何一个网页可以逐级返回上一级栏目直到首页。
- ❑ 每个网页有独立的 URL。
- ❑ 首页 URL 为顶级域名而不是多层次结构。
- ❑ 内容页面 URL 尽可能简短，对于静态网页最多 4 个层次。
- ❑ 网站布局设计合理，保持每个网页有合理的文本信息区域并且重要文字信息在网页靠前位置。
- ❑ 静态网页与动态网页的合理应用，至少保证重要页面（首页、栏目首页、主要内容页面等）为静态页面。
- ❑ 有规范的网站地图。

**4．网站内容优化规范**

- ❑ 首页、栏目页面、内容页面均有独立的网页标题设计。
- ❑ 首页、栏目页面、内容页面均有独立的、合理的 META 标签设计。
- ❑ 网页包含一定的含有网站核心关键词的文字信息并且保持相对稳定。
- ❑ 重要栏目首页包含一定的含有该栏目核心关键词的文字信息并且保持相对稳定。
- ❑ 信息内容页面含有该网页核心关键词的文字信息。
- ❑ 信息内容页面网页标题、META、网页主体内容保持相关性。

**5．实施网站链接规范**

- ❑ 网站首页及主要栏目应设置有外部网站链接区域，为网站链接推广做准备。
- ❑ 在同一个网页中同一关键词链接不得超过 3 次。
- ❑ 网站不得与内容没有任何相关性的外部网站建立链接。
- ❑ 网站不得链接低质量或者内容违反国家相关规定的网站，如色情网站、赌博网站，以及对用户没有实际价值的以骗取广告点击佣金为目的的网站等。
- ❑ 禁止在低质量论坛、信息平台等网站发布网站链接。

- ❑ 禁止用群发信息软件发布带有企业网址信息的内容。
- ❑ 不与自动交换链接平台建立网站链接。
- ❑ 不与垃圾SEO互换链接。
- ❑ 不得购买付费链接。

从上述内容可以看出，网站运营中的规范有些具有一定的交叉性，在网站优化规范中，同样包含了网站内容规范方面的部分要点，不过对网站内容优化方面强调的比较简单，更详细的内容已经包含在《网站内容维护规范》中。

#### 9.2.2.3 网站管理规范

对网站的管理，不同规模、不同类型的网站会有一定的差异，对于一般的小型网站来说通常只有1～2个网站管理员，管理规范相应的也比较简单。下面有关内容选自新竞争力网络营销管理顾问制定的网站管理规范，仅供参考。

（1）密码设置：网站域名管理密码、主机FTP密码、网站后台管理员密码、公司邮箱密码等设置应遵循一定的原则，便于记忆但不能过于简单，应同时包含大写字母、小写字母、数字及至少一个特殊字符。

（2）操作员管理：每个操作员自行管理自己的账户密码，不得将密码告诉任何第三方，密码设置原则遵照上述密码设置的原则，如因密码过于简单造成的损失应承担相应的责任。

（3）密码传递与修改：密码应记录在不容易被他人发现的地方，不能通过QQ、MSN、免费邮箱等公共通信工具发送包含完整信息的管理密码，前任管理员离职后应及时修改密码。

（4）数据库备份：一般的信息数据库每周备份一次，业务数据库每天备份一次。

（5）网站访问状况：每天至少2次检查网站访问是否正常，发现问题立即解决，如因客观原因无法在短时间内恢复正常访问，应启用应急机制，将网站域名解析到可访问的主机空间并发布故障修复通知。

（6）有害信息：发现有害信息要立即删除相关信息，并暂时冻结信息发布者的账户。

在现实的网络营销工作中，相关的岗位规范还有很多，如开展付费搜索引擎广告业务时将需要有相应的搜索引擎广告管理规范，如果企业作为大型B2B平台的付费会员，同样需要针对付费会员业务的管理制订相应的规范。这些运营管理规范，并没有固定的框架，都是在长期的工作中逐步总结和归纳出来的，是实践经验的积累。

## 9.3 网络营销效果评价管理

网络营销效果评价管理，建立在评价指标体系并可获得相关统计数据的基础上。前已述及，多数专项网络营销活动都有详细的评价指标，如网络广告的浏览量和点击数、微博营销活动的粉丝数和互动数量等，但建立具有普遍适用性的网络营销总体效果指标体系还有较大的难度。

数据分析一直是网络营销的基本内容，也是网络管理工作的内容之一，其中网站访问统计分析是应用最早、技术最成熟的数据分析方法。本节通过对网站访问统计数据分析方法的介绍，从一些方面反映出网站运营效果的评价方式。主要内容包括：网站访问统计分析的价值、主要统计指标及其网络营销意义、如何获得及利用网站访问统计信息等。

## 9.3.1　网站访问统计分析对网络营销管理的价值

网站访问统计分析，是指在获得网站访问量基本数据的前提下，对有关网站访问数据进行统计、分析，从中发现用户访问网站的规律，将这些规律与网络营销策略等相结合，从而发现目前网络营销活动中可能存在的问题，为进一步修正或重新制定网络营销策略提供依据。

通过各种网站流量统计分析系统或者网站流量分析软件可以获得网站流量的基本数据，这些数据是网站访问统计分析的基础。一般的网站流量统计系统都具备一定的统计分析功能，但总体来说这些通用性的统计分析软件多局限于数据记录和对现有数据进行简单的汇总，并据此制作出图表曲线之类的分析报告，这些信息对于了解网站的访问量情况发挥了积极作用。但是一般的网站流量统计系统对用户访问行为分析方面很难深入，这些模式化的分析结果实际上难以与网络营销策略结合起来，也就无法为网络营销工作提供有效的指导。

同样的现象、同样的一组数据，不同专业层次的分析人员可能得出不同的结论。真正对网络营销有价值的网站统计分析并不仅仅是对流量数据的简单汇总，有些地方涉及多方面的工作，需要具备系统的网络营销实践经验，以及其他第三方数据支持等。因此，在网站流量统计分析管理中，对网站访问统计数据分析能力的差异决定了网络营销管理水平的高低。

归纳起来，**专业的网站访问统计分析对网络营销管理的意义**主要表现在下列几个方面。

（1）及时掌握网站推广的效果，减少盲目性。

（2）分析各种网络营销手段的效果，为制定和修正网络营销策略提供依据。

（3）通过网站访问数据分析进行网络营销诊断，包括对各项网站推广活动的效果分析、网站优化状况诊断等。

（4）了解用户访问网站的行为，为更好地满足用户需求提供支持。

（5）网站访问量可以用于作为网络营销效果评价的参考指标。

网站访问统计分析是网络营销专业人员的必备知识，专业的网站访问统计分析报告不仅可以清晰地看到网站运营的成果，并且可以从中发现网站访问与网络营销策略之间的关系。进行网站访问统计分析的前提是对网站流量各项统计指标的含义有深刻认识，并且在此基础上积累大量的实践经验。

## 9.3.2 网站访问统计信息及其对网络营销的意义

### 9.3.2.1 网站访问统计指标概述

网站访问统计分析的基础是获取网站流量的基本数据，根据作者对网站访问统计分析的相关研究认为，**网站访问统计指标大致可以分为三类**，每类包含若干数量的具体统计指标。这三类指标分别是：网站流量指标、用户行为指标和用户浏览网站的方式。

**1．网站流量指标**

网站流量统计指标常用来对网站运营效果进行评价，主要指标包括：

- ❑ 独立访问者数量（unique visitors）。
- ❑ 重复访问者数量（repeat visitors）。
- ❑ 页面浏览数（page views）。
- ❑ 每个访问者的页面浏览数（Page Views per user）。
- ❑ 某些具体文件/页面的统计指标，如页面显示次数、文件下载次数等。

**2．用户行为指标**

用户行为指标主要反映用户是如何来到网站的、在网站上停留了多长时间、访问了哪些页面等，主要的统计指标包括：

- ❑ 受访页面：用户来到网站所访问的网页（URL）。
- ❑ 访问时间：用户来到网站到离开之前所经历的时间。
- ❑ 跳出率：用户来到某网页之后离开该网站的比例。
- ❑ 用户来源网站（也叫“引导网站”）。
- ❑ 用户所使用的搜索引擎及其主要关键词。
- ❑ 在不同时段的用户访问量情况等。

一些统计工具甚至可以进一步分析访客在网页上的点击行为，即在这个页面上点击了哪些链接，也就表明用户对哪些信息关注程度更高，对分析网页的信息及布局具有重要参考价值。

**3．用户浏览网站的方式**

用户浏览网站的方式相关统计指标主要包括：

- ❑ 用户上网设备类型。
- ❑ 用户浏览器的名称和版本。

- ❑ 访问者电脑分辨率显示模式。
- ❑ 用户所使用的操作系统名称和版本。
- ❑ 用户所在地理区域分布状况等。

下面的案例是一个实际的网站流量统计系统，从中可以看出主要的网站统计指标。

### 案例 9-1：51yes 网站统计系统提供的主要统计指标

51yes 网站统计系统（http://count.51yes.com）是一个免费的中文网站流量统计系统，到本案例写作时为止，51yes 网站统计系统完全免费而且可以实时注册，用户注册并登录后可以获得 51yes 提供的网站统计代码，将统计代码放置在网页中的合适位置即可获得 51yes 提供的网站流量统计服务（一般情况下将统计代码放置在每个网页的最下方）。

下面是统计代码的一般格式：

```
<script language="javascript" src="http://count23.51yes.com/click.aspx?id=99999&logo=1"></script>
```

其中的“99999”是每个用户的编号，每个用户拥有唯一的数字编号。

利用注册账号登录 51yes 网站统计系统后台之后可以看到，51yes 提供了 4 组网站流量统计分析方式，分别是：

（1）实时统计：

综合统计

最后百名访客

1 分钟同时在线访客

5 分钟同时在线访客

15 分钟同时在线访客

跟踪指定 IP

（2）流量分析：

每日分析

每星期分析

每月分析

每年分析

（3）访问统计分析：

客户回访率统计

客户来路统计

受访页面统计

搜索引擎简明统计

搜索引擎关键字（分类）

搜索引擎关键字（不分类）

（4）客户端统计分析：

客户地理位置分析

屏幕分辨率分析

显示器颜色分析

浏览器分析

ALEXA 工具条分析

操作系统类型分析

操作系统语言分析

其中，在“综合统计”中，实时显示了一个网站当天的访问统计信息和历史统计信息，主要包括当天、每周、每月的访问量统计数据（独立 IP 数和页面浏览数），以及最大日访问量的记录。

资料来源：http://count.51yes.com.

在网站访问统计指标中，有些常用指标对网络营销的意义更加重要，往往受到更多的关注，这些指标包括：页面浏览数、独立访问者数量、每个访问者的页面浏览数、用户来源网站（来路统计）、用户使用的主要搜索引擎及其关键词检索等。下面对相关指标及其网络营销意义进行简要介绍。

#### 9.3.2.2 网站页面浏览数及其网络营销意义

在网络广告相关内容中，多次提到浏览数这一指标。网页浏览数（或称页面下载数、网页显示数）在网站访问统计中也是一项重要的指标，相关指标还包括每个访问者的平均页面浏览数等。实际工作中对这项指标的对比分析经常会出现一些容易造成混淆的地方，因此在研究网站流量统计分析有关问题时，有必要对网页浏览数的真实意义做一些讨论。

**1．网站页面浏览数的基本含义**

（1）页面浏览数（page views）

网站页面浏览数是指在一定统计周期内所有访问者浏览的网页数量。页面浏览数也就是通常所说的网站流量，或者网站访问量，常作为网站流量统计的主要指标。如果一个访问者浏览同一网页三次，那么网页浏览数就计算为三个。

不过，页面浏览数本身也有很多疑问，因为一个页面所包含的信息可能有很大差别，一个简单的页面也许只有几行文字，或者仅仅是一个用户登录框，而一个复杂的页面可能包含几十幅图片和几十屏的文字，同样的内容，在不同的网站往往页面数不同，这取决于设计人员的偏好等因素。例如，一篇 6 000 字左右的文章在新浪网站通常都放在一个网页上，而在有些专业网站则很可能需要 5 个页面，对于用户来说，获取同样的信息，新浪网的网站统计报告中记录的页面浏览数是 1，而其他的网站则是 5 个。

在网络广告常用术语中也介绍过，由于页面浏览实际上并不能准确测量，或者不同网站的页面浏览数可比性不高，因此现在 IAB 推荐采用的最接近页面浏览的概念是“页面显示”。无论怎么称呼，实际上也很难获得统一的标准，因此页面浏览指标对同一个网站进行评估时意义比较明确，而在不同网站之间比较时说服力就会大为降低。

（2）每个访问者的页面浏览数（Page Views per user）

这是一个平均数，是指在一定时间内全部页面浏览数与所有访问者相除的结果，即一个用户浏览的网页数量。这一指标表明了访问者对网站内容或者产品信息感兴趣的程度，也就是常说的网站“黏性”。例如，如果大多数访问者的页面浏览数仅为一个网页，表明用户对网站显然没有多大兴趣，或者是通过某种渠道（如搜索引擎）临时获取某方面的信息，达到目的之后即离开网站。但应注意的是，由于各个网站设计的原则不同，对页面浏览数的定义不统一，同样也会造成每个访问者的页面浏览数指标在不同网站之间的可比性较低。

**案例 9-2：ALEXA 统计数据与网站的访问量指标**

尽管存在统计指标定义无法统一的问题，但在网站统计时仍不得不利用页面浏览数等相关的指标。例如，ALEXA 全球网站排名系统的综合排名，就是根据网站的独立用户数量和每个用户的页面浏览数两项指标相乘来计算的。因此，可以看到这样的情况：两个网站相比，A 网站的 Reach 数量（统计指标为百万用户中访问该网站的用户数量，即“Reach”）高于 B 网站（假定 A 网站为 100，B 网站为 60），但 B 网站每个用户的页面浏览数高于 A 网站（假定这项指标 A 网站为 1，B 网站为 2），其结果是，独立用户量小的 B 网站在综合排名中高于 A 网站，因为 B 网站的总流量较高（B 网站流量为 120，A 网站为 100）。

网络营销人员都希望自己网站的平均页面浏览数高，这项指标高有其好的一面，但同时也可能说明网站在信息层次方面可能存在问题。借助于 ALEXA 的全球网站统计数据，通过对多个有影响力的专业信息网站的每个用户页面浏览数进行分析，结果发现那些无需用户登录即可浏览的网络营销相关专业信息类网站，每个用户的平均页面浏览数都比较低（通常在 1.5～2.5 之间），而一些论坛或者需要用户先登录的网站，平均网页浏览数都比较高（相应地，在同样 Reach 数量的情况下这些网站的 ALEXA 网站综合排名也比较高），但这并不一定意味着这些网站的真正价值就高于那些用户平均浏览数低的网站。还有另外一种情况，有些网站用户 1～2 次点击即可到达最新的内容页面，有些网站则可能需要 5 次以上的点击才能看到内容，这样，后者的每个用户页面浏览数就较高，但并不是因为用户对网站内容的兴趣大，而是因为网站信息层次较深的问题。可见，要对这些问题进行严格的对比，看来也是比较麻烦的事情，因此这里只能进行模棱两可的讨论。

资料来源：网上营销新观察，www.marketingman.net/zhuanti/traffic/5306.htm.

通过各种网站页面浏览数的对比分析，作者对网站流量统计指标中页面浏览数量问题的观点是：如果没有对一个网站的实际状况进行具体分析，单纯看页面浏览数（以及每个用户的页面浏览数）本身只能大致反映出一个网站的访问量情况，但并不能说明网站内容是不是真的对用户具有“黏性”，尤其不要为每个访问者的平均页面浏览数很高而自豪，如果这个数字太高，反而可能说明网站设计存在一定的问题。当然，如果这一指标过低也可能说明网站内容在某些方面存在问题。

**2．网站页面浏览数量统计指标的网络营销含义**

在网站流量统计分析报告中，给出的网站的页面浏览数一般是在一个统计时期内的网页浏览总数，以及每天平均网页浏览数。这个数字表明了网站的访问量情况，可以用作对网站推广运营效果的评价指标之一，但是仅从网页浏览总数或者每天的平均网页浏览数中实际上发现不了对网络营销分析有很大价值的信息。除了表明网络营销的效果之外，应该如何将网页浏览数与网络营销之间建立关联关系呢？

根据网站流量数据分析的实践经验，**网页浏览数对网络营销分析**主要有下列四个方面的意义。[2]

（1）页面浏览数量历史数据及网站发展阶段特征对比分析

比如将 3 个月来网站每天的页面浏览数进行分析，从中分析网站流量的发展趋势，并且将这些数据与网站所处阶段特点结合分析，对于新发布的网站，如果网站页面浏览数处于明显上升趋势，那么与网站发展阶段的特征是基本吻合的，否则就应该进一步分析，为什么这期间网站访问量没有明显上升。类似的，如果网站处于稳定阶段，网页浏览数应该相对稳定或有一定波动，但如果数据表明页面浏览数在持续下滑，则很可能反映出网站出现了某种问题，如网站内容和服务方面存在某些问题，或者出现了新竞争者造成用户转移，或者在保持老客户方面存在问题致使用户流失现象比较明显等。

（2）分析网页浏览数变化周期

当网站运营一段时间之后，网站处于相对稳定阶段，这期间网站访问量会表现出一定周期性的规律，如在每个星期一到星期四，访问量明显高于星期五到星期天，而在同一天中，上午 10 点和下午 3 点可能是网站访问的高峰。掌握了这些规律之后，可以充分利用用户的访问特点，在访问高峰到来之前推出最新的内容，这样便于最大可能提高网站信息传递的效果。

（3）通过每个访问者的页面浏览数变化趋势分析网站访问量的实际增长

每个用户的页面浏览数量反映了用户从网站获取信息的多少，一般来说这个平均数越高，说明用户获取的信息量也越大（一个例外情况是，网站提供的信息对用户有价值，但用户获得信息不方便而造成平均页面浏览数过大，如需要多次点击、查找信息不方便，每个页面的信息量过小等)。通过对每个访问者的页面浏览数变化趋势分析，如果发现这一数据基本保持稳定，那么当与网站页面浏览数进行对比分析时，页面浏览数的变化趋势就反映了网站总体访问量的变化，如果平均页面浏览数有较大变化，则需要对网站独立用户数、网页浏览数等指标进行比较分析才能发现网站访问量变化的真正趋势。因为如果每个用户平均页面浏览数增加，即使独立用户数量没有增长同样会使得总的页面浏览数增加，反之，如果独立用户数保持稳定，但平均页面浏览数下降了，也会造成网页浏览数量的减少。因此单纯从网站页面浏览数的变化情况还不足以说明网站的总体访问量变化趋势，需要与独立用户数、每个用户的平均页面浏览数量等进行比较分析。

（4）通过各个栏目（频道）页面浏览数的比例分析重要信息是否被用户关注

通过 ALEXA 全球网站排名系统（www.alexa.com)，可以看到一些网站各二级域名栏目访问量占网站总访问量的比例，这一信息对于了解各频道访问量的大小，以及选择网络广告投放在哪个频道具有一定的参考价值。虽然这种数据来自第三方的统计所采用的方法并不一定可靠，并且对于大多数访问量较低的网站，信息的准确性较差，不过这种分析思路可以推广到任何一个网站，只是需要对自己网站各个栏目页面访问数量进行统计，在一般的网站流量统计分析软件中都有这样的功能。

通过对各个栏目页面浏览数量的比例分析，可以看出用户对哪些信息比较关注，也可以获得有多大比例的用户会访问网站首页。这些数据对于各个重要网页的重点推广具有重要意义，如可根据自己的期望决定采用搜索引擎关键词广告推广时应该链接到哪些页面，注册快捷网址时直接到达哪些页面等。这一比例分析通常也会反映出一个重要事实：对于绝大多数网站来说，多数用户通常并不是首先来到首页然后根据首页导航逐级进入其他页面。

关于页面浏览数量的分析及其应用，上面介绍的是一般的内容，在网络营销管理实际工作中还可以获得更多有价值的信息，如对某些重要页面的跟踪分析，可以获得在一个时期内的访问统计规律，或者与某项网站推广方案进行相关分析，从而判断网站推广的效果等。

此外，上述内容中也提到了网站独立用户数（独立访问者）对网站流量访问统计分析的影响，独立用户数也是网站访问统计分析的重要指标之一，接下来将给予详细介绍。

#### 9.3.2.3　独立访问者数量及其网络营销意义

**1. 独立访问者数量的基本含义**

独立访问者数量（unique visitors），有时也称为独立用户数量或者独立 IP 数量（尽管独立用户和独立 IP 之间并不完全一致），是网站流量统计分析中另一个重要的数据，并且与网页浏览数分析之间有密切关系。独立访问者数量描述了网站访问者的总体状况，指在一定统计周期内访问网站的数量（如每天、每月），每一个固定的访问者只代表一个唯一的用户，无论他访问这个网站多少次。独立访问者越多，说明网站推广越有成效，也意味着网络营销的效果卓有成效，因此是最有说服力的评价指标之一。相对于页面浏览数统计指标，网站独立访问者数量更能体现出网站推广的效果，因此对网络营销管理具有重要意义。

一些机构的网站流量排名通常都是依据独立访问者数量，如调查公司 Media Metrix 和 Nielsen//NetRatings 对美国最大 50 家网站访问量排名就是采用独立访问数为依据，统计周期为一个月，无论用户在一个月内访问网站多少次，都记录为一个独立用户。不过值得说明的是，由于不同调查机构对统计指标的定义和调查方法不同，对同一网站监测得出的具体数字并不一致。

**2．独立访问者数量的网络营销意义**

在网站流量分析中，独立访问者数量（独立用户数量）对网络营销主要有下列作用。[3]

（1）独立用户数量比较真实地描述了网站访问者的实际数量

相对于网页浏览数和点击数等网站流量统计指标，网站独立访问者数量对网站访问量更有说服力，尽管这种统计指标本身也存在一定的问题。目前对独立访问者数量的定义，通常是按照访问者的独立 IP 来进行统计的，这实际上和真正的独立用户之间也有一定差别，如多个用户共用一台服务器上网，使用的是同一个 IP，因此通过这个 IP 访问一个网站的实际用户数量（自然人）有多少，在网站流量统计中都算作一个用户，而对于采用拨号上网方式的动态 IP 用户，在同一天内的不同时段可能使用多个 IP 来访问同一个网站，这样就会被记录为多个“独立访问者”。

当然也有可能采用更精确的方式来记录独立访问者数量，但可能存在一定的技术难度，或者会影响到对访问者其他信息的统计，如用户所在地区、用户使用的 ISP 名称等，因此在网站流量统计中，这种“精确统计”方式并不常用。所以，尽管独立 IP 数量与真正的用户数量之间可能存在一定差别，但目前的网站统计中仍然倾向于采用 IP 数量的统计。

（2）网站独立访问者数量可用于不同类型网站访问量的比较分析

在“网站页面浏览数分析”中介绍过，通过每个访问者的页面浏览数变化趋势分析网站访问量的实际增长时需要用到独立访问者数量统计指标，因为对于不同的网站，用户每次访问的网页数量差别可能较大，对于新闻、专题文章等内容的网站，用户可能只是浏览几个最新内容的网页，而对于一些娱乐性的网站如音乐、图片、社会性网络等，则很可能每次访问会浏览几十个甚至更多的网页，这样仅仅用网页浏览数量就很难比较两个不同类别网站的实际访问者数量，因此独立用户数量是一个通用性的指标，可以用于各种不同类型网站之间进行访问量的比较。

（3）网站独立访问者数量可用于同一网站在不同时期访问量的比较分析

与不同网站的用户平均页面浏览数有较大差别类似，同一个网站在不同时期的内容和表现会有较大的调整，用户平均页面浏览数也会发生相应的变化，因此在一个较长时期内进行网站访问量分析时，独立用户数量指标具有较好的可比性。

（4）以独立用户为基础可以反映出网站访问者的多项行为指标

除了网站的“流量指标”之外，网站统计还可以记录一系列用户行为指标，如用户电脑的显示模式设计、电脑的操作系统、浏览器名称和版本等，这些都是以独立用户数量为基础进行统计的。同样，在一个统计周期内同一用户的重复访问次数也可以被单独进行统计。

#### 9.3.2.4　用户来源网站分析及其网络营销意义

用户来到一个网站的方式通常有两种：一种是在浏览器地址栏中直接输入网址或者点击收藏夹中的网站链接；另一种则是通过其他网站引导而来（包括搜索引擎），也就是来源子网站。用户来源子网站，有时也称为引导网站，或者推荐网站（Referring Site）。

许多网站统计分析系统都提供了用户来源网站统计的功能（来路统计功能），这对于网站推广分析具有重要意义，这些统计资料可以了解你的用户来自哪里，以及各个来源网站占多大比例等。

**1．用户来源网站分析的主要统计指标**

通过用户来源网站统计，可以了解用户来自哪个网站的推荐、哪个网页的链接，如果是通过搜索引擎检索，可以看出是来自哪个搜索引擎、使用什么关键词进行检索，以及你的网站（网页）索引出现在搜索结果的第几页第几项。一般说来，通过网站流量统计数据可以获得的用户来源网站的基本信息包括：

- 来源网站（网页）的 URL 及其占总访问量的百分比；
- 来自各个搜索引擎的访问量百分比；
- 用户检索所使用的各个关键词及其所占百分比；
- 在获得上述基础数据的前提下，可以继续分析获得更加直观的结果；
- 对网站访问量贡献最大的引导网站；
- 对网站访问量贡献最大的搜索引擎；
- 网站在搜索引擎检索中表现最好的核心关键词。

**2．用户来源网站分析的网络营销意义**

访问者来路统计信息为网络营销人员从不同方面分析网站运营的效果提供了方便，至少可以看出部分常用网站推广措施所带来的访问量，如网站链接、分类目录、搜索引擎自然检索、投放于网站上的在线显示类网络广告等。以搜索引擎为例，通过来源网站的分析可以清晰地看出各个搜索引擎对网站访问量的贡献，哪个搜索引擎的重要程度如何，是不是值得去购买他的付费搜索服务，应该就很清楚了，这样更有利于选择对网站推广有价值的搜索引擎作为重点推广工具，从而减少无效的投入。

不过，这些基本统计信息本身所能反映的问题并不全面，有些隐性问题可能并未反映出来。例如，根据分析，某个关键词对于一个网站应该很重要，但是通过对主要搜索引擎带来访问量的分析发现，只有其中一个搜索引擎带来了访问量（通过自然搜索而不是付费方式），这种情况并不能因此而否定其他搜索引擎的价值，还需要做进一步分析才能知道是自己网站本身的问题，还是搜索引擎的问题。另外，网站访问量增长（或者下降）的原因，是因为某些推广措施所引起，还是其他原因？对这些问题的深度分析，则需要考虑更多的关联因素。

另外，一个企业网站被竞争者所关注是很正常的事情，竞争者访问的频度如何，主要关注哪些内容等都是值得研究的问题，根据详细的网站访问统计，甚至可以据此分辨出“谁是我们的朋友，谁是我们的敌人”，如果有必要，还可以针对主要竞争者设计专门的网页，以便为竞争对手的监视活动制造错觉。

#### 9.3.2.5 用户使用的搜索引擎和关键词统计

在网站来路统计分析中，可以看出用户来自哪些网站的引导，其中也包括搜索引擎的引导，用户通过某个搜索引擎检索并来到一个网站，这个搜索引擎便成为引导网站中的一个。对于来源于搜索引擎的用户，通过网站统计数据可以获得更多的信息，其中对搜索引擎营销最有价值的一项统计信息是用户通过什么搜索引擎，以及使用什么关键词进行检索。这些统计信息对于了解用户使用搜索引擎的习惯很有价值，对这些数据的分析结论可以用来更有效地改进网站的搜索引擎推广策略。

从网站推广管理的角度来看，在所有网站访问量统计资料中，搜索引擎关键词分析的价值甚至远高于独立用户数量和页面浏览数量这些被认为是最主要的网站流量统计指标，因为用户搜索统计信息告诉网络营销人员，用户是怎么发现你的网站的，他们使用哪些搜索引擎检索，利用这些关键词检索时你的网站在搜索结果中的排名状况——这些通过自己的主观想象往往是做不到的。但是，从大量零散的搜索引擎关键词信息中获得非常有价值的结论，并用于改进网站的搜索引擎推广策略，有时并非简单的事情，需要专业人士的综合分析。有关搜索引擎关键词分析方法，将在本章后面进行实例分析。

#### 9.3.2.6 其他网站访问统计指标及其网络营销意义

除了前面介绍的重要网站访问统计指标之外，还有一些值得关注的网站访问统计信息，这里一并介绍如下。

**1. 某些具体页面的统计指标**

通过网站访问量统计，可以获得某些具体页面被访问和下载的次数，也可以统计出每个页面访问量占总访问量的比例。这种统计信息为跟踪分析某项具体的网络营销活动提供了方便。例如，为了评价某个新产品的情况，在新发布的产品页面，可以看到这个页面每天被浏览/显示了多少次，如果提供了产品说明书下载或者在线优惠券下载，还可以从用户的下载次数来评价网络营销所产生的效果。这一指标通常被用作对某些推广活动的局部效果评价，将网站统计资料与所采取的网站推广手段相结合进行分析，可以得出网站访问量和营销策略之间的联系。例如，一个网站在 10 月份进行了一次有奖竞赛活动，根据该月网站访问量的变化情况可以检验这次活动的效果如何。

**2．用户访问最多的页面（受访页面）**

有些网站首页是用户访问最多的页面，但并不都是这种情况，实际上许多网站首页访问占全站访问量的比例可能不足 10%。这是因为用户可能从多个页面进入网站，尤其是当网站内容页面的搜索引擎优化状况比较好时，通过内容页面来到网站的比例会更高一些。通过网站访问统计数据，可以清楚地看到哪些网页对网站访问量的贡献最大，同时，对于那些比较重要而没有获得用户充分关注的网页，可以通过分析找出问题所在，经过优化设计获得更多的访问者。

**3．用户访问量的变化情况和访问网站的时间分布**

大多数网站统计分析软件都提供了按不同时间单位的用户数量分布数据，如每天统计报告中按照小时的访问量统计，每月统计报告中则以每天的访问量为单位，这样，既可以从一段较长的时期来了解网站访问量的变化情况，也可以详细了解 1 天中每个小时的网站访问情况。从月统计报告中可以看出每个星期中哪几天是访问高峰，而每天的统计报告则可以看出每天出现的访问高峰时间，这样，在进行网站维护时可以充分利用这些信息，如在访问高峰期到来之前更新网站内容，在网站访问量最低的阶段进行数据备份、服务器维护、在线测试等，以免影响用户的正常访问。

**4．用户浏览器的类型**

微软 IE 浏览器一直占有浏览器市场最大的份额，现在浏览器越来越多，虽然大多数浏览器以 Internet Explorer 为内核，但不同浏览器的界面设计及部分处理功能有所差异，即使同样是 IE 浏览器，不同版本浏览器的特性也有所不同，这样如果针对某一版本的浏览器进行设计的一些功能，在其他版本中可能无法正常工作。另外，新的浏览器还在不断出现，也会吸引一部分用户使用，从用户浏览器类型的统计中，也可以发现一些有价值的问题。例如，随着火狐浏览器用户数量的增加，网站设计的浏览器兼容性问题需要重新得到重视，否则可能出现令网页设计师感到难堪的结果，如在 IE6 中显示正常的网页，到火狐浏览器中可能变得一团糟，甚至连菜单都无法正常显示。同样，早期的网站设计即使在当时对各种浏览器的适应性都很好，但在新浏览器中可能会出现一些兼容性问题，如果是重要的内容，就有必要对前期的网页模板进行适应性调整。

**5．访问者电脑分辨率显示模式**

与用户使用浏览器的特征类似，访问者电脑分辨率设置的变化情况也可以通过网站访问统计获得。早期的很多网站上往往有这样的提示：“建议用户采用 800×600 像素模式获得最佳显示效果”，然而实际上现在用户电脑显示器分辨率可能为 1024×768 像素或者更高，如果没有注意到用户浏览习惯已经发生变化，将无法提供符合大多数用户浏览习惯的网站设计。这些用户访问网站的信息，都可以通过网站访问统计数据获得。由此也说明，网站访问统计并不仅仅是为了评价网站的访问效果，而是具有多方面的价值。

**6．用户所使用的操作系统**

通常情况下，对于用户使用不同的操作系统与网络营销之间没有直接的联系，不过当需要对用户行为进行深入的监测时，了解用户使用的操作系统就有独特价值。例如，苹果 iPad 或者 Android 操作系统用户比例的增加，可以认为是平板电脑或者手机访问者的增加，那么目前的网站设计对平板电脑及手机的适应性如何？这就需要进行测试并根据发现的问题对网站模板设计进行调整，以便为移动上网用户提供更好的浏览效果。对用户操作系统的统计是网站流量统计软件的基本功能之一，一般的统计系统都提供这一数据。

**7．每个访问者的平均停留时间**

访问者停留时间的长短反映了网站内容对访问者吸引力的大小，通过对每个访问者平均停留时间的分析，可以得出许多有价值的结论：如果许多访问者在 20 到 30 秒内离开你的网站，很可能是由于页面下载速度太慢，也可能是由于内容贫乏或其他设计缺陷；另一方面，如果你发现许多访问者在某些页面停留的时间过长，那么可能要对其他页面进行改进。不过，由于每个人的阅读速度和网络接入速度不同，阅读同样数量网页的时间可能有一定的差别，不同的网站网页的平均信息量也不相同，因此对这些信息也只能在一定范围内进行粗略的判断。

**8．访问者所在地区和 IP 地址**

本书在一开始对网络营销概念的认识中就提出了网络营销不是虚拟营销的观点，其中原因之一就在于，网站的每个访问者所在地区、IP 地址和在网站上的点击行为等信息都可以通过网站流量统计系统被详尽地记录下来。一般来说，用户来自各地，用户 IP 地址也比较分散，不过从一个较长的时期来看，可以获得用户来源地区的有关统计信息特征，这对于开展地区性网络营销具有一定参考价值。

### 9.3.3 如何获得网站流量分析资料

由于网站流量分析对于网络营销所发挥的重要作用，因此在正规的网络营销活动中都离不开网站统计分析，一份有价值的网站流量分析报告不仅仅是网站访问日志的汇总，还应该包括详细的数据分析和预测。如何才能获得网站访问统计信息呢？

**获取网站访问统计资料通常有两种方法：**一种是在自己的网站服务器端安装统计分析软件，通过对网站访问日志来进行网站流量监测和分析；另一种是采用第三方提供的网站流量统计分析服务，只要把统计代码插入网页中即可。

这两种方法各有利弊，采用第一种方法可以比较准确地获得详细的网站统计信息，并且除了访问统计软件的费用之外无须其他直接的费用，但由于这些资料在自己的服务器上，因此在向第三方提供有关数据时缺乏说服力；第二种方法则正好具有这种优势，但要受到第三方服务商统计系统的制约，并且网站信息容易泄露，或者要为这种统计服务付费。此外，如果必要，也可以根据需要自行开发网站流量统计系统。具体采取哪种形式，或者哪些形式的组合，可根据企业网络营销的实际需要决定，一般来说规模不是很大的网站以第三方统计为主，非商业性网站则可以选择第三方免费流量统计服务。

不同的网站流量统计系统在统计指标和统计方法等方面存在一定差异，在选择网站统计软件、第三方统计服务，或者自行开发网站流量统计系统时，站在网络营销的角度，应该可以获得尽可能详尽的统计分析资料，至少应该获得下列基本统计信息：独立用户数量、页面浏览数、来自哪些网站及其各自的比例、来自哪些搜索引擎及其所使用的关键词、用户浏览行为，以及用户所在地区等。

在常用的网站统计软件中，美国的 Web Trends 是比较著名的一个，由于其功能卓著，统计信息全面，并且有多种分析结构，因而得到广泛应用，许多大型网站都采用 Web Trends 的访问统计软件。下面是作者负责运营的时代营销网站 Web Trends 网站统计界面的截屏图，图 9-3 为摘要统计信息中的主要统计指标。

| **General Statistics** | |
|---|---|
| Successful Hits For Entire Site | 124,175 |
| Average Hits Per Day | 124,175 |
| Home Page Hits | 564 |
| **Pages** | |
| Page Views (Impressions) | 28,849 |
| Average Per Day | 28,849 |
| Dynamic Pages and Forms Views | 14,675 |
| Document Views | 14,174 |
| **Visits** | |
| Visits | 1,562 |
| Average Per Day | 1,562 |
| Average Visit Length | 00:08:25 |
| International Visits | 0% |
| Visits of Unknown Origin | 100% |
| Visits from the China,CN | 0% |
| **Visitors** | |
| Unique Visitors | 1,280 |
| Visitors Who Visited Once | 1,128 |
| Visitors Who Visited More Than Once | 152 |

图 9-3　Web Trends 网站流量统计软件摘要信息中的统计信息

从图 9-3 中可以看出，Web Trends 网站统计的包括每天网站访问的详细信息，在基本信息中包括独立用户数量、重复访问的用户数量、页面浏览数、平均访问时间等。Web Trends 对用户来源网站统计信息也比较全面，与其他网站流量统计系统类似，可以获得搜索引擎和网站链接为网站带来访问量的情况。此外，通过进一步分析可以发现，Web Trends 网站流量统计软件还包含了许多更为详细的资料，如进入和退出网站页面的百分比、下载和上传文件的百分比、用户的停留时间等。

2005 年之后出现了许多提供免费网站流量统计的网站，如前面案例中介绍的 51yes 免费网站流量统计系统、百度统计（http://tongji.baidu.com）等。搜索引擎 Google 也提供了免费网站统计服务，注册 Google 账户之后就可以使用这项免费服务，对于服务器在国外的英文网站，更适合采用 Google 统计。目前国内网站采用百度统计的较多。

**案例 9-3：Google 的免费网站流量分析工具简介**

2005 年 12 月，Google 收购了一家提供网站流量统计服务的网站 Urchin Stats 并将它的服务整合到 Google 提供的网站管理员工具中，为网站管理人员提供一套基于 cookie 统计的、比一般访问统计还更加详细的流量统计工具 Google Analytics。统计数据包括回访率，忠诚用户，单日关键词，访问路径及平均 page views 等主要信息。

Google Analytics 的登录入口地址是：

http://www.google.com/analytics/（英文界面）

http://www.google.com/analytics/zh-CN/（中文界面）

目前 Google Analytics 后台的界面是英文的，不过也可以应用于中文网站的统计分析。使用 Google 免费网站统计分析的方法是，只要你先申请了 Google 账户即可免费申请使用 Google Analytics，同时也可以使用 Google 提供的其他的服务，如 Google Sitemaps 等。

Google Analytics 的使用方法，与前面介绍的 51yes 类似，申请成功后登录后台，添加网站的网址信息，获得统计代码并添加到网站的每个网页（或者某个特定的网页）即可。

## 9.3.4 网站统计分析实例：搜索引擎关键词分析

由于搜索引擎对网站推广的作用受到充分肯定，因而通过搜索引擎带来的访问量也就成为网站流量统计分析中最受关注的指标之一。前面已经介绍，通过网站流量统计数据可以看到用户来自哪些搜索引擎、用户使用哪些关键词进行检索、各搜索引擎带来的访问量等基本信息。通过这些信息如何对网站的搜索引擎营销状况进行评价呢？

**1. 网站搜索引擎检索访问量统计案例**

表 9-1 是新竞争力网络营销管理顾问为某生产流水线设备的企业运营维护的网站访问统计真实数据。这里仅列出了网站在一个月统计周期内通过搜索引擎带来访问量的基本数

据，其中包括：用户使用检索数量最多的前十个关键词及其占全部检索数量（2 111 次）的百分比，以及用户搜索使用的全部（8 个）搜索引擎及每个搜索引擎带来的访问量占全部搜索的比例。

表 9-1　某网站一个月访问统计数据（2013 年 1 月）　　单位：%

| 关　键　词 | 检 索 次 数 | 占检索总数比例 | 搜 索 引 擎 | 搜 索 数 量 | 占搜索总数比例 |
|---|---|---|---|---|---|
| 流水线设备 | 64 | 3.03 | 百度 Baidu | 1 269 | 60.11 |
| 生产流水线 | 61 | 2.89 | Google | 318 | 15.06 |
| 自动化设备维修 | 49 | 2.32 | 360 搜索 | 229 | 10.85 |
| 发动机装配线 | 35 | 1.66 | 搜狗 Sogou | 166 | 7.86 |
| 流水线 | 31 | 1.47 | 腾讯 SOSO | 79 | 3.74 |
| 装配流水线 | 27 | 1.28 | 微软 Bing | 44 | 2.08 |
| 皮带输送机安装 | 27 | 1.28 | Yahoo 搜索 | 5 | 0.24 |
| 摩托车生产线 | 27 | 1.28 | 网易 Yodao | 1 | 0.05 |
| 生产流水线设备 | 23 | 1.09 | | | |
| 流水线管理制度 | 23 | 1.09 | | | |
| 合计 | 367 | 17.39 | 合计 | 2 111 | 100 |

资料来源：利用 51yes 统计工具获得的统计数据。

通过该网站的访问统计数据可以看出：

（1）用户检索所使用的关键词是比较分散的，前 10 个检索最多的关键词数量合计仅占全部关键词数量的 17.39%。

（2）用户使用搜索引擎是比较集中的，带来访问量最大的 3 个搜索引擎占检索总数的 86.02%，仅百度带来的访问量就占搜索引擎带来访问量总数的 60.11%。

此外，通过网站来路统计数据分析可以看出，在此期间，搜索引擎带来的用户量（IP 数量）占全部用户量的比例为 55.958%，用户自行输入网址（或通过收藏夹）的比例为 27.43%，通过其他网站链接来访的用户占 16.62%。

可见，网站访问统计数据告诉我们这样的基本事实：搜索引擎是用户获取网站信息的首要渠道；用户检索行为的分散性以及用户使用搜索引擎的集中性都很明显。

**2．网站统计数据可能无法反映出来的信息**

用户所有的检索行为都会被记录在网站流量统计报告中，但是，有些数据可能无法通过流量报告反映出来，这些问题就需要进行专业的分析了。

仍以表 9-1 的网站统计数据为例，假定该公司另外有一项重点推广的产品“手机装配流水线”，通过网站访问统计报告，如果很少甚至没有用户利用相关词汇检索来到网站，对于这种情况，是什么原因造成的？

初步分析，可能有下列三种原因。

（1）产品名称不被用户所了解，因此用户一般不使用这个产品名称相关的关键词进行检索。

（2）该产品相关的网页设计不合理，如网页标题没有含有核心关键词，网页内容中关键词设置不合理，在产品列表页面没有使用正确的产品名称而是用产品型号作为关键词等。

（3）利用“手机装配流水线”及其长尾关键词检索，在搜索结果中，竞争者网站获得了绝对优势，很难看到本企业网站的相关信息。

实际上，上述第三种原因很可能是第二种原因造成的结果。根据分析，对相关网页进行诊断，就可以发现问题所在，根据问题进行相应的优化处理，对下一阶段的搜索引擎推广具有积极意义。

当然，这个假定的情形所反映的只是隐藏在网站流量统计数据背后现象的一种，类似的问题可能还有很多，比如，为什么用“流水线设备”检索时用户主要来源于百度，而通过 Google 获得的访问者寥寥？这种情况下应该采用哪些方法获得最佳推广效果？

对类似的问题做一般的推广，可以为搜索引擎推广带来这样的启示。

（1）有些重要的关键词为网站带来了可观的访问量，由于在各个搜索引擎中的表现情况并不一致，如果从网站流量统计数据中发现了这个问题，就可以采取针对性的措施，进一步扩大搜索引擎推广的效果。

（2）同一个关键词在不同的搜索引擎中检索，检索结果往往是不同的，对于若干重要的关键词，有必要对各个主要搜索引擎进行逐个研究，从而发现自己网站的搜索引擎优化总体状况。

（3）有些关键词可能在一定时期内有较多的用户检索，但可能随着时间的推移而发生变化，从而对网站访问量造成影响，这些信息同样可以通过搜索引擎关键词统计数据分析发现，因此对网站流量统计数据进行定期分析是必要的。

（4）网站流量统计分析不仅要分析统计数据本身，还要对数据之外的相关因素进行分析，从而对搜索引擎营销过程进行跟踪，不断改善影响搜索引擎营销效果的因素。

**3．网站流量统计中的搜索引擎关键词分析期望结果归纳**

通过前面对有关网站访问的真实数据和假设问题的分析发现，在网站流量统计分析中，搜索引擎关键词分析有两个特点：第一是用户所使用关键词的分散性为网站流量分析带来困难；第二是同一个重要关键词在不同搜索引擎中检索时网站排名状况的差异，以及同一关键词在不同时期的用户关注程度转移等问题。因为这些数据分析的复杂性使得要获得专业的网站流量统计分析有一定的难度，甚至会有些无从下手。

例如，对于一个为自己网站带来访问量很少的搜索引擎，是什么原因导致带来的访问量低，是该搜索引擎的用户搜索数量本来就少，还是自己的网站在该搜索引擎中的排名位置有问题？是否可以改善这种状况？又如，对于一个重要的关键词，假如占全部搜索访问量的比例为 5%，如果我们想进一步知道，这个关键词在每个搜索引擎中的表现情况，该怎么办呢？诸如此类的问题，一般的网站流量统计系统都不会做得非常深入，通常只是一些大致的数据分析，对于了解网站的运作情况可以发挥初步的作用，但对于专业的网络营销分析，就显得远远不够了。

那么，通过**搜索引擎关键词分析期望获得的有价值的结果**有哪些呢？包括前面一些分散的介绍，这里一并归纳如下：

（1）关于各个搜索引擎重要程度的统计：哪些搜索引擎为网站带来了访问量？在统计结果中应包含各个搜索引擎的名称、在一定统计周期内（比较理想的是每周和每月）每个搜索引擎为网站带来的用户数量，以及每个搜索引擎占总搜索访问量的百分比。

（2）关于关键词使用情况的统计：用户利用哪些关键词进行检索？在关键词应用状况的统计中，应包括在一定统计周期内（比较理想的是每周和每月）若干重要关键词为网站带来的访问量（用户数量），以及每个关键词占总搜索访问量的百分比。

（3）关于最重要的搜索引擎分析：对于前面已经列出的若干重要关键词（假定为 10 个），每个关键词在最重要的搜索引擎（占搜索访问量比例最高的搜索引擎）中排名情况如何？这些可能需要根据用户通过搜索引擎的来源路径查看才能知道。

（4）关于最重要关键词的分析：对于用户使用比例最高的重要的关键词（比如 5～10 个），在每个搜索引擎中的表现如何？

（5）关于分散关键词的分析：如果前 10 个关键词带来的访问量不到搜索引擎总访问量的 40%，可以肯定具有非常明显的关键词分散性，对于超过搜索总访问量 60%的关键词，具有哪些特征？

（6）搜索引擎带来的访问量占网站总访问量的百分比。这项数据反映了搜索引擎对一个网站推广的重要程度，也是制定网站推广策略的重要参考指标之一。一般来说，内容丰富且网站优化状况较好的网站，搜索引擎带来的访问量占总访问量的 60%以上都是正常的。但是一个网站的访问如果严重依赖搜索引擎，也可能说明一些潜在问题，如用户回访率较低，企业或产品品牌知名度不高等。

根据基本的网站搜索引擎关键词统计信息，当获得了上述六个方面的分析结果之后，就可以初步断定该网站用户使用搜索引擎的一般特征，并据此改善搜索引擎营销策略。

**4．网站流量统计中的搜索引擎关键词分析方法**

由于用户利用搜索引擎检索关键词的分散性，为网站流量分析带来了很大难题，虽然网站流量统计数据中的统计信息让网络营销人员可以了解用户通过哪些搜索引擎以及使用哪些关键词来到网站，但是要从中获得系统的分析结论是比较困难的，这就需要采取一定的方法对这些分散的关键词进行分析。

针对关键词分析的特点，下面介绍一些有效的搜索引擎关键词分析方法，包括关键词聚类统计、关键词排名深度分析、针对重要网页跟踪统计等常用方法，供在进行网站流量分析时参考。

搜索引擎关键词分析方法之一：关键词聚类统计分析

关键词聚类统计分析方法，就是根据网站流量统计获得的基本信息，对类似的关键词进行聚合归类，将大量分散的关键词归纳为若干小的类别，这样每个类别中的关键词数量相对比较集中，比较容易看出用户使用关键词检索的规律。这种方式虽然不够严格，但对于了解用户检索的一般特征具有统计意义，因此常作为关键词分析的方法之一。

搜索引擎关键词分析方法之二：关键词排名的深度分析

所谓关键词排名分析，也就是根据用户使用各种关键词的频率选出若干最重要的关键词。这些基本数据在一些网站流量统计分析软件的分析结果中可以获得，比如，在网站流量统计结果中分别列出前十位关键词所占的比例，这些信息反映出用户使用关键词的大致特征，但由于关键词分散的因素，最重要的关键词所占的比例可能也不到 10%，使用率最高的前十个关键词占全部关键词的比例总计也许还不到30%。

这样对于大量的关键词就无法进行研究，而这些重要关键词在不同搜索引擎中的表现也可能有很大差异。为了充分利用这些有限的关键词统计信息，就需要对这些关键词进行深度分析以获得更有价值的结论。关键词深度分析的方法很多，如选取用户使用率比较高的 5～10 个关键词；研究这些关键词是否覆盖了网站所期望的主要关键词；以及每个关键词在各个主要搜索引擎中的表现；对于关键词表现不佳的搜索引擎采取针对的措施，如进一步进行优化设计、购买关键词广告、加大竞价排名每次点击费用；等等。

搜索引擎关键词分析方法之三：对重要网页分别跟踪统计

网站流量统计可以是对整个网站进行统计，也可以对某个页面进行单独统计。由于整个网站内容较多，关键词分散是在所难免的，而对于某个具体网页/栏目/频道，由于内容比较集中于某一领域，这样，用户通过搜索引擎检索来到网站所使用的关键词相对也比较集中，有望获得若干具有集中趋势的关键词。通过对一些重要页面（如首页以及产品介绍等期望用户发现的网页）的分别跟踪统计，比较容易获得部分重要关键词的统计规律。这种针对重要网页分别跟踪统计的方法是常用的网站分析经验方法之一，在搜索引擎关键词分析中发挥了明显的作用，大大降低了由于关键词的分散性造成的网站流量分析难度。

网站流量统计分析工作包含的内容很多，搜索引擎关键词分析的方法也不止上述三种，在网络营销管理实际工作中还可以总结出更多的经验分析方法。这里介绍的三种针对用户关键词检索分散性的分析方法，实际上也反映出一种具有普遍意义的网络营销管理思想：用户访问网站的行为千差万别，网站流量统计分析软件的功能也不可能尽善尽美，但仍然可以采取一些方法对网站统计数据进行有效的分析，其中实践经验具有举足轻重的作用。这也进一步说明了本书所强调的网络营销的基本特征之一是实践性：没有深入的实践体验，对网络营销的理解只能是空洞的、表面的。

# 9.4　网络营销资源管理

在网络营销方法体系中一直强调，开展网络营销需要一定的工具和资源，因此，资源积累也是体现网络营销价值的一个方面，企业的网络营销能力在一定程度上也就表现为对资源的利用能力。但对于网络营销资源及管理的研究还不够系统，还有更多的问题有待进一步的实践经验总结。

在《网络营销基础与实践（第 5 版）》的最后一节，第一次对网络营销资源及管理进行初步的探索，相关内容和结论仅作为在研究、教学及实践应用时的参考。

## 9.4.1　营销资源理论与网络营销资源

在传统市场营销战略理论研究中，从 20 世纪 90 年代中期开始，国内外学者对营销资源理论有较多的研究，其中影响力较大的是 Hooley 等自 2001 年开始对营销资源所下的定义及相关研究。

Hooley 等（2001）指出，营销资源就是指那些在市场上创造价值的资源。Srivastava, Fahey&Christensen(2001)认为，营销资源是指具有营销特性、在营销活动中产生并且具备 RBV 理论所要求的特性（如难于模仿、稀缺等）的资源。Hooley 等（2005）指出，营销资源是指能够由企业进行配置并能为企业带来竞争优势的任何属性，包括有形的或无形的、物质的或人力的、知识的或关系的。Snoj,Milfelner&Gabrijan(2007)认为营销资源是在市场上创造价值的资源，对企业来说是异质的，严重依赖缄默性知识和技能经过长时间积累，并且和其他资源相互作用而形成的。[4]

营销资源理论研究认为，营销能力也是企业重要的营销资源。营销资源与能力的理论研究为网络营销资源研究提供了方向性指导，将这些理论应用于网络营销资源研究还需要更多的工作，不过在实践操作层面已经有较多的基础积累。

《网络营销基础与实践（第 1 版）》（2001 年）分析了企业网站的网络营销功能，提出企业网站是重要的网络营销资源，并引入网站资源合作营销方法，对网站交换链接这种简单的模式及价值进行了系统的描述，后续版本在网络营销工具资源、企业网站内部资源营销、网站流量资源、注册用户资源、网站内容资源积累等方面不断扩展网络营销资源的内涵，对网络营销资源进行了长期的实践和探索，具备了对网络营销资源进行系统研究的基础。

## 9.4.2 网络营销资源的基本内容

在本章网络营销管理内容框架中（见图 9-1），首次引入了资源管理，并纳入了两类网络营销资源：信息传递渠道资源（包括官方渠道及第三方渠道）和用户资源。因为这两类资源是网络营销资源中最重要的内容，与网络营销效果有着直接的联系。不过这并非网络营销资源的全部内容，还有其他相关的网络营销资源有待进一步研究才具备规范化管理的条件，如企业的社会关系资源、网络营销人员的能力资源等，在本章也会初步探讨。

网络营销资源可分为广义和狭义两种。广义的资源包括所有对网络营销有用的因素，如资金、品牌、信誉等。本书讨论的是狭义的网络营销资源，即企业可掌控的、具有可操作性的、可直接应用于网络营销活动的资源。

与企业网络营销信息源的属性类似，我们可以将企业网络营销资源分为两大类：内部资源和外部资源。

（1）**内部资源**：即企业可完全掌控的网络营销资源，包括企业官方平台资源（网站、APP 等）、内容资源、网站访问量资源、注册用户资源、大数据资源、社会关系资源、营销能力资源等。

（2）**外部资源**：即企业可使用的但不能完全掌控的网络营销资源，主要是基于第三方服务平台的工具和资源，包括第三方平台信息发布资源、第三方信息引导资源、社交网络用户关系资源、网络广告媒体资源、合作伙伴网络资源等。如可利用的电子商务平台、微博、微信、博客、网络百科、网络社区、搜索引擎、网络广告联盟平台等。

从资源可利用的角度来看，无论是内部资源还是外部资源，都可以分为三类：现有资源、潜在资源、发展和积累中的资源。

对于企业的内部网络营销资源，基本战略是充分利用现有的资源，并不断扩大和挖掘潜在资源。而对于外部网络营销资源，应合理选择适合于本企业，并且价格适中的网络营销资源，同时对于新出现的以及未曾利用过的外部资源，应给予密切关注并积极尝试，了解各种资源的价值，作为制定网络营销策略的参考依据。

总之，网络营销资源管理的基本思想在于，充分认识企业内部资源与外部资源的本质及其网络营销价值，以充分利用内部资源，合理利用外部资源，实现网络营销价值的最优化。

### 9.4.3 网络营销能力资源与核心能力培养

营销资源理论认为，营销能力是营销资源的组成部分，而在网络营销实践中发现，企业或个人的网络营销能力的形成在很大程度上取决于对网络营销工具、方法及资源的应用能力，即网络营销资源与网络营销能力是相互促进的关系。

对于营销能力的研究，通常以企业为对象，而对营销人员个人的营销能力研究则较为少见。由于网络营销实践性及可操作性的特点，在网络营销实际工作中，网络营销人员个人的经验和技能往往直接影响着网络营销效果，而且人在网络营销体系中是最活跃的因素，尤其在社会化网络营销阶段，人的能力以及社会关系资源都与企业网络营销能力具有直接影响。因此将网络营销人员的核心能力作为企业的网络营销资源是非常必要的。

本书作者关于网络营销人员的能力指标的思考及实践始于 2006 年 3 月，在营销人博客陆续发表了“网络营销人的十大能力”（见 http://www.marketingman.net/blog/fyj/241.html）系列文章，这是最早对个人网络营销能力比较全面的论述，获得了广泛关注，博文浏览量达数万次，曾被大量转载，网上也出现了多篇以此为基础经过各种改编或扩编的版本。

网络营销人的十大能力的内容如下（冯英健，2006 年）：

（1）文字表达能力；（2）资料收集能力；

（3）用户体验能力；（4）自己动手能力；

（5）代码了解能力；（6）网页制作能力；

（7）参与交流能力；（8）资源利用能力；

（9）思考总结能力；（10）适应变化能力。

这些网络营销能力的基本要素，是作者个人对网络营销人员能力的初步探讨，此后经过十多年的深入实践，对于网络营销人员的能力要素进行了系统的分析和提炼，逐步建立起可度量的网络营销能力指标体系。

对网络营销人员能力的系统实践和研究始于 2009 年。2009 年 6 月，旨在培养和锻炼大学生网络营销能力的教学实践活动——网络营销能力秀正式启动，到 2016 年 6 月这项活动已举办 15 期，超过 20 万名正在学习网络营销课程的各类大学、高职、中职院校学生参加了这一趣味性实践活动，以竞赛式实践、社交化学习的方式为网络营销学习者提供了丰富多彩的实践和锻炼机会。同时对于网络营销能力培养也积累了大量有价值的数据和丰富的经验。

经过对网络营销能力秀活动及其他实践应用领域的实践探索和总结分析，并与从事网络营销教育服务相关机构的专业人士进行了长期的沟通和交流，对网络营销人员网络营销能力的评价指标及培养方法有了更系统的认识，尤其在建立可计量的网络营销能力评价指标方面已逐渐成熟。2014 年 7 月底，在中国互联网举办的第 7 届中国网络营销大会上，由北京博导前程信息技术有限公司的专业人员首次介绍了“网络营销能力核心指标体系设计”及培养路径。[5]

根据相关研究结论，将网络营销能力核心指标归纳为八个方面：[6]

（1）知识学习能力；（2）技术应用能力；

（3）信息创建能力；（4）网络传播能力；

（5）互动沟通能力；（6）资源积累能力；

（7）数据分析能力；（8）综合应用能力。

这些核心能力指标，为评价网络营销人员能力提供了参考，从而为评估企业网络营销能力打下了基础。以此为参照，也就明确了网络营销人员能力培养的方向和路径，是企业网络营销能力资源管理的基础指标。

**关于网络营销管理的结语：**

目前对网络营销管理的研究还不够系统，需要在实践应用水平不断深入的基础上做进一步的分析和总结。为了获得系统的网络营销管理所需的基础数据，随着企业网络营销应用的深入，有必要逐步建设各项网络营销管理信息系统（如搜索引擎营销信息管理系统、社会化媒体营销信息管理系统、移动网络营销管理系统等），基于数据分析，不断完善网络营销效果指标体系，从而建立更加有效的网络营销管理规范。

最后，根据作者长期的网络营销实践经验，总结一下**关于网络营销管理的认识**：网络营销管理是一个动态过程，每个阶段大致要经过四个环节：分析、评价、优化和规范。网络营销工作经过不断总结和规范，然后进入下一个阶段的循环，使得网络营销的层次和效果不断提升。

## 本章内容提要

本章在对网络营销管理内容体系进行探讨的基础上，总结了目前比较成熟的部分网络营销管理内容，包括网站运营管理规范、网站访问统计分析管理等，并对网络营销资源管理的意义及基本内容进行了初步分析。

以网络营销信息传递原理为基本思路，结合网络营销活动类型及流程等具体应用，对网络营销管理的内容做进一步的分析，构建了网络营销管理的内容框架。将网络营销管理工作归纳为五个方面：（1）网络营销信息源管理；（2）网络信息传递资源管理；（3）网络营销用户资源管理；（4）网络营销环境优化管理；（5）网络营销效果评价管理。

企业官方网站是最重要的网络营销信息源。网站运营维护的基本工作包括：网站内容维护、网站推广、在线客户服务、网站技术维护、网站外部运营环境维护、运营管理记录及分析报告等。目前最常用的网站运营规范包括三个方面：（1）网站内容维护规范；（2）网站优化（搜索引擎优化）规范；（3）网站运营管理规范。

通过对网站访问统计数据分析方法的介绍，从一些方面反映出网站运营效果的评价方式。包括网站访问统计分析的价值、主要统计指标及其网络营销意义、如何获得及利用网站访问统计信息等。网站访问统计指标大致可以分为三类，每类包含若干数量的具体统计指标。这三类指标分别是：网站流量指标；用户行为指标；用户浏览网站的方式。

本章第一次尝试对网络营销资源及管理进行系统的探索。将企业网络营销资源分为两大类：内部资源和外部资源。内部资源是企业可完全掌控的网络营销资源；外部资源指企业可使用的但不能完全掌控的网络营销资源，主要是基于第三方服务平台的工具和资源。网络营销资源管理的基本思想在于，充分认识企业内部资源与外部资源的本质及其网络营销价值，以充分利用内部资源，合理利用外部资源，实现网络营销价值的最优化。

营销能力是营销资源的组成部分。网络营销能力核心指标归纳为八个方面：（1）知识学习能力；（2）技术应用能力；（3）信息创建能力；（4）网络传播能力；（5）互动沟通能力；（6）资源积累能力；（7）数据分析能力；（8）综合应用能力。

网络营销管理是一个动态过程，每个阶段大致要经过四个环节：分析、评价、优化和规范。网络营销工作经过不断总结和规范，然后进入下一个阶段的循环，使得网络营销的层次和效果不断提升。

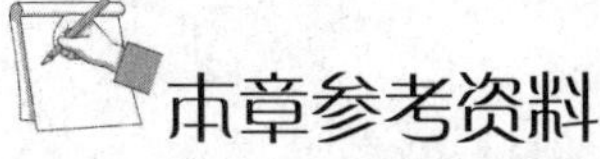

## 本章参考资料

[1] 中国互联网协会．企业网站建设指导规范[EB/OL]．http://www.wgo.org.cn/news/24.htm.

[2] 网站流量统计指标及其网络营销含义[EB/OL].（2005-05-08）http://www.marketingman.net/zhuanti/traffic/5308.htm.

[3] 独立访问者数量分析[EB/OL].（2005-05-30）http://www.marketingman.net/zhuanti/traffic/5309.htm.

[4] Hooley G Broderick A, Moller K. Competitive positioning and the resource-based view of the firm[J]. Journal of Strategic Marketing, 1998, 6: 97-115.

[5] 网络营销能力核心指标体系设计[EB/OL]．http://www.wm23.com/study/357887.htm.

[6] 个人网络营销能力研究与网络营销能力核心指标体系[EB/OL]．http://www.wm23.com/study/357895.htm.